Hannah Arendt

アーレント読本

日本アーレント研究会 編
Hannah Arendt Research Society of Japan

法政大学出版局

ハンナ・アーレント
(1933 年)

序

法政大学出版局から『ヘーゲル読本』（加藤尚武編）が刊行されたのは一九八七年のことであり、以来三十年以上にわたって刊行がつづく『読本』シリーズにおいて、本書は通算一七冊目（哲学者としては一四人目）にあたる。女性の名を冠したものは、本書がはじめてというのは――哲学史やアーレント（「女性初の」という形容がよくついてまわる人だった）を多少なりともご存じの方々からすれば――それほど驚くことでもないだろうか。

昨年の夏にスウェーデンのある十六歳の少女が世界的に話題となったのは記憶に新しい。行動力にたけ、サミットや会議の場で大勢の大人らを前にしてもなんら臆せずにスピーチする姿、そしてその鋭いまなざしを、みなさんはどう思われただろうか。グレタ・トゥーンベリさんが二〇一八年八月に一人で始めた「気候のための学校ストライキ」は、すぐに他の学生らをも巻き込みつつ、「未来のための金曜日」という運動に発展し、翌年には彼女は世界的に知られる存在へとなってゆく。一九六四年に行なわれたあるテレビインタビューの最後で、ハンナ・アーレントは、インタビュアーから向けられた「公的領域への冒険」という言葉の意味するところを、公的な領域の光に自分の姿をさらすことと何かを始めることの二点から説いていた（『政治思想集成』22f.：I三三）。グレタさんは、その意味でまさに「公的領域への冒険」を試みたのだと言ってよい。

定評のあるエリザベス・ヤング゠ブルーエルによる浩瀚な伝記『ハンナ・アーレント伝』が伝えるところによると、十六歳のとき、アーレントはカントの『純粋理性批判』や『たんなる理性の限界内における宗教』を読んでいたようである。母親の日記に「気難しく不可解」とも記された少女は、翌年からは詩作をも始めるようになる。

その後、一九七五年にこの世を去るまで、アーレントがたどった人生は、まさに激動と言えるものだった。マールブルク大学での（のちに前世紀を代表する哲学者となる）新進気鋭の哲学教師マルティン・ハイデガーとの秘められた恋（一九二四年～三〇年）。ユダヤ人であったがゆえに、ナチスの台頭とともに味わった亡命ユダヤ人（無国籍者）としての過酷な日々と新世界への旅立ち（一九三三年～四一年）。週刊紙『アウフバウ』でのコラム記事の連載や『パーティザン・レヴュー』といった雑誌への諸論考の寄稿で腕を磨いたあと世に問うた『全体主義の起原』の成功と、それとともに合衆国の知識人層に轟いたという、その名声（一九四一年～五九年）。ナチスの生き残りであるアドルフ・アイヒマンの公開裁判の傍聴とその報告が巻き起こした世界的なバッシングの嵐（一九六一年～六六年）。そして四十年以上にわたって私淑した恩師カール・ヤスパースと最愛の夫ハインリヒ・ブリュッヒャーとをつづけて亡くしたあとの晩年の日々（一九六九年～七五年）。

より詳しくは、巻末の「アーレント略年譜」を参照いただきたいが、「波乱万丈」のひと言ではおよそ片づけられない、さまざまな起伏に富んだ出来事が彼女の人生には起こりつづけた。川崎修氏の言を借りていえば、「二十世紀のさまざまな思想が通過しぶつかりあう十字路となった」（『ハンナ・アレント』講談社学術文庫、二〇一四年、一九頁）人物こそが、彼女なのだ。そして、「私は理解したい」という一心で、そのつど愚直すぎるほどに彼女はそれらの出来事や思想と向き合いつづけ、その意味を問いつづけた。その不断の思考のプロセスから生み出されたアーレント思想の全体像についての案内書、あるいはコーパスとして企画されたのが、本『アーレント読本』にほかならない。

むろん、一人の思想家の思考の軌跡を一冊に収めるのは不可能な試みである。とはいえ、これまでの『読本』と同様に、無理を承知のうえであえて蛮勇を奮ったのは、アーレントの思考がいまだに（あるいはいまこそ）この世界には必要とされているのではないかという、私たちの強い信念による。彼女の思想のアクチュアリティが、本書を手に取ってくださった一人でも多くの方々に届くことを願ってやまない。

本書は全体で四つの部から構成されている。

まず**第Ⅰ部**では、「**アーレントにおける基本概念**」と題し、手すりなき思考の絶えざる実践から形づくられた彼女の思想を理解するうえで必要不可欠な概念やテーマ、出来事を分かりやすく整理して提示することを目標とし、ついで**第Ⅱ部**では「**現代世界におけるアーレント**」と題して、第Ⅰ部よりもう少し広い視野のなかで、彼女の思想を各々のトピックや現代的な問題圏のなかへと位置づけることが試みられている。

以上の三〇の論考については、ゆるやかに前後とつながるようにそれぞれを配置してはいるものの、読者はご自身の気になる章からお読みいただいていっこうにかまわない。執筆を依頼するにあたっては、テーマと制限字数以外は、基本的に個々の書き手に委ねることにしたので、「アーレント」という共通の核を共有しながらも、たとえばサブタイトルの付け方や論の構成、書きぶり、あるいは引用の仕方や註の多寡といった点に、担当者それぞれの個性がおのずと映し出されたものとなったのではないかと思われる。

そして**第Ⅲ部**では、日本、英語圏、ドイツ、フランスにおけるアーレント思想の受容の経緯をたどることを目論んだ。ドイツについては、*Arendt-Handbuch*（『アーレント事典』）の編者の一人でもあるシュテファニー・ローゼンミュラー氏にご寄稿いただくことができた。「二言語での著作」というアーレントのテクストに固有のハイブリッド性や彼女が祖国のドイツでどのように受け入れられていったのかがじつによくわかる論考なので、ここから本書の、つまりはアーレントの世界へと分け入るというのも、一つの手ではあるだろう。

最後に**第Ⅳ部**では、アーレントの全著作と書簡集・手稿類、および一昨年から刊行が始まった批判版全集（Kritische Gesamtausgabe/Complete Works. Critical Edition）の**著作解題**をまとめておいた。書簡や草稿をも含めると膨大な量にのぼるアーレントのテクストを概略的にではあれ網羅しておいたので、これから「ハンナ・アーレント」という荒海へ旅立たんとする新たな読者の方々や、過去にいくどか座礁してしまったという方々にとって、有益な海図の一つとなるはずである。なお各著作は、概ね刊行年に沿って配列してあるが、個々のテクストのおおまかな執筆時期がわかる著作マップも載せておいたので、彼女の思想の鳥瞰図として役立てば幸いである。

さらに各部の諸論考のあいだに計一二個の**コラム**を置くとともに、巻末には**アーレント略年譜**を付しておいた。アーレントの人生の航路に深く関わった人物たちとのエピソードの数々や彼女の思考に随伴したテーマ等をめぐる読み物として、お楽しみいただければありがたい。

なお、編者を日本アーレント研究会としている本書は、既刊の『読本』シリーズの多くとは異なり、研究者としては中堅から若手の部類に入る方々に積極的にご寄稿いただくという方針を採った。そのため、この国のアーレント研究史を語るうえで欠かすことのできない先達である、佐藤和夫、志水紀代子、寺島俊穂、千葉眞といった先生方には、当初から執筆依頼を出していない。非礼をお詫びするとともに、これまでのアーレント研究への多大なる貢献に、執筆者を代表して心よりの感謝を申し上げたい。

第Ⅲ部「**各国における受容**」の「日本」の項目をご覧いただければすぐにわかるように、Arendt はこれまで「アレント」、「アーレント」という二つの表記が併存してきた。執筆者のなかには、これまで一貫して「アレント」と表記してきた方々も何人かおられるが、『アーレント読本』という書名に鑑み、(書誌情報や先行研究等での使用の例を除き)すべて「アーレント」で統一させていただいた(「イェルサレム」と「エルサレム」も同様である)。逆に言うと、それ以外の無理な統一はあえて施してはいない。たとえば activity という語には「営み」「営為」のほかに「活動」や「活動性」「アクティヴィティ」といった訳が充てられているし、banal も「凡庸な」と「陳腐な」という二つの訳語を併置している。はじめてアーレントに接するという読者にはやや混乱を強いるかもしれないが、これはアーレントの思想の最も重要なキーワードの一つといってもいい「複数性(plurality)」をテクストのうえで実現したかったためである。ご寛恕いただければ幸いである。なお、「複数性」はほかのさまざまな概念と関連する語でもあるから、あえて独立の項目として設けることはしなかった。

つぎに本書の成り立ちの経緯についてふれておく。本書の構想が最初に持ちあがったのは、二〇一六年十一月に日本学術振興会に提出した科学研究費の研究計画調書においてである。調書の「研究計画・方法」の欄の末尾に、研究成果として『アーレント読本』を刊行する旨の一節を記載しておいたのだ。幸いにも研究計画は採択され、二〇一七年度より三年間にわたって基盤研究(c)「ハンナ・アーレント思想の哲学・倫理学的意義の総合的再検討」(研究代表者：三浦隆宏、研究分担者：木村史人、渡名喜庸哲、百木漠、河合恭平〔二〇一九年度より〕)と題する共同研究を、日本アーレント研究会を母体として遂行することができた(新型コロナウィルスの影響で、今年三月末の研究会が延期となったため、研究期間は一年延長されることとなったが)。

とはいえ、通常、計画調書に記しておいた事柄は、実際に研究が進むにつれて、残念ながら実現には至らなかったということがよくある。本書もそのようにプランのまま流れてしまってもなんらおかしくなかったわけだが、研究分担者の渡名喜さんが『読本』シリーズの版元である法政大学出版局編集部の郷間雅俊氏と知り合いでもあったことから、二〇一七年の九月中旬に年末までに企画書を送付しようとメールでハッパをかけてきた。そこで、十二月の中旬に研究会の運営スタッフらが京都に集まり、ほぼ半日がかりで本書の構成や項目の設定、および執筆者選定の作業を行なった。その後、企画書を提出したところ、幸い翌年一月の出版局内での編集会議で了承が得られ、執筆者の方々に執筆依頼状を送付したのが四月下旬という具合に、あれよあれよという間に本書の企画は進んでいった。その際、私たちが心配していたのは、まだ研究者としてキャリアも浅いメンバーを中心とする本研究会からの突然の執筆依頼を多くの著名な先生方(その中には当時はまだ私たちと面識のない方々も何人かおられた)がお引き受けくださるのかどうかという点であったが、なんとすべての方々から快諾のお返事をいただけたのである。

それからの二年間は、さすがにいろいろと山あり谷ありの険しい道のりではあったが、未熟な私たちを郷間さんがしっかりと伴走し、サポートしつづけてくださったおかげで、当初の予定より数か月遅れたものの無事に刊行へと漕ぎ着けることができた。すべての執筆者を代表して、郷間さんの数々の献身的なご尽力に厚くお礼を申し上げたい。

また執筆者のなかには、早々に原稿をご提出いただきながらも、修正等の連絡が遅くなりご迷惑をおかけした方や、多くの仕事が立て込んでいるなかしつこく原稿催促のメールを差し上げて窮屈な思いをさせてしまった方、あるいは編集の過程で新たな原稿を急遽依頼したり、担当箇所の変更をお願いした方が何人もおられる。深くお詫びするとともに、『アーレント読本』にふさわしい原稿をお寄せくださった点に編者を代表して謝意を表するしだいである。

日本アーレント研究会を編者としてはいるものの、本書の実質上の編集を担ったのは以下の方々である。阿部里加、河合恭平、木村史人、齋藤宜之、渡名喜庸哲、橋爪大輝、百木漠の各氏。また、前述の二〇一七年十二月の会議には青木崇さんと大形綾さんにも加わってもらい、数多くの貴重なご意見をいただいた。これらの仲間とともに歩んだ三年余りの日々は、私にとってかけがえのないものとなった。

最後に少しだけ個人的な思い出と思いを記すことをお許しいただきたい。二〇一八年の一月十五日の午後に私が木村さん、渡名喜さんとともに市ヶ谷の私学会館内のレストランではじめて出版局との打ち合わせを行なったとき、私の隣には当時四歳の息子も同席していた。そのときアニア（タカラトミー）の動物フィギュアを握りしめていた保育園児も、いまではドラゴンボールのカードゲームや『鬼滅の刃』に夢中な小学一年生へと成長した。また、先に名前を挙げたメンバーや著作解題を担当した執筆者のなかには、この間に新たに父となり、母となった者が、私の知るだけでも三名いる。少し前から、「生まれてこないほうがよかった」という言葉に象徴される反出生主義の思想が流行り、それに共感を覚える人たちが一定数いることを知らないわけではない。とはいえ親としては、子どもの誕生と日々の成長はこの世界で経験しうる最良の出来事の一つであるというのもやはり確かなことである。

いまはまだ本書を読むことが叶わない未来の読者たちが、いつの日か本書を手に取って、ハンナ・アーレントという魅力的な思想家に少しでも興味や関心を抱いてくれることを心から願っている。

二〇二〇年五月二十四日

編者を代表して

三浦　隆宏

序　三浦隆宏　iii
凡　例　xv
著作略号一覧　xvi

第Ⅰ部　アーレントにおける基本概念

1　愛　その哲学的議論にみる、世界の脱‐構築　阿部里加　5
2　ユダヤ人問題　そしてパレスチナ問題　小森謙一郎　14
3　全体主義　アーレント政治思想の基礎概念　牧野雅彦　24
コラム❶　マルティン・ハイデガー　木村史人　34
コラム❷　カール・ヤスパース　豊泉清浩　37
4　労　働　アーレント思想の下部構造　百木　漠　40
5　制作／仕事　人為的制作物をめぐる思考の現代的意義と限界　篠原雅武　49
6　活動／行為　それは語りなのか　橋爪大輝　59
7　はじまりと出生　自由の原理と、その困難　森川輝一　69

8 公と私　古典古代モデルと現代的意義　川崎　修　78
コラム❸ ハンス・ヨナス　戸谷洋志　86
コラム❹ ギュンター・アンダース　小林　叶　89
コラム❺ ヴァルター・ベンヤミン　細見和之　92
9 革命・権力・暴力　自由と合致する権力、自由のための革命　石田雅樹　95
10 アイヒマン裁判　「悪の凡庸さ」は論駁されたか　三浦隆宏　103
11 真理と嘘　二十世紀の政治を問う　小山花子　113
12 思　考　現われの“reality”　青木　崇　122
13 意　志　留保し、可能性を開く　木村史人　131
14 判　断　政治的なものと歴史的なものの交叉　宮﨑裕助　141
15 世　界　耐久性、共通性、複数性　森　一郎　151
コラム❻ ハインリヒ・ブリュッヒャー　初見　基　159
コラム❼ ニューヨークの知識人たち　大形　綾　162

第Ⅱ部　現代世界におけるアーレント

1　理解と和解　人間の本質を信じること　対馬美千子　166
2　約束と赦し　アウシュヴィッツ以後の時代における政治倫理学　守中高明　174
3　悪と無思慮　アイヒマンは何も思考していないのか　山田正行　182
4　責任・道徳・倫理　アーレント責任論の意義と限界　渡名喜庸哲　191
5　芸術論　不死性のための美学　齋藤宜之　200
コラム❽　物語り　矢野久美子　209
コラム❾　アーレントとスピノザ　國分功一郎　213
6　自由論　複数性のもとで「動く」自由　齋藤純一　216
7　共和主義　新しさの指標　森分大輔　224
8　法と権利　政治の条件としての人為的制度　毛利　透　233
9　熟議と闘技　活動／行為はどのようなかたちをとるのか　金　慧　241
10　政治学　アーレントと政治理論　乙部延剛　249

コラム⑩　デモクラシー　山本　圭　258
11　社会的なもの／社会　その公共性との関係をめぐって　河合恭平　261
12　市民的不服従　新たな政治体の「はじまり」　間庭大祐　271
13　フェミニズム　「攻撃されている事柄」による抵抗　舟場保之　280
14　教育学　過去と未来を架橋する出生　小玉重夫　289
15　科学技術　科学を公共圏に取り戻すことは可能か　平川秀幸　298
コラム⑪　政　策　奥井　剛　307
コラム⑫　アーレント研究センター　阿部里加／百木漠　310

第Ⅲ部　各国における受容

1　日　本　三浦隆宏　314
2　英語圏　蛭田　圭　320
3　ドイツ　シュテファニー・ローゼンミューラー　矢野久美子訳　325
4　フランス　渡名喜庸哲／柿並良佑　331

第Ⅳ部　著作解題

アーレント著作マップ　336
1　『アウグスティヌスの愛の概念』（和田隆之介）338
2　『ラーエル・ファルンハーゲン』（押山詩緒里）340
3　『パーリアとしてのユダヤ人』（石神真悠子／百木漠）342
4　『全体主義の起原』（石神真悠子／百木漠）344
5　『人間の条件』／『活動的生』（青木　崇）347
6　『過去と未来の間』（青木　崇）351
7　『革命について』（田中智輝）355
8　『エルサレムのアイヒマン』（石神真悠子／百木漠）357
9　『暗い時代の人々』（田中智輝）359
10　『暴力について』（田中智輝）362
11　『精神の生活』（村松　灯）364
12　『カント政治哲学講義』（村松　灯）366
13　『政治思想集成』（小森（井上）達郎）368
14　『政治とは何か』（小森（井上）達郎）370
15　『政治の約束』（和田隆之介）372
16　『責任と判断』（村松　灯）374
17　『ユダヤ論集』（押山詩緒里）376
18　『思索日記』（押山詩緒里）378
19　書簡集（田中直美）380
20　手稿類（田中直美）384
21　『批判版全集』（橋爪大輝）386

アーレント略年譜　齋藤宣之　389

事項索引　（9）

人名索引　（4）

凡例

一、本文中で引用されるアーレントの主要著作については、次頁以下の一覧に示す略号を用い、原書と邦訳書の頁数を併記した。たとえば、「『人間の条件』52：七九」は Hannah Arendt, *The Human Condition*, p. 52（邦訳書『人間の条件』七九頁）を意味する。邦訳が複数巻に分かれる場合は、その巻数をローマ数字で示し、「Ⅲ七」（第三巻の七頁）のように表記する。

一、アーレントが多くの著書を英語・ドイツ語の両方で執筆したという事情に鑑み、とくにどちらかの言語の版であることを示す必要がある場合、E（英語）やD（ドイツ語）といった記号を用いることがある。たとえば、「『全体主義』E 353：Ⅲ九〇」は *The Origins of Totalitarianism*（『全体主義の起原』英語版）p. 353（邦訳第三巻九〇頁）を意味する。

一、アーレントの著作については、原則的に、原書・邦訳書いずれも現時点で最も入手しやすい版で統一した。特殊な事情があるときに限りそれ以外の版を利用することもあるが、その場合はそのつど註記している。

一、アーレントの同一著作から連続して引用する場合、原則的に略号を省略し、頁数のみを示す。

一、アーレント以外からの引用の典拠は、原則的に章末註に示す。

一、引用文中の〔　〕は引用者による補足や補註を示す。また、原語を表記するに際しては、引用文中においても（　）を用いる。〔…〕は中略を示す。

一、外国語文献を引用するさい、邦訳が存在する文献でも、引用者によって訳文に適宜変更が加えられていることがある。

著作略号一覧

本書内で使用されている著作のみを示した。詳細は「著作解題」を参照。

『アウグスティヌス』 『アウグスティヌスの愛の概念』千葉眞訳，みすず書房，2002年
Der Liebesbegriff bei Augustin: Versuch einer philosophischen Interpretation, Frauke A. Kurbacher (Hrsg.), Felix Meiner, 2018［初版 1929］

『ラーエル』 『ラーエル・ファルンハーゲン』大島かおり訳，みすず書房，1999年
Rahel Varnhagen: Lebensgeschichte einer deutschen Jüdin aus der Romantik, ungekürzte Taschenbuchausgabe, Piper, 1981［初版 1959］

『全体主義』 『新版 全体主義の起原』
I 『1 反ユダヤ主義』大久保和郎訳，みすず書房，2017年
II 『2 帝国主義』大島通義・大島かおり訳，みすず書房，2017年
III 『3 全体主義』大久保和郎・大島かおり訳，みすず書房，2017年
D ドイツ語版：*Elemente und Ursprünge totaler Herrschaft: Antisemitismus. Imperialismus. Totale Herrschaft*, ungekürzte Taschenbuchausgabe, Piper, 2003［初版 1955］
E 英語版：*The Origins of Totalitarianism*, Harcourt Brace & Company, 1973［初版 1951・第二版 1958］

『人間の条件』 『人間の条件』志水速雄訳，ちくま学芸文庫，1994年
The Human Condition, 2nd edition, The University of Chicago Press, 1998［初版 1958］

『活動的生』 『活動的生』森一郎訳，みすず書房，2015年
Vita activa oder Vom tätigen Leben, ungekürzte Taschenbuchausgabe, Piper, 2002［初版 1960・新版 1981］

『過去と未来』 『過去と未来の間』引田隆也・齋藤純一訳，みすず書房，1994年
Between Past and Future: Eight Exercises in Political Thought, Penguin Classics, 2006［初版 1961・第二版 1968］

『アイヒマン』 『新版 エルサレムのアイヒマン』大久保和郎訳，みすず書房，2017年
Eichmann in Jerusalem: A Report on the Banality of Evil, Penguin Classics, 2006［初版 1963・第二版 1968］

『暗い時代』 『暗い時代の人々』阿部齊 訳，ちくま学芸文庫，2005年
Men in Dark Times, Harcourt Brace & Company, 1968

『革命』		『革命について』志水速雄訳，ちくま学芸文庫，1995年 *On Revolution*, Penguin Classics, 2006［初版 1963・第二版 1965］
	D	ドイツ語版：*Über die Revolution*, ungekürzte Taschenbuchausgabe, Piper, 1974［初版 1965］
『暴力』		『暴力について――共和国の危機』山田正行訳，みすず書房，2000年 *Crises of the Republic*, Harcourt Brace & Company, 1972
『精神の生活』		『精神の生活』
『思考』		『上　第一部　思考』佐藤和夫訳，岩波書店，1994年
『意志』		『下　第二部　意志』佐藤和夫訳，岩波書店，1994年 *The Life of the Mind*, Harcourt Brace & Company, 1981［初版 1978］
『カント』		『カント政治哲学の講義』浜田義文監訳，法政大学出版局，1987年 *Lectures on Kant's Political Philosophy*, Ronald Beiner (ed.), The University of Chicago Press, 1989［初版 1982］
『政治思想集成』		『アーレント政治思想集成』
	I	『1　組織的な罪と普遍的な責任』齋藤純一・山田正行・矢野久美子訳，みすず書房，2002年
	II	『2　理解と政治』齋藤純一・山田正行・矢野久美子訳，みすず書房，2002年 *Essays in Understanding: 1930–1954*, Jerome Kohn (ed.), Schocken Books, 2005［初版 1994］
『政治の約束』		『政治の約束』高橋勇夫訳，ちくま学芸文庫，2018年 *The Promise of Politics*, Jerome Kohn (ed.), Schocken Books, 2007［初版 2005］
『責任と判断』		『責任と判断』中山元訳，ちくま学芸文庫，2016年 *Responsibility and Judgment*, Jerome Kohn (ed.), Schocken Books, 2005［初版 2003］
『政治とは何か』		『政治とは何か』佐藤和夫訳，岩波書店，2004年 *Was ist Politik?: Fragmente aus dem Nachlaß*, Ursula Ludz (Hrsg.), Piper, 2003［初版 1993］
『ユダヤ論集』		『ユダヤ論集』
	I	『1　反ユダヤ主義』山田正行・大島かおり・佐藤紀子・矢野久美子訳，みすず書房，2013年
	II	『2　アイヒマン論争』齋藤純一・山田正行・金慧・矢野久美子・大島かおり訳，みすず書房，2013年

	The Jewish Writings, Jerome Kohn and Ron H. Feldman (eds.), Schocken Books, 2008 [初版 2007]
『思索日記』 I	『思索日記 I　1950–1953』青木隆嘉訳，法政大学出版局，2006 年
II	『思索日記 II　1953–1973』青木隆嘉訳，法政大学出版局，2006 年 *Denktagebuch: 1950–1973*, Ursula Ludz und Ingeborg Nordmann (Hrsg.), Piper, 2003

（書簡集）

『マッカーシー書簡』	『アーレント＝マッカーシー往復書簡　知的生活のスカウトたち』佐藤佐智子訳，法政大学出版局，1999 年 *Between Friends: The Correspondence of Hannah Arendt and Mary McCarthy 1949–1975*, Carol Brightman (ed.), Harcourt Brace & Company, 1995
『ハイデガー書簡』	『アーレント＝ハイデガー往復書簡 1925–1975』大島かおり・木田元訳，みすず書房，2003 年 *Hannah Arendt/Martin Heidegger: Briefe 1925 bis 1975*, Ursula Ludz (Hrsg.), Vittorio Klostermann, 1998
『ヤスパース書簡』	『アーレント＝ヤスパース往復書簡 1926–1969』
I	『1』大島かおり訳，みすず書房，2004 年
II	『2』大島かおり訳，みすず書房，2004 年
III	『3』大島かおり訳，みすず書房，2004 年 *Hannah Arendt/Karl Jaspers: Briefwechsel 1926–1969*. Lotte Köhler und Hans Saner (Hrsg.), Piper, 1985
『ブリュッヒャー書簡』	『アーレント＝ブリュッヒャー往復書簡 1936–1968』大島かおり・初見基訳，みすず書房，2014 年 *Hannah Arendt/Heinrich Blücher: Briefe 1936–1968*, Lotte Köhler (Hrsg.), Piper, 1996
『ショーレム書簡』	『アーレント＝ショーレム往復書簡』細見和之・大形綾・関口彩乃・橋本紘樹訳，岩波書店，2019 年 *Hannah Arendt/Gershom Scholem: Der Briefwechsel*, Marie Luise Knott (Hrsg.), unter Mitarbeit von David Heredia, Jüdischer Verlag, 2010

（伝記）

『アーレント伝』	エリザベス・ヤング＝ブルーエル『ハンナ・アーレント伝』荒川幾男・原一子・本間直子・宮内寿子訳，晶文社，1999 年 Elisabeth Young-Bruehl, *Hannah Arendt: For Love of the World*, Yale University Press, 1982

アーレント読本

第Ⅰ部　アーレントにおける基本概念

ベルリンのハンナ・アーレント通り

1　愛
その哲学的議論にみる、世界の脱‐構築

阿部里加

1　「世界への愛」とは何か

アーレントは「世界への愛」を説いた思想家として知られているが、その「世界への愛」の含意は明らかにされていない。なぜなら彼女のいう愛は、一方では「あなたにいてほしい（volo ut sis）」という意であるとされ、(1) 他方では『人間の条件』の「愛は、無世界的で反政治的だ」という叙述により、公的空間に反するものとたんにネガティヴに説明されているからである。これら真逆の愛を貫く思想があるとすれば、それはいかなるものであろうか。手がかりとなるのは、彼女の伝記である。

伝記の著者ヤング＝ブルーエル曰く、アーレントのなかで相反する二つの流れが合わさっている。たとえば一九四七年のクルト・ブルーメンフェルト宛ての手紙では、彼女は「私は本当に幸せです。神が創られたこの世界は良い世界だと思います」と言えた。しかし「私は幸せです」と述べるやいなや、彼女は別の面《かお》を見せている。この世界の残酷さについて理解し、考え抜くことで、自分の「世界への愛」の態度を死守しようと苦闘しているのである（『アーレント伝』xlv：二三―二四）。

この「世界の残酷さを理解する」苦闘の根本にあるのは、難民であった彼女の、「「本当の人間（wirkliche Menschen）」とはパーリアであり、世界のアウトサイダーである」という考えである（xiii：二一）。それゆえ苦闘としての「世界への愛」の態度は、世界の外側《アウトサイド》に立脚することなしには説明しえない。この見地は、ヤスパースのもとで最初期に執筆された博士論文『アウグスティヌスの愛の概念――哲学的解釈の試み』（一九二九年）で論じられており、(2) 副題のその「哲学的解釈」には、晩年にまでおよぶ彼女のさまざまな思想的企みが鏤《ちりば》められている。

そこで本章では、愛をめぐるアーレントと周辺の哲学者の議論を突き合わせることで、愛のはたらきと道徳的意味を示そうと思う。まず『アウグスティヌス』では、神への愛や隣人愛を

はじめ、いくつかの愛が論じられるが、留意すべきは、間接的な慎愛《しんあい》（dilectio）である（第2節）。この慎愛と比較されるのは、ハイデガー、シェーラー、ヤスパースの愛である（第3節）。彼らの議論を背景にアーレントが試みたのは、「世界にいながら、世界を批判する態度」をアウグスティヌスの思想から抽出することである。この態度は、『アウグスティヌス』と同時期に執筆された「哲学と社会学」でも強調されるのみならず、晩年の意志論でも論じられている（第4節）。以上の議論を通じて慎愛の意義を示し、彼女の「世界への愛」をあらためて定義するうえで必要な視角を拓きたい。

2　アウグスティヌスの慎愛

『アウグスティヌス』の「哲学的解釈」の目的は、「隣人愛の構造を説明する」ことである。すなわち、キリスト信徒の相互愛そのものはいかにして成り立つのか、隣人愛が成立する条件とは何か、といった点を説明することである。そのさい注意すべきは、従来の解説で焦点が当てられてきた第三章の「社会生活」ではなく、第一章の議論である。そこでユダヤ人のアーレントは、「あなたの隣人をあなた自身のように愛しなさい（Diliges, inquit, proximum tuum tamquam te ipsum）」というキリスト教の「愛の戒め」は本当に成り立つのか、また隣人を「愛する」とはいかなることか熟考し、こう述べている。すなわち、個人の体がその共同体を構成する肢体として理解されるキリストの共同体の共同性を、アウグスティヌスは過度には主張しておらず（『アウグスティヌス』106：一六〇―一六一）、隣人の意義はまったく別の文脈から証明される（9：一一）。また「隣人の意義は、必ずしもキリスト教に限定されない。〔隣人と〕結びついているのは、キリストへの共通の信仰という二次的なものにすぎない」（105：一五八）、と。

アーレントの解説によれば、アウグスティヌスは人間の生活のすべてのものに愛のはたらきを見出しており、愛には、情愛（amor）、欲求（appetitus）、欲望（cupiditas）、聖愛（caritas）、慎愛がある。まず感情をともなう情愛は、自分がもっていないものへの努力を意味し、対象への欲求をさす。「欲求としての情愛（amor qua appetitus）」は失う恐れのない状態を追求し、自己に固有の善きもの（bonum）を追い求めるが、善きものは他の対象とは違い、所有されることはない。また欲求に対する欲望は、自己にとっての善きものではなく、「私の外」にあるものを追求し、この世界（現世）を所有し、貪り、自らがこの世界になろうとする。欲望に生きる人間は、この世界に隷属するため、本来の自己から逃避して、自らを分裂させ、自己を喪失してしまう（11–21：二三―三〇）。

それら欲求・欲望に対置されるのは神への聖愛であるが、アーレントの「哲学的解釈」で注目すべきは、神への聖愛によって人間に与えられ、人間を現世の外から秩序づけることのできる「秩序づけられた慎愛（ordinata dilectio）」である。この慎愛は、対象や相手を所有したい欲求・欲望の愛とは異なり、対象や相手に対して間接性をもち、人間と神、人間と世界のそれぞれの関係を正しい位置へと秩序づける（32–33：四八―五〇）。そうして神への聖愛と世界への愛という、異なる二つの愛が混交せずに併存することを、アウグスティヌスは「愛の秩序」としている。そのさい人間が「秩序づけられた慎愛」をもつとは、客観性をもつことを意味する、とアーレントは解説している。

　人間は、自身を現世の外に位置づけ、現世を秩序づける。人間は、現世のなかに生きながら「秩序づけられた慎愛」をもつ。すなわち人間は、あたかも現世のなかに存在しないかのように、秩序づけられたものであるかのように、現世を愛する。人間は、彼に与えられている、客観性という失いえぬもの（das Unverlierbare）を携えてあらゆる危険の外に立つ。この客観性は、自己に対してと同様、他者に対しても向けられる。（36：五四）

　したがって慎愛の客観性は、第一に、人間が失いえないものであり、第二に、自己と現世の関係それぞれにおいてはたらき、自己愛（dilectio sui）と隣人愛（dilectio proximi）の両方に関与する。第三に、現世への帰属性や旧来の相互依存、相互愛（gegenseitige Liebe / diligere invicem）を破棄する（aufheben）（105–106：一六〇）。

　こうした慎愛による「現世への帰属性および相互愛の破棄」が指し示しているのは、世界や公的空間を構築する行為（Handeln / action）というより、その行為のために必要な、世界の脱‐構築である。ただし、この脱（de）は「離れる」を意味するゆえ、直接的には、脱‐世界あるいは離‐世界である。初期『アウグスティヌス』における「世界からの離反」や独立（Isorierung）、「世界に対する抵抗（Abwehr）」、世界回避、中期の「公的生活への非加担」や「非協力」[3]、『人間の条件』の愛の「無世界性」や、後述する、晩年の「世界から影響を受けない内的能力」という語でアーレントが（現われや行為の底流において）説き続けたのは、こうした脱‐世界の方途なのである。

　この脱‐世界や離‐世界に近い事態として思い浮かぶのは、世界を志向する一方でその定立を拒んだフッサールの「世界無化（Weltvernichtung）」であるが、愛との関連で比較するならば、ハイデガー、シェーラー、ヤスパースである。

3　ハイデガー、シェーラー、ヤスパースにみる「世界への愛」

① ハイデガー

「世界への愛」を先に説いたのは、アーレントではなくハイデガーである。二人の連関はテンメルが詳しく論じているので読者はそちらを参照されたいが、要約すれば、ハイデガーの「世界への愛（Amor mundi）」は基本的には情感を論拠として、情感の世界に対するはたらきが重視されており、アーレントの「世界への愛」はこれを踏襲している、とされる。この見解は一面では正しいものの、ハイデガーのアウグスティヌス解釈についてアーレントは、「彼はアウグスティヌスが論じた世界の二重性を理解している。にもかかわらず二重性の意味づけがうやむやである」と断じている（133–134：一九五―一九六）。彼女の不満は、世界の外に立って、世界を批判する視点がないことにある。この批判は、ハイデガーの世界像や危機、「総かり立て体制（Ge-stell）」[4]を考慮すると必ずしも当たらない。世界の内に存在するために、現存在が近さへと傾向し、距離の克服へとかり立てられ、「距たりを取りさること（Ent-fernung）」が『存在と時間』ではまさしく批判されるからである[5]。しかしながら、ハイデガーの距離ではこの世界と政治を批判しきれないと考えるアーレントは、距離がもつ倫理的はたらきを問い質す。

② マックス・シェーラー

世界から距離をとって世界を批判するという視点で注目すべきは、シェーラーの愛である。なぜならアーレントと同様、シェーラーも「愛の秩序」について論じており、そこでは愛の連帯性や応答性にもとづく典型（Vorbild）のみならず、反型（Gegenbild）も重視されるからである。この典型／反型は、彼女の情愛／慎愛を読み解くうえで看過できない。

どういうことか。シェーラーの典型は、ひとが意識する以前から「あるべし」と呼びかけて（存在当為）、それに従うひとに他者と共同で遂行する（mitvollziehen）よう要求する。それゆえ指導者（Führer）は典型になりうるとシェーラーは述べる。ただし、彼の愛の議論[6]では連帯性を重視する一方で、秘奥人格（intime Person）によって、他者に関与することの限界が述べられる。そのさい秘奥人格は、愛される側の応答愛（Gegenliebe）を、愛する結果として必ずしも要求しない。他者からの愛の呼びかけに対して、それに応えるか否かは各個人に委ねられているからである。すなわち人間は、他者からの呼びかけに対し、心を閉ざすことも沈黙することも隠れることもできる。この、呼びかけに応じることへの限界は、秘奥人格の他に、人格の自律性によってもたらされる。すなわち自律性において人間は、典型の「あるべし」という呼びかけに対して、それに「応じない」ことができる。なぜなら典型の「あるべし」という呼びかけを価値あるものと見なすか否かは、本人の自律的な道徳的洞察（sittlicher Einsicht）によるからである。

さてアーレントの慎愛に深く関わるのは、この呼びかけに「応じない」反型の成立要件である。シェーラーは、秘奥人格と自律性の他に距離（Distanz）をあげ、連帯性における他者への共感は、他者との距離を前提にしている、と述べる。この距離はアーレントも強調しており、後述するように、彼女の距離（あいだ）は、精神の自律性によって世界を拒み、そこから離れる力能をもさす。この点で大事なもう一つの成立要件は、シェーラーの良心である。なぜなら良心は、その本質において否定的にはたらくのであり、良心の自由の原理とは、積極的かつ創造的な原理ではなく、分解させる否定的原理だからである。(7) この否定的で「応じない」良心もアーレントは論じているが、ただし次のことが指摘されている点が肝要である。ヒトラーの国の法律はひとびとに「汝殺すべし」と良心の声が語りかけるよう要求した。人間は、それを悪と識別して「殺したくない」、「犯罪者になりたくない」と否定する特性をもっているにもかかわらず、それに抗う仕方（自己欺瞞）を習得していたのである（『アイヒマン』150：二〇九―二一〇）。

シェーラーの反型はかくして、否定としてはたらく良心、秘奥人格、人格の自律性、距離により成立する。この反型においてシェーラーにより批判されているのが、カントの客観的で普遍妥当な認識にもとづく「客観的善(8)」である。

③ヤスパース――「レッシング考」をふまえて

シェーラーのこうした反型や距離、否定、自律性は、ヤスパースの友愛（Freundschaft）と密接な関係にある。友愛や仲間と語り合う行為をアーレントは実際に重んじていた。ただこの友愛は、冒頭のヤング＝ブルーエルに言わせれば、アウトサイダーたちの間において成り立つものである。またわれわれは、互いに語り合う行為や他者からの説得を自ら拒むこともできる。この拒否は、シェーラーでは「良心の自由」から、アーレントでは「精神的自由」から生じるが、さらに彼女の「レッシング考」では友愛においてはたらく批判（Kritik）と説明されている。

曰く、友愛に価値があるとすれば、それは友愛が、世界への迎合や妥協をもたらさない限りにおいてである。世界や他者から承認され、名誉を与えられても、それらは世界や他者の評価であるにすぎず、受け入れるか否かは自分自身が判断することである。人間は自分の精神を世界には売り渡さない。レッシングにとって批判とは、世界の側に立ってあらゆる事柄を世界における位置によって理解することを意味する。ただし彼は、自らの住まう世界とけっして和解しようとはしなかった。世界や公共領域に対して、彼は自らの流儀――洞察（Einsicht）と自分の思考（Selbstdenken）――において徹底的に批判的であり、革命的であった。この批判の態度は、カントのそれとは異なる。(9)

ヤスパース研究者のボームトは、この「レッシング考」に言及し、アーレントがアカデミックな世界から長らく独立した研究者であったのは、（現実的な不遇にあったにせよ）その世界から距離をとっていたからであり、友愛の本来の意は、距離をとることである、と述べる。(10) この距離は、世界への賛同や迎合や妥協の逆をいく。距離がなければ、友人や仲間と語り合うことができないとして、ヤスパースは友愛を交わりと単独（Einsamkeit）の双方から捉え、単独になることで世界や社交から引きこもることの意義を説く。このことは第一次世界大戦直後の『世界観の心理学』で述べられており、全体的世界から個別のものを鋭く分離すること（scharfe Trennung）が主張される。[11]

アーレントで忘れてはならないのは、愛のそうした距離や批判が、『アウグスティヌス』とほぼ同時期に書かれた「哲学と社会学」（一九三〇年）でも強調されている、という事実である。

4　愛の「無世界性」再考

①「世界を離隔すること」

「哲学と社会学」は、マンハイムの『イデオロギーとユートピア』についての論稿であり、アーレントの元夫ギュンター・アンダースも同時に「いわゆる意識という「存在の連帯感」」という題で論じている。二人の違いは、連帯（Solidarität）への関心の度合いである。アーレントという思想家は友愛には言及するが、連帯や共同性には慎重で、あまり主題にしない。それを象徴する著書の一つがこの「哲学と社会学」であり、「世界の離隔（Abgelöstheit/Detachment）」がキー概念となっている。[12] この離隔は、『アウグスティヌス』で登場する、世界の疎遠性、相互愛の破棄、慎愛の客観性、世界離反（Weltentfremdung）、独立を下敷きとしており、ヤスパースの独立的絶対化（isolierende Verabsolutierung）、レヴィナスの独立（indépendance）や隔‐絶（ab-solu）に通底する概念である。

これら離隔や独立、距離や客観性は、世界からの逃亡と同時に、世界への批判を可能にすると彼女は考える。それゆえ離隔としての「世界への慎愛」は、人間がこの世界にはめ込まれることを徹底的に拒むとし、「基本的な道徳命題」でこう述べる。

> 私には、あるものに対して否定したり肯定したりできる精神的自由がある。〔…〕それが何であれ誰であれ、私の否定は私をそのものに結びつけ、私の肯定は私をそのものから遠ざける。この意味で、世界とは、「この世界を、慎愛によって客観的に愛する人々（dilectores mundi）」であり、この人々こそが、世界である。そうでなければ「世界への愛」は、ただ私のために世界を築いて、その世界のうちに私をはめ込んでしまう。
>
> （『責任と判断』283：一九三）

② 愛・意志・理性の関係

しかし批判的態度はなぜ愛にそくして論じられたのか。アーレントの念頭にあるのは、シェーラーと同様、カントの理性倫理への批判、具体的には、彼の客観性に対する批判である。第2節で述べたように、彼女はカントの「失いえぬ〔内的〕尊厳（unverlierbare Würde, dignitas interna）」をもじって、「失いえぬ客観性」を強調する。なぜなら祖国と世界からパーリアとして見捨てられたアーレントにとって、カントの「尊厳」はその中身が曖昧であり、人間から剝奪不可能なものは「尊厳」ではなく客観性だと考えるからである。またカントは、その批判哲学でなるほど観察を説いたが、結局それは行為の延長上にあり、行為そのものを外から客観的に断ずる視点が不明だとアーレントは審断するからである。この審断は、カントの理性にもとづく行為遂行への批判、さらにはカントの嘘論および義務論とアウグスティヌスの嘘論との比較を通じて下されている。

詳細は別稿に譲るが[13]、アーレントの理解では、客観性があるというさいの重要な基準は、意志の独立によって、意志と行為とが分離されていることにある。この分離の根拠は、アウグスティヌスの「意志してもできない」（行為遂行不可能性）と、晩年の意志論における意志と理性との対比であるが、そこで理性を制限するのは意志であるとされる。なぜなら意志は独自の自律性をもち、この自律性が、意志と世界の非連続性をもたらすからである。独自の自律性とは、以下のことをさす。

すなわち意志は、理性と行為の両方に対して自律しており、理性の力や神の聖愛を決定的に限界づけるため、結果として、理性の命令は絶対的なものではなくなる。また意志は、現実的な効果においては、すこしも万能ではない（『精神の生活　意志』131：一五九）。ローゼンミュラーが指摘するように、アーレントの意志はこのように、自律という点では世界に関与せず、行為につながらない[14]。それどころか、意志の特徴は、誰からも「強制されず」、「影響されない」点にある。意志の自律性はひとえに、意志することを強制されないという点にあり（131：一五九）、したがって「世界から影響を受けない内的能力」としての意志（volition）が良心との関わりにおいては大事になる[15]。

この「誰からも強制されない」内的意志は、客観性において人間を世界から独立させる慎愛のはたらきと不可分であり、「愛の重み」によって現実的に行為を遂行する（「未来に伸びていく」）意志としての愛と明確に区別されている（104：一二七）。かくしてこの世界を拒否する意志と行為は、アーレントの慎愛および客観性において切り分けられており、意志と世界の非連続性の根拠も、この切り分けにある。

以上の議論をふまえると、『活動的生』で公的空間から「隔てられた（abgesondert）」、私的な（privat）（『活動的生』83：八四）ものとして低位におかれている愛の「無世界性」は、意志の自律性にもとづく、意志と世界の非連続性という考えによって、じつは強く裏打ちされているということが浮き彫りになる。

5　世界を愛する態度

おりしも現今のコロナ・パンデミックは、人のつながりと同時に、距離と慎む愛の重みをわれわれに突きつけている。

この世界に抵抗し、この世界から離反するさいにはたらく慎愛を、相互愛や社会生活が成立する条件とアーレントは考える（『アウグスティヌス』105：一五九）。たしかに彼女は人と人の「あいだ」の大切さを説いたが、「あいだ」は、語り合う行為のためだけでなく、世界から独立して誰からも強制されない態度を確保するための前提条件としても、もとめられる。この世界から距離をとる、批判的・否定的態度なくして新たな社会は構築しえない。それゆえ「今日、世界に対するわれわれの態度(Haltung zur Welt)ほど曖昧なものはない[16]」とアーレントは論を張る。しかしながら難民であった彼女においてこの態度は、周知の現われや行為とは別立てで論じられており、初期『アウグスティヌス』の独立や世界離反から「哲学と社会学」の離隔を経て、『人間の条件』の愛の「無世界性」、晩年の意志論まで終始貫かれている。ヤスパースは「世界に対峙し、世界に入る」と説いたが、アーレントの哲学的議論を繙《ひもと》けば、その「世界への愛」には、世界への相反する方途（世界への参加／対峙、情愛／慎愛、行為／非行為の拒否）が峻別されたうえで内包されていることがわかる。この視角をもって、それらの相反のつながりを新たに解明することが今後の課題になるであろう。

註

（1） ハイデガーが書簡でたびたびアーレントに送った言葉である。「愛（Amo）とは、あなたにいてほしいということであり、あなたを愛するとは、あるがままのあなたを欲するということだ、とアウグスティヌスは述べている」（『ハイデガー書簡』31：二二）。テンメルもこの見地から愛を論じる。Tatjana N. Tömmel, *Wille und Passion: Der Liebesbegriff bei Heidegger und Arendt*, Suhrkamp, 2013, S. 308–364.

（2） 拙論（「この世界にいながら、この世界に依存しないということ——アーレント『アウグスティヌスの愛の概念』における独立の概念」『哲学』第七〇号、日本哲学会、二〇一九年、一二五—一四〇頁）を参照のこと。なお、この慎愛のはたらきは、先のテンメル、以下のベイナーや中山の『アウグスティヌス』論では議論されていない。Ronald Beiner, *Love and worldliness: Hannah Arendt's Reading of Saint Augustine*, in: *Hannah Arendt: Twenty Years Later*, Larry May/Jerome Kohn (eds.), MIT Press, 1996, pp. 269–284. 中山元『ハンナ・アレント〈世界への愛〉——その思想と生涯』新曜社、二〇一三年。

（3） この非加担の道徳的意味については、拙論とマホニーの議論を参照されたい。なお、アーレントの死後、フーコーも「批判とは何か」のなかで「不従順になるための技術」や「統治されないことを望むという意志」、「受け入れないこと」にふれ、非加担や不服従に言及している。拙論「良心を自動的にはたらかせないための「躓き」としての無能力——アーレントとヤスパースのアウグスティヌス解釈」『実存思想論集』第三三号、実存思想協会、二〇一八年、一六五—一六九頁。Mahony, L. Deirdre, *Hannah Arendt's Ethics*, Bloomsbury, 2018, pp. 187–205. フーコー「批判とは何か——フーコーは語る」『わたしは花火師です』中山元訳、ちくま学芸文庫、二〇〇八年、八一、一二七—一二八頁。

（4） ハイデガー『技術とは何だろうか』森一郎編訳、講談社学術文庫、二〇一九年、一二〇—一二一頁。

（5） 熊野純彦「マルクス——ハイデガーとマルクス主義」『続・ハイデガー読本』所収、法政大学出版局、二〇一六年、一六七頁。

（6） 盛下真優子「M・シェーラーにおける愛の概念——その人間形成論的考察」『教育思想』第四三巻、東北教育哲学教育史学会、二〇一六年、一〇五―一二二頁。

（7）Max Scheler, *Gesammelte Werke*, Band II, Francke, 1966, S. 324.

（8）Ebd., S. 328.

（9）Hannah Arendt, *Gedanken zu Lessing: Von der Menschlichkeit in finsteren Zeiten*, in: *Freundschaft in finsteren Zeiten*, Matthias Bormuth (Hrsg.), Matthes & Seitz Berlin, 2018, S. 39–88.（『暗い時代』一三―五六）「レッシング考」のオリジナルはドイツ語で執筆され、初版（一九五九年）にはインゲボルク・ノルトマンによる解説が付いているが、本章では、世界との「折り合い」や理解を強調するノルトマンとは反対に、世界に迎合しないことや「世界に対する態度（Stellung, Haltung）」を重んじるボームトの解説が付された新版を用いる。

（10）Matthias Bormuth, *Im Spiegel Lessings oder Eine Republik der Freunde* (Einleitung), a.a.O., S. 31–38.

（11）Karl Jaspers, *Psychologie der Weltanschauungen*, Piper, 1994, S. 41.

（12）Hannah Arendt, *Philosophie und Soziologie: Anlässlich Karl Mannheim, Ideologie und Utopie*, in: *Schreib doch mal ‚hard facts' über Dich: Hannah Arendt/Günther Anders; Briefe 1939–1975*, Kerstin Putz (Hrsg.), Piper, 2018, S. 129–147.（『政治思想集成』I五八）

（13）本章との関連では、カントの客観的善へのシェーラーの批判、ハイデガーの、客体として理解する客体（史）的態度と、遂行（Vollzug）により探求する遂行（史）的理解、カントにおける観察と行為、これらとアーレントの客観性は比較を要する。

（14）シュテファニー・ローゼンミュラー「ポピュリズムとアーレントにおける政治的・法的判断力――判断の欠如を矯正する可能性について」橋爪大輝訳、『Arendt Platz』第四号、日本アーレント研究会、二〇一九年、二〇―二三頁。

（15）この内的能力に着目したものに、拙論「アーレントの意志論における決意」『一橋社会科学』第四巻、一橋大学、二〇一二年、一―一二頁。なお、この意志と良心、行為遂行不可能性の関係は前掲の拙稿（二〇一八年）と別稿（二〇一六年）で論じた。要約すると、アーレントの意志は、ひとに行為を遂行させるのみならず、ひとが「自己満足」に陥って、悪に加担しないよう、「自分のすること」と自分自身を向き合わせ、〈行為〉できないことを自覚させる。この「できない」自覚が論じられた背景には、アウグスティヌスの velle と posse の分裂による impotentia の重視と、ベトナム戦争介入以降のアメリカの「全能」政治への批判がある。あらゆる可能性を拡げるだけならば思考と行為でことたりるが、「なんでも許される」わけではない。こう述べて彼女は、戦争やユダヤ人虐殺、政治家と官僚による事実の捏造を下支えした「思考の偽善性」、「良心の自動性」、「悪い良心」、政治の（自己）欺瞞を断じ、これら自動・偽善・欺瞞と行為の首尾一貫性を破綻させられるのは、思考や理性ではなく意志であると、意志のメタ倫理的はたらきを説く。寺島はこの一連の議論をふまえ、アーレントの良心は、思考と意志により二重になっていると解説する。拙論「この世界を批判する主体はいかにして成り立つか――アーレントの観察の条件」、平子友長・橋本直人・佐山圭司・鈴木宗徳・景井充編『危機に対峙する思考』所収、梓出版社、二〇一六年、四一四―四二一頁。寺島俊穂『ハンナ・アレント再論――〈あるべき政治〉を求めて』萌書房、二〇一九年、一三六―一三八頁。

（16）*Gedanken zu Lessing*, a.a.O., S. 41.（『暗い時代』一四）

2　ユダヤ人問題
そしてパレスチナ問題

小森謙一郎

1　闘争の歴史

ユダヤ人問題とは何か？

あえて簡潔に述べるなら人権問題である、とここでは言えるだろう。基本的人権という現代的観念に通じる倫理的・実践的な問題であり、同時に人間の権利という近代的概念をめぐる原理的な問題である。

広くユダヤ人に関する問題一般という意味でなら、古代からたくさんの問題が存在してきたし、内容も多岐にわたる。ユダヤ人が世界各地に散在してきた以上、各々の地域で各々の時期に何らかの問題が見出されるのも当然だ。

だが、アーレントという人物を念頭に置くとき、ユダヤ人問題は前述の意味で人権問題と不可分なものとなる。彼女が生きた時代と場所、そして彼女自身が考えた事柄によって、問題もまた規定されるのである。

一九〇六年にハノーファーで生まれたアーレントは、三歳以降ケーニヒスベルクで育つ。一九二四年にはマールブルク大学に入学、やがてハイデルベルク大学に移り、二八年に博士号を取得する。この間、ドイツ国内では『我が闘争』が刊行され、ナチ党も国政に進出している。

そして一九三三年、ヒトラーの政権掌握から約半年後、アーレントは逮捕された。シオニストの地下組織に協力したためだった。運良く一週間で釈放されると、すみやかにパリへ逃れ、七年強フランスで過ごす。引き続きシオニズムの運動に協力、青少年をパレスチナに送る事業にも携わった。第三帝国では一九三五年にニュルンベルク法が成立、ユダヤ人の境遇は悪くなる一方だった。

こうしたなか、一九三七年もしくは三八年に、アーレントはまさに「ユダヤ人問題（Judenfrage）」と題した論考を書いている。国際婦人シオニスト機構のパリ支部で開催された講演で、やはり亡命状態にあった同郷の人々に向けて語られたのだという。そのなかの次のような一節は、当時の彼女の歴史認識を反映している。

ドイツはかつて真なるユダヤ人問題を抱えた国でした。つまり解放の時代のことで、これはドイツ全体でなんと八〇年を下らない期間に及びました。完全な解放は一八六九年までありませんでしたが、完全な同化はすでにあり、ユダヤ人は国内のあらゆる市民経済分野に完全に浸透し——周知の例外ユダヤ人たちとともに——住民各層での融合は着実に進展、ユダヤ人は同権者として認知されていました。とはいえ、この事実上の同権、つまり経済的な同権は、まだ政治的ないし法的な裏づけを与えられていませんでした。そうした合法化をめぐる闘争のなかでいわば生まれてきたのが近代のユダヤ人問題であり、これはそれまで完全に隔離された一民族、別の伝統と別の歴史的展開をもった一民族の受容をめぐる闘争だった限りにおいて、ひとつの真なる問題なのです。

（『ユダヤ論集』44：Ⅰ六〇）

まず、これがあくまでも「ドイツ」に焦点を絞った話であることに注意しよう。つまり、ドイツ以外の地域では「問題」は必ずしも同じ仕方で存在したわけではない、ということだ。事実、たとえばフランスでは、一七九一年の国民議会でユダヤ人に市民権が認められた。自由、平等、博愛を謳う革命によって、ユダヤ人も法的な意味で「同権者」となったのである。他方、ドイツでは「完全な解放は一八六九年までありませんでした」。地域によってさまざまな違いはあったものの、「ドイツ全体」として見るなら、ユダヤ人が一般市民と同等の権利を享受する「法的な裏づけ（juristische Legalität）」は、普仏戦争にいたるまで欠如していたのである。

こうした不平等、つまり人間存在に関する「合法性」の欠如は、ユダヤ人たちにとっていわば常態だった。近代以前、彼らは「完全に隔離された一民族、別の伝統と別の歴史的展開をもった一民族」だった。多くの場合、ゲットーと呼ばれる一定の区域に居住し、周囲のキリスト教社会とは異なる宗教的生活を営んでいた。社会に出れば不当な扱いは日常茶飯事、暴力を加えられることもしばしばあった。こうした状況を改善しようとするユダヤ人側の努力が「同化」であり、これは啓蒙主義という時代精神に沿うものだった。あらゆる人間に共通する普遍的理性を基礎にすれば、どんな社会的不平等も克服できる。十八世紀後半のベルリンで、レッシングとモーゼス・メンデルスゾーンのあいだに育まれた寛容の精神は、ドイツ人とユダヤ人の共生のための模範とみなされた。

しかしながら、「真なる問題」の一因は、この啓蒙主義がキリスト教社会から提示されたイデオロギーだったことにある。つまり、あくまでもユダヤ人がキリスト教社会に「同化」するのであって、その逆では決してないということだ。そして「完全な同化」のためには、ユダヤ人もまた洗礼を受け、キリスト教に改宗しなければならない。こうして彼らは「国内のあらゆる市民経済分野に完全に浸透し」、ようやく「経済的な同権」を得ることができた。要するに「別の伝統と別の歴史的展開」を放棄することが「同権」の条件だったのであり、しかもそうして得られた権利は「事実上の」ものだったのである（他方、卓越した功績のある「例外ユダヤ人たち」は国家から特別な保護を受けていた）。

以上が「解放の時代」の内実である。そして「これはドイツ全体でなんと八〇年を下らない期間に及びました」。キリスト教国家プロイセンでは、啓蒙主義が普遍的理性を謳う一方、ユダヤ教自体は特殊で偏屈なもの、非理性的で普遍性のないものとみなされていた。だからこそ、社会的に対等な立場を得るためには、ユダヤ人は伝来の宗教を捨てざるをえなかった。だが信仰の自由を認めてこそ、本当の同権ではないのか。同じ理性を持つ同じ人間には、特定の宗教を信じる同じ権利があるのではないか。「事実上の同権」を得たとはいえ、「法的な裏づけ」を欠いた当時のドイツ・ユダヤ人が、このような疑問を抱いたとしても不思議ではない。というより、「そうした合法化をめぐる闘争のなかでいわば生まれてきたのが近代のユダヤ人問題」にほかならず、それは「一民族の受容をめぐる闘争だった」。

この「闘争」の具体的内容について、アーレントは講演原稿では何も述べていない。「同化」という問題についてなら、その頃ちょうど脱稿しつつあった『ラーエル・ファルンハーゲン』で詳しく検討している（この本は一九三三年半ばまでに発表された論文「啓蒙主義とユダヤ人問題」や「独創的な同化」（『ユダヤ論集』I所収）の延長線上にある）。

しかし「同化」では足りなかったからこそ、あらためて「受容をめぐる闘争」が必要になったのであり、そこにこそ「真なる問題」があるはずだろう。ドイツからはすでに離れていたとはいえ、ナチスの足音も確実に聞こえていた十九世紀の首都パリで、アーレントが語る「解放の時代」のうちに暗黙裡に示された「闘争」——注意深い聴衆なら、ここで『ユダヤ人問題によせて（*Zur Judenfrage*）』というカール・マルクスの論考を想起したかもしれない。

2　自由を求めて

というのも、初期マルクスのこの論考は、まさに人権をめぐるひとつの「闘争」だからである。それはブルーノ・バウアー『ユダヤ人問題』（一八四三年）に対する徹底的な批判であり、二十五歳の青年の舌鋒はきわめて鋭い。ヘーゲル左派の論客バウアーは、キリスト教国家としてのプロイセンを念頭に置きつつ言う、キリスト教徒はキリスト教徒として人権を受け取るわけではないのだから、ユダヤ人もユダヤ教徒のまま人権を享受することはできない、と。これに対して若きマルクスが翌年発表した論考には、次のような反論がみられる。

バウアーによれば、一般的な人権を受け取るためには、人間は「信仰の特権」を犠牲にしなければならない。われわれはここでしばらくいわゆる人権なるもの、しかもその本来の姿での人権、つまりその発見者たる北米人とフランス人のもとにある姿での人権を考察してみよう。この人権の一部分は政治的な権利、すなわち他の人々と共同でしか行使されない権利である。共同体への参加、しかも政治的な共同体、国家制度への参加が、その内容をなす。この権利は政治的自由のカテゴリー、公民権のカテゴリーに属する。〔…〕これは宗教を矛盾なく積極的に廃棄することを前提するものでは全然なく、したがってユダヤ教についても事情は同じである。ところで、人権のなかの他の部分が考察されるべく残されている。市民の権利 droits du citoyen（公民権）とは区別される限りでの人間の権利 droits de l'homme（人権）である。

この領域のなかには良心の自由、つまり任意の礼拝を行なう権利が見出される。信仰の特権が人権のひとつとして、あるいは人権のひとつである自由の帰結として、はっきりと認められている。(1)

現代的な見地からすれば、マルクスがここで述べていることは、むしろ普通だろう。彼はこのあと人権宣言や憲法の条文を引き合いに出しながら、実際に「北米人とフランス人のもとにある姿での人権」を確認している。つまり一方において、市民権ないし公民権がある。それは「他の人々と共同でしか行使されない権利」であり、「政治的自由のカテゴリー」に属する。そして他方において、「良心の自由」のような個々人の諸権利がある。人間は人間である限り、そのような内面の自由を持っており、誰もこれを奪うことはできない。「本来の姿での人権」には、こうした二つの側面、いわば公と私という二つの次元がある。しかしバウアーはその「区別」ができておらず、結局のところ既存の国家体制を擁護しているだけなのである。

したがって、ユダヤ人の「受容をめぐる闘争」という観点からすれば、マルクスの言説には「政治的ないし法的な裏づけ」と同時に「任意の礼拝を行なう権利」を求める闘争が含まれていたことになるだろう。「一般的な人権」には、複数性にもとづく外的な自由と個々人の特殊な内的自由が含まれており、両方が備わってはじめて「完全な解放」が達成される。改宗済みの同化ユダヤ人マルクスは、必ずしもユダヤ教徒のために闘ったわけではない。それどころか、宗教は阿片にほかならず、宗教からの解放こそが人類の真の解放につながると考えていた。(2) 「人間の権利」にしても、そこから「市民の権利」が分離されるべきではなく、結局のところ「国家制度」そのものが「問題」だった。だが、青年のテクストは「人権のひとつである自由の帰結」をたしかに擁護しており、この限りにおいて「合法化をめぐる闘争」に寄与するものだったのである。

もっとも、「ドイツ全体で」解放が実現されるのは、それから四半世紀後のことだった。キリスト教国家プロイセンでは、前述のように「完全な同化」が基調だった。もしマルクスが改宗済みでなかったとしたら、その言説がひとつの反論として場を持つことさえなかったかもしれない。「闘争」においても対等性は最初から欠けており、「真なる問題」もそこにあった。

しかし、それだけではない。

というのも、普仏戦争後、新生ドイツ帝国においては、原理上の問題が解決される一方、事実上の領域で差異化が再び進行するからである。「一般的な人権」という合法的な枠組みのもとで、反ユダヤ主義はかつてなく高揚した。法的に「同権」が認められたからこそ、別の次元で差異化が求められたのであり、形式的な平等が実現されたからこそ、実質的な憎悪が増したのである。

第一次世界大戦を経てヴァイマール共和政が成立しても、状況は変わらなかった。そのなかで思春期以降を過ごしたアーレントは、ひとつの歴史の終焉を経験する。たしかに原理的な「自由」はあり、彼女もこれを享受することができた。とりわけ学生時代には、その後の人生を左右する哲学者との出会いもあった(3)。しかし、それから十年も経たないうちに、圧倒的な排除に直面したのである。もはやドイツにとどまることすらできなくなった。避難先のパリで書かれた「近代のユダヤ人問題」に関する原稿は、次のように結ばれている。

> この意味では、一九三三年のドイツにはユダヤ人問題はなかったのです。それだけに、なぜほかならぬドイツで反ユダヤ主義的スローガンがこれほど大きな成功を見込めたのか、なぜほかならぬドイツでユダヤ人をドイツ国民の全生活から排除することが可能だったのか、このことをよく考えてみることがいっそう重要なのです。(『ユダヤ論集』45：I 六一)

ヒトラーが政権を握ったとき、「ドイツにはユダヤ人問題はなかった」。すでに完全なる同権者となっていたユダヤ人が「法的な裏づけ」を再び失い始めるのは、それ以後のことである。いまや考える必要があるのは、「大きな成功」を収めた人種差別であり、経験的な領域を支配する「反ユダヤ主義的スローガン」だった。

こうして彼女は実際に「反ユダヤ主義」と題した論文に着手するものの、完成を見ぬまま一九三九年に独仏開戦を迎えることになる(『ユダヤ論集』I所収)。ドイツ出身のため敵性外国人とみなされたアーレントは、南西部のギュルス収容所に抑留された。しかしフランスが降伏した際の混乱に乗じて脱出、その後どうにかビザを入手し、一九四一年五月にニューヨークにたどり着く。いわば二度目の亡命だった。

3　終わりから始まりへ

したがって十年後、一九五一年に刊行された『全体主義の起原』（英語初版）は、それまでの彼女の経験に裏打ちされた著作だと言えるだろう。とくに第一部のタイトルが「反ユダヤ主義」となっている点をあらためて考えてみると、積年の課題が扱われていることがわかる。「なぜほかならぬドイツで」というのが当初の視点だったが、ここではヨーロッパ全体が視野に収められている。歴史的に考えるやいなや、対象とすべき範囲も全ヨーロッパに及ぶのである。

しかし、人権問題としてのユダヤ人問題という観点からすると、着目すべきは第二部の最終章「国民国家の没落と人権の終焉」だろう。アーレントはここでユダヤ人問題のナチス的解決を分析している。絶滅政策は国籍剝奪を前提としていた。ユダヤ人は強制収容所に送られる前に、移動の自由を含む諸権利を喪失していた。人々を無国籍者とし、その「一般的な人権」をことごとく失効させることが、「最終解決」の第一歩だった。殲滅《ショアー》あるいはホロコーストという出来事は、人間存在に関する「法的な裏づけ」を抹消することから始まっている。単なる人間には人権はまったく認められないということを、ナチズムは証明したのだ。

> 国民の権利を失うことは、あらゆる場合において、人権を失うことに帰結したが、それだけではない。つまり最近のイスラエル国家の例に示されるごとく、人権の回復はこれまでのところ、ただ国民の権利の回復ないし確立によってのみ、達成されたのである。人権という観念は、ある人間的存在者がそのものとして現実に存在するという想定のもとに基礎づけられている。しかしこれを信ずると表明していた当の人々が、他の特性や特殊な関係性を事実上すべて失ってしまった民衆――まだ人間なのだという点以外にすべてを失ってしまった民衆――にはじめて直面したまさにその瞬間、人権という観念は崩壊した。人間であることの抽象的な裸性に、世界はどんな畏敬の念も示さなかった。
>
> （『全体主義』E 299：D 619：Ⅱ三二一）

実際、ナチ党が第一党になったのは、一九三二年の選挙を通じてである。独裁への道は「他の人々と共同でしか行使されない権利」を通じて整えられたのであり、最初から「人権という観念」が放棄されていたわけではない。だが、「これを信ずると表明していた当の人々」も、国籍を剝奪され単なる人間となった多くの人々を目の前にすると、どうすることもできなかった。「抽象的な裸性」から何らかの権利を引き出せるようには思えず、国民国家において人権を保障するのは国家以外にないと考えるしかなかった。かくして「人権という観念は崩壊した」のであり、絶滅はもはや「国民の権利」を持たないがゆえに何の権利も持たない人々を対象としていたのである。

ここでさらに興味深いのは、アーレントが「人権の終焉」のみならず、「人権の回復」についても語っている点である。それは「国民の権利の回復ないし確立によってのみ達成された」。事実、一九四八年に樹立されたイスラエル国家は、国籍を喪失していたユダヤ人に「国民の権利」を与えることによって、彼らの「人権の回復」に努めた。一九五〇年には、国外に居住するユダヤ人にも「帰還」の権利が認められた。「国家制度への参加」を許可するのは、ほかならぬその国家自身であり、その同じ国家が「一般的な人権」を保障する。戦後になっても、この構造に変わりはなかった。

しかし、「最近のイスラエル国家の例」が示しているのは、それだけではない。ユダヤ人国家としてのイスラエルがユダヤ人の人権を回復したこと自体も、別の視点からすると「国民国家の没落と人権の終焉」につながっているのである。一九五五年、『全体主義の起原』のドイツ語版を刊行したアーレントは、同じ章内の少し前のところに次のような文章を加えた（英語版にも五八年の第二版で加筆されている）。

> そして戦後に明らかになったごとく、唯一解決不可能とみなされていたユダヤ人問題はちょうど解決できたものの——その方法とはつまり入植してから領土を奪うことだった——、しかしこれによって少数民族問題も無国籍問題も解決されはしなかった。逆に今世紀のほぼすべての出来事と同じように、ユダヤ人問題の解決はただ新たなカテゴリー、つまりアラブ難民を生み出したにすぎず、無国籍者と無権利者の数をさらに七〇万から八〇万人ほど増大させたのだった。
>
> （E 290：D 600–601：Ⅱ三〇二）

ユダヤ人問題の終わりはパレスチナ問題の始まりである。この一節を含む第二部全体が「帝国主義」と名づけられているのも偶然ではない。つまり「入植してから領土を奪うこと」がシオニストの政策だったのであり、この政策はユダヤ人に対して土地を与え、「国民の権利」を認め、「人権の回復」を実現した一方で、「アラブ難民を生み出した」。以来、彼らの帰還はずっと認められていない。逃亡せずに——あるいは逃亡できずに——とどまったパレスチナ人にとっても、イスラエル国家の樹立は「人権の終焉」を意味した。「事実上の同権」さえなく、よく言って二級市民、多くの「自由」が制限された。そしてもちろん、建国前後の混乱に乗じて殺された民間人も多数いる。すべてがまさに大災厄《ナクバ》にほかならない。

かくしてシオニズムは、数知れぬ死者と行方不明者に加えて、イスラエル国家の内外に「まだ人間なのだという点以外にすべてを失ってしまった民衆」を作り出した。問題の「解決」に関しても、「ある人間的存在者がそのものとして現実に存在する」こと自体をしばしば否定し、パレスチナ人を「国民の全生活から排除すること」に傾注してきた。一九六七年の第三次中東戦争以降、こうした方向性はさらに強化された。新たに占領したガザ地区やヨルダン川西岸でも同様だった。そして抵抗者をテロリストとみなし、「自衛」の名の下に一般人まで除去する構図は今も変わらない(4)。

4　語らずに語る

ところで、アーレントはかつてシオニストの組織に協力していた。それどころか、前述のように彼女自身が「入植」の事業に携わっていたのだった（一九三五年には一度パレスチナにも渡航している）。

だが、アラブ人への対応という点で、彼女はシオニズムの主流派とは異なる見解を抱いていた。国民国家という形式自体に疑問を持ち、ユダヤ人とアラブ人が共存できるような一種の連邦制を構想していたのである。

そのため一九四四年、純然たるユダヤ人国家の樹立をめざすことをシオニストたちが決議すると、アーレントは強く反対した。「シオニズム再考」という論文を書き、彼らの方向性を明確に否定したのだ（『パーリアとしてのユダヤ人』、『ユダヤ論集』所収）。

したがって、少なくとも『全体主義の起原』英語第二版までのアーレントの立場を整理するなら、こうなるだろう。ユダヤ人にも居住地は必要だが、しかしそこに存在する住民たちを無視すべきではない、つまり何らかの「土地」が必要であっても、それを強引に「奪う」べきではない、と。

そして「アラブ難民」についての加筆を踏まえて、「国民国家の没落と人権の終焉」と題された同じ章内の少し後の一節を読んでみると、加筆の意味がいっそう際立つことになる。イスラエルの建国が「無国籍者と無権利者の数をさらに七〇万から八〇万人ほど増大させた」事実を念頭に置くことによって、「人間の権利」に関するアーレントの一種の発見が、より具体的に理解できるからである。

> 私たちは諸権利を持つ権利（つまり自分がおのれの活動《アクシ》／行為《ョン》と意見によって判断される枠組みのなかで生活する権利）、そして何らかの組織された共同体に所属する権利が存在することに気づくに至った。それは新しいグローバルな政治状況のために、そうした諸権利を失ってしまって再び取り戻すことのできない人々が、何百万人も出現したときだった。
> （『全体主義』E 296–297：D 614：Ⅱ三一六）

この一節はよく知られており、さまざまに解釈されてきた。だが、コンテクストを考慮すれば、次のように読まれてしかるべきだろう――ユダヤ人の諸権利は回復されたが、「アラブ難民」にも「諸権利を持つ権利」があるはずだ。「国民の権利」を奪われた人々にも、「何らかの組織された共同体に所属する権利が存在する」（最後の文言はドイツ語版では削られているが、そうする必要性をアーレントは身をもって知っていた）。

　こうしてみると、さらに問われるべきは、「国民の権利」の可能性の条件であることに気づく。つまり従来の「諸権利（rights）」に先立つ未聞の「権利（a right）」を認める以上、現行の国家の構成それ自体が問題になるということだ。「そのものとして現実に存在する」パレスチナ人、のみならず「すべてを失ってしまった」あらゆる「人間的存在者」は、かつてのユダヤ人と同じく、依然として人間である。彼らの「抽象的な裸性」は国家という概念そのものを問い直し、いわば共同性なき共同体、同一性や単一性ではなく差異性と複数性に基づく共和的組織を――既存のどんな民主主義的制度をも超えて――あらためて考えるべく要請しているのではないか。

　もっとも、アーレント自身はこれ以後、「諸権利を持つ権利（a right to have rights）」を追究しなかった。イスラエル国家や「アラブ難民」に関する言及もそれほど多いわけではない。考えてみれば不思議なことだが、これもまた押さえておくべき事実である。

　しかし、そうした不思議さこそ掘り下げるに価するとしたら[5]、ここで最後に着目すべきは「自分がおのれの活動《アクション》／行為と意見によって判断される枠組みのなかで生活する権利」という補足だろう（括弧のなかの言葉を軽視すべきではない）。

　なぜなら、「活動《アクション》／行為」とはやがて『人間の条件』で主題的に練り直される概念にほかならず、「判断」もまた未完に終わった遺著『精神の生活』で扱われるはずの契機だったのだから。もっと言えば、その間には当然アイヒマン裁判があり、アーレントには「一般的な人権」について考え直す機会が一度ならずあった。

　実際のところ、人間にはどのような権利があるのだろうか？　それはあくまでも「人間の」権利、他のいかなる存在者も持つことのない「特権」なのだろうか？　仮にそうだったとして、「私たち」と「彼ら」を分かつ権利はどこにあるのか？

　確定可能な答えは、もちろんない。だが「新しいグローバルな政治状況」は、パレスチナ問題という新たなユダヤ人問題の非人間性を、今日ほとんど極限にまで押し進めている。とりわけアメリカとイスラエルの連繫、そしてこれに与する旧帝国主義勢力の責任は重い（放棄した戦力を合法化するのはきわめて凡庸、それを武器関連の商売に利用するのはあまりに世俗的である）。

　こうした問題が存続する限り、私たちにはまだ「世界への愛」を唱える権利はないだろう。

註

（1） *MEW*, Bd. 1, Dietz, 1976, S. 362. カール・マルクス『ユダヤ人問題によせて／ヘーゲル法哲学批判序説』城塚登訳、岩波文庫、一九七四年、三九—四〇頁。

（2）『ユダヤ人問題によせて』の後半部はさらにラディカルで、ユダヤ教の世俗的な形態とは私欲に基づく商売であり、その世俗的な神とは貨幣であるとマルクスは言う。その上で「ユダヤ人の社会的解放はユダヤ教からの社会の解放である」と結んでいる（372, 377：五七、六七）。アーレントは『全体主義の起原』第一部で若きマルクスのこの言説に触れている（E 34：D 75：I 七五）。

（3） 拙稿「ヴェツラーの秘密——一八歳のアーレントの思い出から」『本』二〇一七年八月号、四六—四七頁を参照。

（4） 植民地主義的拡張と表裏一体になった「自衛」という政策は、少なくとも一九三〇年代初頭の日本に遡る。三牧聖子『戦争違法化運動の時代』名古屋大学出版会、二〇一四年、一八三頁以下を参照。

（5） より本格的には、さしあたり拙論「サイードのために——アーレントとパレスチナ問題1」『武蔵大学人文学会雑誌』第五〇巻第一号、二〇一八年、三五—五四頁および「忖度、改竄、修正主義——アーレントとパレスチナ問題2」同第五一巻第一号、二〇二〇年、一—二二頁を参照。

＊引用した邦訳は、原文と照合の上、訳文を適宜変更させていただいた。なお、本稿はJSPS科研費JP18K00111の助成を受けている。

パレスチナに向けて歩くユダヤ人移民たち（1930年）

3 全体主義

アーレント政治思想の基礎概念

牧野雅彦

1 全体主義の組織構造

アーレントの思想のなかで「全体主義」はどのような位置を占めているのだろうか。なるほど全体主義の経験がアーレントの出発点であったことは誰しも認めるところであろう。だが『全体主義の起原』以降に『人間の条件』や『革命について』において本格的に展開されることになるアーレントの思想の在庫目録のなかに「全体主義」は入るのだろうか。アーレントがその思想を展開する上で「全体主義」という概念は不可欠の構成要素であるとはたして言えるのだろうか(1)。

この問題を考える手がかりとなるのが、『人間の条件』が出された翌年の一九五九年に発表された「権威について」である。後に『過去と未来の間』に収められるこの論文のなかでアーレントは、『全体主義の起原』第三部で論じていた全体主義の組織構造の特質について、「暴政」と「権威主義体制」と比較しながら次のように述べている。

暴政的体制や権威主義的体制と対比して、全体主義の支配と組織にぴったりするイメージは、玉ねぎの構造であろう。指導者はこの玉ねぎ構造のいわばがらんどうの中心に位置する。そして権威主義的ヒエラルキーにおけるがごとく政治体を統合する場合であれ、また暴君のように被治者を抑圧する場合であれ、ともかく指導者は自らが為すことすべてを外部からでも上からでもなく、内部から行なうのである。異常なほど多種多様な運動の部分、つまりフロント組織、各種の職業団体、党員、党官僚機構、精鋭組織、警察集団など、これらすべての部分は、それぞれが一面においては正面(facade)となりながら他面においては中心となる形で相互に結びついている。すなわち、運動の外部の層は内側に対して正常な外部世界の役割を演じ、内側の層は外部に対して極端な過激主義を演じるといった具合である。このシステムの大きな利点は、この運動の各層に対してこの運動が正常な世界とは別ものであり、またより過激であることを自覚させながら、同時に、たとえ全体主義的な支配の条件においても正常な世界の虚構（fiction）を与える点にある。（『過去と未来』99：一三四―一三五）

権威主義的統治は、超越的な権威の源泉の下に階層的に編成されたピラミッドのような構造をとる。そこでは頂点から最下層に至るまで上から権力と権威が浸透することによって組織全体が統合されている。これに対して暴政というのは、そうした階層制を破壊するという意味において平等主義的性格を帯びている。階層的な紐帯から切り離されてバラバラになった諸個人は、一人の支配者の恣意のもとに服従する。[2] この二つの支配体制に対して、「全体主義」は玉ねぎ状の組織構造をとる。指導部を幾層にわたってとりまく幹部や各種団体の多様な組織がいわば緩衝装置となって、外の世界の現実からは隔離された「正常な世界」の虚構を保障するのである。そこでは指導者は上から組織を統制するのではなく、自らをとりまく多様な組織の渦の中に巻き込まれてしまう。ここに全体主義の運動のダイナミズム、秘密警察と強制収容所によって人間そのものを破壊し、最後には体制それ自体をも破滅に追い込むダイナミズムの源泉があった。

問題は、こうした玉ねぎ型の構造が、外部はもとより内部にいる者にもよく見えないことである。全体主義の脅威に直面している、あるいはすでに組み込まれてしまっているとしても、そのことをわれわれは自覚できないかもしれない。全体主義の特徴はそうした支配構造の「分かりにくさ」にある。そして、その「分かりにくさ」はアーレントの政治思想の分かりにくさにも通じている。

2　西洋の政治的伝統の解体

アーレントの政治思想がなかなか理解されない最大の原因は、われわれがすでに「全体主義以降」の世界に住んでいることをわれわれ自身が正面から見据えることができない点にある。

全体主義というのは、近代にはじまる伝統の解体の終着点である。ただしここでアーレントがいう「伝統」は権威主義的伝統一般ではなくヨーロッパに固有の伝統、具体的には古代ローマにおいて都市共同体の創設行為を継承する過程で形成された宗教・伝統・権威の三位一体のことを指している。ローマ帝国をへてキリスト教へと継承されていくそうした伝統は、十九世紀の国民国家体制にいたるまで維持されてきた。全体主義はそうした政治的伝統を最終的に解体したのである。

「権威について」というエッセイにおいて、アーレントが全体主義を「暴政」や「権威主義」と対比したのも、西洋のそれまでの政治思想の限界を明らかにするためであった。「自由主義」や「保守主義」といったこれまでの政治思想は、西洋の政治的伝統の構成要素である「自由」や「権威」をなんとか維持あるいは再生させようとしている。そうした観点からは、全体主義の新しさを理解することができない。自由主義者にとって「全体主義」は個人の自由を抑圧する体制であるという点で「権威主義」体制や「暴政」と変わるところはない。他方で、保守主義者は真の「権威」を擁護するために、階層的な秩序を基盤とする「権威」と、それを破壊する平等の上に立った「暴政」とを区別するが、彼らの目から見れば「全体主義」は「暴政」の破壊的な特徴をさらに推し進めたものにすぎない。「自由主義」や「保守主義」の両者ともに、彼らが維持しようとする「自由」や「権威」、「伝統」の基盤そのものがもはや失われてしまっていることを理解していない。われわれはこれまでの西洋の政治的伝統とそれに基づく「自由主義」や「保守主義」といった政治思想が完全に失効してしまった世界に生きている。失われた伝統はもはや取り戻すことができない。アーレントの政治思想はそのことの明確な自覚の上に構築されている。

3　大衆組織の方法としてのイデオロギーとプロパガンダ

全体主義の成立の前提は、国民国家の徹底的な解体のなかから生まれてくるバラバラの個人の集積としての「大衆」である。国民国家の揺らぎはその基盤である階級社会からの脱落分子である「モッブ」を生み出すが、これは階級社会そのものの徹底した解体の末に生み出される「大衆」とは区別しなければならない。全体主義運動の形成期に「モッブ」は重要な役割を果たすが、彼らの特質をもって全体主義の本質を捉えることはできない。ナチスの党指導部の多くがいわゆる「デクラッセ」(脱階級分子)の特徴を帯び、運動の初期の担い手となるのが彼らに指導された「モッブ」であるために、しばしばそうした「モッブ」やその指導者に焦点があてられることが多いが、それは全体主義運動としてのナチスの本質を見誤ることになる——ナチ指導部のサディズム、残酷さや堕落をいくら批判しても全体主義の危険を克服することにはならない——というのがアーレントの強調するところである。

国民国家とその基盤である階級の解体によって生まれる「大衆」は、およそ自らを組織する能力を完全に欠落させた存在である。運動のもつ行動主義や破壊的な暴力に惹かれてモッブとエリートが全体主義運動に自分から飛び込んでいくのに対して、大衆はそうした行動の動因となるような自己への利害関心をもたない。全体主義運動の形成過程において、彼らを動員し組織するためにモッブ出身の指導者や幹部が必要となるのはそのためである。全体主義が大衆を動員して運動に巻き込んでいく特有の手段がイデオロギーとプロパガンダである。

全体主義が用いるプロパガンダの方法も、それが宣伝するイデオロギーの内容もそれ自体としては何ら新しいものではない。

ナチスが用いた大衆宣伝の技法も反ユダヤ主義や人種といった観念、そしてスターリン体制における抑圧の根拠となった「階級敵」という論理も、それ自体としては十九世紀のヨーロッパにおいて国民国家の成熟と崩壊の過程で生みだされてきたものであった。全体主義の新しさはそれらを「大衆」という存在に徹底して適用したところにある。

彼らは目に見えるものは何も信じない。自分自身の経験のリアリティを信じないのである。彼らは自分の目と耳を信頼せず、ただ想像力のみを信ずる。彼らの想像力は普遍的で一貫しているものなら何でもその虜になりうる。大衆を納得させるのは事実ではないし、でっち上げられた事実でさえない。彼らがその一部となるだろうシステムの一貫性だけを信ずるのである。繰り返しの重要性がしばしば過大評価されるのは、大衆が理解能力や記憶力に劣ると一般に信じられているからだが、重要なのは繰り返すことで最後にはその一貫性を納得させるからにすぎない。（『全体主義』E 351：Ⅲ八六―八七）

階級社会の解体によって自分自身の拠って立つ基盤を根こそぎ奪われた大衆は、もはや自分の経験すら信ずることができない。物理的に集積していても、徹底的にバラバラにされて孤立した個人は、互いの間で共通の「世界」を形成することができないし、そうした共通世界がなければ、個々人の経験を「リアル」なものとして感ずることができないからである。「世界」とそのなかでの居場所を失った大衆は、自分がもはや適合できなくなった世界――彼らにとってそれは嘘の世界である――から逃避しながらも、どこかに拠り所を求めなければならない。全体主義のプロパガンダは、そうした大衆の想像力に訴えて、この世界と彼らの境遇に首尾一貫した説明を与えるのである。それがどんなに荒唐無稽なものであれ、彼らがそれを信ずるに足ると考えるのは愚かだからではない。むしろ彼らに想像力があり、そして自らが依拠する一貫した指針を求めているからである。――この点で、愚かな大衆に対するデマや洗脳による支配であるという批判は全体主義の本質を見誤っている。

全体主義に組織される大衆が、まったく理性を失って狂気や錯乱状態、あるいはパニックに襲われた群衆とは異なっているとするならば、そうした大衆が全体主義のプロパガンダを信ずるためには、そこにやはり何らかの現実とのつながりが必要である。

統合されずバラバラにされた大衆――不幸に見舞われる毎にますます騙されやすくなっている大衆――がそれでもなお理解することのできる現実世界の徴は、いわば現実世界の裂け目、つまり誇張され歪曲された形ではあれ急所を突いているがゆえに誰もあえて公然と議論しようとはしない問題、誰もあえて反論しないような噂である。（E 353：九〇）

全体主義のプロパガンダの示す「仮構のリアリティ」を信頼するに足るものとして完成させるのは、現実世界の裂け目から出てくる事実や出来事の欠片である。たとえば「ユダヤの陰謀」という虚構も、ロスチャイルドに代表されるユダヤ人の金融ネットワークが国民国家の体系のなかで重要な金融・財政上の媒介役を果たしてきたこと、またそうしたネットワークが国民国家の解体とともに揺らいだ結果として噴出する金融スキャンダルといった事実や出来事を背景としている。世界支配をめぐる「ユダヤの陰謀」というのは確かに荒唐無稽に思われるけれども、まったく思い当たる節がないわけではない。一部のユダヤ人金融業者や財界と官公庁、政治家との癒着の事実は数々のスキャンダルで明らかになったことだし、それをしたり顔で報道するメディアや評論家や学者にもユダヤ人がいると言うではないか。そうした断片的な事実や出来事によって陰謀論はリアリティを獲得していくのである。

　ただし、ナチスの反ユダヤ主義は敵対者としてのユダヤの存在という仮構だけでなく、それにもう一つの要素を加えたとアーレントは述べている。

> ナチスはユダヤ人問題をプロパガンダの中心に据えたが、その意味するところは、反ユダヤ主義はもはや多数者とは異質な人々についての意見の問題でも民族政策の問題でもなく、党員一人一人の個人的実存に関わる切実な問題となったということである。「家系図」に問題がある者は一人として党員にはなれないし、ナチスでの位階が上昇すればするほど血統を昔にさかのぼって証明しなければならなかった。
>
> （E 355–356：九四―九五）

反ユダヤ主義は大衆にアイデンティティの拠り所を与えて、彼らにある種の自尊心を回復させて組織するための手段なのであった。もとよりそれがどこまで大衆に浸透したかどうかは問題であるが、たんなる受動的な服従にとどまるものでなかったとアーレントは言うのである。

4　仮構のリアリティの形成

しかしながら全体主義運動にとってイデオロギーもプロパガンダもあくまでも大衆を組織するための手段であり、大衆を獲得できるかどうかによってその実効性は試される。

全体主義プロパガンダの真の目的は、人々を説得するのではなく組織すること――「暴力という手段をもたずに権力を蓄えること」――にある。イデオロギーの内容が独創的であることはこの目的のためには不必要な障碍にしかならない。われわれの時代の二つの全体主義運動は支配の方法では驚くほど「新しい」し組織の方法の点では独創的であったが、決して新しい教義を説いたり、まだ一般に広まっていないイデオロギーを発明したりしなかったことは偶然ではない。大衆を獲得するのはデマゴギーの束の間の成功ではなく、「生きた組織」の目に見えるリアリティと力なのである。

(E 361：一〇二)

首尾一貫した「嘘の世界」を提示して、彼らを一つの運動体として組織することそのものが、大衆に目に見えて触知できる「リアリティ」を与えることになる。自由主義や保守主義、国民主義などの旧来の政治思想にはそうした「リアリティ」を——擬似的な形であれ——与え、「世界」のなかで自分たちの位置や進むべき方向を確かめる指針となることはできない。旧来の思想や主義主張が人々を動かす「イデオロギー」としての効力を喪失してしまったところに登場するのが全体主義の「イデオロギー」なのである。人々を動かすのは「観念それ自体ではなく観念の論理的過程」である。バラバラに孤立した個人、自分の経験さえ信頼できなくなった個人にとって、観念の内容よりはそこから導き出される論理の有無をいわせぬ強制こそが信頼するに足る唯一の存在となるのである（E 472：三四二—三四三）。

5　テロルとその終着点としての強制収容所

「イデオロギー」の強制に基づくプロパガンダによって成立する運動と組織は、自分自身を見失った人間の集積としての「大衆」にとって擬似的な「リアリティ」となる。そこから仮構の敵に対する排除としてテロルが発動される。その意味において、単なる暴力と区別されるテロルは全体主義運動の終着点であり、統治形式の本質をなす（E 344：七三）。

全体主義におけるテロル、秘密警察によって行使される最盛期のテロルの特徴は、政治犯などの明確な思想傾向や反逆の意図をもった「容疑者」ではなく、特定のカテゴリーに属する人間集団そのものを「潜在的な敵」、「客観的な敵」として摘発して排除するところにある（E 424-425：二一〇—二一四）。あらゆる人間的紐帯から切断されたバラバラの個人の集積としての大衆の形成は、任意の基準で人間をカテゴライズして集積、再配置、排除するための前提条件となる。その場合にも、排除すべき「潜在的な敵」に対する密告や告発が全体主義のテロルのダイナミズムを生みだしていることは言うまでもない。

そうしたテロルの終着点が強制収容所である。「強制収容所の社会というその最終結果は狂気のごとく見えるが、それと比較するならば、人々をこの目的のために準備させたプロセス、これらの条件に個人が適応していったプロセスそのものはいたって透明で論理的である。狂気の死体工場はそれに先行して、生きた死体をつくるという歴史的にも政治的にも理解可能な過程によって準備されたのである」（E 447：Ⅲ二四五）。

人々を強制収容所と人間そのものの絶滅へと導く過程は次のような段階を経て進行する。まず最初の段階は「法的人格」の剝奪である。特定のカテゴリーの人間が法的保護から排除される。恣意的な選抜のもとに一人一人の人間の権利は破壊される。次に行なわれるのが「道徳的な人格」の破壊である。犠牲者に対する家族や友人による追悼や追憶は禁じられ、その存在それ自体が忘却・抹消される。犠牲者は匿名化され、収容者の生死自体を知ることが不可能になることによって、死は個人の一生の終わりという意味さえ奪われる。そして最後に、人間の個性、その人固有のアイデンティティが生きた人間から抹殺される。家畜用貨車にまとめて放り込まれて移送され、頭髪を刈られ、囚人服を着せられて、すぐには死なないよう周到に計画された拷問等々によって、個人の人格は完全に破壊される。

法的な人格が剝奪され道徳的な人格が殺害された後では、個性の破壊はほとんどみるべき抵抗もなく進行する。強制収容所で収容者たちの深刻な反乱が起きたことはほとんどなかったし、死を宣告された者がせめて執行者を道連れにしようと抵抗したこともなかった。収容所が解放された時でさえ、親衛隊員に対する自然発生的な殺戮など起きなかった。そこに創り出されたのは条件反射的に事物に反応する動物のごとき人間である。彼らは実際に「死体」になる以前に「人間としては死せる身体」となっている。それはまさに全体主義のシステムの勝利であった（E 454-455：Ⅲ二七〇―二七一）。

事実、強制収容所は他のいかなる制度にも増して体制の権力維持のために必須のものなのである。強制収容所と、それがかき立てる捉えようもない恐怖と、そして全体主義的支配に提供する非常に明確な訓練が徹底して行なわれた場合にどのような可能性をもつのか、どこでもまだ全面的に試されたことはないけれども、それらがなければ全体主義国家が核武装の軍隊にファナティズムを吹き込むことも、人民全体を完全なアパシーの下に維持することもできなかったろう。

（E 456：Ⅲ二七二）

6　指導者の位置

全体主義運動のダイナミズムにおいては、指導者の役割も変容する。全体主義の指導者に必要なのは、大衆的プロパガンダにおけるデマゴーグとしての能力でも官僚的組織技術でもない。全体主義運動を組織する初発の時点においては、指導者の個人的な能力は絶対的に必要ではあるけれども、運動が自己展開していく段階では、個人の能力や資質はほとんど問題にならない。

もとより指導者個人の存在が不要になるというのではない。むしろ完全に発達した全体主義運動においてこそ、運動の中心にいる指導者の役割は決定的になる。

〈指導者〉の最大の任務は、運動のすべての層に特徴的な二重機能を人格として体現することである。彼は運動を外敵の世界から守る魔術的な防壁となると同時に、運動と世界とを結びつける橋である。指導者は通常のどんな政党指導者ともまったく異なるやり方で運動を代表する。彼は党員や職員がその公的資格においてなしたすべての行動、作為・不作為に対する人格的責任を引き受けるのである。

(E 374-375：一二五—一二六)

運動の禍中に巻き込まれた者にとっても、また運動の外にいる者にとっても、指導者個人は運動を体現し、その責任を担うものとして現われる。全体主義運動とその統治構造が、時には権威主義的な階層的統治と同一視されたり、他方ではすべてを超越した指導者個人による支配——暴政の一種——とみなされる根拠もここにあった。

7　嘘とシニシズムの階層制

そうした運動の中心的特徴をなすものが、冒頭に挙げた玉ねぎ状の組織構造であった。ここで重要なのは、運動の各層を構成するリーダーとエリート、一般党員、シンパサイザーの相互の関連である。

エリートの隊列と党員とシンパサイザーという組織的な区分がなければ、リーダーの嘘は機能しない。〔…〕ここでは奥義に通じていない市民をフロント組織のシンパサイザーが軽蔑し、騙されやすく過激でもない同伴者を党員が軽蔑し、同じ理由から一般党員をエリートの隊列が軽蔑し、エリートの隊列の内に新たな組織が設立され発展していくに伴い同様の軽蔑のヒエラルキーが形成される。こうしたシステムの結果、信じやすいシンパサイザーの外部の世界に嘘を信じさせてくれるし、党員やエリートの隊列の段階ごとのシニシズムのおかげで、指導者は自分のプロパガンダの圧力に負けて言明したことを実行して体面をとり繕う羽目に陥らずにすむのである。

(E 383-384：Ⅲ一四一)

こうした嘘とシニシズムの階層的構造のなかでは、中心にいるエリートはもはや運動のイデオロギーを信ずることを要求されない。「彼らは、モスクワにしか地下鉄はないと言われたら、すべての地下鉄を破壊すべしという命令だと理解するが、だからといってパリに地下鉄があるのを見ても別に驚きはしないのである」。みずからの運動のイデオロギーの内容そのものから自由であることが、全体主義運動のヒエラルキーの中心層の特徴である（E 385：Ⅲ一四三）。

虚構の世界をめぐって展開される全体主義運動の内部では現実との齟齬は問題とならない。運動が組織され権力を獲得すればするほど、「虚構」はなかば現実として実現されていくことになるだろう。運動がそのダイナミズムを喪失して「虚構」のリアリティを生みだせなくなったとき、全体主義は崩壊するのである。

8 対抗概念としての活動と評議会

ここまでの論述で示された全体主義の構造とダイナミズムは、アーレントの言う「活動」とどこか似通っていることに気づいた読者もいるだろう。大衆社会のなかでバラバラにされてしまった個人を一つの運動体にまとめあげ、人々に——かりそめのものではあれ——「リアリティ」を与える。そこに形成されるのはたんなる「暴力」ではなく、人々が共に行動することによって生み出される「権力」である。そこでは指導者は運動を「代表」するかのようである。その点で全体主義に対置されるべきは自由主義や保守主義ではなく、ましてや権威主義や暴政でもなく、新たな「活動」の組織としての「評議会」である。アーレントは『人間の条件』のなかでこう指摘している。

全体主義制度の勃興を目撃している現代の歴史家が、とくにソ連の歴史を扱う際にうかうかと見過ごしてしまう事柄がある。それは、ちょうど、現代の大衆とその指導者たちが、少なくとも一時的には、全体主義という形で、まったく破壊的とはいえ正真正銘新しい統治形態を創立するのに成功したのと同じように、人民の革命がもう百年以上前から、なるほど成功はしなかったけれども、もう一つの別の新しい統治形態を生み出している、ということである。すなわち、ヨーロッパ大陸の政党制にとってかわる人民の評議会制度がそれである。

（『人間の条件』216：三四四）

国民国家の政治制度の機能不全という事態に直面して、地域や職場、労働組合などの既存の代表システムと交錯しながら、それらと対抗して形成されるのが新たな政治的公共空間としての「評議会」であった。それでは「評議会」において実現される「活動」と、全体主義の「運動」とはどこで区別されるのか。これが『革命について』の背後にある主題の一つであった。いずれにせよそれは伝統的な政治思想や古い「イデオロギー」のメガネを通しては理解できない。既存の政治思想や主義主張に寄りかかったままの眼で見れば、「活動」の経験と「大衆運動」の経験とはほとんど区別しがたく見えるだろう。アーレントの全体主義論が——その対抗概念としての「活動」や「評議会」と絶えず対照させながら——再読されねばならない理由はここにある。

註

（1）ある体制や敵対する陣営を批判する政治用語としての「全体主義」はアーレントの思考とは無縁である。なお「全体主義」の概念としては、1．全体主義イデオロギーと、2．それに基づく単一政党の支配、3．秘密警察による支配、4．情報および5．暴力手段の独占統制、6．経済組織その他の独占統制という六つの指標を用いたフリードリヒとブレジンスキーの定義が広く受け入れられている（Carl J. Friedrich and Zbigniew K. Brzezinski, *Totalitarian Dictatorship and Autocracy*, Cambridge: Harvard University Press, 1961）。『全体主義の起原』においても類似の現象が取り出されているが、戦後アメリカを中心に興隆する「政治科学」に対するアーレントの根本的な批判を踏まえずに、用語や現象の側面だけを取り上げて両者を比較することはあまり意味がない。

（2）「暴政」（tyranny）の概念は古代ギリシアの「僭主」（tyrannos）に由来するが、次第に君主の専制支配に対する呼称として「専制」（despotism）と同義で用いられるようになる。その経緯については牧野雅彦『アレント『革命について』を読む』法政大学出版局、二〇一八年、一五一―一五二頁。ここでの「暴政」も「専制」とほぼ同義で用いられている。もともとギリシアの「僭主」は、都市共同体ポリスの解体の危機の中から登場する点で、古代ローマの「独裁」と同様、自由な市民の共同体を前提としており、その平等的性格は――市民の政治的権利を剝奪する専制支配とは――異なっている。ただしギリシアの「僭主」がすでに「専制」への傾向を見せていたのに対して、ローマの「独裁」は「専制」や「暴政」とは明確に区別される。アーレントの「独裁」理解については同書二二五―二二六頁を参照。

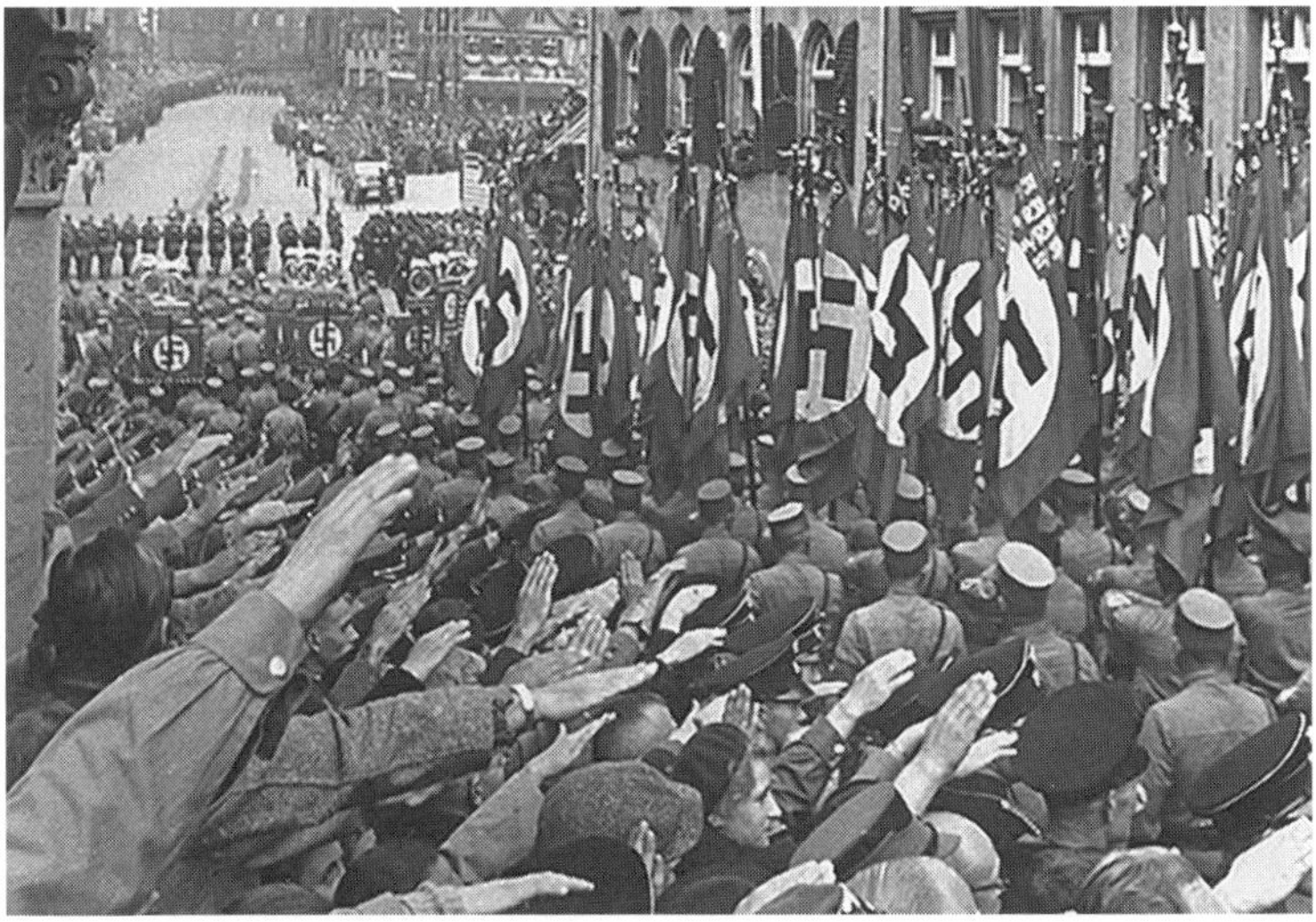

ナチス党大会日，突撃隊のパレードに喝采する人々（1937年）

コラム❶　マルティン・ハイデガー

木村史人

アーレントとハイデガー。二人の関係について、いまさら何を書くべきだろうか。二人の公的かつ私的な関係、つまり二人が戦前どのような関係を結び、そして戦中にそれがいかに破綻し、戦後いかに回復されたのかについては、『アーレント＝ハイデガー往復書簡』やエルジビェータ・エティンガーの『アーレントとハイデガー[1]』、あるいはアーレントの親友であるハンス・ヨナスによる『回想記[2]』、さらに二人の関係について想像を逞しくしたカトリーヌ・クレマンの『恋愛小説――マルティンとハンナ[3]』などを一読すれば、十分であろう。それゆえ、本項であえてそれらを繰り返す必要性は薄いと思われる。

本項では、両者の私的・公的な関係ではなく、二人の思想的な関係に焦点を合わせて、筆者の見解を述べたい。そこで手がかりとしたいのは、なぜアーレントは戦後、一度は幻滅したであろうハイデガーとの関係を復活させただけでなく、彼の著作を英語で世に出すことなどの尽力までしたのだろうか、という問いである。これは、同じように弟子であるヨナスが、ハイデガーを晩年まで決して許そうとしなかった態度と比較すれば、顕著な対比をなしている。そして彼らのような過酷な境遇に陥った者であれば、ヨナスのような態度こそが正常であり、むしろ倫理的ですらあるように感じられる。このような問いに対して想定される回答としては、ヨナス自身が『回想記』に記している「愛だ。愛は多くのことを許す[4]」が典型的であるようにも思われる。しかし、この回答は、二十世紀を代表する二人の思想家の関係を捉えるに際して、唯一の回答とはいえないだろう。アーレントは他の誰よりもハイデガーの思想の価値を認めていたからこそ、彼女は師のために尽力したのではないか、これが本項の仮説である。

アーレントがハイデガーに言及するのは稀であるが（「実存哲学とは何か」、「八十歳のハイデガー」、「ハイデガー狐」、「近年のヨーロッパ哲学思想における政治への関心」、『精神の生活　意志』）、そこで批判されるのは、師の思想が非世界的であり、ロマン的なことである。しかし、思想的な主著といえる『人間の条件』（一九五八年）のドイツ語版である『活動的生』（一九六〇年）を出版した際に出版社経由で送った手紙において、彼女は師にこの書が「どう見てもほとんどすべてをあなたに負っています[5]」と告げ、師の思想の大きな影響のもとで書かれたことを認めている。しかし、『人間の条件』では師への主題的な言及はなく、思想的な影響関係は明示的とはいえない。以下では、主に『人間の条件』に限定し、論点を略述したい。

第一に、『人間の条件』での制作における目的‐手段連関では、或るものは別の目的に対する手段として意味づけられるが、そのような意味づけでは目的が手段となるような「さらなる目的」への無限背進が起こり、結局究極的な目的は見出されないか、あるいは超人のような主体のうちに回収されざるをえないために、ニヒリズムに陥るとされる。このような、制作において見出されない意味を見出すのが、活動であるとされる。

第二に、『存在と時間』第一部第一篇第四章における「世人」や「共存在」に関する議論は、すでに共に存在し、世界を共有していることから出発するが、一九六五年の「道徳哲学に関するいくつかの問題」(『責任と判断』所収)でアーレントは、

一人一人異なる人々がコモン・センス(共通感覚)を作り上げるためには、構想力が必要であると述べている。すなわち、ハイデガーが「共世界」を所与のものとして前提としているように思われるのに対して、アーレントは共通の理解を持たないことを出発点とし、それを作り上げることを課題としている。

第三に、他者と共にあることに対する、両者の理解が相違している。『存在と時間』において他者との共存在は、日常的にかかわる事物から自己を了解する「世人」として考察され、他者や世界との「没交渉性」を性格のひとつとする「死」への先駆的決意性によって、自らの本来性を取り返すことが試みられていた。すなわち、『存在と時間』において他者と共にあることは非本来的なこととして、否定的に捉えられていたといえる[6]。それに対して『人間の条件』では、他者と共に活動すること、すなわち言論や行為によって他者との葛藤が生じることこそが、人間がその生の意味を見出しうる行為として、肯定的に性格づけられているといえる。

第四に、われわれがこの世界において「誰」であるのかという点で、両者は決定的に相違している。『存在と時間』では日常的にわれわれは「誰でもない者」としての世人、たとえば靴屋や銀行員であり、そのような自己理解から世界の内での行動が導かれるとされるが、『人間の条件』では、われわれが「誰」かは、一律に規定されるのではなく、活動を通じて現われるとされる。

しかしながら、ハイデガー(を研究している者)の側からは、以上のようなアーレントの側からの不十分性の指摘や異論に対して、次のように反論したくなるかもしれない。確かにハ

イデガーは『存在と時間』では制作という特定の行為をモデルとしたことによって、生きるために行なう労働や政治的な活動について十分には論じてはいないだろう。しかし『存在と時間』の主眼は、道具や他者などの存在者的な次元を可能にし、それを先行的に基づけるものとしての、現存在の存在論的／実存論的な構造を分析することだったといえる。アーレントが『全体主義の起原』や『人間の条件』でなした労働や活動についての考察は、いわば師があえて論じずに空白にしていた部分を埋めているだけで、師の思想の核心である現存在の存在論的／実存論的な構造分析を揺り動かすものではない、と。

しかし注目したいのは、『人間の条件』の序論ですでに、活動的生と観想的生との関係が問題とされており、生前未完となった『精神の生活』で、アーレントは思考・意志・判断力を論じるつもりであったことである。これらの精神的能力についての分析は、『人間の条件』において分析された存在者的な行為を可能にする構造の分析という点で、師の現存在分析と軌を一にしている。それゆえ、アーレントは『人間の条件』ですでに、ただ労働や活動を存在者的な次元でのみ思考していたわけではなく、それを可能にする構造を捉え直そうという企図を持っていたといえる。すなわち、『精神の生活』までを視野に収めるならば、アーレントは師の現存在分析を根本的に刷新しようという企図のもとで、『人間の条件』を執筆していたといえるのではないだろうか（無論、その試みがどの程度まで成功しているかは、また別途判断されねばならないだろうが(7)）。

本項で示唆的に提起したのは、アーレントは、師であるハイデガーの思想に対して、存在者的な次元でも、存在論的な次元でも真っ直ぐに向き合い、乗り越えようとしていた、という解釈である。彼女は無視することができないほどに、師の思想の価値を評価していたからこそ、師の政治的な過ちを、哲学的に許すことができたのではないだろうか。

註

(1) 大島かおり訳、みすず書房、一九九六年

(2) 『回想記』盛永審一郎・木下喬・馬渕浩二訳、東信堂、二〇一〇年

(3) 永田千奈訳、角川書店、一九九九年

(4) 『回想記』、八七頁。

(5) 『ハイデガー書簡』150：一二一以下、319：二七〇。

(6) 『存在と時間』第60節において、本来的な他者との関係は示唆されてはいるが、明示的に展開されていない。

(7) アーレントが師であるハイデガーの思想に、自らの哲学的な立場から主題的に言及するのは、『精神の生活　第二部　意志』においてである。そこでの議論を踏まえるならば、師の思想を超克する手がかりを、師が哲学的伝統、特にフリードリヒ・ニーチェの意志論に拘泥したがゆえに不十分にしか理解しきれなかった「活動の源泉」としての意志の内に見出そうとしていたようにも思われる。

コラム❷ カール・ヤスパース

豊泉清浩

ハイデルベルク大学哲学第二講座主任教授であったカール・ヤスパース（一八八三―一九六九）のもとで、アーレントが指導を受けるようになったのは、一九二六年夏学期からである。ヤスパースは、精神病理学の分野で医学博士の学位を取得後、心理学教授資格を得ていたが、さらに『世界観の心理学』が高く評価され、哲学教授の地位に就き、当時ハイデガーとは盟友関係にあった。アーレントは、すでにケーニヒスベルクに在住していた一四歳のときに哲学を学ぶことを決め、カントの『純粋理性批判』や『たんなる理性の限界内における宗教』、ヤスパースの『世界観の心理学』、さらにキルケゴールの著作を読み始めていた。アーレントは、ヤスパースの指導のもとでカントの著作を新しい視点から読み直すとともに、論文「アウグスティヌスの愛の概念」により、一九二八年に博士号を取得し、同論文を翌年に出版した。

ヤスパースは、一九三一年十月に時代批判の書として有名な『現代の精神的状況』を出版し、続いて一九三一年十二月に、一九三二年の年号を冠して、主著『哲学』を出版した。この『哲学』は、実存へと超越することをめざす実存哲学のあり方が、順を追って三巻にわたり書かれている書物である。ヤスパースにおける実存とは、どう生きるべきかを示唆する超越者と連繫している真の自己存在である。

彼の実存哲学において、「限界状況の経験と交わりの解明」は最も重要な契機である。限界状況は、人間にとってつねに不変な状況であり、個々の限界状況は、「死」「苦悩」「闘争」「負目」である。交わりは、コミュニケーションであるが、それには段階があり、最も高度な真の交わりを「実存的交わり」という。実存的交わりでは、二人の人間が超越者と関係し、自己の心を限りなく相手に対して開き、同等の水準に立ち、自己の闘いと相手の闘いが一つである「愛しながらの闘い」をするのである。したがって自己は、限界状況を引き受け、実存的交わりを通して、真の自己となる。このことを自己生成という。

しかし彼は、一九三七年にナチスにより教授の職から追放されてしまった。妻ゲルトルートがユダヤ人であったために、二人はつねに死の恐怖に曝されることになった。亡命も諦め、死を覚悟した一九四五年四月一日、ハイデルベルクはアメリカ軍に占領され、ヤスパース夫妻は間一髪のところで命が救われた。

ナチス政権下でも、著書の出版が禁止されるまで、いくつかの著書は公刊された。そのなかでも『理性と実存』（一九三五年）は、その後のヤスパース哲学の発展を方向づける内容を含んでいる。戦後になり、『罪の問題』（一九四六年）で、ナチス政権下におけるドイツ人としての罪の問題を省察し、個人として国民としての生き方と罪の清めについて考察している。一九四七年には、第二の主著ともいわれる『真理について　哲学的論理学　第一巻』が出版された。

ヤスパースは、一九四八年三月に、長年住み慣れたハイデルベルクを去り、夫人とともにスイスのバーゼルに移住し、バーゼル大学教授に就任した。それ以降、一九六一年の最終講義に至るまで彼はバーゼル大学の教壇に立ち、退職後もバーゼルに在住した。

ヤスパースとアーレントは、一九四五年秋に互いに生存を確認し合い、手紙をやりとりしていた。一九四九年十二月、二人はついに再会する。再会後、アーレントは繰り返しヤスパースを訪ねた。彼女はほとんどの場合、ヤスパース家に滞在した。ヤスパース夫妻も彼女の訪問をつねに心待ちにしていた。ヤスパースとアーレントとの議論は、ときには対立することもあったが、腹蔵のない、信頼と愛情に満ちたものであった。

ヤスパースのバーゼル在住期の主要著作としては、『歴史の起源と目標』（一九四九年）、『大哲人たち　第一巻』（一九五七年）、『原子爆弾と人間の将来』（一九五八年）、『啓示に面しての哲学的信仰』（一九六二年）などがある。ヤスパース哲学の後期にみられる特徴的なことは、「哲学的論理学」と「哲学的信仰」とが概念的に定式化されたことである。両概念はともに理性の重視により、「包括者（das Umgreifende）」の概念を基礎として構成されたものである。

また彼は、『原子爆弾と人間の将来』や論文「全体主義との闘争において」（一九五四年）などで、全体主義について分析し、警鐘を鳴らしている。彼は、ナチズムの恐怖を批判するとともに、さらに第二次世界大戦後の全体主義の脅威は、共産主義にあるとみている。この意味において、ヤスパースの全体主義批判とアーレントの『全体主義の起原』とは、相補性を持つものと考えられる。

ところで、アーレントは『カント政治哲学講義』において、カントは政治哲学についての著作を書いていないが、カントの政治哲学は、「ごく少数の論文だけでなく、彼の著作全体の内に見出せるはずだ」という考えを示している。アーレントは、カント哲学全体を扱っているあらゆる著作のなかで、唯一ヤスパースの『大哲人たち　第一巻』の「カント」についての論述は、その少なくとも四分の一をこの特定の主題に当てていると指摘している。その該当する箇所は、「第六章　政治と歴史」の部分であり、この部分でヤスパースは、カントの政治的歴史観の観点から、共和的体制、永遠平和、公開性等について考究している。

そしてヤスパースは、カントがいう共和的統治方式を、理想的な国家体制である民主主義の基本と捉えている。ヤスパースによれば、理性こそが民主主義を生み出すべきである。この理性は、実存と結びつき、実存は主体性を有し、自己の決断によって道徳的行為を遂行することにおいて現実的となる。ヤスパースは、あらゆる国家において、主体的真理の探究が可能で、政治的自由が保障されることによって、世界平和が実現できると考えるが、これは、世界中の国家が共和的体制となって、その諸国家による世界秩序によって永遠平和が実現できるというカントの立場と合致する。

それゆえヤスパースは、論文「カントの「永遠平和のために」」（一九五七年）において、「人間は、カントが理解した《思考法の革命》によって変わる場合にだけ、破滅しないであろう」と述べている。すなわち人間は、理性を信頼し、批判的理性に基づく自由を保障されてこそ、永遠平和への道を歩むことができるのである。

ヤスパースにおける世界史の把握の仕方は、哲学の世界史と世界哲学の理念に関連している。彼が構想する哲学の世界史とは、各地域の歴史を寄せ集めたものとしての世界史ではなく、これまでの哲学的思索を包括する全体を意味する。世界哲学とは、あらゆる国家、あらゆる民族が有する普遍的な思惟が出会う空間であり、人類の理性的な交わりの上に成り立つものである。こうしてヤスパースの世界哲学の構想は、地球的規模での多元的価値の理性的な出会いの場であり、それはまた、ソ連崩壊後のポスト冷戦時代の世界秩序の可能性を示唆するものであったとも読み取れるのではないかと思われる。

さて、一九六九年二月二十六日、ヤスパースは八十六歳で亡くなった。妻ゲルトルートから電報で知らせを受けたアーレントは、すぐにバーゼルに飛んでいる。アーレントにとってヤスパースは、まさに父のような存在であり、同時にカントを身近に感じさせる存在であったといえよう。

参考文献

L・ケーラー、H・ザーナー編『アーレント＝ヤスパース往復書簡 1926–1969』全三巻、大島かおり訳、みすず書房、二〇〇四年。

矢野久美子『ハンナ・アーレント』中央公論新社、二〇一四年。

4 労働

アーレント思想の下部構造

百木　漠

1　労働と仕事

アーレントの「労働」概念とはいかなるものか。まずは『人間の条件』第一章冒頭における「労働」概念の定義を確認するところから始めよう。

> 労働（labor）とは、人間の身体の生物学的過程に対応する営み（activity）である。人間の肉体が自然に成長し、新陳代謝を行ない、そして最後には朽ちてしまうこの過程は、労働によって生命過程のなかで生み出され消費される生活の必要物に拘束されている。そこで、労働の人間的条件は生命それ自体である。（『人間の条件』7：一九）

アーレントにとって「労働」とは、生命維持のための必然性＝必要性（necessity）を満たすための営みであって、身体の生物学的欲求を満たすことを目的としている。それゆえ労働の人間的条件は「生命それ自体」である。人間は生きていくためには食事をし、睡眠をとり、排泄をし、日々の糧を得るために働かねばならない。あるいは家事を行ない、身の回りを整え、日々の雑事をこなしていかねばならない。こうした人間の身体の生物学的過程から生じてくる必然的な欲求を満たしていく行為を、アーレントは「労働」と呼んだのであった。

これに対して、「仕事（work）」は「人間存在の非自然性に対応する営み」であり、「仕事はすべての自然環境と際立って異なる物の「人工的」世界を創り出す」役割をもつ。「仕事」は耐久性をもった「使用対象物（use objects）」を製作することによって、安定性と永続性をもった「世界」を創り出す。「仕事」が製作する「使用対象物」の例として、アーレントは建造物やテーブル、椅子などを挙げているが、これらの耐久的な人工物によってわれわれが生活する「世界」は形作られている。それゆえ「仕事」の人間的条件は「世界性」である。

アーレントにとって「世界」とは、「そこに個人が現われる以前に存在し、彼がそこを去ったのちにも生き残る」ような安定性と永続性を持った場であり、人間はこの「世界」のうちに住まい、この「世界」のうえで「活動」することによって、自らが生きた痕跡をそこに残すことができる。また建造物やテーブルなどの耐久性を持つ「世界の物」は、「死すべき生命の空しさと人間的時間のはかない性格に一定の永続性と耐久性を与える」役割を持っている（8：二二）。

他方で「労働」が生み出すのは「生命過程そのものに必要とされる物」であり、それは「消費財（consumer goods）」と呼ばれる。それは「最も耐久性の低い物」であり、それゆえ「世界性という点から見ると、それは最も世界性がなく、同時に、すべての物のうちで最も自然的である。それは人工物であるとはいえ、絶えず循環する自然の運動に従って、生まれ、去り、生産され、消費される」（96：一五二）。その最も分かりやすい例は食料であろう。食料は生産されて、消費者のもとに届くやいなや、すぐに口の中に入って消化され、跡形もなく消えてしまう。あるいは使い捨てで消費される日用品なども同様であろう(1)。

こうして、「労働」の生み出す「消費財」が、「労働」の行為と同様に自然の循環運動のうちに溶け込んでおり、自然や生命の移ろいとともに流れ去ってしまうのに対し、「仕事」の生み出す「使用対象物」は、「仕事」の行為と同様に自然の循環運動から独立して、人工的な「世界」を形成する。「労働」の生産物は短期間のうちに「消費」されてしまうのに対し、「仕事」の生産物は長期間にわたって「使用《ユーズ》」されることによって、慣れ親しんだ《ユースト》「世界」を形作る。以上のように、アーレントの「労働」と「仕事」の対比には短期的な「消費」と長期的な「使用」の対比が対応しており、さらにその背景には円環的な「自然」と耐久的な「世界」の対比が存在していると見ておくことができる。

もうひとつ、「労働」と「仕事」の相違は、その行為のなされ方の差異にも見出される。「労働」は生命過程（自然過程）の必然性に従ってなされる営みであるがゆえに、それは明確な「始まり」や「終わり＝目的（end）」を持っていない。また「労働」において人間は生命過程の必然性＝必要性に支配されており、そこに人間の自由が発揮される余地はほとんどない。「労働」の生産物は短期間のうちに「消費」され流れ去っていくために、すぐに次の「消費財」を生産する必要が生じ、そのサイクルは終わりを迎えることがない。こうして「労働」は無目的であるとともに、終着点をもたず、生命過程と自然過程の必然性に従属している。

これに対して、「仕事」は目的‐手段図式に沿って、人間が合目的的に自然を加工し、工作物を製作する営みである。「仕事」では、あらかじめ作り上げられるべき対象のイメージが製作者の頭のなかに存在しており、その目標に向かって意識統制的な製作がなされる。それゆえ「仕事」は「労働」とは違って、明確な始まりと終わりを持つことを特徴としており、その過程が無限に繰り返される必要を持たない。こうして「仕事」においては、人間は生命過程と自然過程の必然性を超え出て、自然を主体的に制御《コントロール》する余地が存在する。

以上のようにアーレントは、生命・自然の必然性に従属して生物的欲求を満たすための営みを行なう「労働」と、生命・自然の必然性から超出して人工的な「世界」を製作する営みを行なう「仕事」とを概念的に区別して論じたのであった。

2　世界維持のための労働

以上見てきたように、人間の生命を維持することが「労働」の第一の役割であるが、それに並んで「世界の保護と保全」という第二の役割もあるとアーレントは付け加えている。すなわち、自然過程が人間の工作物のうちへと侵入し、世界の耐久性を脅かすのに対して、「労働」はたえず「終わりなき闘い」を続けなければならない。「自然過程に逆らって世界を保護し保全することは労苦の一種であり、それは日々の単調な雑事の繰り返しを必要とする」(100：一五五以下)。こうして「世界」に対する「自然」の侵入に抗い続けることによって、「世界」の安定性と永続性を保持することは、生命維持ほどの緊急性を持っていないものの、やはりわれわれの生活維持のために必要とされる「労働」である。たとえば、田畑の耕作、家の掃除、物の手入れなどの作業がそれに当たるだろう。

この点で興味深いのは農業の例である。「仕事」章の最初に述べられるように、土地の耕作は「人間にとって最も必要で最も基本的な労働」であり、「生物学的循環と密接な関係をもち、それよりも大きな自然の循環に完全に依存している」(138：二二六)。にもかかわらず、それは「長命な一定の生産物を残し、そのうえ人間の工作物に耐久力のある物を付け加える」という側面も持っている。それゆえに、農業は「労働」と「仕事」のちょうど境目に位置しているように見える。だが、アーレントの判定によれば、農業はやはり「労働」の一つに位置づけられる。なぜなら、「耕作された土地は、厳密にいえば、使用対象物ではない」からである。「使用対象物は、保存のための普通の世話があれば、それだけで永続する」物であるのに対して、「耕作された土地は、繰り返し何度も労働がなされなければ、その状態を保つことができず」、そこでは「真の物化」は決して起こらないからである(138f.：二二七)。以上のように、人間の肉体的生命の維持という第一の役割に加えて、世界の維持管理という第二の役割が存する。(2)

以上のようなアーレントの「労働」と「仕事」の区別に対して、これまでしばしば批判もなされてきた。たとえば、セイラ・ベンハビブは、現実の働く行為においては、アーレントが言うような「労働」と「仕事」の要素を区別することはほとんど不可能であると主張している[3]。生命維持のための「労働」のうちにも耐久性のある使用対象物を生産する行為が含まれうるであろうし、逆に職人的な「仕事」によって耐久性の低い「消費財」が生み出されることもあるだろう[4]。

石井伸男も「労働」と「仕事」の生産物をその耐久性によって区別するというアーレントの議論を批判している[5]。現実には、「労働」によって生み出された日用品のなかにも長期的に「使用」されるものもあれば、「仕事」によって生み出された工作物のなかにも短期的に「消費」されてしまうものもあるだろう。個別の物の耐久性はそれぞれの状況に応じて異なるのであって、一義的にどの物が「消費財」でどの物が「使用対象物」であるかを決めておくことなど不可能である。そのような基準において「労働」と「仕事」を恣意的に区別することは不当である、というのが石井の批判であった[6]。

こうした批判に対しては、まず何よりも「労働」と「仕事」の定義に立ち返ることが重要であろう。すなわち、「労働」とは生命の必然性＝必要性を満たすために行なわれる営みであり、「仕事」とは耐久的なモノの製作を通じて安定的な「世界」を創造する営みであった。それゆえ、その行為が「生命」維持のために行なわれているのであれば、それは「労働」であるということになるし、その行為が「世界」製作のために行なわれているのであれば、それは「仕事」であるということになる。少なくとも理念的にはそのような区別がなされるはずである。それゆえ、「労働」と「仕事」の区別は、その生産物の耐久性だけで単純になされるわけではなく、あくまでその物がどのような目的で生産され、またどのように消費／使用されるかという文脈に応じて判別されるべきであると考えられる。

3　アーレントのマルクス批判

アーレントによれば、西欧世界の伝統においては「労働」は長らく軽蔑と忌避の対象とされてきた。とりわけ、古代ギリシアのポリスでは「労働」は私的領域において奴隷や女性が担うべきものだとされており、他方で「政治＝活動」に参加する自由市民は「労働」から解放されている必要があるとされていた。それゆえに、古典古代の世界では「労働」に積極的な意義が見出されることはなかった。「労働に対する軽蔑は、もともと、必然〔必要〕から自由になるための猛烈な努力から生まれたものであり、痕跡も、記念碑も、記憶に値する偉大な作品も、なにも残さないような骨折り仕事にはとても堪えられないという労働に対する嫌悪感から生まれたもの」だったのである（81：一三五）。

しかし、このような伝統的労働観は近代社会において一変することになったとアーレントはいう。すなわち、「古代の理論では労働が軽蔑され、近代の理論では労働が賛美された」（93：一四七）。近代に入ると伝統的な労働観が反転して、「労働」こそが人間にとって最重要な営みであるとみなされるようになり、「労働」が社会の中心的な価値軸として据えられるようになったというのである。「近代は伝統をすっかり転倒させた。すなわち、近代は、活動と観照の伝統的順位ばかりか、〈活動的生〉の伝統的ヒエラルキーさえ転倒させ、あらゆる価値の源泉として労働を賛美し、かつては〈理性的動物〉が占めていた地位に〈労働する動物〉を引き上げたのである」(85：一三九)。

さらにアーレントは、近代におけるこのような「労働」の位置づけの急上昇を、ジョン・ロックによる労働所有論、アダム・スミスによる労働価値説、カール・マルクスによる労働疎外論などの思想のうちに読み取りながら、次のように述べる。

労働が最も蔑まれた最低の地位から、人間のすべての営みのなかで最も評価されるものとして最高の地位に突然見事に上昇したのは、ロックが、労働はすべての財産の源泉であるということを発見したときに端を発している。その後、アダム・スミスが労働はすべての富の源泉であると主張したときにも、労働評価の上昇は続き、マルクスの「労働のシステム」において頂点に達した。ここでは、労働はすべての生産性の源泉となり、人間のほかならぬ人間性そのものの表現となったのである。しかし、この三人のうち、労働それ自体に関心をもっていたのはマルクスだけであった。(101：一五七)

このようにして、ロックやスミスと並べつつ、アーレントはマルクスこそが近代における「労働賛美」思想の代表者であったと位置づける。なぜならば、マルクスこそは「労働」を「人間の最高の世界建設能力」と捉え、「労働」こそが人間と動物を区別する基準であるとし、「労働」を基軸とした理論体系を作り上げた思想家であったからである。それまで軽蔑と忌避の対象であった「労働」を、反対に人間の本質的営みと規定し、「労働」を肯定的に捉える思想を作り上げた点において、マルクスは「西欧政治思想の伝統」への反逆者であったとアーレントは捉えていた(『過去と未来』第一章「伝統と近代」参照)。

『人間の条件』「労働」章が「この章ではマルクスが批判されるであろう」という一文から始まっていることからも分かるとおり、アーレントの労働論はマルクス批判をベースとして成立している。アーレントはマルクスの労働思想を批判することをつうじて、独自の労働思想を構築したのであり、「労働」と「仕事」はまさにその批判をつうじて生まれてきた概念区別である。『思索日記』を参照すれば、一九五一年以降、マルクスへの批判と「労働」についての考察が絡まり合いながら深められていった経緯を見て取ることができる。具体的には、『思索日記』一九五二年四月に労働・仕事・活動の三区分が初めて現われ(『思索日記』203：Ⅰ二六二)、一九五三年発表の「イデオロギーとテロル」論文においてその区分が公式に示され、これが一九五八年発表の『人間の条件』へと発展させられていくことになる。

アーレントのマルクス研究は、もともと『全体主義の起原』（一九五一年初版）のなかで十分に深められなかった、「マルクス主義の全体主義的要素」を明らかにすることを目的として始められたものであったが、その研究はマルクス主義と全体主義の関係性を追求するものにとどまらず、より大きく「西欧政治思想の伝統」全体を問い直していく研究へと広がっていくことになった。(7) その計画変更のきっかけとなったのは、マルクスが人間を〈労働する動物〉と捉えていることを彼女が発見したことであった（『アーレント伝』279：三七八）。

人間を〈政治的《ポリス》動物〉または〈理性的《ロゴス》動物〉と定義したアリストテレス以来の西欧政治思想の伝統を反転させ、人間を〈労働する動物〉と定義した点において、マルクスは西欧政治思想の伝統を終焉させると同時に、近代社会＝労働者社会の本質を的確に摑みとっていたとアーレントは考えた。彼女はマルクスを厳しく批判しながらも、マルクスこそが最も的確に近代における「労働」の変容を捉えた偉大な思想家であったことを認めている。ゆえにアーレントのマルクスに対する評価は両義的である。マルクスが近代における「労働賛美」の風潮を象徴する思想家であるからこそ、これを徹底的に批判せねばならない、というのがアーレントの姿勢であった。(8)

4 〈労働する動物〉と全体主義

こうしたアーレントのマルクス批判は、彼女の全体主義批判にもつながっている。すなわち、「その主要な価値が労働によって決定される、いいかえれば、すべての人間の営みが労働に転化されてしまっている世界」において、人間の孤独（isolation）は孤立（loneliness）へと変質し、そこでは人間の営為は「世界との関係を絶たれて」しまうことになるのであり、そのようにして人間が「この世界にまったく属していない」「根を絶たれた」状況におかれるとき、全体主義支配が出現してくる（『全体主義』475：Ⅲ三一九）。そうであるとすれば、近代社会において「労働」が人間の営みのうちで最高の地位へと急上昇し、近代人が〈労働する動物〉と化したことが、全体主義の淵源のひとつになったのだと言うこともできるだろう。

とはいえ、アーレントは「労働」それ自体を悪しきものとして批判し、それを根絶させようとしていたわけではない。人間が人間である以上、「生命それ自体」が人間を条件づける要素の一つであることは確かな事実であり、それに対応する営みとしての「労働」が消えることもない。実際、アーレントは「労働の廃棄」とともに「自由の王国」を実現しようとするマルクス主義に対しては強い疑義を呈しているし、「必然〔必要〕を取り除けば、そのまま自由が樹立されるということでは決してな」いとも述べている（『人間の条件』71：一〇〇）。

そうではなく、アーレントが批判しようとしたのは、「労働」が本来あるべき領域を超えて拡張し、「仕事」や「活動」が占めるべき領域、あるいは公的領域をも侵食するようになった状況である。「人間の営みは、それぞれ、それにふさわしい場所を世界のなかで占めている」(73：一〇四)のであり、逆にその領分を越えていずれかの営みが拡張を始めるときには、何らかの歪みがそこに生じてくることになる。近代以降、「労働」の公的領域への進出とともに生じたのは、「社会的なもの」の領域の絶えざる拡大であり――アーレントはそれを「自然なものの不自然な成長」と呼んだ――、それとともに公的領域と私的領域の両方が貪り尽くされていく事態であった。このような「社会的なもの」の拡大の先に大衆消費社会の成立があり、そのさらなる先には全体主義の出現が控えている。

今日われわれは「大統領や国王や首相でさえ、自分たちの公務を社会の生活に必要な賃金労働《ジョブ》であると考え」(5：一五)るような、「〈労働する動物〉が勝利した社会」に生きている。そのような社会において、「残されたものは「自然力」、つまり生命過程そのものの力であって、すべての人、すべての人間的営みは、等しくその力に屈服した」(321：四九八)のであり、そこでは「個体の生命は生命過程の一部となり、労働すること、つまり自分自身の生命と自分の家族の生命の存続を保証することだけが求められる」(321：四九九)。それゆえに、

> 労働社会の最終段階である賃労働者《ジョブホルダー》の社会は、そのメンバーに純粋に自動的な機能の働きを要求する。それはあたかも、個体の生命が本当に種の総合的な生命過程のなかに浸されたかのようであり、個体が自分から積極的に決定しなければならないのは、ただその個別性〔…〕を放棄するということだけであり、行動の幻惑された「鎮静された」タイプに黙従するということだけであるかのようである。(322：五〇〇)

直接的に全体主義という言葉は出てこないものの、『人間の条件』最終節におけるこうした記述は、ナチス政権が民族主義を強く打ち出すと同時に、「勤勉な労働」をつうじた団結を唱えていたことを想起させる[9]。このようにして、アーレントが『人間の条件』の最終節で、近代社会における「〈労働する動物〉の勝利」が全体主義の出現へと結びつく危険性を示唆していたことは、アーレントの二つの主著、『全体主義の起原』と『人間の条件』を結ぶ鍵が「労働」にあることを示している。

5 結語

「労働」の役割を生命維持に限定して捉えるアーレントの見方は、現代ではもはや時代遅れだという意見もある。ポスト・フォーディズム社会では、労働者は単に決まった作業を淡々と繰り返すだけではなく、創造性の発揮（仕事）や他者とのコ

ミュニケーション（活動）を強く求められる。そうであるとすれば、今日ではもはや「労働」「仕事」「活動」の営みは一体のものとして存在しているのであって、その区別自体が意味を持たなくなっているのではないか？[10]

しかし、アーレントは決して今日のような労働の状況を予見できていなかったわけではない。むしろ彼女は、「労働」「仕事」「活動」の区別が曖昧化し、さらに「労働」が「仕事」や「活動」の要素を呑み込んで増殖する事態をこそ、批判的に見ていたと捉えるべきであろう。現代では「仕事の生産過程は〔…〕労働の性格を帯びており」（125：一八六―一八七）、人々は「公的な場で行なわれる労働において卓越性を示す」（49：七四）ようになっている。こうした事態にアーレントは警鐘を鳴らしていた。なぜなら、先にも述べたように、「労働」がその本来の領分を越えて拡張を始めるときに、「社会的なもの」もまたその拡張を始め、それによって「世界」の安定性と永続性が掘り崩されるようになり、それをつうじて全体主義へとつながる道が開かれるからである。

アーレントが「労働」それ自体を高く評価することはなかったために、これまでのアーレント研究において「労働」が主題的に研究されることは少なかった。しかし、以上に見てきたように、アーレントの労働論は彼女の近代化論や大衆社会論、「社会的なもの」論、マルクス論、全体主義論などにまたがる、存外重要な位置を占めている。現代における「労働の過剰」や「労働の肥大化」が政治・経済・社会に及ぼす影響を考察するうえでも、アーレントの労働思想はきわめてアクチュアルな意義を有しているはずである。

註

（1）アーレントはかつて「労働」と「仕事」を区別するに至ったきっかけを訊かれた際、「台所とタイプライター！」と答えたという（『人間の条件』邦訳、訳者解説、五三五頁）。すなわち、台所で日々の食事をつくるのは「労働」であり、タイプライターで作品を書くのは「仕事」である。台所でつくられた食事はすぐに人間の胃袋のうちへと収まり体内へ消化されてしまうが、タイプライターによって書かれた作品は時を超えて読み継がれることができる。もちろんこの答えには多分にアーレント流のユーモアが含まれていようが、アーレントの「労働」と「仕事」の違いをイメージするうえで象徴的なエピソードである。

（2）森一郎は同様の例として、着物を維持管理するために「労働」が果たす役割を取り上げている（森一郎『世代問題の再燃――ハイデガー、アーレントとともに哲学する』明石書店、二〇一七年、第十三章）。着物（ここでいう着物は和服に限定されない）が長年かけて使用されるためには、それを生み出す「仕事」だけでなく、その維持管理のために、こまめな洗濯や裁縫などの「労働」をも必要とする。こうした細かな手入れ作業もまた、安定的で永続的な「世界」を維持するために必要とされる「労働」の一部を成しているのである。

（3）Seyla Benhabib, *The Reluctant Modernism of Hannah Arendt*, Sage Publications, 1996, p. 130ff.

（4） これに加えて、ベンハビブはフェミニズムの見地から、アーレントの「労働」の特徴がとりわけよく当てはまるのは家事労働（料理、掃除、子育てなど）であるとしながら、家事労働のうちにはさまざまなコミュニケーション的要素（＝「活動」的要素）が含まれうることを指摘している。

（5） 石井伸男「ハンナ・アレントとマルクス――「労働」と「仕事」の区別をめぐって」『高崎経済大学論集』第四〇号、一九九七年、一二二頁以下。

（6） ショーン・セイヤーズも、現実の行為においては「労働」と「仕事」を明確に区別するなどほとんど不可能であると述べ、アーレントを批判する（Sean Sayers, "Creative Activity and Alienation in Hegel and Marx", *Historical Materialism*, vol. 11, no. 1, p. 116f.）。実際には、生命維持のための「労働」の行為において耐久性の高い生産物が作り出されることもあるだろうし、その反対に耐久性の高い生産物を作り出す「仕事」の行為が生命維持のためにつながることもあるだろう。現実にはこの二つの行為は分かちがたく結びついており、ほとんど一体のものとして存在しているのであり、アーレントはそうした現実をまったく無視しているとセイヤーズは主張している。

（7） アーレントは当初自身のマルクス研究を一冊の本にまとめる計画を立てていたが、諸般の事情からそれは実現しなかった。その草稿は『カール・マルクスと西欧政治思想の伝統』というタイトルで、その一部が二〇〇二年に*Social Research*誌で公開され、また二〇一八年に刊行が始まった『批判版全集』の第一回配本（第六巻）にその全編が収録されている。

（8） ただし、アーレントのマルクス読解には多くの誤解や曲解が含まれていることが知られている。この点について詳しくはTama Weisman, *Hannah Arendt and Karl Marx: On Totalitarianism and the Tradition of Western Political Thought* (Lexington Books, 2013) および、百木漠『アーレントのマルクス――労働と全体主義』（人文書院、二〇一八年）を参照のこと。

（9） この点について詳しくは田野大輔『魅惑する帝国――政治の美学化とナチズム』（名古屋大学出版会、二〇〇七年）を参照のこと。

（10） 現代社会における労働・仕事・活動の曖昧化については、たとえばパオロ・ヴィルノ『マルチチュードの文法――現代的な生活形式を分析するために』（廣瀬純訳、月曜社、二〇〇四年）第一章の議論を参照。

5 制作／仕事
人為的制作物をめぐる思考の現代的意義と限界

篠原雅武

1　人間存在の条件としての人為的制作物

『人間の条件』の第四章「仕事・制作」の冒頭で、アーレントは次のように述べる。

> 私たちの身体的な労働とは区別される——作り、そして文字通り「働きかける」工作的人間は、労働しそして〔自然と〕「混じり合っていく」労働的動物と区別される——、私たちの手になる制作は、尽きることなきさまざまな事物を作っていくが、その総和が、人為的制作物（human artifice）を構成する。
>
> （『人間の条件』136：二二三）

本章では、アーレントの「仕事・制作」の議論を、人間存在を条件づけるものとしての公共空間にある、人為的制作物としての側面を論じたものとして読解する。アーレントは、人為的制作物を、さまざまな事物の総和によって構成されるものと定義する。さらに、それが安定的で固定的になることで、「死すべき定めにある生のむなしさと、人間の時間のはかなき性質に、永続性と持続性を授ける」ものになると論じていく（8：二一）。人為的制作物が人間の住むことのできるものとして安定的になるとはいかなることか。安定的なものとして構成されているとき、人為的制作物は、どのようなものになっているか。

この問いを考えるうえで重要なのは、アーレントが『人間の条件』の冒頭で展開する、スプートニク号の打ち上げについての考察である。スプートニク号も人間によって作り出された人為的制作物の一つと言えるが、彼女はスプートニク号を、人間が地球に縛り付けられている状態を脱し宇宙に出ていくことを可能にしたものと考える。

アーレントは、人為的制作物を作り出すことにおいて、人間存在の、地球からの離脱を見出すのだが、そのうえで、それが逆説的にも、人間にとって地球が何であるかを問うための機会になると考えていく。

> 地球は、人間の条件の本質そのものである。そして、私たち皆が知るように、地球という自然は、人間存在に住処を与えてくれる点で、宇宙において独自のものであるだろう。そこで人間は、さしたる努力をしなくても、さらには特別な装具がなくても、動いたり息をしたりすることができる。人間の制作物としての世界は人間存在をたんなる動物的な環境から切り離すが、生そのものはこの人為的世界の外側にあり、生をつうじて、人間はあらゆる他の生の有機体と連関している。（2：一二）

人間は、自らの生存条件を、自らの手でつくりだす。つまり人間の条件は、人間的な生産物、人為的制作物である。人為的制作物に条件づけられることで、人間は動物から区別される、人間存在になる。だがアーレントは、人為的制作物ならぬ自然物としての地球をも、人間存在の条件であると考える。アーレントの考えでは、人間存在そのものは、「どこでもないところからの無償の贈与（a free gift from nowhere）」（2f.：一一—一二）である。そして、この贈与としての生をもたらしてくれるのは、「天空のもとにいるあらゆる生き物の母である地球」（2：一二）である。

人間存在は、地球という自然的なものに根ざしつつ、人為的制作物によって支えられることを要する。アーレントは、人間の条件に関して、この二重性を捉えている。それは自然でありつつ人工的でもある。自然であるとはつまり、人為的制作物へと完全に内包されない無償の贈与としての側面がある、ということだ。人為的制作物であるとは、人間生活を安定させるためのものとして、つねにつくりだされ、維持されていくことを要する、ということだ。そのためにも、自然的なものにある、人間的尺度を越えたカオスなものから切り離され、守られていなくてはならない。そしてアーレントは、この二重性ゆえの難問をも捉えていた。クリストフ・ボヌイユとジャン＝バティスト・フレソズは述べる。

> 自然な他性としての地球を完全に占有し、技術的自然《テクノネイチャー》へと変容させるべく、それを消滅させる人間。地球は完全に人間活動によって浸透されるが、それはあたかも工作的人間がつくり出すものだけが本当に価値があるとでもいうかのようだ。[1]

人間は、自然を技術的自然に作り変えることで、自らの生存条件を創出する。だが自然には、人間に無償の生を授けるものとしての側面がある。これをアーレントは「どこでもないところからの無償の贈与」と言い表すが、そのどこでもなさを指してボヌイユは「他性」と概念化する。アーレントの考えでは、技術的自然に内包されることのない何ものかが自然にはある。それでも人間は、自らの生存条件の創出のために、自然を作り変えねばならず、ゆえに自然の他性を消滅させる定めにある。だが、「人間は自分たち自身の、自前の諸条件をつねに創出している。人間に由来し、それゆえに可変的でもあるこれらの諸条件には、自然な事物と同様の条件づける力が備わっている。人間に由来し可変的であるのにもかかわらず、自然な事物と同様の条件づける力を保有している」(9：二二)という見解にほのめかされているように、アーレントは、自然な事物にも依然として人間存在を条件づける力があると考えている。技術に浸透され、技術的に構築されていく人工世界としての技術的自然が人間をとりまき支える。近代化の過程で人間は、人工世界が自然から切断され自足していると考えるようになったが、アーレントの議論を読んでいると、技術的に構築された人工世界そのものが自然につきまとわれ脅かされているという感覚が、この切断と自足を支えているのがわかる。

2 世界の事物性

アーレントのいう世界を、事物として考えようとする関心からの議論としては、エラ・マイヤーズの議論がある。(2) マイヤーズは、民主主義的な政治の条件としての「世界への倫理」を提唱する。それはつまり、人間が生きていることの条件としての世界への集合的なケアが重要であるということだが、このケアについて彼女は「市民の一緒の行為が世界における何物かを気遣う」と述べ、(3) このスタンスからアーレントを読解していく。

本章も、民主主義的な政治の条件としての公共空間を「世界の事物」の観点から考えようとする点ではマイヤーズと立場を同じくしているが、それでも、人間の制作によってつくられるものとしての世界の事物性つまりは人為的制作物の性質に関して、マイヤーズは十分な考察を行なっていないと考える。マイヤーズは次のように述べる。

世界はただの無活性的な背景ではないが、それでも、多くの他の事物のひとつとしての、人間活動の場とコンテクストである。そして世界としての諸条件は、その多くが人間という行為者によって生産され、維持され、変えられていくのだが、にもかかわらず、それら行為者自身から区別されている。(4)

マイヤーズは、世界が人間から区別された背景であることを把握している。それは、人間の行為を支え、意味のあるものにしてくれるための条件である。そのうえでマイヤーズは、背景としての世界を、人間とのかかわりのなかにあり、ケアされるものとして考えていくのだが、彼女の議論では、場やコンテクストとしての世界は、人間関係の網の目と世界のあいだでの相互的影響関係に還元されてしまう。そのために、ケアや共同行為とは独立に存在しそれらを支えるものとしての世界の事物性についての考察が十分でない。

さらに求められるのは、世界の事物性についての考察である。世界にある、人間の制作の産物としての側面、人為的制作物としての側面についての考察である。人間の行為を支えるものとしての世界にある、人間関係の網の目との相関的な相互性には還元しえない事物性を、いかなるものと考えたらいいのか。

本章はまず、世界の事物性が、人間の制作物として考えられていることに着目する。それはつまり、自然とは区別される、人為的制作物であることを意味している。ただし、ここでいう人為的制作物は、理性的な討論のための公共圏のような言語的・言説的な構築物ではない。言語的・言説的な作用——間主観的領域における形成作用——から独立したところにある、事物的な制作物を意味している。

アーレントは、ものをつくるということを、物象化（reification）と呼ぶ。物象化とは、はかなくて消えてしまいかねない諸々の事物の集積を、つくることをつうじて存続させ、安定させていくことを意味する。物象化において「生産された事物はその存在においてずっとしっかりしたものになる」（139：二三八）。

本章はさらに、アーレントが世界の事物性を客体性（objectivity）の概念と関連させているところに着目していく。世界の客体性は、それをつくりだす人間の欲求や欲望から独立し、のみならず対抗していく性質のことだが、これのおかげで事物としての公共空間は一定の持続性・永続性を獲得する。しかしながら、ここでいう客体性は、人間関係の織物（web of human relationships）によって覆われていくものであるとも論じられているので、人間活動とはまったく無関係なものと解釈することはできない。無関係ではないが、事物としての客体性を保持するかぎりで、人間から独立している。この付かず離れずの状態を論じることが、本章の課題の一つである。

人間がつくりだす世界は人間から区別されたものとして存在する。人為的制作物としての世界は人間の行為とのかかわりにおいて現われるものでありながら、人間から離れた、他なるものとして存在している。にもかかわらず人間はここに棲み、人間以外の諸存在と共存している。

活動的な生（vita activa）がその生を営むところである世界は、人間活動によって生産された事物で成り立っている。だが、ただ人間がいることのおかげで存在できている事物は、それにもかかわらず、つねにそれらをつくりだす人間という製作者を条件づけている。生を地球上の人間へともたらす諸条件、つまりは、人間が生をある程度はそこから引き出すことになる諸条件だけでなく、人間は、自ら自身の、自分でつくった条件を絶えず創出する。これは、人間に由来し可変的であるのにもかかわらず、自然な事物と同様の条件づける力を保有している。

（9：二二）

そして、アーレントの考えでは、世界は人間活動がつくり出す事物として形成される。これはすなわち、人間によってつくりかえられ、人間のものとして形成されたということだが、自然そのものとは違う事物として、世界が成り立っているということである。自然そのものと違うとは、いかなることか。アーレントが指摘するように、それは、工作的人間である人間自身を支える条件としてつくられていることを意味している。自然の影響から守られたところで、自前の生存条件としてつくりだされるということもできる。

自然からの切断に関してアーレントは、次のように述べる。

それら〔事物〕は、人為的制作物に、安定性と固定性をもたらすが、これらがないなら制作物は不安定で死すべき定めにある生き物としての人間に住処を与えるのに足るものとならない。

（136：二二三）

アーレントが事物の世界の安定性を重視するのは、彼女が人間存在を不安定で死すべき定めにあるものと考えているからである。人間は、その赤裸々な欲求に身をまかせているときには、自分たちの周りのものをひたすら消費し、使い尽くし、崩壊させていく。アーレントの考えでは、この状態にある人間は、生命過程つまりは生の自然性のとらわれとなったゾーエーとしての存在である。

人間生活の条件が、人間の生に由来する自然の恣意性に左右されず、それに対抗し、持ちこたえうるものとなるためにも、事物の世界の安定性、人為的制作物として形成されていることが要請される。この安定性、固定性を持つことで、事物の世界は、人間を住まわせるところになる。ゆえに、事物の世界は、人間がつくりだすものでありながら、人間の恣意的な欲求ゆえの不安定性から独立している。独立することで、永続性を獲得している。つまり、人間の条件としての事物の世界は、不安定な要因でもある人間そのものと一致せず、逆に隔てられ、疎遠なものとして作られている。実際、アーレントは次のように述べる。

この永続性が、世界の事物（things of the world）の生産者であり使用者でもある人間からの相対的な独立性を世界の事物にもたらす。その「客体性」のおかげで、世界の事物は、その生きた造り手および使用者の貪欲な要望と欲求に、少なくともわずかな期間持ちこたえ、「対抗し」、そして存続することができるようになる。

（137：二二四―二二五）

事物の世界は、欲求をはじめとする人間の内面性から独立の客体性を獲得することではじめて永続可能なものとなる。ただし、この客体性は、人間が事物の世界をつくりだすという活動の過程で得られる。つまり、人間がいないところにおいておのずと生じるものではない。貪欲な要望に駆り立てられるのとは違う、永続的なものをつくり、存続させていこうとする活動が、そこでは要請される。重要なのは、事物の世界の永続性が、人間の貪欲さに対して対抗的なものとして考えられていることである。そこには、人間の貪欲さが事物の世界を使い尽くし、消耗させ、荒廃させ、破壊することへの警戒心がある（252：四〇九）。

　アーレントは、事物としての世界形成を、人間における脆さ、はかなさを克服するためのものとして考えた。「人間世界の現実性、確かさは、私たちが事物によって、すなわちそれを生産する活動よりもいっそう永続する事物によって、そして潜在的にはその制作者の人生よりも永続する事物によってとりまかれているという事実にまずは基づいている」（95f.：一五〇）。

　アーレントの考えでは、その例は家を囲い込む壁だが、これが人間の本性の脆さから独立しているところにおいて形成され、人間生活を安定させる（191：三〇九）。

3　客体的なあいだと主体的なあいだ

　人為的な制作物としての事物には、人間存在を条件づける力が備わる。つくられたものに触れ、支えられることで、人間は自らの存在の確かさを感じ生きていると感じることができる。

> 　人間は、その本性がたえず変化するのにもかかわらず、同じ椅子、同じテーブルへと関係づけられることで、自分が同じであること、つまりは同一性を取り戻す。（137：二二五）

人間存在の条件が確かなものとなるためには、椅子やテーブルのような人為的制作物として形成されることを要する。ただし、この力は、物理学的な法則で測定することのできない、実質のないものである。すなわち、人間を条件づける力は、物理的な実在としての椅子やテーブルから直接的に生じるのではない。それは、音楽における音のように重量や具体的な手触りがなくて実質がないが、それでも作品として形成されることで存在するようになるもののことである。

　アーレントは、実質のないものの例として、テーブルに言及する。

> 　世界で一緒に生きることとは、それを共有する人たちのあいだに事物の世界があるということを、そもそも意味している。それはちょうど、テーブルのまわりに座る人たちのあいだにそれが位置しているようなものだ。世界は、あらゆる「あいだ」と同じく、人を関係させつつ引き離す。（52：七九）

テーブルは、木材や鉄のような材料でできている。そのかぎりでは事物で、重量や硬さといった物理学的な属性を有する。だが、たとえば人を関係させながら引き離すといった作用は、物理学的な実体としてのテーブルそのものにはない。この作用、つまりは人間を条件づける力は、テーブルという事物があり、人々のあいだに位置づけられていることで生じるのは確かだとしても、それでも、事物から直接生じるのではないし、力そのものとしてみたとき、そこに物理学の法則で定量的に測定される実質はない。

「あいだ」には、物理学的な実質はないが、それでも実在性がある。この実在性は、「あいだ」が人間のいるところ、行為し、言葉を発するところでもあるということとかかわりがある。「あいだ」は、人がさまざまなものに触れ、触発され、行為し、言葉を発し、関係していくところとしての空間である。つまり「あいだ」には、二つの側面がある。すなわち、客体的な事物的空間として形成されつつ、人が行為する空間として形成されているという二つの側面である（182f.：二九六―二九七）。

そして、客体的な「あいだ」は、主体的な「あいだ」――「行為と言葉で成り立っていて、その発生を、人間が直接に互いに行為し言葉を交わすところに負う」――に「覆われ（overlaid）」、そして、そこで主体的なあいだが「生い茂る（overgrown）」ところとして存在する（183：二九七）。アーレントは、主体的な「あいだ」は人間が互いに行為し話すことに由来すると言うのだが、それでも、人間の行為が形あるものとして営まれていくことの支えとなるのは客体的な「あいだ」としての事物の世界であって、そのかぎりでは、主体的な「あいだ」は人間だけで生じるのではなく、事物の世界と相関することで存在するとも述べている。

アーレントは次のように論じている。

> 行為し語る過程は、いかなる帰結も最終的な産物のようなものも残さない。だがそのまったき無形性ゆえに、このあいだは、私たちが視覚的に共有する諸事物の世界よりも現実的でないということはない。（183：二九七）

行為や言葉、さらには音楽といった制作物は、直接触れることのできるものとして残されるのではないし、そのことゆえに実質はない。だがそれでも、そこには何もないわけでなく、実質がないというあり方において実在する。実質なきものが積み重なり、漂うところに、主体的な「あいだ」が形成されていく。アーレントは、主体的な「あいだ」のリアリティを、「人間の諸関係の「織物」（the "web" of human relationships）」と呼ぶ（183：二九七）。彼女はこれがただ人間の行為だけでは成り立ちえず、つくりだされた事物がものとして存在し、共有される世界として存在していることをも条件とすると考えようとした。

アーレントの議論は、人間の諸関係の織物と、技術の産物としての人工世界とのあいだに相互作用を見出していく議論として展開されようとしていたと考えることもできる。だが、アーレントの議論では、二つのあいだの相互作用は、人間の諸関係の織物としてのあいだが事物的なあいだを「覆い」、そこで「生い茂る」と言われる程度で、それ以上のことは言われていない。

4 エコロジカルな危機における人為的制作物の不安定化

アーレントは、スプートニク号の打ち上げを人間の条件における根本的な変化の先駆けと捉えた。それは人間の共同生活がただ人間社会の領域だけで営まれるのではないことを思考し、人間社会的領域を離れたところに拡がる世界がいかなるものかを考え、そしてこの広漠な世界において人間社会的領域がいかにして成り立ちうるかを考えるための根拠となりうる。人間生活は、それをもとりまくものとしての地球的な条件によって支えられている。ただし、地球的な条件それ自体は、人間的なものとは無関係である。アーレントは次のように論じる。

事物と人間は、各々の人間の活動のための環境を形成するが、そのような場がないならば、人間活動は無意味なものとなるだろう。だが、私たちが生まれ落ちるところである世界としての環境は、製造された事物の場合におけるのと同じく、それをつくりだした人間活動がないなら存在しないだろう。人間活動は自らの環境を気遣うが、それはちょうど、耕作された土地でそうするのと、同様である。（22：四三）

アーレントは、言語、行為のやりとりのための公共圏の形成に先立つものとしての事物の世界が、人間存在の土台であると考えている。事物の世界としての土台は、人間関係の網の目の形成とともに形作られ、発展していく。そしてアーレントは、人間関係の網の目を、マルクスのいう上部構造とは違うものとして考えている（183：二九七）。つまり、それは経済的な下部構造に支えられるのではない。むしろ、人為的制作物としての世界がしっかり構築されることになる、客体的で物理的な土台に支えられている。

世界の構築。それは一方では、人間世界の安定化、現実感の支えとしての条件の形成のための必須条件だが、他方では、地球的な条件の存在を無視し、傷つけることでもある。安定的なものとして保持されている人間世界をケアすることも、大切ではある。だが、安定的な世界といったイメージの深層で起こりつつある、地球的条件の変動が引き起こす人間世界の条件における根本的な変化を理解するには、地球的な条件としての世界に生じた損傷の現実をも考慮に入れていくことが求められる。

実際、現代においては、この損傷が、アーレントが生きていたときには気づかれることのなかった事態を招来している。ディペッシュ・チャクラバルティは、次のように述べる。

今日、人間が引き起こしている気候の変化は、天気との関わりにおいて頻繁に生じる災害をはじめ、資源、金融、食といった惑星規模の多様な危機と一緒になって起きているのだが、これにより、地球からの離脱は、一九五〇年代という楽観的で近代化していく時代においてはアーレントには想像することのできなかった事態になってしまったことを私たちは知っている。(5)

人間が自分たちの生存のための条件としてつくりだした土台そのものが、不安定化しつつある。アーレントは、地球的条件からの離脱が生存条件を安定させるのに不可欠であると考えていた。ところが、チャクラバルティが論じるように、現代においては、人間活動が攪乱した地球的条件が、土台の不安定化を引き起こしている。

アーレントの考えでは、技術的自然へと改変されることのない何ものかが自然にはある。にもかかわらず人間は、自らの生存条件の創出のためにも、自分たちの目的に合わせて自然を作り変えねばならない。そのことゆえに自然の他性を消滅させる定めにある。そしてこの消滅は、暴力的なものとならざるをえない。じつはアーレントは、人工世界の構築には、暴力的な側面があると考えている。彼女の考えでは、木は木材の提供のためにも破壊されねばならず、鉄や石、大理石は、地球の核から切り離されねばならない（139：二二八）。自然の他性の消滅は、自然の消去と殺害という、暴力行為をともなう。

近代化の過程で人間は、人間世界が自然から切断され自足していると考えるようになった。にもかかわらず、地球的なものに対する暴力行為とともに構築された人工世界そのものはなおも地球的条件につきまとわれている。

現在のエコロジカルな危機は、人間世界への地球的な条件の再侵入と捉えることもできるだろう。そこで人間世界は、消滅させようと試みた地球的なものによって脅かされる。言い換えると、人間の条件の前提条件そのものである、地球的条件からの分離とその消滅をへて形成された人為的制作物が、人間世界において不確かになり、崩壊する、ということである。つまり、アーレントが人間存在の支えとみなした人為的制作物は、エコロジカルな危機において、崩壊しうるものとして存在するようになっているのである。

註

（1） Christophe Bonneuil, and J.-B. Fressoz, *The Shock of the Anthropocene: The Earth, History and Us*. Trans. D. Fernbach. London:

Verso, 2015, p. 61.
(2) Ella Myers, *Worldly Ethics: Democratic Politics and Care for the World*, Durham and London: Duke University Press, 2013.
(3) *Ibid.*, p. 2.
(4) *Ibid.*, p. 92.
(5) Dipesh Chakrabarty, 2012. "Postcolonial Studies and the Challenge of Climate Change." *New Literary History* 43, 2012, p. 15.

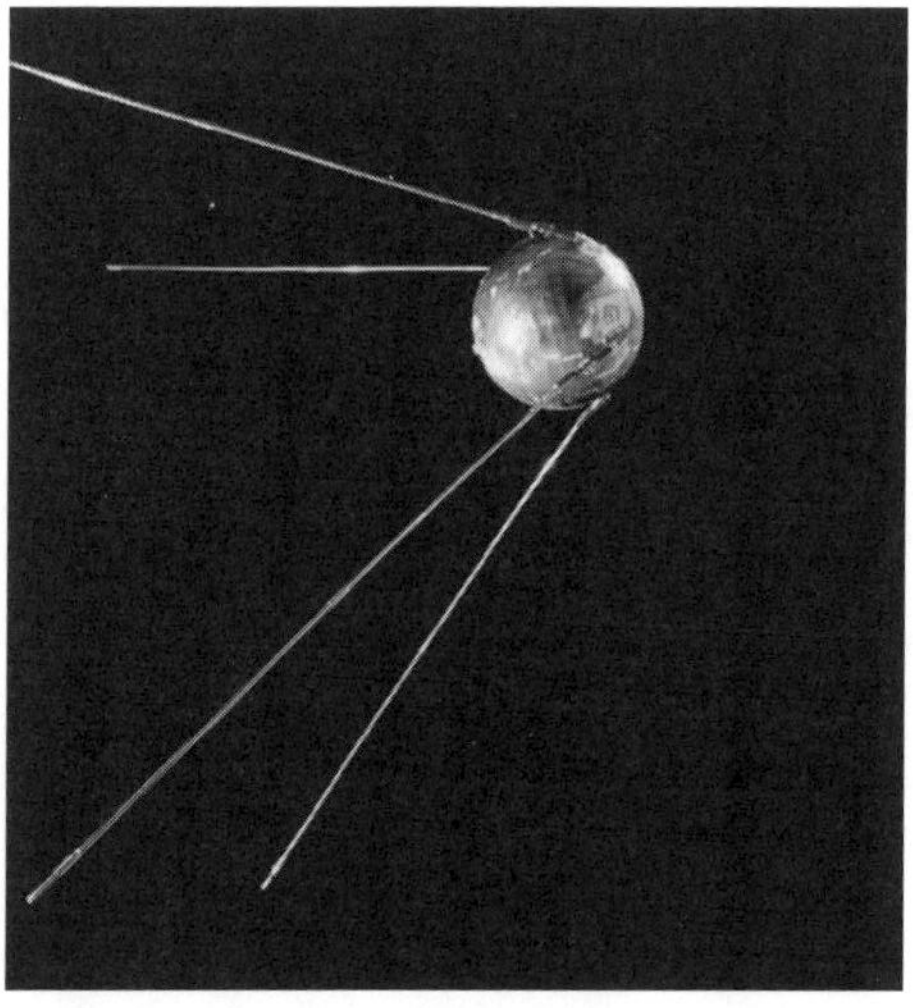

世界初の人工衛星 スプートニク 1 号
1957 年 10 月 4 日，ソビエト連邦が打ち上げた

6 活動／行為

それは語りなのか

橋爪大輝

活動／行為（英 action 独 Handeln）は、アーレントの概念のなかでも、とりわけよく知られたもののひとつであろう（活動／行為と併記するのは煩瑣なので、本章では訳語を中立的な「行為」に一元化する）[1]。ところが、行為がどのような人間的振る舞いを指しているのか、明晰に示されているとはいいがたい。たとえばある研究書は、行為の特徴をつぎのように列挙する。「行為者の同一性を開示する能力、自由を出現させ、世界に存在する実在として現実化する能力、公的な現象空間を創造し、維持する能力、そして権力の産出を可能にする能力」[2]――要約的記述であることを割り引いても、これらの特徴は相互に論理的にどう接続するのかはただちに明らかではなく、独立した概念の寄せ集めのようにも見える。いったい行為とはなんなのか。

本章では、行為がもっとも集中的に論じられている『人間の条件』第五章の議論を、〈行為と語り〉という観点から整理することを試みる。そのとき、素手で摑みかかるのではなく、主要な解釈者たちの解釈を参照しながら、行為概念の多面的なありようを一度俯瞰的に捉えてみたい。そうすると見えてくるのは、アーレントの行為概念の理解に〈行為と語り〉の関係をどう捉えるかが大きく関わっており、既存の解釈もこの関係をめぐって分かれてきたということである。本章では、特定の解釈に肩入れせずに、それぞれの解釈の利点と弱点を見極める作業を行なう。

以下ではまず、『人間の条件』第五章における彼女自身の議論に基づいて、アーレント行為論における〈行為と語り〉の問題とはなにかを明らかにする（第1節）。すると〈行為と語り〉にはいくつかの解釈可能性があることが見える。まず、大きく分けて、(a)〈行為は語りである〉と理解できる箇所と、(b)〈行為は語りによって解釈される〉と理解できる箇所がある。解釈者はそのどちらかに強くフォーカスすることができるけれども、(a)の箇所を重視するなかでも〈闘技型〉の行為理解（第2節）

と〈了解型〉の行為理解（第3節）の立場が大きく分かれる。これらの立場を確認したうえで、最後に(b)の意義を重視する〈物語性〉の行為解釈を確認することで（第4節）、アーレント行為論を解釈するうえでの見取り図を得たい。

1 〈行為と語り〉の問題

アーレントは、『人間の条件』第五章を「複数性」の問題から説き起こしていた。あらゆる存在者は「他性」、すなわちべつの存在者とは「他なるあり方」を備えていると彼女はいう。存在者は総じて、他とは異なるという意味で、個という特殊なあり方を備えている。「とはいえひとり人間のみが、この区別を表現することができ、自分自身を区別することができる」（『人間の条件』176：二八六―二八七）。こうして、人間のもつ個的なあり方は「唯一性」という特別なあり方となる。「人間的複数性とは、唯一的な存在者の逆説的な複数性である」（176：二八七）。では、人間はいかにしてこの唯一性を示すのだろうか。

> 語りと行為（speech and action）が、この唯一的な区別されたあり方を開示する。それらを通じて人びとは、たんに区別されているだけでなく、自ら・互いを区別する（distinguish themselves）。それらは、人間が相互に、物理的対象としてではなく人びととして現われる様式なのだ。このような現われは〔…〕創始（initiative）にかかっている。（176：二八七）

行為は、まずはこうして、互いを区別し自らの唯一性を明らかにするものとして提示される。

ここで〈語りと行為〉は、さっそく並置されて登場している。冒頭で述べたとおり、この両者の関係をいかに理解するかが、行為をどう理解するかにかかわり、そして解釈者たちを分かつのである。

①アーレントはまず、「人びとは行為し語りつつ、自分が誰かを示し、自らの唯一的な人格的同一性を能動的に開示し、かくて人間世界に現象する」（179：二九一）という。こうした箇所では、行為と語りという活動性は、自己開示という場面において一体化している。行為イコール語りだ、と読む余地がある。このとき、彼女によれば、行為と語りは自己開示のために行なわれるわけではない。「たいていの行為や語りは、この〈あいだ〉〔＝利害関心を喚起するような客観的な事物〕に関与しており、〔…〕たいていのことばと行ないは、行為し語る行為者の開示であるのに加えて、世界にあるなんらかの客観的実在についての（*about*）ものなのである」（182：二九六―二九七）。彼女によると、行為・語りは世界に存在する実在をめぐって為されるが、そのなかで同時に、語り行為する者が〈自分〉を示してしまう。それが自己開示なのである。

ここで行為＝語りにおいて行為者が自分を相手と区別し、自分を際だたせるという点を強調するならば、それは競争的となる。こうした競争的な行為観が、ホーニッグやヴィラによる〈闘技型〉の行為理解の源泉となるだろう。

②だが他方でアーレントは、こうした卓越性を表現する語りとは違った語りの概念も提示している。それは「説得の手段としての語り」（26：四七）である。彼女は『人間の条件』第二章で、古代ギリシアのポリスを描写して、言っていた。

政治的であること、つまりポリスのなかに住むことは、すべてがことばと説得によって決定され、力や暴力によっては決められない、ということを意味した。（26：四七）

ここで語りは説得と決定のプロセスのための語りであり、自己表現する言語ではなく、討議し了解するための言語である。行為とはこのような語りのことだと捉えるなら、行為＝語りから「人間関係の「編み目（web）」」（183：二九七）が生ずるということ、また「権力は人びとがともに行為する〔…〕とき、そのあいだに発生する」（200：三二二―三二三）ということも、理解しやすいだろう。つまりは討議プロセスから権力が生成し、政治的共同体が成立してくるということになるからだ。

ポリスは適切にいえば、物理的な位置づけにおける都市国家のことではない。それはともに行為し語ることから生ずるものとしての、人びとの組織（organization）のことなのである。（198：三二〇、強調は引用者）

これらの箇所から浮かび上がる行為概念は、互いに説得し、理性的な討議を通じて自分たちを組織して、共同体を構成する語り（あい）という形を取る。こうした箇所からは、先ほどとは反対に、説得により協調と了解を目指す〈了解型〉の行為解釈が生まれてくる。ハーバーマスやP・ダントレーヴが、こうした立場を取るだろう。

③いままで見てきた箇所では、アーレントは行為を語りと同一視していると読める。じっさい彼女は、「多くの行為――大部分の行為でさえある――は、語りという様式において遂行される」（178：二九〇）とも言っていたのである。[3] ただ、その語りの性格については、二通りの可能性が現われたということだ。

だが、いま見たような箇所に対して、語りが行為の内容であると見ることが困難な箇所が存在している。その場合、行為と語りの関係は〈行為は語りによって解釈される〉というものになるだろう。たとえばつぎのような箇所である。

語りが伴わなければ、行為はいずれにせよ〔…〕その開示的な性格を喪失する。〔…〕行為者が始めた行為は、ことばによって人間的に開示される。〔…〕行為が有意義となるのは、ただ語られたことばを通じてのみであり、そのことばにおいて行為者は、自らの為すこと、〔過去〕為してきたこと、〔将来〕為そうと意図していることを告げることで、自らを行為者として同定する。（178f.：二九〇）

ここでは間違いなく、語りは行為そのものではない。そもそもこうした語りは実際に遂行される必要もない。語りはここで、行為をその経緯と意図によって構造化している、言語的な分節性と捉えられるからである。そうした語りが伴わないなら、行為はそもそも開示性を失う、つまりなにか意味のあるものとして理解することができなくなる。

語りが解釈や理解の次元のほうに関わることをさらに示唆しているのは、アーレントが行為章で物語概念を分析しているという事実である。彼女によれば「行為が完全に開示されるのは、物語る者、つまり歴史家の後ろむきの眼差しにたいしてのみである。歴史家は実際つねに、事情がいったいどうなっていたのかを参加者以上によく知っているものである」（192：三一〇）。つまり行為の意味は、行為が終わったあと、歴史家という他者によって語られなければ明らかにならないということである。

重要なのは、ことばや語りの働きがこのように捉えられるとき、①・②の場合とは異なり、行為の内容は特段の規定を帯びなくなるということである。語りは行為の内容ではなくなり、行為は記述可能性や理解可能性というきわめて形式的な特徴以外、いっさいの規定性を失う。これは、アーレントの行為概念を、より広く人間行為一般として解釈する可能性が開かれるということでもある。実際、これらの箇所を典拠に行為概念を物語による解釈可能性という点から理解したのが、ベンハビブである。

ここまで、私たちはアーレントの行為概念を把握するうえでの鍵を、その「語りとの関係」に見定め、三つの類型を見出した。ここから、〈闘技型〉・〈了解型〉・〈物語性〉という三つの解釈の方向が生まれてくるのである。

2 〈闘技型〉の行為理解

① ホーニッグ

前節の冒頭で、私たちは、行為によって人びとが互いを区別し、個性を示すとアーレントが述べていたことを確認した。「闘技的《アゴナル》」と形容される行為解釈の立場は、この点を重く受けとめ、行為とは自己を際だたせ、他者と差異化するものであると考える。[4] 代表的な解釈として、まずはホーニッグによる『政治理論と政治の置換』（一九九三年）の解釈を見てみよう。

彼女によれば「行為する理由は、行為がもつ唯一的で、個体化する〔…〕力のうちに位置づけられる。つまり、自己が区別されることや抜きんでた業績に対する闘技的な情熱のうちに位置づけられるのである」[5]。なぜなら、「行為が発源するのは ex nihilo〔無から〕であり、行為は自発的で新しく、創造的で、おそらく厄介きわまるものであって、つねに自らを驚かせるものである」(*ibid.*) からである。彼女は闘技とともに創始＝始まりという要素を強調し、無から発する行為の創造性が行為者の卓越性を示すことになる、と主張するのである。

では、具体的には行為とはなにをすることなのか。「アーレントの行為を行為遂行〔的発話〕(performative) として特徴づけるなら、彼女が行為とはことばと行ないの複合であると主張していることとも、うまく平仄があう」(Honig, 87)。ホーニッグは、オースティン由来の概念を用いて、「行為遂行（的発話）」あるいは「言語行為（speech act）」として行為を規定する。つまり彼女は、発話することがそのまま行為であるような語りとして、アーレントの行為を理解するのである。「この発話行為は、語られるという作用において「以前には存在しなかった新しいなにかを存在へと」もたらし、「新しい関係と現実」を創造する」(Honig, 84)。とはいえ、創造性が強調される点からもわかるように、彼女はそれをふつうの言語行為とはみなしていない。彼女が行為の「完璧な」実例として挙げるのは、「アメリカ独立宣言と合衆国憲法」なのである (Honig, 94f.)。つまり彼女は、新たな共同体を創造するような言語行為こそ行為である、と解釈するのである。

② ヴィラ

デーナ・ヴィラもまた、〈闘技型〉の行為解釈に与する。彼にとって、行為の判断基準となりうるのはただ「偉大さ」であり、政治的行為とは偉大さを競う争いとなるのである。「〔…〕政治的行為の自律はパフォーマンス芸術との類比において擁護され、政治的行為はいまやアゴーンとして立ち現われる〔…〕」[6]。

ところが、彼の闘技主義のゆえんは、ホーニッグとは大きく異なる。彼はパフォーマンスの語に「演技」と「遂行」の意味を響かせて、こう言う。「政治は自己言及的であり、行為は本質的に遂行《パフォーマンス》である」(*ibid.*)。彼がその唯一の尺度を偉大さに求めるのはそれゆえなのだ。が、行為が遂行だとはどういうことか。『アーレントとハイデガー』（一九九六年）の議論を見よう。

ヴィラによれば、『人間の条件』の核心に存するのはアリストテレス由来の「プラクシスとポイエーシス、行為することと作ることとの区別」(Villa, 22：三五) である。ポイエーシス、すなわち制作は、それで生み出される成果のうちに実現される活動性であるが、プラクシスはそうではない。後者はそれ自身を目的として遂行される、「自己充足的 (self-contained)」な活動性なのである。かくして「アーレントの政治的行為の理論は、プラクシスを目的論的枠組みの外部で考える、たゆみない試みである」(Villa, 47：七七)。ヴィラによるとアーレントによる活動性の区別の根拠は、この自己充足性の原理のうちにあり、かかる原理を唯一満たすのが行為なのである。「ひとり行為のみが〔…〕内在的な有意味性と自己充足性を、かくて自由を主張することができる」(Villa, 28：四四)。では、その行為とはなにをすることであり、それはどうして自己充足的といいうるのだろうか。

> 〔…〕ある特定の種類の語りのみが、じじつ政治的であり、行為という名称にふさわしい。アーレントはその著作全体を通じて、討議的(*deliberative*)な語りに焦点を合わせている。政治的な語りは典型的なしかたで、決断すること、行為の方針を選択することをその目的としている。〔…〕討議的な語り、政治的討論は〔…〕「目的それ自体(end in itself)」である。なぜなら、ここで「手段」をめぐる争い、取るべきふさわしい行為をめぐる争いは、つねにすでに目的(ends)をめぐる争いだからである。〔…〕政治的討論は目的構成的(end-constitutive)である。その目標はプロセスそのものから分離することがなく〔…〕、むしろ「遂行」そのものの過程において形成される。(Villa, 32：五二)

ヴィラによれば、公的な事柄をめぐる討議という語りこそが、行為である。もしこの討議が、あらかじめ決定された目的に対して最適な手段を見出すためのものに過ぎないなら、それ自体手段的なものとなるだろう。しかし、ここでは討議は目的を決定し、構成することそのものを含みこんでいるがゆえに、「目的それ自体」となる。しかもそれゆえに、行為は意味の源泉でもあるのである。

以上、ホーニッグとヴィラの〈闘技型〉行為解釈を見てきた。この二人の理解は、たしかにアーレントが強調する卓越性や差異の要素を取りあげようとするものである。一見ちがいも大きい両者に共通するのは、しかしこの闘争の強調だけではない。行為に外的な尺度をできるかぎり排除しようとし、その結果合理性や規範性などの尺度もまるごと拒否しかねない点もまた、二人の特徴である。この点を強調しすぎてしまうと、合意形成や協調といったものが説明しづらくなってしまうことは、難点である。

これに対して、つぎに見る〈了解型〉の行為理解は、アーレントの行為概念を語りと見る点では闘技型と一致しつつも、語りにおける対立や闘争よりも、合意や了解をつうじた協調を志向するものとなる。

3 〈了解型〉の行為理解

① ハーバーマス

少し時間を遡り、ユルゲン・ハーバーマスの論文「アーレントの権力概念」(一九七六年)を見よう。第1節で見たとおり、アーレントは人びとが行為において関係の編み目を形成し、人びとの組織を形づくっていくと述べていた。右の論文は、アーレントにおけるそのような協調的な側面で大きな役割をはたす、権力の概念を明らかにしようとしている。

彼女の権力は、ハーバーマスによれば「強制なきコミュニケーションにおいて共同行為へと一致する能力[7]」を意味する独特の概念である。この権力概念は彼女独特の「コミュニケーション行為モデル（kommunikatives Handlungsmodell）」から生まれてくるものなのだ。

> 共同行為するために協議する人びとの了解は〔…〕権力を意味する。了解が説得、そしてあの独特なしかたの強制なき強制に基づくかぎりでそうなのだ〔…〕。強制なきコミュニケーションのなかでもたらされた合意がもつ耐久力は、なんらかの成功に即してではなく、語りに内在する理性的な妥当への要求に即してはかられる。（Habermas, 231：三二八）

行為とは「了解を志向したコミュニケーション」（Habermas, 230：三二七）であり、その説得力は「この妥当性要求を承認することが、合理的に、つまりは理由を通じて動機づけられているという意識」（Habermas, 231：三二八）に基づく。権力は、暴力などの政治外的な要素のいっさい混入しない、理由の力のみを信頼するコミュニケーションから産出されるのである。

ハーバーマスによれば、アーレントのコミュニケーション行為の概念は、現代政治における戦略的行為の要素をすべて暴力として排除してしまうため、政治を分析するカテゴリーとしては瑕疵を抱えている。とはいえ、彼にとって彼女の行為論の成果とは「無疵の間主観性がもつ、普遍的な構造」を取り出したことにこそあるのである。

② P・ダントレーヴ

こうしたハーバーマスの読解方針は影響力をもった。受けついだひとりがP・ダントレーヴである。

マウリツィオ・パッセリン・ダントレーヴは、『ハンナ・アーレントの政治哲学』（一九九四年）で、行為のコミュニカティヴな側面を強調する。ただし彼は、自己表現的な側面を切り捨てるのではなく、次のようにアーレントの行為を二つのモデルに分離し、それらのあいだに「緊張」関係（Passerin d'Entrèves, 84）が存在すると主張した。

> コミュニケーション行為（communicative action）は、理解に達することを志向しており、対等者として承認される主体のあいだでの対称性と相互性という規範によって特徴づけられる。表現的行為（expressive action）は、他方、人格の自己実現と自己現実化をゆるすものである。その規範は、自己の唯一性やその能力を他者によって承認してもらい、確証してもらうことに存する。（Passerin d'Entrèves, 85）

彼もまた権力概念に着目する。権力は「説得に全面的に基づき（Passerin d'Entrèves, 78）、「合理的な拘束力をもつコミットメントに依拠する。そのコミットメントは、自由で歪みのないコミュニケーションのプロセスから生起する」(Passerin d'Entrèves, 79)。コミュニケーション行為は「平等と連帯に基づいた熟慮と意思決定（decision-making）の集合的プロセス」（Passerin d'Entrèves, 85）なのである。

表現的行為と呼ばれるものが、ホーニッグらの闘技型の解釈に通ずるのを見てとるのはたやすい。それゆえ、彼の解釈は一見折衷的である。だが彼にとっては、この表現的行為でさえ一定の解釈共同体を要請する。「行為者のアイデンティティが顕在化するのは、ただ解釈者の共同体においてのみである」(Passerin d'Entrèves, 84)。この点、彼は若干強く了解型の行為解釈に肩入れしているというべきだろう。実際彼は二つの行為モデルは「落ちつかない緊張のなかで共存している」と認めたうえで、こう言っていた。「アーレントは表現的な次元をあまりに強く強調しすぎて、コミュニケーション行為を犠牲にする傾きがある」（*ibid.*）。彼が救いたいのは後者であるように見えるのである。

いま見た二者は、合理性や規範などの要素を取り入れ、アーレント行為論のうちに了解志向のコミュニケーションという次元を拓いた。だが、アーレントをいささか自説に引き寄せすぎている傾きのあるハーバーマスの論に典型的だが、このモデルをどれほど『人間の条件』に内在して正当化できるのかは問われてよいだろう。行為（語り）を〝合理的な討議〟として一貫して読みぬくには、いささか素材が乏しいというのも事実なのだ。いきおい、こうした論者の多くはまた、判断力論に賭ける仕儀になるのである。

4　〈物語性〉

ここまでの論者は、〈闘技型〉であれ〈了解型〉であれ、行為の内容が語りであると見る点で変わりはなかった。だが第1節で見た通り『人間の条件』には、行為が語りを通じて解釈される（つまり語りが行為の内容ではない）としか読めないように思われる箇所がある。

ハーバーマスの影響下にあるセイラ・ベンハビブは、闘技的な行為論に対する批判者としても知られており、〈了解型〉の行為理解の代表者とも目される。おそらくこれ自体はまちがっていない。だが、彼女がコミュニケーション行為を下記のように退け、〈行為を記述するものとしての語り〉という解釈方向を拓いていることにも、注目すべきであろう。『ハンナ・アーレントの不本意な近代主義』（一九九六年・新版二〇〇三年）より引く。

私はコミュニケーション行為の代わりに、物語的行為モデルという術語を用いるつもりである。コミュニケーション行為は、発話行為によって掲げられる妥当性要求という基盤において、対話するパートナー相互の理解に到達することを志向している。一方物語的行為は、アーレントの理論においては、「関係の編み目と演じられた物語」のなかに埋め込まれた行為なのである。[8]

このように、彼女の特徴はむしろ、行為論における「物語（narrative）」の役割を強調するという点にある。しかし、行為が物語に埋め込まれているとはどういうことなのだろうか。

ひとは孤独（solitude）のなかに住まい、思考することはできる。けれどもひとは、他者の現前なしには、寛大であったりけちであったり、勇敢であったり臆病であったり、優しかったりひとを傷つけがちだったりすることはできない。そのような行為が勇敢とか臆病とかけちとか等々と同定されうるのは、私たちや他者がそれらを「これこれのものであり」「それぞれ」ではないと解釈することによってである。〔…〕行為は、他者や私たち自身に開示される物語を通じてのみ、同定されうる。行為が「なんであるか」は、最低限、それをした者や、彼／女の意図、行為の性質、その行為が従事されたコンテクストというものを要求する。　（Benhabib, 112）

ベンハビブの解釈において行為はたしかに言語的であるが、しかしそれは行為が言語行為である、という意味ではない。むしろそれは「あらゆる行為が〔…〕物語的に構成されている」（Benhabib, 129）という意味なのである。こうして物語論が行為に構成的なものとして、新たに組み込まれる可能性が見えた。このことは同時に、アーレント行為論を行為一般の理論として読む余地が生まれたことをも意味するのである。

5　行為概念をいかに解釈すべきか

私たちは、アーレントの行為概念を理解するうえで、〈行為と語り〉の関係をどう理解するかがカギであると見て、その関係を軸に既存の解釈を見てきた。多くの解釈者は行為＝語りとする説を取り、その語りがどのような質のものであるかを解釈上の争点としてきたのである。一方でホーニッグやヴィラは、それを闘技的なものとみなした。他方ハーバーマスやP・ダントレーヴなどは、行為＝語りを了解志向のコミュニケーションと見たのである。そうした大勢のなかでベンハビブは、行為＝語りだけではなく、〈行為を記述するものとしての語り〉にも目を向けている。語りはこの場合行為から分離された物語であり、行為とは語りによって人間的に有意味化されたふるまいである、ということになろう。

このように、アーレントの行為概念の解釈は、きわめてふり幅が大きい。しかもそれらはたんに恣意的なものとはいえず、それぞれがそれぞれなりに彼女のテクストに根拠をもっていたのである。こうした混乱の原因は間違いなく、行為の（そしてそれと表裏一体をなす語りの）概念を、アーレントがきわめて多義的に使用していることにある。私たちはここで、行為の概念を一義的に断定することはしない。だが少なくとも言いうるのは、アーレントの行為を解釈するうえで、その多義性に自覚的になり、彼女自身があいまいにしている複数の意義を腑分けすることなしには、行為概念を適切に解釈することは不可能であるということである。

註

（1）邦語研究においては、行為よりも活動のほうが訳語としてやや優勢であるが、筆者はこの訳語は解釈を誘導しかねないと恐れる。日本語の活動という語には、たとえば「活動家」ということばに見られるように、はじめからいくらか「政治活動」のニュアンスが混入しているように思われるからである。

（2）Maurizio Passerin d'Entrèves, *The Political Philosophy of Hannah Arendt*, Routledge, 1994, p. 80. 二次文献は初出時のみ出典を註に示し、二回目以降は著者名と頁数のみを本文中に示す。

（3）ただし、この箇所はもちろん両義的である。というのも、大部分の行為が語りの様式で行なわれるということは、語りではない行為も存在する、ということを当然含意するからである。

（4）アーレントは、『人間の条件』（194：三一三—三一四）で、「闘技精神（agonal spirit）」という表現を用いている。

（5）Bonnie Honig, *Political Theory and the Displacement of Politics*, Cornell University Press, 1993, p. 80.

（6）Dana R. Villa, *Arendt and Heidegger: The Fate of the Political*, Princeton University Press, 1996, p. 54. ヴィラ『アレントとハイデガー——政治的なものの運命』青木隆嘉訳、法政大学出版局、二〇〇四年、九〇頁。

（7）Jürgen Habermas, "Hannah Arendts Begriff der Macht," in: *Philosophisch-Politische Profile*, erweiterte Ausg., Suhrkamp, 1987, S. 228. ハーバーマス『哲学的・政治的プロフィール——現代ヨーロッパの哲学者たち』上巻、小牧治・村上隆夫訳、未來社、一九八四年、三二六頁。

（8）Seyla Benhabib, *The Reluctant Modernism of Hannah Arendt*, new ed., Rowman & Littlefield, 2003, p. 125.

＊本章の草稿を、哲学／倫理学セミナー第一二八回例会（二〇一九年二月二十三日、於・湯島地域活動センター）において検討していただいた。記して感謝する。

7　はじまりと出生
自由の原理と、その困難

森川輝一

人の一生ははかなく、この世に生を享けた誰もが遠からぬ死を宿命づけられている。古代ギリシア人が自らを「死すべきもの」と呼び、二十世紀の哲学者ハイデガーが自己の本来性を「死の先駆」に求めたように、人間の生のありようは、死というその終わりによって規定されているように見える。しかしアーレントは、「出生（natality）」という生のはじまりに目を凝らす――「人間は確かに死ななければならないが、死ぬためではなく、始めるために生まれて来るのである」（『人間の条件』246：三八五）。「はじまりが存在せんがために人間は創られた」とアウグスティヌスが言ったように、意味もなく世界に投げ込まれて死に急ぐためではなく、人々の間で何か新しいことを始めるために、私たちは生まれて来るのだ（177：二八八）。

　とはいえ、人が生まれる（生が始まる）という事実と、何かを始める行為は、同じことではない。始めるために生まれる、とはどういうことなのか。

1　はじまりと「行為の生活」――出生と活動の親和性

私たちの生は出生とともに始まり、生きている間に私たちが行なう三つの行為もすべて出生に淵源している。すなわち、個体および「種の生命」を維持する「労働（labor）」、物を造り出して世界に「耐久性と永続性」を与える「制作（work）」、言葉と行為によって「記憶の、つまり歴史の条件」をつくりだす「活動（action）」の三つであるが、「出生という人間の条件に最も密接な関連をもつ」のは「活動」である（8f.：二一）。なぜか。

行為の時間的過程という観点から整理すると、労働において人間は、生存の必要に強いられ、生物としての必然に従って生命をつなぎ、他の個体の再生産（生殖 reproduction）によって集団を維持する。労働し続けなければ生存は望みえず、生殖を反復しなければヒトは死滅してしまうのだから、労働の過程には「はじまりも終わりもない」。他方、制作の過程は「明確なはじまりと、明確に予見できる終わりをもつ」（143f.：二二三）。制作において人間は、道具や材料のみならず、目的《エンド》に向けて始められ、その達成をもって終《エンド》わる制作過程そのものを制御するからである。労働過程に支配される「労働する動物（animal laborans）」とは対照的に、「制作人（homo faber）」は、まるで無からすべてを創造する神（Creator-God）のように、モノとモノを造り出す過程を自由に支配するのである（139：二一八）。

これに対し、複数の人々の間で行なわれる活動の場合、その過程は「明確なはじまりをもちうる」が、「予見できる終わりをけっしてもたない」（144：二二三）。活動を始める（*archein*）者はつねに、それを引き継ぐ（*prattein*）者を必要とする。事のはじまり（*archē*）は、それに応答する実践（*praxis*）によって出来事となり、実践の連なりが出来事を持続させるが、各々の実践が新たなはじまり《アルケー》となるため、事の成り行きは予見できない。行為を始める《アルケイン》者が行為過程を単独で支配《アルケイン》する者となる制作とは異なり、活動の過程に支配者《アルコーン》は存在せず、はじまりに応答する活動一つひとつが新たなはじまりとなり、出来事の過程に偶然的な変化をもたらしてゆくからである（189：三〇六、222f.：三五一）。この点で、活動は出生とよく似ている。たとえば、あるカップルのもとに子どもが生まれるという出来事は、一面ではまぎれもなく生殖の所産であるが、それまで世界に存在していなかった新たな人間の出来であり、単なるヒトの再生産に尽きない。子どもが到来し、二人の間に自らを「差し挟む（insert）」ことで、カップルの二者関係は、子どもという新たな他者を間に挟んだ三者関係という「別の共生の様式へと転換される」ことになる（242：三七八）。やがてその子は成長して「言葉と行為によって自らを人間世界に差し挟み（insert）」、その唯一無二の《ユニークな》姿を人々の間に現すことになるだろう。誕生によって新しい生が始まるように、活動の過程においては何か新しいことが始まる。確かに、活動は「第二の誕生のように」見える（176：二八八）。

とはいえ、何かが始まる出来事と、何かを始める活動との結びつきは明らかでない。このずれは、『人間の条件』第五章「活動」における語り口の違いに反映されている。一方でアーレントは、人々の間で偶《たま》さか何かが始まり、思いもよらぬ変化を遂げていく出来事の過程として、活動を論じる。章の中央に位置する二五〜三一節は、おおむねこの視座からの考察で占められており、そのさいアーレントが用いるのは、先に見た「始める《アルケイン》―引き継ぐ《プラッティン》」をはじめとする、古代ギリシアの言葉である。他方でアーレントは、冒頭の二四節にアウグスティヌスの「はじまり」の一節を掲げ、末尾の三四節では、新しいことを始める活動を「奇蹟を為す力」と呼び、その力が出生の事実に由来することを告知する言葉として、「私たちの許に子どもが生まれた」という『福音書』の「福音」を引いて章を結ぶ（246f.：三八五以下）。すなわち「活動」章のはじまりと終わりで、

「始めるために生まれて来る」という活動と出生の結びつきが、キリスト教の言葉で語られるわけである。

ギリシアの言葉で語られる「出来事」の世界を、存在するものの一切の根源を神の「創造」に帰すキリスト教の言葉で挟み込む、という奇妙な構成は一体何を意味しているのか。奇妙と言えば、章のはじまりと終わりを飾る二つの引用も、奇妙極まりない。アウグスティヌスの「はじまり」の一節は、原典（『神の国』一二巻二一章）の文脈では、人間一人ひとりの「出生」ではなく、神によるアダムの創造という人類の始原を指しており、「私たちの許に子どもが生まれた」という「福音」にいたっては、四つの『福音書』のどこにも存在していないのである。これら二つの言葉は、どこから生まれ出たのだろうか。

2 「はじまり」の福音――「出生」概念の誕生

最初の著作『アウグスティヌスの愛の概念』には、件の「はじまり」の一節への言及はない。とはいえ、のちの出生の思想の萌芽を見て取ることはできる。同書においてアーレントは、この世からの救済を説くキリスト者アウグスティヌスがこの世を共にする「隣人への愛」を再三強調するのはなぜか、という問いを立てて考察を進め、第二章第一節において彼の「世界」概念に着目する。曰く、アウグスティヌスは「世界」を、神の創造した「天と地」と、人間が自ら構成する「人間世界」という二重の意味で捉えており、しかも前者を、「ギリシア的な見方」に基づいて不滅の宇宙《コスモス》と解している（『アウグスティヌス』50f.：七五以下）。「ギリシア」的な視座に立つなら、神は最初に天地を造り、その後に人間を造ったという聖書の教えは、次のように理解されることになろう――人間は、自分より「前から」存在している天地に、いわば「後から」生まれて来て、自分より前に生まれた人々がつくり上げてきた「人間世界」に加わり、死に去るまでの時間を生きるのだ、と（54f.：八五以下）。新しき者が世界に到来し、「第二の誕生」を通じて人々の間に現われる、という「出生」の思想の芽生えと言ってよいが、あくまで芽生えに留まる。アーレントは結論部に至り、この世における隣人との絆を、アダムを祖とする人類全員が「生まれによって（generatione）」アダムの「原罪」を受け継ぎ、「死すべき宿命」を等しく負っていることに求める。罪ある者の同一性が、神への愛《カリタス》で結ばれる信仰者の「共同体（corpus）」の基礎となる、というのであるが、アーレント自身が指摘するように、そこでは「個々の人間は完全に忘れ去られ」、ただ「キリストのからだ（corpus）と一体化される」だけの存在となる（106：一六〇）。すなわち、ここでいう「生まれ」とは、必然に縛られた同一の個体の繁殖（generatio）でしかなく、唯一の個のはじまりとしての出生ではない。

「はじまり」の一節への言及が始まるのは、それから二〇年余を経た、五一年四月のことになる（『思索日記』66：I九三）。

その直前に公刊された『全体主義の起原』初版の結論部を見ると、アーレントはアウグスティヌスには論及せず、代わりにこう語っていた――「人間が生殖の力を持つものとして創造された（man was created with the power of procreation）」ことに「感謝」し、「自覚的に計画された（planned）歴史のはじまり、自覚的に考案された（devised）新しい政治体」によって人類を再統合することが、全体主義を克服する道である、と[1]。後の版では跡形もなく削除されるこうした叙述は、アーレントが『全体主義』初版の時点では、人間の複数性を「生殖」の所産として、また新たな政治のはじまりを「計画」や「考案」という制作の様式で捉えており、「出生」と「活動」の思想には至っていなかったことを示している。その後アーレントは、マルクスの「労働」概念や後期ハイデガーの「出来事（性起 Ereignis）」概念を批判的に検討しつつ、「行為の生活」の現象学的省察を進めていくのであるが、その根幹をなす「出生」の思想は、いささか意外な形で出来することになる。

　五二年五月のある日、ヘンデルの『メサイア』を鑑賞したアーレントは、ノートに次のように書きつける――「ヘンデルの『メサイア』。〔…〕私たちの許に子どもが生まれた。〔…〕すべてのはじまり（Aller Anfang）は聖なるものであり、〔…〕どの新しい誕生も（Jede neue Geburt）、世界における聖なるものの保証のごときもの、もはやはじまりではない人々にとっては救済の約束のごときものである」（『思索日記』208：Ⅰ二六九、傍点引用者）。傍点部は『メサイア』第一二曲の詩句で、出典は新約聖書ではなく『イザヤ書』九章六節であるが、いずれにせよ救世主《メシア》の聖誕を祝う言葉であり、「子ども」とは救世主を指す。しかしアーレントはこれを読み変え、「すべてのはじまり」は聖なるものであり、「どの新しい誕生も」救済の約束である、と捉え直すのであり、ここに、『人間の条件』第五章を結ぶことになる「福音」が誕生したのである。さらに彼女は、翌五三年に発表され、『全体主義』の新しい終章となる論文「イデオロギーとテロル」の末尾において、アウグスティヌスの「はじまり」の一節にも同様の読み変えを行ない、「はじまり」とは人類の父祖アダムの創造ではなく、世界に生まれ出る人間一人ひとりの出生を指す、と捉え直す――「「はじまりが存在せんがために人間は創られた」とアウグスティヌスは言った。このはじまりは一人ひとりの新たな誕生によって保証されている。一人ひとりの人間がまさしくはじまりなのである」（『全体主義』E 479：Ⅲ三五四）。「イデオロギーとテロル」は、アーレントが初めて「労働」「制作」「活動」の三類型を公にした論文でもあり（475：Ⅲ三四七）、ユニークな生のはじまりとしての「出生」、それを言祝ぐアーレント独自の「福音」とともに、『人間の条件』の基本的骨格が形成されたことが分かる。

　アーレントはこれ以降、もともとはキリスト教に由来する「出生・はじまり」を、創造者たる神を名指すことなく、世界に新たな人間が到来する出来事として語り続ける。「ギリシア的な見方」に、すなわち現われの世界を生きる私たちの体験の地平に立つなら、神による人間の創造とは、新しい人間が世界のなかに――「私たちの許に」――出来する《アピアランス》こととして体験される出来事なのである。ゆえにアーレントは、『人間の条件』の冒頭近くで、神の存在についてはさしあたり不問に付すと述べ（10f.：二四）、現われによる実在《リアリティ》の構成を論じる箇所では、アウグスティヌスの「隣人愛」に論及してその「無世界性」を批判しつつ（53：八〇）、「活動」章の冒頭において、『神の国』を「アウグスティヌスの政治哲学」の書と位置づけて件の一節を引き、出生こそ活動する自由の「はじまり」である、と述べるのである（177：二八八、傍点引用者、『過去と未来』167：二二六以下参照）。

出生というはじまりは、いまや現われの世界に包摂された、ように見える。だが、創造者が後景に退くとき、「はじまりが存在せんがために人間は創られた」ことを、一体何が、私たちに保証してくれるのだろうか。

3　はじまりの両義性
――活動の危うさと、出生によるその救済

世界に新しきものが到来するという事実は、一方で、人間は宿命や必然に支配されてはおらず、つねに新たな変化の可能性に開かれている、という希望をもたらす。全体主義者とて出生の事実は否定できず、自由と複数性の根絶をはかる全体主義の強大な「力《フォース》」といえども、出生に淵源する「人間の自由」によって「ほとんど不可避的に減速される」ことを免れない（『全体主義』466：Ⅲ三三三）。しかし他方、新しきものの到来は、何が起こるか分からないというはじまりの偶然性と表裏一体であり、「人間の共同社会は絶えず、そのなかに生まれ出る新しい人々によって危険にさらされる（continually endangered）」ことを意味する（465：Ⅲ三三二）。全体主義支配をも脅かすはじまりの自由は、予期せぬ変化を引き起こして世界の安定性を揺るがし、その存続を危うくしかねない。少なくとも、はじまりがつねに善きもので、救済を約束してくれる、などという保証はどこにもない。

はじまりの偶然性と、それゆえの活動のもろさと危うさを、『人間の条件』の「活動」章のうちギリシアの言葉で語られる部分で、アーレントは縦横に論じ立てる。活動する者はつねに他者に依存し（二五節）、「始める《アルケイン》－引き継ぐ《プラッテイン》」を基本構造とする活動の過程に翻弄され、ちょうどギリシア悲劇の英雄たちが智勇を競いながら相討ち滅んでいくように、活動の思いもよらぬ帰結を「被る（suffer）」ことを免れず、元に戻すこともできない（二六節）。こうした活動の危うさは、アテナイ民主制が自由な言論の闘技場《アゴーン》として束の間きらめきを放ったのち没落したように（二七節）、秩序の安定的な存続をはかる政治という営みにおいて致命的な弱点となる。活動の「無制限性」を抑え

込むべく「法や諸制度」を打ち立てたところで、そうした「諸々の制限や境界線」は、「出生という人間の条件から生じる」活動の「予見不可能性」を封じ込めるにはあまりにも脆弱であり、「新しい世代が自らを差し挟む（insert）際の衝撃に、しっかりと耐え得るものではない」（『人間の条件』191：三〇八）。「ギリシア的な見方」に従うなら、出生というはじまりは世界を救う「奇蹟」どころか、むしろ死すべき者どものはかなき生を脅かし、世界の存続を危うくする、不穏な出来事なのである。

　活動の自由は、こうした悲劇性と不可分である。現われの空間が出来する可能性（潜勢力 *dynamis*）はつねに人々の間に孕まれており（二八節）、公的領域が制作物を交換する「市場」へと変質し（二九節）、さらに労働が全面化した現代世界においてなお、自由な政治のはじまりが現われ出る可能性は絶たれていない（三〇節）。とはいえ、「評議会」という「新しい統治形態」を束の間出来させた「ハンガリー革命」が、結局のところ「悲劇」に終わったように、活動の政治はあまりにももろく、はかない。始める《アルケイン》ことを後に続く者たちの実践《プラクシス》から切り離して「創設者＝支配者《アルコーン》」に独占させようとしたプラトン以来、近代の主権論にいたる政治哲学の伝統において、「制作」が「活動の代替物」と目されてきた理由も、そこにある（三一節）。だが、「制作」による「活動の過程的性格」の制御が望みえないことは、「自然に介入して活動」し、「人間なしには実現するはずのない、新しく自動的な過程」を解き放ちながらも、それを主体的に制御する術をもたない現代の科学技術が如実に示している（三二節）。活動過程のもたらす途方もない危険から世界を救う行為は「制作」ではなく、むろん「労働」でもなく、「活動」を措いてないのである。

　活動をその袋小路から救い出すのが、「赦し」と「約束」という二つの活動である（三三、三四節）。私たちは、活動過程の「不可逆性」に対処するために過去の過ちを赦し合うことができ、また「予見不可能性」に備えるべく互いの自由を拘束する契約を結び、「不確実性の大海」のなかに「安全な小島を打ち立てる」ことができる（237：三七一以下）。いずれも「古代ギリシア人が知らなかった」活動の力であり、その範例としてアーレントは「ナザレのイエス」や「ウルの人アブラハム」といった聖書に登場する人々を挙げているが、唯一神への信仰を持ち出すわけではない。イエスが説き、実践した赦しとは、この世界を共にする人間同士が赦し合う、という「真に政治的な経験」なのであって「キリスト教の宗教的ご宣託とは関係がなく」、むしろ敗者にも敬意を払う古代ローマの政治原理に近しい（239：三七五）。約束も同じであり、その力は「活動と言論の様式で他者と共生しようとする意志から直接生まれ出る」のであり、「活動の外部から与えられるものではない」（246：三八四）。だが、「約束し、約束を守る」活動の力のみで、本当に「活動の巨大な危険に対抗」できるのだろうか。――できる、とアーレントは言う。なぜなら活動とは、イエスが実践してみせたように、およそありそうもないことを始める力、「奇蹟をなす能力」であり、「破滅を妨げ、新しいことを始める力がなかったとしたら、死に向かってひた走る人間の生の時間は、人間的なもの一切に滅亡と破壊をもたらすだけになってしまう。活動に内在するその力はつねに、人間は確かに死なねばならないが、死ぬためではなく、始めるために（in order to begin）生まれて来る、ということを思い起させてくれる」。奇蹟をなす活動の力は出生の事実に由来しており、「子ども」の誕生という出来事こそ、「世界への信仰と希望」の源なのである（246f.：三八五以下、傍点引用者）。

死すべき者の悲劇のはじまりと目されていた出生は、ここに至り、悲劇を救済する奇蹟のはじまりへと生まれ変わる。しかし、この転生を可能にしているのは、人間は世界を救うために生まれて来るのだという「信仰と希望」、それのみではないだろうか。

4　はじまりの難問

――創設行為というはじまりと、出生という事実の間

二十世紀の現実は、何かを始める「活動する能力が、人間のもつすべての能力と可能性のうちで最も危険である」ことを露わにした（『過去と未来』63：八二）。人間はいまや「すべてが可能である（everything is possible）」かのように、全体主義というまったく新しい支配形態を創始して絶滅収容所を出現させ、あるいは核分裂の過程を解き放ってその膨大なエネルギーを兵器に仕立て、自らを滅亡の淵に追いやっている（87：一一七）。しかし私たちは、そんなことを始めるために、生まれて来たのではない。そのような破滅から世界を救うために、自由な語り合いを始め《アルケイン》、約束の力で引き継ぎ《プラッテイン》、新たな子どもたちが生まれ来るこの世界を存続させるためにこそ、私たちは生まれて来たのだ――とアーレントは言うのだが、そうした出生の理由ないし目的を、出生の事実から導き出すことは可能なのか。「ある目的のために（in order to）」とは、すべてを目的のための手段とみなす「制作」の特徴であり（『人間の条件』154：二四五）、すべてを「無から」造り出す神の視座に立てば（139：二二八）、世界に救いをもたらすために人間を創造した、と語ることもできよう。しかし現われの世界の住人たる私たちには、自らが生まれ出た理由を知ることはできず、世界を救うために生まれて来た、と信じることはできても、証し立てることはできない。出生の事実は救済を保証せず、はじまりは偶然性に開かれたままなのであり、ある活動が滅亡の序曲となるか救済の福音となるかは、実際に始めてみなければ分からない。

この問題は、アメリカ独立革命論では、政治体のはじまりをめぐる難問として立ち現われることになる。アメリカ革命の人々は「約束をなし約束を守る人間の能力」をいかんなく発揮し、新たな政体《コンスティテューション》（憲法）の創設を成し遂げたが（『革命』166f.：

二七〇)、新たに出来した政体は自らの正統性をどこに求めればよいのか。創設行為によって生まれ出たそれは、創設行為以前の過去に根拠をもたない――「はじまりは、いわばそれがしがみつくhold onものを何ももたないのである」(198:三二九)。ならば、憲法の正統性の「唯一の源泉」である「独立宣言の前文」に書き込まれた一文、「これら〔生命、自由、幸福追求の権利の平等〕が自明の真理であるとわれわれは信ずる(*we hold*)」という原初の約束は(185:三一一)、たまたま創設に立ち会った人々の恣意的な取り決めでしかないのか。であれば、新たな政体はその永続性を保証する確かな基礎をもたず、後続世代が自らを差し挟む際の衝撃に耐えることができずに、もろくも崩壊してしまいかねない。はじまりに付きまとう恣意性から創設行為を救うべく、アメリカの創設者たちが範を求めたのは、建国という神聖なはじまりを「権威」の源泉と仰ぎ、後続世代がその「保存と増大」に努めて政体に永続性を与えるという古代ローマの政治原理であるが、アエネアスの建国神話が語るように、ローマ建国は「トロイの復興」であり、その由来を先行する過去に求めていた(202:三三五)。創設を過去の反復ではなく、「絶対的に新しいはじまり」たらしめるには、世界の外に立つ神という「絶対者」に救いを求めるほかないのか――その必要はない、とアーレントは言う。創設行為をはじまりの恣意性から救う「絶対者」は、「はじまりの行為そのもののうちに存しているからである」(196:三二六以下)。

創設が「絶対的に新しいはじまり」であることを創設行為が自ら保証する、という不可解で、明らかに自己言及的な命題を、アーレントは「誕生と創設の親和性」によって論証しようとする。「キリスト教哲学者アウグスティヌス」が語ったように、出生によって人間は「はじまり(*initium*)」であり、ゆえに始める力をもつ。創設行為においては、「はじまり(*principium*)と原理(principle)は互いに関連しているだけでなく、同時的なものである。はじまりの妥当性の源泉となり、いわば、はじまりをはじまり自体に内在する恣意性から救うべき絶対者とは、はじまりとともに世界に立ち現われて来る原理なのである」(203f.:三三六以下)。創設行為とその原理の結びつきが、出生と活動のそれに重ね合わされるわけであるが、「はじまり(*principium*)」という言葉は、人間の「はじまり(*initium*)」に先立つ天地創造を指す(『人間の条件』177n.3:三八六以下註3)。新しい政治体の創設とは、世界それ自体の創造に比すべき神的なはじまりである、ということなのか――この解答に、アーレント自身が納得していなかったことは、遺稿となった「意志」論の最終章が示している。[2] そこで彼女は再びこの問題に立ち返っているが、はじまりの恣意性を始める行為そのものが救うという強引な説明は控え、「始める能力は出生に根拠をもつ」という「アウグスティヌス流の論証でさえいささか不明瞭」であり、「私たちは生まれて来ることによって自由たるべく宿命づけられている」としか言えない、と稿を結ぶのである(『精

神の生活　意志』216f.：二五八）。

好むと否とにかかわらず、世界は必然に支配されておらず、私たちは自由に何かを始めることができる。カントの言葉で言えば、因果律の支配する現象界にあって人間は「時間のなかで系列を自ら始める能力」をもつのであるが、その由来や理由は理性的論証の及ぶところではない（109f.：Ⅱ一三四）。ともかくも私たちは何かを始め、もはやない過去といまだない未来との間にはじまりを持ち込んでしまうのであり、はじまりが穿つ過去と未来の間の裂け目《ギャップ》を生き、そこで思考せねばならない。そしてこの裂け目は、全体主義が出現して「伝統の糸がついに切れた」今日、少数の思索者に限られた経験ではなくなり、「すべての人が感覚でとらえることのできる現実《リアリティ》となり、すべての人のアポリアとなった。つまり、政治に関わる事実となったのである」（『過去と未来』13：一五）。アーレントはこのアポリアに立ち向かい、誰もが感覚でとらえることのできる出生という事実から人間の条件を問い直し、世界を破滅から救う新たな政治のはじまりを開くべく、思考を重ねた。はじまり・出生をめぐる問いこそが、彼女の強靭な思考の過程全体を貫く原理であり、彼女の立ち向かったアポリアを自らの生きる現実として引き継ごうとする者が何度でも立ち戻るべき、はじまりなのである(3)。

註

（1）*The Origins of Totalitarianism* (first edition), Harcourt Brace & Company, 1951, pp. 438f. (*The Origins of Totalitarianism*, Schocken Books, 2004, p. 631)。この件を含め、「出生」概念を焦点とするアーレントの思想形成については、森川輝一『〈始まり〉のアーレント——「出生」の思想の誕生』（岩波書店、二〇一〇年）を参照。

（2）川崎修『ハンナ・アレントの政治理論』（岩波書店、二〇一〇年）、二〇三頁以下。

（3）「出生」をめぐる問いを、「死」をめぐるハイデガーの思索、アーレント自身の「生殖」（労働）概念との狭間で考察したものとして、森川輝一「誕生と死、出生性と被投性——アーレントの「政治」とハイデガーの「倫理」をめぐる一考察」（『Heidegger-Forum』第一四号、二〇二〇年、近刊）を参照。

8

公と私

古典古代モデルと現代的意義

川崎　修

はじめに

アーレントの公共性論の意義とは何だろうか。彼女は『人間の条件』などの著作において、国家と社会を対置する近代的な公私二元論とは異なった公共性の観念を提示し、ハーバーマスの『公共性の構造転換』（原著一九六二年）などとともに、一九七〇年代以降に盛んになる公共性をめぐる新たな研究の隆盛に大きく貢献した。それらは、人々の議論とコミュニケーションの空間としての公共性という観念に光を当て、空間や領域というイメージで語られる公共性論に道を開いた。こうした評価は今日では一般的だろう。しかし、アーレントの公共性をめぐる議論にはしばしば重大な問題が指摘される。それは、彼女の公共性論、公的なるものと私的なるものの概念が、基本的に、古典古代ギリシア的、そう言ってよければアリストテレス的なポリスと家（オイコス）をモデルとして論じられ、説明されていることである。彼女は、この古典古代的と称する公的なるものと私的なるもの、公的領域と私的領域の観念を、いわば公と私の本来のあり方とみて、近代の国家や社会のあり方を、そこからの逸脱として批判しているように思われるというのである。それでは、アーレントの公私論、公共性論は、結局のところ、「古代ギリシアではこうだった」ということなのだろうか。それは「古代ギリシアへの憧憬」の現われの一つにすぎないのだろうか。他方で、アーレントの公共性論に関心をもつ人々は、そこに「古代ギリシアへの憧憬」以上のものを読み取ろうとしているのではないか。そもそも、彼女の公共性論に「現代的意義」を読み取ったからこそ、それは今日の公共性をめぐる議論の隆盛に決定的役割をはたしえたのではないのか。しかしそのときには、本来は歴史的なモデルが、アナクロニスティックに「規範化」されてはいないのだろうか。ここでは、アーレントの公私概念における古典古代的な要素と「現代的意義」の関係という、多くの読者を悩ませ続けてきた問題を念頭に、『人間の条件』第二章「公的領域と私的領域」の議論をあらためて検討してみたい。

1　ポリスと家としての公と私

アーレントにとって、公的領域と私的領域の基本的なイメージが古典古代とりわけギリシアのポリスと家の区別、対比であったことは疑いない。「公的領域と私的領域、ポリスの領域と家および家族の領域、そして最後に共通世界にかかわるアクティヴィティと生命の維持にかかわるアクティヴィティの間の決定的な区別」、それは「古代のすべての政治思想が自明の公理として依拠していた区別」である（『人間の条件』28：四九―五〇）。「公的領域と私的領域」は「ポリスの領域と家の領域」と等置され、さらにそれらは「共通世界にかかわるアクティヴィティと生命の維持にかかわるアクティヴィティ」と強く結びつけられる。そしてこの両者は次のように説明される。

> 家の領域の顕著な特徴は、そのなかで人々が共に共生する理由が、欲求や必要（needs）に駆り立てられるからだということであった。この駆り立てる力は生命そのものであった。〔…〕そしてそれは、個体の維持と種の生命としての生き残りのために、他者の同伴を必要とする。〔…〕家における自然共同体は必要（necessity）から生まれたものであり、必然（necessity）がそのなかで行なわれるすべてのアクティヴィティを支配した。
> 反対にポリスの領域は自由の領域であった。そして、この二つの領域の間にもし関係があったとすれば、当然それは、家のなかで生命の必要物（necessities）を克服することがポリスの自由のための条件であるという関係であった。
> （30f.：五二）

このように、家は「生命の必要」に対応するための領域であり、そこでの人間の中心的な営みは労働と生殖である。その秩序のあり方は、家長による家族（妻と子）や奴隷に対する一方的な支配・服従関係であって、その支配には暴力の要素も排除されなかった。そして、こうした営みは、公に現われるべきものではなく家を囲む四方の壁の中に隠されるべきものとされた。私的領域とは、まさに、公に現われることが「奪われた」場所であり、隠されるべき営みがなされる場所なのである（31f.：五二―五三、38：六〇）。これにたいして、ポリスは「自由の領域」であり、そこでの人間の中心的な営みは活動／行為（action）と言論（speech）である。そして、その秩序のあり方は、ポリスの構成員である市民の間の、市民としての平等性・対等性に基づく相互的な関係であって、一方的な支配・服従関係や暴力の行使は、市民相互の関係においては排除されている。そして、何よりも、こうした営みは公に現われるべきもの、同輩たちに広く見られ、聞かれるべきものであって、そこにおいてこそ、各人の「誰であるか（who）」が明らかにされるとされた。公的領域とは、まさに、個人がそのユニークな姿を現わす「現われの空間」なのである（24-27：四六―四七、32-33：五三―五四、184：二九〇、196-199：三一七―三二一）。ただしポリスすなわち公的領域が「自由の領域」でありうるのは、家すなわち私的領域において、「生命の必要」が克服されているためであって、このことが「ポリスの自由のための条件」だとされる。

こうして、ポリスと家の峻別に基づいて、公的領域と私的領域は厳格に区別、切断される。人間が私的領域から公的領域へと自ら現われるためには、「勇気」が必要とされる。その結果、「生計を支え、ただ生命過程を維持するという目的のみに仕えるアクティヴィティ」は家すなわち私的領域に囲い込まれ、公的領域すなわち政治的領域には「なに一つ入ることを許されなかった」というアーレント独特の政治観が帰結することになる（37：五八）。しかし公的領域と私的領域のこのような古典古代的な区別は、近代には失われたというのである。本章冒頭にも示したように、近代にも、現代にまでその概念的な拘束力を保っている公私二元論（国家と社会の二元論）が存在するが、それはこの古典古代的な二元論とは異質である。では、彼女は、近代における公私概念の変質をどのように説明しているのだろうか。

2　社会的なるものと親密なるもの

①社会的なるものの勃興

アーレントによると、この古典古代的な公と私の概念および現実が近代において変質するうえで、決定的な役割をはたしたのが「社会的なるものの勃興」であった。では、この「社会」とは何か。彼女は、近代的な意味での社会を国民大に拡大された家としてまずは理解している。すなわち、社会とは「単一の超人間的な家族の複製へと経済的に組織された複数の家族の集合体」である。そしてその「政治的組織形態」が「国民」であり、その「政治形態」が国民国家であるとされる。この社会の勃興によって、かつては家という私的領域のなかに閉ざされていた経済的な諸問題が、全共同体の関心事となる。その結果、本来私的な事柄であった経済的なるものが公的領域に侵入し、結局、「公的」、「私的」という古典古代的な区別は失われてしまった。かくして、政治は社会の「上部構造」、国民大に拡大された家の「家政（housekeeping）」となったというのである（28-29：四九―五〇、33：五四―五五）。

「社会とは、ただ生命のためだけの相互依存の事実が公的な重要性をおび、純然たる生存に結びついた諸々のアクティヴィティが公的に現われるのを許されている形態である」（46：七一）。このように、社会・社会的領域とは、本来私的領域において行なわれるべき人間の営みが、公的な意義をもつものとみなされて公的領域に侵入したものだとして説明される。そしてその結果、古典古代的な公と私の区別は失われたというのである。

しかしながら、社会的なるものの勃興は、私的なるものが公的領域を浸食したと単純にはいえない。実は、私的なるものの拡大過程で、私的領域の重大な意味が失われたというのである。たしかに社会は生命の必要への対応という、かつては家の機能であったもの、その意味で私的領域の中心的な機能を引き継ぐ。だが、「四つの壁」の中に隠し、その意味で守るべきものを隠すという私的領域がはたしてきた役割を社会ははたさない。そこでは、本来は私的領域の内に隠され守られるべき人間の営みが、公的な光にさらされてしまう。つまり、社会的なるものの勃興は、公的領域だけでなく、私的領域をも浸食するのである。

社会的なるものの私的領域への浸食を端的に示す例としてアーレントが示すのは「私有財産」の喪失である。彼女によれば、富（wealth）と財産（property）とは本来別物である。個人の富が「社会全体の年収に対する彼の分け前」から成り立っているのに対し、財産とは「世界の特定の部分に自分の場所を占めること、したがって、政治体に属することであり、つまり集まって公的領域を構成した諸家族のうちの一つの長となることにほかならなかった（61：九一）。私有財産は、公的領域のなかに自分の場所を確保するとともに、私生活を公的領域にさらされることから守るという二重の役割によって、それ自身、公的性格を有していたわけである。彼女が私生活の「非欠如的特徴」、私的なるものの積極的な意味として示すのは、この意味での「私有財産」としての性格である（71：一〇二）。しかし近代における社会の勃興は、富と区別されたこの私有財産を破壊し、すべては富へと量化され、平準化された。それは、生命の必要を満たすものではあっても、財産が有していたこうした役割は失われたのである。

② 社会的なるものと親密なるもの

『人間の条件』第二章第六節「社会的なるものの勃興」は、実のところ奇妙な構成をしている。というのも、社会的なるものと公的領域や私的領域の基本的な関係はすでに第五節である程度語られており、この第六節では、冒頭からほとんどいきなり、近代における親密さ（intimacy）の領域の発見、そしてこの領域と社会・社会的領域の対立関係に分析の焦点が当てられているのである。アーレントによれば、古典古代的な公と私の概念が失われたのち、「われわれは今日、私的なるものを親密さの領域と呼んでいる」。それは少なくとも古典古代ギリシアには遡れないという。そして、「正確に言えば、近代の私生活（privacy）は、政治的なるものに対してと少なくとも同程度に社会的領域――それは、その内容を私的な事柄だと考えた古代の人々には未知なものであった――に対しても鋭く対立しているのである」（38：六〇）。

つまり、ここでは、親密なるもの対社会的なるものという対立に焦点を合わせることによって、社会的領域の性質を説明しようとしている。しかし社会が国民大に拡大された家という「生命の必要」に対応するための経済的な組織にすぎないならば、この対立はにわかには理解しがたい。実は、親密なるものと対立する社会的なるものを理解するためには、社会のもう一つの顔に注目する必要がある。彼女によると、「社会は、その成員たちそれぞれに、無数の多様な規則を押しつけることで、ある種の行動（behavior）を期待する。それらの規則は、その成員たちを「規格化」し、彼らを行動させ、自発的な活動／行為や優れた成果を排除することになる」（40：六四）。つまり、社会においては、個人は彼／彼女が属する社会的枠組みが求めるルールに従ったふさわしいふるまいをすること、すなわち均質化された「行動」が求められる。そしてその構造自体は、貴族的な上流社会であろうと、ブルジョワ的階級社会であろうと、大衆社会であろうと変わらない。言い換えれば、社会においては、公的領域においてと同様、成員のふるまいは他者から見られている。しかし、その匿名の視線から期待されるのは、各人のユニークさを競う「活動／行為」ではなく、画一主義的な「行動」なのである。その結果、個性は、私的な、その匿名の視線から隠れた場所、私生活の領域、親密なるものの領域でのみ示しうるものとなったというのである。

3　公開性と共有——「公的なるもの」のもう一つの定義？

このように見れば、アーレントの公と私の概念は、徹頭徹尾、ポリスと家という古典古代的なモデルと社会の登場によるその変容というストーリーと分かちがたく結びついていることになる。しかし、『人間の条件』には、こうしたポリス／家のモデルに直接言及しない形で、「公的」なるものを定義する叙述も存在する。そのことを端的に示しているのは、第七節冒頭の定義である。そこでは、こう述べられている。

> 「公的」という用語は、密接に関連してはいるが完全に同じではないある二つの現象を意味している。
>
> 第一にそれは、公に現われるものはすべて、万人によって見られ、聞かれ、可能な限り最も広い公開性を持つということを意味する。われわれにとっては、現われ——われわれ自身によってだけでなく他人によっても、見られ、聞かれるなにものか——がリアリティを形成する。〔…〕われわれが見るものを見、われわれが聞くものを聞く他人の存在が、世界とわれわれ自身のリアリティをわれわれに保証してくれるのである。
>
> （50：七五—七六）

第二に、「公的」という用語は、世界そのもの、すなわち、われわれすべてに共有のものであり、そのなかでわれわれが

私的に所有している場所とは区別されたかぎりでの世界そのものを意味している。（52：七八）

一見してわかるように、ここには、直接にポリスに言及するものは何もない。それどころか、これが政治的な事柄と密接に関係しているということさえにわかには想像しがたい。それは公的なるものを「公開性」と「共有」というより一般的な属性で定義している。そして、第一の「公開性」としての公的は、成員たる市民の範囲が厳格に限定された古典古代のポリスよりも、カントの「世界市民的見地」から見た「理性の公的使用」の方を想起させるだろうし、第二の「共有」ということであれば、「公共財」の観念などにも示されるように、現代の社会科学やわれわれの日常言語にとっても特異なものではない。

事実、この第七節の定義にこそ、アーレントの公共性論に現代的な意義を求めるさまざまな企てが触発されてきたと言っても過言ではないだろう。可能な限り、多くの、多様な人々に、開かれ・共有された、多様な声や意見が語られ・聞かれる空間、多様な人々が自らを現わし・それが見られる空間、そのような共通空間としての公的領域・公的空間・公共性・公共圏。今日、アーレントの名前と結びつけられて語られる公共性の概念とは、まさにこのようなものである。そして、このように概念化されてしまえば、そこには、古典古代的なポリス／家関係や、近代における社会の勃興とそれに伴う公私概念の変質といった歴史的・思想史的な議論の痕跡はもはや見られないだろう。

たしかに、現代的な関心から公共性を再考するという作業においてアーレントをどのように「使う」かには、さまざまな可能性が認められるだろう。だが、アーレントのテクスト自体の解釈の問題としては、われわれはここでやっかいな問題に直面することになる。彼女の公共性論において、『人間の条件』第二章の大半の部分を使って行なわれているポリス／家関係からの公と私の説明は、ここで紹介した第七節の定義といかなる関係にあるのだろうか。ポリスをモデルに説明された公的領域の概念は、可能な限り広く公開された共有空間という概念の一例にすぎないのだろうか。そもそも、アーレントが考える「公的」「私的」「社会的」といった概念は、現代の問題を考える上でどこまで利用可能なのだろうか。

4 アーレントの公私・社会論の現代的射程
――「リトルロック」についての省察」を題材に

アーレント自身が、近現代における公的領域や公的なるものの可能性を示唆している箇所はいくつかある。たとえば、『人間の条件』の第三〇節では、近代の労働運動の政治的意義に関連して、「人民の評議会の制度」の重要性が示唆されている（216：三四四）。そしてこの指摘は、『革命について』における近現代の諸々の革命的状況における自発的な評議会的政治体、すなわち一八七一年のパリ・コミューン、一九〇五年と一九一七年のロシアのソヴィエト、一九一八、一九年のドイツのレーテそして一九五六年のハンガリー革命へのオマージュや、晩年のジェファーソンの「ウォード」構想に対する高い評価により具体的に示されている（『革命』248ff.：四〇八―四二四）。これらの革命の「失われた宝」には『過去と未来の間』の序の冒頭を飾る第二次世界大戦中のフランスにおける対独レジスタンスの物語も含めることができよう（『過去と未来』3ff.：一―四）。たしかにこれらは、ごく短期間に終息した。とはいえ彼女は、そこにポリスに連なる「公的領域」の現われを見ているといってよいだろう。また、彼女は、『人間の条件』のなかで「交換市場」が工作人（homo faber）、職人たちの公的領域としての性格を持っていたことを示唆している（もっとも、最終的には制作過程と制作物を媒介としたこの公的領域とポリス的な公的領域との違いを強調している）（『人間の条件』第二二節、第二九節）。

そんななかで、アーレントがまさに同時代の問題を論じるにあたって、「政治的領域」、「私的領域」、「社会的領域」という三幅対のカテゴリーを使用している例として「リトルロックについての省察」（一九五九年初出。『責任と判断』に収録）をあげることができる。そこでは、これらのカテゴリーはどのように説明され、使用されているのだろうか。

まず「政治的領域」はなによりも人々の間の平等の領域だとされる。彼女にとって、平等は人間の自然的属性ではなく、政治的・人為的に定められたものである。人は政治体の構成員、市民としてのみ厳密な意味で平等でありうる。法の前の平等とはまさにこのことを端的に示しているというのである（『責任と判断』204：二六五）。これに対して「私的領域」は「私生活（privacy）の領域」だとされ、そこでは「排他性」や「ユニークさ」がそのルールである（207：二六九）。最後の「社会的領域」は「政治的領域と私的領域との間に存在する奇妙ないささかハイブリッドな領域」だと定義される（205：二六六）。

この説明を、先に示した『人間の条件』における公的・私的・社会的の説明と比較すると、いくつかの特徴が指摘できる。まず、公的領域あるいは政治的領域が市民の間の法的・政治的な平等の空間である点は共通だが（『人間の条件』215：三四二）、『人間の条件』においてポリスと結びつけて語られる、各人の差異とユニークさを示す空間という含意は、「リトルロック」論文では見られない。また、「リトルロック」論文では私的領域は私生活の領域、個人のユニークさが重視される領域だとされ、これはむしろ『人間の条件』における親密なるものの領域の説明に近い。さらに、『人間の条件』の私的領域論を特徴づける「生命の必要」をめぐる議論がないことも注目されよう。

とくに興味深いのは社会的領域をめぐる議論の異同である。アーレントは、「リトルロック」論文では、この領域を近代においては人間が人生の大部分をすごす領域であると述べ、私的領域から出た人間が最初に直面する公的な世界が（古代においては政治的領域であったが）近代ではこの社会だという。つまりそれは、近代人にとっての「公的な世界」なのである（『責任と判断』205：二六六）。この論文では、アーレントは社会を支配するルールは「区別（discrimination）」の原則だという。その「区別」とは、人がある集団に属することで持つことになる差異、あるいはそれによって人々がある集団に属することになる差異である。この説明は、一見、『人間の条件』での社会の構成原理の説明とは異なるように見える。たしかに、生命の必要の論理に貫かれた、国民大に拡大された家としての社会という議論と、この「区別」に着目する説明との類似性を見出すことは難しい。しかし、その成員にその社会の要求する同質的な行動を要求する組織としての社会、いわばその社会のルールに人々を画一主義化する領域としての社会という『人間の条件』における社会のもう一つの説明は、この「区別」による説明とは親和的、むしろ事実上同じことを言っているといってよいだろう。というのも、社会が集団の間の「区別」によって成り立つということは、それぞれの集団の内部は同質的だということだからである。

こう見れば、社会・社会的領域についてのアーレントの説明は、この二つの著作において、基本的には同じことを言っていると考えてよいだろう。ところが、この同じ対象に対する評価はかなり異なるように思われる。『人間の条件』では、上流社会であれ大衆社会であれ、どんな社会であってもその画一主義化のメカニズムは本質的に同じだということが強調された。いいかえれば、それぞれの社会を成り立たしめている「区別」に着目するような観点は希薄である。それに対して「リトルロック」論文では、一方では同趣旨のことが言われつつも、それぞれの社会の「区別」を尊重するような、あえて言えば小集団の自律性を尊重するような態度も感じられる。

「リトルロック」論文での三領域論では、三領域の構成原理、その領域を支配すべきルールの違いを重視し、それぞれが越境することを批判する。それは社会的領域についても同様である。この論文の主題である人種差別と政治的介入の関係についても、政治的に対処すべき人種差別の問題は、この構成原理の越境の有無から判断されるべきだという。こうして見るならば、アーレント自身は、現代の問題を論じる際には、必ずしも古典古代的な公私論をそのまま判断基準にしているわけではないということは言えるだろう。

アーレントの公共性論、公と私をめぐる議論を読むとき、ポリス／家をモデルにした「本来の」公私関係の近代・現代における不可能性に着目するのか、あるいは革命など例外的な状況におけるポリス的公共性の一時的な想起の可能性に着目するのか、それともポリス／家モデルを離れて公共圏の現代的再興の指針を読み取るのか、その観点はさまざまでありうる。だが、いかなる観点に立つにせよ、彼女の公私論に潜む多義性にはいくら留意してもしすぎることはないだろう。

コラム❸　ハンス・ヨナス

戸谷洋志

日本では二〇一三年に公開された映画『ハンナ・アーレント』は、ハンス・ヨナス（一九〇三―一九九三）との衝撃的な決別によって幕を閉じる。それまで、鋼のような意志の強さを見せていたアーレントだったが、親友ヨナスに対してだけは、心が崩れかけた。映画のクライマックスを飾るにふさわしい劇的なシーンだった。しかし、この映画で描かれているのはほんの一側面でしかない。実際の二人の関係は、もっと起伏に富み、そして多様なつながりに彩られている。

アーレントとヨナスは一九二四年にマールブルク大学で出会った。当時、アーレントは十八歳であり、ヨナスは二十一歳だった。二人はともにルドルフ・カール・ブルトマンの演習に参加していた。その演習の参加者でユダヤ人はアーレントとヨナスだけであり、それが縁で、二人は急速に仲良くなっていった。ヨナスの述懐に拠れば、当時のアーレントは繊細で傷つきやすい少女だったが、しかしその内に強い信念を秘めており、学生たちのなかでも目を引く存在だった。二人は文字通りの親友になり、毎日のように昼食を一緒に食べた。アーレントは食べるのが早く、いつもヨナスよりも先に食べ終わって、煙草を吸いながら彼と談笑した。アーレントを軟派しにきた男子学生をヨナスが追い返したこともあった。彼女が風邪を引いた日に、ヨナスが彼女の部屋にレジュメを届けたこともあった。アーレントは翌年にはハイデルベルク大学に移ってしまうが、その一年間の交友が二人のその後の友情を決定づけるものになった。

しかし、二十世紀の混乱が二人を飲み込んでいく。ヨナスは、マルティン・ハイデガーとブルトマンの指導のもと、グノーシス主義の研究で博士の学位を取得するが、一九三三年にナチスがドイツ国内で政権を掌握すると、パレスチナに入植してシオニズム活動に従事する。彼はそこでハガナーという自警団に所属し、武装して内乱の鎮圧に奔走した。一方、その頃アーレントはパリへ亡命し、そこからさらにアメリカへと渡っていった。第二次世界大戦が始まると、ヨナスはナチスドイツと戦うためにイギリス陸軍に志願し、ユダヤ旅団の砲兵部隊の将校として参戦する。ヨナスの部隊はイタリアを主戦場にしてドイツ軍との戦闘を繰り広げ、戦線を突破し、ウッディーネで終戦を迎えた。

　戦後、ヨナスは一旦パレスチナへ戻り、研究者としてのキャリアを再開させようとする。ポストを求めてカナダに渡り、特任教員として数年間の経験を積んだ後、一九五五年にアメリカのニュースクール大学の教授に着任する。ニューヨークに居を構えたヨナスは、そこで同じくニューヨークに住んでいたアーレントとの運命的な再会を果たす。彼女は当時、すでに『全体主義の起原』（一九五一年）を発表しており、気鋭の論客として周知され始めていた。二人は家族ぐるみの付き合いを楽しみ、さまざまな知識人と社交し、そして哲学的な対話に花を咲かせた。一九五九年に旅先で交わされた手紙では、二人はアーレントの最初の結婚相手であるギュンター・アンダースの悪口で盛り上がっており、そこには微笑ましいほどの仲の良さが窺える。

　しかし、一九六三年、アーレントが『エルサレムのアイヒマン』を出版すると、二人の関係は一時的に冷え込んでいく。映画『ハンナ・アーレント』で描かれているのはこの頃の様子である。ヨナスは一九六四年にアーレントに手紙を認《したた》め、滅多にないほどに攻撃的な口調で彼女を糾弾し、特にその歴史的な事実誤認を批判している。アーレントはヨナスを意に介さず、それによって二人の友情は決裂の危機に瀕した。しかし、夫人の忠告を受けてヨナスはアーレントに和解を申し入れ、二人の関係は修繕された。一九六七年、アーレントはニュースクール大学の教授に着任し、二人は同僚になる。その後も彼女が没するまで二人は最良の親友であり続けた。

　一九七五年十二月四日、アーレントが心臓発作で死去すると、ヨナスは夫人を連れて彼女の自宅へ急行した。深夜の二十三時に到着した彼は、死亡直後のアーレントの遺体を目の当たりにし、警察とともに現場の確認に立ち会った。彼女の死後、ヨナスはいくつかの重要な役回りを演じることになった。十二月七日に行なわれた葬儀では弔辞を読み上げ、彼女との関係を振り返りながら、その業績を讃え、死を悼んでいる。また、十二月十二日にハイデガーに手紙を認め、彼女の死を報告すると同時に、彼女が自分とハイデガーの関係を取り持とうとしていたこと、それを受けて自分が学生時代のハイデガーの資料を集めていることを伝えている。翌年、論文「活動すること・知ること・考えること――ハンナ・アーレントの哲学的業績からの落ち穂拾い」を発表し、そこでアーレントの主要な業績を概観しながら、特に「出生」概念の革新性と重要性を強調し、その哲学史的な意義を評価している。

彼女の死から三年後、一九七八年に、ヨナスの七十五歳の誕生日を記念して論集『有機体・医療・形而上学』が公刊されたが、そのエピローグには、アーレントの論文「比喩と語りえないもの――「視覚の高貴さ」の解明」が収録された。これは、彼女の著作『精神の生活』第一部の一三章として収録された論考の抜粋である。論集の編者スピッカーは、生前、同論集についてアーレントに原稿の執筆を依頼していたが、彼女の死によってそれが実現不可能になってしまったため、出版社に許諾をとって収録を実現させた。この論文のなかでアーレントは、ヨナスが『生命の哲学』（一九七三年）のなかで展開した視覚論に言及し、それを契機に西洋思想における視覚と聴覚の伝統的な理解を紐解いている。アーレントが残した文献のなかで、同論文はヨナスの哲学を主題的に扱っているほとんど唯一のものである。

その後、ヨナスは、彼の名を一躍世に広めた著作『責任という原理』（一九七九年）を公刊し、そこで科学技術文明の危険性を指摘しつつ、未来世代への責任を基礎づけた。同書は、当時まだ黎明期にあった環境倫理・生命倫理の領野に初めて包括的な基礎を提供するものとして評価され、哲学の研究者だけではなく、政治家や一般読者からも大きな支持を集めた。興味深いことに、同書のなかでは数回にわたってアーレントの出生概念が援用されている。ヨナスは、科学技術の進歩を楽観視するユートピア主義的な歴史観を批判し、それが人間を特定の未来へと方向づけ、その未来を達成するための手段として扱うことになると指摘する。これに対して、人間の本性の一つとして「出生」が挙げられ、人間が本質的に予測不可能な存在であること、与えられた期待を挫折させたり、所与の目的を覆したりすることができる、と述べられる。未来への責任を特徴づけているのは、それがそうした新たに出生してくる人々への責任であり、つまり予測不可能な他者への責任である、ということだ。こうしたヨナスにおける出生概念の受容は、彼の責任概念の特徴を把握する上で、重要な手がかりを示している。

アーレント研究は、カール・ヤスパースやハイデガーなど、同時代の哲学者との交流を手がかりとしながら進められてきた。そのなかで、アーレントにとって生涯にわたる親友であり、また少なくない資料が残されているにもかかわらず、ヨナスとの交流に関する研究は手薄である。しかし、その強固な友情を背景にしながら、出生概念を中心とした二人の思想史的連関を問い直すことは、アーレント研究にとっても、もちろんヨナス研究にとっても、大変魅力的なテーマであるように思われる。二人は、部屋でどんなことを語り合っていたのか、そしてその対話は二人にどんな影響を与え合ったのか。「アーレントとヨナス」の研究は始まったばかりである。

コラム❹　ギュンター・アンダース

小林　叶

一九二九年、ハイデガーの講義で顔見知りだったハンナ・アーレントとベルリンのダンス・パーティーで偶然再会したギュンター・アンダース（本名シュテルン）は、秀でた知性と大胆な度胸を兼ね備えた彼女にすっかり心を奪われ、即座に求婚した。「ハンナを手に入れた舞踏会でのダンスの最中に気がついたことは、愛するとは、何かアポステリオリなもの、つまり偶然出会った他人を自分の人生のアプリオリへと移植し直す行為だということだ。もちろんこの美しい定式はまだ証明されていない」（アンダース遺稿）[1]。寝耳に水であった二人の結婚の知らせは、伝統を重んじるシュテルン家を困惑させ、結婚式に顔を見せたのはアンダースの妹だけだったが、アーレントの母は娘婿を気に入っていたそうだ。アンダースのユーモラスで人懐っこい性格に加えて、彼が良家の出――アンダースの父はフロイトと並び称される有名な心理学者で、ハンブルク大学の創設にも関わっているウィリアム・シュテルン――であり、アンダースも師であるフッサールやハイデガーから一目置かれている将来有望な青年であったことも大きいだろう。さっそく新婚夫婦はベルリン郊外で同棲を始めたものの、家賃が払えなくてダンスホールで寝泊まりすることもあったという。それでも毎日のように哲学談義に花を咲かせてはお互いの論文を読み合ったり、時には共同でテクストを発表したりと、二人の関係はハンス・ヨナスいわく「親密でインテンシブ」なものであった。

　このようなアンダースとアーレントの型破りな生活スタイルは、動乱の時期にあったヴァイマール共和国の大都市ベルリンに息づいていた時代精神と無関係ではない。一九二〇年代のドイツでは、産業革命に伴う経済秩序の急激な変化と第一次大戦の敗戦による疲弊から、伝統的諸価値が一挙に雪崩

を起こしていた。これはヴァイマール文化に代表されるような自由思想の土壌となった一方で、自分の持つべき帰属を失った人々は顔のない「世人《ダス・マン》」（ハイデガー）として大都会の砂漠のなかに投げ出された。このような時代状況の下、アーレントにも影響を与えた初期のアンダースの思想が「人間の世界疎外」（Weltfremdheit des Menschen）という主題に貫かれていたことは偶然ではないだろう。だが興味深い点は、彼がそれを思弁的に展開していくのではなく、リルケやカフカ、デーブリーンなどの同時代の文学作品を通してその具体的なイメージを練り上げていったことにある。「「世界なき人間」とは、自分のものではない一つの世界の内部に生きることを強いられている人間のことだったが、今でもそれに変わりはない。世界は彼らによって毎日作り出され動かされているが、「彼らのために建てられたものではなく」、彼らのために存在しているわけでもない。彼らは世界のために利用されながら「存在」しているにもかかわらず、世界の基準や目標、言葉や趣味は彼らのものではなく、彼らには与えられていない」（『世界なき人間』）。

さて、パリに亡命したアンダースとアーレントだったが、アーレントは程なくしてブリュッヒャーと情熱的な恋に落ちたため、一九三七年二人は離婚した。だがそれからまもなくしてアーレントは元夫に向けて筆を取ることになる。亡命生活が長引いていたアーレントとブリュッヒャーのもとにはわずかな資金しか残っておらず、さらにヨーロッパ出国（アメリカ入国）のためにはアメリカ国籍または永住権保持者による宣誓供述書が必須であったが、その取得に難航していたのだ。そこで彼女が頼ったのは先にアメリカへ亡命していたアンダースだった。「ありがとう、私の親愛なる人。宣誓供述書が届きました。〔…〕今でもあなたがとても素早く手配してくれたことに、本当に驚いています。〔…〕あなたのことについては、なぜ教えてくれないの？」そして一九四一年五月二十三日、無事アメリカの地を踏むことに成功したアーレントは「ワタシタチタスカッタ」とまず命の恩人であるアンダースに向けて第一報を送っている（往復書簡より[2]）。

その後、新天地アメリカに素早く順応し、アカデミズムでのキャリアを順調に築いていったアーレントと、「何処にも帰属しておらず、誰からもまったく相手にされていなかった」アンダースが歩む道はまったく異なっていた。英語が堪能でなく、また経済的に困窮していたアンダースは、ハリウッドの衣装室の掃除係や、工場の生産ラインの仕事で生計を立てることを余儀なくされていた。だがこの経験こそがアンダースにテクノクラシー時代における特別な洞察を与えることになる。次から次へと流れてくるベルトコンベアーのテンポやリズムに合わせて潤滑に作業できるようになるためには、たとえば痒くても我慢しなければいけないように、人間特有の仕草や動作は極力抑制し、自分が自分自身として機能しないようにする必要があると気づいた彼は、高度産業化社会における技術原理とは究極的に「人間」を余分なものとし、抹殺することを目指していると考えたのだ（『時代おくれの人間』）。

そして実際に世界大戦の終末に、近代技術文明の「輝かしい成果」として人類初の殲滅兵器である原子爆弾が広島と長崎の上空で炸裂し、きのこ雲の下で人びとが呻き声を上げながら血みどろになって彷徨う黙示録的世界が姿を現わした。ここにおいて人間を不要なものとしてはじき出す技術原理がついにその臨界点に達したことを悟ったアンダースは、ヒロシマ・ナガサキ以後の世界を——かつての自分のテーゼ「世界なき人間」を転倒させた形で——「人間のいない世界」（Welt ohne Mensch）と名付けたのである。無論、ここでは行為（責任）主体としての人間の喪失も嘆かれている。つまり、この言語を絶する未曾有の大量虐殺は技術的《テクニカル》にスイッチひとつで遂行されたため、行為と効果のあいだには想像力も立ちすくむほどの圧倒的な落差が存在し、これが「恐ろしきものの恐ろしい悪意なさ」を生み出しているというのだ。アーレントの「凡庸な悪」（一九六三年）とも重なるこのような分析を、アンダースがヒロシマ・ナガサキを粘り強く思考する過程ですでに一九五六年に発表していたことは指摘されてよいだろう（『時代おくれの人間』）。そして、彼の洞察がラジカルに響くとすれば、それは彼が、核兵器とはいわゆる「全体主義」国家ではなく、「自由の国」アメリカによって使用されたということを強調していたためだ。つまり、いまや科学テクノロジーとは表向きの経済・政治体制の違いを超えてグローバルに崇拝される原理である以上、非人間化の脅威すなわち「ヒロシマはいたるところに」（Hiroshima ist überall）あるとアンダースは警告しているのだ。

以上のように、アンダースはかつての伴侶アーレントと多くの主題を共有していたものの、この二人のハイデガーの弟子の比較研究がこれまでほとんど行なわれてこなかったのは、「反核運動の活動家」としてのアンダースの著作がアカデミズムで長らくまともに受け止められてこなかったためかもしれない。だが近年オーストリア国立図書館に眠っていた膨大なアンダース遺稿が出版されるのに伴い、彼の技術論が初期の哲学的人間学に大きく拠っていることや、それがアーレントに与えた影響も指摘されている。とりわけ「フクシマ」以後の世界を生きるわれわれにとって、核技術は本質的に民主主義とは相容れないと看破していたアンダースの分析をアーレントの政治思想に充てがうことは大きな収穫をもたらすに違いない。

註

（1）Literaturarchiv der Österreichischen Nationalbibliothek, Wien, Nachlaß Günther Anders, Signatur ÖLA 237/04.

（2）Hannah Arendt/Günther Anders: Schreib doch mal *hard facts* über Dich. Briefe 1939 bis 1975. Texte und Dokumente. Hg.v. Kerstin Putz. München 2016.

コラム❺　ヴァルター・ベンヤミン

細見和之

ヴァルター・ベンヤミン（一八九二―一九四〇）は、ベルリンでも有数の裕福なユダヤ系の家庭に生まれたが、戦間期の激しいインフレーションは彼の父の資産にも決定的な打撃を与えた。博士論文「ドイツ・ロマン主義における芸術批評の概念」に続いて教授資格論文として提出した「ドイツ悲劇の根源」が受理を拒否されてからは、ベンヤミンは不安定な文筆業で過ごすことになる。一九三三年のナチスの政権獲得後はパリで亡命生活に入り、最後は悲劇的な自死を遂げることになる。

生前ベンヤミンが書物として刊行できたものはごくわずかで、在野の批評家としてもけっして著名ではなかった。しかし彼は、ユダヤ神秘主義を背景とした言語論から、先端的な映画論・写真論、数多くの文芸批評を執筆するとともに、一九三〇年代には「マルクス主義者」であることを自認していた。現在、日本では、ちくま学芸文庫に収録されている『ベンヤミン・コレクション』全七巻が刊行されているが、前期の主著と呼ぶべき『ドイツ悲劇の根源』はそれとは別枠で刊行されているほか、後期の仕事の中心に置かれるはずだった『パサージュ論』全五巻も岩波現代文庫に収録されている。とうてい長くはなかった生涯のなかで、しかも後半は亡命という困難な生活環境のなかで、よくもこれだけ書き続けたものだと思える。さらに膨大な書簡集がドイツでは刊行されている（晶文社から刊行されている『ベンヤミン著作集』第一四巻と一五巻に主な書簡の翻訳が収録されているが、全体としてはわずかな分量である）。

ベンヤミンのいちばん親しい友人であったゲルショム・ショーレム、自他ともにベンヤミンの知的継承者であることを認めていたテオドーア・アドルノ、一時的にベンヤミンと共同生活もしていた詩人で戯曲家のベルトルト・ブレヒトなど、ベンヤミンと身近に接していたひとびとは、彼の才能をきわめて高く評価していた。とくにショーレムとアドルノは戦後の世界、とくにドイツ語圏でベンヤミンを復権すべく力を尽くす。ハンナ・アーレントもまたベンヤミンに影響を受けつつ、戦後に彼の思想の復権を英語圏で心がけていたひとりだった。

アーレントの最初の夫ギュンター・シュテルンはベンヤミンの遠戚（従甥）に相当していたが、アーレントがベンヤミンと親しく接したのは、一九三〇年代の後半、互いの亡命地であるパリにおいてだった。当時ベンヤミンの暮らしていたパリのアパートは、ベルリン出身の若い知識人の討論の場となっていて、アーレントは、のちの夫ハインリヒ・ブリュッヒャーとともにその一団に属していたのである。当時出版のあてのないままだった『ラーエル』の原稿を読んだベンヤミンは、アーレントを心から励ますとともに、すでにパレスチナに渡っていた友人のショーレムに、アーレントのその著作を強く推奨していた。

しかし、第二次世界大戦の勃発後、彼らはフランスでは敵性外国人として扱われ、フランス側の収容所に入れられることにもなる。一九四〇年九月二十六日、ベンヤミンはピレネー山脈を徒歩で越えてスペインに入国したところで国境警備隊に逮捕され、服毒自殺を遂げてしまう。最後にマルセイユで会ったとき、アーレントはベンヤミンからその絶筆となる「歴史の概念について」を手渡されていた。その原稿を携えてリスボンからニューヨークに渡っていったアーレントには、二十世紀の知識人の姿が幾重にも象徴的に示されている。

アーレントのまとまったベンヤミン論は「ヴァルター・ベンヤミン――一八九二―一九四〇」と題して『暗い時代』に収録されている。「I　せむしの侏儒」「II　暗い時代」「III　真珠採り」からなるそのベンヤミン論は、難解なベンヤミンの全体像をアーレントの視点で捉えた優れた批評となっている。アーレントはそこで、「歴史の概念について」にまでいたるベンヤミンの生涯を「せむしの侏儒」のイメージで明瞭にし（「I　せむしの侏儒」）、ベンヤミンをカフカと並べて「同化ユダヤ人」という知的環境のなかに置き（「II　暗い時代」）、さらにベンヤミンの「引用」という振る舞いから、独自な思想の姿を浮き彫りにしている（「III　真珠採り」）。とりわけ興味深いのは、アーレントがベンヤミンの思想をかなりの程度自分自身に引き寄せている点、場合によっては自己同一化を試みているとさえ思える点である。「思想の断片」を海の底深くから引き揚げてくる「真珠採り」のイメージは、アーレント自身が引用の名手であるだけに、アーレント自身の思考の振る舞いそのものを示唆していると思える。

アーレントのこのベンヤミン論は、最初、一九六五年にドイツ（西ドイツ）の『メルクーア』誌に三回にわたってドイツ語で発表され、その英訳版がアーレント自身の編集したベンヤミンの英訳選集『イルミネーションズ』(一九六八年)に序文として配されていたものだ。『アーレント＝ショーレム往復書簡』(岩波書店)を読むと、アーレントがショーレムとともに、ベンヤミンの遺稿出版にどれだけ心を砕いていたかがよく分かる。アドルノ、ホルクハイマーをはじめ、フランクフルト社会研究所のメンバーに強い不信感を抱いていたアーレントは、自分が預かっていた「歴史の概念について」の原稿の行方を絶えず気にしていて、ベンヤミンの著作集を出版する可能性が少しでもあれば、すぐさまショーレムに信頼のおける原稿の所在を問いただすなどしている。

シオニズムをめぐってすでに一九四六年の前半に書簡で激しい応酬を繰りひろげる二人だが、ベンヤミンの遺稿出版という問題になれば、かろうじて息を合わせることができるのである。ショーレムに宛てた手紙のなかで、アーレントはたとえば「複製技術時代の芸術作品」はベンヤミンにとっては大事な仕事でも自分はあまり好きではない(一九四六年九月二五日付)、ブレヒトについての叙事的演劇論はブレヒトの影響が大きすぎる(一九四六年十一月二十七日付)などと、率直な意見を述べている。この往復書簡集は、もちろんショーレムとのアイヒマン論争の原資料であり、また「ユダヤ文化再興財団(JCR)」の事務局長としてアーレントがいかに奮闘していたかを私たちに教えてくれる貴重なものだが、同時に彼女のベンヤミン観を知るうえでもかけがえのないドキュメントとなっている。

アーレントはショーレムに宛てた一九三九年五月二十九日付の手紙(『ショーレム書簡』の第一書簡)でこう記している。

> 彼〔ベンヤミン〕の書くものは、私の印象では、文体の細部にいたるまで変容しました。すべてがはっきりと、はるかに躊躇うことなく、書かれています。いまになってようやく彼にとって決定的な事柄に達しようとしている、といった印象を私はしばしば受けます。
>
> (『ショーレム書簡』8：二―三)

具体的にどの原稿を念頭においてアーレントがこう記しているのかは分からない。この時期のベンヤミンの代表的な論考は、アドルノ(とホルクハイマー)の批判によって最初の原稿が撤回されたあとに発表された「ボードレールにおけるいくつかのモティーフについて」である。だとすれば、いささか皮肉なことにもなるが、もっと別の原稿をアーレントは念頭に置いていたのかもしれない。いずれにしろ、アーレントが最後期のベンヤミンをいちばん高く評価しようとしていたことはおそらく疑いがない。

9 革命・権力・暴力
自由と合致する権力、自由のための革命

石田雅樹

ハンナ・アーレントが現代の政治思想で異彩を放つのは、全体主義と核の恐怖に満ちた二十世紀の政治を直視しながらも、大胆で空想的とも思えるヴィジョンを提示したことにあるように思う。こうしたアーレントの二面性は、『人間の条件』『革命について』『暴力について——共和国の危機』などで展開される「権力」と「暴力」に関する考察、またそれを前提とした「革命」論のなかに顕著に読み取ることができる。本章では、アーレントが「権力」「暴力」「革命」についてどのような議論を展開したかをたどり、その現代的意義を明らかにしたい。

1 アーレント「権力」論の特徴
——「権力」と「暴力」の本質的相違

アーレントは「権力（power）」についてどのような議論を展開したのだろうか。「権力」をめぐる考察は『人間の条件』『革命について』『暴力について』などでたびたび行なわれてきたが、ここでは「暴力」との違いを中心に確認しておきたい。

アーレントによれば「権力」とは、個人の所有する能力ではなく、複数の人びとのあいだに生じるものであり、言葉によって関係性が樹立されているあいだにのみ実現されるものである（『人間の条件』第二八節）。それは他者と共同して活動する人間の能力、すなわち「活動（action）」に基づいて「公的領域」を存続させるものであるが、「人びとが共同で活動するとき、人びとの間に生まれ、人びとが四散する瞬間に消えてしまう」（『人間の条件』200：三二三）不確実さをつねに孕んでいる。だが「権力」は不確実ながらも、人びとが集団として生活し、社会組織や政治制度を構成する際には必ず存在する。つまり少人数の組織から共同体、そして国民国家や大帝国に至るまで、規模の大小を問わず集団を集団としてつなぎ止め、一定の行動様式で作動させる力こそ「権力」にほかならない。

これに対して「暴力（violence）」は、個人の有する能力・資

質としての「力（strength）」を拡張・増幅したものと位置づけられ、第一義的には何らかの目的を実現させる「手段」である点に特徴がある。暴徒に対する銃撃にせよ、建物の爆破にせよ、核ミサイルの発射にせよ、殺傷や破壊という「暴力」現象は何らかの目的を実現させる「手段」として政治的意味を持つのであり、それ自体が目的を有するものではない。それゆえ「手段」としての「暴力」は、つねに「目的」に照らした「正当化(justification)」が求められるが、これに対して集団を組織として結びつける「権力」にはそうした「正当化」が要求されない――「権力」に必要とされるのは「正統性（legitimacy）」である（『暴力』151：一四二）――点に大きな違いがある。

また先述のように「権力」が不可視で捉えどころがなく、「権力を実現することはできるが、それを完全に物質化することはできない」（『人間の条件』200：三二三）のに対して、「暴力」はその担い手である警察や軍隊、あるいは銃器や戦車など可視的・物質的であり、何らかの目的を実現する「手段」として計測し貯蔵することができる。このことは、いかに富や兵器を蓄えたとしても、それは「暴力」を発動させる準備に過ぎず、それ自体が「権力」を確保する手段とはならないことを意味している。要するに「権力というのは、暴力の用具のように貯蔵し、いざというときのために保存しておくことはできず、ただそれが実現されている間だけ存在する。権力は、実現されてなければ、ただ過ぎ去るだけであり、歴史は、最大の物質的富もこの権力喪失の代償とはならないという例に満ちている」（200：三二三）。

このようにアーレントは「権力」と「暴力」が本質的に異質でその政治的位相が異なることを強調した上で、両者を同一視して置き換え可能であるとする見方を強く批判する。たとえば、悪辣で無慈悲な暴君が、市民の生殺与奪を握る様子は、一見すると「暴力」と「権力」が一致しているようにも見えるが、その内実は大きく異なる。というのも、「すべての人を敵に回して支配する暴君ですら、暴力を行使するにあたっては、その数は限られたものであるかもしれないが手助けを必要とする」（『暴力』140：一三〇）からであり、そこには暴君の言葉に忠実に従う軍隊や警察が不可欠であるからである。要するに「暴力」装置が機能するためには、そこには言葉によって関係が樹立されている必要性、すなわち「権力」が同時に存在しなければならない。このように組織された少数集団が「暴力」を通じて多数の市民を支配する政治体制は専制政治と呼ばれるが、それはアーレントに言わせれば、潜在的につねに多数派の反旗に怯える脆弱な政体である。というのも、通常時には為政者の命令に服していた軍隊や警察が、しばしば状況によって命令を公然と無視したり、さらにはその「暴力」の矛先を一八〇度変えることもありうるからである。こうした「権力」の再編によって「暴力」の矛先が市民から為政者に変わる瞬間こそ、われわれが「革命」と呼ぶ政治現象にほかならない。

2　アーレント「権力」論の意義と新しさ

さて以上のようなアーレント「権力」論の特徴を確認した上で、以下では三つの論点を指摘しておきたい。第一に、こうした「権力」と「暴力」とを峻別する議論は、政治現象全般における「権力」を考察対象とするものであり、リベラル・デモクラシー――平等な個人同士による自由な言論を構成原理とする政治制度――の正当化とは別物であるという点である。確かに、「権力」の強弱は「意見」に同意する人の数に拠るというアーレントの言述に注目するならば（『暴力』148：一三七）、それはデモクラシーを構成する「権力」を重視しているようにも見える。たとえば、ユルゲン・ハーバーマスは、アーレントの権力論を「強制なきコミュニケーションにおいて自己を共同の行為に一致させる能力」と解釈し、自らのデモクラシーの権力論と接合するなかでその意義を評価した。[1] しかしながらこうした解釈は、アーレント「権力」論の一部分を切り取ったものであり、その理論的射程を狭めていると言わざるをえない。アーレントは、「権力」という言葉のなかに集団を集団として作動させる力をイメージしたのであり、その強弱・形態の差異はあれど、あらゆる政治体制に不可欠な力として示している。先述のように、最も暴力的な政治体制たる専制政治にも、そこには脆弱ながらも「権力」が存在するのであり、さらにまた「拷問を主要な支配の道具とする全体主義支配者さえ、権力の基礎――秘密警察とその密告者の網の目――を必要とする」（149：一三九）のである。それゆえアーレント「権力」論は、デモクラシーのみならず専制政治や全体主義までも含めたあらゆる政治体制の権力現象を分析可能とすることに意義を有するのである。

これに関連して第二に、こうした「権力」論を通じてアーレントが「非暴力」の政治理論や政治運動を主張したわけではないという点である。このことを端的に示すのは、ガンディーの「非暴力」運動に対するアーレントの評価である。「暴力について」（『暴力』所収）では、「暴力」と「権力」との衝突事例としてガンディーの非暴力運動が挙げられているが、ここでは「もしガンディーの途方もなく強力で上首尾に運んだ非暴力的抵抗の戦略が、イギリスではなくて、別の敵――スターリンのロシア、ヒトラーのドイツ、さらには戦前の日本――にたいするものであったとすれば、結果は植民地からの脱却ではなく、大虐殺であり屈服であったことだろう」と述べられている（152：一四二）。ここで考察されているのは、「暴力」と「権力」とが対立した場合のシナリオであるが、それは「非暴力」手段に訴えれば「権力」を獲得・確保できるという主張を展開するものではない。ここで示されているのは、「暴力」は「権力」を破壊できるものの、それは同時に「暴力」を行使する側の「権力」の喪失、すなわち「無能力（impotence）」を引き起こすという洞察である。非暴力の抵抗者が「暴力」に屈服せず死を厭わず最後の一人まで抵抗するならば、なるほどそこに残されるのは無数の死体の山と、市民・臣民なき支配者の姿だろう。このように善悪の彼岸で「権力」と「暴力」との鬩《せめ》ぎ合いを冷徹に考察する態度こそ、アーレントの議論の特徴であり、それは「非暴力」の政治理論や政治運動の枠組みに収まらないことを確認しておくべきであろう。

そして第三に留意すべきは、そもそもこの「権力」と「暴力」との区分自体、実際はアーレントの独創ではなく政治学の伝統のなかで繰り返し論じられてきたという点である。アーレントは自らの「権力」論を展開する過程で、従来の政治理論では「権力（power）」と「暴力（violence）」とが混同され、またそれと近接する言葉である「力（strength）」「強制力（force）」「権威（authority）」等についても考察がお座なりにされてきたと批判する（142：一三二）。そしてこうした混乱を引き起こした思想家としてジョルジュ・ソレル、C・ライト・ミルズ、マックス・ヴェーバーらの名前を挙げ批判するが（134f.：一二四―一二五）、しかしながらこうした批判は妥当であるとは言えない。確かにヴェーバーは、国家の定義において物理的「暴力」の独占が不可欠であることを指摘したが、そこにはつねに支配の「正統性（Legitimität）」の問題が伴っていた。またアーレントが無限の権力蓄積を国家の根本原理に置いたとするトマス・ホッブズでさえも（『全体主義』D 331：Ⅱ四八）、国家《コモンウェルス》を人工物とみなし「契約」という言葉によって構成されたと論じる点において、それが剝き出しの「暴力」によって実現できるとは考えていたわけではない。[2] 要するにヴェーバーにせよホッブズにせよ、「権力」を「暴力」に還元したわけではなく、両者の相違を前提として自らの理論を構築したのであり、その点においてアーレントは（無自覚ながら）こうした政治学的伝統を継承しているのである。

それゆえアーレント「権力」論の新しさと独創性とは、単に「権力」と「暴力」とを区分した点にあるのではなく、こうした区分の上で「権力」という言葉を「支配／服従」という伝統的思考様式から切り離そうとした点にあるように思う。アーレントはたびたび「服従」と「支持」とが政治においては同じであることを強調するが（『革命』220：三六九）、それはこの独自の「権力」論、つまりどのような政治体制や組織であっても、そこで言葉によって人びとの関係性が樹立されている状態を「権力」と理解する見方に拠るものである。そしてまたアーレントは「権力」と「自由」とが相反するのではなくむしろ合致すると主張するが（141：一三四）、この点もまた伝統的な政治学とは異質なものである。「権力」とは他者の「自由」を抑圧する力ではなく、他者と協働する場合において発現する力だというアーレントの「権力＝自由」論は、「リベラリズム」の自由論とはほど遠く、またそれと対比される「共和主義」の公的自由、すなわち公的事柄への参加に自由の意義を見出す立場とも重ならない部分が多い。先述のように、アーレントは「権力」の反意語を「自由」ではなく「無能力」であると論じたが、孤立や分断を乗り越えて他者と「活動を共にする」状況こそが「権力」の発現であり、そこに同時に「自由」も存在すると論じる点こそ、独創的な「権力」論として注目すべきであろう。

3　アーレント「革命」論の特徴
——「自由」の実現としてのアメリカ革命、「必然性」に囚われたフランス革命

さてこのようなアーレント独特の「権力」論、すなわち「権力」と「暴力」は同一ではなく相異なるものであり、また「権力」と「自由」は相反するのではなく合致するという議論は、「革命」をめぐる考察において一層際立つことになる。アーレントは『革命について』（一九六三年）でこれらの考察を展開していくが、それに従うと「革命（revolution）」とは「暴力」を伴いながらも、政治社会における新たな「はじまり」、すなわち新しい政治体制の「創設」を行なうものである。つまり「革命」は、単なる徒党の争いである「党派闘争（stasis）」や、統治者が交代するだけの「クーデタ（coup d'Etat）」などと違って政治体制の変革を伴い、またプラトンが語る統治形態の「変化（metabolai）」やポリュビオスの語る「政体の循環（politeion anakuklosis）」などとも違って、それまでにない新たな「はじまり」を志向するものである。それゆえ「革命」は、単なる変化や循環ではない「新しさ」を基調とする点において、直線的な時間概念が支配する近代以降の政治現象であり、古代や中世の政治的思考を超えるものであるとされている。先に確認したアーレントの「権力」論、すなわち体制や組織を成立させ存続させる力とは「暴力」ではなく「権力」であるという議論も、この「革命」論において反復されている。すなわち、「革命」とは以前と異なる新たな政治の「はじまり」であるが、その成否は「暴力」による解体ではなく、新たな統治体制の「創設」、すなわち「自由の構成（constitutio libertatis）」に掛かっている。このテーゼこそアーレント「革命」論の根幹を形成するものである。

このテーゼに基づいて、一方において新たな「創設」に成功したアメリカ革命と、他方において絶えざる「暴力」の連鎖によって「創設」に失敗したフランス革命とを対比する構図が『革命について』の基調となっている。この点について、アーレントはフランス革命が「必然性」に拘束され続けたのに対し、アメリカ革命が政治における「自由」の実現（「自由の構成」）に成功したと論じている。

アーレントに従えば、フランス革命は二重の意味で「必然性」に囚われていた。第一の「必然性」は、運動の展開自体が人知を超えた不可抗的な力によって動かされているというイメージを意味している。それは「革命（revolution）」の原義である rivoluzione が元来、天体の運行を意味していたことに由来するが、後年にはヘーゲルの歴史哲学やマルクスの唯物史観へ継承されるなかで人間の意志を超えた歴史法則の一つとして位置づけられることになる。第二の「必然性」とは、人間が有

機体として生命過程から免れられないという事実、つまり誰もが毎日生きるためにパンを求めるという事実に根ざすものである。それはフランス革命において「必然性－窮乏（necessity）」の問題として、すなわち貧民の困窮をめぐる「社会問題（social question）」として革命の指導者たちの心を捉え続けたのであり、その結果、貧民への「同情心《コンパッション》」こそが革命の最高審級となったとされている（49f.：九〇―九一）。

要するに、フランス革命では「人民《ル・プープル》」への「同情心」が、革命の正しさの唯一の指標となった結果、多様な言論や妥協の可能性は消失し、「人民」の名の下で絶えざる「暴力」が支配することになった（65：一一三）。新たな「創設」にはその「はじまり」の恣意性をどう克服するかという難問がつきまとうが[3]、フランス革命における回答、すなわち「人民」を絶対君主に代わる新たな神と位置づけ、ルソーが言うところの「一般意志」の発動者として「法」「権力」の源泉に置く解決手法は問題を解消するどころか、際限のない「暴力」を呼び起こし、「創設」という着地点が失われることになった。つまりフランス革命は、共和政や憲法といった制度の「創設」を素通りし、汚れなき「同情心」を唯一の指針として、不幸なる「人民」の敵を告発し続けるゲームとなることを余儀なくされたのであった。

これに対して、アメリカ革命ではこうした貧民への「同情心」が革命の原動力にはならなかったとアーレントは語る。無論アメリカにおいても貧困や窮乏は存在したものの、それはフランスのように不幸な「人民」への「同情心」としてではなく、むしろ「無名状態（obscurity）」の問題として捉えられ、暗闇で忘れ去られ人間の尊厳が奪われることが問題視された（59：一〇五）。それゆえアメリカ革命は、他者と共に語り合い、承認され、自らの卓越性を示すことのできる空間、すなわち「公的領域」を設立し持続させることが主要課題となった。アメリカ建国の父たちが目指したのは、単なる圧政や抑圧からの「解放（liberation）」ではなく、他者と共に活動することで享受される「自由（freedom）」であり、それは独立宣言で謳われる「幸福の追求」が、個人の私的幸福を保護する権利ではなく、同胞と共に公的事柄に関与し公権力に参加する権利として、すなわち「公的幸福《パブリック・ハッピネス》」として理解されたことにも符号していた（118：一九四―一九五）。

そして建国の父たちにとって、「創設」における「はじまり」の恣意性の克服は、「権力」ではなく「権威」の問題であったとアーレントは語る（170：二七五）。というのも、革命を生きたアメリカの人びとにとって、「権力は人民にあり（potestas in populo）」という古代ローマの言葉は、植民地時代の生活に根ざすリアリティにほかならず、フランス革命のように不幸な「人民」や「一般意志」を「権力」の源泉として創造する必要性はなかったからである。他方で「権威」について、革命の当事者たちは先立つ宗教や伝統を参照できなかったため、いかにして新たな「権威」を創出するかが課題となった。これについて、アメリカ革命では、結果的には古代ローマと同じ「権威」

概念、すなわち「創設」という「はじまり（principium）」自体が「原理（principle）」となり、「権威」を示すことに成功した、とアーレントは論じている。つまり「権威は元老院にあり（auctoritas in Senatu）」という言葉にあるように、古代ローマでの「権威」が「創設」の偉大さを継承し回想し保存し続ける営みのなかに見出されたように、アメリカ革命においても、その「創設《コンスティテュート》」という行為自体が神聖な「はじまり」として崇拝の対象となり、「憲法《コンスティテューション》」それ自体が偉大な「原理」として参照され続けることで、アメリカ革命は「権威」を保持することが可能となった（194f.：三二四―三二五）。アーレントはこのように、アメリカ革命がいかにしてフランス革命と異なる形で「創設」に成功したかを論じるのである。

4　アーレント「革命」論への批判と現代的意義

さてこうしたアーレントの「革命」論を今日どのように位置づけ、評価すべきだろうか。まず前提として、このようなアーレントの「革命」理解について、史実を踏まえた革命史研究として受容することはできない。確かにアーレントの「革命」論は、かつて支配的だったマルクス主義の階級闘争史観とは異なる視点を提示したことに意義があるのかもしれない。しかしながら、この『革命について』は、アメリカ革命史研究においては影響はおろかほとんど言及されてこなかったと指摘されている。その理由としては、アーレント「革命」論における実証性の欠落とともに、革命史研究が理解する革命像との大きな隔たり、たとえばデモクラシー発展の歴史や、権力分立の制度化としての憲法などとアーレントの議論とが大きく隔たること、そしてトクヴィルらが注目した自発的結社や平等論など重要なモチーフが捨象されていることが挙げられている[4]。またフランス革命に関してもその記述の不正確さが指摘されている。たとえばパリの民衆蜂起はアーレントが語る「社会問題」、すなわち明日のパンを賭けた蜂起ではなく、「貴族の陰謀」や「国王の裏切り」への反発であり、説得力を欠くとされている[5]。要するにアーレントの「革命」論は、「その独自の革命観、あるべき革命の概念をまず措定し、それに照らして二つの革命の現実の進行（とアーレントがみなすもの）を比較して、一方の「成功」と他方の「失敗」の対照を描き出す[6]」という教条的なものであり、こうした批判を一顧だにせずにアーレントの「革命」論を受容・評価することはもはやできない。

しかしながら、こうした批判を踏まえた上で、それでもなおアーレント「革命」論の意義は依然として存在するように思える。というのも、この「革命」論は、先に示した「権力」論とともに、次のような明快かつ否定し難い事実をわれわれに認識させるからである。それは「暴力」によって既存体制を破壊することはできても、新たな体制を「創設」し「権力」を構成する方がより困難であること、要するに何かから「解放」されることで「革命」のドラマが終わるのではなく、そのドラマは「創設」が達成されるまで続くということである。換言すれば、「権力」の反意語とは「自由」ではなく「無能力」であるというアーレントのテーゼも、現実の「革命」というドラマにおいて説得力を持つのであり、古今東西の「革命」ドラマのなかで多くの「無能力」な裸の王様が登場しては退場してきた。このようなアーレントの議論を通じて見えてくる「革命」の物語は、すでに多くの論者が指摘してきたように、一九八九年以降に展開される東欧革命のなかに見出すことができるし、また近年では二〇一〇年代に発生した「アラブの春」と呼ばれる中東・アフリカ諸国の一連の民主化運動のなかにも認めることができるだろう。無論、東欧革命にせよアラブの春にせよ、それは政治的自由のみならず経済的要因も含めた複合的な要因から発生したものであるし、またその成功／失敗を綺麗に色分けするのは困難であるだろう。ただ、「人びとが共同で活動するとき、人びとの間に生まれ、人びとが四散する瞬間に消えてしまう」という「権力」が、端的に崩壊し再生する時間と空間こそが「革命」であるということ、そうした視座を提供し続ける点において、アーレントの政治理論は未だに色褪せないと思うのである。

註

（1）Jürgen Habermas, "Hannah Arendt's Communications Concept of Power," in *Hannah Arendt: Critical Essays*, pp. 211–230（『哲学的・政治的プロフィール――現代ヨーロッパの哲学者たち』上、小牧治・村上隆夫訳、未來社、一九八四年、三一七―三五一頁）。アーレントとハーバーマスの権力論の比較については、毛利透『民主政の規範理論――憲法パトリオティズムは可能か』（勁草書房、二〇〇二年）第二章第三節を参照。

（2）アーレントは「暴力について」で政治学者ダントレーヴを「暴力と権力とを区別することの重要性に気付いている、わたしの知る唯一の著述家」として評価したが（『暴力』136：一二六）、そのダントレーヴは自身を唯一の著述家であるとは主張していない。アーレントも参照しているダントレーヴ『国家とは何か』では、ヴェーバーもホッブズも共に「実力（might）」と「権力（power）」とを区分した論者として理解されており（アレクサンダー・パッセリン・ダントレーヴ『国家とは何か』（石上良平訳、みすず書房、一九七二年）一三―一四頁、一三一―一三三頁）、この点でアーレントの理解は明らかに誤読である。

（3）この新たな「創設」が「はじまり」の恣意性をどう克服するかについて、筆者は以前に「革命のアポリア」として考察したが本章では割愛する。これについては、石田雅樹『公共性への冒険――ハンナ・アーレントと《祝祭》の政治学』（勁草書房、二〇〇九年）第五章を参照。

（4）中野勝郎「『革命について』とアメリカ革命史研究」『アーレントと二〇世紀の経験』（慶應義塾大学出版会、二〇一七年）、二二九―二四八頁。

（5）松本礼二「アーレント革命論への疑問――フランス革命と「社会問題」の理解を中心に」、前掲『アーレントと二〇世紀の経験』、二五九頁。

（6）松本、前掲書、二五〇頁。

10 アイヒマン裁判

「悪の凡庸さ」は論駁されたか

三浦隆宏

1 恩師の懸念

一九六〇年五月のある夜、一人の男がバス停から自宅へと向から道中で、路肩に停まったバンから飛び出てきた数人の男らによって車内へと引きずり込まれた。男の名はリカルド・クレメント。しかし、それは偽名であり、本当の名はアドルフ・アイヒマン。元ナチス親衛隊中佐でユダヤ人の大虐殺《ホロコースト》に深く関わった人物であるが、大戦後逃亡し、アルゼンチンで家族とともに潜伏生活を送りつづけていた。一九五七年十一月に西ドイツのユダヤ人検事フリッツ・バウアーが、イスラエルの諜報機関モサドにアイヒマンの潜伏先を伝えてから、およそ二年半越しの逮捕劇であった[1]。

歴史に「たられば」は禁物とはいえ、もしこの逮捕が実現していなかったら、あるいはその後エルサレムで開かれたアイヒマン裁判をアーレントが傍聴していなければ、彼女はどんな後半生を歩んだだろうか。そんな思いにとらわれてしまう。それほど彼女にとって、アイヒマン裁判は、まさに人生の転機《ターニングポイント》とも言える出来事だった。

マルガレーテ・フォン・トロッタ監督の映画『ハンナ・アーレント』では、アーレントが「アイヒマン逮捕」を伝える『ニューヨーク・タイムズ』の記事を目にし息を呑むシーンを描き出していたが、この一報を彼女がどう受け止めたのか実際のところはわからない。肝心の『思索日記』は一九五九年から六二年まで（一つ二つのメモを除き）記載はなく（『思索日記』834：Ⅱ四八八）、夫であるブリュッヒャーや友人のマッカーシー、あるいは恩師ヤスパースに宛てた手紙のなかにも、アイヒマン捕獲直後の彼女の心情を記す文章は見当たらないからだ。とはいえ、およそ五か月後の十月八日に、彼女はマッカーシーに宛ててこう書くことになる。――「アイヒマン裁判に出席したいと思い立ち、『ニューヨーカー』に手紙を出したら（たったの三行、詳しいことはなにも言わず）、ショーンが電話をしてきて、私を社から派遣することに同意すると言ってきました」（『マッカーシー書簡』98f.：二〇三）。それに対する友人の返答は、「それって私にはすばらしくかつ奇妙な考えに思え、その取り合わせを思うと思わず笑いがこみ上げ、これはどういうことになるかと思わずにはいられません」（99：二〇四）というもので、それに対し旧師からのはこうだった。「アイヒマン裁判はあなたを喜ばせそうもありませんよ。あの裁判はうまくゆくはずがない。私はあなたの批判が心配ですが、あなたがそれをできるかぎりご自分の胸にしまっておくだろうとは思っています」（『ヤスパース書簡』440：Ⅱ二〇三）。

しかし、弟子は「自分の胸にしまっておく」ことができなかった。アーレントは、裁判の傍聴記を一九六三年の二月と三月に延べ五回にわたり『ニューヨーカー』に分載し、五月には単行本として公刊する。

果たして恩師の懸念は現実となった。翌年のクリスマスにアーレントは沈痛な心情を書き綴っている。最後の一文のみ引いておこう。

> 不安がっているというのではないが、私が気になっているのは死後のことで、遺書をきちんとして、書類を安全にし、わずかなお金を正しく配分しておきたいのだ――つまり、世界が笑っても、私たちには、世界に対してまったく私心のない関心を寄せる構えは出来上がっているのだ。
>
> （『思索日記』635f.：Ⅱ二四四）

「遺書」という言葉はさすがに穏やかではない。世界が笑っても――、映画でも描かれていたように、彼女はあたかも全世界を敵に回したかのような苦境に陥ったのである。ヤング＝ブルーエルは、一九八二年刊行のアーレントの伝記においてこう記す。「『ニューヨーカー』誌上のハンナ・アーレントの連載によって引き起こされた論争はほぼ三年にわたって吹き荒れ、それらの論文を一冊にした本が二十版を重ねている今でも、ぐつぐつ煮え立ちつづけている」（『アーレント伝』339：四五二、傍点は引用者）。それにしても『エルサレムのアイヒマン』はなぜこれほどの非難を巻き起こしたのか。ヤング＝ブルーエルは、同書への批判を以下のようにまとめていた。

> それは、アドルフ・アイヒマンを凡庸な男として描くアーレントの記述、『エルサレムのアイヒマン』を通して語られてはいるが、三百頁近くのうちのわずか十頁に集中していた「ヨーロッパ・ユダヤ人評議会」とナチの「最終的解決」における彼等の役割についての彼女の意見、それから、とくにこの本の最初と最後の章の、この裁判のやり方、この裁判が提起した法的諸問題、この裁判がもつ政治的目的についての彼女の議論であった。
>
> （337：四五〇）

このうち、いまでも議論されるのが、一つ目の「アイヒマンを凡庸な男として描」いたことの是非である。そして近年、この論点に新たな一石が投じられることとなった。二〇一一年刊行のベッティーナ・シュタングネトによる『エルサレム以前のアイヒマン』である。

2 エルサレム以前のアイヒマン

シュタングネトは、カントを専門とするドイツの女性哲学者であり、「カントにおける反ユダヤ主義」についての研究もあるという[2]。彼女は原著で六五〇頁超の大著『エルサレム以前のアイヒマン』において、近年発見されたアイヒマン自身のノート類や「サッセン・インタヴュー」と呼ばれる、ヒトラー信奉者のオランダ人ジャーナリスト、ウィレム・サッセンの家の居間で開かれていた大規模な討論会でのアイヒマンの発言の録音テープをも含む、膨大な資料を渉猟することで、エルサレム以前の「アイヒマンが筋金入りの反ユダヤ主義者で、官僚的というよりクリエイティブな殺戮者だったこと、そしてエルサレムで見せたのは「仮面劇」Maskenspiel だったことを明らかにし[3]」たのである。

サッセンら「デューラー・サークル[4]」の面々の前で、アイヒマンが語った肉声は、たとえばこうである。――「私は正直に言わねばならない。いまやわれわれが知るように、コールヘア〔人名〕の算定で一〇三〇万人いるとされたユダヤ人の一〇三〇万人をもし殺したのであれば、私は満足し、よし、われわれは敵を殲滅したのだと言っただろう。〔…〕もし現存するすべての人間の知性のなかで最も狡猾な知性を根絶やしにしたならば、われわれはわれわれの血とわれらの人民と人々の自由に対する責任を全うしたことだったろう[5]」。

いっぽう、アーレントによるアイヒマン評としてよく引かれるものは、以下である。

> 彼は愚かではなかった。まったく思考していないこと(thoughtlessness)――これは愚かさとは決して同じではない――、それが彼があの時代の最大の犯罪者の一人になる素因だったのだ。このことが「凡庸(banal)」であり、それのみか滑稽であるとしても、またいかに努力してみてもアイヒマンから悪魔的なまたは鬼神に憑かれたような底の知れなさを引き出すことが不可能だとしても、やはりこれは決してありふれたことではない。(『アイヒマン』287f.:三九五)

アイヒマンを「まったく思考して」おらず「凡庸」な人物だとみるアーレントのこの見解は、裁判に先立って行なわれた、延べ二七五時間にも及ぶ尋問を担当したイスラエル警察のアヴネール・レスが受けた第一印象――「カーキ色のズボンとシャツを身につけ、素足にサンダル履きで目の前に現われた男に、私は内心がっかりしてしまった。〔…〕目の前に現われた人物は、私より少し背が高いだけの、細身というよりは痩せぎすで、頭の禿げ上がった平凡な男に過ぎなかった。フランケンシュタインでも、角の生えたびっこの悪魔でもなかった。外見だけでなく、そのきわめて事務的な供述も、私がさまざまの資料から思い描いていた彼のイメージを大きく損なうものとなった[6]」――と寸分も違わないと言える。そして、たしかにアイヒマンが「自発的、自覚的、確信犯的な国民社会主義者」であり、「エルサレムの裁判のなかでの「アイヒマン」は死刑を免れるための演技が作り出したもので、それ自体が裁判戦術だった[7]」のであれば、アーレントとレス双方の見立ては否定されると言わねばならないだろう。しかし、彼女は一九七一年発表の講演録「思考と道徳の問題」の冒頭で、こうも述べていたのである。

この人物は、ナチス体制において果たした役割と同じように、著名な戦争犯罪人の役割を演じていました。まったく異なる役割を演じることに、いかなる困難も感じていませんでした。かつては義務とみなして実行したことが、いまでは犯罪と呼ばれていることを熟知していましたし、まるで異なる言語の規則を受け入れるように、この新しい判断のコードを受け入れていました。

（『責任と判断』159：二九六）

アイヒマンが「道化」を演じていたことは、アーレントも見抜いていたのではないか。そのうえで、彼女がアイヒマンという人物に体現されていた〈悪〉を、あ、え、て「まったく思考していないこと」および「凡庸」と表現したのだとすれば、その真意とはいかなるものだったのだろうか。

3　「悪の凡庸さ」という言葉

『エルサレムのアイヒマン』に対する批判としては、アーレントの年長の友人の一人であるゲルショム・ショーレムによる、以下の一節がよく知られている。

あなたの本を読んでも、悪の凡庸さについて私は決して納得していません――副題に信頼を置くなら、悪について詳しく論じることが肝心だったはずですが。あなたが全体主義についての本のなかで、まったく反対の方向で遥かに説得力のある仕方で提示していたとても印象的な分析の結果と比べると、あの凡庸さなるものはむしろ一つの決まり文句のように聞こえます。〔『全体主義の起原』執筆の〕当時あなたは、悪が凡庸なものであると、まだ発見されていなかったようです。あなたの当時の分析がその雄弁な証明と知見を示していたあの根源悪の痕跡は、いまでは一つの決まり文句のもとで消え失せてしまっています。

（『ショーレム書簡』433f.：三七二―三七三）

「悪の凡庸さ」という言葉は、たしかに誤解を招きやすい表現だったのかもしれない。この言葉をショーレムは「決まり文句（Schlagwort）」だと繰り返し難じているが[8]、それはヤング＝ブルーエルが二〇〇六年刊行の著書の冒頭で指摘する合衆国の状況――「「悪の凡庸さ」という言葉は、衝撃的で理解しがたい大規模な犯罪が起こるたびに、朝刊に登場したり、テレビで評論家の口からとび出してきたりする」[9]――からしても、正鵠を射たものであったと言わざるをえないだろう。というのも、アーレントについての大部の伝記を著わした愛弟子から見ても、彼女は「the banality of evil というたった四つの単語によって、ニュースピーク〔世論操作のために用いる言葉。ジョージ・オーウェルが『一九八四年』で用いた造語〕のなかで生き長らえている」[10]ように映りもするからだ。

ところで、ショーレムは、『全体主義の起原』でアーレントが提示した「根源悪（radical evil）」と『エルサレムのアイヒマン』で副題として用いた「悪の凡庸さ」との矛盾を指摘していた。彼女が「悪」を根源的なものから凡庸なものへと捉えなおすきっかけとなったものとして指摘されるのは、「根源悪」という語に対してヤスパースが一九四六年十月十九日付の手紙において投げかけた忠告であるが、法廷でのアイヒマンを実際に見るに及んで、十数年前に恩師が書いていた、「思うにわれわれは、ことは実際にそうであったのだから、ことをその完全な凡庸さにおいて、そのまったく味気ない無価値さにおいてとらえなくてはいけない」（『ヤスパース書簡』99：I七一）という手紙のなかの一節を、愛弟子は思い起こしたのかもしれない[11]。

そしてさらに、「まったく思考していないこと」という語もまた誤解を孕むものだった。これについては、マッカーシーが一九七一年六月に、アーレントにこう書き送っている。

ここでのあなたの語彙についても一つ異議があります。“Thoughtlessness”です。それは英語ではあなたが表わしたいと思っている意味にはならないのです、もう今では。あなたがそれに押しつけようとしている意味は、オックスフォード英語大辞典には「現在は稀」と出ており、私には論文のキーワードとなる語に標準的でない意味を強引にもたせるのは間違いのように思えるのです。たとえ読者があなたの言わんとしていることを理解できるとしても。ましてや読者が理解できずに、それを無思慮（*heedlessness*）、不注意（*neglect*）、怠慢（*forgetfulness*）などと受け取るケースもあることを考えればなおさらです。（『マッカーシー書簡』296：五二三―五二四）

こうして見てくると、「悪の凡庸さ」にしても「まったく思考していないこと」にしても、表現としてやや的確さを欠いたものだったとはたしかに言えそうである。だが、私たちがここで考えてみなければならないのは、彼女がこれらの語を用いることで言い当てようとしていたアイヒマンの病理とはいかなるものだったのか、ということだ。

4　決まり文句の頻用という悪

アーレントは一九六三年九月に、米国のジャーナリスト、サミュエル・グラフトンから送られてきた書面での質問——全部で一三あり、以下の回答はそのうちの四と五、いずれも「凡庸さ」という言葉を問うていた——にこう答えている。

悪は根源的（*radical*）なものではなく、根（*radix*）に行きつこうとするものではない。それには深みがなく、だからこそ悪について考えることはおそろしくむずかしい。なぜなら、考えることとは、定義からして、根に到達したいと思うことなのだから。これが私のいいたかったことです。悪は表層の現象であり、根源的ではなくて、ただ過激なのです。私たちは悪に抵抗するために、ものごとの表面に心を奪われないで、立ちどまり、考えはじめます——すなわち、日常生活の地平とはべつの次元に到達します。言葉をかえていうと、ひとは表面的であればあるほど、悪をうみだしやすいのです。そのような表層性の兆候は決まり文句（clichés）の使用に見られますが、アイヒマンは、いやもうその完璧な実例でした。

（『ユダヤ論集』479f.：Ⅱ三三六―三三七）

あるいは先に第2節で引用した「思考と道徳の問題」では、以下の言葉がつづいていた。

いつも使う決まり文句（stock phrases）の数はかなり限られたものでしたが、それに新しい決まり文句をつけ加えて使っていました。アイヒマンがまったく無援になるのは、こうした決まり文句を使えない状況だけでした。最もグロテスクな状況をご紹介しましょう。絞首台の下で最後の挨拶をするときに、葬儀で使われる決まり文句を口にしたのですが、それはこれから死刑になるアイヒマン本人が使うことはできない言葉だったのです。〔…〕そして裁判の尋問と反対尋問の際にどれほど一貫性に欠け、自明なほどの矛盾を語ったとしても、アイヒマンはまったく平気でした。

（『責任と判断』159f.：二九六）

つまり、アーレントがアイヒマンに見てとった表層的な悪、すなわち「悪の凡庸さ」や「まったく思考していないこと」という語で言い表わしたかったこととは、彼の「決まり文句の使用」なのである。彼が決まり文句に頼りきっていたことについては、『エルサレムのアイヒマン』の本文の最後で、本来弔辞において用いられる「紋切り型《クリシェ》の文句」を絞首台の下で思い出し、それをそのまま述べた「彼の最後の言葉の奇怪なまでの馬鹿馬鹿しさ」――先の引用での「最もグロテスクな状況」――について記すとともに、「恐るべき、言葉に言い表わすことも考えてみることもできない悪の凡庸さ」という教訓を要約してい

エルサレムの法廷で死刑宣告を受けるアドルフ・アイヒマン（1961年）

るのかのようだった」と、彼女が結んでいたことを思い起こすことができる（『アイヒマン』252：三四九）。

　ここで注意すべきなのは、決まり文句の使用は頭の良し悪しとは、すなわち利口（clever）であるか愚か（stupid）であるかとは、無関係だという点である。それはこの国でも二〇一八年に公文書の改竄が明るみとなったさいに、証人喚問の場である官僚が、「刑事訴追を受けるおそれがあるので、答弁を差し控えさせていただきたい」と述べつつ答弁拒否を延べ五五回にもわたって行なったことが露骨に証明していたのではなかったか。また、私たちの日常を振り返ってみても、たとえば意見が相違したときに、「人それぞれ考え方は違うから……」と言って、安易にその場を収めようとするなど、決まり文句の使用はありふれている。

　では、決まり文句の使用の問題点とは何か。『エルサレムのアイヒマン』でアーレントはこう指摘していた。

> アルゼンチンやエルサレムで回想録を記しているときでも、警察の取調官に、あるいはまた法廷でしゃべっているときでも、彼の述べることはつねに同じであり、しかもつねに同じ言葉で表現した。彼の語るのを聞いていればいるほど、この話す能力の不足が思考する能力――つまり誰か他の人の立場に立って考える能力――の不足と密接に結びついていることがますます明白になってくる。アイヒマンとはコミュニケー

ションが不可能だった。それは彼が嘘をつくからではない。言葉と他人の存在に対する、したがって現実そのものに対する最も確実な防壁〔すなわち想像力の完全な欠如という防壁——ドイツ語版での追記〕で取り囲まれていたからである。

（49：六八—六九）

決まり文句の使用は、「話す能力」すなわち「思考する能力」の不足と密接に結びつき、それは「他の人の立場に立って考える能力」、つまりは「想像力」の欠如そのものにほかならないということ、これこそが「悪の凡庸さ」そして「まったく思考していないこと」という語でアーレントが言い当てたかったことの内実なのである[12]。彼女はこう述べていた。「アイヒマンの性格にある、より特殊な、しかもより決定的な欠陥は、ある事柄を他人の立場に立って見るということがほとんどまったくできないということだった」（47f.：六六）と。

なお、決まり文句の脅威について、アーレントが一九五四年発表の試論「理解と政治（理解することのむずかしさ）」において、すでに次のように書いていたのは注目に値しよう。

だが、武器や闘いは暴力の領域に属し、暴力は、権力とは違って言葉を必要とはしない。暴力は言論が終わるところで始まる。闘いのために用いられる言葉は言論《スピーチ》の資格を失う。それは常套句《クリシェ》となる。常套句が私たちの日々の言葉や議論に浸透するその度合いが、私たちがどれだけ言論の能力を奪われているか、そしてそればかりでなく、私たちの議論を終わらせるのに悪書（悪書にかぎってよい武器になる）よりももっと有効な暴力という手段に訴える用意がどれだけできているかを知る指標となる。

（『政治思想集成』308：Ⅱ一二三）

一九五八年刊行の『人間の条件』、さらには六九年発表の論考「暴力について」をも連想させる一節であると言えないだろうか。前者において、アーレントは言論と行ないからなる「活動／行為（action）」の営みによって、私たちは自分自身の「現われ」である「人格的アイデンティティ」としての「誰であるか“who”」を開示しうるのだと説いていた。「言論の資格」を失った「常套句」が示しえるのは、せいぜいのところ「その人が示したり隠したりできる、その人の特質や天分、能力、欠陥」としての「何であるか“what”」にすぎない（『人間の条件』179：二九一）。彼女にとって法廷でのアイヒマンは、彼自身の「誰であるか“who”」を開示するのを頑なに拒んでいたように映りもしたのではないか。彼女はグラフトンへの返答において書いていた。「私が知りたかったのは、アイヒマンとは誰か、これです」（『ユダヤ論集』475：Ⅱ三三〇）。

一九五一年に『全体主義の起原』を刊行することで、「公的な人物」（『責任と判断』14：二四）となり、七五年にこの世を去ったアーレントにとって、六三年刊行の『エルサレムのアイヒマン』は、ちょうどその中間に位置する作品である。しかし、アイヒマン裁判以前の彼女が『人間の条件』や『革命について』（六三年の刊行だが、脱稿はアイヒマン裁判のまえ）といった政治理論の著書を立て続けに公刊していたのに対して、裁判以後の彼女は、『暗い時代の人々』と題する人物評伝・書評集や『共和国の危機』という書名の政治評論集の出版にとどまった。冒頭でも記したように、もしアイヒマンが逮捕されていなければ、かりに彼女がアイヒマン裁判に首を突っ込んでいなければ、とやはり思ってしまう。とはいえ、彼女がアイヒマンに兆候的に見てとった決まり文句の頻用という悪は、二十一世紀を生きる私たちにも届く射程を有していると言えないか。

なお、決まり文句の使用がなぜ「悪の凡庸さ」の兆候を示すのかは、以下の言葉がその理由を説いているとも言えよう。

人々は、息もできないほどに怯えさせ、言葉を失わせるような出来事と折り合いをつけるのは困難だと考えるので（それはもっともなことです）、言葉を失った状態を表現するために、すぐに頭に浮かんだ感情的な表現に飛びつくというわかりやすい誘惑に屈しがちなのです。このため現在では、すべての物語が情緒的な言葉で語られるようになっています。しかしこうした感情的な表現はどれも不適切なものです。こうした情緒的な言葉は、そのものとしてはチープではないとしても、物語を情緒化して、チープなものにしてしまう傾向があるのです。

（『責任と判断』56：九四—九五）

適切な言葉をきちんと探すことなく、頭に浮かんだ安直な決まり文句に瞬時に飛びつくこと（その意味で、「悪の凡庸さ」という言葉そのものが決まり文句のようだというショーレムの指摘は重い）。その先に広がりうる「常套句の氾濫、決まり文句の洪水」については、最近では古田徹也が、カール・クラウスの言語論を参照しながら、警鐘を鳴らしていた。[13]「常套句の権化たるアドルフ・ヒトラー」[14]が『わが闘争』のなかで述べていた、ナチスのプロパガンダの言葉を評して、古田はこう記す。

たとえば、「ユダヤ人」という言葉に括られる人々の現実の有り様や個別性、多様性といったものに連想を広げることなく、十把一絡げに「劣等人種」や「害虫」といった言葉に置き換え、殲滅すべき対象として扱うことは、そうした構図の単純化や思考停止の典型である。[15]

アイヒマン裁判の模様は、現在ではたとえば二〇〇〇年に日本でも公開された映画『スペシャリスト〜自覚なき殺戮者〜』（エイアル・シヴァン監督）をＤＶＤで視聴することができる。アーレントによるアイヒマンの見立てが妥当なものであったのかどうか、ぜひ自分の目で確かめてほしい。そして私たち自身も程度の差はあれ、決まり文句の頻用という悪に身を浸していないか、我が身を省みる必要があるだろう。

註

(1) 小谷賢『モサド――暗躍と抗争の70年史』ハヤカワ・ノンフィクション文庫、二〇一八年、六三―六六頁。

(2) 野口雅弘「五〇年後の『エルサレムのアイヒマン』――ベッティーナ・シュタングネトとアイヒマン研究の現在」(野口雅弘『忖度と官僚制の政治学』青土社、二〇一八年、一六〇頁)。本節の記述は、野口のこの論考と香月恵里「アイヒマンの悪における「陳腐さ」について」、日本独文学会中国四国支部『ドイツ文学論集』第49号、二〇一六年、五五―七〇頁の記述に多くを負う。

(3) 野口、前掲書、一五五頁。

(4) 「デューラー・サークル」について詳しくは、香月、前掲、五九―六〇頁を参照。

(5) Bettina Stangneth, *Eichmann before Jerusalem: The Unexamined Life of a Mass Murderer*, trans. Ruth Martin, Vintage Books, 2015, pp. 303f.

(6) ヨッヘン・フォン・ラング編『アイヒマン調書――ホロコーストを可能にした男』小俣和一郎訳、岩波現代文庫、二〇一七年、三八一頁。もっともこのアイヒマン評は次のように変わったという。「しかしレスにはかなり早くから、アイヒマンはそれほど単純(naiv)な人間なのだろうかという疑問が芽生えている。その後アイヒマンの尋問を続けるうちにレスの疑念は確信に変わってくる。１９６０年6月16日、レスは日記に次のように書いている。「彼を第三帝国の気味悪い存在に押し上げたものとは、その盲目的服従ではない。ここにいるのは、どんな方法であれ、どんな手段を使ってでも出世するという考えにとりつかれた人間である」。結局レスは、アイヒマンが今も確信したナチだと結論する」(香月、前掲、五八頁)。

(7) 野口、前掲書、一五七頁。

(8) この非難に対し、アーレントは返信で「よくわからないのは、どうしてあなたが「悪の凡庸さ」という表現を「決まり文句」と呼ぶのか、ということです。私の知る限り、これまで誰もこの言葉を用いたことはありません」(『ショーレム書簡』444：三八二)と応じている。

(9) E・ヤング＝ブルーエル『なぜアーレントが重要なのか』矢野久美子訳、みすず書房、二〇〇八年、一―二頁。

(10) 同書、一頁。

(11) カントが提示した「根源悪」の内実と、アーレントがこの語を借り受けるまでの思想史的な系譜については、リチャード・J・バーンスタイン『根源悪の系譜――カントからアーレントまで』菅原潤ほか訳、法政大学出版局、二〇一三年を参照。

(12) リチャード・キングも二〇一五年刊行の『アーレントとアメリカ』で、シュタングネトに対するベンハビブの批判の一つとして、この点を指摘している。Richard H. King, *Arendt and America*, The University of Chicago Press, 2015, p. 313.

(13) 古田徹也『言葉の魂の哲学』講談社選書メチエ、二〇一八年。

(14) 同書、七頁。

(15) 同書、二〇五―二〇六頁。

11 真理と嘘
二十世紀の政治を問う

小山花子

標題について、まず確認する必要があるのは、真理と嘘は、必ずしも対概念ではないということである。真理の対概念は、偽である。真理と偽、あるいは真偽こそが、一般的な考察の対象である。一方、嘘の対概念は本当、実《じつ》、誠《まこと》等である。嘘とは、故意に偽を述べることであり、真実に背く、真理を隠匿するという意図の存在が、少なくとも英語の嘘（lie）の語義では重要となる。また嘘、本当、実、誠等は、社会的な文脈とも深い関わりを有しており、普遍的な真偽の世界に属するとはいいがたい。

このように、位相を異にしているものの、アーレントの思想を理解するにあたって、真理と嘘とを共に論じることには意味がある。その理由は、二十世紀の政治を語るうえで、両者がともに欠かせないからであろう。右のような本来的な使い分けや区分がもはや意味をなさない全体主義の時代を、われわれは経験した。そして、その余韻は、「ポスト真実《トゥルース》」が流行語となった二十一世紀の現代にも感知しうる。

以下では、「真理」と「嘘」に関するアーレントのテクストを整理していく。具体的には次の順となる。第一に、「真理」に対するアーレントの評価を見る。第二に、「嘘」に対するアーレントの批判を見る。第三に、「真理」に対するアーレントの疑念を検討する。第四に、「嘘」に対するアーレントのアンビヴァレントな態度を見ていく。

1 二十世紀と嘘

アーレントにとり、二十世紀は「事実」（facts）が激しい攻撃にさらされた時代であった。一般的に、事実とは、現実に生じたこと、あるいは実際に存在した事柄を指す。事実は、「二＋二＝四である」といった数学的真実とは別の、世界の出来事に関する「真実」といえる。

何かが実際に生じたということ、その「事実」そのものを変えることは、誰にもできない。少なくとも現時点での人類には、タイムマシーンで過去にさかのぼって、ビルの屋上にいる人の腕をつかんで落下を阻止するといったレベルでの、過去の改変は不可能である。そのような意味で、「事実」は絶対であり、アーレントが述べるように、一種の真理すなわち、事実という真理、あるいは「事実の真理（factual truths）」なのである。アーレントは次のように述べる。

「三角形の三つの角は正方形の二つの角〔の和〕に等しい」や、「地球は太陽の周りを回っている」、「不正を行なうより不正をこうむる方がよい」、そして、「一九一四年八月にドイツはベルギーを侵略した」というような論述が、どのように到達されるかは、さまざまである。しかし、いったん真であるものとして認知され、そう宣言されれば、それらは合意や論争、意見、同意によっては左右されないという点においては、共通性をもっている。

（『過去と未来』235：三二五）

アーレントは右の引用にある三角形の角と地球の公転に関する論述を「理性の真理（rational truths）」とみなし、ドイツのベルギー侵略に関する論述を「事実の真理」とみなしている（235：三二五）。いずれの「真理」も、人為の余地を排除するものである。誰が何と言おうと、三角形の内角の和を一八〇度でなくすることはできないように、歴史上のある出来事を、なかったことにしたり、別の出来事にすり替えてみたりすることは、できないはずである。

それでもアーレントが、二十世紀において、「事実」が攻撃にさらされたというのは、どのような意味だろうか。過去に生じたこと、それ自体を変えることができずとも、政治権力は、事実を秘匿、隠蔽したり、捻じ曲げて伝えることができる。そして、偽の「事実」を人びとの間に流布し、その「事実」に社会的なリアリティーを付与することができる。多くの人びとにとって、その偽の「真理」こそが、「本当のこと」となる。こうして政治権力は、過去そのものではなく過去に関する記憶を、あるいは事実そのものではなく事実についての語りを、変えることができる。

なぜ、このような事態が生じるか。「それでも地球は回っている」というガリレオの言は、科学的な真理が、時の権力（宗教的な権威）に抑圧された例としてよく知られている。真理は、人間社会ではつねに脆弱なのである。とりわけ近代以前の世界では、何が真であり、また偽であるかは、政治権力や宗教的権威が決定するといってもよかった。

しかし、「事実の真理」は、科学的な真理に比べて、さらに格段に脆弱である。アーレントは、これらの真理——「事実の真理」と「理性の真理」——との決定的な相違点として、証明の問題を挙げている。これらの真理の人間社会での運命を変えてしまったのは、アーレントによれば、それらの証明方法の違いであった。「事実の真理」が歪曲され、あるいは隠蔽されることがあったのは、それに特有の証明方法のゆえであったとアーレントは述べている。

アーレントによれば、数学的な真理や科学的な真理、哲学的な真理などの「理性の真理」は、いずれも、人間の理性に基礎づけられている。理性的な存在者である限り、人間が否定することができないのが、これらの真理である。それらは必然の世界に属する事柄なのであり、その点において、人間にとってはある種の強制となりえる（235：三二五）。

事実の証明は、これに対し、証言によって行なわれる。事実の証明とは、あることの目撃者が実際に目で見たこと、現実に経験したことの「真理」を語ることで成し遂げられる。しかし、目撃者は、つねに真実を語るとは限らないだろう。政治的な理由や保身、自己利益のために、虚偽の証言をすることがあることを、われわれもよく知っている。また、単なる記憶違いということもあるだろう。

アーレントが見た世界は、ただでさえ脆弱な「事実」が、政治権力の強大な力によって組織的に隠蔽、歪曲された世界であった。歴史的資料や記録は、「事実」を伝えるものとしては疑わしいとアーレントは指摘している。これらは「偽造物」として疑いうる（239：三三〇）。さらに、異なる「事実」が出現した場合、事実は多数派によって決められることになる（239：三三〇）。二十世紀において、全体主義という権力の暴走を見たアーレントにとって、「事実」の捏造は鋭いリアリティをもつものであった。それはある種、悪夢のような世界であっただろう。

2　現代政治の嘘

政治権力による事実の隠蔽や歪曲としての「嘘」は、しかしながら、全体主義の政治に特有のものではない。戦後のアメリカ政治においても、「嘘」は大きな役割を果たしたとアーレントは見る。

「政治における嘘」は、ペンタゴン・ペーパーズ（国防総省秘密報告書）の公表を受けてアーレントが執筆した論考である。当時も大いに話題を呼び、世界を驚愕させた、アメリカのベトナム戦争介入に関する政策決定を追ったこの内部文書のなかに、アーレントは「あらゆる類の嘘の陳述、欺瞞、故意の虚偽」を見出した。トンキン湾事件のでっちあげ（偽装）工作に始まり、なし崩し的な介入の拡大と軍事作戦の強化、「ドミノ理論」——一国が共産主義化すると隣接する国々も共産主義化するという説——を論拠とする殺戮の嵐まで、ベトナム戦争を特徴づけたのは、事実ならざるものが、事実、真理であるかのようにして奉じられ、実行に移されるという悪夢であった（『暴力』3–47：一―四五）。なお、トンキン湾事件とは、アメリカの駆逐艦が北ベトナムの魚雷艇に攻撃されたとする事件であるが、事件はアメリカの捏造であることが後に判明している。この事件を根拠として、しかし、ジョンソン大統領はベトナムに対する戦争遂行の権限を議会に求め、その求めは圧倒的多数で承認されたのであった。

ベトナム軍事介入をめぐる組織的な「嘘」は、もはや「嘘」の範疇を超えている。アーレントによればそもそも、何かが「嘘」であるというためには、何が「本当」であり、あるいは「真理」であるかを区別している必要があるが、「偽」が広範にわたって権力の中枢に浸透し、偽情報の発信者自身がそれが偽であることを忘却してしまった場合、何が「嘘」であるかを語ることは原理的に不可能となる。少なくともそれは著しく困難になるだろう。ベトナムをめぐっては、こうした「嘘」の蔓延、「嘘」と「本当」とを分かつ境界線の消失が生じたとアーレントは見る。

アーレントは別の論考で、二種類の嘘について書いている(『過去と未来』247–254：三四三―三五二)。第一に伝統的な嘘とは、外交において用いられ、敵を欺くために用いられるものである。伝統的な嘘においては、政治家や外交官は、何が真実(事実)であり、何がそうでないかをはっきりと理解していた。マキァヴェリ流の現実政治の世界といってもよいかもしれない。政治家は、国のためならば、時には道徳的な悪である「嘘」もつくことができなければならない。

現代政治における嘘は対して、自己欺瞞の世界である。嘘つき自らが、嘘を本当だと信じてしまっている。そう信じて、世界を見ている。自身の嘘に自身が欺かれてしまっているのである。

アーレントのテクストから感じ取れるのは、このような現代的な嘘こそが二十世紀を混沌へと陥れたという危機感である。ナチスの人種主義や、先述のトンキン湾事件、「ドミノ理論」は、虚偽、あるいは未検証の仮説にすぎないにもかかわらず、純然たる真実、確固たる事実として奉じられた。これらの主義や理論は、意見や価値観としてではなく真実として、議論の余地を許さない絶対的な事柄として、支持されたのである。

根底にはもちろん、政治家のモラルの崩壊があるのかもしれない。しかしアーレントによれば、問題は一部の政治家や政策決定者にだけ関わるものとはいいがたい側面も持っていた。アーレントが危惧するのは、現代的な嘘に対する人びとの全般的な反応である。今日人びとは本来の、伝統的な意味での嘘に対しては道義的な非難のまなざしを向けるかもしれないが、現代的な嘘にはむしろ「寛大」なのである(249f.：三四六―三四七)。彼らはむしろ、その「欺瞞の網《ウェブ》の目」の維持に努め、疑いを抱く者、真実を語ろうとする者こそを敵視するかもしれないのである(249f.：三四六―三四七)。

ともあれ、「真理と政治」でアーレントは、真理を守る砦として、大学や司法をあげている(255–258：三五五―三五九)。これらの場において真理は、「最高位の基準」としての地位を与えられている。その活動が脅かされず、政治権力が大学や司法の独立性を十分に尊重することが、現代的な嘘に歯止めをかけ、真実を未来へとつないでいく鍵であるとアーレントは見ている（255–258：三五五—三五九）。

3　嘘と自由

そもそもアーレントは、「真理」の問題——何事かが真であるか偽であるかの判定や、それをめぐる議論——には、否定的な見解をもってもいた。何事かの真偽が、判明しない、判定できない状態にこそ、政治に固有の自由が宿ると考えていたといってもよい。アーレントの立場は、哲学的な相対主義——真理や（善、正義などの）価値、規範などが唯一絶対なものであることを否定する立場——以上のものを意味した。アーレントによれば、人間にとって絶対的な真理はありえないと認めるだけでは、不十分である。われわれは、いってみれば、相対主義的な世界や状況に「歓喜」し、それを維持するために真理を「犠牲にする」覚悟すら持っていなければならない（『暗い時代』26–28：四八—五二）。

たった今挙げた二つの立場は、似て非なるものであろう。アーレントは「真理」を論じるにあたって、啓蒙期のユダヤ人思想家であるレッシングを参照している。彼女によればレッシングの「偉大さ」は、「人間世界の内部では唯一の真理は存在しえないという理論的洞察をもっていた」だけでなく、彼が真理が存在しないことを「喜び」、そして「人びとの間の無限の語り合いは、いやしくも人間が存在するかぎりけっして終わることがないであろう」ということを「喜んでいた」点にあると述べている（27：五〇）。

しぶしぶ相対主義を認めることと、相対主義を支持・推進することの違いは、どこにあるだろうか。筆者の考えでは、前者は、状況によっては絶対主義（あるいは普遍主義）へと変わることを排除しないが、後者はいわば筋金入りの相対主義、絶対的なる相対主義であり、まさに「イズム」である。しかし、真理をわざわざ「犠牲」にするというのは、とらえようによっては、狂気の沙汰である。人種主義のようなエセ真理や、単に真理を標榜するものを排除することは理解しうるが、はたして本当の真理——それが存在した、あるいは見つかったと仮定して——まで、犠牲にする必要があるのだろうか。

アーレントが、政治的な領域に限定して先の主張を展開しているということを、ここで覚えておく必要がある。アーレントは、人間性のため、友情のために真理を犠牲にすることを主張したレッシングを、「完全に政治的な人間」として捉えている（30：五五）。

では、政治的であること、あるいは政治的な領域とは何だろうか。アーレントの考えでは、政治的な領域とは、複数性の領域である。「多くの声が存在しているような領域、かつ個々人が何を「真理とみなすか」についての言明が、人びとを結合するとともに、分離もしているような領域」である（30：五五）。このような領域の存在、あるいはその保護という文脈に、レッシングの、そしてアーレントの主張は位置づけられる。

いいかえれば、アーレントにとっては、意見（opinion）こそが政治の核心部分である。政治的であるということとは、意見という領域を開拓すること、あるいはその次元を動くことを覚えることであり、身につけることでもある。何が正解であるのかを示すのではなく、何が正しいと私にはみえるかを、饒舌に、闊達に語りうる自己を育んでいくのである。

こうした理解の延長線上に、アーレントの「真理」に対する否定的な見方が存在する。真理は、ある種の暴君であるとアーレントは述べていた。真理を言われてしまえば、われわれは口をつぐんでしまう。そうしないこと、要するに真理を認めないことは、愚かさや理性の欠落と同一視されうる。狂人とレッテルを貼られることすらあるかもしれない。とりわけ、科学的な意味での正しさということに魅了された現代人にこの不安は当てはまる（28：五二）。「真理」が支配する場所で、われわれは自由ではありえないとアーレントは主張していた。

アーレントが、アメリカ独立宣言を起草したトマス・ジェファーソンに賛辞を送ったことも、この主張の延長線上に位置づけることができよう。アーレントの理解では、後にアメリカの第三代大統領となるジェファーソンは、人間性のために真理を「犠牲」（27：四九）にするというレッシングの態度を、次の一節で体現していたといってよい――「われわれはこれらの真理を自明なものとみなす」。アーレントは、この文での力点が「われわれは〔…〕みなす（*We hold*）」という構文にあると強調する。ジェファーソンは、「万人は平等に作られている」という自然法理論における真理（の命題）――独立宣言の原文では、「われわれは〔…〕みなす」の後に続くことになる――を、そのまま宣言に現われさせることがふさわしくないと理解していた（『革命』185：三二〇）。かりに自然法理論の世界では真あるいは自明の公理であるとしても、人間の世界に現われた瞬間に、それは一つの言明、一つの意見となることに気づいていたという。真理のもつ「不可抗力性」に独立宣言を基礎づけることは、この違いを踏みにじることである。また、それは、自由の革命としてのアメリカ革命を否定するものでもあった。アーレントは、次のように記している。

> 〔ジェファーソンは〕「万人は平等に作られている」という命題が、二×二＝四という命題と同じ強制力をもつことはありえないということをよく知っていた。なぜなら、前者は実際に理性の命題であり、それどころか人間の理性が、ある真理を自明のこととして認めるよう神によって求められていると仮定しなければ、同意を必要とするような理論的命題でさえあ

るのだから。これに反して後者は、人間の頭脳の肉体的構造にもとづくものであり、したがって「不可抗力的」なのである。

（185：三一一）

「自由」の可能性をさぐることは、アーレントの政治思想の中心課題であったといってよいだろう。『ラーエル・ファルンハーゲン』には、その萌芽のようなものが見られる。このある社交的なユダヤ人女性についての伝記作品においてアーレントは、嘘と自由というテーマを取り上げる。「事実なんていうものは、私には何の意味ももちません」。ラーエルは手紙に右のように書き、この手紙に「J・J・ラーエルの告白」と署名をしたという（『ラーエル』25：一六）。アーレントによればラーエルは、一見したところでは不可能な、事実の否定ということが現に可能であるということに注目していた。たとえば安息日の昼間に出かけてしまったとしても、いや、出かけなかったといって否定することができる。仮に目撃者がいたとしても、それでもやはり否定することができる。嘘というのは「すてきなもの。それはわれわれの自由の重要な一部」と、ラーエルは書いていた（25：一七）。

4　嘘のアンビヴァレンス

しかしながら、疑問が持ち上がるかもしれない。自由であることと、事実を尊重することとは、はたして矛盾するものなのだろうか。自由でありつつ、しかし超えてはならない一線として「事実の真理」を位置づけることは、自由を制約するものなのだろうか。一方でアーレントは、われわれが自由であることができるのは、その自由に限界を定め、己の「境界」を設定することによってであると述べている（『過去と未来』259：三六〇）。ペンタゴン・ペーパーズが暴露したアメリカ政治のありようが、自由というにはほど遠いように思われるのは、この「境界」を重んじることに失敗したためであるといえる。

他方でアーレントが、政治と嘘との間に共通するものを見出していたのは興味深い。アーレントによれば、両者はともに、「事実の真理」の拒絶によってなる。しかし、拒絶する「事実」の内容によって違いが出てくるとアーレントは考えていたようである。嘘つきが拒絶する事実は、過去に属する。無かったものをあったと言い、そしてあったことを無かったと言うのが嘘つきである。これに対し、政治が拒絶する「事実」は、現在、そして未来に関わるものである。自由の政治が成し遂げるのは、変化、変革、創設である。これらを「事実」の拒絶としてみなすというのは、アーレントのユニークな用法であろう。アーレントは「事実を変え（to change facts）」る試みとして行為を見るが、このときに彼女がいう「事実」とは、想像力そして、先に述べた合意の観念と深いかかわりを持つものである。アーレントは次のように述べている。

〔…〕事実の真理の意図的な拒否――嘘をつく能力――と、事実を変える能力――行為する能力――は、相互に関連しているのであって、両者は想像力という共通の源泉によってはじめて存在するのである。実際には雨が降っているときに「太陽が照っている」と述べることができるのは、決して当たり前のことではない〔…〕。われわれには世界を変え、そのなかで何か新しいことを始める自由がある。存在を否定したり肯定したりする精神的な自由、「イエス」や「ノー」を言う精神的自由――賛成や反対を表明するための言明や命題に対してばかりでなく、賛成や反対を超えて、知覚と認識をつかさどる器官に与えられているままの事物に対しても「イエス」や「ノー」を言う自由――がなければ、どんな行為もなしえないだろう。そして、いうまでもなく、行為こそが、政治を形づくるのである。

（『暴力』5-6：三―四）

アーレントはあるものを無いと言い、無いものをあるという能力が、政治的な能力でもあると述べる。どのような意味か、アーレントのテクストからさらに探ってみたい。彼女は、別の箇所で、次のように述べている。

嘘つき（liar）は〔…〕本性上、行為者（actor）である。彼が現実と違うことを言うのは、物事が現実にそうであるのとは別様になるのを欲するからである。彼は、世界を変えようとしている。彼は、われわれの行為つまり、リアリティを変える力能と、土砂降りの時でも「太陽が照っている」とわれわれが述べるのを可能にする神秘的な能力との間の打ち消しがたい親和性を利用しているのである。〔…〕いいかえれば、必ずしも真理を語るわれわれの能力ではなく、嘘を語るわれわれの能力こそ、人間の自由を確認する数少ない、明白で論証可能なデータの一つなのである。

（『過去と未来』246：三四二）

アーレントによれば、嘘つきは自由を濫用あるいは悪用する（246：三四一）。しかし政治的行為者の自由は、この嘘つきの自由と同じではない。政治的行為者は、過去の改竄――今日的文脈でいうならば、修正主義やいわゆる否定派《ディナイアリスト》による過去の否定――を行なう者ではない。その反事実性――そう言ってよいならば――は、過去ではなく現在、そして未来に関わるものである。

こうしてアーレントは、事実と自由を、真理と政治とを、両立しようと試みているように見える。アーレントの主要なテクストから、もう一度見てみよう。

事実は意見の糧であり、そして意見はさまざまな利害関心や情念によって活気づけられて大いに異なりうるが、それらは事実の真理を尊重する限りにおいて正当でありうる。事実に関する情報が保障されず、事実そのものが争われるようになるならば、意見の自由など茶番である。いいかえれば、理性の真理が哲学的思弁の糧であるように、事実の真理は政治的思考の糧なのである。（234：三二三）

「嘘」に対するアーレントの態度は、最終的には、アンビヴァレントにも見える。特にアーレントが、先に引用したように嘘つきを「行為の人」と述べるとき、そのアンビヴァレンスが強く感じられる（246：三四一）。そこにわれわれは、「嘘」の対極である「真理」を最高善として奉じさえすれば万事はうまくいくという思考の拒絶を見て取ることもできる。政治とは「真理」の尊重（あるいは「嘘」の否定）以上の何物かであるというアーレントの信念が、「真理」と「嘘」に関するテクストのアンビヴァレンスを生み出しているのかもしれない。

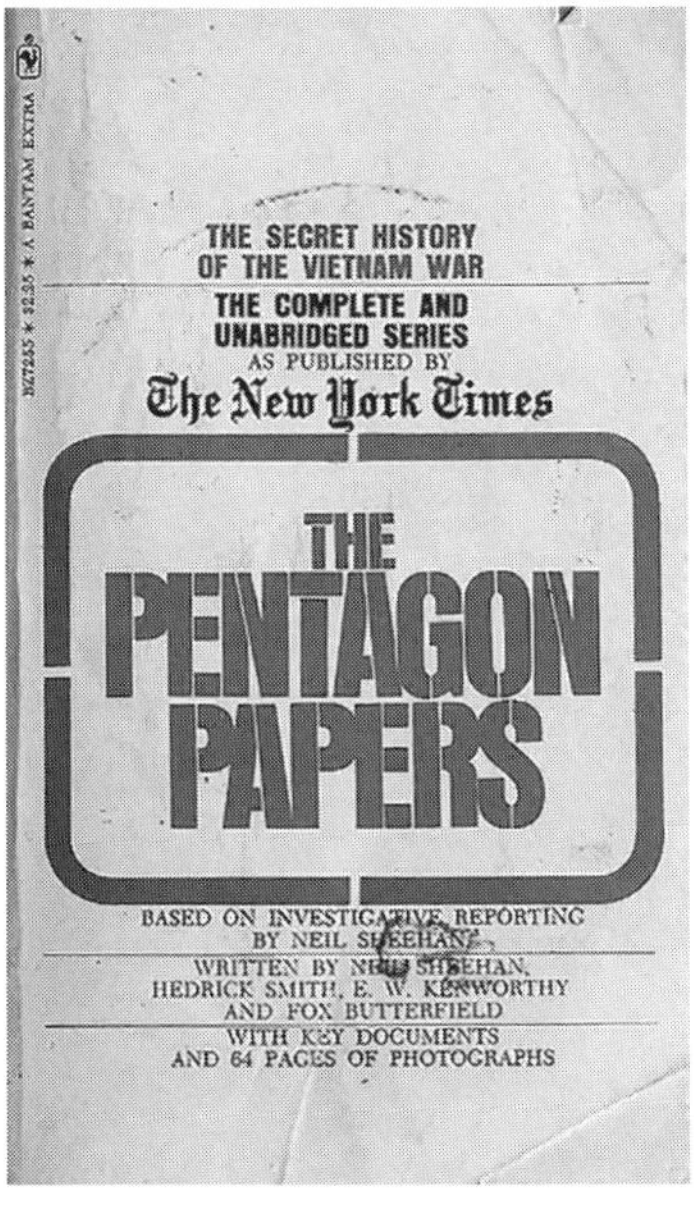

1971年,『ニューヨーク・タイムズ』が報道・出版したペンタゴン・ペーパーズ（国防総省秘密報告書）

12 思考
現われの“reality”

青木　崇

はじめに

『精神の生活　第一部　思考』（以下、『思考』と略記）におけるアーレントの良心論はほとんど底が抜けている。「もし思考したいのであれば、対話を行なう二者が良好な関係にあるよう、すなわちその仲間が友人であるよう気遣わねばならない」（『思考』187f.：二二七以下）――思考における対話相手である私と私自身、「一者の中の二者」が友人であるよう気遣うことは、自己を崩壊させてしまうような悪事を働くことに対する歯止めとなる。詳論は省くが、アーレントによればこれが思考活動する限りで経験される「良心」である。しかし、良心の呵責に耐えきれなくなったリチャード三世が夜半過ぎに開き直ったように、われわれには思考を放棄することもできる。全体主義の後、アイヒマンの後では、思考だけでなく無思考もが「万人にいつも開かれている可能性」であることを認めざるをえない（191：二二二）。思考なしに良心はなく、良心の根ざす思考は容易に踏み抜かれてしまいうる[1]。

こうした、いわば良心の欠如に基づいた良心論はむしろ人々の思考活動に対するささやかな期待として理解できるが、次のことに留意しなければならない。『思考』の序論では以上のような良心論の他にもう一つの課題が掲げられる。その課題とは、神や真理を耽美する観想に生涯を捧げた先哲たちにとって思考することがいかなる経験であったかを先哲たちの記録から「蒸溜」しつつも、その経験を観想的生活から引き剝がし、天才や専門家の独占物ではないものとして記述することである（12：一五参照）[2]。思考の経験は「遺言一つなく遺された遺産」でこそないが、アーレントは先哲たちが遺した遺言を蒐集しそれらに上書きすることで「記憶の倉庫」を守る詩人の責務を引き受ける（『革命』272：四四二）。ゆえに、『思考』の力点は、思考や良心が「万人につねに開かれている可能性」であると単に期待することにあるよりは、その蒐集や上書きによって思考や良心の経験を万人に開くことにある。

この第二の課題にとって決定的なのは、思考を「現われ」[3]について行なわれる活動として描き直すことである。ところが、先哲たちの記録にはむしろ現われに対する懐疑ばかりが記されている。その疑心暗鬼は、現われの彼岸に究極的な実在性を仰ぎ観て、「(真なる) 存在と (単なる) 現われ：二世界論」という枠組みを生んでしまうほどであった。しかしこうした経験を単に恣意的であったり無意味であったりするものとして蔑ろにすべきではない。『人間の条件』以来、アーレントは現われを重視し、現われへの信頼が失われていることに警鐘を鳴らしてきた。この方向性に変わりはないが、『精神の生活』においてアーレントは、思考が現われに対してどうしようもなく疑いの目を向けてしまうことを認めつつも (『思考』49：五八参照)、実在性が現われに伴うと論じる。誰もが触れうる現われが実在性を纏えばこそ、「思考活動そのもの、すなわち起こったり注意を惹いたりするものを何でも調べようとする習慣」(5：八) は鼓舞され、悪行を為すことへの防波堤になるのであろう。では、疑い深い思考にとって現われが実在性をもつとはいかなる事態なのか。これが本章の問いである。

『精神の生活　第一部　思考』はこれまで、良心論やアイヒマン問題、「理解」や政治的判断論との連関で読まれることがほとんどであり、それらとの連関が薄いように見える「現われ」や「実在性」概念は重視されてこなかった[4]。しかし、アーレントの政治理論において「現われ」や「実在性」は中心的な概念であり、またそれだけに意味を規定しづらい——“reality” という語に関しては「実在性」と訳すことにさえ躊躇いを覚える[5]——概念であるが、これらの概念を避けて通る限り、アーレント研究は不十分なものに留まるであろう。

以下、次のように議論を進める。まず、デカルトの「我思う、ゆえに我在り」に対するアーレントの批判を整理する。次に、実在性の条件に関するアーレントの議論を検討し、その上で最後に思考と現われの関係を理解することによって本章の問いに答える。

1　デカルトの懐疑

すでに触れたように、アーレントは思考が現われに対して疑いをもつものであることを認め、その結果として実在性が現われの背後に求められることになったと論じる。こうした態度を徹底したのがデカルトである。「デカルトの主要な関心は、何か——思考する自我、彼の用語では、彼が魂と同一視した「思惟するもの (“*la chose pensante*”)」のような——その実在性が疑念の彼方に、感覚知覚の錯覚の彼方にあるようなものを発見することであった」(48：五七)[6]。ところが、懐疑とも錯覚とも無縁の実在性が思考の到達するそれであるとすると、感覚的なものである現われに実在性を取り戻そうとするアーレントの試みは絶望的であるように思われる。では、いかなる実在性が示されうるのであろうか。

アーレントはデカルトの「我思う、ゆえに我在り」を批判するが、その理由は二重のものである。まず、「我思う」に確認することができるのは思惟という作用のみであり、「思惟する」ということは「思惟するもの」という主体の存在を証明しない。「我思う、ゆえに我在り（cogito ergo sum）」が誤りであるのは、ニーチェが述べたように、我思う（*cogito*）からはただ思惟作用（*cogitationes*）の存在のみが導出されうるということだけではない」（49：五八）。次に、ハイデガーに同意して述べられるように、「我思う、ゆえに我在り」という命題はその「ゆえに」にもかかわらず推論ではない。「我あり（I-am）は我思う（I-think）において前提とされている。思考はこの前提を摑みうるが、それを証明することも反証することもできない」（49：五八）。思惟作用は「思惟するもの」という主体の存在を証明しないばかりでなく、思惟作用の存在も証明しない。思惟作用が「思惟するもの」の存在を証明しないのは思惟作用が「思惟するもの」の存在を含意しないからであるのに対して、それが思惟作用の存在を証明しないのは、それが推論や演繹ではないからである。思惟作用は思惟するたびに思惟作用があるということ、思惟作用が働いているということを摑むことができるだけである。

以上のように、デカルトは「我」の存在を証明していないが、アーレントにとって「我思う、ゆえに我在り」は同時に、思考が実在性に対してとることのできる態度に関する証言でもあった。「実在性は演繹されえない。思考や反省にできるのはそれに同意したりそれを拒否したりすることであり、欺く神の観念から始まるデカルトの懐疑は、その拒否の洗練され覆いをかけられた姿にすぎない」（49：五八）。アーレントにおいて実在性とは、思考によってその確実性に到達できないものであるだけでなく、そもそも確実なものでさえなく、証明を必要としない。そして、思考が実在性に対して同意ないし拒否することができるということは、実在性が何か思考とは別の仕方で与えられるということを意味する。

2　実在性の諸条件

アーレントは、錯覚も懐疑も欺く神も受け付けない実在性を求めたデカルト的懐疑に抵抗しつつも、そこから思考が実在性に対して取りうる態度を抽出する。思考は実在性を証明できない。そこでアーレントは実在性を感覚的かつ共同的に与えられるものとして論じる。

実在性が与えられる条件としてはまず、対象が感覚的に与えられるということがある。「現われるあらゆるものが〈私にはこう見える（it-seems-to-me）〉という様式で知覚され、したがって誤謬や錯覚に開かれているにもかかわらず、現われそのものは実在感の前触れ（a prior indication of realness）を連れ添っている。すべての感覚経験は普通、いつもは沈黙しているとしても、付随的な実在性の感覚（the sense of reality）に同伴されている」（49：五八）。「実在性の感覚」は、視覚が光景を捉え聴覚が音声を捉えるような仕方で感官によって捉えうるものではないが、同じ対象の光景や音声や香りや手触りに伴う。ただし、対象が私の感覚経験において単独の感官あるいは共同的でない複数の感官に与えられているだけでは「実在感」や「実在性の感覚」は得られず、その場合に伴うのは「実在感の前触れ」である。

この条件を「感覚条件」と名付けるとすると、次に挙げられるのは「共通性条件」と呼びうる三重の条件である。感覚条件に加えて、これら三重の共通性条件によって実在性が獲得される。これについてはアーレント自身がまとめているため、本章では番号を補いつつ引用し、順に説明する（以下、「共通性条件①・②・③」とする）。

> 誤謬と見せかけに満ちた現われの世界において、実在性は次の三重の共通性（commonness）によって保証される。すなわち、〔①〕五感が、それぞれまったく異なっているにもかかわらず、同じ対象を共有していること、〔②〕同じ種の諸成員があらゆる一つ一つの対象にその固有な意味を与えるような文脈を共有していること、〔③〕感覚を与えられた、他のあらゆる存在者たちがこの対象をまったく異なったパースペクティヴから知覚しているにもかかわらず、その対象の同一性に同意すること、である。この三重の共通性から実在感の感触（sensation）が生じる。（50：五九）

共通性条件①は、複数の感官がそれぞれ異なった「世界的性質（worldly property）」に対応しているにもかかわらず、同じ対象を共有しているということである。世界的性質とは「われわれの世界はわれわれが視覚をもつがゆえに見ることができ、聴覚をもつがゆえに聞くことができ、また触覚や嗅覚や味覚をもつがゆえに触れることができたり香りに満ちていたり味わえたりする」（50：五九）ように、それぞれ五感に対応する光景や音、触感、香り、味といったもののことである。また、ここでアーレントは「五感」と述べるが、必ずしも五感のすべてで同一の対象を知覚する必要はないであろう（五感に限定する必要もないかもしれない）。共通性条件②は、ある対象に固有の意味が付与される文脈を同じ種の諸成員が共有するということである。「同じ種の諸成員が」とはあらゆる生物種が文脈を共有する必要はない、ということである。共通性条件③は、感覚をもつ複数の存在者が異なったパースペクティヴから同じ対象を知覚し、自分たちが同じ対象を知覚しているということに同意するという条件である。

アーレントによれば、こうした条件は「共通感覚」によって満たされる。共通感覚とは実在感に対応する「第六感」である。「第六感が対応する世界的性質は実在感であり、この性質に伴う困難はこの性質が他の感覚的性質のようには知覚されえないということである」(50：五九)。実在感が他の感覚的性質のように知覚されないのは、実在感が感覚条件および共通性条件が満たされている場合に他の感覚に伴うだけだからである。

われわれがトマス・アクィナス以来、共通感覚と呼んでいるもの、*sensus communis* は一種の第六感であり、私の五感を一緒に留め、私が見たり触ったり嗅いだり聴いたりするものが同一の対象であることを保証するために必要とされる。〔…〕この同じ感覚、すなわちこの、身体の一機関として位置づけられえないがゆえに謎めいた「第六感」が私の厳密に私的な五感――その感覚的な質や激しさにおける感触が伝達不可能であるほどに私的な――を他者たちと共有された共通世界へと適合させる。(50：五九)

二つの役割のうちの一つは、五感の対象の同一性を保証することであり、もう一つは私的な感覚的知覚を共通世界に適合させることである。アーレントは明示しないが、これら二つの役割は共通性条件に対応すると考えられる。すなわち、一つ目の役割によって①を、二つ目の役割によって③を、そして二つの役割によって単独では意味を持ちえない世界的性質を他の世界的性質や他者たちの「私にはこう見える」と結びつけるという仕方で②を可能にする能力であることになろう。共通感覚によって複数の感覚の間の共通性と複数の主観の間の共通性が保証され、これらの共通性から実在感が生じるのである。

以上のように理解するならば、アーレントは実在性の条件として共通感覚という能力を想定しているように思われる。すなわち、現われが実在性を帯びるためには、それを知覚する存在者たちは同一の対象を複数の「私にはこう見える」から知覚するだけでなく、自分たちが同一の対象を知覚していることに同意しなければならない。この同意に至るための知覚もまた感覚的であることを避けられず、「私にはこう見える」のなかで幽閉されているように思われるが、この幽閉を緩和し、現われに実在性の感触を与えるのが共通感覚であるとされているように見える。

しかしながら、知覚する者たちが共通感覚を持つということはそれほど自明であろうか。アーレント自身、共通感覚は身体の機関として位置づけられないと述べるように、われわれは目で見たり耳で聞いたり口で味わったりするという感覚を共通感覚については覚えない。それどころか、たとえ共通感覚が諸々の感覚を同一の対象についての感覚として統合しているとしても、その統合作用そのものは知覚されない。何よりも、共通感覚に割り当てられた二つの役割はなぜ同じ一つの能力であるのか。アーレントの答えは見当たらず、歴史的にこれら二つの役割が同じ言葉で言い表されてきたということも答えにはならない。

3　思考と現われ

実在性が現われに伴うというアーレントの実在論は、共通感覚論に差しかかったところで雲行きが怪しくなった。そこで以下ではアーレントの実在論を別の仕方で解釈したい。アーレントの狙いは判然としないが、少なくとも別の航路を進む余地は十分に残されている。

「あることと現われることは一致する（Being and Appearing coincide.）」（19：一三）――『精神の生活　第一部　思考』の本論はこの大胆な命題とともに始まると言って過言ではない。しかし、なぜアーレントは「あることと現われることの一致」などという素朴にも見える命題を同書の出発点に据えるのか。それどころか、この命題を受け入れるならば、先のような実在性の保証としての共通感覚論はそもそも不要となってしまう。

アーレントによれば、この世界に含まれるあらゆる存在者は現われるという点で一致している。先の命題はこのことから導き出された上で次のように分析される。「この世界のなかでその存在が観客を前提としないものは何も誰も存在しない」（19：一三）。何かや誰かが現われるということにはその何かや誰かを知覚する「観客」が想定され、その意味で現われは複数的である。「複数性がこの世の掟である」（19：二四）。さらに、現われるもののなかでも感覚を持つもの（人々や動物たち）と感覚を持たないもの（無生物）はそれぞれ異なった仕方で現われる。感覚をもたないものは感覚をもつものによって一方的に知覚されるだけであるのに対して、生き物たちは互いに知覚しつつ知覚され、観客であると同時に演者である。

アーレントはこの後も生物学者のアドルフ・ポルトマンなどを参照しながら、たとえば「自己表示」と「自己提示」といった概念を用いて人々と動物たちの現われ方の異同を論じていく。こうした議論は興味深いが、目下の文脈で重要なのは次の記述である。

> 諸々の生き物、すなわち人々と動物たちは、世界内にあるだけでなく、世界に属しており（*of the world*）、そしてそれはまさに、生き物たちが主観であると同時に客観である――知覚していると同時に知覚されている――からである。（19：二四）

注目すべきは「世界内にあるだけでなく、世界に属している」という箇所である。“*of the world*”という表現は、同じ段落に「生き物たちの世界性（worldliness）」（19：二四）とあるように、“worldly”の変形として「世界的」とも解せる。ここでアーレントは主観－客観という伝統的な概念を用いているが、この主観はデカルト的に確立された自我ではない[7]。それは他の主観たちに客観として知覚され現われているという仕方で現われの世界に属す存在者であり、その意味で世界的な存在者であり、また世界的であるという仕方で世界内的な存在者である。換言すれば、生き物たちは、世界に現われていながら世界がそこに現われている存在者であり、そのような仕方で既に常に現われの内で複数的に存在してしまっている。

この事実から「第一章　現われ」は出発しているのではないか。そうだとすると「あることと現われることは一致する」という命題は、何かが現われているという事態の記述として解釈することができる。すなわち、生き物たちにとって、何かが「私にはこう見える」という仕方で現われているということにはさしあたってたいてい、その何かが複数の感官の間と複数の主観の間で共通的に与えられているという感触、したがってまた実際にそれがそこに存在しているという感触が伴っている、という記述であることになる。そうである以上、共通感覚の能力の役割や存在の疑わしさはアーレントの実在論を揺るがすものではない。そして、それにもかかわらず実在性の諸条件が問題となるのは、そのような現われが崩れてしまいうるものだからである。

「生き物たち」、思考活動を主題としながらもアーレントがこの表現を用いるのは、思考する存在者たちもまた感覚をもつ生き物である限り、主観としても客観としても現われの内に生きてしまっていることを浮き彫りにするためであろう。そのような存在者たちにとって現われはさしあたってたいてい実在性を帯びている。デカルトが方法的懐疑においてこの世界には何も存在しないと繰り返し自らに説得しなければならなかったように、思考は現われに伴う実在性から逃れきれない。したがって、本章の問いに答えるならば、疑い深い思考にとって現われに実在性が伴うのは、思考が感覚能力をもち現われの内で生きてしまっている存在者によって行なわれる活動にほかならないからである。

それにもかかわらず、思考は現われに疑いの目を向ける。「感覚の諸対象を思考の諸対象に変形する術はまずもって感覚の諸対象をそれらの文脈から引き剝がすが、それはそれらの新しくかつ異なった機能のためにそれらを脱‐理解（de-realize）し準備するためである」（49：五九）。感覚の諸対象を思考の諸対象にするためには、思考はその感覚の諸対象をその文脈から引き剝がさなければならない。その際、感覚の諸対象はそれらがさしあたり位置づけられている文脈や意味連関から剝ぎ取られることでそのさしあたりの理解から脱するとともに実在感を奪われる。ゆえに思考は、実在性が伴う現われについて行なわれる活動であると同時に、現われから実在性を奪う活動でもある。こうした思考の性格をアーレントは「退却（withdrawal）」と呼ぶ。「思考活動が現われの世界から退却するとき、思考は感覚的な所与から、ゆえにまた共通感覚によって与えられる実在感の感覚から退却する」(52：六二)。現われに対する懐疑はこうした「退却」に付いて回る。この退却をアーレントはフッサールの「エポケー」に準えつつも、特別に教えられたり学んだりするような方法論ではないと論じる。その意味で「退却」は、デカルトやフッサールのように敢えて徹底することもできるが、われわれが思考するとき現われに対して日常的にとる態度の一つなのである。

アーレントが「あることと現われることは一致する」という命題から思考論を始めるのは、思考がどこから退却するのかを描き出すためである。「われわれの精神機構は、諸々の現前する現われから退却することはできるが、現われに噛み合ったままである。精神は諸感覚に劣らず、それが探求しているときには——ヘーゲルの「概念の努力」——何かが精神に現われることを期待している」(23f.：二九―三〇)。何かが現われることを期待しつつ、われわれはそうした一つ一つの現われに、さらに言えば「思考の永久の躓きの石」である「特殊」(91：一〇六)に躓くことで、そこから何度も退却しては思考する。それゆえアーレントの思考論は単なる内面に引き籠もって思考することのすすめでは決してない。確実なものだけが実在的であるとされたり、人々の共同性が損なわれたり、巨大な電子情報の処理システムが支配的になったりすることで、感覚的なものが迫力を失うところでは、人々はどこからも退却しなくなってしまう。

おわりに

本章では、疑い深い思考にとって現われが実在性をもつとはいかなる事態かということを『精神の生活』第一部第一章に着目して問うた。これに対してアーレントは次のように答える。すなわち、世界がそこに現われていると同時に世界に現われている存在者たちにとって、したがって人々の思考にとっても、現われはさしあたってたいてい実在感としての実在性を伴っている、と。思考はそこから退却することで一つ一つの現われから実在感を脱色する。思考が自我であれ真理であれ現われの彼岸で何らかの確実性に到達するとしても、その確実性は現われが帯びる実在性の代わりにはなりえない。

ところで、本章では——アーレント自身が「第一章」でそうしているように——できる限り感性の次元に焦点を絞った。しかし、とりわけ「第二章」以降で思考における意味や言語や比喩の役割が論じられていくように、アーレントは思考する存在者である人々にとって現われがいかなる意味も付与されぬまま感覚的にのみ与えられるとは考えていない。また、感覚的なものの共通性がそれそのものだけで「現われの空間」を開くことはない。そうだとすると思考活動はその退却にもかかわらず、公共性にとって決して単なる周辺的な活動ではないことになるが、この点については稿を改めねばならない。

註

（1）この点についてはハイデガーとの連関を扱った以下の研究を参照されたい。森一郎「アーレント――良心をめぐって」、秋富克哉他編『続・ハイデガー読本』（法政大学出版局、二〇一六年）。

（2）過去や伝統に対するこうした態度は『精神の生活』だけでなくアーレントの思索の広範囲に見出せる。なお、この点は先行研究と共に以下の論文で触れた。青木崇「政治的なものの諸断片――ハンナ・アレントの公共性論をめぐる解釈とその振幅」『思想』（第一一四〇号、二〇一九年、岩波書店）、一六七―一八二頁。

（3）原語は appearance および Erscheinung である。「現象」という訳も存在するが、このように訳したのではこの概念があたかも単なる認識論的な概念であるかのように見えてしまう。本書「第一章」に明らかであるように、アーレントにおけるこの概念からはカントだけでなくハイデガーの影響をも読み取ることができ、また、志水速雄が「出現の空間」と訳し出したように、この概念は〈自ら現われ出る〉という含意をもつ。こうした理由から、本章では「現われ」という開いた訳語を用いる。

（4）『精神の生活　第一部　思考』を包括的に扱っているものとしては次の文献を挙げることができるが、概略的な説明に留まっていると言わざるをえない。Robert Burch, 'Recalling Arendt on Thinking', Anna Yeatman *et al.* (ed.), *Action and Appearance: Ethics and the Politics of Writing in Hannah Arendt*, The Continuum International Publishing Group, 2011.

（5）『活動的生』でこの語は、しばしば Wirklichkeit と訳されるが（Realität などの場合もある）、Wirklichkeit は普通、energeia や actualitas に連なるとされるため、これらの語の翻訳として「現実性」と訳されるべきかもしれない。一方で、アーレントは行為論で energeia を actuality および Aktualität と訳しており、Wirklichkeit は reality の訳語として取り置かれているようにも思われる。また、『精神の生活』において「実在性の「感覚」」は「端的にそこにあること（sheer thereness）の感覚」（『思考』51：六〇）と言い換えられており、実在性と訳すのが適切であろう。それゆえ、本章では reality を「実在性」と訳すが、それはむしろ「実在性」を『人間の条件』や『活動的生』の理解へと差し向けるためである。

（6）ここで「実在性」はデカルト自身の用法に即していない。デカルトにおいてこの語は、この語が後に帯びるような「観念性（ideality）」と対比される意味をもたないからである。ただし、デカルトが方法的懐疑の末に発見したのが res（もの）であることを考えるならば、アーレントがここで "reality" という語を用いることは的外れではないであろう。なお、詳論は省かざるをえないが、本章で扱うアーレントの議論は『活動的生』および『人間の条件』の第三八節や第三九節における企ての継続あるいは応答であると理解できる。

（7）同箇所でアーレントはデカルトを念頭に置きながら次のように述べている。「われわれが普通「意識」と呼ぶもの、すなわち私が自分自身に気付いていること、したがってある意味で私自身に現われていることは決して実在性を十分には保証しない」（19f.：二四）。それゆえやはり、「我思う、ゆえに我在り」が「我」や思惟作用の実在性を保証することはない。

13 意志

留保し、可能性を開く

木村史人

われわれは活動しえるのか？

アーレントにおける「意志」についての本章を、この素朴な問いから始めたい。この問いが重要であるのは、われわれを取りかこむ自然は因果性に支配されており、人間もまたあらゆる動物と同様に必然性に縛られているようにみえるためである。もしもすべてが必然的であるとすれば、あらゆる行為に対して、その責任を問うことができなくなるだろう。すなわち、アイヒマンの無思考による行為が批判されうるのは、その行為が物の落下のような因果法則に支配された必然的な出来事ではなく、アイヒマンの意志によって行なわれたと、つまり別の仕方で意志していればそのような行為は行なわれなかったと考えられるためである。

アーレントが『精神の生活　第二部　意志』（以下、『意志』と略記）において主題的に考察したのは、以上のような精神的能力としての意志の問題である。無論、仮に人間にそのような意志が備わっていたとしても、それを発揮することを許す「自由の空間」がなければ、活動や言論が実現することはない。しかしそもそもわれわれが意志を有しないとすれば、「自由な空間」自体が夢想であることになるだろう。

1　意志という謎

『意志』の一般的な読者が期待するのは、アーレントが意志についてどのように考えたのかを知ることであろう。しかしそのような読者は、この書を読み終えたときに、問いに対する解答を見出すことができず、困惑するのではないだろうか。というのは、アーレントはこの書において、意志についての自身の見解を明示的には語っていないためである。憶測をたくましくすれば、『意志』が絶筆となったことに象徴されているように、晩年のアーレント自身にとっても「意志」の存在は、謎であったのではないかと勘繰りたくなる。[1]
以下では、まず、この書において「意志」が謎として残った背景を確認することにしよう。

背景⑴　哲学者たちの意志に対する不信感

アーレントが強調するのは、これまでの哲学史において、意志がつねに不信感をもって扱われてきたということである。たとえば、意志はただ主観的に感じられるだけのものであり、単なる幻影、空想、錯誤であると論じたホッブズ、スピノザのように、あるいは、意志それ自体は否定しないものの、意志が自由であることは否定するショーペンハウアーのように、そもそも多くの哲学者たちは、この世界は因果法則に支配された必然的なものであり、意志の自由は実在しないと考えてきたのである。

背景⑵　意志の出自

アーレントによれば、そもそも意志の「歴史的起源」（『意志』19：二三）は、神学の内にあり、哲学的思想の伝統の内にはなく、「理性とその特質の発見は精神の発見と哲学の始まりと同時であるのに対して、意志の能力はずっと後になって明らかになった」（55：六五）のである。

以上の⑴⑵からは、そもそも意志などというものは哲学的に検証可能な仕方では実在せず、ただ信じられているだけであるかのように思われる。

背景⑶　「意志」についてのアーレントの定義の不在

『意志』は、これまでの意志論についてのアーレントによる解釈が述べられている書であるが、そのなかで、意志は「未来のための器官（an organ for the future）」（29：三五、155：一八五）、「新たなことを始める力」（29：三五）、「活動の源泉（the spring of action）」（101：一二四、155：一八五）などとして、すなわち『人間の条件／活動的生』における最重要概念のひとつである「活動（action, Handeln）」にかかわる精神的能力としても語られる。しかし、個々の特徴づけ同士の関係や、意志と活動との関係が明確には述べられておらず、彼女自身の意志論が主題的に述べられているとはいえない。

背景⑷　ニーチェとハイデガーによる意志の否定

古代以来の意志説の検討が終わった後に、アーレントはニーチェと師であるハイデガーの意志の分析に取りかかる。読者は、近現代において意志を強調した二人の哲学者の思想を分析することで、そこまででは見出しえていない「意志とは何か」という問いへの明確な回答を期待するだろう。しかしアーレントがニーチェの『力への意志』から読み取るのは、「意志と意志する自我の拒絶」（172：二〇六）であり、また、師の思想からは「意志は本質的に破壊的で」あり、近代テクノロジーの根本性格であるために、意志ではなく、存在の呼び声に従う思考の働きとしての「平穏さ（Gelassenheit）」が重要であることである（178：二二三―二二四）。

背景⑸　アーレント自身の議論の放棄？

『精神の生活』に先立って一九六五年に行なわれた連続講演「道徳哲学のいくつかの問題」（『責任と判断』所収）においても、意志は主題的に扱われているが、そこでは自由選択（liberum arbitrium）としての意志は、カントが『判断力批判』において趣味判断として分析した判断力と重なり合っており、判断力によって構成される共通感覚によって、人々は共同体において生活できることが確認されている。

さらに、『意志』の末尾においては、彼女は「われわれはこれ〔哲学的自由〕を脇に置いておき、活動にむかう人間に注意を向けることにしよう」（198：二三七）と述べ、モンテスキューの『法の精神』に依拠しながら、「政治的共同体の外で生きている、一人になった個人としての人々にのみ重要である」（199：二三八）ような哲学的自由、意志の自由から、「政治的自由」へと議論を移行させる。すなわち、哲学的自由・意志の自由の解明は「脇に置かれ」てしまい、そして最後までそれらと政治的自由との接点が見出されることはないままに終わるのである。アーレントが急逝しなければ、『精神の生活』第三部は「判断」となっただろうことを考えれば、結局彼女は「活動の源泉」としての意志の自由についての議論を諦めてしまい、判断力に関心を移してしまっているようにも思える。

以上の五つの背景から、この書においてアーレントが「意志」をどのように考えていたのかは、謎として残されているといえる。むしろ**背景⑷**や⑸からは、彼女は「意志」を否定的に捉えていたと考えたくもなる。この状況は、事件が起こり謎だけが提示されたものの、その解答編が書かれないままに作者が筆を折った推理小説に喩えることができるかもしれない。しかし、だからアーレントの意志概念が解決不可能である、と結論するのは性急であろう。というのは、確かに解答編は書かれていないかもしれないが、その謎を解くための手がかりはいくつか示されており、それらの手がかりから意志とは何かを推定することができるかもしれないためである。以下では、まず手がかりを指摘し（第2節）、そのうえで手がかりを総括するような意志の理解を示すことを試みる（第3節、第4節）。

2　手がかりの蒐集

さて、**背景⑴**で述べたように、哲学者たちが意志の実在に懐疑的であるのは、世界は必然性に支配されているように考えられるためである。この自由と必然性のアポリアについて、アーレントがドゥンス・スコトゥスの議論から導き出す回答は、自由と必然性は精神のなかのまったく別の次元であり、両者の衝突は「意志する自我と思考する自我とのあいだの内面的な衝突」(140：一六九)であるというものである。別言すれば、思考に対して世界は必然性という様相で現われるのに対して、意志に対して世界は偶然性という様相で現われるのである。

しかし、意志がいかにして自由・偶然性の原理(性格1)となりうるのか。前述したように、『意志』において、彼女は複数の哲学者・神学者の意志概念を検討し、意志のさまざまな特徴を挙げている。アーレントの理解では、意志はギリシア思想においては発見されておらず、パウロによって発見され、アウグスティヌスの神学において精緻化されたとされる。しかしパウロ以前にも、たとえばアリストテレスは選択(proairesis)ついて考察しており、スコラ哲学でもそのラテン語訳であるリベルム・アルビトリゥム(自由選択)が考察されている。自由選択とは、「理性と欲望の分裂へと」(60：七二)差しはさまれ、一方を選択する能力とされる。たとえばダイエット中の人物が目のまえに置かれた好物を食べるか否かという局面で、理性的な選択(食べない)をするのか、欲望に負けた選択(食べる)をするのかを決定する能力が、この自由選択としての意志といえるだろう。

しかし、アーレントは意志の本性を、自由選択として理解することを退け、またアウグスティヌスはリベルム・アルビトリゥムという語を用いてはいるものの、上述のような選択する意志としては理解していないという。というのは、自由選択において選択される事柄は、まだ実現されていないがすでに予見されているものであるため、「本当に新しいことを始める力」(29：三五)とはいえず、「新しいことを始める自発的な力や、自律的な能力ではない」(62：七四)からである(性格2)。

さらにアーレントによれば、人間の「個別性(individuality)」(109：一三三)が示しているのも意志であるとされる(性格3)。つまり、『人間の条件／活動的生』において、人間はただ多数であるのではなく複数であり、それぞれがユニークさを有する存在であるとされたが、そのように個別的でユニークであるのは、人間が意志を有しているためであるということになる。

さらにアーレントは、思考も意志も、「現象の世界から引きこもり」「現実には存在していないことをわれわれの精神に現前させる」(35：四三)という点では、共通しているとする。思考は現在のことと過去となったことを思考し、「過去と未来のあいだ」としての「静止する今(nunc stans)」のうちで平静を得ることができるのに対して、意志は、未来という確実さのない領域へと入りこむような「未来の器官」(性格4)であり、「落ち着かなく(impatience)、不安で(disquiet)、心配している(worry)」(37：四五)(性格5)とされる。

さらに意志は、一方では、活動が生じうる地盤を準備するために、「活動の源泉」(性格6)とされるが、他方では、意志は命令(性格7)であり、命令する者と命令される者とに分かれ、しかもその関係は思考における対話ではなく抗争となる（性格8）ために、実際の活動を妨げるともいわれる。

3　可能性を開く働きとしての「意志」

前節においては、アーレントによる多様な意志の特徴づけを見てきた。本節ではまず、ギリシア哲学において意志は発見されず、パウロによって発見されたと述べる際に彼女が、ユダヤ教の律法のパウロを介してのイエスによるラディカルな転換、つまり旧約聖書での「汝なすべし」が、新約聖書での「汝意志すべし」へと転換したことを強調していることに注目したい。ここで彼女が強調するのは、行なうことから信ずることへと、すなわち人間の現世に現われる行動から、現象しえず神のみによって吟味される内面性へと観点が移行したことである。そのうえで注目しなければならないのは、律法の〈汝なすべし〉という命令、「従属という意志的な行為（a voluntary act of submission）、私が意志することの同意を要求し期待する」命令によって、すなわち「意志的な服従を要求する命令の経験によって、意志は発見された」（68：八一）という点である。前節では、命令であるという性格7によって、抗争であるという意志の性格8が導かれるとされたが、以上の考察から、意志はそもそも律法の命令によって見出されたといえる。

さらに律法の命令の成就は人間の力を超えたものであるため、「私は意志するけれどもできない」（67：八二）ことも同時に見出されたとされる。パウロにおいて「私は意志するけれどもできない」のは、律法に従おうとする意志という精神の働きに対して、肉体が抵抗するためとされた。それに対して、アウグスティヌスは、肉体に対して精神は優位にあるとし、精神は肉体を完全に従えるとするが、それでもなお意志とできる（posse）を同じではないとし、意志自体の内部により根本的な抗争を見出すのである。すなわち、彼はわれわれが自らに何々を「意志すべし」と命令することによって、逆説的に、何々を「否と意志する」という反対意志が生成すると考える。このように、アーレントはパウロからアウグスティヌスへの展開の内に、人間が自ら意志し命令する者となる（性格7）ことによって、その意志そのものが反対意志を生み出し「抗争」となる（性格8）ということを見てとるのである。

アーレントがそれ以前には発見されず、パウロ／アウグスティヌスにおいて発見されたとするのは、まず律法の「意志すべし」という命令によって人間の内に意志が発見され、さらに人間が自らに「意志すべし」と命じることによって、逆説的に「否と意志する」という反対意志が生成されること、つまりそのようにして開かれる拒絶の可能性こそが決定的に重要であったことである。このことは、神を自らの意志によって信仰するという局面を考えてみることで、具体的にイメージできるだろう。もしも自動的／反射的に神を信じ、その命令に従う動物あるいはロボットがいたしても、われわれはそのような動物／ロボットの心のありようを「信仰」であるとは考えないのではないだろうか。殉教者の物語などから見てとることができるのは、信仰しないという可能性が開かれており、そのような自由があるにもかかわらず、あえて自らの意志によって信仰することを選ぶ者の心持ちこそが「信仰」と呼ばれるに値するということである。

　この意志の根本性格を、彼女はさらにスコトゥスの意志論を検討することで深化させる。スコトゥスにおいては、所与のものを超越する、つまり存在という事実さえ超越することのできる人間の精神能力こそが意志であるとされる。そのうえで、アーレントがスコトゥスの内に認めるのは、「正反対のものに開かれているだけではなく、意志は自らを留保（suspend）できる」（130：一五八）ということである。意志は「自然を超越すること、この場合は、それを留保することができる」（131：一五八）のである（**性格9**）。このことがアウグスティヌスの意志論の深化であるのは、反対意志が随伴することによって、留保することが可能となると考えられるためである。アーレントが「意志が同時に意志しかつ否と意志するという奇妙な事実によって、この自由が購われる」（102：一二四）と述べるように、意志が単一の可能性ではなく、同時に否という可能性を生み出すゆえにこそ、われわれは自動的／反射的に行動するだけではなく、その行動を留保したうえで、自由な行為（**性格1**）を行なうことができると考えられる[2]。

　以上の本節の考察は、神学における発見によって見出された意志の根本的な性格とは、反対意志を生成すること、そして留保することであることを示した。アーレントは、意志をある行動を起動する能力としてではなく、むしろ「否と意志する」という反対意志を生成することによって、その行動を留保する能力として考えていたといえる。筆者は、この意志の能力を、「可能性を開く」能力と名指したい。われわれ人間が動物とは異なるのは、反射的に行動するのではなく、さまざまな可能性を前にしてその行動を留保することができる点であり、アーレントが意志という能力で示したのは、この「可能性を開く」能力であったということができるのではないだろうか。

4　「活動の源泉」としての意志

アーレントはこれまでの哲学において自由選択として捉えられてきた意志について批判的であるという点で、師であるハイデガーと軌を一にしている（**背景④**）。また、「道徳哲学のいくつかの問題」において判断力と重ね合わされていたのは（**背景⑤**）、あくまで自由選択としての意志であり、留保し、可能性を開くものとしての意志ではないといえる。自由選択としての意志は、すでにある特定の可能性を選ぶだけであり、特定の可能性を実現することとしての制作（work, Herstellen）の源泉とはなりえても、不可予見性（unpredictability, Unabsehbarkeit）という性格を有する活動の、つまり自由や創始、始まりの原理とはなりえないのである。しかしアーレントは、師のように「意志」をただ否定するのでもない。そうではなく彼女は、アウグスティヌス／スコトゥスらへと遡源することによって、「人格」や「個別性」（性格3）と関連づけながら、意志を「活動の源泉」（性格6）として肯定的に捉え直すのである（背景(3)）。

『人間の条件／活動的生』において、活動とは人々のあいだで行なわれる行為性であり、「複数性（plurality）という人間の条件、すなわち一人ではなく、人々が地球上に生き世界に住んでいるという事実に対応している」（『人間の条件』7：二〇）とされる。すなわち、ユニークな人間が複数存在することが活動を可能にする。

注目したいのは、人間のユニークさはそれ自体として見出されるものではないということである。アーレントは、活動の特徴を「何（what, was）」ではない個々人のユニークな差異性、「誰（who, wer）」・「人格」を開示するという点に見るが、この「誰」・「人格」は活動する者の内面として先在しているのではなく、あくまで活動を通して他者の目から見出されるのであり、それゆえこの「誰」は当人が意図して開示できず、本人の眼にはまったく隠されたままになるとされる。

「生命の必要性」に突き動かされて労働することや単なる感覚的な刺激に反応するという点では、人間も動物も同様である。たとえば、空腹で食べ物を見つけた場合、動物であれば即座に「食べる」という行動をとるだろう。無論人間も同じ状況で同じ行動をとることがある。たとえば、幼児は反射的に「食べて」しまうかもしれない。しかし、われわれが「誰」・「人格」を見出すのは、空腹で食べ物を見つけた場合であっても、反射的に行動せずに、それを留保し、「食べない」という可能性を踏まえ、すなわち複数の可能性が抗争する自由において、その行為を行なうときであろう。たとえば、自分が空腹であるにもかかわらず、さらに空腹の者に分け与えるという行為にこそ、われわれは「誰」・「人格」を見てとるのである。

このことは、一見矛盾と見えていた「活動の源泉」としての意志の性格6と抗争であるという性格8とが、矛盾していないことを示しているといえる。すなわち、意志が命令として分裂することで可能性を開き、抗争することにおいて即座の行動を留保するからこそ、われわれはその行為を「誰」・「人格」が見出されうる活動とみなすのである。

以上のように可能性を開く働きを意志の根本性格とみなすことで、「未来の器官」としての意志の性格4についても整合的に理解することができるだろう。その際重要なのは、この未来とは予見可能な未来ではないということである。アーレントは、ポイエイン（制作）とプラッテイン（実践）を区別し、職人が新たな対象を制作する際に、予見される完成品としての可能性は、過去の出来事の繰り返しとしてすでに先在している可能性であるとする。それに対して、意志が「未来の器官」と呼ばれるさいの「未来」とは、そのようなこれまでにあったことの繰り返しであるがゆえに予見可能な未来ではなく、繰り返しを留保することで開かれるような可能性、すなわち特定の可能性ではなく、むしろ可能性を有することそのものなのである。

このことは、「自由」ということの再考を促すだろう。アーレントが意志と呼ぶのは、すでにある特定の選択肢から適切なものを選ぶことではなく、むしろ「可能性を開く」こと、選択することができる空間を開くことであった。このことは、生きるために働かなければならないという状況で働く／働かないことを選択することは「自由」とは呼ばれない、ということである。というのは、その選択においては、すでに選択肢が決定されているためである。そうではなく、働く／働かないという選択を突き付けられたときに、その選択そのものを留保し、それ以外の可能性を開くことこそがアーレントのいう意志であり、「自由」なのだといえる。(3)

このことから、思考が平静をもたらすのに対して、意志が「新たなことを始める力」(性格2) であり、不安を伴う (性格5) とされた理由が判明する。「新たなことを始める力」であるのは、「未来の器官」としての意志が、これまでの繰り返しを留保し、そうではない新たな可能性を開く働きであるためである。そして、予見できる可能性が明確であるとすれば、われわれが抱く感情は「期待」や「恐れ」となるだろうが、しかし意志が開くのはただ可能性であり、その内実は未定であるがゆえに、意志は不安を呼び起こすのである。

5　終わりに

アーレントの意志概念を考察してきた本章が明らかにしたのは、われわれ人間は可能性が開かれた重層的な世界に生きているということである。すなわち、人間は確かに動物と同様に反射的に行動することもあるが、それだけではなく意志が源泉であるような自由な活動、つまり「そうではなかった」「それをしなかったかもしれない」という可能性が随伴し、それゆえに責任を課されうる行為もなしうる。(4) 別言すれば、動物が世界からの刺激に反射的に反応するだけであるのに対して、人間は可能性を開くことができるために、行動を留保し、行為を選択すること、あるいは選択しないことを選択することすらできるのである。(5) 本章の成果から再度アイヒマンの「無思考」を考えるならば、アイヒマンはまずは意志こそを発動させるべきだったのであり、与えられた選択肢から選択することを留保したうえで、それについて思考することを始めるべきだったといえる。

しかしながら、意志と反対意志との抗争はいかに調停され、活動へと至るのだろうか。アーレントは、「意志は、意志することをやめ、行為しはじめることによって救済される」(102：一二四) と述べ、アウグスティヌスの『告白』や『三位一体』

に依拠しつつ、抗争の解決は意志の「愛への変換」（102：一二五）によって可能となるとする。しかし、彼女自身がアウグスティヌスは愛と意志の「この奇妙な等置について何も説明していない」（96：一一七）と指摘するように、意志と活動と愛との関係は十分に判然となっているとはいいがたい。

『意志』におけるこれらの謎は、意志だけではそのつど異なる状況において適切な行為を選択することができないことを示している。これまでに起こったことからいったん距離を空けて分析することは思考の働きであり、さらに他者の眼差しを考慮しつつ適切な可能性を選ぶことは、判断の働きとなる。すなわち、他者と共在する世界において、どのようにして適切な行為をなすべきなのか、あるいは活動が可能となるような「自由の空間」をいかに形成し維持すべきなのかということは、意志だけでは達成困難であり、思考や判断が共働しなければならない。しかしながら、意志が次の行動と選択とを留保することによってはじめて、思考は引きこもり（withdraw）、そこから必然性という相のもとで世界を捉えうるのであり、判断は適切な可能性を選択することができる。そのために、意志は根底的な精神的能力であるということができるだろう(6)。

註

（1）「思考」や「判断」と比較し、「意志」に関しては、これまで研究が活況であったとはいえないが、本章の執筆にあたって以下の研究を参照した。

Étienne Tassin, 'IV. Begriffe und Konzepte, 46. Wollen', in Arendt Handbuch Leben-Werk-Wirkung, Wolfgang Heuer/Bernd Heiter/Stefanie Rosenmüller (Hrsg.), Stuttgart, 2011.

Frauke Annegret Kurbacher, 'Werk/8. Das Spätwerk, 8. 1 The Life of the Mind/Vom Leben des Geistes', in *Arendt Handbuch Leben-Werk-Wirkung*.

シュテファニー・ローゼンミュラー「ポピュリズムとアーレントにおける政治的・法的判断力——判断の欠如を矯正する可能性について」橋爪大輝訳、『Arendt Platz』第四号、二〇一八年

阿部里加「アーレントの意志論における内的能力としての決意」『一橋社会科学』四号、一橋大学大学院社会学研究科、二〇一二年。

今出敏彦「行為の源泉としての意志——ハンナ・アーレントの行為概念再考」『基督教学研究』二六巻、京都大学基督教学会、二〇〇六年。

三浦隆宏「意志することと生まれいづること——アーレント政治理論における「自由の深淵」という問題」『倫理学研究』第四一号、関西倫理学会、二〇一一年。

（2）ソクラテスは「これはわたしには、子供の時から始まったもので、一種の声としてあらわれるのでして、それがあらわれる時は、いつでも、わたしが何かをしようとしている時に、それをわたしにさし止めるのでして、何かをなせとすすめることは、どんな場合にもないのです」（「ソクラテスの弁明」田中美知太郎訳、『プラトン全集1』岩波書店、一九七五年。強調は引用者）と述べている。このようなダイモーンの声は、スコトゥス

が「留保する」こととして見出した意志の性格と、類縁性があるだろう。古代ギリシアにおいては、未だ意志が発見されていなかったために、ソクラテスはそれを他なる「ダイモーン」として捉えたということができるかもしれないが、本章では詳細な検討ができない。

(3) このような留保するものとしての意志は、ハイデガーの『存在と時間』における「選択を選択する」(*Sein und Zeit*, 268) こととしての「決断・決意性 (Entscheidung, Entschlossenheit)」と親近性があるといえる。

(4) 意志が「可能性を開く」能力であることは、人間のみが「責任の主体」となりうることを示しているといえるだろう。たとえば、刺激に反応するだけの動物には、可能性が開かれておらず、留保し、選択肢を選ぶことができないために、その行動(とその結果) に責任が生じないといえる。それに対して、その行為をするか/しないかを選ぶことができ、またさらには、その選ぶことそのものをも留保することができるために、意志を有する人間のみが自らの行為に対して「責任」を課せられうるといえる。上述のように、アーレントの意志論が責任の問題と関係しうるとすれば、彼女の親友であったハンス・ヨナスの戦後の関心 (生命と責任) を、彼女もまた共有していたといえるだろう。

(5) アーレントの『人間の条件』および『精神の生活』の思想は、動物の生 (ゾーエー) と比較し、人間の生 (ビオス) を確定しようとする試みとして、ハイデガーの一九二九/三〇年の講義『形而上学の根本諸概念——世界-有限性-孤独』(ハイデガー全集29/30巻、川原栄峰、セヴェリン・ミュラー訳、創文社、一九九八年) における「動物は世界貧乏的である」「人間は世界形成的である」という思索や、親友のハンス・ヨナスが「哲学的人間学」において「像を描くこと」を人間的な理性を有するかどうかの判別基準とした着想と親近性があるといえる(『生命の哲学——有機体と自由』細見和之・吉本陵訳、法政大学出版局、二〇〇八年)。

(6) アーレントは、アウグスティヌスの『三位一体』においては、記憶と知性と意志という三つの同等な能力が一つであることは、意志によると述べられていることに着目し、「それら〔記憶と知性〕とを機能させ、結局「それらを結合する」のは、意志なのである」(99:一二二) と述べる。それだけではなく、意志はわれわれの感官と現実世界とを統一する機能も有するとされる。このような性格も、「可能性を開く」という意志の働きから理解することができる。動物もまた記憶することや思考することができる。それらの動物に対して人間に特有であるのは、自動的に記憶し思考するだけではなく、ある物事をよく覚えようとしたり、深く思考したりすることができることである。このことは、記憶/思考するか否かを決めることができる、すなわち記憶/思考しないという可能性が開かれていることによって可能となるといえる。

14 判断

政治的なものと歴史的なものの交叉

宮﨑裕助

アーレントの遺著となった『精神の生活』(一九七八年)は、よく知られているように、第一部「思考」、第二部「意志」に加えて、第三部に「判断」を収録するはずであった。残念ながら一九七五年のアーレントの死によって、第三部は書かれないまま未完となってしまう。このことは、最期のアーレントにとって、判断(ないし判断力:judgment)が、本書の結論をなす重要な主題であったことを示しているだけではない。あわせてアーレントの著作全体を振り返るならば、この主題は、六〇年代から晩年にいたる思想の持続的で根本的な課題であったということがわかる(1)。

判断について論じているアーレントのテクストを時系列に並べてみると、そこに見出される判断力の概念は、おおよそ一九七〇年頃を前後に、それぞれ二つのモデルに集約されることがわかる。詳細は後述するが、七〇年以前は政治的判断力であり、複数の行為者からなる公共空間で参加者相互のやりとりのなかで下される判断のモデルである。それ以後は歴史的判断力であり、渦中の出来事から引き退いた孤独な観察者によって下される判断のモデルである。明確に時期が二分されるとまでは言えないにせよ、前者はおおよそ六〇年代、後者は『精神の生活』にいたる七〇年代のテクストに見出されるものである。

標準的なアーレント解釈では、判断力のこれら二つのモデルのあいだに根本的な分裂や矛盾が指摘されてきた。リチャード・バーンスタインは、これら二つの判断のあいだに「矛盾」ないし「緊張」をみてとっている。「判断は、参加し行為する人々の卓越した能力であると同時に、参与しない観察者の能力でもある。〔観察して〕判断することと行為することとはおそらく根本的に異なっている。われわれはどのようにこのことの意味を理解すればよいのだろうか(2)」。

アーレントの判断力論を理解するにあたって解決しなければならないことは、二つある。第一に、相対立するようにみえるこれら二つの判断力の関係をどのように考えるべきか。第二に、『精神の生活』の結論をなす「判断」がアーレントにとって最終的な課題であったとするならば、『精神の生活』第一部である「思考」との関係はどのようなものなのだろうか。第一の問いのみならず、第二の問いに答えることによってこそ、判断力の主題が、なぜ政治的のみならず歴史的なものとして検討する必要があったのか、なぜアーレントが最後に到達した中心的な課題となったのかがあわせて明らかになるだろう。

1　反省的判断力

まずアーレントが取り上げている「判断」の概念とはどのようなものかを確認するところから始めよう。判断は、アリストテレス以来一般に、「S＝P」という一致ないし結合の真理として表される命題形式を指している。(3) まずもって注意しなければならないのは、アーレントが想定している「判断は、演繹によっても帰納によっても到達することができない」(『精神の生活　思考』215：二四八) とされる点である。それはたとえばアリストテレスの三段論法、「「すべての人間は死ぬ／ソクラテスは人間である／よってソクラテスは死すべきである」のような論理的操作とはまったく共通点をもたない」。

アーレントにとって判断力は、ひとつの自律した精神の能力であり、固有の意味での判断とは、たんなる論理的操作にも命題形式にも還元することができない。ここで論拠となる哲学者はカントである。「カントこそ、判断というものを基本的な精神活動のひとつとみなして取り組んだ最初にしていまだに最後の人物である」(95：一一二)。

問題となるのはカント、それも『判断力批判』のカントである。とりわけアーレントの判断力理解の出発点となるのは、カントが「規定的判断力」と区別して定義した「反省的判断力」である。後者にこそ、判断力固有の問いが見出される。その問いとはこうである。個別特殊的なもののみが与えられており、いかなる一般法則にも依拠できないなかで普遍的なものを見出さなければならないという場面で、どのように判断すればよいのか。

アーレントの判断力概念の着想源を探るために、しばらくカントに即して議論を進めよう。「規定的判断力」は定義上、すでに一般的な法が与えられていて、個別特殊なものをそこに包摂するという判断を下すことに存している。先述の「すべての人間は死ぬ／ソクラテスは人間である／よってソクラテスは死すべきである」のような三段論法は、典型的な規定的判断と言える。換言すればこれは論理的判断であり、反省的判断力と対をなす対立項にみえる。

注意しておきたいのは、カントのいう判断力が、規定的判断力と反省的判断力へと等しい資格で二分されるわけではないという点である。というのも、規定的判断力が行使される場合でも、いかに当の法を適用して包摂を行なうかという、その適用の仕方についての法そのものが与えられているわけではないからである。先の例でいえば、そもそも彼はソクラテスなのか、なぜソクラテスであり、他の者でないと言えるのか——「すべての人間は死ぬ」という法を個別者ソクラテスに単純に適用する場合でも、実際の状況下では、問われていないさまざまな前提が入り込みうるのであり（クリプキがウィトゲンシュタインの議論から取り出したクワス算[4]のような例を思い浮かべてもよいだろう）、例外事項の事前排除は権利上際限がない。

要するに、規定的判断力が下されるためには、その根底に先行契機としての反省的判断力がなければならない。規定的判断力にも反省的判断力の困難がつきまとい続けるのである。アーレント自身そのことを明確にしており、規定的判断力の場合であっても、「どんな規則も規則自身をどう適用するかに対しては有効ではない」(69：八二）と述べている。換言すれば、いかなる規則も、当の規則を用いる仕方や解釈する仕方の規則（メタ規則）を含んでいない。そうしたメタ規則なしに行使しなければならない判断力こそ、反省的判断力なのである。

2 政治的判断力

いかなる判断も、潜在的にはあらゆる場面で反省的判断力を必要としている。ところで、カントの『判断力批判』の主題それ自体は「政治」を扱った書物ではない。にもかかわらず、なぜ「政治的判断力」（『過去と未来』210：二八九）なのだろうか。

アーレントは、『判断力批判』第四〇節の「拡張された思考様式（erweiterte Denkungsart）」の概念に依拠して、判断力というものが「他者との潜在的な合意」を目指すものであることを明確にしている。すなわち「拡張された思考様式」とは、たんに自己と一致して自己完結しているだけでなく、「他のあらゆる人の立場で思考する」という様式である。つまりそれは「そこに居合わせるあらゆる人のパースペクティヴで見る能力」(218：二九九）に基づいているのであり、この能力によって相手の立場との関係で「人々は公的領域や共通世界でみずからの位置を定める」ことができるのである。ここにみてとれるのは、所与の規則に自足することができず、その不在においてこそ判断を下さなければならないという反省的判断力の構造である。換言すれば、反省的判断力は「拡張された思考様式」のもとで不在の他者、未知の他者にむけて判断を下すのである。アーレントによれば、この意味で「判断力は、政治的存在者としての人間の基本的な能力のひとつでさえある」。

一九六七年の論考「真理と政治」では、こうした判断力は、意見（opinion：世論）の形成プロセスとして捉え直されている。

政治的思考は代表的〔再現前的〕である。私はさまざまな観点から所与の問題を考察することで、つまり不在の人の立場を私の心に現前させることで意見を形成する。すなわち、私は彼らを代表＝再現前化する。他者の再現前化の過程は、どこか別のところにいて、したがって世界を私とは異なるパースペクティヴから眺めている人々の実際の見解を、闇雲に採用することではない。このことは、あたかも他の人になろうと努めたり、他の人のように感じようとしたりする、感情移入の問題でもなければ、賛否の頭数を数えて多数派に与するという問題でもなく、私自身の同一性のもとにありながら、現実には私が存在しない場所に身を置き移して思考するという問題である。（237：三三七―三三八）

意見は、一方で自己自身の立場を保ちながら、他方でみずからが存在しない場所、他者の立場にみずからの身を置き移すことによって、不在の他者を現前化かつ代表（再現前化）し、双方のすり合わせのなかで形成されていく。意見が「政治的」と言われるのは、それが論理や合理的推論によって一様に導出しうる類いの真理ではなく、複数の他者との論議を通してみずからの考えをさまざまな角度からくり返し鍛え上げることではじめて成り立つものだからである。『人間の条件』の用語でいえば、公共領域（polis）で形成されるそのような意見＝言論は、人間を人間たらしめている、すぐれて活動的な生を特徴づけるのであり、アリストテレスのいう「政治的生（bios politikos）」を表しているのである（『人間の条件』13：二六）。

3 歴史的判断力

もうひとつ、七〇年代以降に浮上してきた歴史的判断力の議論をみておこう。アーレントの『人間の条件』の主題はあくまで「活動的生（vita activa）」であった。対して『精神の生活』は、『人間の条件』では積み残した課題であった「観想的生」の考察に着手した。『精神の生活』では、この観想的生の領域は、思考・意志・判断の三区分へと組み換えられている。これは、カントの三批判書（『純粋理性批判』『実践理性批判』『判断力批判』）を踏襲した区分だが、『人間の条件』とは異なり、本書では「判断」が明示的に主題化されている。周知のようにこの箇所は執筆されないままに終わったが、カント講義の遺稿から推定するかぎり、晩年のアーレントの判断概念の範例は、カントの『諸学部の争い』にある次のようなフランス革命についての一節に求めることができる。

この事件の本質は〔…〕偉大な変革というこの劇において自分の姿を公共的に現すところの観客〔観察者〕たちの思考様式（Denkungsart der Zuschauer）にある。これは、一方の側の当事者に反対し、他方の側の当事者にむけて、普遍的で没利害的な共感を表明する、それももしみつかればこの不公平は彼らに非常に不利になるという危険を冒してまでも共感を表現するという観察者たちの思考様式である。この思考様式は、その普遍性のゆえに人類の性格を全般的に明示し、と同時にその没利害性のゆえに、人類の道徳的性格を少なくとも素質として明示するのである。(5)

この一節からアーレントが引き出す議論は、次の通りである。人類の道徳的な進歩を示しているかもしれない画期的な出来事について判断できる主体は、その渦中にいる政治家や活動家ではないということ、そうではなく、まさに外側からその出来事を眺めている観察者のほうだということである。「ただ観察者のみが事態の真相を知り、行為者はけっして知らない」(『カント』55：八二)とアーレントはカント講義のうちで述べている。この議論は『精神の生活』でさらに明確にされている。

カントがフランス革命を「人類史的事件」と呼び「忘れてはならない」と確信するようになったのは、結局のところ、観察者の審判によるのであって、参加者の行為によってではない。たしかにこうした共同の参加行為がなければ、結局判断すべき事件はそもそも生じなかったことになるだろう。しかしこうした行為と反省的な観察としての判断とのあいだにある衝突(clash)のなかで、カントはどちらが基準になるべきと考えていたかについては疑問の余地がない。

(『精神の生活　思考』95：一一二)

つまり、複数の人間のはざまで参与し行動するさいに働く政治的判断力ではなく、外側から距離をとって当の出来事を眺め、普遍性にむけて反省している歴史的判断力こそが、ここでは、判断本来の働きだとみなされている。

『精神の生活』の時期のアーレントは、たしかに二つの判断力のあいだに「衝突」をみてとり、判断力が、『人間の条件』の時期のように活動的生活に関与するというより、本来は、精神活動として観想的生活に関与するものだと主張しているように思われる。政治的判断力よりも、歴史的判断力こそが判断力概念の核心をなすということになるのだろうか。二つの判断力モデルは分裂しており、アーレントの二つの判断力概念は、前者から後者へと転回ないし発展的に解消したという仕方で理解されるべきなのだろうか。

4　歴史主義批判としての判断力

ここで最初の問いに戻ろう。二つの判断力のモデルの関係はどうなっているのか。くり返せば、反省的判断力は、個別特殊的なもののみが与えられており、いかなる一般法則にも依拠できない状況で普遍的なものを見出さなければならない、そのような判断力である。政治的判断力が一種の反省的判断力として実践されることはすでに説明した。では、歴史的判断力はどうか。歴史的判断力が反省的判断力だというのはいかなる意味においてだろうか。

『精神の生活』の「思考」のいくつかの記述によれば、晩年のアーレントが歴史的判断力を取り上げたのは、『諸学部の争い』の先ほどの引用箇所からもわかるように、人類の道徳的進歩を語るカントの歴史哲学が何に基づいているのかについて問いかけるためである。アーレントが明確にしているのは、カント哲学にはひとつの歴史主義があるということであり、そこでは人類の進歩を判定する「自然の狡智」(95：一二二)(これはヘーゲルの「理性の狡智」に比してアーレントが用いた言葉だが、カントの一七八四年の「世界市民的見地における普遍史の理念」における「自然の隠された計画」というフレーズを連想させる)が想定されている。

アーレントはここで、カントの歴史主義をいわばカント自身の判断力、すなわち反省的判断力の概念によって斥けることを試みている。この意味においてアーレント＝カントの判断力論で問われているのは、他のいかなる能力の論理にも原理にも還元されえない判断力固有の自律性である。『精神の生活』の「思考」に付した補遺の結論部で、アーレントは、歴史の語源がギリシア語の「historein」――「いかにあったかを語るために探求すること」とアーレントはパラフレーズしている――にあることを指摘しつつ、出典となっているホメロスのいう「histor(歴史家)」こそ「判定者(judge：判断を下す者、裁判官)」として登場することを強調し、次のように述べている。

判断力が、過去を扱うわれわれの能力であるとすれば、歴史家とは、過去を物語ることによって過去をめぐって判断を下す立場にいる探求者である。だとすれば、われわれは、歴史の重要性を否定するのではなく、歴史そのものに最終判定者の権利を委ねるのを否定することによって、いわば〔歴史主義によって〕大文字の〈歴史〉と名づけられた近代の偽りの神から、人間の尊厳の返還要求をしそれを取り戻すのかもしれない。(216：二五〇)

歴史の意味を判断するとは、あくまで一回的な個別の事象に対して判断を下すことである。カントであれヘーゲルであれ、そのような意味は、個々の人間を超越する歴史の目的論ないしは歴史主義に委ねられることで、その最終的な判定(最後の審判)が人間自身の判断力から隔てられていた。

しかしアーレントの問いかけは、出来事の意味をそうした大文字の〈歴史〉――「近代の偽りの神」――に帰してよいのかというものである。アーレントは古代ローマの政治家(大)カトーの言葉を引いている。「私は一人でいるときほど孤独でないことはなく、何もしないときほど活動的であることはない」。そしてこの一節を「勝者の大義は神々を喜ばせたが、敗者の大義はカトーを喜ばせる」(216：二五〇)という文で締めくくっている。カトーの言葉は逆説的で奇妙に響くが、大文字の歴史からこぼれ落ちるような歴史家の洞察を照らし出す。たしかに敗者は歴史の意味をあらかじめ見抜き実現できなかった。しかしアーレントは、無為そのものの活動性を説くカトーの側につき、そうした孤独な反省における判断の失敗や試行錯誤のなかでこそ、むしろ人間は人間であることの尊厳を示しうるということを肯定するのである。

そうした歴史的な判断が、個々の有限な人間によって恣意的に下されることをアーレントは手放しで称讃しているわけではない。アーレントはカントに即して、そうした判断が観察者ないし観客からなされる点を重視していたことをあらためて想い起こそう。このような歴史的判断力は、出来事の現場から撤退して反省を加えることで一種の観想的な生を示しているが、哲学者の観想のように孤独な反省にとどまるわけではない。

重要なのは、それが孤独な営みにとどまるのではなく、まさに個々の観想から出発してこそ、それがやはり判断であるかぎりは、まさに先述の「拡張された思考様式」(『判断力批判』第四〇節)を通じて、複数の他者の立場に立ち、一定の普遍性を目指すべく共同的な意味形成を試みるのだという点である。歴史に大文字の意味をあらかじめ想定することはできず、その判断はつねに有限で可謬的であらざるをえない。しかしアーレントにとって重要なのは、孤独でも一人二役——「一者のなかの二者(two-in-one)」と呼ばれる——を演じるなかで個々の判断をすり合わせ、試行錯誤のなかでそのつど意味の合意を相互に積み重ねてゆくという潜在的な参与のプロセスであり、その点で人間は判断の「観想的生」を通してなお「政治的生」を担いうるのである。

かくしてアーレントが最終的に到達した歴史的判断力のモデルは、政治的判断力のモデルと同型であることがみえてくる。結局のところこうした帰結は、いずれも反省的判断力に基づいているからにほかならない。両者が異なっているのは、判断の時間的な様相にすぎない。つまり、政治的判断は、みずからの行動の意味を事前に未来にむけて投げかけるのに対して、歴史的判断は、過ぎ去った出来事の意味を事後に振り返ってもたらすという点である。時間的様相のベクトルは対称的であるものの、両者は、一回的な出来事の意味を普遍性にむけて与える仕方であるという点で、反省的判断力に根ざしているのである。

5 思考の風

アーレントは『精神の生活』の執筆動機としてアイヒマン裁判での経験を挙げている(3:五)。よく知られているように、アイヒマンはナチスの親衛隊将校、多くのユダヤ人を強制収容所に輸送した責任者であり、戦後その責任を問われイスラエルで裁判にかけられた。アーレントが『エルサレムのアイヒマン』で「悪の凡庸さ」という概念を提示したことはとりわけ有名である。ユダヤ人の大量殺戮のような凶悪犯罪が可能になったのは、悪魔的な意志や狂気じみた悪意を犯人がそなえていたというより、むしろアイヒマンのように何も考えることなく唯々諾々と日常のルーティンをこなす行動様式、結局のところ「思考の欠如」によるものだ、そうアーレントは主張したのであった。

ホロコーストのような「すべての慣例的な基準を崩壊させる前例のない出来事、すなわち一般的な規則によっても、こうした規則からの例外によっても予見できなかった出来事」（『責任と判断』26–27：四六）を前に、人々はどのように判断すればよいのか。アイヒマンは一人のありふれた事例にすぎない。アーレントが見出したのは、人々が出来事に見合った新たな判断を引き受けることなしに「何かにしがみつくというたんなる習性だけが残される」（45：七四）という事態にほかならない。われわれの誰もが日常生活に埋没してしまうことで容易に陥ってしまうこうした無思考のうちに、アーレントは、人類最大の悪に対する責任をみてとったのである。このことが、これまでの「活動的生」への探究が依拠してきたさまざまな前提を一から問い直すよう、アーレントに強いたことは想像にかたくない。

あらゆる慣例的な判断基準が崩壊してしまうほどの深刻な事件が起きてしまったとき、政治的判断力の枠組みが必要としているような各人の共通感覚、「拡張された思考様式」によるパースペクティヴの相互移入、文化的伝統の共有といった諸前提はもはや信頼できないものとなる。アーレントがアイヒマン裁判をつぶさに観察するなかで突きつけられたのはいっそう厳しい現実、すなわち、行為や言論の活動的な実践が成り立つような公共的な基盤が根本的に失われてしまったところから再出発しなければならないという現実にほかならない。

『精神の生活』では、思考と共通感覚（常識）との対立が論じられている。そのさい哲学者は、思考の特権的な担い手である。彼らの思考は、現われの常識的世界から徹底して退却することで、現われの世界の諸前提を破壊し尽くしてしまう。しかしそのことによって思考はむしろ、人間にとっての精神の自律性を確保するのである。

興味深いのは、思考によるこうした共通世界からの引きこもりが、たんに哲学者の特権とみなされるのではなく、依然として判断力、とりわけカントが判断力に不可欠なものとしていた没利害性（「無関心性」『判断力批判』第二節）に重ね合わされているという点である。「判断のさいには、美的判断であれ、法的判断であれ、道徳判断であれ、それらの利害に巻き込まれたりかかわったりすることを、断固として、不自然なまでに自覚的に避けて引きこもることが前提とされる」（『精神の生活 思考』76：九〇）とアーレントは述べている。

他方、アーレントは、思考の不可視の働きとして「風」に言及している。これはソクラテスに由来している。「風そのものは不可視であるけれども、風がしていることはわれわれには明白であって、風が近づいているということをなんとなく感じ取っている」[6]。思考は不可視の活動だが、風のようにやってきてそれまでに明らかであったことを簡単に吹き飛ばしてしまう。そのような風の働きによって人間の活動は中断させられたり、逆に催眠状態から目覚めさせてくれたりする。これはまさに、あるときは「痺れエイ」と呼ばれたりあるときは「虻」と呼ばれたりして市民から忌み嫌われたソクラテスの思考活動を特徴づけるものと言えるだろう。

このような思考の風は、人間の精神を世界から自律させるべく、さまざまなしがらみを吹き飛ばしてしまうことで、まさしく判断力が働く没利害的な前提をつくり出すとみることができる。思考も風も不可視のままだが、判断力が判断を下すのはあくまで現われの世界にある可視的で個別的なものに対してである。このとき思考は、判断に必要な前提をつくり出す一方で、「判断は、思考の風の顕現である」[7]。つまり判断は、思考の風がもたらした破壊的な状況を引き受けるなかで、どこまでも個別特殊なものにかかわり続けることによって思考の働きを現われの世界へともたらし、それを可視化し実現するのである。

*

いまや思考は、判断力を介して哲学者の観想によって引きこもることとは異なる可能性へと連れ出されることになる。思考の風が判断を規定している諸前提を破壊することによってまさに反省的な判断を余儀なくさせるように、当の判断力もまた、問題となっている事態をリセットし、われわれの思考を根本へと立ち返らせる。アーレントによれば、ここで起きていることは次のように述べることができる。

誰もが他の人の行動や信条に思考することなく追随しているような場合、思考する人は隠れていることができずに引きずり出される。というのも追随というかたちでの参加を拒否することが人目を引くことになり、それによって一種の活動をしていることになるからである。そのような緊急事態において思考が浄めになるという要素は、意味合いとしては政治的なのである。〔…〕その判断力が人間精神のなかでもっとも政治的だと言われるのも無理はない。（192：二二三―二二四）

危機の最中で思考することで、公共の場から引きこもり、他の人から孤立していることになるのだが、それ自体が拒否というひとつの大きな公的な意味合いを持つようになる。判断が実行に移されるのは、引きこもることによるだけでなく、まさに引きこもりそのものが担う抵抗を公的な領域へと提示することによってである。思考の風はそのような提示を促すのである。それは通常の意味での政治ではないかもしれないが、撤退すること自体がきわだって政治的な判断となる場合とはどういうものなのかをアーレントは示している。ここにあっては、出来事の意味を捉え直すべく引きこもる歴史的判断力と政治的判断力が対立することはもはやありえない。

アイヒマン裁判にあってはアーレント自身がそのような判断を迫られることとなった。「悪の凡庸さ」の普遍性を言うことは、被害者であったユダヤ人共同体内にすら、当の凡庸さのなかでナチスに協力した者がいたことについて反省を迫ることになるだろう。たしかにユダヤ人にとっては、そうした悪の説明は、アイヒマンを免罪するかのような含意をもたらす。事実、アーレントは実際にそのように思考し判断し公言することで、ユダヤの同胞から厳しい非難に曝されることになった。しかしそのことを通じて、思考による孤立こそがむしろもっとも政治的になりうる範例をアーレント自身がはっきりと体現している。アーレントはまさに言論とその実人生によって、そのようなリスクを引き受けてまで「手すりなき思考(Denken ohne Geländer)」のなかで判断することをやめなかったのである。

註

(1) アーレントは、判断の概念をけっして体系的に練り上げたわけではなかったが、『人間の条件』(一九五八年)出版後のいくつかの論考で、この概念を示唆的な仕方で取り上げていることがみてとれる。さしあたり主要なテクストを挙げておくならば、『過去と未来の間』所収の「文化における危機」(一九六〇年)と「真理と政治」(一九六七年)、『責任と判断』所収の「独裁体制のもとでの個人の責任」(一九六四年)、「道徳哲学のいくつかの問題」(一九六五年)、「思考と道徳の問題」(一九七一年)、そして、一九七三年の講義に基づく『精神の生活』第一部「思考」(一九七八年)、最後に、一九六四〜七〇年の講義ノートから構成された『カントの政治哲学講義』(一九八二年)である(丸括弧内の年号は初出年)。

(2) Richard J. Bernstein, "Judging: the Actor and the Spectator," in *Philosophical Profiles: Essays in a Pragmatic Mode*, University of Pennsylvania Press, 1986, p. 223.

(3) アリストテレスのいう「心の表象と事物との一致」(『命題論』第一章一六a六)が、判断を真理の場として伝統的に規定してきた点については、ハイデガー『存在と時間』第四四節を参照。また関連して、拙著『判断と崇高』(知泉書館、二〇〇九年)の「序」参照。

(4) ソール・クリプキ『ウィトゲンシュタインのパラドックス』で知られる「クワス算」については、とりわけ以下の綿密な説明を参照のこと。飯田隆『規則と意味のパラドックス』ちくま学芸文庫、二〇一六年。

(5) イマヌエル・カント『諸学部の争い』第二部「哲学部と法学部の争い　更新された問い――人類はよりよい方向へ絶えず進歩しているか」第六節冒頭。ここではカントの原文を参照のうえ、アーレントの翻訳(『カント』45-46:六四―六六)を踏襲した。

(6) クセノフォーン『ソークラテースの思い出』佐々木理訳、岩波文庫、一九七四年改版、二〇一頁。

(7) ロドルフ・ガシェ「思考の風」『脱構築の力』宮﨑裕助ほか訳、月曜社、二〇二〇年、一九六頁。

15 世界
耐久性、共通性、複数性

森 一郎

アーレント哲学の根本概念を一つ挙げろと言われたら、私は躊躇なしに「世界」を挙げる。いや、アーレントに限らない。フッサールに始まる現象学運動の最大のテーマは、「世界」であった。さらに遡れば、ニーチェによる「神の死」の宣告以後、哲学は、人間が「この世に生きること」を主題に据えてきた。ハイデガーによる定式化「世界内存在」が、現代哲学のキーワードとなったことは言うまでもない。われわれが物たちのもとで人びとともに世界のうちに住んでいる、という自明な事柄をあらためて原理的に問うというこの課題を、ハイデガーに劣らぬほど正面から引き受けたのがアーレントであった。両哲学者の対決の主戦場こそ、世界概念にほかならない。

1 物の世界――耐久性

拙訳『活動的生』（みすず書房、二〇一五年）の巻末に付した事項索引を見ると、「世界（Welt）」が本書の最頻出語だということは一目瞭然である。出てこないページのほうが少ないほどである。それでいて、「序論」では開口一番、「世界」についで本書では主題的には論じない、と宣言される（『活動的生』7：一）。しかし天邪鬼アーレントのこの発言は鵜呑みにしないほうがよい。本書では「世界」が多様な意味で豊かに語られる。むしろあまりに豊かすぎて混乱させられるほどである。

とはいえ、世界に関わる人間の活動はさしあたり「制作」だという理解でよいだろう。第一節でさっそく制作の根本条件は「世界性」だとされる（16：一二）。のっけから「世界性（Weltlichkeit）」と言われても何のこっちゃという感じだが。

ともあれ、第四章「制作」最初の第一八節のさわりを読んでみよう。第一段落にさっそく「世界」の定義のようなものが出てくる。「制作という活動によって、まったく際限のないほど多種多様な物が、製造される。それら物の集まりの総体が組み合わさって成り立っているものこそ、人間によって打ち建てられた世界にほかならない」(161：一六二)。英語版の対応箇所では、「人工物 (the human artifice)」とある(『人間の条件』136：二二三)。

以上から早くも分かってくることがある。(1)アーレントの言う「世界」とは、まずもって「人工物」から成る「物 (Dinge)」の総体、つまり「物の世界」だということ。(2)その場合、アーレントは「世界」と「物」を厳密に区別しようとはしないこと。(3)"artifice" には「巧妙な考案、工夫」という意味、もっと言えば「狡猾な計画、策略、手練手管」という意味があること。――アーレントによるこうした「物の世界」の主題化には、強烈な皮肉がこめられているように思われる。

われわれにはどこか、「雄大」な自然に比べれば、人間の作ったものなど「矮小」だ、と決めつける傾きがないだろうか。そして、人工物に対するこの先入見は、制作に対する軽視と結びついていないだろうか。しかもそれは、「大自然」に比べれば人間の内なる自然など取るに足らぬと考え、その「小自然」にあくせくする労働を蔑視してきた、もう一つの偏見と軌を一にしている。人工物のなかでも「芸術作品」はしばしば別格とされるが、実用的な「道具」は、「実利的・卑俗的 (banausisch)」だとのレッテルを貼られ、それと違って、自然的所与としての「事物」のほうが理論的考察の対象にふさわしいとされてきた。

アーレントはこうした偏見から自由であろうとし、「労働」に劣らぬほど一章を割いて「制作」とその産物について考察した。人工物としての世界を、生命活動としての労働とともに主題とするスタンスには、世俗性への定位が表明されている。

アーレントは政治的活動としての行為を重んじ、労働や制作は軽んじたと言われることがあるが、的外れである。この三者を公平にバランスよく考察することが『活動的生』の内実をなす。その中心に位置するものこそ「世界」にほかならない。

制作され使用される「道具」を、理論的対象たる「事物」に優先させて、世界内存在の現象学を開始したのは、ハイデガーであった。その場合、「世界内部的存在者」と「世界」とが区別され、前者の存在者的レベルに先行し、それを根拠づける、後者の存在論的レベルに焦点が当てられた。かくして世界は、経験の可能性の条件を問う超越論的問題設定に組み入れられた。アーレントにそのようないわば哲学的色気は見られない。いや、そうした概念的操作をむしろ拒否している。それが、見た目には「哲学的に素朴」と映ってしまうのである。「ハイデガーの亜流」というレッテル貼りがこうして出来上がる。

とはいえ、ハイデガー自身、いわゆる存在論的差異の思考を手放す方向に進んだ。超越論的地平としての世界概念は放棄され、後期には、物と世界が対等な遣り合いを演ずる「四方界」の思想が展開される。アーレントは後期ハイデガーの思索からも多くを学んだ[1]。物と世界を厳密に区別しないのは、その学びから得たものが働いていると見たほうがいい。

『活動的生』第一八節の第一段落にはこうある。「〔使用〕対象物の耐久性により、人間の手による形成物である世界に、持続性と永続性がさずけられる」（『活動的生』161：一六二）。ここだけ見ると、対象物には丈夫で長持ちするという「耐久性」が、世界には「持続性と永続性」が、それぞれ帰されているように見える。だが、次の段落に出てくる通り、「物の世界（Dingwelt）」と「世界の物（Weltdinge）」とは区別しがたい。人工物の総体が世界だとされている以上、物の次元を越えた彼方に世界自体が鎮座する、などということはありえない。

その一方で、アーレントほど区別を重んじる現代の哲学者も珍しい。自然物と人工物との対比は、「労働／制作」という根本区別に対応し、ひいては「自然／世界」という領域的区分につながる。このようにアーレントの世界概念は、まずもって自然界と異なる人工的世界に定位している。そして、まさにそこがうさん臭く見られがちなのである。

人工物の氾濫する現代に暮らすわれわれは、純粋な自然などどこにもない、と割り切ってすまそうとする。しかし、だからといって「自然／世界」の区別が意味をなさなくなったと思い込むのは、思い上がりであろう。自然の猛威の前には、人間の作ったものなど、吹けば飛ぶようなちっぽけなものでしかないことを、われわれは年々歳々、至るところで頻発する自然災害のたびごとに、イヤというほど思い知らされている。

自然界そのままでは、人間の住みかとはならない。大地の上、天空の下に、家を建て、街を築き、それを自然に抗して守ってはじめて、われわれはこの世に人間的に住むことができる。その鉄則は、テクノロジーが高度に発展を遂げた今日でも少しも変わらない。それは、労働をどれほど機械に代替させようとしても、こまごまとした生命維持活動――小自然の営みたる消費生活――は決してなくならないのと同じなのである。

人工的世界の「持続性」や「永続性」など、自然界の同じことの繰り返しの容赦なさの前では、お笑い草に等しい。まさにそのことをアーレントの世界概念は語っている。もちろんその場合、だから世界などどうでもよい、ということにはならない。圧倒的な自然によって世界が脅かされるからこそ、人間はその世界を守り、保持しようとする。これはべつに、大災害時の非常事態に限った話ではない。たとえば、掃除した家の中も、すぐ汚れ、散らかる。だから、繰り返し掃除しなければならない。その一つ一つのささやかな労働自体が、いわば世界を「救う」こと、世界保全活動なのである。そのように人間によって労わられることによって、世界は人間の住みかであり続ける。

世界の持続性、永続性は、「超越論的」なものとは言えないが、世界に依存して日々暮らしている人間の側の維持活動によってのみ成り立つ。ここには、強い意味での相互依存関係がある。人間は世界に依拠し、世界は人間に差し向けられている。

他方で、アーレントは「世界の超越」という言い方をする。ただし、アーレントの語る「超越」は、超越論的哲学なら語りたがらない種類のものである。世界が世代から世代へ連綿と継承され存続していくことが、「超越」と呼ばれるからである。「世界は、死すべき人間たちの寿命を超越するのでなければならない」(68：六七)。物の耐久性に尽きない、世界の「永続性」が問題となるのは、まさにこの場面である。

2　間としての世界——共通性

世界の「超越」——死すべきものを超えて存続すること——は、アーレント哲学の重要テーマであるとともに難所でもある。そこへ踏み込むには、物が制作されて世界を形づくることに尽きない、世界の「開かれた」性格に着目しなければならない。

世界の公的性格、公共性についてまず説明しているのは、『活動的生』第二章の第七節「公的空間——共通なもの」である。世界の「超越」という言い方も、ここに出てくる。

第二章で導入される「公的なもの／私的なもの」のペアのうち、「公的なもの」の第一の性格づけ——多くの人びとに見られ、聞かれることで現実味《リアリティ》をおびること——に続いて、こう言われる。「公的なものの概念が表わすのは、第二に、世界それ自体である。世界がわれわれに共通なものである〔…〕かぎりは、そうである」(65：六四)。アーレントがここで語っている世界とは、人びとによって共有される「共通世界」だということが分かる。ただし、その場合の世界の「共通性」とはいかなる意味か、が問題となるのは言うまでもない。

これに続けて、「大地や自然自体」と区別されて、世界が次のように輪郭づけられる。「世界はむしろ、人間の手によって作られた形成物であり、それとともに、制作された世界のうちに紛れもなく現われ、もっぱら人びとの間で演じられる事象すべての総体でもある。世界のうちに共生するということは、本質的に、物の世界が、そこを共通の住みかとしている人びとの間に横たわっている、ということを意味する」(65–66：六四―六五)。

物の世界に現われるが、制作され所有される人工物とは別の、「人びとの間で演じられる事象すべて」も、アーレントは「世界」に含めて考えている。この「人間事象」は、人間同士が行なう行為によってもたらされる。そうした行ない、出来事については、『活動的生』第五章「行為」で考察されるが、その前に、世界の共通性に関して、目下の第二章第七節で確認しておくべきことがある。世界の「間《あいだ》(Zwischen)」的性格である。

「世界は、それをそのつど共有している人びとを、結合させるとともに、分離させる」。「それはたとえば、机が、それを取り囲んで座っている人びとの間に立っている、というのと同じ意味である」(66：六五)。この「間」は、英語版では "in-between" と記されている(『人間の条件』52：七九)。世界とは、人と人の「間」、「介在物・仲介物」なのである。

世界という中間者の仲立ちによって、人と人が結びつけられるとともに分け隔てられる。「結合」と「分離」という世界の二重の働きによって、人間は関係し合う。机という例は分かりやすいが、人と人の間をなすのは、物的なものにとどまらない。われわれは、裸で触れ合うのでも、素手で取っ組み合うのでもなく、つねに何事か、たとえば同じ話題や趣味をめぐって、それへの関心を共有し合いながら関わり合うのである。

それればかりではない。世界は、世代と世代をつなぐ「間」でもある。『活動的生』第七節で「世界の超越」について語られる文脈で、世界の「間世代性」に関して次のように言われており、注目に値する。「世界的に共通なものは、われわれ自身の外部に存しており、われわれは生まれたときそこに入り込むのであり、死ぬときそこから去ってゆくのである。世界的に共通なものは、われわれの寿命を超越し、過去および未来に広がりゆく。それは、われわれが存在する前から、現にそこにあり、われわれがそこに束の間滞在したあとでも、長く存在し続ける。われわれが世界を共有する仲間は、われわれと一緒に現に生きている人びとだけではなく、われわれよりも前に生きていた人びと、およびわれわれよりも後にやって来るであろう人びとも、そうなのである。しかるに、そのような世界は、〔…〕世代がやって来ては去ってゆくその移り変わりを超えて、長く存在し続ける」(『活動的生』69：六八)。――世界が個々人のいのちを「超越し (übersteigen)」、世代交代を「超えて、長く存在し続ける (überdauern)」ことが強調されている。ドイツ語版の「超越 (Übersteigen)」は、英語版ではまさしく“transcendence”である(『人間の条件』55：八二)。

ここには、世代間倫理を考えるうえでのポイントが列挙されている。①世界は、個々人の生死とは独立であり、それを「超越」している。②世界は、生死とは別物でありながら、生死がその内で繰り広げられる場をなす。③世界は、いのちの連なりたる世代と相関しつつ、その「間」をなす。④世界を共有するのは、同世代、同時代人だけではない。異世代間、時代を隔てた者たち同士でも、世界は共有される。⑤現在のわれわれが、過去の人びとや未来の人びとと「ともにある」のも、世界を共有することにもとづく。――死と誕生、そして世代をつなぐものこそ、死を超えるものとしての世界にほかならない。

何千年も昔の作品や書物を通して、時空を隔絶したスケールで過去と現在との交流、遣り合いが成り立つ一方で、何千年も後まで残り続けるゴミ、たとえば放射性廃棄物を生み出すことにより、現代がはるか遠い未来にまで影響を及ぼす。

もう一つ、世界の「公的」性格にまつわる重要な点が、『活動的生』第七節で述べられている。これは、世界の「実在性」をどう考えるか、という哲学的関心にかかわる。

アーレントによれば、世界の「実在性・現実性 (Realität)」、「対象性・客観性 (Objektivität)」は、他者の存在に依存している。何かが「リアル」であるのは、私にそう見えるから「リアル」なのではない。多くの人びとが、それを各自別々、てんでばらばらに見ているからこそ、「リアル」なのである。私だけが見た夢は、「リアル」とは言えない。ある一つの出来事を、さまざまな人びとが別様に目撃する場合、その見え方には差異があり、齟齬を来たすことさえあるが、だからこそ、その出来事は同一であり、「リアル」なのである。

第七節の終わり近くで、こう言われる。「公的空間の現実性は、無数の位相や遠近法をそなえて他者がそこに同時に居合わせることから、生じてくる。それら無数の位相や遠近法のうちで、共通なものがおのれを現わすのである。〔…〕他者によって見られ聞かれることが有意義なものとなるのは、各人が別々の位置から見たり聞いたりするという事実によってである」（『活動的生』71：七〇―七一）。――「位相（Aspekte）」や「遠近法（Perspektive）」の複数性によって、世界ははじめて「共通世界」たりうる。世界はわれわれにみな違って現われるからこそ、その世界をわれわれは共有していると言える。差異性における同一性がここでは成り立つ。

「現実が成り立っているのは、さまざまな位相が集まっているからこそであり、そのおかげで、対象物はその同一性において、多数の観察者によって提示されるのである」（72：七一）。「私にはこう見える」という意見《ドクサ》がたくさんあるほうが、むしろ現実的《リアル》なのである。逆に言うと、あるものの現われが、単調で画一的となり、誰にも似たり寄ったりのものとして見えれば見えるほど、当のものは現実味を失い、リアルでなくなる。

3　人間事象の世界――複数性

世界の共通性は、人間の共存もしくは「複数性」にもとづく。複数性が人間の条件であるとは、「人は一人では生きていけない、お互い助け合い支え合っていこう」式のモラルとはおよそ異なる。複数性という被制約性は、「しがらみ」と呼びたくなることもあるし、人のいのち以上に優先されることすらある。行為の根本条件をなすのが、複数性なのである。

アーレントの世界概念は、物の世界には尽きず、人間事象の世界も含まれる。後者の「人の世」は、ドイツ語では「共同世界（Mitwelt）」と言われる。人びとの関係性が織りなす、人間臭い世界である。そういう「世間」「俗世」を主題とすることを、哲学は伝統的に避けてきた。ハイデガーの「世界内存在」への定位に劣らず、アーレントの「活動的生」の主題化も、そうした哲学の超俗的伝統に対する挑戦を意味する。

『活動的生』第五章は、まさに「行為」を論じており、人間の行為によって生ずる「関係性の網の目」としての人間事象の世界をテーマとする。とりわけ第五章二番目の第二五節「人間事象の関係の網の目と、そこで演じられる物語」で、「人間事象の関係の網の目（das Bezugsgewebe menschlicher Angelegenheiten）」について説明される。英語版では "the 'web' of human relationships"（『人間の条件』183：二九七）である。この「ウェブ」は、物の世界と違って、「摑みどころがない」（『活動的生』225：

二三一）。だが、この「第二の間《あいだ》」（225：二三〇）は、無に等しいものではなく、物の世界の「実在性」とまた別の、しつこい「現実味」をそなえている。人間関係の網の目に特有なこの「リアリティ」をいかに語るか。それが問題である。

ハイデガーにおいて、他者との「共同存在（Mitsein）」は、世界内存在の根本構造に組み込まれた。のみならず、「共同世界（Mitwelt）」つまり「世間」は、平均的で匿名の「世人《ひと》（das Man）」として浮き彫りにされた。日常的にわれわれはみな誰でもあって誰でもないひとであり、おたがい「みんな」と同じように見、聞き、考え、行動する。そういう独特の画一性、同形性、同調性を特徴とするのが、ハイデガーの言う「公共性」である。

アーレントにもこれと似た議論がある。伝統的な公／私の別を取っ払って近代に成立した「社会」という擬似公的領域では、画一的なふるまいが支配的となる。アーレントの言う「社会」は、まさに「ひと」的な同調圧力を特徴とするが、近代ならではの現象だとされる点で、ハイデガーの実存論的分析論とは異なる。のみならず、アーレントの共同世界論には、ハイデガー流の「本来的自己」とは正反対の「自己」論が出てくる。

私は、公共性への没入から身を引き剥がして私自身へ立ち返ってはじめて本来的自己を見出すのではない。私の現われは、どうあがいても、私自身には見えない。私の周りの、私以外の人びとには、私はありありと現われるのに、である。私の意のままとならない私自身の現われこそ、私の存在、「誰」をなす当のものである。現われに曝されてあるそのようなあり方を生きることが、共同存在の意味には属している。この意味での共同世界は、非本来的でも堕落でも何でもなく、ありのままの人間的現実である。それと別の、純粋な「私だけの現実」など、どこにもない。この世に人びととともに生きるとは、他者に見られ、聞かれているという現実を受け止め、自分がどう見られているかをみずから引き受ける、ということである。

この世とは、人びとがそこに現われ、たがいにおのれを曝し合う舞台である。そういう舞台を、われわれは等しく分かち合い、共有している。べつに私だけが見られているわけではない。皆が対等におのれを現わし合うのがルールである以上、誰もが人の目に曝され、世間の注視を浴びている。そのような現われの舞台、共同空間があってはじめて、われわれは自分自身を現わすことができる。私が私自身の「アイデンティティ」を確証できるのは、私＝私の等式から来るのではなく、われわれに共通の舞台、開かれた空間があるからこそである。

「現われの空間（Erscheinungsraum）」たる「公的空間」を、古代ギリシア人は大切にし、それを「ポリス」と呼んだ。「政治《ポリス》的なもの」の起源はここにある。『活動的生』第五章の中心に位置し、本書全体のヤマ場の一つを形づくるのが、第二七節「行為にまつわる難問からのギリシア人の脱出法」と、第二八節「現われの空間と、権力という現象」で展開される、古代ギリシア的「国家」論である。世界概念は国家概念へと展開する。

古代「都市国家」とは、共同体に属するメンバーが、対等な資格でおたがい「徳」を発揮し合う、競い合いのアリーナの謂いであった。自分の存在を露わにすることの好きな、根っから目立ちたがり屋の古代自由人は、ポリスという共同世界を自分たちの晴れ舞台として大事にした。そこに「ポリスへの愛」が育まれた。古代ポリス市民の自己愛は、相互の友愛《フィリア》を重んじたが、その市民的友愛の絆をなしたのが、「間」としてのポリスであった。

「ポリスを愛する」とは、自由市民の連帯を重んずることであり、公共性を尊重することであった。自己中心主義と国家中心主義が両立するという不思議がまかり通っていた。しかも、ここには、もう一つの「世界の超越」問題がひそんでいる。

自分がそこに帰属する現われの空間が、末永く存続していくことを願い、そのために尽くすこと、それどころか、場合によっては、その共同体を守るために身を捧げることも、ポリスへの愛には意味上含まれていた。代々の市民のあっぱれな活躍は語り草となり、言い伝えられていった。累々たる各人の死を超えて、人びとの成し遂げたことが語り継がれ、歴史として伝承されていくのは、ポリスという「思い出の組織形態」(『活動的生』248：二五五)を基盤としていたのである。

それ以前はもっぱらホメロスのような叙事詩人によって歌われ、語り伝えられてきた「出来事(Ereignis)」を、組織的に記憶する共同体としてそもそもポリスが打ち建てられた以上、その存続は、ポリス市民の「共通の関心事」であった。同じことは、古代ローマ市民にとっての「公共の事柄(res publica)」にも当てはまる。彼らにとって、不滅の都ローマこそ関心の的であった。「公共精神」、「共和主義」の起源がここにある。

現代の自由人は「滅私奉公」を疎んじるが、自己本位の古代市民にとって、不滅の国家のために貢献することこそ自由人の誉れであった。種としての人類の維持繁栄でも、物の世界の存続発展でもない、共同世界の永続性への配慮は、死すべき者たちの「不死を求める努力」の一つだったのである。

思えば、プラトンが『饗宴』で挙げていた「ポイエーシス」にも、ポリスへの愛と呼びうるものが含まれていた——プラトン自身は、それをはるかに超えた「永遠への愛」を唱えたが。永遠の真理との合一という観照的生の理想が失われた今日、活動的生について考察する以上、共同体への愛のかたちに想到するのは当然の成り行きであろう。それを素朴に称揚するのはバカげているが、かといって一笑に付すのも違うと思う。

「愛国心」という言葉は今日、不幸にも、偏狭な国粋主義という響きを持たされているが、共同世界を愛することは、むしろ、開かれた共和精神の涵養でありうる。「世界への愛」の独特のかたちが、ここにあるように私には思われる。

註

(1) たとえば、ハイデガーはアーレントに「物」講演の抜刷を贈っており、アーレントはこれを精読している(ハイデガーの一九五一年十二月十四日付アーレント宛書簡を参照)。

コラム❻ ハインリヒ・ブリュッヒャー

初見　基

アーレントとハインリヒ・ブリュッヒャー（一八九九—一九七〇）が知り合うのは一九三六年パリ、ヴァルター・ベンヤミンも加わった亡命者の集まりでのこと。ふたりは四〇年に正式結婚、フランスでの抑留、ヨーロッパ脱出などの艱難を経て、最終亡命先の米国で後半生をともにした。

ブリュッヒャーはベルリンの労働者家庭（父親は彼の生誕前に労働災害で死亡）に生まれ育つ。国民学校修了ののち教員養成所に通うものの、第一次大戦に徴集、毒ガス被害により除隊、政治的動乱を迎え、「生徒の尻を叩き調教する教師なんぞになるもんか」（『ブリュッヒャー書簡』126：九〇）とばかり教員養成課程を放棄、その後はドイツ革命の嵐のなか「兵士評議会」に参加、スパルタクス団そしてドイツ共産党での政治活動に入る。それと併行して、カバレット詩人・作曲家として知られ生涯の友人となるローベルト・ギルベルトや表現主義芸術家らとのボヘミアン的な交友もつづいている。共産党内にあってはモスクワを後ろ楯とする主流派に抗したハインリヒ・ブランドラーらの反対派に属し、三四年にはプラハを経由してパリに亡命していた。

米国では当初職探しに窮したものの、学歴のない独学者をも排除しない土壌があったからこそであろう、五〇年から五八年にかけニュースクール・フォー・ソーシャルリサーチで美術史、哲学の講義を担当、米国籍を取得した五二年にはバード大学の哲学教授に就任、六八年まで務めた（同大学のウェブサイトで、アーレントが夫の没後に出版を企てるもの不首尾に終わった彼の講義の起こし原稿が録音も含めて公開されている）。

非ユダヤ系の労働者階級という〈出自〉ばかりでなく、著書はおろか一本の論文も残さなかった彼は、米国で評価を高め着実に著作を問うてゆくアーレントとは好対照だ。執筆をすこぶる苦手とするブリュッヒャーだったが、ただし語る才は傑出していたようで、日常生活でも議論は尽きず、その対話は彼女の思想形成に大きな意味をもったものと推測できる。

とはいえその内実を見きわめるのはむずかしい。公刊されている三〇〇通を越える書簡のやりとりにしても、そもそも両者が空間的に離れたときにのみ交わされたという条件からして、そこからは対話のごく一斑をうかがえるにとどまる。

「夫のおかげで政治的に思考し歴史的に見ることを学んだ」（『ヤスパース書簡』67：Ⅰ三六）とブリュッヒャーをヤスパースに戦後間もなく紹介したアーレントに対して、その約二〇年後、恩師は「他の人びとが証言していなかったならばまったく知られていない人格上の影響」という点で彼を古代ギリシアの哲学者になぞらえて、讃辞を送っていた。「ソクラテスだけが彼のプラトンを見出しました。〔…〕ハインリヒからあなたに数々の衝迫が届いている、これを私は見逃していません。プラトン思想がソクラテスなしになかっただろうように、いまのようなあなたの思想はハインリヒなしにはなかったと、私には思えます。そのような衝迫を翻訳しうるのは別な生産性なのです」（652：Ⅲ一七六）。

一九三〇年前後の二〇年近い彼の党活動にもとづく知見は、与り知らなかった世界をアーレントに示しただろう。レーテ（評議会）やローザ・ルクセンブルクへの高い評価にはブリュッヒャーの影が色濃くうかがえる。またウィッテカー・チェンバーズを俎上に載せた「元共産党員」（『政治思想集成』Ⅱ所収）では、反共産主義の道に進まなかったブリュッヒャーを暗黙の対蹠として、対象人物を捉えている。

そうしたなかでもっとも強い「衝迫」は、やはりファシズムとスターリニズムをともに〈全体主義〉と捉える視点だ。共産党の政治実践の渦中にいたブリュッヒャーだからこそ、早くからスターリン主義体制の実態を仮借なく見抜いていた。晩年のベンヤミンはブレヒト詩をめぐり彼と交わした議論の片鱗を書きとめている。「ブリュッヒャーはいみじくも、「都市生活者のための読本」の一定要因がGPU《ゲーペーウー》の実践を言い表したものにほかならないと指摘した。〔…〕実際にこの詩の想定された箇所にあっては、国民社会主義の遠慮会釈のまったくない要素と共産党の最悪の要素が通じ合う振る舞い方が表されている」（Walter Benjamin, Gesammelte Schriften, VI. 540）。とはいえ、彼の分析がどこまでのものかは不明であり、確認できるのはあくまでも「衝迫」の次元ではある。

また民族・国民といった枠組み、つまりナショナリズムに対してブリュッヒャーは露ほどの幻想もいだいていない。「この時代にあっていかに自分をドイツ人と感じるのか」とヤスパースに問われた彼は、「まったく感じない」と小気味よく応ずる。「ヘルダーリンがかつて、もはや王侯の時代ではないと述べたように、いまやもう民族の時代ではありません」（『ヤスパース書簡』315：Ⅱ五七）。

全体主義体制にしても民族・国民にしても、それを峻拒する彼の姿勢を支えているのは、なによりも〈自由〉への強い希求だ。それは冷戦体制下で反共主義が喧伝した〈自由〉と重なり合わないわけではないにしろ――かつてアーレントが反共保守主義者であるように取られていたこととも通ずる――、むしろ伝統やら権威、権力やら大勢やらに阿《おもね》ることのない、より根底的なものだ。そしてなによりこのブリュッヒャーのもつ自由への意志こそにアーレントは共振し、これを通じ自らのそれを強めることになっただろう。

　自由を求める少数の個人と、隷属に喜びを見出し〈全体〉を支える多数との対比を、彼はしばしば「共和派対コサック」と言い表す。そのとき彼にとっての自由とは自己耽溺や放埒からはほど遠い、「自由のための責任を引き受ける」（『ブリュッヒャー書簡』148：二一〇）べきものだった。

　「他者のなかに自分を、自分たちのなかに他者を推測し、求め、認識する能力がぼくたちにはあるということ、そうするだけの構えがぼくたちにはあるということと、ここに自由の根源はある」。そして自分の立場をこう定式化する。「あなたが存在するかどうか判らない。だがあなたが存在することを私は望む、人間の自由を考えるなら、それは感謝の言葉ばかりでなく助力をも必要とするものなのだから」（212：一七二）。

　ブリュッヒャーが一貫してとった姿勢は、アーレントに宛てたヤスパースの『罪の問題』（一九四六年）を扱《こ》き下ろした書簡の一節にごく顕著だ。

　「罪の問題などというものが役立つのはキリスト教的偽善のおしゃべりとしてだけで、勝者は自分自身のためによりよく利用し、敗者はひたすら自分自身とかかずらうことができるようになる〔…〕。どちらの場合でも罪は、責任を絶滅するため役立つ。そうすることが、原罪にはじまってこの方、いつだってその機能だった。ひとは神の前で絶えず罪深げに平身低頭してみせてきたが、そういう手を使えば責任をもっぱら神に押しつけられるからだ。禊ぎのためにと道徳的にこんなふうにしゃべり散らしたヤスパースの向かうところといえば、辱められた者たちとの連帯にではなく、ドイツ民族共同体、それも国民社会主義者まで含めたドイツ民族共同体との連帯的関係だった」（146f.：一〇九）。

　ヤスパースの所論は〈内向き〉であり、そこに〈犠牲者〉の視点が組み入れられていない、そして引き受けるべきは〈罪〉ではなく〈責任〉である、荒削りであるとはいえ、こうした指摘は当を得ている。そしてアーレントは全体と個人の関連のなかでの責任について、その後も考察を重ねた。さらにその論点は、より広く〈戦後責任論〉へと現在にまで引き継がれてもいる。

コラム❼　ニューヨークの知識人たち

大形　綾

一九四一年、アーレントはアメリカにたどり着いた。彼女と同じ旧大陸からの移民たちは、ニューヨークのエリス島に置かれた移民局を通過し、その後ほうぼうの目的地へと散っていった。アーレントが到着し、その後の人生の大半を過ごすことになる当時のニューヨークを、ある批評家は次のように記している――「一九四三年のニューヨークは、世界を照らす燈台だった。〔…〕そこは自由、解放、希望の世界都市だった」（A・ケイジン『ニューヨークのユダヤ人たち』）。

戦後アメリカ社会は、繁栄のなかで目まぐるしい発展を遂げる。とりわけ、ニューヨークは高層ビル街が立ち並ぶエネルギーに満ち溢れた都市だった。その爆発的な活気のなかで、個性的な大学が創設され、風変わりな知識人たちが集うことになる。ここでは、「ニュースクール・フォー・ソーシャルリサーチ」（以下、ニュースクールと略）および「ニューヨーク知識人」とアーレントの関係を、当時のニューヨークを背景に素描してみたい。

一九一九年、ニュースクールはマンハッタンの南西部に設立された。当時の建学精神には次のように書かれている――社会人教育を重んじること、自由な精神に基づく知識人の育成を目指すこと、労働者や移民に目を向け現実社会と積極的に関わりを持つこと……。ニュースクールは、この建学精神を次々と実行に移していく。三〇年代にはユダヤ人学生や教員の受け入れ上限を定めた「割当制」に反対し、四〇年代には第二次大戦への参戦を訴えるとともにドイツ人亡命者を招聘し（ここから「亡命者の大学」と呼ばれた）、五〇年代にはマッカーシズムに抵抗して思想の自由を死守したりと、この大学は民主主義の良心を代表するかのような姿勢を頑固に発信し続けた。

アーレントとニュースクールの関わりは、一九五三年、ニュースクールから全体主義に関わる講義の依頼がアーレントに舞い込むところから始まる。その後、六五年に「道徳哲学のいくつかの問題」（『責任と判断』所収）、七〇年にカント講義が行なわれるなど、彼女は自身の重要な思想を同大学で発表した。また六七年春、アーレントはニュースクールの正教授に就任する。それまで教授職に就くことを拒んできたアーレントが、最終的にニュースクールに身を落ち着けることとなった背景には、どのような理由があったのだろう。

第二次世界大戦後、ニュースクールは米欧を架橋する役割を積極的に担おうとした。ナショナリズム的傾向に批判的な同大学は、多くのリベラルな知識人を惹きつけた。ここから、ニュースクールでは当時徐々に注目を集めていた「公共精神」に関わる議論が、多様な角度から論じられるようになる。たとえば、行き過ぎた資本主義が新たな社会的対立を生むとして、公的課題を優先する国家や政治制度の構築を訴えたロバート・ハイルブローナーは、アーレントの同僚として同大学で教鞭を執っていた。このように、ニュースクールは建学当初から弱者に寄り添う姿勢を打ち出し、自由で批判的な知識人を惹きつけた。アーレントもまた、そうした知識人の一人として、この大学に共感するところがあったに違いない。

移民たちが行き交うコスモポリタンな都市ニューヨークは、風変わりな知識人たちをも惹きつけた。多くが東欧からやってきたユダヤ系移民であるニューヨーク知識人は、三〇年代、主に雑誌『パーティザン・レヴュー』の寄稿者として集い、四〇年代から五〇年代にアメリカの言論界で強い影響力を持った。代表的な人物には、ライオネル・トリリング（批評家）、ダニエル・ベル（社会学者）、シドニー・フック（哲学者）、ソウル・ベロウ（小説家）などがいる。彼らのほとんどは東欧からの移民であり、政治的には反スターリニズムを根幹とするマルクス主義、芸術的にはモダニズムに影響を受け、政治と芸術を融合させることでアメリカの批評に新たな風を吹き込んだ。

アーレントとニューヨーク知識人の交流は一九四四年頃に始まる。とりわけ、五一年の『全体主義の起原』刊行に関わるニューヨーク知識人の貢献は大きく、その後約一〇年にわたってアーレントは彼らの雑誌の常連寄稿者として多くの論文を発表した。

今でこそ、アーレントは『人間の条件』（一九五八年）の著者として知られているが、ニューヨークのユダヤ系知識人にとって、彼女は『全体主義の起原』の著者であった。ユダヤ人の歴史的立場の変遷や、それが全体主義体制へと呑み込まれる過程を描いた『全体主義の起原』は、彼らの多くに自身の東欧系ユダヤ人というルーツを思い起こさせ、またヨーロッパのユダヤ人との連帯意識を植え付けた。加えて、早い時期から反スターリニズムを掲げていた彼らにとって、ドイツとソ連を同じ「全体主義」国家と指摘する本書は、彼らの信念に理論的根拠をもたらした。『全体主義の起原』刊行後、アーレントはアメリカの学術界で活躍するが、彼女に惜しみない賞賛を贈ったのもまた、ニューヨーク知識人だったのである。

しかしながら、アイヒマン論争が両者を決裂させる。ユダヤ性に目覚めたニューヨーク知識人にとって、『エルサレムのアイヒマン』は理解しがたい著作であった。彼らはユダヤ人を非難するかのようなアーレントの記述をめぐって大論争を繰り広げる。数年に及ぶ論争を終えた頃、ニューヨーク知識人はもはや一つの集団として維持することができなくなっていた。折しもニューレフトの誕生や泥沼化するベトナム戦争という七〇年代の時流のなかで、知識人グループそのものが解体へと向かっていった。

アーレントは、ニューヨーク知識人が活躍した五〇年代に彼らの仲間に入り、影響力を失い始める六〇年代に彼らのもとを去った。彼女は、ニューヨーク知識人に旧世界の文化や教養を積極的に紹介し、彼らとヨーロッパの学問世界を橋渡しする役割を果たしたのである。一時はニューヨーク知識人の代表的な論者として活躍したアーレントだが、結局のところ、彼らにとってアーレントはあくまでドイツ系ユダヤ人女性であり、彼らの内側に潜りこんだアウトサイダーであり続けたようである。

さて、アイヒマン論争を通じてニューヨーク知識人はアーレントを激しく非難したが、その歯に衣着せぬ激しい論調もまた、彼らの特徴であったことを記しておきたい。彼らの疲れを知らぬ議論や、既成概念に囚われないラディカルで自由な発想は、「仲間の作品にこそ手厳しい意見を述べる」という形で表現されていた。仲間に対してこそ批判的であること、自由な発言が許された開かれた議論の場を設けること――これは、彼らが雑誌の編集部を中心に形成した知的サロンのルールである。一時的にせよ、アーレントが彼らのグループに身を寄せたのは、十八世紀のドイツで失われたラーエル・ファルンハーゲンのサロンの現代的なありようを、彼らに重ねていたからかもしれない。

反骨精神に貫かれた議論好きな仲間たちの存在や、ほどよく風の通った語らいの場が存在することは、アーレントがアメリカに見出した理想であったに違いない。アメリカ、その文化の中心地であるニューヨークは、時に彼女を傷つけたが、魅力に溢れた土地として、彼女の後半生を支えていた。

参考文献

アルフレッド・ケイジン『ニューヨークのユダヤ人たち――ある文学の回想　1・2』大津栄一郎、筒井正明訳、岩波現代選書、一九八七年
紀平英作『ニュースクール――20世紀アメリカのしなやかな反骨者たち』岩波書店、二〇一七年
堀邦維『ニューヨーク知識人――ユダヤ的知性とアメリカ文化』彩流社、二〇〇〇年
前川玲子『亡命知識人たちのアメリカ』世界思想社、二〇一四年

第Ⅱ部　現代世界におけるアーレント

ホロコースト記念碑（虐殺されたヨーロッパ・ユダヤ人のための記念碑）

1

理解と和解

人間の本質を信じること

対馬美千子

今、世界で多くのものが崩壊しているのは、みなが「勝つ」ために行動しているから。信頼と理解がなければ物事は前に進まない。

——ヨーコ・オノ

測るための物差しと特殊なものを包摂すべき規則を失ってしまったとはいえ、始まりを本質とする存在者はあらかじめ考えられたカテゴリーなしに理解し、道徳という一連の慣習的な規則なしに判断するのに十分な起源を自ら自身のうちにもつことができる。

——ハンナ・アーレント

1　「理解することの必要が失われる事態」

「理解と政治（理解することの難しさ）」（一九五四年）のなかでアーレントは「モンテスキューの危惧」について語っている(1)。モンテスキューは『法の精神』で彼の時代と当面の展望に対する危惧を示しているが、彼女はそれが人間の本性（human nature）そのものに関わるものだと述べる。序文における言葉、「人間というこの柔軟な存在は、社会にあっては、他人の思想や印象に順応するものであり、自ら自身の本性を示されるとそれを知る可能性もあるが、それが隠されるとそれについての感覚までも失う〔…〕可能性がある」を取り上げ、彼の危惧は人間が自らの本性についての感覚を奪われるという可能性に対するものであることを示唆する。より具体的には、それは「意味を探求することと理解すること（understanding）の必要が失われる事態」に対する危惧であり、まさにこの「無意味性という条件」に非常に近い状況こそ、全体主義の支配下にある人々が経験したものであったと述べる（『政治思想集成』316-317：II 一三三—一三四）。さらに、アーレント自身、この危惧をモンテスキューと共有し、「理解することの必要が失われる事態」が「今日の窮状」に近いものだと考え、社会に浸透している「教化（indoctrination）」が理解という活動を完全に破壊してしまう危険性を指摘する。「善意をもった多くのひとが他の人々を教育し、世論の質を向上させるためにこの「理解」の過程を切り詰めよう」としており、こうした試みが人々の「教化」をもたらしているという。この教化は「論理的に正しい言明があたかも事実や数字の信頼性をもつかのように述べる」ことによって、理解という活動を破壊する。「教化」とは理解に対する全体主義的な攻撃を助長するものであり、暴力の要素を政治の領域にもちこむものだとも述べている（308-309：Ⅱ一二三―一二四）。ここで語られている「教化」の浸透によって人々から理解することとの必要が奪われる事態は、私たちが生きる現代世界にも通じる現象である。

　このような事態に対して、アーレントは理解することが私たちにとって不可欠であることを強く主張し、彼女自身も自らの生涯の務めとして理解という活動を続けた。彼女はガウスによるインタビューのなかで「私にとって重要なのは、理解するということです。私にとって、書くことは、この理解をめざすことに関わっています。書くこともまた、理解のプロセスの一部ですから」。「私にとって大事なのは、思考の過程そのものなのです。〔…〕私が影響力をもちたいかですって？　いいえ、私は理解したいのです」（3：Ⅰ四―五）と語っている。また、「理解と政治」のなかでも、全体主義との闘いにおいて、全体主義の本性を理解しようと「努めなければならない」と述べ（310：Ⅱ一二五）、全体主義の本性を理解するという困難な試みを続けることが自身の生涯の責務であると感じていた。

　ではアーレントにとって理解とはどのような活動だったのだろうか。彼女の理解の概念や彼女が実践した理解という活動について考える上で重要なのは、理解のうちに和解（reconciliation）が内在するということである。彼女は理解することを、単に情報や知識を得ることだとは考えていない。「理解することは、正しい情報や科学的知識をもつこととは違い、曖昧さのない成果をけっして生み出すことのない複雑な過程である。それは、それによって、絶え間ない変化や変動のなかで私たちが現実と折り合い、それと和解しようとする、すなわち世界のなかで安らおうとする（try to be at home in the world）終わりのない活動なのである」（307-308：Ⅱ一二二）という言葉が示すように、アーレントは理解を現実との和解としてとらえている。

　現実との「和解」という言葉は、社会への批判的契機を失った現状の容認、現実への妥協や順応を私たちに連想させるかもしれないが、アーレントが「和解」という言葉で表そうとしたのはけっしてそうではない。「理解」、そして「和解」という言葉には、始まりという人間の本質への信頼、そしてそれにもとづく「この世界への信頼と希望」（『人間の条件』247：三八六）が賭けられており、そのことこそが彼女の理解と和解の概念の根底にある。

2　「和解という意味での理解」と「行為する人間」の肯定

アーレントによる理解についての考察は主に「理解と政治」、

『思索日記』のいくつかの記述のうちに見出すことができる。和解に関しては、『思索日記』の冒頭に収められている一九五〇年六月のメモのなかで、彼女の執筆したもののうちでは初めて「和解」が前面に出てくる。また「和解」は『思索日記』全体の中心的なテーマの一つとなっている。出版された著作のなかでは、「和解」についての記述は「理解と政治」、「歴史の概念」（一九五八年）、「教育の危機」（一九五八年）、「暗い時代の人間性について」（一九五九年）、「真理と政治」（一九六七年）、「イサク・ディネセン」（一九六八年）、「過去と未来の間の裂け目」（一九六八年）などに見出される。ここでは『思索日記』に収められている一九五〇年六月の和解についてのメモ、一九五三年の理解についてのメモ、「理解と政治」を中心にアーレントが理解と和解についてどのように考えていたかを見ておこう。

『思索日記』冒頭の一九五〇年六月のメモでは、アーレントは不正への応答としての和解について述べている（ここではまだ「理解」という言葉はでていない）。この考察は彼女の亡命後最初のヨーロッパ旅行、そしてハイデガーとの再会がきっかけとなって書かれた。アーレントがアメリカに帰国した後、ハイデガーがアーレントに送った手紙から、再会した際二人が和解、報復について語り合ったことがうかがえる（『ハイデガー書簡』109：八七、『思索日記』908：I一〇参照）。また不正との和解というテーマの背後には、アーレント自身が彼女の友人や知人が戦時中に行なった不正に対してどのように応答したらよいのかを模索していたことがあるだろう。

このメモでは他者の犯した不正に対する応答のし方として、赦し、報復、和解、看過が挙げられている。アーレントによると、赦しと報復では「他者のやったこと」が「自分もやったかもしれない、あるいは自分もやるかもしれないこと」と言われるのに対して、和解と看過ではそれは「運命」として「自分に起こったこと」ととらえられる。赦しと報復は正反対だが、この二つの基礎にあるのは、キリスト教的な罪にもとづく連帯、すなわち、「みな罪人である人間、他人と同じように最悪のことをやりかねない人間の間のキリスト教的な連帯」であり、そこには「人間の本質に対する根本的不信」がある。これに対して、和解の場合、前提とされるのは「罪に汚れた人間」ではなく、「行為する人間、不正を犯すかもしれぬ人間」である。和解するとは「他者のもたらす重荷」をともに担うことであり、それによって平等が再建される。このように位置づけられる和解のうちに、アーレントは「新しい連帯概念」を見出している。和解は、赦しのようにキリスト教的な連帯から生まれるのではなく、新しい連帯を生み出す。アーレントは、このメモの最後で、赦しと報復では本当の意味での「判断／裁き」が不可能であるが、和解は人間的尺度による「判断／裁き」を前提としていると主張する（『思索日記』3-8：I五―一〇）。この和解が前提とする「判断／裁き」を、R・バーコヴィッツが示すように、世界との連帯を肯定する「政治的な判断行為」ととらえることもできるだろう。彼は和解がアーレント政治思想の中心をなす概念であると考えるが、(2) 和解とは「ポリスという存在の前提となるもの」であり、「人々のあいだの複数性や差異にもかかわらず、私たちは共通世界を共有しているのだと判断すること」だと解釈している。また「不正と和解することは、あるがままの世界との連帯を肯定することであり、それゆえに、共通世界を生み出すことを可能にする」と述べ、アーレントの和解が、「新しい連帯概念」を生み出す、不正に対する政治的な応答である点を強調する。(3) 和解とは、不正行為や不正を犯した者の不正を認めながらも、なお、政治的な共同体において不正を犯した者と共に生きることを決断することだとも述べている。(4) このように見ると、このメモでの考察で重要なのは、和解が原罪の観念ではなく、「行為する人間」としての人間の本質への信頼、すなわち、人間が共通世界を新たに建設する力を自ら自身のうちにもつことへの信頼にもとづく点であることがわかる。

一九五〇年六月のメモでは、いかに不正に応答するかという観点から和解についての考察がなされているが、一九五三年三月に書かれた三つのメモ（『思索日記』ノート13の［39］、ノート14の［16］と［17］）では、理解がテーマとなっており、理解のうちに和解が内在するという考えが提示されている（『思索日記』315：I四〇四、331-332：I四二二―四二三）。このうちの一つで、アーレントは和解としての理解が「根をおろす」ことだと述べている。

> 理解が創り出すのは深さであって意味ではない。政治的には、これは世界のなかで安らぐこと、くつろぐことである。それは根をおろす過程である。
>
> 根無し草であることは表面に生きていることを意味し、そこには「皮相浅薄」とか寄生動物であるという意味がこもっている。深さの次元が創り出されるのは、根をおろすこと、つまり和解という意味での理解によってである。
>
> （332：I四二三）

ここで「根をおろす」ことは「世界のなかで安らぐこと、くつろぐこと」であると言われるが、それは単に世界のなかに安寧に暮らせる場所を見つけることや自分の領域や領土を獲得することではなく、「現実そのものと和解し、行為者としてこの現実に所属する」ことである。それは「世界との前もっての和解」であり、それが行為を可能にする。理解とは行為にとって「アプリオリなもの」であり、「政治独特の思考」である（331-332：I四二二）。アーレントはこの「世界との前もっての和解」、そして「行為者としてこの現実に所属する」ことが、現代世界に浸透している無意味性に対抗できる「深さの次元」を創り出すと考える。「深さ」という言葉は全体主義支配、そして近代社会における「皮相浅薄」と対比されており、「深さ」を創り出すとされる「根をおろす過程」は「根無し草であること」に対置されている。『全体主義の起原』でアーレントが、いかに他者とのつながりを失い、アトム的になった「根無し草」的な大衆が全体主義運動に取り込まれていったかについて語っていたことを思い出すと（『全体主義』E 305-326：Ⅲ八―四五）、「根をおろす」ことは現代でも存続する全体主義的支配の可能性に対抗するという意味合いを帯びてくる。

また「根をおろす」ことは、共通世界との和解、すなわち「個別のもの」(the particular) と「共通のもの」(the common) との和解をも意味する。ノート13の［39］のメモでは、アーレントは反逆との対比において理解について説明している。反逆は盲目的な行動であり、自分という「個別のもの」へ固執することにより「共通のもの」を否定するが、理解は「共通のもの」、そして「そこにおいてのみ行為が共同行為として起こりうる（共通の）空間」を肯定する。アーレントは次のように書いている。「個別のものと共通のものとの結びつきは、理解や和解であるか、反逆や専制であるかである。私が共通のもの――他の人々の存在、自分が生まれる前から存在していた一般的状況、出来事――と折り合うことができるのはそれらを理解することによってのみである。これが共通感覚の政治的意義である。共通のものを捉える感覚が理解力なのである」(315-316：Ⅰ四〇四)。ここに出てくる「共通感覚」、「共通のものを捉える感覚」である理解とは、「一つの事柄のすべての側面を見る能力、すべての関係者に現われるとおりに一つの事柄を見る」という政治的な能力と不可分である（451：Ⅱ三一四）。この能力は、彼女が判断力との関連で「文化の危機」、「真理と政治」等のなかで言及するカントの「視野の広い思考様式」、他のあらゆる人の立場で思考し、事柄を自ら自身の視点からだけでなく、あらゆる人々のパースペクティヴで見る能力のことである。アーレントは理解とは「行為のもう一つの側面」であると述べているが（315：Ⅰ四〇四）、それは「共通のものを捉える感覚」である理解があるからこそ、私たちが行為者として自分の生きる現実に所属し、行為することが可能になることを意味する。

「理解と政治」では、アーレントは全体主義を理解するという文脈で理解について語っている。一九五三年五月に彼女はこの論考を書き上げており、先に見た『思索日記』所収の一九五三年の三つのメモの考察がその基礎となったと考えられる（『ヤスパース書簡』252：Ⅰ二五二参照）。冒頭で、理解することは「私たちが現実と折り合い、それと和解しようとする、すなわち世界のなかで安らおうとする終わりのない活動」であると定義され、全体主義の理解とは「何かを赦すことではなく、そもそも全体主義を可能にした世界と私たちが和解すること」であると述べられる（『政治思想集成』307-308：Ⅱ一二二―一二三）。この論考はもともと「理解することの難しさ」と名付けられていたが、そのタイトルが示すように、ここではいかに全体主義という出来事を理解することが困難なことであるかが述べられている。「この作業は困難であり、おそらくことわざにいう自分自身の影を跳び越えるのとほとんど変わらないくらい達成しがたい」(324：Ⅱ一四三)。この困難さの理由は、全体主義が「私たちの政治思想のカテゴリーと道徳的判断の規準」を破壊した現象であり、私たちは「理解のための伝統的な手立て」を完全に奪われた状態でそれについての理解を試みなければならないからである(309–310：Ⅱ一二五)。このような活動をアーレントは後に「手すりなき思考」と呼んでいる[5]。また、この論考では、理解することが行為することのもう一つの側面であるという先に見た考えが、人間の本質が始まりであるというアウグスティヌスの考えとともに論じられる。彼女は、政治的に行為することの本質が「新たな始まりをなすこと」であるとすれば、理解することは「他の多くの認識の形式とは区別される、行為する人々(進歩へとあるいは破滅へと向かう歴史の行程を観想することにたずさわっているひとではなく)が取り消し不可能な仕方で生じた事柄に折り合いをつけ、避けがたく存在するものと和解することを最終的に可能とする、そうした認識の形式」であると論じる(321–322：Ⅱ一四〇)。言いかえると、人間の行為には、新たな始まりをなす行為が生じさせる現実と和解するという精神の活動が伴っていなければならないと主張する。最後にアーレントは、ソロモン王が神に求めた「理解する心」という最高の賜物に言及し、「理解する心」とは構想力(imagination)であると述べる。それは「私たちがもつただ一つの内なる羅針盤」であり、「物事をそれにふさわしいパースペクティヴから見ることを可能にする」能力である(322–323：Ⅱ一四一—一四二)。この能力は、同じ論考のなかで語られる私たちの「内部に」あるすぐれて政治的な能力、共通世界を前提とする「共通感覚」(318：Ⅱ一三五)にもとづくと考えられる。アーレントは私たち人間一人一人が内部にもっている「理解する心」だけが人間の行為によって私たちにもたらされた「重荷」を引き受けること、そして同じ世界での見知らぬ他者との共生に耐えることを可能にすることを強調している(322：Ⅱ一四二)。

アーレントによる理解と和解についての主要な考察について見てきた。文脈や強調点の違いはあるが、これらの考察の根底にある考えは共通していると言えるだろう。それは「和解という意味での理解」は、あらゆる人間がもつ行為(活動)の能力、新たな始まりをなす能力の肯定であるということである。「行為(活動)する人間」という人間の本質への信頼がアーレントの考える「和解という意味での理解」のうちにある。それなしに、他者によってもたらされた「重荷」を共に担うことは不可能である。

3　アーレントによる理解と「深さ」の次元

アーレントは理解や和解についての考察を行なうだけでなく、理解を自らの務めであると感じ、生涯にわたって実践した。彼女の実践した理解について考えるとき、やはりその中心にくるのは全体主義の理解である。先述のように、それは全体主義を可能にした世界と和解するプロセスであった。この和解の試みはなんらかの最終的な結果をもたらすものではなく、「全体的支配のさまざまの根源と要素」(『全体主義』D 16 : I xvii)について問い続け、理解しようとする終わりなき活動であった。同時に、この理解の活動は全体主義を可能にした現実への抵抗であった。『全体主義の起原』の「緒言」で彼女は次のように書いている。「要するに理解 (comprehension) ということは、現実――それがいかなるものであるにしろ、またあったにしろ――に成心なく、しかし注意深く直面し、抵抗することなのだ」(『全体主義』E xiv : I viii)。このようにアーレントにとって、全体主義を理解することは、その現実との和解であると同時にその現実への抵抗であった。彼女のなかでこの二つは対立するものではない。

R・バーンスタインはアーレントが生涯行なってきた「理解」という活動について、次のように語っている。「アーレントの生涯のプロジェクトは理解すること、了解すること、そしてこのことを、私たちの時代の暗さと光明の源泉との両方にうその偽りなく立ち向かうという仕方で行なうことであった[6]」。この言葉が示すように、著作活動を通して彼女が実践した理解とは、一方で彼女の生きた「暗い時代」の現実を批判し、それに屈することなく抵抗することであったが、もう一方で私たち人間の内にある「光明の源泉」を照らし出すことであったと言える。実際、アーレントは著作のなかで過去の「偉大な」政治的行為の想起を行なっている。たとえば、アーレントはギリシアのポリスやローマの創設の精神、またアメリカ革命における新たな政治体を創設する「革命精神」、また他の革命の過程で自発的に「評議会」(一八七一年春のパリ・コミューン政府、一九〇五年、一九一七年のロシア、一九一八年と一九年のドイツ、一九五六年のハンガリー革命などにおけるさまざまな「評議会」)を組織した人々の精神について語っている(『革命』261–267 : 四一六―四二四)。このようなアーレントによる想起は、まさに彼女がベンヤミン論で語る「真珠採り」さながらの行為であった(『暗い時代』205–206 : 二四七―二四八)。彼女は、過去という海底で結晶体として生き残っている「生きた目や生きた骨」(201 : 二四二)を生あるものの世界へと運び上げる「真珠採り」のように、「失われた宝」の記憶を取り戻そうとした。このようにアーレントが過去を想起するのは、過去の記憶を回復するためというよりは、過去の「偉大な」行為が、今を生きる私たちに、人間の能力、すなわち、始まりであるという人間の本質にもとづく「始める」能力を照らし出し、思い出させるからであろう。バーンスタインもアーレントが蘇らせようとした「失われた宝」は、「単に過去に生じた何かの記憶ではなく、むしろ私たちの出生のうちに根ざしている真の可能性、私たちの行為する能力、創始する能力、新しい何かを始める能力を示すもの」であったと書いている[7]。さらに、アーレントが回復しようとした宝は、彼女にとっての政治の「青写真」や「モデル」というよりは、「かつて政治がどのようなものであったか、そしてまだこれからどのようなものとなるかに光明を投じうる」ものだと述べている。(8) 彼女の実践した理解は、このような人間の内にある新しい何かを始める能力を信じることにもとづいている。

アーレントは理解が「深さ」の次元を創り出すと述べていたが、彼女自身、このような理解の実践を通して「深さ」の次元を創り出そうとしたと言うことができる。それは「権威とは何か」で語られる「人間存在の深さの次元」と密接につながっている。アーレントは近代世界では伝統が失われ、私たちは「忘却の危険」にさらされ、「人間存在の深さの次元」を奪われると述べている。「このような忘却は——喪失される内容そのものとはまったく別に——人間にとって見れば、われわれから一つの次元、人間存在の深さの次元が奪われることを意味する。なぜならば、記憶と深さは同一である、というよりもむしろ、想起《リメンバランス》がなければ人間にとって深さは存在しないからである」(『過去と未来』94：一二七)。「人間存在の深さの次元」は想起によって成り立つと言われるが、ここでの想起は、過去の「偉大な」出来事の想起であり、またその「偉大さ」によって照らし出される私たちの出生の事実、私たちの行為する能力の想起であると考えられる。アーレントが理解の実践において試みたのは、近代世界において失われた、そして今もなお失われている「人間存在の深さの次元」を取り戻すことだったと言えるだろう。この「深さ」の次元こそが、始まりという人間の本質への信頼、そしてそれにもとづく「この世界への信頼と希望」が私たち人間のうちに生じる次元であると考えらえる。グローバリゼーションと情報システムのイノベーションが急速に進み、物事や人間の価値が表面に現われる数値や成果で測られ、競争にさらされる傾向が強くなっている現代において、アーレントの「理解」、そしてそれが創り出す「深さ」の次元はこれまで以上に必要とされているのではないだろうか。

註

(1) 本章には部分的に拙著『ハンナ・アーレント——世界との和解のこころみ』(法政大学出版局、二〇一六年)の内容をここでの議論のために再編した箇所が含まれる。

(2) Roger Berkowitz, "Reconciling Oneself with Reality, Whatever It May Be: Judgment and Worldliness in Hannah Arendt's Politics" in *Artifacts of Thinking*, New York: Fordham UP, 2017, p. 11.

(3) *Ibid.*, p. 14.

(4) *Ibid.*, p. 30. Roger Berkowitz, "'The Angry Jew Has Gotten His Revenge': Hannah Arendt on Revenge and Reconciliation," *Philosophical Topics*, Vol. 39, No. 2, pp. 1–20, Fall 2011, §XV.

(5) Hannah Arendt, *Thinking Without a Banister: Essays in Understanding 1953–1975*, Jerome Kohn (ed.), Schocken Books, 2018, p. 473.

(6) Richard J. Bernstein, *Why Read Hannah Arendt Now*, Cambridge: Polity Press, 2018, pp. 119–120.

(7) *Ibid.*, p. 112.

(8) *Ibid.*, pp. 84–86.

2 約束と赦し
アウシュヴィッツ以後の時代における政治倫理学

守中高明

1 赦し──「人間的事象」の限界で

『人間の条件』（一九五八年）の第五章「活動」、すなわち、人間の政治的営みをおよそ最も緻密に分析する中核をなす章が「赦す力」と「約束の力」を論ずる二つの節で締め括られていることは、アーレントの政治哲学の本質を告げる特徴であり、それ自体で一つの問題系を構成する。「不可逆性」と「予測不可能性」という二つの人間の条件に対して、「赦し」と「約束」こそがその「救済手段＝治療薬（remedy）」である、とアーレントは言う。だが、この二つの概念は、どのような意味で人間をその病から癒す「治療薬」であるのか。その効果はいったいどのように期待され、評価されているのか。

漸進的に展開され複層化されていくその意味作用をたどれば、赦しは第一に、人間の活動が不可避的に生じさせる失敗や過ちや罪、それもしばしば「取り返しのつかないこと」と形容されるような負の事態がもたらす永続しかねない拘束から、「われわれ」を解放し、自由を回復させる行為を指す──

> 赦されることがなければ、すなわち、われわれが行なったことのさまざまな帰結から解放されることがなければ、われわれの行為への能力は、いわば、決してそこから回復しえないたった一度の行ないのうちに監禁されることになるだろう。われわれは永遠にそれらの帰結の犠牲者のままであるだろう。
> （『人間の条件』237：三七二）

複数性をその本質とし、相互に複雑に絡み合う関係性のなかで営まれる人間の活動は、つねに善き結果を生むとはかぎらない。むしろ、その意図に反して悪しき結果を生み、社会のうちで「罪」として非難される行ないの主体となる可能性を人間は誰もが等しくもっている。それどころか活動は、ときとして破局的な事態をもたらしさえするだろう。しかし――とアーレントは言う――、「罪」は「日常的な出来事」であり、「それは諸関係の網の目のなかに新たな関係性を絶えず打ち立てようとする活動の本性そのものに属している」(240：三七六)のであってみれば、その軛《くびき》に捕われたままであることもまた、人間の活動のあるべき姿ではない。そうではなく、再開始すること、すなわち、「赦すこと、放免すること」によって「自分が知らずに行なったことから人々を絶えず解放」し「生活を続けることを可能ならしめる」ことが「われわれ」にはできる。赦しという「絶えざる相互的解放」によって、人は「自由な行為者であり続けることができる」のである――「みずからの心を変えることを、そしてふたたび出発することを絶えず意志することによってのみ、人々はなにか新しいことを始める大きな力を託されるのだ」(240：三七六)。

「罪」からその行為者を解放するこの赦しを語るとき、アーレントはそれがナザレのイエスに由来するものであることを想起すると同時に、だからといって「それを厳密に世俗的な意味において真面目に捉えなくてもよいという理由にはならない」ことを強調する。アーレントによれば、イエスの教えのある側面は、本来キリスト教の宗教的メッセージとは関係がなく、「イスラエルの公的権威に対して挑戦的態度をとっていた彼の信奉者たちとの小さな緊密に団結した共同体の経験」から生じた「確かに真正な政治的経験に属」するものである。赦しとは「活動から帰結する避けがたい損傷に対する必要な中和剤」(238f.：三七四―三七五)なのである。赦しを世俗化＝非宗教化するアーレントのここでの筆致は独特のものである。「律法学者とパリサイ人」へ反論するイエスにそくして、「人間存在が神によって赦されることを期待しうるより前に」赦しは「人間たちによっておたがいにむけて喚起されねばならない」と言った後で、アーレントは『マタイ伝』を引用してつぎのように書く――「福音における人間は、神が赦し、人間も「同じように」するべきであるがゆえに赦すとは想定されていない。そうではなく、「もし汝らが汝らの心から赦すならば」、神も「同じように」するだろうと想定されているのである」(239：三七五)。赦しをその神的起源から人間の領域へと転位させ、人間の活動の範疇において、すなわち政治的行為として作動させること――これが第二の意味作用である。

ここから導き出されるのが、アーレントに固有の赦しの論理そして効果である。「赦しは復讐の厳密な対義語である」。なぜか。復讐とは「起源の罪(trespassing)に対する反-作用(re-acting)の形式」で行なわれる活動であり、「罪(transgression)に対する自然な、自動的反応(reaction)」だが、それを実行すれば、「最初の悪事(misdeed)の結果に終止符を打つどころか」「あらゆる活動に含まれている連鎖反応がその遮られることのない行程をたどるのを許す」ことにより、人は誰もが「そのプロセスに縛られたまま」となってしまう。それに対して、赦しは、たんに反応するだけでなく、「それを惹き起こした行為によって条件づけられることなく、新たにかつ予期しえぬ仕方で」作用する。それゆえに赦しは、行為の結果から「赦す者と赦される者の双方を自由にする」のだ――「赦しについてのイエスの教えに含まれている自由とは、復讐からの自由であり、この復讐とは犯罪者と受難者をともに活動のプロセスの仮借なき自動状態のなかに閉じこめてしまうものであって、この活動のプロセスはそれ自体では決して終わりにいたることはない」(240f.：三七六―三七七)。

この認識、すなわち、犯した罪の呪縛からその行為者を解放すると同時に、罪の被害者がとる「自動的反応」としての復讐を抑止し、暴力の連鎖を断ち切るためにこそ、赦しを、それも罪という原因たる行為に条件づけられてではなく、そのつど新たに、予期しえぬ、思いがけぬ仕方で与えられる赦しを要請すること――アーレント的赦しは、そのキリスト教的出自にもかかわらず、この点においてすぐれて政治的行為であり、行為である以上に政治的出来事という特性を帯びている。悪と犠牲から別の悪と犠牲が発生し、終わりのない負の活動へと持続する、そんな時間の流れを断ち切る出来事としての赦し。

だがそれでは、アーレントはその赦しを無条件化しているか。その赦しの思考は、すべてを赦すものであるのか。アーレントによれば、罰は赦しの対義語ではなく「赦しの代替物」である。なぜならこの二つは「干渉がなければ終わりなく続きかねないなにかを終わらせようとする」という共通点をもっているからである。そのことを前提として言ったうえで、アーレントは、はっきりと赦しえぬものの存在に言及している――

人間はみずからが罰することのできないものは赦すことができず、赦しえぬものに変わってしまったものは罰することができない。これは、カント以来、われわれが「根源悪(radical evil)」と呼んできたあれらの罪の真の刻印であり、その本性は、パブリックな場面におけるその稀な噴出の一つに晒されてきたわれわれにとってさえ、わずかしか知られていない。われわれが知っていることのすべては、われわれはこのような罪の数々を罰することも赦すこともできないということ、そしてそれゆえ、それらは人間的事象の領域と人間の力の潜勢態を超越しており、それらが出現するところならどこであれ、それらがこの両者を根源的に破壊してしまうということである。　(241：三七七)

ここでアーレントがその名を告げずに、しかし一種の黙説法によって強く指し示しているのは、むろん、ナチによる巨大な戦争犯罪、ホロコーストないしショアーと呼ばれるユダヤ人絶滅作戦である。それは人間的尺度をはるかに超えた、もはや測定不可能にして比較不可能な「歴史の絶対的出来事」(ブランショ)である。そこで起きたのはまさに「人間的事象の領域」

を、「人間の力の潜勢力」を残酷に凌駕するなにかであり、それはどのような名指しや認定にも収まらない罪、したがってどのような罰も、どのような赦しもそれを前にしては不可能となるほかない……。

だが、そうだとしても、アーレントはナチズムという歴史的事例を挙げて赦しが不可能になる場面を確認しているだけなのか。ナチズムという「根源悪」の「噴出」を想起しつつ、赦しという行為の根本的挫折をアーレントは苦く確かめているだけであるのか。いや、そうではない。『人間の条件』の政治哲学者は、この赦しえぬものに直面して、その脅威に対して、それでもなお人間になにが可能であるかを同時に語っている。赦しにおける人間の人格的尊厳の問い、すなわち、人間が「誰」であるかという問いの前景化がそれである。「赦しと赦しが打ち立てる関係は、つねにすぐれて人格的（必ずしも個人的あるいは私的ではないとはいえ）事象であり、そこでは、行なわれたなにか（*what*）がそれを行なった誰か（*who*）のために赦されるのである」と述べたあとで、ただ「愛」だけがこの「赦す力」をそなえている」とアーレントは言う——

愛は、人間の生においておよそ最も稀な出来事の一つであるとはいえ、実際、比肩するものなき自己 - 明示の力と誰（*who*）の開示のための比肩するものなき視覚の明晰さをそなえている。〔…〕キリスト教が想定するように、ただ愛だけが赦すことができる——なぜなら、ただ愛だけがある人が誰であるかを完全に受け容れることができるからであり、彼がなにを行なったにせよつねに彼を赦そうとするからである。

（242：三七八）

ここには、ホロコーストないしショアーという極限的に非人間的な出来事を前にして、アーレントが対置する人間の限界的態度が表明されている。すでに見たように、ナチの犯罪はアーレントにとって「赦しえぬもの」である。それは「罰することも赦すこともできない」巨大な「根源悪」である。だが、たとえそれを赦さないにしても、アーレントはその犯罪に対する「復讐」という終わりのない「自動状態」の中へみずからを投ずることも選ばない。赦しは、そのかぎりにおいて、ここではその可能／不可能の決定不可能性のうちに宙吊りにされていると言える。そして、あたかも赦しの代わりに、正確にその場所において、アーレントは人間存在の「誰」を開示する「愛」の力を告げているようにみえる。それは、たんにアーレントが他者の人格を目的として尊重するカント的倫理に忠実であるからという一般的意味においてではない。そうではなくアーレントはここで、人間からすべての法権利を剝奪し、人格を剝奪し、名を剝奪し、あらゆる社会的 - 文化的保護装置の外で「剝き出しの生」（アガンベン）へと人間を追いやったうえで、たんなる「数」として「処分」したナチの犯罪への根本的批判として、ある人が「誰」であるか、すなわち、「なに」という属性の総和には絶対に還元できない人間存在の「誰」を明視しその尊厳を守り抜く「愛」を語っているのだ。

2　約束――主権の「外」へ

「赦し」の概念形成がナチズムという巨大な戦争犯罪と不可分であるのと同様に、「約束」もまた、アーレントにおいてこの歴史的パラダイムと分かちがたい関係にある。

前提として確認しておくべきなのは、約束と赦しがともに「複数性という人間の条件」から由来し、それが要請するものだということである。「約束の実行に拘束されることなしには、われわれはみずからのアイデンティティを決して維持することができないだろう」し、「われわれは、助けもなく方向づけもなしに、各人の孤独な心の暗闇の中をさまようべく強いられ」ることになり、この暗闇を一掃することができるのは「ただ公共圏を照らす光だけである」と述べたあとで、アーレントはこう続ける――

> したがって、この〔赦しと約束という〕能力は双方とも複数性に依拠しており、他者たちの現前と活動に依拠している――というのも、誰も自分自身を赦すことなどできはしないし、誰も自分自身だけにむけて交わした約束に縛られていると感じることはありえないからである。孤独あるいは孤立のなかで上演された赦しと約束は、リアリティを欠いたままであり続けるし、一人芝居の役割以上のものを意味しえない。
> （237：三七二）

この点についてアーレントは、「プラトンの支配概念に固有の「道徳的」規準」と「赦すことおよび約束を交わすことの能力から推論される道徳律」との差異という別の角度からも事柄を明確化している。プラトンの統治権は「その正統性を自己の支配に準拠させたもの」であり、「その指導的原理を、私と私自身のあいだに打ち立てられた関係性から引き出している」。それに比して、後者の「道徳律」は「誰も自分自身に対しては決してもちえないような経験に準拠させたもの」であり、それは反対に「他者たちの現前に全面的に基礎を置」（237f.：三七三）くものである。約束は、赦しがそうであるのと同様に、他者たちの現前からなる社会、すなわち、複数性を本質とする公共圏における活動としてのみ意味をもつのである。

そしてここで想起しておくべきなのは、この「複数性」の確保と尊重こそを、アーレントが活動の、つまりは政治的営みの「基本的条件」としており、かつ、「複数性」のうちで人間存在がその「唯一性」を断言され肯定されるべきことを、アーレントが政治哲学の最優先課題としていたということである。「活動と言論双方の基本的条件たる人間の複数性は、平等と区別

（distinction）という二重の性格をそなえている」と述べたあとで、アーレントは書いている――

> 人間において、他者性とは、存在するすべてのものと彼が分有するものであり、区別性（distinctness）とは、生けるすべてのものと彼が分有するものであるが、この二つは唯一性（uniqueness）となる。そして人間の複数性とは、唯一なる存在の逆説的な複数性なのである。
> （175f.：二八六―二八七）

『人間の条件』における「約束」は、人間存在のこの唯一性と複数性が同時に保証されるような場を実現する政治の約束として記述されている。

第三四節「予測不可能性と約束の力」は、なるほどたしかに「われわれの伝統を通じてよく知られてきた」「約束を交わすという能力に固有の安定化する力」を語ることから始まっており、そこで言及されるのは、一方で「ローマの法体系」における「協定と条約の不可侵性」であり、他方で「聖書」におけるアブラハムと神とのあいだの「契約」である――「ローマ人以来の実にさまざまな契約論は、約束を交わす力が諸世紀を通じて政治思想の中心を占めてきたという事実を証し立てている」（243f.：三八〇―三八一）。

しかし、ここでのアーレントの記述は歴史的事例一般の分析へはむかわない（その方向での展開は、たとえば『革命について』〔一九六三年〕における「フランス革命」と「アメリカ革命」の対比的分析において見られる）。そうではなく、続くページに読まれるのは「契約と条約に依拠する政体」と「支配と主権に依拠する政体」との比較、そこにおける前者への積極的価値付与、そしてそこでの「道徳性」のあり方である。

アーレントはまず、「約束」を要請する人間の活動、その「予測不可能性」の「二重の本性」を分節化することから始める。一方でそれは「〈人間の心の暗闇〉」から、すなわち「自分が明日どうなるかを今日保証することができないという人間の基本的な頼りなさ」から生じてくるものであり、他方でそれは「全員が行為への同じ能力をもつ対等者たちの共同体の内部において、ある行為の結果を予言することの不可能性」から生じてくるものである。前者は人間存在が「自由に対して支払う代価」であり、後者は「複数性とリアリティに対して、すなわち、万人の現前によって各人にそのリアリティが保証されている一つの世界に他者たちとともに住まう喜びに対して」人間存在が支払う代価である。約束をする能力のはたらきは「人間的事象のこの二重の暗闇を克服すること」にある。そして、そのようなものとして、それは「自己自身の統治と他者たちへの支配に依拠している支配体制に代わる唯一のオルタナティヴ」、「非-主権という条件のもとで与えられた自由の存在に正確に対応するもの」（244：三八一―三八二）なのである――

契約と条約に依拠しているあらゆる政体に固有の危険と利点とは、それらの政体が、支配と主権に依拠している政体とは異なり、人間的事象の予測不可能性と人間の頼りなさをそのまま残していることである——それらの政体はこの二つをたんに媒質として用いるだけであり、この媒質のなかにいくつかの予測可能性の小島が投入され、いくつかの信頼性の道標が打ち建てられているのである。

(244：三八二)

読まれるとおり、ここでアーレントは「人間的事象の予測不可能性と人間の頼りなさ」を肯定的に評価している。それは、「契約と条約」のもとに置かれるとき、この二つが「支配と主権に依拠している政体」にはない「危険と利点」をそなえうるからだ。この二つの性格は人々の「約束」のもとにあるとき、その否定的性格を転換してある「自由」の条件となる。それは主権の外の「自由」にほかならない——

主権は、人格という個人的実体であれ、国民という集合的実体であれ、ある孤立した単一の実体によって要求されるときは、つねに虚偽であるが、約束によってたがいに結びつけられた多くの人々による場合、ある限定的なリアリティを帯びる。この主権は結果として、未来の計算不可能性からの限定された独立性のうちに存するのであり、その限界は、約束を交わし守る能力そのものに固有の限界と同じものである。これは、人々のすべてになぜか魔術的に霊感を吹き込む同一の意志によってではなく、ただ約束のみが効力をもち拘束力をもつ一つの同意を得た目的によってこそ結びつけられ一緒に保たれている、そんな人々の集団の主権であり、それは、いかなる約束によっても結びつけられておらず、いかなる目的によっても縛られていない完全に自由な人々に対する、その疑問の余地なき優越性においてそれ自身をきわめて明瞭に示している。

(245：三八二―三八三)

ここでアーレントは、主権概念を可能なかぎり可変的かつ可動的なものにしている。それは、固定化し制度化されたものであるかぎり、個人の人格にも国民という集合のうちにも存するべきではない。そのような主権は端的に「虚偽」であるとアーレントの目には映っている。それとは反対に、「約束によってたがいに結びつけられた多くの人々」が生み出す主権だけが、かろうじて、ある「限定的なリアリティを帯びる」ことにアーレントは留意し、希望を見出す。すなわち、そのつど暫定的、そのつど局限的ではあるが、しかし「未来の計算不可能性」からの独立を可能にし、ただみずからの「約束を交わし守る能力」だけをその「固有の限界」とする、そんな新たな「主権」をアーレントは要請しているのだ。つまりは、国民主権という一般的理念の彼方あるいは手前にあって、しかし、別種の社会的紐帯を創り出す人々の約束による主権。

そして、この「主権」概念が「人々のすべてに魔術的に霊感を吹き込む同一の意志」への抵抗として要請されている点にこそ、われわれは注目すべきである。すでに明らかだろう。ここでもアーレントは、ナチズムを、すなわち、人々に「魔術的に霊感を吹き込」むことでドイツ民族の優位という幻想のうちへ人々の「精神」を整流化し、極限的人種主義の政治へと人々を結集させたヒトラーの「意志」を、わずかな言葉で暗黙のうちに想起させている。ここできわめて省略的に書きつけられているのは、独裁と全体主義という近い過去に起きた政治の総体であり、アーレントはそれを名指すことなしに、しかし強く喚起しつつ、それが回帰してくることを最大限に警戒している。そして、まさにその回帰を抑止するための方法が「約束」による結び合いであり、それを根拠とする新たな「主権」の権能なのである。

事実、アーレントはつぎのように書いている――

> 道徳性は、少なくとも政治的には、進んで赦し、かつ赦されること、約束を交わし、かつ約束を守ることによって、活動の巨大な危険の数々に対抗する善き意志以上に、おのれ自身を支えるためのものをなにももっていない。これらの道徳律は、ただ外部から活動に適用されるものではないし、なにかおそらくより高位の能力から、あるいは活動それ自身の範囲の外にある経験から適用されるものではない。それらは、反対に、活動と言論という様態のうちで他者たちとともに生きようとする意志から、直接に生じてくるものなのである。
>
> （245f.：三八三―三八四）

「活動の巨大な危険の数々に対抗する善き意志」――「活動と言論という様態のうちで他者たちとともに生きようとする意志」――赦し、そして約束は、この意志こそを可能にする政治倫理学的概念である。決して再来してはならない歴史の脅威を未然に挫折させるために、この二つの概念を原理的に先行させることにアーレントは賭ける。その開かれた未来完了の論理。アウシュヴィッツ以後の時代を生きるわれわれにとって、それはつねに呼び求め、保持すべきものであり続けている。

3 悪と無思慮

アイヒマンは何も思考していないのか

山田正行

1 はじめに

ハンナ・アーレントの『エルサレムのアイヒマン』(以下、『アイヒマン』と略記する)は、およそ哲学者が書いたありとあらゆる著作のなかでも最大級のスキャンダルに見舞われた本である。そのことは今日では、リアルタイムでは蚊帳の外にあった日本においてすらかなり広く知られる事実になっている。もっとも、事情に疎い部外者からすれば腑に落ちない点がないでもない。アーレントは「悪の陳腐さについての報告」という副題があのようなスキャンダルの引き金となることをはたして予期していなかったのだろうか。

『アイヒマン』を刊行する時点で、アーレントがすでに一流の政治哲学者としての盛名を得ていたことはたしかである。しかし、話をアメリカ亡命以後にかぎるとしても、一九四〇年代前半に新聞紙上でコラムニストとしてキャリアを開始し、四〇年代後半には出版社で編集者として働くかたわらイスラエル建国前後には国際政治の舞台裏で黒子として活動するなど、アーレントはアカデミズムの外部に長くいたひとである。同じ時期に執筆が進められていた『全体主義の起原』の生成と構造を考えても、当初のナチズムを主題とする構想からスターリニズムを接ぎ木するかたちで全体主義論へと変容したことにも、なるほど新資料の出現など学術的な要因がはたらいていることは当然としても、冷戦という新時代の到来を迎えて「全体主義」という語の意味するところも変容しつつあることを見据えた、歴史的というよりむしろジャーナリスティックなセンスが作用しているように見えなくもない。また、言論人としてのアーレントの主張の多くはアメリカ在住のユダヤ人公衆に受け入れられないという辛酸をなめる体験をしていたし、現代大衆社会がナチ体制崩壊後も全体主義的な機制や心性を依然として温存していることにアーレントほど敏感だったひともいないだろう。

一九六三年に単行本として出版された『アイヒマン』には、悪名高き「悪の陳腐さ」というフレーズは二カ所にしか登場しない。ひとつは、「悪の陳腐さについての報告」という副題であり、もうひとつは、エピローグにつづくこの裁判についての「報告」（本論）のまさに結びの一句として置かれている。前者は、中身を読まなくても目に入らざるをえないだけでなく、「悪」と「陳腐さ」の取り合わせには誰しも意表をつかれるだろう。後者は、この本の主役たるアイヒマンが刑死する一巻のクライマックスにあたる。「悪の陳腐さ」という句は、この本のキーワードとして周到に用意されたものだったといってまちがいあるまい。ところが、この「悪の陳腐さ」についての説明はいっさい見あたらないのである。とすれば、思わせぶりで秀逸なキャッチコピーまがいの「悪の陳腐さ」に耳目が集まりさまざまな評判がたつことは、アーレントはつとに計算済みだったのではないのか。それを念頭に一石を投じるつもりが、想定外にも水面に浮かび上がったのが波紋ではなく巨大津波だったという事態なのだろうか。

初版から二年後に刊行された増補版に付された「追記」は、初版刊行後の——正確にいえば初出の雑誌掲載時以来の——おびただしい非難や攻撃、議論や論争をふまえてのアーレントの応答の試みである。このなかで、アーレントは「悪の陳腐さ」の説明にパラグラフをひとつ割いている。いささか長くなるが、一部省略しつつ引用してみよう。

> 私が悪の陳腐さを語るのはもっぱら事実の面において、裁判中誰もが目を丸くしたある現象にふれるときだけである。アイヒマンはイアーゴでもマクベスでもなかった。しかも「悪人になってみせよう」というリチャード三世の決心ほど彼に無縁なものはなかったろう。自分の昇進にはおそろしく熱心だったということのほかに彼には何らの動機もなかったのだ。そしてこの熱心さそれ自体は決して犯罪的なものではなかった。〔…〕俗な表現をするならば、彼は自分のしていることがどういうことか全然わかっていなかった。まさにこの想像力の欠如のために、彼は数ヶ月にわたって警察で尋問にあたるドイツ・ユダヤ人と向き合って座り、自分の心の丈を打ち明け、自分がSS中佐の階級までしか昇進しなかった理由や、出世しなかったのは自分のせいではないということを、くり返しくり返し説明することができたのである。〔…〕彼は愚か（stupid）ではなかった。無思慮のきわみ（sheer thoughtlessness）——これは愚かさと決して同じではない——、それが彼があの時代の最大の犯罪者の一人になる素因だったのだ。このことが「陳腐（banal）」であり、それのみか滑稽であるとしても、またいかに努力してもアイヒマンから

悪魔的なまたは悪鬼に憑かれたかのような深遠さ（diabolical or demonic profundity）を引き出すことは不可能だとしても、やはりこれは決してありふれたことではない。死に直面した人間が、しかも絞首台の下で、これまでいつも葬式のさいに聞いてきた言葉のほか何も考えられず、しかもその「高貴な言葉」に心を奪われて自分の死という現実をすっかり忘れてしまうなどということは、なんとしてもそうざらにあることではない。このような現実からの隔離や無思慮は、人間におそらく持ち前の悪の本能のすべてを挙げてかかったよりも猛威を逞しくすることがあるということ――これが事実エルサレムで学びえた教訓だった。しかし、これは教訓であって、この現象の説明でもそれについての理論でもなかったのである。

（『アイヒマン』287f.：三九五―三九六、強調はアーレント）

これによって、読者の多くがアーレントのいわんとしたことを納得し議論や論争が終息を迎えることにはならなかったのはいうまでもあるまい。本章がめざすのは、この引用でアーレントがいわんとすることの眼目と理路に照明をあてるというごくささやかなものである。この作業にはいくつかのルートが考えられるが、あたえられた紙幅を考えると、「無思慮」と「奇妙な相互依存関係」にあるとされる「悪」（288：三九六）についてのアーレントの思索の跡をたどるという道筋を選択するのがやはり穏当であろう。

2　「根源悪」という名の絶対悪

悪の問題はアーレントの思想的営為の通奏低音といっても過言ではない。この悪というトピックがはじめてアーレントにとって正面から取り組むべきものとしてせり上がってきたのは『全体主義の起原』を仕上げていた一九四〇年代末のことだったようである。全体主義の支配の特質や手法を精緻に分析した『全体主義』の第一二章「全体的支配」のむすびに近いところで、全体主義的支配機構による空前の組織的なテロルと暴力的な破壊をつうじて現出した悪について、アーレントはつぎのように書いている。

すべてが可能であることを証明しようするその努力のなかで全体主義体制は、人間が罰することも赦すこともできない犯罪が存在するという事実をそれとは知らずにあばき出した。不可能なことが可能にされたとき、それは罰することも赦すこともできない根源悪となった。この悪は、利己主義や貪欲や利欲やルサンチマンや権力欲や怯懦のような悪い動機をもってしてはもはや理解することも説明することもできまい。それゆえまた怒りをもってこれに報復することも、愛によってこれを忍ぶことも、友情によってこれを赦すことも、法律をもってこれを処罰することもできまい。

（『全体主義』D 941：Ⅲ二七九、強調は引用者）

アーレントがここで引き合いに出している「根源悪」は、周知のようにカントに由来する概念である。迂遠になるが念のため確認しておこう。根源悪（das radikale Böse）とは、カント倫理学的にいうならば、道徳法則にたいする尊敬にもとづく動機よりも、たとえば自分の幸福のようなそれ以外の動機を優先する格率を選択してしまう「人間本性の性癖[1]」ということになる。それが「根源」的と形容されるのは、常軌を逸した悪業をおかす例外的な人間はいうにおよばず、理性的存在であるかぎりの人間のほとんどの行為にまるで影のようにつきまとって、自己愛にもとづく格率を選択するように誘う根拠としてはたらくからである。その意味ではカントのいう根源悪は人間精神の機微にふれるものであり、「根源」的という響きの仰々しさに反して、きわめて人間的なものだとさえいえるかもしれない。

アーレントがカントのいう根源悪をどこまで正確に理解しているかを『全体主義』から読みとることはむずかしい。それはともかくアーレントがここで根源悪をカントとともに引き合いにだすことには二つのポイントがある。ひとつは根源悪をもちだす理由である。絶滅収容所を頂点とする全体主義の体系的な犯罪行為の悪は、どのような言葉を積み重ねてもとうてい表現することのできないまさに言語を絶するものであり、そのような比類のない悪をさし示す語として根源悪は呼び出されているのである。「全体主義の最終段階で絶対悪（もはや人間に理解できる動機から推論できないから、絶対的である）があらわれるということが本当なら、それなしにはわれわれは悪の真に根源的な性質を決して知りえなかっただろうということもまたたしかなのだ」（『全体主義』E viii–ix：Ⅰxii）。根源悪は非人間的な絶対悪の同義語なのである。もうひとつは、悪を悪しき動機から説明するという点にかかわる。根源悪という概念をつくりだしたカントは、一方では、古代以来の伝統的な悪のとらえ方からでは理解しがたい近代ならではの「悪の存在を少なくとも予感した」と高く評価されながら、もう一方で、「倒錯した悪意という概念をもちだして動機によって理解しうるものにたちまち合理化してしまった」と批判される。数百万人の人間の絶滅をはかる全体主義を担う人材の多くは悪意や狂気、凶暴さに満ちた人間たちではないので、通常の犯罪行為のように犯行をおかす個々の人間がいだく悪しき動機を積み上げていけばその巨大な合理的犯罪を理解するにいたるような質のものではない。とすれば、アーレントが根源悪というとき、カントの意図を考慮に入れていないように見えることは否定できない。

いずれにしても、このような根源悪としか名づけようのない現象を理解できるようにするための理論も尺度も存在しないが、だからといって根源悪の概念をもはや用済みとして捨ててしまうという選択はアーレントにはありえなかった。『全体主義』

完成後もアーレントは根源悪を再定義しようとして模索している（『思索日記』7：I九、116：I一五二）。しかし、「動機によって理解」しえない、非人間的な悪を言葉によってとらえ返し説明可能にするのがきわめて困難な作業になることは容易に予測できる。実際、『全体主義』において、人間から人間を特徴づける人間らしさを剝奪し、最終的には人間の存在そのものを抹殺する全体主義を解明したアーレントは、その後分析の針路を反転させ、人間を特徴づける人間らしさを、アーレントの用語法にそくしていえば世界を考察の中心としてゆくことになり、根源悪についての考察は行きづまった格好になる。この窮状を抜け出すきっかけをあたえたものこそアイヒマン裁判とその報告である『アイヒマン』の執筆にほかならない。

3　脱神話化としての「悪の陳腐さ」

アイヒマンという人物は悪魔に取り憑かれたかのような反ユダヤ主義者や病的な殺人鬼の類いではなくひとりの平凡な官僚にすぎない——こうした見方はこんにちほぼ定説と化している。それは、しかし、あくまでこの裁判を傍聴したアーレントが法廷で受けた印象を源とする見方にほかならず、しかもこの裁判に関連する種々の情報のなかで『アイヒマン』が圧倒的な権威となった効果として定着した説であることは忘れないほうがよい。アーレント以外の誰もがそのような印象をいだいたのかどうか、アイヒマンがおよそ極悪人にはほど遠いごくありふれた人物であるというのが事実かどうか等は別途究明を要する事柄である。[2] しかし、いずれにしても肝要なのは、法廷の防弾ガラスケースのなかでのアイヒマンの姿からもたらされた違和感がきっかけとなって、凍結していたアーレントの悪についての考察はふたたび動きはじめるという点である。

アイヒマンの第一印象について、アーレントは「まるで亡霊のよう」に存在感が希薄で、「不気味ですらない」（『ブリュッヒャー書簡』518：四七一）と述べている。さらに、裁判の経過をつぶさに追ったアーレントは、アイヒマンは「頭が弱いのでも、思想教育されたものでも、ひねくれた心の持ち主でもない、平均的で正常《ノーマル》な人物」（『アイヒマン』26：三六）という評価をくだす。数百万人の死に関与したこの大量殺戮者は、ユダヤ人にたいする極端な嫌悪や憎悪、イデオロギー的狂信に満ちた怪物的人間からはほど遠い、どこにでもいる普通の市民であるように見えたのである。ここで、アーレントの第一印象と最終的な評価の落差に注意しておきたい。アイヒマンの第一印象からは、なにかしら予期していたことを裏切られた意外さや拍子抜けの感懐が見てとれる。それはとりもなおさず、自ら志願してわざわざエルサレムまで赴くにあたってアーレントにはある種の先入観があったことを示唆しているだろう。その先入観とは、目に見える悪しき行為の背後には悪しき動機をもつ人間がおり、生み出される悪が大きければ大きいほど目に見えない悪しき動機は行為者の心のこれまた底知れない深みに秘められている、というものである。『全体主義』においてカントの根源悪とからんでふれられていた伝統的な悪のとらえ方とは、この行為と動機の対応関係を基礎として、自らが善であることは自明視したうえで、自らに同調しないものを悪として敵視し「悪魔」として象徴化する表象の系譜をさしている。とすれば、全体主義の所業を言語道断の絶対悪と規定する『全体主義』の立場は、当時すでに批判的なまなざしを向けていた悪についての伝統的・通俗的な表象の圏内に実はまだ囚われているといわざるをえないだろう。先入観は先入観にすぎず神話であったという発見によって、アーレントの悪への視界は一新されたのではあるまいか。目に見える巨大な悪は目に見えない巨大な悪しき動機と対応するというわけでは必ずしもない。いや、そもそも悪を、たとえば偉大な芸術作品とその制作者の深い精神との関係になぞらえるようにして理解すること自体がとんだお門違いなのだ。

それでは、巨大なシステム的犯罪を可能にした巨大な悪しき動機をもたない平均的で正常な人物は、自らの行為をどのように正当化するのだろうか。被告として起訴されたアイヒマンにいわせると、自分は直接みずからの手で人を殺したことなど一度もなく、官僚機構のなかの歯車のひとつとして上からの命令に従って職責を果たしたにすぎない。それでは、アイヒマンは「最終的解決」をはじめとする命令に何の疑問もいだくことなく、ひたすら受け身の姿勢で、ときには不承不承それを実行していたのか、と問われると、ほかならぬアイヒマン自身がそうした受動的・盲目的服従を明確に否定するので話はややこしくなる。アイヒマンはよりによって「カントの定言命法のおおよそ正しい定義」を引き合いに出して、「私がカントについて言ったことは、私の意志の原理はつねに普遍的な法〔ドイツ語版では「立法（Gesetzgebung）」〕の原理となりうるようなものでなければならないということです」（136：一九〇）と述べる。

カントとアイヒマンに共通するのは、人間はたんに法に従うだけではなく、自分の行動原理（格率）を自分の意志の背後にある普遍的な原理（法）に一致させなければならないという要求である。けれども「カント哲学においてこの源泉は実践理性であり、アイヒマンのいう凡人の私家版カント哲学では総統の意志」（137：一九一）であることからすれば、アーレントがそこにアイヒマンの「無意識の歪曲」（136：一九一）を見出すのはもちろん正しい。しかし、たとえば「ユダヤ人は殺すべし」という自分の行動原理が普遍的な法たりうるかどうかを熟慮したうえで正しいという確信をもってユダヤ人を殺しているとすれば、それは「自分自身が自分の従う法の立法者であるかのように行為する」という自己立法、すなわち意志の自律にほかならない。ナチによって反ユダヤ主義のイデオロギーや世界観がプロパガンダをつうじて溢れかえっている状況においては、普遍的ではない格率でもあたかも普遍的な格率であると受けとめられるおそれは大いにある。そのうえ、カント倫理学の枠内にはそのような帰結を阻止する仕掛けがないことをアーレントが黙殺している可能性さえないわけではない。いずれにせよ、アイヒマンの能動的服従論の正当化は案外したたかだといわなければならないだろう。

さて、もし反ユダヤ主義イデオロギーやユダヤ人憎悪のような心中深くに巣くっている悪しき動機がアイヒマンにはないというなら、アイヒマンはまったくの動機なき超大量殺人者なのか。そうではない。アイヒマンを巨大犯罪行為に駆り立てたほとんど唯一の動機は、みずからの昇進、栄達であった。恵まれたというにはほど遠い経歴をもって親衛隊に入隊したアイヒマンは、そこでの仕事に生きがいを見出し、熱心に職務に励んだすえに、第三者的に評すればみごとな栄達をはたしたといってよい。立身出世は、はなはだ世俗的でどんな社会においてもありふれた人生の目標であり、「それ自体は決して犯罪的ではない動機」のはずだが、しかし条件しだいで巨大な犯罪に結びついてしまうことがあるわけである。このように有能な官僚アイヒマンを数百万人の殺戮の業務に熱心に取り組ませたものとは、いいかえれば、ひとつには、壮大な世界観や異常性格といった「深い」動機ではなく、立身出世という思わずうんざりするような、あまりに人間的な動機だった。「根源的」と「表面的」という二元論的なイメージを完全に払拭したうえで、奥行きのない表面上で微少な「菌のように増殖する」(『ショーレム書簡』444：三八二) 悪——いかにも悪と呼ばれるにふさわしい禍々しい相貌をみじんもそなえていないこうした悪のありように「陳腐」という形容をアーレントはあたえるのである。[3]

4　思考と思考を制約するもの

まるで悪魔の所業かと思わずにはいられないような巨大な犯罪行為が完成されるには、陳腐な悪である卑小な動機が結びつき、さらに地上を覆い尽くすほど爆発的に増殖しなければならないだろう。そのために必要なのが、アイヒマンに典型的に見られるような「無思慮 (thoughtlessness)」である。念のためつけくわえるなら、メアリー・マッカーシーも指摘するように (『マッカーシー書簡』296：五二三―五二四)[4]、アーレントのこの用語法は誤解を招きやすい不適切なものなので、「無思慮」は「思考していないこと」といいかえることにしたい。[5]

とはいえアイヒマンが「何も考えていない」(『精神の生活 思考』4：六)[6] というなら、それはさすがに雑駁にすぎるだろう。アイヒマンは、たとえば各地の絶滅収容所にユダヤ人等を移送するにあたって既存のダイヤの網の目のなかを定められた期限までに滞りなく送り届けることができるように欧州各地の列車運行スケジュールを調整するなどという仕事で卓抜な手腕を発揮している。それは、彼が「愚か」ではなく、そうした作業に必要な合理的に思考する能力があるから以外ではありえない。しかし、そのときアイヒマンはさらに、彼のみごとな手腕もあって移送される人びとが順調に生命を奪われるであろうことはもちろん、それが善いことであるのかないのかなどということに彼の思考能力を使うことはなかった。それは、アイヒマンが思考しようとすると、その思考に絡みついて離れないものが彼の思考能力のなかにも彼を取り巻く環境にもあるため、彼の思考はいわばひっきりなしに停止してしまうからである。

まず、アイヒマンの思考は自分のものの見方から一歩も動くことのできないという体《てい》のものである。彼は「ある事柄を他人の立場にたって見ることがほとんどまったくできない」（『アイヒマン』47f.：六六）ので、他者を鏡として自己自身を省みることも、思考について思考することもおよそ不可能であろう。つぎに、思考が媒体とする言葉の問題がある。アイヒマンは雄弁とはいえないとしても口下手というわけではない。しかし彼は、自分に「とって重要な事柄や出来事に言及するたびに、驚くほど一貫して一言一句たがわず同じ決まり文句や自作の紋切り型の文句をくり返した」（49：六八）。決まり文句だけでなく、お役所言葉のような狭いサークルだけで通じる語をひたすら使用することで、そうした語彙しか通用しない空間から出られなくなってしまうのだ。この閉じた空間は、あたかもエルサレムの法廷で彼を取り囲んでいたガラスケースのように、「言葉と他者の存在にたいする、したがって現実そのものにたいする最も確実な防壁」（49：六九）となってアイヒマンの思考を閉じ込めたのである。そして、こうした硬直した思考と型にはまった言葉遣いを墨守しながら出世の階段を駆け上がろうとするアイヒマンには、自らの目に入るものの外に注意や関心を向けるきっかけはまったくといってよいほどなかった。全体主義的支配のプロパガンダとテロルによってあまねく流布した単一化されたイデオロギーや世界観は、本人がそれを信奉するか否かにかかわりなく、眼に映っている外部を見えなくさせ、狭く固定した単眼的な思考を維持するにはおあつらえ向きの環境を提供したのである。

アイヒマンはたしかに思考していた。その思考は、しかし、思考がその潜在能力を発揮しやすい環境にある状態とはほど遠い、いわば息も絶え絶えの状態に切り詰められたものになっていたのである。

5　むすびにかえて

アイヒマンを範例としたアーレントの議論をこのようにたどってくると、思考のありようが巨大な悪の出現の条件となりそれを促進しうるだけでなく、反対に、そうした悪に抗しその拡散に歯止めをかける可能性もほの見えてこよう。思考は、自分を他者の立場に置き換えることができるようになり、また周囲のかぎられた範囲内でのみ通用する言語や定型化された表現、さらにはルーティーンやマニュアルからあえて距離をとるような心の習慣を励行するならば、システム的な悪に知らず知らずのうちにも加担することを防ぐことができる可能性を孕んでいる。そのような思考は、他者とのかかわりはもちろんのこと、われわれの視野の外で支配的であるような思想に関心や注意を払うだけでなく、ときには参加や抵抗といった実践につながるものである。アーレントがその閾を踏み越えた[7]伝統的・通俗的な悪の表象に駆り立てられたうねりがナチズムやスターリニズムで終わらず――『アイヒマン』をめぐってほかならぬアーレントを悪の権化としようとした動きもふくめて――いまだに反復し跳梁しているさまを見るとき、閉じよう停まろうとするアイヒマン的な思考の対極にある、開き、変化し、関係する思考の可能性を追求するのは、いうまでもなくわれわれの課題でもある。

註

（1） Immanuel Kant, *Die Religion innerhalb der Grenzen der bloßen Vernunft*, Bettina Stangneth (Hrsg.), Philosophische Bibliothek, Band 545, Felix Meiner, 2003, S. 39ff.『たんなる理性の限界内の宗教』北岡武司訳、『カント全集10』岩波書店、二〇〇〇年、四二頁以下。

（2） とりわけ二〇一〇年代以降、アイヒマンが一貫した反ユダヤ主義者であり、ユダヤ民族の殲滅を主張していた等の事実が発掘される等によって、アーレントのアイヒマン像に疑義が呈されるようになっている。定説は崩れるかもしれないが、しかし、それがアイヒマンという現象をめぐってアーレントが組み立てている議論に致命的なダメージをあたえるものかといえば疑問である。この点についてはさしあたり、野口雅弘『忖度と官僚制の政治学』青土社、二〇一八年、第七章を参照。

（3） アーレントは『アイヒマン』をめぐるゲルショム・ショーレムとの有名なこの往復書簡のなかでは、『全体主義』とは異なって、根源悪をカントの文脈にほぼ即すかたちで言及している（『ショーレム書簡』444：三八二）。

（4） 文脈は異なるものの『アイヒマン』での用法に通底すると見ることもできる『人間の条件』での用例（『人間の条件』5：一六）も参照。

（5） この「思考していないこと」についての議論を導火線とするアーレント晩年の思索に立ち入ることは小論の範囲を越えているので言及を控える。

（6） これは、この訳書での該当箇所にある thoughtlessness の訳語である。

（7） アーレントのこの境地をヤスパースは「反グノーシス」（『ヤスパース書簡』561：Ⅲ七〇）と呼ぶが、「世界への愛」というモチーフを考えるうえでも示唆にとんだ指摘であろう。

4 責任・道徳・倫理
アーレント責任論の意義と限界

渡名喜庸哲

第二次世界大戦における全体主義や大量虐殺の経験は、二十世紀の多くの思想家に責任概念の問い直しや道徳・倫理の再考を促した。だが、奇妙なことに、アーレントにはそうした観点がほとんど不在に見える。そればかりか、誰よりも全体主義の考察を深めたはずのアーレントの主だったテクストを見渡してみると、責任・道徳・倫理の問題があえて退けられているようにすら見えるのだ。とはいえ、アーレントは、これらの問題に無関心だったのではない。実のところ、一九六〇年代に責任を主題とする考察を道徳・倫理との関わりで展開するようになる(1)。後に『責任と判断』に収められる諸論考がそれだ。本章は、これまであまり注目されてこなかったこの責任論の理路と意義、さらにそこに含まれるように思われる若干の問題を示したい。そこから、責任の問題がむしろアーレント思想の全体にとっての一つの蝶番をなすことが浮かび上がってくるだろう。

1 全体主義における責任の不在

実はアーレントは、第二次大戦直後の論考「組織的な罪と普遍的な責任」(一九四五年)でナチスの戦争責任の問題をすでに取り上げている。だが、そこに現われるのは、むしろ戦争犯罪を個人の責任や罪と結びつけることの困難だ。と言っても、どの個人がナチスに加担したか同定しがたいということではない。問題は、「犯罪者と通常の人、有罪者と無罪の人を区別する境界線が消えてしま」い、「行政的な大量殺戮」の機構のなかで凡庸な人物ですら中枢的な役割を担いうることにある(『政治思想集成』126:I一七二)。この論考で取り上げられているのはハインリヒ・ヒムラーだが、『エルサレムのアイヒマン』を先取りする観点も見える。家族思いの一介の「ブルジョワ」にすぎず、自分の仕事や「プライベート」を守りつつ組織犯罪に加担したヒムラーの「正常さ」は、従来の意味での善意や悪意、正常と異常の区別がもはや維持しがたいことを示すというのだ。

同じ論考の末尾でアーレントは「普遍的な責任」を提示しようとするが、歯切れはよくない。「凡庸な悪」を示唆することで、むしろ責任の問題には切り込めずに終わっている。ちなみに、ヒムラーの凡庸さを語る同じ箇所が『全体主義の起原』第三巻にそのまま再録されるが、その際に責任への言及は削られている。かわりに『全体主義の起原』が展開するのは、責任を無効にする巨大機構の分析である。

たとえば、全体主義を支えた「大衆」を特徴づけるのは「自己」の不在である。階級や政党への帰属意識を失いアトム化した個々人は自らの「自己」を消し去り、画一的に全体主義の「運動」へと同一化し、支配する者と支配される者の距離がなくなる。統治機構のほうも、さまざまな部門が玉ねぎのように重層的に編成され、類似した部署や偽装的な部署が（たとえば党と国家に）併設されることで、どこに決定権や責任があるか曖昧になる。ここで責任は各部署へと分散するのではない。「全責任」がすべての部署で「指導者」から湧出する（『全体主義』374：Ⅲ一二七）。そもそも全体主義支配は、人々の複数性を捨象し、「自発性」ならぬ「反応の束」へと還元することに存しているため（438：Ⅲ二七二）、個々人に帰すべき責任は霧散してしまう――これがアーレントの全体主義論から引き出しうる責任（の不在）論の要諦である。

2 「活動的生」の没倫理性

こうして『全体主義の起原』は、丸山眞男が日本ファシズムに見た「無責任の体系」に通じる視点を示しこそすれ、責任を主題化することはない。これに対し、『人間の条件』はどうだろうか。興味深いことに、そこで提示される「活動」の政治思想でも、責任および道徳・倫理の問題は――単に不在なだけでなく――構造的に排除されているのだ。

たとえば、通常は道徳・倫理の範疇に含まれる「勇気」や「善」といった徳は、複数性ないし公的性格という観点からのみ評価される。「勇気」という政治的徳は、私的領域から「偉業の輝く栄光へと昇って」ゆくことに存するのに対し（『人間の条件』35：五七）、「善」という道徳的・倫理的な価値は元来「非世界的」であり、「善行」という行為として「世界」に現われても束の間にすぎないし、強引に表そうとすれば「公的領域を破壊してしまう」ことすらある（77：一〇九）。『革命について』でのジャコバン派批判も、「憐れみ」という道徳的価値を政治の原理にしようとした点にあると言えるだろう。

ただし、「善行」がすぐさま消えなければならないのは、単に「善」が非世界的だからでなく、「活動」が没道徳的・倫理的だからでもある。後で見るように、アーレントの「道徳哲学」[2]の核は「自己」にあるのに対し、「活動」の核は「複数性」にある。「人びとは活動と言論において、自分が誰であるかを示し、そのユニークな人格的アイデンティティを積極的に明らかにし、こうして人間世界にその姿を表す」(179：二九一)とされるが、このとき、自分が「誰」かは、公的空間における他人の眼にははっきり現われるのに対し、「本人の眼にはまったく隠されたままになっている」。「活動」は「自己」ではなく、他者たちに受け取られることを本義とするからだ。ここに「活動」の公的・複数的性格があると言えるだろう。それに対し、孤児院にランドセルを配って回る匿名の善意の人のように、「善行の人は〔…〕完全に匿名でいなければならない」(180：二九二)。秘密にとどまる「善行」は、公的であってはならず、それゆえ原理的に「活動」たりえないのだ。

『人間の条件』の問題圏において「責任」が問えないのも同じ理由による。興味深いことに、アーレントは「活動」について語りつつ、自分が為したことに対する責任という論点をまったく取り上げない。この点については、まず、「活動」と「行動(behavior)」との原理的区別が重要だろう。「行動」のほうは、一方では動機や意図を、他方では目的や結果を考慮に入れるがゆえ「道徳的基準」で判断されるのに対し、「活動」は「ただ偉大さという基準だけ」によって、つまりそれが公的領域でどのように受け取られるかによって判断される(205：三三〇)。この点でも、「複数性」が「活動」と「行動」を分ける指標となっているだろう。

「活動」と「責任」の分断にはもう一つの側面がある。「活動」は複数の人間たちからなる「網の目」に入ってゆく。そうである以上、当該の「活動」がどのような反響や反応をもたらすかは、行為主の制御しうる範囲を超えている。「活動」は無制限性と不可予言性を有しているため、「網の目」のなかでさまざまな他者たちに受け取られるが、その拡散は制限や境界線を知らず、それが最終的にどのような帰結をもたらすか、当の行為主は予見できない。ここでもまた、原理的に「自己」が為したことの責任は問うことができないのだ。

以上のように、アーレントの「活動」が、原理的に責任を問いえないような行為概念として構築されているのは、むしろその注目すべき特徴とすら言えるだろう。

3　全体主義体制における個人の責任

ただし、責任と切り離された「活動」概念を提示するからといって、責任一般が不問となるわけではない。事実、アーレントは六〇年代以降、情勢の変化に呼応するかたちで責任の問題に正面から取り組むことになる。

画期をなすのは、六三年の論考「独裁体制のもとでの個人の責任」である。これは明示的に『エルサレムのアイヒマン』に寄せられた批判への応答を動機としたものである。アイヒマン裁判以外にも、『責任と判断』で言及されるように、六〇年代にはフランクフルト戦犯裁判、この裁判についての報道記事を集めたナウマンの『アウシュヴィッツ』、さらにホーホフートの戯曲『神の代理人』など、戦争責任の問題が再燃した。こうした時代背景のもとで、責任が初めてアーレント自身の主題的な問いとなるのである。

『エルサレムのアイヒマン』に寄せられたさまざまな批判のなかでもアーレントが注目するのは、アイヒマン当人だけに罪があるのではないというタイプの議論である。官僚機構を中心とした全体主義体制は、個々人を「車輪」のように配置した一つのシステムとして作動する。そこで個々人は組織の命令系統に従う代替可能な契機にすぎず責任を問うことができない。「歯車理論」と言われる議論である。

六〇年代中葉のアーレントの責任論はこの種の議論の反駁を試みる。というのも、「法廷で裁かれるのはシステムではなく、大文字の歴史でも歴史的な傾向でもなく〔…〕、一人の人間である」のだから（『責任と判断』30：五一―五二）、問題は、全体主義システムそのものの犯罪性をどう理解するかではなく、それに多様な仕方で関わった個々人の責任ないし罪をどう裁くかにあるだろう。「すべての人に罪があるのであれば、誰にも罪はないことになる」（21：三六）。あらゆる罪が赦される世界は非人間的であると述べ[3]、そこから「応答可能性」としての責任概念を提示したのはレヴィナスであったが、六〇年代のアーレントもまた、別の仕方で、人間が担うべき責任の問題にアプローチしようとしていると言えるかもしれない。

ここで重要なのは、集団的・政治的責任と個人的・道徳的責任との区別である。前者は、国家をはじめ政治的共同体が担う政治的な責任である。この責任は、国家指導者はもとより、そこに属する国民にも（たとえそのとき生まれていなくとも）「当然に」帰属する。共同体に属する者は、オリンピックにおける代表選手の偉業に歓喜したり、同国人のノーベル賞の受賞に誇りを感じうるのと同様に、同じ共同体の成員が為したことの責任は免れない。それを回避できるのは「無国籍者」だけである（150：二七九）。これに対し自らの行なわなかった集団的な罪について個人が「罪を感じる」のは比喩にとどまる。個人が担う道徳的な罪の意識や責任は、集団的・政治的責任とは性質を異にしており、両者は区別されなければならないというのである[4]（術語上はこのように集団的・政治的責任と個人的・道徳的罪が区別されているが、アーレントは責任と罪の意識の差異にこだわっているわけではない。基本的に直接的であれ間接的であれ自らの行なったことの責任が問題となっている）。

ただし、アーレントの議論にはあくまで「独裁体制のもとでの個人の責任」という特殊な条件がある。つまり、それは、官僚機構など巨大な分業システム一般に適用しうるものではないし、通常の戦争犯罪とも異なっている。これらの場合は「上官の命令」や「国家理性」の論理を適用しうる。上官の命令に従わなければ自らの身に危険が及ぶ場合、あるいは国家の存続のために犯罪的な手段を利用せざるをえない場合がそれだ。だが、全体主義体制はこれらの事例と前提が根本的に異なっている。「国家の行為であるから正当であるという論拠の背景にある「国家理性」の理論は、こうした犯罪が合法性の枠組みの内部で犯されたものであることを想定している」のに対し（38：六三―六四）、全体主義体制は枠組み自体が犯罪性を帯びている。つまり、そこでは「すべての道徳的な行動が非合法であり、すべての合法的な行為が犯罪であるような状況で行動することを迫られ」るのである（41：六七）。

ここには一層根本的な問題がある。問われているのは道徳それ自体の転倒だからだ。全体主義の独裁体制においては、これまで通用していた道徳的な基準が根本的に無効になり、かつての非道徳が道徳的に正しいものとされるがゆえに、旧来の意味で道徳的に振る舞おうとすればするほど新たな社会規範と衝突するようになる。新たな社会規範に適合するには、旧来の道徳的な規範を一切捨てるか、私的な領域にとどめるようスイッチを切り替える必要がある。つまり、根本的な問題は、単に巨大組織内での個人的責任の所在の曖昧化でも、組織犯罪への盲目的な加担でもなく、「道徳的な」秩序の崩壊」の後で、どのように個人の責任を、そして道徳を考えられるか、にある。

ここで問われる個人的責任とは具体的には何か。ジークムント・バウマンは、アーレントから「社会化に抵抗することの道義的責任」という考えを引き出せるとし、全体主義社会に対し「正面から逆らった行為」にこそ道徳的な価値があると言う。[5]だが、ナチスに対抗するために「ユダヤ軍」の設立を説いた四〇年代のアーレントの論考ならばともかく（『ユダヤ論集』）、こと責任論についてはこの解釈は妥当しない。アーレントは抵抗に道徳的価値を見るのではないからだ。

アーレントが注目するのは次の二つの事例である。一方は、社会から身を引き、全体主義体制への加担を一切拒否する事例である。少なくとも『責任と判断』においてアーレントが道徳的価値を見るとすればこの事例のみである。もう一つは、ＳＳや秘密警察のように積極的ではないとはいえ、全体主義社会に同調した人々の事例である。アーレントがとりわけ道徳的な責任を問おうとするのは後者である。

だが、これら「正常」の人々の行為にどのように責任を問いうるだろうか。『全体主義の起原』では回避されたこの問いにアーレントはどう答えるのか。

『責任と判断』によれば、「正常」な人々が全体主義体制に加担できたのは、彼らが、道徳的価値体系の移行に自動的に順応できたためだ。彼らは掟に従うという意味では道徳的であり続けたが、その中身の変容には気をとめなかったのだ。彼らに対するアーレントの批判はとても厳しい。ただし、その批判は、彼らにおける「思考」の不在に向けられているのではない。彼らとしては仕方がなく順応し体制に「服従」したかもしれないが、「政治においては服従と支持は同じもの」だ。それゆえ、この「支持」について個人的な責任ないし罪を担うべきである

――この「服従」批判が少なくとも「独裁体制のもとでの個人の責任」におけるアーレントの結論である。

強調すべきは、「服従」と「支持」を同一視するこの議論は、『エルサレムのアイヒマン』「エピローグ」末尾のそれと合致していることだ（『アイヒマン』279：二一五）。アイヒマンが個人的に責任を負うべきなのは、単に「思考」が不在だったからではない。「服従」というかたちで「支持」したからなのだ。

4 責任の道徳哲学

そうだとすると、アーレントの責任論は、アイヒマン裁判に関する自らの主張の補強を目指すものだと解釈することもできる。しかし、そのような考えは、責任概念それ自体の検討という観点からすると、きわめて厳しいものになるのではないか。というのも、それは、アイヒマンのように要職を占めていた人物に限られず、全体主義社会への加担を拒否しなかった／できなかった一般の人々にも妥当しうるきわめて強い自己責任論になりうるからだ。それは、自らの属する体制の行為の帰結よりも自らの日常生活を優先した「普通の人々」の糾弾には役立つかもしれないが、あまりにも要求が高いのではないか。別の角度からは、近代の政治組織ないし社会システム全般における責任の霧散をあれほど確認したアーレントが、個人の責任が問題となるときに、近代個人主義的な「責任という虚構」にすがろうとしていると言えなくもない。(6)

先の結論でとどまるならば、これらの懸念はどうしてもつきまとう。だが、アーレントの考察は、とりわけ「道徳哲学のいくつかの問題」以降、責任概念の根幹に触れるいっそう根本的な問題に触れるようになると思われる。

鍵は、先に挙げた二つの事例のうちの第一にある。全体主義社会に加担せず、一切の行為から身を引いた人々の事例だ。彼らが注目に値するのは、道徳そのものが倒錯的に変容してゆくなかで、「尊敬すべき社会の人々」と異なり、変容した社会規範に順応しなかった点にある。重要なのはその理由だ。それは、勇敢さではなく、「自分自身との仲違い」の拒否である。彼らは「自分はそんなことはできない」、「そんなことをした自分とともに生きていけない」からこそ、順応を拒否したのである（『責任と判断』44：七三）。

ここには、アーレントが「思考」の特徴とした、周知の「自己自身との沈黙の対話」の思想がある。ソクラテスの格言「悪しきことをなすよりも、悪しきことをなされるほうがましである」あるいは「自分と対立するよりも、世界全体と対立するほうがましである」もこの観点から理解される。ここではもはや「何をすべきか」は問題ではない。規範を守ったか、組織の命令に服従したかどうかも問題ではない。仮に規範に背いたにせよ、そう行為した自分自身と対立しないかどうか、自分が為したことを「自分が為したこと」と認めるかどうかにこそ「緊急事態において機能する唯一の道徳性」(106：一七六)がかかっているのである。

　このように、「道徳哲学のいくつかの問題」でのアーレントの議論の力点は、積極的加担であれ「服従」であれ、行為それ自体が有責かを問うものではなく、そうした行為を自分のものとして認めうるかどうかにある。ここにこそ、アーレントが責任や罪を語りながら「思考」へと議論を進める所以があるだろう。

　ただし、ここであらためて確認しておく必要があるのは、このような意味での責任をとることが「道徳的人格」を成立させるのであって、その逆ではない、と考えられていることだ。

> 犯された最大の悪は、誰でもない人によって、すなわち人格であることを拒んだ人によって実行されたことになります。〔…〕自分が何をしているのかを自ら思考することを拒んだ悪人、後になって自分のなしたことを回顧することを拒み、過去に立ち返って自分のしたことを思い出すこと〔…〕を拒む悪人は、自分を「誰か」として構築することに失敗したのです。　(111f.：一八四)

「回顧」し「それは私がしたことだ」と認めることは、単なる改悛ではない。そう認めることは、行為とそれを反省する「自己」をつなぎとめるだけでなく、為された行為が「誰でもない人」によって引き起こされた非人称的出来事となるかどうかの結節点となる。言い換えれば、責任を引き受けることは「私が」したと認める、ということだけではない。起きたことが、自動的に生じた出来事ではなく「誰か」が為したものであり、その「誰か」とは「私」であることを認める、ということを根底的に含んでいる。この意味では、責任をとることは、「行為」と「自己」をつなぐだけではなく、「行為」と「出来事」をつなぎ、「道徳的人格」なるものが生じる根拠として考えられているのである。

5　アーレント責任論と意義と限界

　このような発想は責任論としても興味深い。

その射程を見るには、まず古田徹也の行為論が手がかりになる。[7] 古田は「行為」の全容の解明のために複数の事例を挙げているが、なかでも「後悔」を感じる「義務なき責任」の事例が注目に値する。偶然子どもが飛び出してしまい死亡事故を起こした運転手の事例だ。本人に過失がない場合、この運転手には少なくとも法的ないし道義的な責任はない。運のような制御できない事由による事故は、「私の行為」と言えるにせよ、この意味での責任は免除されるからだ。だが、この運転手がなんらかの責任ないし罪の意識を感じる場合がある。古田によれば、こうした責任を感じるのは、自らの行為が引き起こした出来事が、客観的にではなく、少なくとも当人にとって一定の重要性をもつからである。ここでは、「法的ないし道徳的な義務に違反していないかどうか」ではなく、「自分の行為によって損なわれ失われたものに、自分自身がどう向き合うのか」が問われるのである。

アーレントの議論はこれと表裏の関係にある。古田は、通常の意味での法的・道徳的責任が問われない事例においてそれでもなんらかの責任ないし罪を感じる事例に着目するのに対し、アーレントは、行為者本人がなんら責任を感じることがない場合に、無責任の諸事由（「歯車理論」「国家理性」「上官の命令」）を退け、限界的な責任の所在を探る。方向性は異なるが共通しているのは、「私」の「行為」と「出来事／事故」の接点にこそ法的ないし社会的な次元を超えた責任を見出しうるという見地である。

けれども、両者の差異はやはり重要である。不運な事故と全体主義は事情が異なるからだ。前者の場合、「それは私がしたことだ」と認めないことはさほど問題にならないかもしれないが、後者ではそれを不運として片付けるのは困難だ。というのも、全体主義組織が人間の関与があって成り立つものである以上、責任の所在を見極めなければ、「誰でもない人」による自然現象のような一つの出来事と同じものとなるからだ。この意味では、アーレントの責任論は、全体主義という問題を「無責任の体系」へと還元しないために、「個人の責任」を突き詰めてゆくことで、「私」という「自己」が「誰でもない人」へと転ずるまさにその分水嶺を探り当てる作業といえるだろう。

もちろん、こうしたアプローチは、全体主義体制における個人の責任という問題に特化するがゆえに、一定の限界をもつことは否めない。たとえば、現代において社会システムが複雑に連関してゆくなかで、甚大な帰結をもたらす大規模事故にもかかわらず、その一端をなす個々の行為それ自体にはなんら要因は認められず、それらの構造的な連関こそが要因となる「定常事故」のような事例も生じうる。[8] 構造的には似ているものの、全体主義のように道徳性の転倒が問いにくいこうした事例では、アーレントの責任論は適用しにくいだろう。

むしろ、アーレントの責任論の意義は、そうした組織的ないし集団的な「出来事／事故」をどう評価するかよりは、「出来事」に還元されない「誰か」としての「私」というよりミニマルな観点にあるのではないか。たとえば、ロボットや人工知能等が人間の行為や判断の代用をするようになり「行為」が一層自動化してゆく際、あらためて「人」が担うべき道徳的な責任を考える場合には一定の意義を有するだろう。ここでは、「誰でもない」と「誰か」の差、アーレントが「道徳的人格」と呼んだものの成立が焦点となるからだ。

他方で、アーレントの責任論はアーレント思想の枠内でも問題を孕んでいる。もっとも重要なのは、本人も認めるように、

「自分自身との仲違い」をしないために道徳的であればあろうとするほど、ある種のモラル・ハザードを引き起こしかねない点にある。すなわち、「悪を為すより被るほうがまし」というソクラテスの格言に顕著なように、道徳的な立場を完遂しようとすると、悪であれ善であれ「為す」こと一般を差し控えるという、きわめて消極的な立場に行き着きうるからだ。

この可能性は、アーレントにおける「活動的生」と「精神的生」のダブル・バインドに由来すると言える。公的・複数性を原理とする「活動的生」からは道徳的・倫理的次元が構造的に排除されるのに対し、自己性を原理とする「精神的生」（とりわけ「思考」）は公的領域からの撤退を含んでいるためだ。だが、アーレントにとってこうしたダブル・バインドは折り込み済みだったはずだ。だからこそ、「複数性」を「自己」へとつなげるために、「活動」の無制限性・不可予言性を「贖う」ことのできる「約束」と「赦し」が求められる一方で、孤独にとどまる「思考」の「自己性」についても「複数性」への通路を確保するために「意志」と「判断力」へのつながりが要請されたのだろう。だとすれば、「行為」と「私」とを結びつける責任は、「活動的生」と「精神的生」の蝶番をなしているということもできる。それゆえ、責任をアーレントとともに考察するためには、責任が不在の全体主義論や「活動」論と、公共性が不在となる道徳論の双方の観点からの多角的な考察が求められることになるだろう。

註

（1）アーレントにおいて、道徳と倫理は厳密に区別されてはいない。基本的には、人間が善悪を判断するために用いてきた規則や基準と理解されている（『責任と判断』50：八五）。

（2）とりわけ以下を参照。G. Williams, “Ethics and human relationality: between Arendt’s accounts of morality”, in *Ausgabe*, 1, Bd. 3, 2007.

（3）エマニュエル・レヴィナス『困難な自由』合田正人監訳、法政大学出版局、二〇〇八年、二八頁。

（4）ちなみに、九〇年代の日本において、高橋哲哉と加藤典洋が展開した戦後責任論争ではアーレントがたびたび言及されたが、とりわけ戦争犯罪をめぐって「無限に恥じ入る」かどうかが論点となった際、ここでのアーレントの区別を反映させることもできただろう。

（5）ジークムント・バウマン『近代とホロコースト』大月書店、二〇〇六年、二三一頁。

（6）小坂井敏晶『増補　責任という虚構』ちくま学芸文庫、二〇二〇年。

（7）古田徹也『それは私がしたことなのか――行為の哲学入門』新曜社、二〇一三年。

（8）C. Perrow, *Normal accidents*, Basic Books, 1984.

5 芸術論
不死性のための美学

齋藤宜之

1 不死性

アーレントの一連の著作群において、少なくとも「芸術」そのものを表題に掲げた論考は存しないものの、「芸術」とそれによって実現される「美」についての思索が、彼女の哲学の重要な局面を成していることもまた見逃してはならない。アーレントは、「芸術作品」と「美」のうちに、「死すべき者」としての人間の「不死性（immortality）」が実現されるというのである。

人間の工作物の安定性は、芸術作品の永続性において顕現する。物の世界の耐久性が、そのままの形でこれほど純粋かつ明瞭に現われているものは他になく、したがって、この物世界《シング・ワールド》が、死すべき存在のための不死なる住処として、これほど見事にその姿を現わしているところも他にないのである。

（『人間の条件』167f.：二六四）

実存としての人間が「死すべき者」であること、そして、そうであるがゆえに「不死性」への模索が人間にとっての避けがたい課題であるということをアーレントがいかに重視したかは、『人間の条件』の随所からうかがい知れ、同書の第一節では、「労働・仕事・活動」という三種の営為の「条件」が、それぞれ「生命それ自体・世界性・複数性」であることが指摘されたうえで、それらの営為が「誕生と死」ないし「出生性と可死性」という「人間的実存のもっとも一般的な条件」によって規定されていることが説かれてもいる（8：二二）。人間の「出生性」の事実を哲学的主題として昇華したという点に、アーレント哲学の独自性があることに間違いはない。とはいえ、人間の「出生性」を強調することは、その「可死性」に対する盲目を意味するわけではなく、人間が「死すべき者」であるということは、人間が「生まれ出ずる者」であることと並んで、人間的実存の根本条件を成していることをアーレントは重視しているのである。

　アーレントによれば、「不死性」とは、「時間のうちでの存続、この地上とこの世界において死ぬことのない生」（18：三三）であり、「魂や生命の不死性ではなく、死すべき者の手によって至りうる不死なるものの不死性」（168：二六四―二六五）である。「不死性」とは、第一に、「魂」の不死といった事態、つまり「永遠性（eternity）」とはまったくの別物である。「永遠性」とは、地上的な時間を超越した、つまりは「この世界」そのものを超越した場において実現されるべき事態である。それは端的には「神」の属性であるともされ、「死」という事態を可能性としてすら含まないような超越的な存在者によってのみ実現可能なのに対し、「不死性」とは、死の可能性を己の「条件」として身に帯びる者が辛うじて実現可能な不死、つまりは「可死性」に染め上げられた「不死性」である。

　「不死性」とは、第二に、肉体の不老不死によって実現されるような、生物学的意味での「生命」、すなわち「ゾーエー」の不死ではなく、唯一無二なるものとしての人間的実存の「生」、すなわち「ビオス」の不死である。『人間の条件』において、「活動」とは、そのような「ビオス」の不死性を可能とする営為としても性格づけられる。すなわち、「個人の生命の空虚さに対抗するための保証」（56：八四）であった「ポリス」を歴史的実例とするような「公的空間」において、他者の眼差しに現われる「人格」とその「記憶」に、「ビオス」の不死性の可能性が見出されるのである。

　それに対して「労働」は、食物を典型とする「必需物」「消費物」を生産することによって、動物としての人間の「個体の生存」と「種の生命」を「保障」する営為であるとされるものの、そのことは、労働が人間のビオスの不死性に直接的に寄与するということを意味するわけではない。というのも、「人間的実存は、種の循環的な生命過程に埋没してはいないし、人間が死すべき者だという事実が、そのような過程によって帳消しになるわけでもない」（7：一九）からである。それどころか、人間が労働の主体としてのみ生きることはビオスの死という事態と同断ですらある。というのも、人間のビオスは、「出生」という始まりと「死」という終わりによって画される「直線的」な時間を生きるという点においてこそ、「種の循環的な生命過程」に埋没し「円環的」な時間を生きるゾーエーから区別されるべきだからである。その意味で、「死ねる」こととは、生物学的な生《ゾーエー》からは区別される人間的な生《ビオス》にとっての、逆説的な条件ですらある。

　「労働」とは異なり、「仕事」という営為がビオスの不死性に寄与しうる理由は、それが「人間的実存の非自然性に対応する営為」（7：一九）であり、したがって、必需と消費の文脈に属していないという点に存する。そこで重要なのが、仕事の産物において実現される「耐久性（durability）」「永続性（permanence)」という事態である。「背後になにも残さないということ、努力の成果が努力を費やしたのとほとんど同じぐらい早く消費されるということ」(87：一四〇)を特徴とする労働とは対照的に、「仕事」とは、その過程が完結した後も、「世界」という「われわれが来る前にも存在し、そしてわれわれの生命を超えて存続する」(『過去と未来』155：二一一)場のうちに、永続的に存在し続ける「物」を作り出す営為である。その意味において、仕事の産物は、「必需」や「消費」という「ゾーエー」の文脈に絡めとられない「世界性」を実現しうる。アーレントはこのような事態にこそ、人間の「ビオス」の不死性の可能性を見出そうとするのである。

2　道具と芸術作品

アーレントによれば、「〈労働する動物《アニマル・ラボランス》〉にとっては、世界の耐久性と安定性は、なによりもまず、自分たちが使う道具や器具において顕現する」(『人間の条件』144：二三四)という。しかしそのように言いうるのは、「〈労働する動物〉の重荷を軽減し、その労働を機械化するだけのこの器具も、〈工作人《ホモ・ファーベル》〉は、物の世界を樹立するために設計し、発明したのである」(144：二三四)とみなされる限りでのことである。とはいえ、「道具」の一般的な性格、すなわちその「有用性」という性格に鑑みれば、このような説明は一見奇妙なものとも思われる。

実際、アーレント自身によっても、「道具」はその「有用性」「手段性」という観点から性格づけられ、たとえば、「椅子」は「安楽な生活」や「交換」といった目的を実現するのに有用な手段である限りにおいて有意味化されることが説かれてもいる(153：二四五)。その一方で、道具は、「世界の樹立」、つまりはそれが永続的なものとして端的に存在することへと向けて制作されるというわけだからである。そのとき道具は、「有用性」という規定から逃れ去り、「世界性」だけを身にまとった何ものかである。

アーレントは、次のようにも明言している。「労働者の社会においては」、すなわち「労働する動物」の視角からすれば、「道具が、たんなる器具としての性格や機能以上のものを有していることは明確である」(144f.：二三四)。道具の「耐久性」「永続性」と、それによって可能となる世界の「世界性」とは、「労働する動物」にとっての余剰である。このようなものとしての道具、つまりもはや道具でないものとしての道具とは何であろうか。

通常の使用物においては、美しくあることが期待されているわけではないし、期待されるべきでもない。にもかかわらず、なんらかの形を有し、見られるものはすべて、美しいか醜いか、その中間であるかのいずれかであらざるをえない。存在するものは悉く現われなければならず、それ自体の形なくして現われうるものはひとつとして存在しない。それゆえ、実際、なんらかの仕方でその機能的用途を超越しない事物は存在せず、その超越、つまり、その美あるいは醜さとは、公的に現われること、見られることと同じ事態である。
(172f.:二七一―二七二)

「道具」は、さしあたっての制作者の意図としては、なんらかの有用性を目的として、美を目的とはせずに制作される。しかしながら、その産物の「機能的用途」という目的を「超越」し、別の文脈のうちに迎え入れられることになる。それは「見る者」、すなわち美醜の判定の主体としての「観察者=鑑賞者(spectator)」が参集する「公的空間」である。そのとき「道具」は、もはやたんなる道具であることをやめ、美醜の判定の対象である事物、すなわち一個の芸術作品と化す。すなわち、「道具」を含むあらゆる制作物は潜在的に芸術作品なのである。

3 二種の芸術モデル

「有用性」という規定から逃れ去ったとき、道具は一個の「芸術作品」と化し、世界性を獲得する。そうであるなら、芸術作品こそが、世界性を有する制作物の典型であるはずである。というのも、芸術作品とは、その本来のあり方からして有用性とは無縁な制作物だからである。「芸術作品の場合、それを使用すれば、それ自身に固有の目的を実現するどころか、それ自身をただ破壊するだけである」(167:二六四)。

では、あらためて芸術作品とは何か。アーレントによれば、「芸術作品」とは、その「直接的な源泉」が「人間の思考能力」に存する「思考物(thought thing)」であるという。とはいえ、「思考」はそれ自体としてはいまだ芸術作品ではなく、書物や絵画や彫刻といった「手で触れられる」具体的な事物に「物化」されたとき、それは初めて芸術作品となる(168f.:二六五―二六六)。以上のような、芸術作品についての基本的な理解を示したうえで、アーレントは二種の芸術論について考察を加える。

第一の芸術論は、プラトン的な用語法《ターミノロジー》によって説明されるような、「原像-模像」モデルに基づく芸術論である。それによれば、芸術制作の過程は以下のように説明される。制作者はその「思考の過程」において、「精神の眼」で「イデア」を直視したうえで、そのイメージを「モデル」として制作のプロセスを統制し、作品を物化する。そして、作品に対する評価の基準とは、「その物が、本来似てしかるべきものに一致しているか否か」(173:二七二)に求められることになる。ところが、「モデル」としての「イデア」が有する「永続性と卓越性は、それが人間の手の仕事によって物体化されるとき、実現されるのではなく、むしろ損なわれる」(303:四七五)という宿命にある。アーレントは、このような事態を「物化の代償」と呼び、「生きた精神」は「死んだ文字」においてしか物化されえないという困難について指摘する（169：二六六）。このことからは、「仕事と製作を導くモデル、つまりプラトン的イデアに対する適切な態度」とは、「それをあるがままに、精神の内なる眼に現われるがままにしておく」という「観照《テオーリア》」の態度であるということが帰結する（303：四七五）。これは端的に「制作」行為としての芸術の断念以外の何ものでもない。

　ところで、アーレントは芸術作品の有する永続性や耐久性という性格に人間の不死性を見出そうとするわけだが、とはいえ、何故に「芸術作品の永続性」が「人間の不死性」を実現するというのであろうか。それは、「人間の手による産物が、それを生産した作者について語る」からである（184：二九九）。そのような意味で、芸術作品は、活動と言論が行為者の「人格」を暴露するのと同様に――その程度においてアーレントは留保を付けているとはいえ――、制作者の「人格」が「何者であるのか（who）」を暴露しうるのである。芸術作品にはその作者の人格が深く刻み込まれ、なおかつ、作者の生《ゾーエー》が絶えた後も、作品の永続性において人格の生《ビオス》の不死性が実現されるのである。

　プラトン的「原像－模像」モデルによってはそのような事態が実現不可能なのは――そもそもプラトンが芸術の断念を命じていることを別とすれば――、「精神の眼」によって見られた「イデア＝モデル」は、「職人の技術によって創造されるのではなく、ただ模倣されるだけであり、人間精神の産物なのではなく、ただ人間精神に与えられる」（303：四七四―四七五）にすぎないものだからである。すなわち、「原像－模像」モデルに基づけば、芸術家は、「原像＝源泉《オリジン》」としてのイデアの不完全な模倣者という地位に甘んじざるをえず、そこに芸術家自身の人格の暴露やその不死性など、実現する余地はない。とするならば、「天才」的な芸術家が発揮する「独創性《オリジナリティー》」、すなわち、芸術家自身のうちに芸術作品の「源泉《オリジン》」が存することが強調されるようになった近代の芸術論においてこそ(1)、人間の「不死性」を可能とするような芸術のあり方が見出されるのであろうか。これが、第二に考察される芸術論、すなわち「天才美学」である。

　アーレントは、「近代」に特有の事象としての「人間の偉大さの本質的表現としての創造的天才」について論じ、「天才の作品は、職人の産物とは違って、活動と言論においてのみ直接的に表現されるような差異性と唯一性という要素を含んでいるように見える」と述べる（210：三三六―三三七）。とはいえ、ここではあくまでそのように「見える」と言われているのであって、「天才という現象」は「人間的人格の喪失」が顕著に表れる事態として取り上げられているのである。

たしかに、〈誰〉の本質が、芸術作品のスタイルやありふれた手稿のうちに「客体として（objectively）」現われるとき、人格のアイデンティティは明確なものとなり、作者について同定《アイデンティファイ》されることにもなる。しかし、依然として〈誰〉の本質は沈黙したままであり、それを生きた人格の鏡として

解釈しようとした途端、それはわれわれのもとから逃れ去ってしまうのである。（211：三三七）

ここでは、「人格」「誰」の暴露が頓挫する様子について語られているわけだが、とはいえ、芸術の営為一般においてそれが不可能であると指摘されているのではない。「いくら天才を重要視したところで、ある者の〈誰〉の本質がその人自身によってでは物化されえないという基本的事実を変えることはできなかった」（210f.：三三七、強調引用者）という事態について指摘されているまでである。

ここでアーレントの念頭にあるのは、「芸術家－芸術作品－享受者」という近代における芸術論の図式であり、より正確には、「天才美学」が前提とするような次のような芸術モデルである。すなわち、芸術作品は、天才としての芸術家が彼自身の個性を、あるいは彼自身の内部に「源泉」を有するような観念を物化することで成立し、その享受者としての鑑賞者は、作品という「鏡」に写りこんだ作者の「人格」を一方的に受容するといった芸術モデルである。このようなモデルは、その基本的な構造としては、十八世紀における「天才美学」のみならず、二十世紀初頭に成立した「表現主義（expressionism）」にも妥当しよう。これらの芸術観によれば、独創的であること、個性的であること、自己表現的であることが芸術作品の品質証明であるということになるが[2]、アーレントはそれらの性格に芸術のあるべき姿を見出してはいない。「表現主義芸術」とは、「語義矛盾」であるとすら断言されているのである（323, n. 87：五二一、注八七）。

4　鑑賞者の優位

芸術家が自己やその内面を「表現」しようとするとき、「人格」の「誰」の暴露は頓挫せざるをえない。「自己表現」と目される限りでの芸術のこのような困難は、「活動＝言論」におけるそれと構造上の共通性を有していると言える。というのも、活動においては、「〈誰〉の暴露が、意図的な目的として為されることはほとんど不可能」（179：二九二）なのであり、自分が「誰」であるのかを表現しようとするとき、人は自らの意に反して己が「何（what）」であるのかを語ることへと逸脱し、「自分独自の唯一性」を取り逃すことになるからである（181：二九四）。

活動が意図的な自己暴露でありえないのは、自己の「人格《ペルソナ》」は当人に対しては隠されており、「観察者」の眼差しのうちに現われる「仮面《ペルソナ》」としてのみ生起しうるという事態に起因する。このような、「観察者＝鑑賞者」としての他者とそれによって構成される「公的空間」の存在を不可欠の条件とするという点においても、活動と芸術は共通の構造を有している。「政治の「産物」すなわち言葉や行ないと同様に、あきらかに芸術の産物も、現われかつ見られることのできる一定の公的空間を必要としている」(『過去と未来』214：二九五)(3)。

「観察者＝鑑賞者」の重要性については、アーレント晩年の講義録『カント政治哲学講義』においてとりわけ強調されることになる。とはいえ、そこで彼女が依拠するカント『判断力批判』とは、「芸術」は「独創性」を特性とする「天才」の産物であることを説く「天才美学」の書でもある。ではアーレントは、『判断力批判』のうちから「鑑賞者の優位」の思想をいかにして引き出したのであろうか。

『判断力批判』のある一節においてカントは、対象の美醜を判定する「美感的判断力」としての「趣味(Geschmack)」と、「美しい対象」を産出する「能力」である「天才」との関係について論じている(4)。そこではさしあたり、芸術家自身が有する能力としての「天才」と「趣味」の関係について問題とされるが、「これら二種の特性が衝突して、あるものが犠牲にされるべきだとすれば、犠牲はむしろ天才の側で起こらなければならないであろう」と結論づけられる。というのも、「天才」ないしその具体的内実としての「構想力」の放縦は、「無意味」な表象の奔出を帰結するからだ。たしかに、概念による「規定」を排除することを要件とする「美」は、「構想力と悟性の自由な戯れ」において成立するとされる。とはいえ裏を返せば、そのことは構想力と悟性との緩やかな連動を維持することが必要でもあるということを含意するのであり、「趣味＝美感的判断力」は「構想力を悟性に適合させる能力」として機能するのである。

このような「天才」と「趣味」との関係は、芸術家が有する二つの「能力」間の関係にとどまらず、芸術家における「天才」と鑑賞者における「趣味」との関係にも妥当する。というのも、「趣味」は、鑑賞者としての他者の可能的な判断を、それ自体のうちにあらかじめ内属させることによって機能しうるような能力だからである。アーレントは、このような「趣味に対する天才の従属」(『カント』62：九四)という構造のうちに、芸術家に対する鑑賞者の優位という事態を観取するのである。すなわち、芸術作品がまさにそれとして現われ出ることが可能なのは、「演技者《アクター》や制作者によってではなく、批評家や鑑賞者によって構成」(63：九五)される場としての公的空間において、それが美醜の判定対象として眼差されることによるのだ。つまり、ある事物が芸術作品たりうるか否かは、最終的にはそれに対する鑑賞者の態度によってこそ決せられるのである。「道具」に関して先に指摘した事態、すなわち、有用物たるべく制作された道具も、その受容者によって「美醜」という観点から眼差されたときには一個の芸術作品と化すといった事態が可能なのも、このことによるのである。では、そのような「観察者＝鑑賞者」の眼差しとはいかなる類のものなのか。

もしわれわれが、対象を使用価値によってのみ判断し、その現われによっては――すなわち、美しいか醜いかその中間なのかによっては――判断したくないというのであれば、たとえその対象が日常の使用物であったとしても、われわれは自分の眼球を引き抜いてしまわなければならないであろう。

（『過去と未来』207：二八三）

この件《くだり》から理解されるべきことは、ひとはある事物を眼前にしたとき、判断しようとせずにはいられないという事態についてである。たしかにアーレントは、カントと同様に、美感的判断は対象との「距離」をとることによって、すなわち、「有用性」「感覚的欲求」「生命への配慮」等の一切の「関心」を排除することによって可能となることを説くが、しかしその一方で、「趣味（taste）」が「味覚（taste）」という概念上の出自を有することを強調し、「趣味」のもつ「判別的（discriminatory）」という性格を際立たせようとする。すなわち、「味や匂いに関しては、〈それが私にとって快または不快であること〉は直接的であり、抗いようがない」（『カント』64：九七）という事態を、「趣味」そのものの性格として積極的に観取し、観察者としての人間があらゆる事物に対して美感的《エステーティッシュ》な眼差しを向けるべく定められた「眼球」を有していることを強調するのである。有用物たるべく制作された工作物をも含むあらゆる事物が芸術作品たりうるという事態は、事物を「見る者」の美感的《エステーティッシュ》な態度の不可避性という事態に起因する。

とはいえ、そのような態度は、美しい事物だけを視野におさめ、醜い事物をそこから排除することを帰結するわけではない。ここで言う「美感的《エステーティッシュ》な態度」とは、判断の行使に先立ち、それに備えて対象と対峙する態度以上のものではなく、その視線の向かう先は、可能的な「美」と「醜」とのいずれをも含む「現われ」の全体なのである。(5) そうであるとすれば、あらゆる事物のなかで「芸術作品のみが現われを唯一の目的として作られたものである」（『過去と未来』207：二八三）という事態が意味するのは以下のようなことであろう。すなわち、芸術とは、「醜」ならざるものとしての「美」の卓越性によってのみ可能となる営為なのではなく、美醜の判定に先立つ美感的《エステーティッシュ》な眼差しの向かう先に、ひとつの「形」ある作品を差し出すことによって実現されうる営為だということである。

かくして、芸術の営為が可能にする不死性とは、作品を「見る者」の美感的《エステーティッシュ》な「眼球」に映ずる人格の「生《ビオス》」として実現されるのである。

註

（1）プラトン的「原像‐模像」モデルから、「芸術家‐芸術作品‐享受者」という近代の芸術モデルへの転換を、「源泉」の在処の変遷に関連づける見解については以下を参照のこと。小田部胤久『西洋美学史』東京大学出版会、二〇〇九年。

（2）芸術家の「独創性」の重視という事態に、近代美学の一般的特性を見出す論考としては以下を参照のこと。小田部胤久『芸

術の逆説——近代美学の成立』東京大学出版会、二〇〇一年、第二章、同『芸術の条件——近代美学の境界』東京大学出版会、二〇〇六年、第一章。

(3) これは、「制作＝芸術」と「活動＝政治」との区別を解消することを意味するわけではない。この区別は、「政治」を「制作」モデルで捉えることを批判するアーレントの哲学の生命線でもあり、両者の区別は再三にわたり強調されている。とはいえ、両者が区別されるひとつの理由が、「活動」がその全体において「現われ」の営為であるのに対して、「芸術」という営為の場合、その制作過程は公的空間に現われないという点に存するのであり、その産物が「現われ」そのものを目的とする点において両者は共通する。またそのことと関連して、アーレントは、「演劇」に代表される「パフォーマンス芸術」と「政治」との類似性を強調する一方で、「絵画」などの「造形芸術」については、「政治」とは「正反対」のものだとも述べる（『過去と未来』151f.：二〇六—二〇八）。この点についても、「過程」そのものが同時に「産物＝作品」でもあるパフォーマンス芸術の場合、その全体が公的空間に現われるのに対して、造形芸術においては、その制作過程が公的空間に現われることはないという相違に基づく区別である。しかしながら、いずれの芸術様式においても、その「産物」は「現われ」を「唯一の目的」としているという点では共通している。

(4) Immanuel Kant, *Kritik der Urteilskraft*, 1790, §50.（『カント全集8』牧野英二訳、岩波書店、一九九九年、第五〇節）

(5) この点に関連して、宮﨑裕助による以下の指摘は重要であろう。すなわち、アーレントは「現われ」をたんなる「美の呈示に縮減」しているとするラクー＝ラバルトの見立てに抗して、アーレントの「現われ」概念のうちに「輝き（エクファネスタトン）としての美」という契機を読み込むべきだとする指摘である（宮﨑裕助『判断と崇高——カント美学のポリティクス』知泉書館、二〇〇九年、一九九—二〇〇頁）。実際、『人間の条件』においても「エクファネスタトン」については次のように言及されている。「光り輝く明るさという性質は、善よりも美にはるかによくあてはまる」（『人間の条件』226, n. 65：三九七、註65）。

コラム⑧　物語り

矢野久美子

アーレントの学生であったE・ヤング＝ブルーエルやJ・コーンによれば、彼女は日常的に物語りを実践していたようだ。ヤング＝ブルーエルは、「アーレントは物語るのが好きだった」と書き、そのつど変化を帯びながらくりかえされる彼女の物語りは引用の織物であった、と伝えている。急死する数ヶ月前にスイスで夏を過ごしていたとき、アーレントは客たち皆に、子を失った近所の猫が三日間嘆きさまよいつづけた後に日常をとりもどした、という話を語ったという。ヤング＝ブルーエルはその物語りを、後日ディナーの支度中にアーレントから聞いた。物語りの締めくくりは『イリアス』からのギリシア語の引用だった。ヤング＝ブルーエルにとってそれは、夫や友人を失ったアーレント自身の生、息子を失ったプリアモスの生、スイスで見た猫の生を同時に一つのストーリーのなかに織りこみ、しかも簡潔でありながら深さを備えたものだった。

さて夕食にかかりましょう
髪美しいニオベすら、食事を思い出したから
十二人の子どもたち、娘六人元気な息子六人が、
屋敷で死んだ彼女すら[1]

アーレントは、「あらゆる悲しみは、それを物語に変えるか、それについて物語れば、耐えられる」というデンマークの作家イサク・ディネセンの言葉を、たびたび引用する。ディネセンは、あるインタヴューで語っていた。「わたしは小説家ではないし、じつは作家でさえもありません。物語り手(storyteller)なのです。ある友人が言いました。あらゆる悲しみは、それを物語に変えるかそれについて物語れば耐えられる、とわたしが考えていると。これはあながち間違いでもないでしょう[2]」。

ディネセンは、物語ることによって人生を「とらえる」ことができれば、たとえ何が起ころうとも、「運命」と共に生き

る「喜び」、「生きているという純粋な喜び」、「自分が存在するというただそれだけの理由によるある種の勝利感」を得られると考えていた。それは起こった出来事を想像力のなかでくり返し、そしてそれを自分のものとしてとり戻し、現実感を得るということでもあるだろう。アーレントはディネセン論で書いている。

> 人生を想像力のなかでくり返すことがなければ、十分に生きることはけっしてできないし、「想像力の欠如」は人びとを「実存すること」から妨げる。「物語に誠実であれ」「ずっと揺るぎなく物語に誠実であれ」、と彼女の物語り手たちの一人が若者たちを諭しているが、それは、人生に誠実であれ、フィクションを作り出すのではなく人生が与えるものを受け入れよ、思い出して考え、想像力のなかでとり戻すことによって、自分が何に対しても価値があることを示せ、ということにほかならない。
> （『暗い時代』97：一五四）

アーレントにとっても、物語りとはフィクションを作り出すことではない。起こった出来事を受けとめ、想起し、熟考することである。「くりかえし語る忍耐力」を要する、糸を編んだりほどいたりするような営みであり、それによって出来事が自分のものとしてとり返され、「耐えがたい連鎖」が意味のあるものに、「悲しみ」が「耐えられるもの」になる。

さらに、物語りは、自己の感情や内面を吐露するものではなく、自分の経験や他者の経験を共有する生き方であり、人間の共通世界の歴史や過去にたいして真摯になることでもあった。「二十世紀の政治的経験」というアーレントのセミナーに参加していたJ・コーンは書いている。

> どんなに私たちの道徳感情を害するものであろうと、そうした意味が物語で再現されて我が事のように体験されるとき、それは世界の深部を教化＝再生《リクレイム》する。そのようにして間接体験を共有することは、世界における過去の存在を受け容れるためには、また歴史的現実から私たちが遠ざかるのを防ぐためには、もっとも効果的な方法かもしれない。
> （『政治の約束』xxif.：二八）

コーンによれば、アーレントにとって決定的なことは、「過去に起こった事件の固有の意味が、再現的想像力によって生き続ける可能性」をもつということだった。そのセミナーで彼女が最初に発した言葉は、「理論は要りません。一切の理論を忘れてください」というものだったという。それはけっして「考えることをやめる」という意味ではなかった。「ある事件について考えることはそれを思い出すこと」であり「忘却は私たちの世界の有意味性を危険に晒すことになる」、とアーレントは学生たちに語った。そして、詩人や歴史家の言葉を援用しながら、二十世紀の「痛ましい物語」、第一次世界大戦勃発から原爆投下にいたるまでの政治的事件を「手加減せずに」物語り、学生たちに考えることを促したという。学生たちは「これらの政治的事件を、人間的な（ほとんど人間的とは言えないこともあったが）活動と苦難として、我が事のように経験し」、事柄自体の意味へと導かれたという。それは、歴史が自然や必然の成り行きではなく人間の行為の結果であるということを確認するプロセスでもあった。コーンによれば彼女は学生たちに警告していた。イデオロギーを通して政治的領域を見ることによって過去を考えるという思考の自発性を失うのは、科学的知識のテクノロジーへの応用によって「全世界を破滅する道具を手にしている」のと同じである、と(xxiff.：二八以下)。

　物語りはアーレントの政治理論のスタイルでもあった。彼女は、思考は出来事に結びついていなければならないとして、自分の政治理論を「わたしの古風な物語り（my old-fashioned story-telling）」と呼んだことがある。当時この言葉を真剣に受けとめた者はいなかったというが、アーレントのスタイルは確信に満ちたものであった。

> 　私たちの諸理論がどれほど抽象的に聞こえようと、議論がどれほど首尾一貫したものに見えようと、それらの背後には、少なくとも私たちにとっては、私たちが言わなければならないことの意味が詰まった事件や物語がある、といつも考えてきました。［…］円がその中心に結びつけられたままであるように、思考の営みが描く曲線は、事件に結びついていなければなりません。そしてこのもっともミステリアスな人間の営為から期待しうる成果は、定義でも理論でもなく、ゆっくりと重い足取りの発見であり、そしておそらく、ある事件が束の間だけ完全に照らし出していた領域の測量地図です。(3)

「事件そのものは説得するものではなく、無限の解釈にひらかれている」から、学問的に説得するためには、理論に沿った説明や論証のほうが有効だと思われがちだ、とアーレントは言う。しかし彼女は、政治学の分野ではおよそ学問的とみなされなかった物語りという方法をあえて採用した。とはいえ、こうした姿勢は、けっして科学的知識や理論を軽んじるということを意味するのではなく、それらがもたらす力の危うさを自覚せよということである。

　彼女の政治的思考が前提としているのは、二十世紀に人類が経験した「人間はどんなことでも為しうる」というショアーのもたらした戦慄であり、記憶の抹殺が可能となった世界である。「古風な物語り」はノスタルジックなものではなく、全体主義や絶滅戦争に直面し、行為の領域においても精神的な領域においても人間の傲慢さが圧倒的になる危険性のなかで、アーレントが開こうとした場であった。そして、それは、互いに異なる多くの人間が共存すること、つまり複数性という、破局に瀕していながらも変わることのない人間の条件に即応したものだったともいえる。

註

（1） Elizabeth Young-Bruehl, *Mind and the body politic*, Routledge, 1989, pp. 5–6.

（2） "Talk with Isak Dinesen" in: *The New York Times* (November 3, 1957).

（3） Hannah Arendt, "Action and the 'Pursuit of Happiness,'" in: Jerome Kohn (ed.), *Thinking without a Banister*, Schoken Books, 2018, p. 202.

参考文献

Lynn R. Wilkinson, "Hannah Arendt on Isak Dinesen: Between Storytelling and Theory" in: *Comparative Literature* (Winter 2004), pp. 77–98.

Seyla Benhabib, "Hannah Arendt und die erlösende Kraft des Erzählens," in: Dan Diner (Hrsg.), *Zivilisationsbruch — Denken nach Auschwitz* (Fischer, 1988), pp. 150–174.

Ernst Vollrath, "Hannah Arendt and the Method of Politial Thinking," in: *Social Research* 44 (1977), pp. 160–182.

＊本項目は拙論「アーレントにおける物語りと共生」（『共生学』第一〇号、上智大学共生学研究会、二〇一五年）の第2節を改稿したものである。

イサク・ディネセン生家

コラム⑨ アーレントとスピノザ

國分功一郎

アーレントはスピノザに対して、終始、批判的であった。アーレントは決して哲学者と名乗らず、また政治という公的領域に関わる活動の地位の低下をもたらしたとの廉で哲学を糾弾し続けたのだから、あらゆる哲学者を批判してもよいはずだが、実際にはそうではない。言うまでもなく、アーレントは幾人もの哲学者からインスピレーションを得ている。そう考えると、スピノザほどアーレントが批判し続けた哲学者もいないように思われる。スピノザはアーレントという思想家のネガのような存在であったと考えることができよう。

その理由の一つは、スピノザがまさしく哲学者であったこと、アーレントの考える哲学者の像そのものを体現する哲学者であったことだと考えられる。政治哲学は政治そのものから威厳を剝奪してきたと指摘した後で、アーレントは皮肉たっぷりに次のように書いている。「スピノザはレンズを磨いて生計を立てながら、ついには哲学者なるものの象徴的な像となることができた」（『政治の約束』83：一二三）。

「レンズ磨き」はここでは、複数の人間からなる集団に関わることなく、孤立して生きることの象徴として用いられている。人間が複数であること、そして、複数であるにもかかわらず、そのなかで人間たちの一致をもたらす権力を作り出し、一つの決定を導きださねばならないこと、これこそがアーレントの考える人間の条件の一つであり、またこれこそが政治を定義するのだった。哲学はそのような活動を、人間が関わらざるをえないレベルの低い活動とみなした。だから哲学者たちは孤立して生きることをよしとした。スピノザはそのような哲学者像にピッタリだったのだろう。

しかしもちろん理由はそれだけではない。アーレントのなかで哲学は何よりも自然あるいは自然の永遠性を考察する営みと考えられている。この場合の永遠性は、周知の通り、不死性に対立する。人間は死すべき存在であるが、たとえば偉業を成し遂げることによって名を残すことができるのであり、その時、その人物はある種の不死性を手に入れている（『人間の条件』19：三四）。歴史学は放っておけばすぐに忘れられてしまう人びとの営みを記録することで、そこに不死性を与えることができる（『過去と未来』「歴史の概念」）。

それに対し哲学者は、そのような「人間の事柄の領域《タ・トーン・アントロポーン・プラーグマタ》」――アーレントはプラトンが蔑みを込めて使ったこの言葉を執拗に繰り返した――に属する不死性ではなく、自然の永遠性をこそ思索する。そしてそちらの方がレベルが高いと考える。哲学は本質的に自然主義的であって、哲学者は、哲学者であればあるほど自然主義的であり、自然主義的であればあるほど哲学者である。

さて、政治こそはまさしく「人間の事柄の領域」の営みであり、その意味で自然に真っ向から対立する。その特徴は政治が人間を拘束するところにある。

> すべての政治的な営みは、法や憲法、条約や同盟などのように、本来は未来への絆や拘束――それらはすべて、究極のところでは、未来という本質的な不確実性に抗して約束をかわし約束を守る能力に由来する――という入念な枠組みのうちで取り決められるものであり、これまでもつねにそうであった。（『過去と未来』162：二二二）

もちろん哲学者は自然《フュシス》の優位を強調する者ばかりではない。人間が作り出す決め事《ノモス》を重視した哲学者はたくさんいる。ならばアーレントによる哲学者の評価はその哲学者がどれだけ自然あるいは自然主義から距離を取っているかに依存することになろう。そうやって哲学者たちをアーレントの評価軸に沿って並べていったとき、自然主義哲学者の最右翼、ということはつまり哲学者の中の哲学者としてスピノザの名が挙がることは疑いえない。

スピノザは自由をその人自身の力に基づくものとして定義した。つまり、自らの力を発揮できない状態に置かれている時、人は自由ではないのだと考えた。約束を守る能力は人を拘束するから、当然、その力を抑えつけることがあろう。だが、アーレントにとって自由とは政治のなかで行為することそのものであり、政治はこの約束を守る能力に依存しているのだ。スピノザが『エチカ』で展開したのは自然主義的な力の哲学である。スピノザ哲学はその意味で、究極の哲学だと言えよう。

アーレントが最も強くスピノザを批判した論点も、スピノザのこの思想に関わっている。アーレントは「しばしば誤って思想と言論の自由の旗手と賞賛されているスピノザ」と、強い皮肉を込めて書いている（『過去と未来』230：三一七）。アーレントはその理由を次のように説明する。「スピノザはどこにおいても言論の自由を要求しておらず、また、理性が他者とのコミュニケーションを、それゆえ公表をそれ自身のために必要とする議論はまったく不在である」（230：三一七）。

アーレントが言っているのは次のようなことである。スピノザの考えでは、思想なしの言論はありえないが、言論なしの思想はありうる。なぜなら、人は自らの考えていることを表現したり公表したりせずとも、ものを自由に考えることができるからである。だが、人は往々にして自らの考えたことを黙ってはいられない。そして、そもそも考える自由を人から奪うことはできない。「人は誰でも自分自身の思考活動の主人であり、これは最大の自然の権利によってそうなっているのである」[1]。

つまり思想の自由はその人の力そのものに基づいているのだから、捨てたくても捨てられないのである。ならば国家は、もし言論の自由を認めないなら、制限しようのない思想の自由を制限するという無理なことを行なわねばならなくなる。国家は極度に暴力的とならざるをえない。

もしひとびとを統制して、至高の権力の持ち主たちの指図にそぐわないことは何一つ話さないようにさせようとするならば、間違いなくとても不幸な結果が生じるだろう。民衆は言うまでもなく、きわめて人生経験豊かな人たちでさえ、自分の口を閉ざすことはできないものだからだ。／たとえ黙っている方がよい場合でも、ひとは自分の思うことを他人に打ち明けてしまう。ひとは誰でもそういう悪癖を抱えているのである。したがって、一人一人に思うことを言ったり説いたりする自由を認めようとしないなら、その支配体制はきわめて暴力的になるだろう。[2]

スピノザは黙っていられないことをまるで人間の欠陥であるかのように言っている。スピノザはつまり言論の自由そのものを肯定しているわけではない。思想の自由は各人の力そのものであって制限しようにも制限できないから、その結果として、言論の自由も認めざるをえないと言っているわけである。アーレントが批判しているのはこのような論旨である。アーレントはカントの次の言葉を引いている。「人間からかれの思想を公に伝達する自由を奪う外的権力は、同時にかれから考える自由を奪っている」(『過去と未来』230：三一八)。

これは思想の前提に関わる対立であって、調停は不可能である。ただ興味深いのは、スピノザを哲学者の中の哲学者と考え、それゆえに批判したアーレントのスピノザ評が、二十世紀を代表するスピノザ主義の哲学者ジル・ドゥルーズのそれと奇妙にも一致することである。ドゥルーズはスピノザを「哲学者たちのキリスト」と呼び、最も偉大な哲学者たちでさえも彼の使徒にすぎないと言った[3]。やはりアーレントは自身が偉大なる哲学者であったがゆえ、スピノザという哲学者を正当に評価することができたのだと言うべきではなかろうか。

註

(1) スピノザ『神学・政治論』吉田量彦訳、光文社古典新訳文庫、第二〇章、下巻、三〇三頁。

(2) 同前。

(3) ジル・ドゥルーズ＋フェリックス・ガタリ『哲学とは何か』財津理訳、河出文庫、二〇一二年、一〇七頁。

6 自由論
複数性のもとで「動く」自由

齋藤純一

1 非政治的自由への批判

ハンナ・アーレントは、「自由とは何か」という問いへの答えを次のように記した。「行為と政治は人間の生がもつあらゆる能力や潜在的可能性のうちで、少なくとも自由が現に存在すると仮定せずには考えることさえできない唯一のものである。〔…〕自由は、正義、権力、平等といったいわゆる政治の領域の数多くの問題や現象の一つにすぎないものではない。自由は、危機や革命の時期以外に政治的行為の直接の目標となることはまずないが、実際には、人びとが政治組織のうちで共に生きる理由である。自由なしには、政治的生活そのものが無意味である。政治の存在理由は自由であり、自由が経験される場は行為にほかならない」(『過去と未来』144f.：一九七)。

この文章は、簡潔ではあるものの理解しやすくはない。その理解をはかるべく、本章では、自由を政治や行為から切り離してとらえる自由論をアーレントがどのような観点から批判したのか、複数性という条件のもとでの自由をアーレントはどう描いたのか、そしてアーレントはなぜ正義、権力、平等とは同列ではない位置づけを自由に与え、自由を「政治の存在理由」であるとまで言い切ったのかを検討する。この検討を通じて、本章は、アーレントが自由を人びとの間に生じる関係的なものとして描き、その間で「動く」自由を重視していたことを明らかにしたい。

①「政治からの自由」への批判

アーレントは、「自由とは何か」（一九六〇年）と題するエッセイにおいて、「政治からの自由」の諸形態を一つひとつ挙げ、簡明な批判を加えている。世界から自己の内面へと退却するストア派の自由、世界の外に永遠の救済を求めるキリスト者の自由、自由を行為ではなく意志の属性としてとらえる自由意志論[1]、そして政治が切り詰められるのに比例して自由はより確実に保障されるとする同時代の消極的自由論である。

本章の関心を惹くのは、近代政治理論の歴史において、政治的自由が「生命の安全（security of life）」と同一視された、とアーレントが見ていることである（148：二〇一―二〇二）。生命の安全保障は、初期近代においては個々人の生命の安全――暴力および恐怖の回避――を意味し、後期近代においては「社会全体の生命過程」（148：二〇二）の安全――その利益追求が支障なく行なわれること――を意味した（この見方は、明らかにM・フーコーの「生権力」の観念を先取りしている）。そして、全体主義の政治的経験によって、安全を求める政治理論の関心は、非政治的自由を政治の介入から守ること、政治からの可能な自由を保障することに大きく傾いた。

生命と世界を二元的に対置するアーレントは、自由という概念を個人ないし社会の「生命（life）」ではなく、時間的にも空間的にも人びとの間にある「世界（world）」に関係づける。近代における「世界疎外」の経験――世界が確実性を失って疎遠なものとなり、人びとが自己自身へと投げ返される経験――のもとで（『活動的生』318–329：三二八―三三九）、「生命への配慮」が他を圧倒する、そして排他的な関心事となり、それと引き換えに「世界の自由（the freedom of the world）」への関心は失われるか、周辺化されることになった（『過去と未来』155：二一一）。後述するように、アーレントが「世界の自由」という言葉を用いるとき、それは――「内的自由」とは違って――自由が行為として具体化され、見聞きできるリアリティ（世界性）をもつということ、そして、人びとの間にある法制度やその関係が行為を可能にし、促すものになっていることを意味する。

②　主権的自由への批判

アーレントは、「自由とは何か」において、自由と自由意志の哲学的な同一視が招いた、政治的に見て「最も有害で危険な帰結」として「自由と主権の同一視」を挙げている。この「同一視は、いかなる人びともけっして主権的ではありえないという認識にもとづいて人間的自由の否定にいたるか、さもなければ、一人の人間、一集団、一政治体の自由は、他のすべての人びとの自由、すなわち他のすべての人びとの主権を犠牲にすることによってのみ購われうるという見方に傾くかのいずれかである」（『過去と未来』162f.：二二二）。

アーレントによれば、主権としての自由は、「一人ではなく複数の人びとが地上に生きているという事実」を否定せざるをえない（163：二二三）。主権性は排他的な自己支配としてのみ成立するがゆえに、選択されざる「複数性（plurality）」という人間の条件とは相容れないからである。「最も有害で危険な帰結」と述べるとき、おそらくアーレントの念頭にあったのは、地上に生きる者――「生きるに値する者」――を主権的に、すなわち恣意的に選択したナチの人種主義的支配である。

複数性という条件のもとでの自由は、したがって、自らが意のままに扱うことができない他者の存在を前提とするがゆえに、非主権的なものであらざるをえない。アーレントによれば、個人的なものであれ、集団的なものであれ、自由意志による抑圧を避けようとするならば、主権性は端的に放棄されなければならない。

このようにアーレントの議論において、自由は、非主権的なもの、関係的なもの（relational）ものとして理解されている——「自由は政治に固有の間の領域（Zwischen-Bereich）のうちにのみ存在する」（『政治とは何か』12：六）。この点で、ジュディス・バトラーの理解は的確である。「自由は、私あるいはあなたに由来するのではない。自由は私たちの間の関係として生じうるし、現に生じている。したがって、これは、各人のうちに人間の尊厳を見出すという問題ではなく、むしろ人間を関係的で社会的な存在——その行為が平等にもとづき平等の原理を明確に分節化する——存在として理解するという問題である」(2)。自由はつねに人びとの間に生じる間主観的なものであるが、それはその関係が支配‐被支配を免れているかぎりでのことである。

2　複数性のもとでの自由

主権的な自由が招く「他者に対する恣意的な支配」を避けようとするなら（『活動的生』299：三〇六—三〇七）、複数性という人間の条件が真剣に受け止められなければならない（複数性は、一つひとつが代替不可能な仕方で異なっていることを意味する）。共に生きる——生きざるをえない——世界に対して人びとは異なった立場を占めており、それゆえに、異なったパースペクティヴをもっている。世界が同じ側面を二人のひとに見せることがない以上、世界——それを構成している事物やそこに生じる出来事——を理解するためには、パースペクティヴや意見の交換が不可欠になる。

①「動く」自由

複数性の条件のもとでは「動く」自由がとりわけ重要になる（かりに世界のすべての側面が私に示されるのであれば、この自由は必要ない）。世界に対して自らとは異なった立場を占める人びとが世界をどう見ているかを理解するためには、自ら自身の立場やパースペクティヴによる拘束（あるいはそれへの固執）から離れる必要があるからである。

草稿「政治入門Ⅱ」（一九五八—五九年）において、アーレントは次のように記している。「同じ事柄をできるだけ異なった観点から眺める能力は人間の世界に残り続けており、あらかじめ自然にもっている自らの観点を、同じ世界に共に生き続ける他者の観点と交換し、精神的なものの世界での本当の動く自由（Bewegungsfreiheit）を目指すのである。この自由は、物質的なもののなかでの動く自由と正確に対応して進む」(『政治とは何か』97：八一)。

精神的にも物質的にも、言いかえれば、「精神の生」においても「活動的生」においても、「動く」自由があってはじめて人びとは「行ないと言葉において他者と出会う」ことができる(『過去と未来』147：二〇〇)。そうした動きが妨げられるなら、「間の領域」は閉ざされざるをえず、異なったものの「出会い」は不可能になる。

アーレントは、「精神の生」において「動く」自由を、「再現前化(代表)する思考(representative thinking)」という言葉で表現した。「私が、所与の問題を熟考しつつ、人びとの立場を私の心に現前させればさせるほど、したがって、もし私がかれらの立場にあったならどのように感じ、考えるかをふさわしく想像することができればできるほど、それだけ一層私の再現前化する思考の能力は強まり、そしてそれだけ一層私の最終的結論、私の意見は妥当なものとなる」(237：三二八)。「動く」自由は、精神の生にあっては、現に不在のものをあえて再現前化する構想力の自由という形をとる。

このように、アーレントのいう公共的空間は、物理的にもヴァーチャルにも「動く」自由が保障される空間を指している。「[単一の真理ではなく、複数の]意見に関わるとき、私たちの思考は、対立するあらゆる種類の見解を、いわば一つの場所から他の場所へ、世界の一方から他方へと駆けめぐる」(238：三二九)。このような闊達な動きを封じる支配、あるいは動くことをそもそも無意味とするような過剰な同調(conformism)が生じるとき、この「間」は成り立たなくなる。

他方で、「動く」自由は、他者と出会うためよりもむしろ、他者と共に行為するためにも不可欠である。アーレントのいう「権力(power)」は、他者と「協調して行為する(act in concert)」ときに人びとの間に生まれる。彼女の理解では、自由は、権力から保護されるところにあるのではなく、逆に権力を生みだす共同行為にある。「権力は、人びとが一緒に行為するときに人びとの間に生まれ、人びとがふたたび四散するやいなや、消失する」(『活動的生』252：二五九)。権力も自由も個人や集団が所有できる実体ではなく、人びとの間に生じる関係的なものであり、それを生じさせるのは協調した行為という実際の動きである。

バトラーも、人びとが身体をもって現われ、そのつど権力を創出するこの自由を高く評価する。(3) アーレントは、たしかに政治的行為が身体の必要(生命の必然性)に駆り立てられることを退けたが、人びとが身体をもって行為すること、自らの自由を眼に見える仕方で現実化することを否定したわけではない。彼女が「言論」から区別する際の狭義の「行為」は、そのような身体とともにある行為を指している。アーレントは、その身体がどのように支えられるかについて立ち入って論じることはなかったが、彼女の描く行為はけっして身体を離れたものではなかった。

②語りあう自由／現われる自由

アーレントは、「政治入門Ⅱ」において、「互いに語りあうという自由（Freiheit des Miteinander-Redens）」に言及している。「互いに語りあうという自由によってはじめて、世界はそもそもそれについて言葉が交わされるもの、そのあらゆる側面において眼に見える客観性として現われる。現実の世界に生きることと、世界について他の人びとと語り合うこととは根底においては同じことである」（『政治とは何か』52：四一―四二）。

共通世界（公共的な事柄）について言葉を交わすコミュニケーション的自由は、それぞれの立場に応じたパースペクティヴや意見の複数性が還元不可能なものとして維持され続けるときに成り立つ。したがって、複数性を損なう絶対的真理による制覇を避けることが、相互性のあるコミュニケーションを持続的なものとしていくための条件となる。単一の真理を得ようとすることが対等な者の間での相互性を損なうことを、アーレントは、意見の交換・吟味に「ギブ・アンド・テイク」が成り立つソクラテス的な対話と対比することによって印象深く描いた[4]。

ところで、このような相互性のある対話が成り立つためには、そもそも自らの言葉において他者の前に「現われる」自由が必要である。だが、この自由の条件は誰にも等しく与えられているわけではない。アーレントは、多くの著作でこの問題に触れているが、ここでは、現われることがかなわない「暗がり（obscurity）」を取り上げるにとどめたい。アーレントは、貧困の問題を物質的な困窮という面よりもむしろ、そもそも人びとの視界に入らない――あたかも存在しないかのように扱われる――という現われの消失という面においてとらえる。彼女は、この現われる可能性の実質的喪失に対して「不正義の感情」を抱いたジョン・アダムズの見方を同時代の問題関心にあって異例なものとして評価した（『革命』59：一〇五）。「暗がり」の境遇を余儀なくされている人びととは、実質的には「動く」ことがかなわず、自らの言葉や行ないに応答を返してくれる他者を欠く私的な状態にとどまり続けることになる（アーレントのいう私的なものとは他者の現前が剝奪されている状態を指す。『活動的生』73：七二―七三）。

「現われる」自由のこのような剝奪を、アーレントはすでに『全体主義の起原』において指摘していた。法的に保護される場所を奪われた人びと（displaced persons）が失ったのは、個々の権利ではなく、「諸権利をもつ権利」すなわち「人びとがその行為や意見にもとづいて判断される関係の成り立つシステムのなかに生きる権利」であった（『全体主義』D 462：Ⅱ三一六）。この権利は、他者の排除ではなく他者の現前を求める。言いかえれば、この権利は、他者による干渉や介入を排除することによってではなく、他者による応答が返されうる関係が成立するときに実現される。相互に応答されうる関係が存在してはじめて、「現われる」自由は実効的なものとなる。アーレントは、一方で、自由の内実を「公共的な事柄への参加」、「公共的領域への参入」として定義しながらも（『革命』22：四三）、公共的空間にアクセスしうる条件が人びとの間できわめて非対称的なものとなっていることに一貫して鋭い関心をもちつづけた。

③ はじまりとしての自由

先に触れたように、アーレントは、自由という言葉を、人びととの行為を描くためだけではなく、世界のあり方を示すものとしても用いる。「世界の自由（the freedom of the world, die Freiheit der Welt）」は、その端的な表現である（『過去と未来』155：二一一、『活動的生』41：四〇）。

「世界の自由」を擁護する際にアーレントが批判するのは、循環する自然（生命）の必然性に加えて、歴史的必然性が支配するところとして世界を描く哲学の伝統である。同時代の政治的経験に照らすなら、まさに「世界観」としてのイデオロギーをもって、必然的な運動法則と称されるものの貫徹をはかった全体主義の支配が思いうかべられているのは明らかである。とはいえ、世界はいかに自由でありうるかという問いは、因果系列の必然性に対して人間の自由を擁護しうる途を探ったイマヌエル・カントの問いに由来することも確かである[5]。

周知のように、カントは、自然現象の因果系列に対して、それを切断しうる純然たる自発性としての自由を対置した。アーレントの議論も基本的にはそれに従っている。カントにおける自己立法の自由に当たるのは、アーレントにおいては「はじまりとしての自由」、そして、その自由を実際に世界のなかに導きいれる「行為」である[6]。既存の因果系列の「自動進行（automatism）」は、人びとの行為によってそのつど遮られることになる（回顧的に見るなら、この行為は新しい因果系列の始点としてとらえられる）（『過去と未来』168f.：二三〇―二三二）。

アーレントは、世界を自然的／歴史的な必然性の支配するところとして見る哲学の伝統に抗して、人間の自由がひきおこす偶然性――他のようにある可能性――を擁護した。偶然性（予見不可能性）は世界が自由でありつづけるための代価であり、「人間的な事柄の領域」から偶然性を払拭することはできない。哲学の伝統は、このコストを引き受けるのを拒み続けることによって、実質上自由を必然性のもとに回収してきた。アーレントによれば、必然性が世界を現実には支配していないという事実は、世界が予見可能ではなかった「出来事」に充ちていることによって証明される。この事実は、新しいはじまりを世界に導き入れる行為が繰り返されてきたことを示しているのである（168f.：二三〇―二三二）。

3 自由と関係的平等

よく知られているように、アーレントは、「自由」を表す二つの英語表現、つまり liberty と freedom とを相互に置換可能なものとしては用いなかった。liberty は身体の必要や抑圧からの解放（liberation）と関係づけられるが、freedomは、この条件に加え、対等な他者の存在、その他者とともに行為することを持続的に可能にする公共的空間があってはじめて享受されうるものである（『過去と未来』147：二〇〇）[7]。

注目したいのは、アーレントが人びとの間に対等な関係が存在することを政治的自由にとって本質的なものとみなしていた、ということである。「自由人であるとは、必然の強制からの自由、および主人の命令からの自由を含んでいたが、それと同じく、命令することもしないという意味でもあった。自由人であるとは、支配することも支配されることもない、という意味だったのである。［…］同等（Gleichheit）は、近代になると、正義の要求である平等をつねに意味することになるが、古代においては逆に、自由の真の本質をなすものだった。自由人であるとは、あらゆる支配関係に内在する同等ではないことから自由となり、支配も非支配も存在しない空間のうちを動く（bewegen）、ということを意味したのである」（『活動的生』42–43：四一）。

この引用に見られるように、アーレントは、関係における支配–被支配の不在を、人びとが相互に自由であるための本質的な条件としてとらえる。「平等な者」としての相互の尊重は、現代の政治理論とは異なり、「尊厳」ないし「道徳的能力」があらゆる個人にあるがゆえに要請されるのではなく（正義が要請する平等との違い）、人びとが互いに政治的に自由であるために要請されるのである[8]。

フィリップ・ペティットは『共和主義』において、「非支配（non-domination）」としての自由を、「消極的自由」にも「積極的自由」にも還元されない、共和主義的な自由の構想として提示した[9]。ペティットから見れば（あるいは従来の通説的な理解においても）、アーレントは、「古代人の自由」（B・コンスタン）を現代に蘇らせようとした「積極的自由」の擁護者とみなされるが、これまで述べてきたことを踏まえるなら、こうした解釈には難点がある。

というのも、アーレントのいう政治的自由とは「支配も被支配も存在しない空間を動く」ことであり、政治は、このような自由を維持することをその「存在理由」——「人びとが政治組織のうちで共に生きる理由」——とするからである（本章冒頭の引用を参照）。支配は、人民による自己支配（積極的自由の実現）の場合にも起こりうることをアーレントは警戒し、「人民」は単数形ではなく複数形でとらえられるべきことを強調した（『革命』83：一三八）[10]。

たしかにアーレントは、ペティットらネオ・ローマ派の共和主義のように、政治的自由の実践を、市民的自由（civil liberties）をまもるためのたんなる手段とは考えなかったし、ユルゲン・ハーバーマスやジョン・ロールズのように市民的自由（私的自律）と政治的自由（公共的自律）との間に「等根源的」（相補的／相互構築的）関係があるともとらえていない。アーレントにとっては、自由は何らかの目的のためにあるわけではなく、それ自体が行為することを通じて享受されるものである。であるからこそ、アーレントは、そうした自由が生じうる世界のあり方に関心をもちつづける必要を強調したのである。

註

（1）アーレントは、『政治とは何か』では自由意志をめぐる哲学的論争には立ち入らず、意志を行為とは無関係の内面的現象と扱っている。これに対し、最晩年の『精神の生活』では、意志は「行為の源泉」としてとらえ返されるようになる（『精神の生活　意志』6：下九）。

（2）Judith Butler, *Notes Toward A Performative Theory of Assembly*, Harvard University Press, 2015, p. 88.『アセンブリ――行為遂行性・複数性・政治』佐藤嘉幸・清水知子訳、青土社、二〇一八年、一一七頁。

（3）*Ibid.*, 44–51, 70–77：六一―六八、九五―一〇四頁。

（4）Cf. Hannah Arendt, "Philosophy and Politics", *Social Research*, vol. 57, no. 1, 1990, pp. 80–82.

（5）ロナルド・ベイナー「アーレント」齋藤純一訳、Z・A・ペルチンスキー、J・グレイ編著『自由論の系譜――政治哲学における自由の観念』飯島昇藏・千葉眞訳者代表、行人社、一九八七年、四三七―四四三頁を参照。

（6）アーレントは、人間には世界に新しいはじまりを導き入れることが可能であることを「出生（natality）」という言葉で表現した。これは、「誰もが生まれることによって世界に入り込み、誕生によって世界が絶え間なく更新されていく事実」を指す（『過去と未来』193：二六四）。

（7）アーレントの用法において、"liberty"が古代ローマの自由概念"libertas"に語源をもつ言葉として市民的諸自由をまもる消極的・防衛的な意味合いを帯びていることは確かだが、他方で、若干の親和性が認められるとしても、"freedom"が古代ギリシアの自由概念"eleutheria"に近い含意をもつとまではいえない。消極的自由と積極的自由の違いについては、cf. Hanna Pitkin, 'Are Freedom and Liberty Twins?', *Political Theory*, No. 16, 1988, pp. 523–552.

（8）アーレントは、古代の「イソノミア」の観念が自然による平等ではなく法による平等を意味していたことに注目し、他の点では不平等でありうる者を政治的には平等な者として扱う人為的な制度の意義を指摘している（『革命』20f.：四一）。

（9）Cf. Philip Pettit, *Republicanism: A Theory of Freedom and Government*, Oxford University Press, 1997.

（10）ヤン＝ヴェルナー・ミュラーは、ポピュリズムの本質的特徴を「人民」を排他的に代表するというその反多元的な自己主張に見出している。cf. Jan-Werner Müller, *What Is Populism?*, University of Pennsylvania Press, 2016.『ポピュリズムとは何か』板橋拓己訳、岩波書店、二〇一七年。

7　共和主義

新しさの指標

森分大輔

1　共和主義の伝統

ハンナ・アーレントは『革命について』でアメリカ革命におけるローマの影響を論じた。またアメリカ革命史研究でも、ローマに起源をもつ共和主義の影響が指摘されている。これらを関連づけて、アーレント思想と共和主義との関係に関心が寄せられることがある。本章はこうした関心に応えるために両者の関係を確認するものである。

論旨を明示しておくならば、本章は一般的な共和主義の伝統とアーレントの論じたローマとの区別を確認する。そのため論点は次のようなものとなる。一、ヨーロッパ政治思想史における共和主義、二、共和主義の伝統とアーレント思想との関連性、三、共和主義と区分された共和制ローマとアーレント思想との関係がそれである。また、これらから本章は、アーレント思想へのローマの影響とその意義にも言及するだろう。

まず、第一の論点である共和主義（republicanism）である。共和主義は古代ローマに端を発しルネサンスの近代に日の目を見た思想である。徳（virtue）を有した人士による公への奉仕という共和主義の骨子をなす主張が、初期近代の自由都市で実現された有力な市民による自治に重ねて理解されたため、一般に君主制への対抗概念と位置づけられた。市民の自由を守り、一人支配の恣意的権力を批判する政治思想とされたのである。(1)

君主制との対抗関係で共和主義が理解されることになった一因にキケロに範をとるレトリックの伝統がある。その伝統が帝政ローマへの転換期に生きた彼の思想を伝えた。混乱期に著されたキケロの文章は、権力簒奪者を批判して共和制を擁護し、市民を率いてローマの危機を救ったスキピオのようなかつての英雄を登場させるものだった。つまり、定められた任期とともに公職から身を引いた潔い英雄の姿に共和国の秩序への尊重と、権力の座に居座る簒奪者への非難とを暗示した。そうした思想が伝えられたことで共和主義は、君主制のような一人支配への対抗原理、あるいは専制を拒み自由や自治、法を擁護するものと理解されたのである。[2]

こうした点を踏まえて指摘されねばならないのは、伝えられた主張が共和国の制度を単に擁護したわけではないことである。民会や元老院、護民官や執政官らからなる複雑な共和制ローマの混合政体だけでなく、その秩序を支えた人間の行為や名誉、友情などの徳性も併せて擁護された。その根底に普遍的秩序を尊重するストアの哲学があったからである。[3] 共和国の秩序は人間本性を規定する自然法秩序に重ねて理解され、「徳のある人士」はそれを尊重するいわば「自然な貴族」だった。

この「自然な貴族」はJ・G・A・ポーコックの『マキァヴェリアン・モーメント』に頻出する鍵概念である。ポーコックは近代ヨーロッパにおける共和主義を跡づけ、アメリカ独立革命への影響を論じた。イギリスの君主に対抗するアメリカ革命の論理には、ジョン・ロックやトマス・ペインの示した個人の自然権や社会契約論、あるいはそれに基づいた法という近代的論理だけでなく、有徳な「自然な貴族」があるべき秩序を擁護するという古代の論理も用いられた。私欲にまみれたイングランドの君主に抗して市民が自治を守るというアメリカ革命の主張を基礎づけたのである。[4] ポーコックは、ロックの自由主義から独立革命を論じたルイス・ハーツの『アメリカ自由主義の伝統』とは対照的な、この革命像を描出した。[5]

アメリカにおける「自然な貴族」観の流通は、そうした共和主義の古い構図が近代の革命に及ぼした影響を象徴している。それが影響力を発揮した理由には、共和主義的立場から革命を推進し、憲法案への賛成を市民に呼びかけるため自らプブリウス（Publius）を名乗って『ザ・フェデラリスト』を共同執筆した連邦主義者の存在があった。いわば彼らの振る舞い自体が、共和主義的な「徳のある人士」、あるいは公への奉仕という市民の徳（civic virtue）を体現していた。キケロが伝えた秩序を尊重する共和国の擁護者は、彼らアメリカ市民の自画像だった。

2 『革命について』における共和主義

こうした経緯を描写した記念碑的な作品の末尾でポーコックはアーレントに触れた。共和主義的伝統を論じた自身の作品を『人間の条件』の主張に重ねて「政治的人間（homo politicus）という古代の理想」の「近代初期西洋における復活の物語の一部を語る」[6]ものだと総括したのである。この表現は、これから確認する『革命』の議論をも適確に表している。彼女のアメリカ革命論もロック的自由主義の伝統とは意図的に区別され、さらにはフランス革命とも距離をおいて論じられたからである。『革命』は古代ローマの言語を用いてそれを記述したのだった。

アーレントが触れたのはローマに論及した『ザ・フェデラリスト』と、アメリカの分権や少数支配的特徴の重要性を論じたアレクシス・ド・トクヴィルの議論とである。それらを用いることで「活動」や「自由」を哲学の用語で語る『人間の条件』から解放され、それに付随する「はじまり」の問題を政治の具体的な位相から論ずることが可能となった。アメリカの「革命」は、いわば行為者の卓越を強調する共和主義的色彩を帯びた「活動」の政治を体現したものだったのである。アーレント研究者のマーガレット・カノヴァンは、それを自由主義とは距離をおいた共和主義的特徴とした[7]。

カノヴァンの指摘が何を指すのかは興味深い論点だが、ここでは深入りしない。代わりに触れたいのは、「活動」の政治が「公的幸福」(public happiness)の経験をもたらすという『革命』最終章の描写である。カノヴァンも認めた公への奉仕という共和主義一般の特徴に関するアーレントの理解が示されているからである。

アーレントは「公的幸福」を、フランスの詩人ルネ・シャールの言を用いて論じている。自らの卓越を行為によって暴露し、それによって自身の姿を再確認する「幸福」を活動者は得る。アメリカ革命はこの「幸福」に導かれた。卓越への渇望こそが革命を支えたからである。フランス革命が貧窮の克服という差し迫った動機に促されたのに対し、豊かな北米大陸では無名であり続けることへの嫌悪や、自身の卓越を示そうとする渇望をエネルギーに革命が進められたのである(『革命』59：一〇四)。

自らの姿を開示し、卓越や徳を周知させようという渇望は古代ローマにも見られた。ローマ市民は公への奉仕を誇り、自らそれに関与した。キケロが好んだ英雄スキピオはもちろん、現代にまで名を残す街道を整備したアッピアなど、狭義の政治に限らずさまざまな公への奉仕がなされた。自らの事績や卓越を知らしめる機会が渇望されたため、キケロは過剰な名誉欲を戒めてすらいる。

アメリカとローマはこのように、公の事柄に関わる市民の態度や自身の卓越と徳を明らかにしようとする振る舞いに共通点を有している。つまりローマとアメリカという異なる時代の異なる大陸の人々はともに「公的幸福」を求めたのである。

こうした共通点を有するローマとアメリカだが、アーレントの議論を確認すれば相違点も認められる。先に見たように伝えられた共和主義はストア哲学の影響を被ったものだが、アメリカを評価した彼女は、そのストア的な人間観、あるいは人間を本質論的に規定する手法を好まなかった。『人間の条件』の表現を借りればそのような哲学的、形而上学的議論は「自身の影を飛び越える」論証不能な試みだからである(『人間の条件』10：二三)。

対して「自然な貴族」論に象徴される共和主義は人間の本性に自然法秩序の尊重を認め、行為に現われる徳や卓越を説明した。つまり、古代の共和国の市民的徳とアーレントがアメリカ革命に見た「公的幸福」とが現象面で一致しても、それを了解する哲学は異なっている。両者の差異はたとえば、「自然な貴族」という共和主義の影響を象徴する表現が『革命』で用いられなかったことに確認できる。たとえ共和主義の影響が顕著でも彼女はそれを重視しなかった。むしろ「彼ら〔アメリカ革命の人々〕を西洋の起源にまでさかのぼって結びつけたのは、伝統ではなく、反対にモデルと先例とを必要としていた彼ら自身の経験だった」(『革命』189：三一六)と主張したのである。

この主張は、直接の言及を控えてはいても、革命に流通した「自然な貴族」のような共和主義の伝統を支える発想が自身のアメリカ革命論にふさわしいものではないという判断を表すものだろう。アーレントはアメリカに見られたローマの痕跡に関心を示したが、キケロを経由してストア的特徴を帯びた共和主義を受け入れることはできなかった。

両者の区別を把握するため、『革命』におけるローマの痕跡をいましばらく確認しておこう。たとえば制度へのローマの影響に関して、上院と元老院とが共にSenateと呼称されるような類似性をアーレントは指摘した。それはアメリカ革命が、共和制ローマの故事に倣う一種の再建であることを示すものだと言える。言い換えれば、アメリカ革命がローマの系譜を引き継ぐものであることを認めているのである。

アーレントの指摘を待たずとも『ザ・フェデラリスト』を一瞥すればローマの影響は容易に確認される。ローマの先例に倣おうとする記述は頻出し、その主張を見れば単なる用語上の類似に止まらない、より深い、いわば革命の成果である連邦の制度設計への影響も否定できない。たとえば、提案された政体は連邦共和国《﹅﹅》(federal republic)とされ、多数決の単純な反映としての民主制と意識的に区別され論じられた。革命に尽力した民衆の力に配慮しながらも、専門性が欠かせない防衛や外交を担う中央政府には民衆の力が及ばない工夫が施された。(8) トクヴィルが民主制における貴族制的特徴と指摘したそれは、州や連邦では代表者の少数支配を、地域では民衆の多数支配をそれぞれ軸とする混合政体だった。(9) ローマの元老院と民会のような、少数支配と多数支配という異なった統治原理の併存が意識して構想されていたのである。

こうした構想は、アメリカの連邦共和制に近代以前の政治思想が強い影響を及ぼした事実を示すものである。アメリカの実現した政治秩序には、古い思想がしばしば称揚した多元的秩序観が息づいている。

その古さにもう少し触れておくなら、たとえばボダンの主権論を批判したヨハネス・アルトジウスを評価する現代の連邦主義(federalism)論が参考になるだろう。その議論では、異なる統治原理の統一に着目し、それを可能にする多元性を保持した秩序観を連邦の構成原理と評価しているからである。封建領主と自由都市のようなまったく異なる統治原理が併存したまま統合を保つ前近代的秩序を弁証するため、異なる役割を担う諸部分が統合された有機的な多元秩序をアルトジウスは示した。現代の連邦主義論は、それを分権と統合という相反する統治原理を内包した連邦制を了解可能にする主張と評価している[10]。

トクヴィルの指摘したアメリカの混合政体も一種の多元的秩序である。仮にその多元性を本来の秩序とみなした自然法思想が想定されれば混合政体の保全は容易だろう。先に触れた共和主義的「自然な貴族」が、連邦の実現する多元秩序を人間本性に刻印されたものとすることで連邦共和国は擁護される。分権と統合とを同時に擁護する連邦精神（federal spirit）の必要を論じるマイケル・バージェスのような現代の連邦主義論は、そうした古い発想を現代に再生させることを模索していると言えるかもしれない[11]。

多元性を本来の秩序の一部とする発想は実際、革命時のアメリカで流行したモンテスキューに確認できる[12]。法は「異なる領域をつなぐと同時に隔てるもの」であり、少数支配と多数支配のような異なる支配原理の並存を可能にするものと主張された[13]。法は、異なる領域を仲立ちするとともに、それらを基にした全体秩序を表すものだった。

こうした点から明らかなのは、アメリカ革命の構想した制度や、それを支えた発想への古い政治思想の強い影響である。そのため、この影響から革命を古代ローマの継承とみなすことには十分な説得力がある。だとすれば先のポーコックの言は、そうした文脈から理解されるべきものかもしれない。その場合『革命』で示唆された卓越への渇望は多元的秩序を保全する人間の傾向として了解される。換言すれば共和制ローマが実現した分権的な公の秩序（res publica）の尊重を人間本性に想定し、それに従う「自然な貴族」が擁護の責務を果たして卓越を誇るという図式を『革命』に見出すべきなのかもしれない。

しかし、そうした探究は徒労に終わるだろう。繰り返しになるが、アーレントは革命時に流通した古い発想の存在を認めても自身の解釈に取り入れてはいないからである。このことはモンテスキューの先の言葉をまったく異なる文脈で用いたことに象徴されている。「異なる領域をつなぐと同時に隔てる」という表現は、先のような多元的な秩序観から切り離された独自の文脈に据えられた（『革命』180f.：三〇四）。モンテスキューの同じ表現に『人間の条件』で示された論理が重ねられたのである。

アーレントは「介在物」（in-between）を介した他者との関係構築を可能にする「活動」を法に重ねて理解した。「テーブルがその周りに座っている人々の間に位置しているように、それを共有している人々の間にある」（『人間の条件』52：七九）という公的領域における人間の関係性を、「異なる領域をつなぐと同時に隔てる」法に重ねたのである。

主題から外れるためアーレント自身の法観念を詳述しはしない。ただしそれが互いに接する領域の媒介として表現されて『人間の条件』で論じられた「約束」に関連づけられたこと、さらには、その「約束」が「活動」と規定されたことは指摘されてもよい（『革命』166f.：二七二）。「異なる領域をつなぐと同時に隔てる」法は、人間が自発的に交わす相互約束（mutual promise）に基づいて再解釈された。自発的に交わされる「約束」を介して人間が互いに抑制しあう関係性を構築すること、そして、その関係性に法と権力との基本的作用が期待されていることをアーレントの読者は知っているだろう。その議論は形而上学に基づく有機的多元秩序や、その擁護を人間本性に関連づけるストア的自然法論と異なるものであり、個々人に自発性を認める点であきらかに「活動」に依拠するものだった。

3　共和制ローマの影響

ストアに影響された共和主義を用いることなくローマとの関連を扱う傾向は、アメリカ革命をローマの再興と位置づけた『革命』後半にある別の議論でも確認できる。ローマ的な権威の観念がアメリカ憲法に正統性を付与したというそれである。

混合政体を可能にする連邦憲法の権威をアーレントは、キケロの共和主義が依拠した自然法から論じなかった。正確には革命時に流通したロックの自然権論や、後のフランス革命に影響を及ぼしたルソーにも関心を払わなかった。アメリカ憲法の前文が神の権威に基づく正統性を主張したにもかかわらず、宗教の影響力低下に触れて形而上学に基づく正統化を自身の解釈に持ち込むことを避けたのである（185–187：三一一―三一三）。

代わりに用いられたのは、共和主義と区別されるローマ的権威の概念である。それは権威（auctoritas）をラテン語の増大（augere）に重ねる語源論から説き起こすものだった。「創設（foundation）」、「増大（augment）」、「保存（conservation）」という三つの作用を権威に認めることで、アメリカ憲法の正統性を弁証したのである（193：三二二）。

それによればローマの政治的行為は、その「創設」を基準に理解、判断された。すなわち「創設」されたローマを「保存」「増大」する行為はそれゆえに卓越とされ権威化された。アーレントは、キケロがストア的に解釈した徳や卓越をも自然法秩序から切り離し、自ら発掘したオリジナルのローマから再規定できることを示したのである。

こうした理解を背景にアーレントは、アメリカの人民が革命自体を憲法的権威の源泉にしたと論じる。連邦共和国を構成（constitute）したアメリカの建国プロセス自体が、その政体の憲法（constitution）の権威の源泉だというのである。その主張はアメリカにおける憲法批准時の反応によって跡づけられた。憲法が公布されると人々は「宗教的（religious）」とも言える熱狂を示して受け入れたのだった。

この熱狂が、アメリカにローマ的権威が息づいていたことの証だった。「宗教」は、起源に結びつくという意味のreligareを語源とするためである。「ローマの敬神がローマ史の起源である永遠の都市国家の創設にさかのぼって結びつけられて考えられていたように、アメリカ人の〔憲法への〕敬神も、はじまりにさかのぼってそれに結びつくこと（religare）にあった」

（190：三一七）。すなわち、新憲法に基づく共和国が人々の尽力した革命によって「創設」された事実、そして、そうした革命のプロセスが「創設」された憲法によって「保存」されたことが、結びつきと解されたのである。

ローマがその起源となったロムルスとレムスの創設の事績を権威化したのと同様に、アメリカはピルグリム・ファーザーズの入植に始まり憲法制定で区切りを迎えた建国プロセスを権威化した。それが端的に述べたアーレントの主張である。言い換えれば憲法制定時に実現していた連邦共和国の統治構造や、それを生み出すまでのさまざまな「活動」の経緯が人々に支持された。その支持を、アーレントは創設に遡って結びつくというローマ的権威の概念を用いて表現したのである。

こうした解釈は第一に、アメリカにみられるローマの影響を共和主義から分離することを可能にし、第二に、そうして分離されたローマに自身の論理を重ねることを容易にする利点を持つ。そして、前者は先に触れたアメリカ革命にローマの再興を認めたアーレントの議論をあらためて説明する。すなわち、アメリカ革命はローマ的権威が再起動する新しさを伴う再興であり、共和主義の継承や模倣とは区別されるのである。

革命の人々が古い共和主義の用語で自身を表現し、あるいはその観念に基づいた模倣とも言える構想を提示したことは、この新しい「創設」の枠組みから再解釈される。革命はまったく新しい出来事だったが、その新しさを表現する言語をアメリカは有していなかった。そのためローマの用語が借用されたのである。この継承ではない、新しい「創設」という主張は、もう一つの利点を考慮することでより明確になる。すなわち、革命の行為者がローマの言語を用いて表現せねばならなかったものとは、「活動」や他の彼女の理論を重ねて理解できる振る舞いにほかならない、新しい「始まり」だったことがそれである。

革命に流通した古い表現を「活動」に関連づけるアーレントの操作は、たとえば先に触れた法と相互約束との関連づけに示されている。その操作が意味するのは、古代ローマが『革命』における新しさの徴だったという逆説だろう。憲法を権威化した革命のプロセスは、「新しい秩序の構成」と呼ぶにふさわしい「活動」過程であり、それに関連して言及されたローマはその新しいプロセスを示唆する指標だった。

念のために指摘するが、アメリカの新しさは『人間の条件』で批判された普遍的観念に依拠して秩序を新たに制作する政治哲学的なものではない。君主への抵抗が時とともに独立をめざすものへと変化し、そのために連合した諸邦が連邦共和国を形成する過程で看取される新しさである。換言すればそれは次のような「活動」の存在を示唆するものだった。「たとえ最初は孤立のうちにはじまり、まったくさまざまな動機を持つ個人によって決意されたものであるにせよ、活動は、ある共同の努力によって、完成される」（165：二六八）というそれである。

アメリカ「創設」の契機となった最初期の「活動」は、多くの助力を仰ぐことで革命の完成へと進んだ。人々はそれを共和主義やローマの前例に倣ったと述べたかもしれない。しかし、実際の様相は異なっているとアーレントは主張する。革命のプロセスには個々人が自発的に関与する新しさがあった。「一度理論や影響力についての推測から離れて、〔…〕彼ら自身の言葉に目を転じてみれば、そこにあるのは理論とか伝統というよりは、むしろ細心の注意を払って考え抜かれた最大級の、将来において最も重要になる一つの出来事である」(164：二六六)。

このようにアメリカ革命は模倣でも継承でもない、人々の自発的「活動」に基づく新しい過程、出来事だった。そのアーレントの指摘を踏まえて触れねばならないのは、『革命』で強調された「自由(freedom)」の意味だろう。それもまた当時の思潮を反映した自然権論から派生する自由でも、君主の一人支配から擁護されるべき共和主義的市民の自由でもなく、「活動」の実現する「自由」だったからである。

あらためて指摘するまでもなく、アメリカ革命で流通したのは先の二つの自由概念である。その事実は先に触れたハーツやポーコックの政治思想史研究に跡づけられている。そうした研究が示すように自由という語は革命で多義的に用いられ尊重された。しかしアーレントは「自由」を強調した自身の議論でそれらを採用しなかった。代わりに両者と異なる「活動」の「自由」を見たのである。それが先に確認したローマを指標とする革命の新しさを説明する。彼女にとって個別の「活動」で卓越を暴露する「幸福」を享受するにとどまらず、そのプロセスの継続によって権威化され「完成」された革命は、「自由」の顕現にほかならなかった。ローマ的権威の議論にあった「創設」に遡って結びつくような「活動」を、人々は卓越の誇示という個人的な動機に促されながら自発的に開始したからである。それぞれの動機から別個に始められた「活動」は行為者自身の自発性に則っている点においては「自由」なものであり、「創設」に触発されてそれに結びつくという点ではローマ的だった。

アーレントの議論にあるローマの痕跡は、このようにキケロ的な意味での共和主義と異なっている。それを理解した上で最後に指摘したいのは、『革命』の記述がローマとアメリカという二つの共和制への共感に溢れていることだろう。その共感はローマが「自由」な「活動」の政治を表現するのに用いられた事実を再認識させる。つまりアーレントは自身の政治思想の核とも言える部分の表現にローマを用いた。アメリカ革命を「活動」の政治の描写に選んだ時点でローマのイメージから逃れることはできなかったのである。

こうした特徴をも共和主義からの影響と呼ぶか否かは、もはや共和主義という術語の定義に関する技術的問題だと言える。本章では共和主義の根底にストアの形而上学を見たためそれを否定した。ただしローマ的政治観の影響下で「活動」が語られ、アメリカ革命という具体例とともにそのヴィジョンが展開されたことは確認してきたとおりである。この意味でのローマをも共和主義とすれば、アーレントは確かにその影響を被っている。ただし、そう主張するには共和主義の思想史上の再検討を経なければならない。

註

（1）Quentin Skinner, *The Foundation of Modern Political Thought*, Cambridge University Press, 1978, p. 35.

（2）*Ibid*., p. 41.

（3）Cicero, *Selected Works*, trans. Michael Grant, Penguin Classics, 1971, p. 9.

（4）J.G.A. Pocock, *The Machiavellian Moment: Florentine Political Thought and the Atlantic Republican Tradition*, Princeton University Press, 2003, pp. 516–517.（『マキァヴェリアン・モーメント』田中秀夫ほか訳、名古屋大学出版会、二〇〇八年、四四八頁）

（5）Louis Hartz, *The Liberal Tradition in America*, Harvest Books, 1991.（『アメリカ自由主義の伝統』有賀貞訳、講談社学術文庫、一九九四年）

（6）Pocock, *op. cit*., p. 550.（前掲書、四七九頁）

（7）Margaret Canovan, *Hannah Arendt: A Reinterpretation of her Political Thought*, Cambridge University Press, 1992, p. 204.（『アレント政治思想の再解釈』寺島俊穂・伊藤洋典訳、未來社、二六四頁）

（8）Alexander Hamilton, James Madison, John Jay, *The Federalist*, Random House, 1937, p. 248.

（9）Sheldon S. Wolin, *Tocqueville between Two Worlds: The Making a Political and Theoretical Life*, Princeton University Press, 2001, p. 232.

（10）森分大輔「連邦制と民主主義」、松尾秀哉編『連邦制の逆説？——効果的な政治制度か』ナカニシヤ出版、二〇一六年。

（11）Michael Burgess, *In Search of the Federal Spirit: New Theoretical and Empirical Perspectives in Comparative Federalism*, Oxford University Press, 2012.

（12）斎藤眞『アメリカ革命史研究』東京大学出版会、一九九二年。

（13）Montesquieu, *De l'esprit des lois*, édition de Robert Derathé, Garnier, 2 vols, 1973., Book I, ch. 1.（『法の精神（上）』野田良之訳、岩波文庫、一九八九年。第一部一編一章）

8

法と権利
政治の条件としての人為的制度

毛利　透

1　活動と法との緊張関係

アーレントにとって法の意義が、何よりも「健全な政治的公共圏の規則を確保し維持する」ことにより「政治的活動を可能にする」ことにあったのは、明らかである。『人間の条件』で法は、ギリシアのポリスにおける情熱的な政治的活動の前提となった枠組みとして描かれている。「彼ら市民にとって、法は、都市を取り囲む城壁の如きものであり、活動の結果ではなく、製作の産物であった。人びとが活動し始める以前に、すでに一定の空間が確保されていなければならず、すべての活動が行なわれる以前に、すでに一定の構造物が建てられていなければならなかった。ここでいう空間がポリスという公的領域であり、構造物というのが法であった」（『人間の条件』194f.：三一四）[1]。

この引用箇所には、すでに法と活動の緊張関係が明確に現われている。立法とは活動というよりも製作であり、それを政治と見ることは、かえって活動の政治性を見失わせることになる。活動とは公的領域で演説などの政治的言論により自らの卓越を示そうという行為であるが、この行為は後に何も「触知できる生産物」を残さない。政治的活動とそれが人々を結びつけて生み出す「権力」から何が生じてくるかはつねに予測不可能であり、この「権力」は安定的秩序としての法とつねに鋭い緊張関係にある（190f.：三〇八―三〇九）[2]。つまり、アーレントにとって法とは、政治的活動を可能にする条件として不可欠であるにもかかわらず、その政治的活動を制約・破壊する危険性をもっている両義的存在である、ということになろう。

『人間の条件』では、「現われの空間は、人びとが言論と活動の様式をもって共生しているところでは必ず生まれる。したがってこの空間は、公的領域やさまざまな統治形態、つまり公的領域が組織されるさまざまな形態が、形式的に構成される以前に、存在するものである」（199.：三二一）とも言われており、法による共同体構築がなくても公的領域が現われうることは認められている。確かに、活動とそこから生まれる「権力」の予測不可能性からして、法が活動を生む絶対的前提条件であるはずはない。より厳密にいえば、法は、「活動の空間を永続的なものに」するため、公的空間を「活動と言論が続いている瞬間」を越えて存続させるために、必要とされるのである。このような枠組みがつねに用意されることによって、公的領域での活動が「異常」なものではなくなり、より多くの者に卓越を示す機会が与えられることになる（196–198：三一七―三一九）。

あらゆる政治活動が禁止されている社会でも、活動が人びとを結びつけ「権力」が発生することを確実に防止することはできない。「実際、活動は人間の奇蹟創造能力である」（246：三八五）。もし、どのような条件下でも発生しうる活動のヒロイズムへの注目がアーレント理論の核心なのだとすれば、彼女の理論において法は重要な役割を果たしていない、ということになる。アーレントが、出生という自然現象に、人間の世界に「始まり」がつねに訪れる「存在論的」根拠を求めていることに注目する場合にも、やはり法に積極的な意味を与えることはできない（247：三八五―三八六）[3]。逆に、彼女の法理論が重要なのだとすれば、それは公的領域を恒常的に確保し、そこに参加する敷居を人為的に低めることによって、異常な情熱をもつ者だけでなく、より多くの市民に「政治的活動を可能にする」ことが、アーレントにとって重要な関心事であったと言えるときであろう。以下では、このような理解の可能性を探ってみたい。

2　全体主義の経験と実定法の価値

①無国籍者と「諸権利を持つ権利」

アーレントの政治理論全体と同様、彼女の法についての態度も、全体主義との理論的対決に根ざしている。まず、『全体主義の起原』第2巻『帝国主義』の末尾で展開される有名な人権論批判、つまり「人間である」ことのみを根拠にする人権は、まさにその論理しか頼ることのできない無国籍者が大量に発生したとき、無力であったという批判を取り上げるべきであろう。

アーレントはここで、人権があるといっても個別の国家が実効的に保障してくれなければ絵にかいた餅だ、ということだけを言っているのではない。人間であるという根拠のみに基づく人権の論理には、人間の尊厳を保護するためには重大な欠陥がある、と言っているのである。なぜなら、この論理には、人間の尊厳は「人間の複数性」という「人間の条件」（もちろん、『全体主義の起原』より後の書籍の題名だが）に依存しているということが含意されていないからだ。個人の人間としての能力は、「共同生活において暴力によらず言葉によって人間生活の諸問題〔…〕を調整する能力」にほかならない（『全体主義』D 615f.：II三一六―三一九）。あらゆる政治体から排除され、この能力を発揮する可能性を奪われたとき、人間は人間という動物でしかなくなる。自分が何を言おうが、誰からも相手にされない。そのような者は、誰からも尊厳ある者として扱ってもらえない。無国籍者をさいなむのは、この「人類から締め出される」(608：Ⅱ三二〇)ことへの恐怖である。

アーレントは、このようにして、抽象的個人性に人権の根拠を見出す考えを批判し、エドマンド・バークのフランス革命批判に正当性を見出す。ここで彼女は権利の源泉を「ネーション」に見出すのだが、ここでの「ネーション」は、自然によって定まる「民族」というよりも、国家の構成主体たる「国民」と訳されるべき概念であろう。それは文明世界を構成するものとして位置づけられており、「人間によって築かれ、人間の技によって考え出された世界への参画」を可能にするものととらえられているからである(619–623：Ⅱ三二一–三二七)。つまり、人為的な政治体の構成員として、他の人々と交流する資格が、人間を尊厳ある存在として認めるために不可欠なのであり、この地位を得ることを、彼女は根本的な権利、「諸権利を持つ権利」(614：Ⅱ三二六)の内容であると考えている。

彼女の人権論批判は、個人個人が人間としての能力を発揮しつつ生きるためには、政治体において他者と交流しうる地位を法的に確保することが重要だと強調するものである。公的領域での多様な他者との交流が人間の尊厳ある生き方を可能にするという思想から、そのための参加権を法的に保障することの不可欠性が導かれる。確かに、個人の自然権を基礎にした社会契約論からも、どの国家の保護も受けられない無国籍者を放っておくこと、さらには国籍剥奪によって個人をそのような地位に陥れることへの批判は導けるであろう。ただ、アーレントの理論は、国籍が個人にとって有する意味を、より現実に即したかたちで示してくれているように思われる。彼女は、政治体構成員であることの法的な承認が、自らの意見が政治的な意味で聞いてもらえること――それが人間の尊厳のとりでになる――のために必須であると考えているのである。

② 全体主義の運動性と法の必要性

『全体主義の起原』の第3巻『全体主義』は、全体主義の本質がその「運動」性に存在すること、この運動性が、法や国家といったあらゆる固定的秩序枠組みに敵対し、それらを破壊しつくしていったことを強調している(832：Ⅲ一六五)。全体主義の運動性は、政権を奪取しても終わるどころか、ますます過激化する。人間の多様性を否定する狂気のイデオロギーは、とどまるところを知らずに先鋭化されつつ、実現されていくのである。「永続的な不安定の状態」こそが全体主義的支配の核心であり、そのために、法を無視する「暴力行為」が恒常的に吹き荒れた(817–819：Ⅲ一五三)。社会秩序が安定してくれれば、プロパガンダで巻き込んだ大衆にもまともな思考能力が戻り、個別の意見をもつようになる危険が高まるからである。また、実定法が意味を失うことにより、ある事項について誰が権限をもっているのか、誰にも分からない、という混乱状態が出現する。だが、これこそが、全国民を不安に陥れ、つねに「総統」のどんどん過激化していく運動方針に追随しなければならないという強烈な意識を叩き込むための、「計画的な〈無構造性〉」(838：Ⅲ一六九)なのである。

このような不安定状態と対比したとき、実定法の「絶えず変わる人間の事象に相対的な安定性を与える」(949：Ⅲ二八八)作用の価値が明確になる。法律は、「新たな始まり」によってつねに揺れ動く人間の共同生活に枠組みを与え、「この始まりに自由を保障し、そのなかでのみ自由が現実化する空間を作ってやる。こうして法律は予見不可能の絶対的に新しいものの可能性を保障すると同時に、すべての個々の始まりを超えて継続する共同の世界が先行することをも保障する」(957：Ⅲ二九七)[4]。

活動によって人びとが結びつくには、つまり個々人が自由な政治的判断力を行使するには、ある程度安定した秩序が必要である。「永続的な不安定の状態」に置かれた者は、まともな判断力を失ってしまう。彼らが政治に参加するとしたら、それはイデオロギーの内的一貫性の魅力――それは、通常の目からはむしろ当該イデオロギーの狂気性としか思えないのだが――に、自己の存在価値を、自己破滅的に賭けようとするからにほかならない(970：Ⅲ三二一―三二三)。しかし、内的・論理的一貫性は、その思想の政治的説得力とは本来関係ないのであり、政治的議論は、むしろそのような「論理の自己強制」を破る「始まり」をつねに許すものでなければならない。このような、人間の多様性を認めつつ議論のなかで人々が結びつくことを可能にする公的空間を構築するためには、実定法によって保障される法秩序が必要になる。

以上の考察からは、全体主義によって「あらゆることが可能である」ことが実証された今日の世界において、公的空間を護るとりでとしての実定法の意義を軽視すべきではない、ということになろう。アーレントは後にカントを引きつつ、個々人の思考能力がその公共的使用に依存していることに、あらためて注意を促した(『カント』39f.：五五―五六)。個人は、他者の多様な見解に触れられるときにのみ、社会の現実との接点を確保でき、個々の主張の説得力について妥当な判断を与えることができる。だとしたら、このような公的空間にできるだけ多くの人々が参加し、多様な見解が提供され、その間で自由な議論が行なわれることは、より多くの人々に社会のリアリティを感じさせ、妥当な見解への支持を増やすことに貢献するであろう。そのような空間の安定的存在を確保するための法の意義は、まさに今日において重要だということになろう。

3　評議会制と自由の空間

①　活動の場としての評議会

『革命について』でアーレントが、フランス革命と対比してアメリカ革命こそ成功した革命であると判断した理由は、前者が安定的憲法を樹立できなかったのに対して後者がそれを樹立し、これにより「自由の構成（constitutio libertatis）」に一応成功したからである。したがって当然ながら、同書は一種の憲法論でもあり、彼女の法理論を探るのに多くの材料を提供してくれる。

まず、フランス革命が安定的憲法を創設できなかった最大の理由は、「人民のなかに全権力の源泉とその所在を見ただけでなく、あらゆる法の根源をも見た」ことにある。しかもその人民は、多様な意見を持ち議論しあう市民の集団ではなく、「絶対君主の主権意思の理論的置き換え」として一つの意思をもつ者と理解された（『革命』147：二四三）。だとすれば、人民の意思が変われば憲法の正統性がたちまち失われてしまうのは「定義上」当然である。

アメリカ合衆国憲法がアメリカにおいて安定した秩序を樹立することができたのは、そこで自然状態からの政治体構築が行なわれたのではなく、すでに存在する多くの下部団体の権威が前提とされ、それらから派遣された憲法起草者の権威も疑われなかったという事情による。植民地での自治の経験から、彼らは人民主権を「その権力が法によって行使され、法によって制限されているところの組織された複数者という、現実に動いているリアリティ」として理解した（157：二五七）。そして、この憲法が新たな政治体を創設した行為の成果として「崇拝」され始めることにより、その権威は安定したものとなった（190f.：三一八―三一九）。アーレントは、この創設行為の権威化も、憲法制定が暴力によってではなく「共同の熟慮と相互誓約の力」によってなされたことによって可能となったと考えているようである（206：三四〇）。

革命時に市民が自主的に公的領域に出現し活動を始めるのは、フランス、アメリカ、あるいは他のどの革命においても、共通して見られた現象である。市民はその公的領域を自主的に、かつ法的に組織しようとしはじめるが、これは中央政府に基盤を置く権力者にとって脅威となる。彼らは自らの主張をプロパガンダによる大衆動員で「一般意思」として正当化し、それに反対する自治組織をつぶしにかかる。このとき、下からの段階的法形成という観念のなかったフランスでは、上からの暴力行使に抵抗することができなかったのである（231–240：三八五―三九八）。というより、アメリカ革命以外のすべての革命は、フランス革命と同様の経過をたどって「裏切られて」いった。「二十世紀における革命の惨状のうちに葬り去られたのは、〔…〕近代的な平等主義的社会の全成員が公的問題の「参加者」になることができるような新しい統治形態に対する希望にほかならなかった」（256f.：四二一）。彼女がこれを政治的に重大な損失であるとみなすのは、逆に、すべての市民に開かれた政治参加の場が恒常的制度として与えられれば、政治的関心のある市民がそこに集い、現在よりはるかに豊かな政治的議論――自由の体験――が可能になると彼女が確信しているからである（267–

270：四三五―四三九)。

② 評議会制への諸批判 (1)

ところが、これらの考察をふまえて、『革命について』の終盤で「自由の空間」の組織化として示唆される評議会制に対しては、その反民主主義的性格を非難する声が高い。アーレント自身がそこで「「貴族政的」統治形態」、「今日理解されているような普通選挙権の終わり」(271：四四一)というような挑発的言辞を用いていることに刺激されてのことであろうが、たとえばリチャード・ウォーリンは、これにより彼女は「みずからを誇示するというすぐれた美的な能力」をもたない「市民の大多数を、政治的にまったく辺境的な存在へと喜んで追いやってしまう」と厳しく指摘する[5]。

しかし私は、このようなアーレント理解こそ、今日の議会制における「普通選挙権」なるものが万人の政治参加を約束してくれているという、アーレントが打ち破ろうとした「エリート主義」的政治観からなされたものだと考えている。すでに論じたことがあるので詳論は避けるが[6]、アーレントがここで言いたかったのは、何年かに一度の匿名の、つまり言論を伴わない投票で政治指導者を選ぶことが、最も重要な政治参加の機会であるという理解こそ、国民を政治から遠ざけ、そのぶん指導者からのプロパガンダに対する抵抗力をもたない存在へと貶めてきた政治観だということである。そうではなく、誰に対しても実際の参加で人々に訴えかける場が恒常的に与えられるならば、政治的関心のある者はそこで自らの主張を言論で示すであろうし、それが人々を動かし政治体の姿を変える可能性はつねに存在する。

アーレントは確かに、その評議会に参加する者は少数者にとどまるだろうと述べている。しかし、これもアーレントが参加を限定しようとしたということではない。事実としてそうなるだろう、ということであり、私はまったくそのとおりだと思う。活動の有する危険性からして、あえて自らの身をさらして政治に参加しようと考える者が、少数にとどまるのは当たり前である。――アーレントをエリート主義と批判する者は、この危険性の指摘がアーレント政治理論の中核に位置することにも敏感でない。活動は自らの存在そのものを公的領域の光にさらし、しかも共同体と自分自身に予測不可能かつ不可逆的な影響を与える。そして、活動の意図は大抵の場合達成されない。これらの政治的活動の特徴もまた、端的に事実であって、「政治的実存主義」などといって否定することはできない。――だからこそ、現在の体制のようにその少数の者まで意味ある参加の場から排除してはならないのであり、政治的関心のある市民のできるだけ多くが参加できる場を法的に備えることが重要になる。

③ 評議会制への諸批判 (2)

とはいえ、私は評議会制が現実に可能な法的枠組みだとは考えていない。評議会制は、非民主的なのではなく、過激に民主的すぎる。アーレントは市民を信頼しすぎているのである。実際に参加する市民に政治体にとって重大な決定を委ねるというのは、いかなる政治的能力ある少数者にとっても過大な負担であり、必然的に評議会での議論の自由を歪めてしまうだろう。アーレントに欠けているのは、——ギリシアのポリスを暴力抜きの政治体と安易に想定してしまうことにも見られる——自由と決定の間の緊張関係の意識である。決定の強制は人々を無理やり友と敵に区分し、議論を続けつつ「協調して活動する」ことから生まれる「権力」、そしてその自由な空間維持能力を脅かすであろう。

『革命について』において、アーレントはアメリカ合衆国憲法が「自由の構成」として優れていた点を、権力分立と連邦制という統治機構の定めにのみ見出している（そして、憲法がタウンシップを明記して連邦制に厚みを与えなかったことを、残念がった）。これに対し、権利宣言の諸条項は、政府の権力を制限するためにのみ存在する「ネガティヴ」なものであった、と理解されている（134–145：二二四—二四〇、240–247：三九八—四〇七）。私は、このような統治機構と権利保障の切断は民主主義理論からして適当でない、と考えている。[7] 民意形成は、個々の市民の自由権行使に発するものと考えなければならない。アーレントの評議会制論は公的空間を公式の空間へと閉じ込めてしまっており、その意味で——法を軽視するどころか——政治の存立を法的枠組みに依存させすぎているように見える。自由の空間は、少なくともその基盤を、「権力」がまさしく「人びとが共同で活動するとき人びとの間に生まれ、人びとが四散する瞬間に消える」（『人間の条件』200：三二三）ような非公式の場に有する必要があるだろう。既存の法秩序全体を揺るがすポテンシャルこそ、活動の最も根源的な政治的性質であり、それを維持するためには公式の権力機構とは切り離された場が求められるからである。「権力」に携わる醍醐味も、そのような文字どおり無から生じる力を感じることのなかにこそ、最も純度の高いかたちで存在する。このような意味で、言論活動の権利としての——単なる権利としての——保障は、政治的自由として不可欠の要素なのである。

もちろん、非公式の場での活動が実際の社会の変化を導く可能性は、ほとんどない。アーレントは、それが分かっていたから、評議会制を提案した。しかし、やはりこの制度には無理があり、われわれとしては、現行体制の改良を目指すしかない。こうして私は、アーレントをエリート主義とはまったく逆の「ラディカル・デモクラット」と賞賛しつつ、その制度論には従わなかったハーバーマスに基本的に従うことになる。[8] ただし、アーレントは自らの評議会制を絶対的評価基準として、現行の議会制民主主義体制も社会主義と同様にだめだ、と言っているのではない。彼女は、両者の違いを経済的自由の有無や経済的豊かさの相違に求める論調を厳しく批判し、何よりも政治的自由が認められているか否かの違いこそ決定的な体制の相違であることを力説している（『革命』209f.：三五四―三五五、『暴力』220–222：二一八―二二〇）。また、市民的不服従についての評論で、彼女は、代表制の正統性が危機に瀕する中での、結社の自由の行使による影響力行使の意義を強調している（『暴力』88f.：八一、94–97：八七―九〇）[9]。このように、アーレントも現実政治に対する評論のなかでは、政治的自由権の行使を認めるか否かが法秩序の正当性にとって最も重大な基準であると考えているようであり、つまり公的領域を非公式の自由権行使の場に見出していた。

アーレントの評議会制論は、活動の場を法的に準備することへの彼女の高い関心を表すものであるといえよう。彼女の評議会制論には賛同しない私も、この問題関心の重要性は十分認める。人間はたしかに活動する能力をもつが、それが十分発揮されるためには人為的な制度による支えが必要である。そして、そのなかでの活動を通して、孤立した状態では動物にすぎない人間が、尊重されるべき存在であることが相互に承認されていく。だから、共同体の一員であるという法的地位は、人権にとって死活的重要性をもつのである。

＊本章は、拙稿「アレント理論における法」『理想』六九〇号、二〇一三年、一〇五―一一八頁を改稿・短縮したものである。

註

（1）Christian Volk, *Die Ordnung der Freiheit*, Nomos, 2010, 211f. (2010).

（2）この法は、公的領域を構成するだけではなく、それと私的領域とを区分し、後者を保護するものでもあった。この保護によってのみ、人がそこを抜け出し公的領域で活動することが可能になる。『人間の条件』63f.：九二―九三を参照。

（3）もちろん、『全体主義の起原』の印象的なラスト（D 978：Ⅲ三二二―三二三）も参照。

（4）実は訳の「予見不可能の」という箇所のドイツ語原語は voraussehbar、つまり「予見できる」なのであるが、そのままでは内容的に理解困難である。英語版の対応語が unpredictable であることからしても、unvoraussehbar の誤植であると判断し、訳書の語を維持した。

（5）リチャード・ウォーリン『ハイデガーの子どもたち』村岡晋一他訳、新書館、二〇〇四年、一一五頁。Hauke Brunkhorst, *Hannah Arendt*, C. H. Beck, 1999, pp. 145–147 も参照。

（6）毛利透『表現の自由』岩波書店、二〇〇八年、三六―四二頁、同『民主政の規範理論』勁草書房、二〇〇二年、九三―九八頁参照。

（7）前掲『表現の自由』第1章参照。

（8）前掲『民主政の規範理論』、一〇八―一〇九頁参照。

（9）彼女は、合衆国憲法修正一条に「結社の自由」を明記する憲法改正を提唱している（『暴力』101：九四）。Volk, *Die Ordnung der Freiheit, op. cit.*, 246–250 は、この評論を根拠に、アーレントが「非国家的かつ非経済的」市民社会の政治的重要性を認めていたと述べる。しかし、この論稿が彼女本来の政治秩序構想の現われといえるかどうかは疑わしい。

9

熟議と闘技

活動／行為はどのようなかたちをとるのか

金　慧

1　二つのデモクラシー

現代の政治哲学においては、利益集団による競争と妥協によって諸利害の均衡を図ろうとする利益集約型のデモクラシーが規範的かつ記述的な妥当性の観点から疑問に付され、これに代わるデモクラシーのあり方についての議論が展開されてきた。こうした新たなデモクラシー、すなわちラディカル・デモクラシーを唱道する立場として挙げられるのが、利益の集約ではなく意見の交換を軸とする熟議デモクラシーや、集団間の差異や対立を重視する闘技デモクラシーである。熟議デモクラシーを主張する立場からすれば、所与の選好の集約という想定から出発する利益媒介型の政治ではなく、意見の交換によって選好の変容を促し、共有可能な理由を協同的に探求することこそがデモクラシーの好ましいあり方である。他方で、闘技デモクラシーにおいては、同意や理由の共有という目標は集団間の立場の違いを覆い隠すことになりかねず、むしろ意見や価値観を表明することによって集団間の立場の相違を顕在化させることこそが求められている。

アーレントもまた、選挙によって選ばれた代表者に法制定権限が独占される既存の代議制デモクラシーのあり方を厳しく批判している。しかし、それに代えてアーレントが提示する政治のあり方が、意見の交換によって合意の形成を目指す熟議デモクラシーに分類されうるのか、それとも他者との差異を創出ないし顕在化させることに重点をおく闘技デモクラシーと親和的なのか、という問いに対する答えは論者によってさまざまである。そこで以下では、アーレントの議論が熟議（deliberation）と闘技（agonism）の双方の側面をそなえていることを確認するとともに、それらの諸側面によっては説明し尽くすことができない要素を併せ持っていることをみていくことにする。

2　熟議と活動／行為

熟議の特徴を二点挙げるとすれば、意見の交換によってその変容が生じる点と意見の交換が同意を目的にしている点である。まず、意見の交換と変容という点にそくしてアーレントの議論をみてみよう。意見の交換をつうじて相互に意見の妥当性を吟味する試みが熟議であるとすれば、複数の人間が互いに言論をつうじて現われる活動／行為が、意見の交換という熟議の一側面を持ち合わせているのは間違いない。各人が占める位置の相違に応じて、同一の対象は各人に異なる姿をみせる。公的領域に現われるのは、こうした立場に応じて多様性をみせる各人のパースペクティヴであり、意見である（『人間の条件』57：八五―八六）。「意見」は「私にはこう見える」という視点の固有性にもとづいており（『過去と未来』51：六六）、各人が意見を開示することによって同一の対象のさまざまな側面が顕わになる。それゆえに、ある問題にかんして全員の意見が完全に一致する場合、そこにはもはや現実に対してあらゆる側面から光を当てる意見は存在せず、あるのはただ「世論の支配」である（『革命』217：三六六）。このようにアーレントは、意見の複数性と世論の単一性を対比させ、意見の開示によって「共通世界」がリアリティをもって現われると考えるのである（『人間の条件』57：八五）。

しかしながら、熟議デモクラシーにおいて想定されている熟議が、同意を目指して意見の妥当性を吟味し、その結果として各人が当初抱いていた意見の変容を促す営みであるとすれば、アーレントの議論においてこうした実践は明確に位置づけられているとはいいがたい。意見に対する反省によってその変容が生じるのは、他者との意見の交換という活動／行為としての「活動的生」においてであるよりも、むしろ自己内における「思考」や「判断」という「精神的生」においてである。思考する存在は、他者の観点を想像し、自らのそれと比較することによって意見を形成するのである。「政治的思考は〔他者を〕再現前化する。わたしはさまざまな観点から所与の問題を考察することで、つまり不在の人の立場をわたしの心に現前させることで意見を形成する。〔…〕わたしが所与の問題に考えをめぐらしているときに、人びとの立場をわたしの心に現前させればさせるほど、そして、わたしがかれらの立場ならばどのように感じ考えるかをふさわしく想像できればできるほど、わたしの再現前化の能力は強まり、わたしの最終的結論や意見の妥当性は増す」（『過去と未来』237：三二八）。

自らの意見から距離をとることを可能にし、それに修正を迫るのは、現実の他者の意見ではなく、想像された他者の「立場」である。ここでは、意見の妥当性についての吟味は、自己と他者との間の意見の交換においてではなく、他者の再現前化という思考の過程において生じるのである。判断力をめぐる議論においては、こうした再現前化というプロセスによる意見形成は、一般的妥当性を有する偏りのない判断の形成として主題化されている。アーレントはI・カントの『判断力批判』に拠りながら、一般的妥当性をそなえた判断の形成過程について述べている。判断が妥当性をもつか否かの基準となるのは、その判断が他者の同意を得ることができるか否か、すなわち「伝達可能性」である（『カント』69：一〇六）。つまり、思考の再現前化の作用と同様に、ここにおいても、他者の可能な判断を自らの判断と比較し、自らの判断に付随する主観的要素を捨象することが妥当な判断を下すための条件なのである。

次に、意見交換の目的としての同意という契機がアーレントの議論においてどのように位置づけられているかをみてみよう。行為と言論が他者の前に現われることを必要とする以上、孤立した個人に活動／行為は不可能である。たとえ他者が存在するとしても、行為と言論が行為者の人格を開示することができるのは、「人びとが他者のためにいるのではなく、他者に敵対しているのでもなく、他者とともにある場合」（『人間の条件』180：二九二）である。アーレントによれば、こうした人間の「共存性（togetherness）」（180：二九二）が成立するところではどこでも「権力」が生じる。この意味での権力こそが「公的領域を、つまり行為し語る人びとの間の潜在的な現われの空間を生み出し存続させる」（200：三二二）。逆に、人びとが四散する瞬間に、この権力もまた消滅する。このような「共存性」を可能にするのは、人びとの間の同意である。J・ハーバーマスは、アーレントの権力概念を「多くの人びとによって公的に同意された意見」を意味するものと解釈し、これを「権力のコミュニケーション概念」と呼んだ(1)。権力は、他者の意志に対する影響力の行使という非対称的な関係性において成立するのではなく、むしろ対等な人びとの間の同意によって生み出されるのである。それゆえどのような政治共同体も、それが剝き出しの暴力によって支えられているのでないかぎり、人びとの同意によって生み出された権力にもとづいている。

このような独特な権力についての理解からわかるように、権力を生み出す同意は、熟議の目的としての同意と意味の上では必ずしも重ならない。つまり、アーレントにとって同意は、熟議が向かうべき目標であるというよりも、熟議が成立するための条件である。すでにみたように、アーレントの議論には、熟議における同意を目指した意見の変容という契機が希薄であり、むしろ意見の多様性の顕在化にこそ強調点がおかれている。そして、こうした意見の多様性によって同一の対象の多様な側面が顕わになるのは、人びとが同一の対象について議論しているという相互的な信頼が各人に存在するからである。共存性を生み出し維持しようとする各人の同意にもとづいてはじめて意見の表明が期待できるのである。もし自らの意見がまったく聞き入れられる見込みがないとしたら、その場合に生じうるのが同意の撤回である。アーレントが同意の撤回の事例として挙げるのは、アメリカにおける市民的不服従の実践である。そこでは、憲法にもとづく手続きに対する信頼が失われた結果として人民の同意が撤回され、それが市民的不服従というかたちをとって表明されたのである。アーレントに従えば、市民的不服従とは、権力を生み出した原初の同意を人民が撤回し、それを回復するために人民が自発的結社というかたちであらためて権力を生み出した事象として理解するべきである。このように、あえて図式的に表現すれば、アーレントの議論にみられるのは、同意を目指した意見の表明ではなく、同意にもとづいた意見の表明であり、同意は、意見交換の終局にではなく出発点にこそ位置づけられるべきものなのである。

3　闘技と活動／行為

では、アーレントの議論を闘技デモクラシーの潮流に位置づける解釈についてはどのように考えるべきだろうか。以下ではこの点について検討してみよう。こうした見解を提示する代表的な論者は、D・ヴィラとB・ホーニッグである。アーレントの議論、とくに古代ギリシアのポリス論において前景化するのは、同意を目指した意見の交換ではなく、行為者の人格を開示する活動／行為である。「アーレントによれば、公的領域における闘技的で至芸的な行為によって開示される主要な現象は、行為者のユニークなアイデンティティである」[(2)]。こうした理解に従えば、政治とは意見の相互的な吟味であるというよりも、言論をつうじた行為者のアイデンティティの開示である。他者との同意ではなく、他者との差異を示すことこそが「パフォーマンスモデル」としての「活動／行為」の眼目なのである。実際にアーレントは次のように述べている。「人びとは活動／行為と言論において、自分が誰であるかを示し、そのユニークな人格的アイデンティティを積極的に明らかにし、こうして人間世界にその姿を現わす」（『人間の条件』179：二九一）。

しかも行為者は「言論と行為を通じて、たんに異なっているのではなく、自らを際立たせる」（176：二八七）。アーレントが理解する古代ギリシアにおいて、行為者を「自己開示」へと突き動かしているのは、他者との差異を際立たせようとする「闘技精神（agonal spirit）」である（194：三一三）。こうした観点からみれば、活動／行為を所与の目的を実現するための手段とみなすことや、道徳的な基準からその善悪の判定を下すことは不適切である。ヴィラによれば、ここには行為を目的のための手段として捉える仕事／制作としての政治というプラトン的な理解に対するアーレントの批判が反映している。活動／行為を判定する適切な視座は、それが有用であるか否かではなく、「偉大である」か否かにこそある（205：三三〇）。この点で、活動／行為を「闘争」あるいは「英雄的なもの」と捉える「パフォーマンスモデル」という解釈は、「政治の熟議モデル」とは相当異なった角度からアーレントの議論を描いている[(3)]。

ヴィラはさらに、他者を前にした言論と行為によって人格あるいはアイデンティティが生成されるという点を強調している。

つまり、行為者は自らが他者に対してどのように現われるのかをコントロールすることはできないのだ。活動／行為の背後に存在する行為者、あるいは主体の表出としての現われという考えを否定している点で、アーレントは『道徳の系譜』におけるF・ニーチェの哲学ときわめて近い立場にある。[4] 道徳性や有用性を拒絶する「パフォーマンスモデル」としての行為は、ヴィラによれば、同等者の間の人格の開示としての闘技を維持するためにある種の制約を必要とする。それが行為者に対する鑑賞者(spectator)の判断である。つまり行為の意味は、行為者自身によってではなく鑑賞者の評価によって明らかになるのである。アーレントはカントの『判断力批判』に依拠して、道徳性や有用性といった基準に拠らない判断のあり方を美的判断として探求しようとした。ヴィラは、こうした鑑賞者による判断こそが、闘技としての行為に対する制約として機能すると主張する。

上記のような解釈は、行為者が言論と行為をつうじて他者との差異、あるいは他者に対する卓越を示そうとする闘技の空間として公的領域を捉えている。これと比べると、ホーニッグは闘技としての活動／行為という解釈をアーレントの議論の前提を突き崩すような仕方でさらに推し進めている。まず、アーレントの活動／行為の理論を表出というモデルで理解すべきではないという点でホーニッグはヴィラと同様の見解を示している。「アーレントの理解では、アイデンティティとは行為のパフォーマティヴな産物であって、けっして行為が表出されるための条件ではなく、その本質でもない[5]」。行為以前に行為者は存在せず、それゆえ自らの行為の帰結を統制することができるような主権者として行為者を捉えてはならない。自己は、行為をとおして表出されるような実体ではなく、多面的で変化に富んだ「闘争の場」である。すなわち、「私的なる自己と公的なる自己との間の、つまり危険を嫌って家庭での平穏にとどまろうとする者と、偶発的な公的領域における勇気ある、ときには無謀でさえある行為者との間の闘争である[6]」。

ところでアーレントは、私的領域における自己、あるいは労働に従事する自己は生命を維持するための必要性に従属していると考えた。すなわち、公的領域における「多面的な自己」とは対照的に、私的領域、あるいは労働における自己は必要性に支配された「一義的な自己」とみなされているのである。こうしたよく知られたアーレントの二項図式に、ホーニッグは異なる解釈を読み込もうとする。私的領域において自明視された身体やジェンダーのあり方あるいは振る舞いが、反復的な実践によって構成されているのだとすれば、反復に乱調をもたらす活動／行為の可能性が私的領域においても生じうるのではないか。そうした規格化を攪乱する活動／行為の空間を私的領域に読み込むことは、アーレントの活動／行為の理論そのものから導かれるのではないだろうか。このように問いかけるホーニッグは、アーレントが自明視した二項図式にアーレントが提示した活動／行為の概念そのものによって抵抗し、修正を迫ろうとするのである。

このように考えれば、活動／行為する自己とは、階級や性別といった規格をつうじて付与される集合的アイデンティティに抗する自己でもある。つまり活動／行為によってアイデンティティが生じるという事態は、ホーニッグに従えば、集合的アイデンティティに抗する「個体化」という生成をこそ意味しているのだ。それゆえ闘技という語は、自己の卓越性を示すための自己顕示ではなく、集合的アイデンティティの付与をつうじた「同質化と規格化」への抵抗として理解されなければならない[7]。

以上のように、ヴィラとホーニッグはどちらも古代ギリシアに見られるような闘技としての活動／行為を手放しで肯定しているわけではまったくない。ヴィラにおいては、パフォーマンスモデルとしての活動／行為は鑑賞者の判断に服することによって、活動／行為が無制限の闘争へと至ることが回避されなければならない。他方でホーニッグにおいては、闘技としての活動／行為が卓越の競い合いとしてではなく、規律化への抵抗としての個体化に読み替えられているのである。

それではアーレント自身は闘技としての活動／行為にどのような評価を与えていたのだろうか。アーレントが古代ギリシア人の政治理解について言及しているのは『人間の条件』の第二七節「ギリシア人の解決」においてである。そこでは以下のように述べられている。「［古代ギリシア人が理解する活動／行為の概念は］著しく個人主義的である。それは疑いない。ここでは、他の一切の要因を無視して、自己暴露に向かう衝動だけが強調されているからである。〔…〕しかし、このように理解された活動／行為こそ、ギリシア古代のそれの原型となり、いわゆる闘技精神の形で、他人と競って自己を示そうとする熱情的な衝動に影響を与えたのである。実際、都市国家に一般的に見られる政治概念を支えていたのは、このような情熱的な衝動であった」（194：三二三―三二四）。この文章は、一見すると、アーレントが古代ギリシア人の政治理解を彼女の政治概念の模範として肯定的に描いている箇所のようにみえるかもしれない。しかし事実は逆である。アーレントは古代ギリシア的な政治理解に全面的に賛同しているわけではないのである。『人間の条件』の当該箇所を詳細に分析したR・ツァオの研究によれば、上記のような古代ギリシア人の政治理解に対して、アーレントはむしろ批判的な眼差しを向けていたのである[8]。

その理由は、第一に、アーレント自身が自己暴露としての活動の広まりによって都市国家が衰退したとはっきり述べている点である。「ポリスは、「不死の名声」を獲得する機会を殖やすものと考えられた。いいかえれば、すべての人が自らを際立たせ、言葉と行為によって、自らのユニークな差異性において自分が誰であるかを示す機会を殖やすものと考えられた。アテナイの天分と才能が信じがたいほど発展し、同時にこの都市国家がやはり驚くほど急速に衰退した理由の一つ——主要な理由ではないが——は、まさに最初から最後までこの都市国家の第一の目的が、日常生活の平凡な出来事を非凡なものにすることにあったためである」（197：三二七）。

第二の理由は、立法についての古代ギリシア人の理解にかかわっている。アーレントによれば、古代ギリシア人において政治とは自己開示としての活動／行為にほかならない。これに対して立法行為は政治ではなく、いわば「都市の城壁」を建設することに等しい。つまり立法行為は仕事／制作に分類されるべき活動なのである。ただしプラトンとアリストテレスは、「立法と都市建設を最高の政治生活にまで押し上げた」（195：三二四―三二五）。しかしこれは、彼らが他の古代ギリシア人とは異なり、立法行為を「活動／行為」のカテゴリーで理解したということを意味するわけではない。むしろ、彼らは活動の予言不可能性あるいは不確実性を回避するために、全面的に政治を仕事／制作に置き換えようとしたのである。すなわち古代ギリシア人は、プラトンやアリストテレスも含めて「立法と創設（legislation and foundation）」を活動／行為としての政治というカテゴリーで理解していなかったというのがアーレントの評価なのである。これと比較するならば、「むしろ、この立法と創設というのは、後にローマの政治的に非凡な才能として現われたものなのである」（195：三二五）(9)。このように、アーレントが闘技精神に駆られた古代ギリシア的な政治のあり方を賞賛していたという評価は決して正しいとはいえない。闘技としての政治という古代ギリシア人の政治理解には、アーレントの政治概念とは相容れない要素が含まれているのである。

4　評議会制の構想

本章では、アーレントの議論を熟議と闘技という二つの概念にそくして検討してきた。冒頭で述べたように、政党が市民の諸利益を集約することを主眼とし、市民自身が公的領域に現われる機会を極力制限しようとする代議制デモクラシーのあり方に対してアーレントは厳しい批判の眼を向けていた。そのため、こうした政治のあり方を乗り越え、デモクラシーを刷新あるいは深化しようとする熟議デモクラシーや闘技デモクラシーとアーレントの議論が一定の親和性を有することはある意味で当然であるともいえる。しかもアーレントの判断力論は、現代の熟議デモクラシー論に欠けている要素を補完する理論的な貢献になりうるし、闘技を英雄的な行為と解釈するのではなく、集合的アイデンティティへの抵抗として理解するというホーニッグの議論は依然として重要な視点を提供している。それゆえ、アーレントの政治あるいは活動／行為の概念を熟議デモクラシー論や闘技デモクラシー論の潮流に位置づける試みには一定の意義がある。とはいえ、アーレントの思想を現代の政治哲学におけるいずれかの諸潮流に包摂することは、熟議や闘技には還元しえない彼女の政治あるいは活動／行為概念の独自性を見失わせることになりかねないために慎重になるべきであろう。

さらに、アーレントの活動／行為を熟議の観点から捉えるにせよ、闘技の観点から捉えるにせよ、ここに欠けているのは、どのような制度のもとで活動／行為が生じるのか、という視点である。たしかにアーレントが用いる「公的空間」を政治制度とは区別された市民社会において成立する空間として理解することはできる。そこでの市民の政治への関わり方は、熟議や闘技をつうじて意見や異議を政治制度に対して表明することである。しかしながら他方で、アーレントは公的空間の制度化、すなわち評議会制の構想をも展開しているのである。評議会制においては、中央集権的な政府に決定権限が独占されるのではなく、地域別・職業別に編成された各評議会に権力が分割され、市民はそうした評議会において活動／行為を行なうことができる。そこでは、市民は、公式の政治制度に対して意見や異議を表明するのではなく、市民自身が意見を「表明し、議論し、決定する」(『革命』227：三七九)。すなわち、政治制度における議論と決定と、市民社会における意見や異議の表明という役割分担に代わって、市民自身が決定権限を有する「公的空間」が成立するのである。こうした文脈において「政治的自由」とは、たんに他者の前に言論と行為をつうじて現われることを指すにとどまらず、「統治への参加者である」という権利を意味する(210：三五六)。

　このような観点からみれば、アーレントが展開する政治のあり方は、もはや熟議デモクラシーか闘技デモクラシーか、という二項対立には収まらない。むしろ、あらゆる市民に議論と決定の機会を保障する参加型デモクラシーとでも呼ぶべきモデルに接近する。たしかにこのような構想はきわめてユートピア的である。しかし、政治制度と市民社会の分離を前提にしたうえで、アーレントの活動／行為の概念を後者においてのみ成立すると考えることは、アーレントの活動／行為概念が有するポテンシャリティをあらかじめ限定することにもなりかねないのである。

註

(1) Jürgen Habermas, "Hannah Arendt's Communications Concept of Power," in *Hannah Arendt: Critical Essays*, Lewis P. Hinchman and Sandra K. Hinchman (eds.), State University of New York Press, 1994, pp. 213–214.

(2) Dana Villa, *Arendt and Heidegger: the Fate of the Political*, Princeton University Press, 1996, p. 89.(『アレントとハイデガー』青木隆嘉訳、法政大学出版局、二〇〇四年、一五一頁)

(3) *Ibid.*, p. 54.(九〇頁)

(4) *Ibid.*, p. 90.(一五二頁)

(5) Bonnie Honig, "Toward a Agonistic Feminism," in *Feminist Interpretations of Hannah Arendt*, Bonnie Honig (ed.), The Pennsylvania State University Press, 1995, p. 136.(「アゴニスティック・フェミニズムに向かって」岡野八代・志水紀代子訳、『ハンナ・アーレントとフェミニズム』未來社、二〇〇一年、一九五頁)

(6) *Ibid.*, p. 141.(二〇二頁)

(7) *Ibid.*, p. 159.(二二八頁)

(8) Roy Tsao, "Arendt against Athens: Rereading The Human Condition," *Political Theory*, vol. 30, no. 1, 2002.

(9) こうしたギリシアとローマの対比については以下の文献も参照。Jacques Taminiaux, "Athens and Rome," in *The Cambridge Companion to Hannah Arendt*, Dana Villa (ed.), Cambridge University Press, 2000.

10 政治学
アーレントと政治理論

乙部延剛

1 政治学におけるアーレントの不在?

アーレントについては、研究書や論文のみならず、一般向けの入門書も陸続と刊行されている。思想、哲学の分野において、アーレントは現在もっとも人気のある思想家の一人といってよい。

しかしながら、アーレントが自らの居場所と定めた政治学、わけても、彼女が活動の本拠をおいたアメリカの政治学に目を転じると、異なった光景が広がっている。政治思想の領域でのアーレントの人気は揺るがないものの、それ以外の領域、すなわち、政治学の主流を占める政治科学《ポリティカル・サイエンス》において、アーレントの存在感は著しく低い[1]。少なくとも、学問分野としての政治科学の知識体系にアーレントは組み込まれていない。

アーレントの不在は、たとえば大学院の教育プログラムに一目瞭然である。通常、アメリカの大学院では、入学後二〜三年はコースワークと呼ばれる授業中心の教育に当てられ、その後、主専攻ならびに副専攻について総合試験に合格してはじめて博士論文の執筆に進む。専攻分野はアメリカ政治、比較政治学、国際関係論、政治理論に分かれるのが標準的であり、これに方法論や政治経済学等が加わることもある。学科試験では、通常各専攻について事前に示された読書リストに基づいて試験が出題される。つまり、読書リストは政治学の正典《カノン》を形成しており、総合試験はかかる正典を将来の政治学者たちに叩き込む過程であるともいえる。ところが、たとえばウェブ上で公開されているイエール大学の読書リストを確認してみると、それぞれ一〇〇〜二〇〇点ほどからなる読書リストにアーレントの名前が現われるのは、政治理論分野のみである[2]。

アーレントが政治思想家であって政治科学者でないこと、そしてアーレントの著作がすでに古いものであることに鑑みれば、政治科学における不在は納得がいくように思われるかもしれない。それゆえ、経験的政治学でなく、政治学の思想的分野を専門とする政治理論家としてアーレントを位置づけるのが適切なようにも思えるかもしれない。政治理論家というのは彼女が名乗った肩書きでもあったのだから、こうした理解は至極もっともであるように響く。

だが、事態はそれほど単純ではない。第一に、アーレントの著作が現在の政治科学で顧みられないのは、古さのためではない。先の読書リストにも、少ないながらも一九七〇年代以前の研究が収められている。アーレントの著作がこれらのリストに欠けているのは、むしろ、政治科学的な研究とみなされていないという理由によるものと思われる。第二に、アーレントが論じた対象は政治思想や政治哲学に限定されない。規範的な命題の論証が政治哲学の中心的な作業だとするならば、アーレントの著作の多くは政治哲学とはみなせない。そもそも、アーレント自身が哲学者であることを否定している上、政治の領域と思考の領域を峻別したアーレントにとり、政治哲学という語は、不可能とはいわないまでも矛盾を抱えたものと映っただろう。より重要なことに、アーレントの著作は、経験的な現実と区別された観念のみを扱ったものではない。むしろ『全体主義の起原』や『エルサレムのアイヒマン』は、経験的事象を論じたものである。であるなら、政治科学におけるアーレントの不在は、経験的な政治科学と理念的な政治理論の棲み分けとしては理解困難である。つまり、本人のいうとおりアーレントが政治理論家であるとして、その政治理論とはいったいどのような分野なのかが問われねばならないのである。

以下ではまずアーレントと政治科学の関係について、全体主義論を例に概観する。その上で、アーレントが自身の専門として名乗った政治理論のあり方について、アーレント自身の政治学観を手がかりに考察する[3]。

2 アーレントと政治科学

冒頭で、政治科学の知識体系においてアーレントは不在だと述べた。だが、知識体系から不在とはどういうことだろうか。

全体主義体制、あるいは権威主義体制をめぐる政治科学的な考察を例にとれば、そこでアーレントの分析が顧慮される機会は少なく、理論的土台となるのはホアン・リンスらの分析等である[4]。とはいえ、イデオロギーによる個人の動員、官僚制、強制収容所などアーレントが重視した要素はある程度他の論者にもみられ、現象を把握する枠組み自体は大きく懸隔してはいない[5]。

アーレントと政治科学研究の分断は、むしろ別の部分に存する。第一に、アーレントと現代の政治科学では、問題関心が異なる。リンスの場合、重要なのは他の権威主義体制との比較とともに、民主制との違いである。とりわけ、ポスト全体主義体制において、民主制への移行がどのように生じうるかが関心の大きな焦点をなす。[6]

対してアーレントの場合、全体主義が重要であるのは、それが人間の政治的な能力そのものの喪失にかかわる事態だからである。それゆえ、アーレントは全体主義を既知の政治体制とは区別する。この政治的な能力は「人間の自由」とも称されるが、その自由は公私区分に基づくいわゆる自由主義の範疇に収まるものではなく、政治的な行為（action）を中心とするアーレント独自の政治観を基盤としている（『政治思想集成』320f.：Ⅱ一三九―一四〇）。つまり、全体主義が問題となる文脈がアーレントと政治科学では異なっている。

第二に、現象への接近の仕方が異なる。比較政治学の定評ある教科書を繙くと、比較政治学の特徴は「概念の定義」と「因果関係の解明」によって、「普遍的な理論」をめざす点にあると述べられている。[7] それゆえ、全体主義という現象を扱う際は、まず、実際に存在したさまざまな全体主義的体制を包含しつつ、他の諸体制と区別しうるような諸特徴の析出を通じて明確、客観的な定義づけが目指される。たとえば、先述のリンスの分析においては、同じ非民主的な政治体制のうちで、全体主義体制と権威主義体制を弁別することが重視される。その上で、いかなる要因が全体主義の成立に寄与するかといった、他の事象の因果関係の解明が行なわれることになるだろう。こうした定義と因果関係の解明を通じた普遍的理論の構築は、比較政治学に限らず、政治科学一般に共有された目標であるといえよう。

だが、アーレントの全体主義論は政治科学のこの目標を共有していない。しばしば指摘されるように、アーレントの全体主義論において、客観的な定義といえるものを見出すことは困難である。より重要な違いは、アーレントが、因果関係の析出という目標自体に批判的なことである。彼女に言わせると、「因果性は歴史学にとってまったく異質かつ偽りのカテゴリーである」（319：Ⅱ一三六）。というのも（全体主義や強制収容所のような）出来事の実際の意味は、原因や結果を超え出るものだからである。

それだけでなく、アーレントは、科学的な因果関係の確定や、論理整合的な叙述の追求に、むしろ全体主義と同根の問題をすら看取する。つまり、科学が依拠する論理性は、人々が共有する常識《コモンセンス》の代替物にほかならず、前者の追求は後者の崩壊の現われだとされる。すなわち、論理一貫したイデオロギーによって支配する全体主義と科学とは、ともに常識《コモンセンス》の喪失に由来する事象なのである。

では、因果の追求にかえて政治学は何をめざすべきなのか。アーレントによれば、政治学の意義は、意味を求めて格闘し、政治的なデータの真の理解への必要を満たす点にある（『政治思想集成』320：Ⅱ一三九）。理解を通じて獲得されるのは、出来事が私たちにとって有している意味である。意味の探求は、客観的な因果関係へと還元するのではなく、むしろ出来事の固有性と、それをもたらしうる人間の自由な行為とを明らかにする。

こうした理解は決して完結するものではない。むしろ、絶えず行なわれるなかで、人間が世界と和解し、世界に居場所を見つけることに寄与するものだとされるのである。

3 アーレントと政治理論

一九六四年のインタビューでアーレントは「あえて申し上げるなら、私の職業は政治理論家です」と述べている（『政治思想集成』1：Ｉ二）。政治学の主要領域のうちで、政治科学的な手法が席巻せず、伝統的な政治思想研究が大きな比重を占める政治理論にアーレントが落ち着くのは至極自然にみえる。じっさい、政治理論分野ではアーレントに関する研究や、アーレントに影響を受けた研究が日々量産されており、政治科学に属する諸分野と対照をなす。

だが、「政治理論家アーレント」という据わりの良さそうなイメージについても、いくつかの留保が必要である。第一に、政治科学と政治理論は政治学内部で摩擦なく棲み分けしているとはいい難い。前者が経験的な事実を、後者が規範的な価値を主に扱う領域であることは間違いないものの、『全体主義の起原』がまさに体現するように、政治理論家による経験的事象の研究も皆無ではない。それゆえ、政治理論という名称から、観想的な理論の学と判断するのは早計である。また、すぐ後でみるように、政治理論という領域自体が、政治科学批判を契機として活性化してきたという経緯もある。政治科学と政治理論は相互補完的に協力することもあるが、競合的な関係にあることもまた多いのである。

第二の留保すべき点として、政治理論という分野自体が、「比較政治学」や「アメリカ政治」をはじめとする他領域のような明確なディシプリンを備えていない。他の諸領域は国際政治、アメリカ政治といった研究対象の固有性によって分類可能だが、政治理論には固有の研究対象領域といえるものがない。たしかに、政治思想史や政治哲学など、諸価値に関わる形而上学的な考察が政治理論では重きを置かれてはきた。だが、それらに留まるわけではなく、経験的研究などが必ずしも排除されないのは、先に述べた通りである。では、研究対象に代えて研究手法によって分野の統一が得られるかといえば、（多様なアプローチを含む）政治思想史、分析哲学、大陸哲学、言説分析等、手法は対象以上に多様である。とても統一的な領域とはいい難い。

第二の点に関連して、より厄介なのは、アーレントが活躍していた当時、政治理論の領域は現在よりはるかに不安定であり、学問分野としての存続が危ぶまれていたという事情である。一九五〇年代以降のアメリカ政治学会を席巻したのは、科学的な方法に基づき、因果関係の法則的解明を目指す行動論であり、まさに現在の政治科学の隆盛の第一歩が築かれた時代であった。そのような状況下、アイザイア・バーリンが「政治理論はまだ存在するか」と問うたように、政治理論の死が取り沙汰されていたのであった[8]。それゆえ、アーレントが一九六四年のインタビューで自身を政治理論家として規定したとき、そこにある種の挑戦的なトーンを嗅ぎ取ることすら可能であろう。

実際、政治理論が領域として再活性化したのは、一九六〇年代末以降であり、むしろアーレントは、新たに登場した政治理論家からは先駆者とみなされる存在であった。アーレントから大きな影響を受け、草創期の政治理論の中心人物となったシェルドン・ウォーリン（一九二二―二〇一五）は、アーレントの『人間の条件』を、従来思想史の一分野であった政治理論が真に政治的かつ理論的な分野へと変革を遂げるに際して導きとなる作品であったと述べている[9]。

アーレントが政治理論の支柱的理論家となっていく様子は、一九七二年の刊行以来、政治理論の代表的査読誌となっている『ポリティカル・セオリー』の誌面からも窺うことができる。生前のアーレントもこの雑誌の編集委員に名前を連ねているが、彼女の存在が際立つのは、その早すぎる死の後である。雑誌の巻頭言によると、一九七五年から七六年にかけての十八ヶ月間に投稿された二五〇の論文のうち、アーレントを対象とする研究がすでに三本存在している（思想家研究として同時期にもっとも多いのはホッブズ論の一四本であり、現代の理論家ではロールズ論の九本が最多である[10]）。これは一時的な現象ではなく、翌七七年には、十八ヶ月間に四本のアーレント論の投稿があったという（対して、ロールズ論は三本に減少している[11]）。

実際、政治科学を批判し、自己の立場を確保しようとする六〇年代から七〇年代の政治理論の議論には、アーレントの政治科学批判と多くの共通点がある。すなわち、政治科学が価値中立的な法則探求の装いによって非政治的な学問になっていることへの批判であり、また、行動論的な科学自体を特定の時代の産物と捉えるメタ的な歴史主義の視点であり、さらには、暗黙知の次元を形成する伝統の強調などである。六〇年代から七〇年代の政治理論家たちは、これらの議論を繰り広げるにあたって日常言語学派哲学や、クーンのパラダイム論等に主に依拠したが、ときにはアーレントの明白な影響がみられることもあった。

この時期の政治理論の代表的な議論として、ウォーリンが一九六九年に発表した論文「職業としての政治理論」を取り上げてみよう。同論文は、行動論的な政治科学を批判するとともに、政治理論のあり方を構想するという、右でみた典型的な構成を採っている。まず、政治科学批判についてみると、ウォーリンは行動論的な政治科学の特徴を、法則の探求のような、方法に基づいて政治学を構想する「方法主義」だとみなしている[12]。行動科学等、それ自身は政治を対象としない領域の方法を援用する点で、かかる政治科学は非政治的であるといえる。だが、非政治的であることは価値中立性を意味しない。むしろ、非政治的な政治科学は「今日支配的な政治的イデオロギー」に無批判に加担しているとウォーリンは指摘する。[13] さらに、こうした方法主義は、ヴェーバーが夙に指摘してきた「荒涼たる、険悪な、またほとんど不毛に近い現実からなる、巨大で非人間的な官僚機構の支配する世界」と同根のものであって、現代世界の危機の現われだという診断すら下される。[14]

それゆえ必要なのは、無自覚な（非）政治性に毒された科学的知識とは異なる「政治的知恵」であり、かかる知恵の探求をウォーリンは政治理論に託す。政治的知恵とは、方法ではなく、政治という対象に基づく知のあり方であって、科学的な厳密さには欠けるものの、個々の実践の文脈における意味に基づく「適切さ」を追求するものだとされる。[15] また、文脈に基づくこの知識は、しばしば「暗黙の政治的知識」として伝統のうちに保持されている。それゆえ、理論家に求められるのは、この伝統に分け入り、省察を重ねることであるとウォーリンは述べる。とはいえ、それは単純に過去への回帰を求めるものではない。むしろ、暗黙の伝統的知識との格闘によって涵養されるのは、歴史的なパースペクティヴのもとでの「政治的理解」であり、それによって「政治の法外な複雑さとドラマの双方についての感受性を深める」のである。[16]

「職業としての政治理論」において、ウォーリンはアーレントを参照してはいない。むしろ、タイトルが示唆するように、意識されているのはマックス・ヴェーバーであろう。しかしながら、アーレントの政治科学批判との類似点も多く看取される。科学的な論理性や法則の探求を退ける点、また、科学の背後に現代社会の病理を見出す点、科学的な知識でなく理解を課題とする点、そして何より、政治的なものの固有性を重んじる点などに両者の親和性は顕著である。

アーレントとウォーリンの比較を通じて、草創期の政治理論という分野の特徴が明らかになる。すでに述べたように、政治理論は経験的な政治科学に対応して理論部門を担ったり、あるいは思想史的な探求に特化するものではない。政治理論は政治科学とは異なる知のあり方を求める領域であり、両者はむしろ対抗的な関係にある。そして、政治理論的な知のあり方は、政治思想の伝統を援用しつつ、政治的なものの固有性を見据えた上で、個々の人間の実践に結びついた理解の次元に求められることとなる。

もっとも、付言しておくならば、ウォーリンの議論のみから政治理論の特徴を論じるのは一面的であり、実際、これらの特徴を共有しない政治理論家も多く存在するだろう。また、より重要な問題として、アーレントとウォーリンの間にも見逃せない相違が存在する。それは、デモクラシーへの関心である。「政治的なもの」へのこだわりを共有する両者だが、ウォーリンの場合、政治的なものはしばしばデモクラシーと同一視される。[17] そして、政治とデモクラシーを近接的に理解する態度はその後の政治理論家にしばしば見受けられる態度である。だが、アーレントが政治について述べる際、デモクラシーと結びつけられることはほとんどない。デモクラシーの根幹を非制度的な契機に求めるウォーリンらと、一般的に政治体制としてデモクラシーを捉える政治科学者では理解に差があるものの、デモクラシーを重視するという点では、ウォーリンたちはアーレントよりもむしろ政治科学者に近いとすらいえる。この違いは、アーレントにおけるデモクラシー論の不在を意味するわけではないものの、（数多のアーレント論を含む）現代にまで至る政治理論のあり方と、アーレント的な政治理論に、少なからぬ違いをもたらしているに違いない。

4 なぜアーレントを読むのか

ここまで、アーレントの著作がどのような意味で政治理論的考察であるといえるのか、また、のちの政治理論に影響を与えたかを瞥見してきた。明らかになったのは、「理論」という言葉が与える印象とは異なり、純粋な観照《テオーリア》に還元されない、政治理論の独特なあり方である。だが、このようなアーレントの著作、そして政治理論にどのような意義があるのだろうか。

二〇一六年、ドナルド・トランプが米国大統領選挙で当選を決めたのち、『全体主義の起原』が書店での売り上げを伸ばしているというニュースが伝えられた。トランプの当選に全体主義の兆しを読み取る人がそれだけ多かったということであろう。また、このニュースは、アーレントの著作の変わらぬ影響力を示している。だが、『全体主義の起原』は、トランプ現象とよばれるものを理解するのにどれほど有効だろうか。全体主義については、政治科学でアーレント以降も実証的に精緻な知見が積み上げられてきたことはすでに述べたとおりである。また、そもそもトランプ現象を全体主義との類比で理解可能であるのか疑問が生じる。過去の事例の枠内で現在の出来事を理解しようとすることこそ、アーレントが政治科学に見出し、かつ厳しく退けた態度ではないだろうか。

ここでは『全体主義の起原』がトランプ現象の理解に寄与しうるかは論じない。かわりに、右でふれた最後の点、前例によって現在を理解するという振る舞いを手がかりに、アーレント的な政治理論の意義について少し論じてみたい。

アーレントにとって、政治理論的な知は伝統と深く関わっている。たとえば、常識《コモンセンス》を重視し、絶えず続けられる営み――それゆえこの営みは個人で完結するものではない――として理解を把握する点に、伝統的な知を重視する態度が見出される。また、そもそも著作のほとんどが、政治思想の伝統の援用や解釈によって成り立っていることからも、伝統の重視は明白である。しかしながら、他方で、アーレントほど伝統との断絶を強調した政治理論家もいない。とりわけ、全体主義という出来事は伝統の断絶の上に成り立っているがゆえに、過去に存在した枠組みによって理解することを許さないものであった。伝統的な知識を援用しつつ、新しい出来事を把握するという道は、どのようにして可能になるのだろうか。

ここで手がかりになるのが、モーゲンソーの筆になる、『ポリティカル・セオリー』誌上のアーレントの追悼文である。(18)モーゲンソー自身はアーレントを、分類不可能な「天性の知識人」とみなしており、政治理論家としての側面を重視する本章での解釈とは異なる。しかし、重要なのは、モーゲンソーがアーレントの文章の力として「鮮やかな警句的文体」を指摘している点である。モーゲンソー曰く、アーレントの手にかかると、見慣れた概念がまったく新たな光のもとで世界を照らし出すのだという。敷衍していえば、アーレントは伝統的な政治思想を援用しつつも、それを独自の仕方で用いることで、新たな局面や事例を思考する手がかりとしたのであり、同時に、読者にもそのような思考を喚起したのだといえる。

このような思考の異化効果こそ、事実観察の誤りや、あるいは思想史理解の独自性にもかかわらず、アーレントの作品が読み継がれる所以であり、今なおアーレントを読む意義でもあろう。さらにいえば、アーレントほどの成功を収めたかは別として、政治理論もまた、このような試みを繰り返してきたといえる。伝統的な知を援用しつつも、絶えず新たな事象、新たな側面に光を当てる、そこに、政治科学とも政治思想史とも異なる政治理論の役割のひとつがあるのかもしれない。

註

(1) Political Science は政治学と訳すのが通例だが、自然科学をモデルとする社会科学的探究としての政治学の営みを、後に論じる政治理論との違いを強調して、ここでは政治科学という語を用いて表す。

(2) "Field Readings Lists, Requirements and Exams," https://politicalscience.yale.edu/academics/graduate-program/field-readings-lists-requirements-and-exams（二〇二〇年六月二十二日閲覧）

(3) アーレントと社会科学の関係に迫ったものとして、川崎修・萩原能久・出岡直也編『アーレントと二〇世紀の経験』（慶應義塾大学出版会、二〇一七年）および、同じく川崎修・萩原能久・出岡直也らによる鼎談「アーレントが遺した問いかけ」（『読書人』三〇二九号、二〇一七年）がある。両作品、とりわけ、前者の編著における伊藤孝之「政治思想と比較政治学のあいだ——アーレント全体主義論の位置」および出岡直也「社会科学としてのアーレントの全体主義論」には本章執筆にあたって大きな示唆を受けた。

(4) Juan Linz, "Totalitarian and Authoritarian Regimes," in Greenstein and Polsby (eds.), *Handbook of Political Science*, Addison-Wesley, vol. 3, pp. 175–411, 1975.（『全体主義体制と権威主義体制』高橋進監訳、法律文化社、一九九五年）

(5) アーレントと政治科学的な全体主義論の類似点（および相違点）を指摘したものとして、出岡、前掲。

(6) Linz, *ibid.* また、このような問題関心は、こんにちの政治科学、とりわけ比較政治学において一般的なものだといえる。久保慶一・末近浩太・高橋百合子『比較政治学の考え方』（有斐閣ストゥディア、二〇一六年）、四、五章を参照。

（7） 前掲『比較政治学の考え方』、三頁。

（8） Isaiah Berlin, "Does Political Theory Still Exist?" http://berlin.wolf.ox.ac.uk/published_works/cc/polthe.pdf（二〇二〇年六月二十二日閲覧）（「政治理論はまだ存在するか」生松敬三訳、バーリン『自由論　新装版』みすず書房、二〇一八年、四五三—五一二頁）

（9） Sheldon Wolin, "Hannah Arendt and the Ordinance of Time," in *Fugitive Democracy and Other Essays*, Princeton UP, 2016, p. 250（「ハンナ・アーレントと時間の定め」千葉眞訳、ウォリン『政治学批判』みすず書房、一九八八年、二〇五頁）。

（10） Benjamin Barber, "From the Editor," *Political Theory*, 4 (4), 1976, pp. 403–404.

（11） Benjamin Barber, "From the Editor," *Political Theory*, 6 (2), 1978, pp. 147–148.

（12） Sheldon Wolin, "Political Theory as a Vocation," in *Fugitive Democracy and Other Essays*, p. 3（「職業としての政治理論」千葉眞訳、前掲『政治学批判』、九三頁）。

（13） *Ibid.*, p. 5.（九七頁）

（14） *Ibid.*, pp. 30–31.（一五三頁）

（15） *Ibid.*, p. 16.（一二一頁）

（16） *Ibid.*, p. 25.（一四一頁）

（17） Sheldon Wolin, "Fugitive Democracy," in *Fugitive Democracy and Other Essays*, Princeton UP, 2016, p. 111.　川崎修『「政治的なるもの」の行方』岩波書店、二〇一〇年参照。

（18） Hans Morgenthau, "Hannah Arendt 1906–75," *Political Theory*, 4 (1), 1975, pp. 5–8.

コラム⑩　デモクラシー

山本　圭

一般に民主主義（デモクラシー）は、古代ギリシア語の「デモクラティア δημοκρατία」を語源とし、文字どおりには「デーモス（民衆・人民）による支配」を意味している。アーレント『人間の条件』は、古代ギリシアにおけるアテナイ市民の政治実践の理解に大きく寄与したといえる。人間の活動力を労働（labor）・仕事（work）・活動（action）に区分し、古代ギリシアの公的領域、およびそこで為される他者との共同行為に政治の原風景を再発見した彼女の強力な図式は、刊行から六〇年を数えてもなお、さまざまな論議を呼び起こしている。

しかし、かつてシェルドン・ウォーリンが「デモクラシーの問題は、ハンナ・アーレントについて書いた人々からあまり注目されてこなかったものの一つである[1]」と語ったように、アーレントの政治思想と民主主義との関係は必ずしも自明ではない。じつをいうと、アーレント自身、必ずしも民主主義に好意的であったわけではない。くわえて、アーレントの議論がデモクラシーに適合的かどうかについても微妙なところがあり、研究者のあいだでも見解が分かれている。

たとえば、彼女の有名な公的領域／私的領域の厳格な峻別をはじめ、「社会的なもの」の問題を政治の関心事から切り離したことは、一般にすこぶる評判が悪く、そのため、アーレントの議論を民主主義に接近させようとするさまざまな試みは、どこかで後味の悪さを禁じえないできた。たとえばジュディス・バトラーはアーレントの公的領域がもつ排除的性格を指摘し、「ラディカルな民主主義の政治的展望としては、根本的に受け入れがたい[2]」と述べているし、さらにヘルムート・ドゥビエルもアーレントの公的自由が、「女性や奴隷、子どもや労働者や市民権を持たないギリシア人がその空間から排除されていることによってのみ可能となる[3]」ことを問題視している[4]。

しかし、たとえアーレントが大衆社会への不信を隠さなかったとしても、彼女の思想から現代のデモクラシー論へのインプリケーションを引き出そうとする試みは、いまなお続いている。このうち、まっさきに目に付くのは、アーレントの活動論を民主主義論として読み解くものだろう。ハーバーマス主義者のセイラ・ベンハビブは、公共空間における活動を「熟議民主主義」に引き寄せて解釈し、アーレントと民主主義をめぐる議論に大きな影響をもった。

他方で、活動における複数性を擁護するアーレントの政治的思考は、闘技民主主義的な観点からも解釈されてきた。たとえばデーナ・ヴィラは活動論のなかにある闘技的な視座を強調し、それをハーバーマス的なコンセンサス・モデルから引き離そうと試みている。[5] 同様に、ボニー・ホーニッグも、アーレントの政治思想を、コンセンサス政治やデモクラシーの「アソシエイティブ・モデル」に還元しようとするベンハビブを批判しながら、行為者のアイデンティティの行為遂行的な出現を可能にする「闘技的フェミニズム」の立場を打ち出している。[6]

そのほか、アーレントの政治思想と現代民主主義論の関係を論ずるさい、『革命について』もしばしば論議の対象にされてきた。『革命について』において、アメリカ革命の人びとが直面した自由は、公的領域における活動というよりはむしろ、耐久性を備えた公的領域そのものの創設にかかわるものであった。アンドレアス・カリヴァスは、アーレントの創設と「はじまり」の議論に着目し、そこに「非凡な自由（the extraordinary freedom）」を見出し、それと民主政治との微妙な交渉を描き出している。[7]

さらにここでは、比較的最近のものとして、シュムエル・レーデルマンの議論を挙げておこう。レーデルマンは、アーレントの思想がめったに参加民主主義的に解釈されてこなかったことを指摘し、彼女の評議会制の議論に注目し、そこに参加デモクラシー論との共鳴を見出そうとする。[8]

アーレントの市民的不服従論もまた、民主主義的な関心と共鳴するものだ。たとえばロビン・セリケイツはアーレントの市民的不服従論を、リベラル・デモクラシー的な市民的不服従論を相対化する、ラディカル・デモクラシーの枠組みを介して読むことを提案している。[9] このほかにも、カント講義における判断力論や、学生運動への共感などから、民主主義との関連を引き出すこともできるだろう。

このコラムではすべてを網羅することはできないが、民主主義と相容れない部分をふくめ、アーレントを民主主義論との関係でどう位置づけるのかは重要な問題であり、甲論乙駁はしばらく止みそうにない。とはいえ、アーレントが字義通りにデモクラットであろうとなかろうと、彼女の思想がこんにちの民主主義思想に与えた影響は間違いなく大きい。とりわけ公共性論や市民社会論、そしてシティズンシップ論など、民主主義論と並走する諸分野に大きなインスピレーションを与え続けてきたことは特筆に値するだろう。

註

（1） Sheldon S. Wolin, "Hannah Arendt: Democracy and the Political", in Lewis P. Hinchman and Sandra K. Hinchman (eds.), *Hannah Arendt: Critical Essays*, Albany: State University of New York, 1994, p. 289（初出は *Salmagundi*, no. 60, 1983）.

（2） Judith Butler and Gayatri Spivak, *Who Sings the Nation-State?: Language, Politics, Belonging*, London: Seagull Books, 2007, pp. 22–23.（『国家を歌うのは誰か？』竹村和子訳、岩波書店、二〇〇八年、一五—一六頁）

（3） Helmut Dubiel "Hannah Arendt and the Theory of Democracy", in Peter Graf Kielmansegg, Horst Mewes and Elisabeth Glaser-Schmidt (eds.), *Hannah Arendt and Leo Strauss: German Émigrés and American Political Thought after World War II*, New York: Cambridge University Press, 1997, p. 27.

（4） これについては、アーレントの「エリート」は特権階級や職業的政治家ではなく、あくまで政治に対する態度の問題であるとして、彼女を擁護するジェフリー・アイザックのような議論もある。「そのかぎりで私的な利害から離れ、「公的自由」への嗜好を持つ者であれば誰もが原則そこから排除されることはない。アーレントが拒否したものは「大衆民主主義」であって、民主主義それ自体ではない」。Jeffrey C. Isaac, "Oases in the Desert: Hannah Arendt on Democratic Politics", *The American Political Science Review*, Vol. 88, No. 1, 1994.

（5） Dana R. Villa, "Postmodernism and the Public Sphere", *The American Political Science Review*, Vol. 86, No. 3, 1992.

（6） Bonnie Honig, "Toward an Agonistic Feminism: Hannah Arendt and the Politics of Identity", in J. Butler and J. Scott (eds.), *Feminist Theorize the Political*, Routledge, 1992（「アゴニスティック・フェミニズムに向かって——ハンナ・アーレントとアイデンティティの政治」『ハンナ・アーレントとフェミニズム——フェミニストはアーレントをどう理解したか』岡野八代・志水紀代子訳、未來社、二〇〇一年）

（7） Andreas Kalyvas, *Democracy and the Politics of the Extraordinary: Max Weber, Carl Schmitt, and Hannah Arendt*, Cambridge University Press, 2010.

（8） Shmuel Lederman, *Hannah Arendt and Participatory Democracy: A People's Utopia*, Palgrave Macmillan, 2019.

（9） Robin Celikates, "Democratizing Civil Disobedience", *Philosophy and Social Criticism*, 2016.

11　社会的なもの／社会

その公共性との関係をめぐって

河合恭平

1　「社会的なもの」の概念をめぐる近年の背景

世紀をまたぐころから、失業や格差等、人々の生命・生活に関わるいわゆる「社会的なもの」の問題が目立つようになっている。そうしたさなか、M・フーコーによって論じられたネオリベラリズムという統治性が、政策や経営のあり方などさまざまな場面に、多くの論者によって見出されてきた。市野川容孝の『社会』（岩波書店、二〇〇六年）等に代表される「社会的なもの」の諸研究は、かかる状況を背景に行なわれてきた(1)。ここで市野川が着目するドイツ基本法（第二〇条）内の「社会的な国家」における「社会的（sozial）」の持つ意味は、公的扶助、社会保険、社会的格差の是正など、「福祉国家」に相当している。

さて、アーレントが論じる「社会的なもの」および社会は、このような市野川が取り上げる意味とは異なっている。とりわけ、彼女にとってそれが批判の対象である点は際立っている。先に簡潔に説明しておくと、アーレントにとって「社会的なもの」とは、人々の生命・生活の必要（needs）に関わる経済的・物質的関心、また一定の集団への順応を通じて形成される規則によって、人間の行為が「労働」や画一的な行動へ規定される、近代に特有の現象のことである。具体的には、資本主義の経済行動だけでなく、福祉国家の諸制度などもこれに含まれるであろう。そして、こうした「社会的なもの」は公的・私的なものの区別を曖昧にさせ、ゆえに、後二者と対立的なものとみなされる点も特徴的である。

アーレントによるこのようなネガティヴな定義に対しては、多くの批判が出されてきた。たとえば、J・ハーバーマスは、彼女の「社会的なもの」への批判が、社会政策の諸問題や福祉の組織化から純化された公共性を描いており、それは現代的には適用しがたいとしている(2)。たしかに、彼の批判はもっともであるように思われる。

しかし、アーレントはなぜ「社会的なもの」を批判的に捉えるのか。そして、なぜそれは公共性と対立的にならざるをえないのか。本章では、このような疑問に応答しつつ、彼女の「社会的なもの」の概念について解説することとしたい。それにあたって川崎修やM・カノヴァンに倣い、アーレントの「社会的なもの」の概念を二側面に分け、それぞれを経済的側面と社会学的側面と称する。(3) 以下では、かかる川崎らの議論を引き継ぎ、発展させる。その後、さらに、「社会的なもの」のもう一つの系譜としてソキエタスの概念を取り上げ、それが公共性の形成に対して持つ意義を提示する。

2 「社会的なもの」における経済的側面

本節では、「社会的なもの」の経済的側面を取り上げる。まず、アーレントはこれについて、「薄暗い家族の内部から公的領域の光の中へ社会が現われてきた」(『人間の条件』38：五九)と論じている。このことは、生から死に至る生命過程の維持に求められる必要を満たし、元来、私的とされてきた「労働」の営為が、近代において人々の「集団的」な重要性を帯びて公的領域に現われるようになったことを表している。具体的には、近代以降に成立した労働‐雇用関係がその例である。

アーレントによれば、このことは十八世紀に経済学等の科学で用いられた「国民経済(national economy/National-Oekonomie)」等の用語に示唆されているという。ピトキンやオーウェンズも指摘するように、彼女はG・ミュルダールに基づき(『人間の条件』第二章、註一三)、これらの用語には一種の「集団的家計(collective housekeeping)」という意味が含まれており、政治体や国家規模の集団といった「公」と、家計の「私」の境界が曖昧になっていることを述べている。(4)

では、このような「社会的なもの」はどのように出現し、どのような論理で拡大していったのか。アーレントによれば、それは、農民の土地収用(囲い込み)後、人々が自らの身体に労働力商品を見出し、労働‐雇用関係が市場という社会的領域として成立したことに始まる(162：二五七、254-255：四一一)。それ以来、「社会的なもの」は、A・スミスやK・マルクスが資本主義の生産過程のうちに見たように、労働生産性の増大として展開していったのだが、アーレントはこれを「自然なものの不自然な成長」という特殊な表現で呼んでいる。

まず、アーレントによれば、「労働」や生命過程は本来、自然的なものである。それらは、あくまで私的領域にとどまるかぎり、諸個人の労働と消費の再生産の不変のサイクルとして繰り返され、剰余物が蓄積されることはない。つまり、このサイクルが成長することはありえないのだ。

しかしながら、人間が労働力と貨幣の所有者となって社会が成立すると、「労働の過程は循環的で単調な反復から解放され」てくる(47：七二)。このことは、古典派やマルクスが論じたように、賃労働において剰余価値が生産され増大するサイクルが人々のなかで一般化し、社会全体の規模で富の増大が実現されるようになることを示している。このとき、富の増大に応じて社会全体で人間の生命は保証され、さらに増大しうる。このことこそ、本来自然的なものであった生命過程が不自然なかたちで成長していることを示しているのである。そこでは、人間があたかも「動物の種たるヒト」の一員として存在し、ヒトが成長するかのように生命が増大しているのだ（45–46：七〇、116：一七四）。こうして、社会全体の成長とともに「労働」の規模も不自然に拡大するのだが、今日、多くの人が日々の労働に追われるように、これに従属することこそが、人々が自らの生計を立てるためのほとんど必然的に妥当な選択となる。

では、以上のようなアーレントの「社会的なもの」の発想は、いかなる思想史の系譜から得られたものであり、どのようにして問題になりうると彼女はみなすのか。

まず、それは科学としての経済学の誕生と、統計学の活用に端を発しているという。このことに関し、『人間の条件』第二章の註三五には、「なによりも「科学」として政治経済学（political economy）の概念はようやくアダム・スミスから始まる」という一文を、W・J・アシュレーの著作から引用しているのを確認できる。近代の経済学における統計学の使用は、スミスから少し年代をさかのぼったW・ペティやその影響を受けたF・ケネーの政治算術が有名だが、アーレントが念頭に置いている経済学と「社会的なもの」の対応関係は、これら十八世紀の科学にあると考えられる。

そして、M・リーデルによれば、この時期に、生産と商業の経済の動きと市民社会とが言葉において結びつけられた(5)。たとえばスミスは、分業が成立して国家規模で豊かになりゆく、かかる経済の動きをさして商業社会（commercial society）と呼んだが、この社会の様子は「自然的なものの不自然な成長」の内容と重なっている。なお、植村邦彦によれば、一七九四年から九六年にかけてC・ガルヴェが『国富論』をドイツ語に訳した際に、スミスの社会（society）の語に対し市民社会（bürgerliche Gesellschaft）の訳語を用いたという(6)。こうしてスミスの社会概念が、市民社会という語としてヘーゲルによって批判的に受容されることになり、その後、それをマルクスが参照したという思想史的経緯がある。

ここで『活動的生』の原著を確認すると、the social（「社会的なもの」）の訳語は、das Soziale ではなく、das Gesellschaftliche もしくは Gesellschaft であることがわかる。実際、アーレントが参照しているのは、スミスとマルクスが用いたゲゼルシャフトとしての社会概念である。とりわけ彼女が依拠しているのは、社会全体の生命過程のサイクルを明確に捉えたと彼女が考えるマルクスの「社会化された人間（socialized man / vergesellschafteter Mensch もしくは gesellschaftliche Menschheit）」に含まれる「社会的なもの」の概念である（『人間の条件』44：

六八、『活動的生』56：五五)[7]。
ただ、こうなると、アーレントの「社会的なもの」の概念はスミスら自由主義とマルクスの共産主義を包括した奇妙なものに映る[8]。この包括において彼女が参照したのが、ミュルダールが用いた「共産主義の虚構（communistic fiction）」という概念である。これは、主に古典派経済学が利害の調和を主張するときに、その主張に基づく行動は、共産主義に類似して社会全体の利益に結びつくという、まさに上述の「社会的なもの」の内容が無意識のうちに前提となっていることを批判的に説明した概念である[9]。

こうして、経済学と統計学による科学的な正当化から、「労働」も含め、社会全体の利益に順応した画一的な「行動」が人々に要求されるが、これをさらに押し進めたのが行動科学であるとアーレントは論じる。彼女によれば、行動科学の勃興は、統計的に妥当な行動を標準化することで、「国民のすべてを飲み込み、「社会行動」がすべての生活分野の基準となったことを示している」（『人間の条件』45：六九）。こうして、「社会は、最初は活動を行動に代え、最後には人格的支配を官僚制――無人支配――に代えた」（45：六九）とされる。無人支配とは、絶対的支配者等の特定の人による支配とは異なって、まさに画一的な行動の標準化の徹底を示しており、「経済の分野では、社会全体の利害がただ一つであると仮定され〔…〕るところから生じた」（40：六三）ものである。また、次節で取り上げるように、それは「サロンにおいては、上流社会の意見はただ一つであると仮定されるところから生じたもの」（40：六三）でもある。

以上のような「社会的なもの」の経済的側面は、大衆社会の出現とともにさらに拡大していく。大衆社会では、一つの利害や意見しか許さない画一主義が全面化するが、これは「動物の種たるヒト」の「一者性」、殊にその生命過程に基づいているという（46：七〇）。こうして、人々は自身の複数性に関し、互いに見聞きすることを奪われるのであり、ゆえに「活動」は成立せず、「共通世界の解体は避けられな」くなってしまうのである（58：八六―八七）。

『革命』において、アーレントが貧困という社会問題（social question/soziale Frage）そのものより、それが政治的領域に入り込むことのほうを批判したのは、生命の一者性に複数性が流されるという同じ理由によっている。革命が、社会（soziale）問題のただなかにある「貧民に対して政治的領域の門を開いたため、この領域は実際「社会的（gesellschaftlicher）」となった」（『革命』D 115：一三五）のである。したがって、「社会的なもの」と公共性は、アーレントにとって相互に鋭く対立的にならざるをえないというわけである。

3　「社会的なもの」における社会学的側面

以上、「社会的なもの」の経済的側面について見てきたが、他方で『人間の条件』第六節「社会的なものの勃興」の前半部の記述を見ると、その内容は必ずしも経済的側面に限定されているわけではないことに気がつくはずである。そこには、冒頭で述べた「社会的なもの」における社会学的側面について記述があるのだ。しかし、『人間の条件』だけでは、その内容を理解することは難しい。むしろ、同じく公・私・社会の区分を論じた「リトルロックについての省察」や、その他の関連著作を参照することで、この側面に関する内容を明瞭にすることができる。以下では、これらを参照し、社会学的側面に関するアーレントの理論の構成要素として四点を取り出して解説する。

第一に、社会は、差別また差異を不可欠な原則として成り立つ。

> 政治体において平等はそのもっとも重要な原則であるが、社会におけるもっとも重要な原則は差別（discrimination）である。〔…〕社会で重要なのは個人の区別（distinction）ではなく、人びとが所属する集団の差異（differences）である。ある集団に帰属するということは、同じ領域のほかの集団を差別することで、その集団の一員として識別されねばならないということである。
> （『責任と判断』205：三七七）

引用と同様の議論は、『全体主義』（E 55：Ⅰ一〇四、D 372ff.：Ⅱ七六以下）や『暗い時代』（155：二四二）等にも見つけることができる。それらによると、ある社会は差別によって他集団に対する栄誉を獲得し、格付けによる優劣が出現することでその差異が明確にされるようになる。

たとえば、アメリカの社会では、「職業、所得、民族の血統といった線引きに基づい」た差別がある（『責任と判断』205：三七七）。具体的には、アーレントが同国への亡命後に経験し、「われら難民」（『ユダヤ論集』Ⅱ所収）やヤスパースへの書簡（67：Ⅰ三五）に綴った、人種集団ごとの住み分けや黒人差別がこれに当てはまる。また、彼女は、ヨーロッパの社会では「出自となる階級、教育、作法に基づいた線引きがある」（『責任と判断』205：三七七）と論じている。このことは、『全体主義』第一部第三章や『ラーエル』（とくに第七章以降）で論じられた、上流社会の規範、教養における偽善の作法、サロンなど十八世紀以降の社交界等における階級や人種差別が具体例となる。

第二の要素は、大衆社会と社会が分けられ、前者が後者を危険にさらすという関係である。この点に関してアーレントは、「大衆社会とは、差別の線引きをあいまいにして集団の区別を均す社会であり、これは個人の統合性に対してよりも、社会そのものに対して危険をもたらすものである」（『責任と判断』206：三七八）と述べている。つまり、両者の攻防の焦点は、大衆社会の画一主義と、社会における差異という特徴にある。

ところが、第三の要素として、社会自体も画一主義の特徴を持っている点をも導出しうる。この点は、第一の差異・差別の要素、また、第二の大衆社会の画一主義との関係のいずれとも矛盾するように見えるが、必ずしもそうではない。「集団を集団たらしめる差異の全般的な特徴に順応する人びとこそが、一定の社会集団に受け容れられる」（206：三七八）とあるように、社会には、それぞれ差別化された内集団において画一主義が備わっているということである。対する大衆社会は、画一主義が集団間の枠を超えて生じている状態なのである（『過去と未来』196-197：二六九―二七〇）。

しかし、アーレントは、「「人口の大半が社会に組み入れられた」ときに大衆社会が登場したのは明らかである」（195：二六七）とも述べている。これは、社会の画一主義が内集団をはみ出し、人々全体を組み入れてしまうケースを示している（195-197：二六七―二六九、『責任と判断』206：三七八）。この場合、画一主義に順応しえない人々に対しては、第一の差別の要素が強烈に現われることとなる点は、全体主義のレイシズム的イデオロギー等との関係でとくに重要となる。なお、この議論において、彼女はトクヴィルの「諸条件の平等」の理論を参照しているが（『責任と判断』200：三六九―三七〇、206：三七八）、「社会的なもの」におけるかかるトクヴィル的性格はM・ラインハートらによって指摘されており、『人間の条件』にも「トクヴィル以来、私たちも画一主義を非難するし、その場合、平等の原理を根拠とする」（39：六二）と述べられている。[10]

最後に、第四の要素として、社会と社会の外部、殊に社会に対する抵抗者や、感情的に交わる人々の親密性との対立関係が挙げられる。アーレントは、「社会に対する反抗的態度は、結局、J-J・ルソーやロマン主義者たちが親密性を発見するきっかけになったが、この反抗的態度は、何よりもまず、社会的なものが押しつける平準化の要求に向けられていた」（『人間の条件』39：六二）と述べている。ここで言う親密性とは、殊に社会による平準化や貧困に対して、他者の抱えている苦悩を共にして感情をかき立てる共感（compassion）によって形成される関係性である（『革命』78：一三一―一三二、『暗い時代』24：四五）。

ルソーらが抵抗したのは、主に上流社会である。たとえば、アーレントはサン゠シモンの『回想録』を参照し宮廷サロンに言及するが、そこでは貧困な人民の苦悩を尻目に、愚行や陰謀、虚栄や侮辱、噂話、遊戯に耽溺し、偽善といった上流社会特有の作法が要求されたという（『革命』94ff.：一五五以下、『過去と未来』196-197：二六八―二六九）。これに抵抗したのが、文明社会を批判したルソーだったのだと彼女は論じている。

また、アーレントによれば、ロマン主義者のC・ブレンターノは、文化を含むあらゆるものを物質的な有用性の観点から判断する、十八世紀末以来見られた上流社会の画一主義を「俗物主義（philistinism）」として批判した（『過去と未来』198ff.：二七〇以下、『全体主義』D 372ff.：Ⅱ七六以下、『ラーエル』134-135：一二八―一二九）。さらに、時を移さず出現した中産階級ら教養俗物においては、文化はそれ自体が社会的地位を獲得するための手段として利用されるようになったという。

以上が、「社会的なもの」の社会学的側面の内容である。殊に第一・第三の構成要素のうちに見られたが、こうして、公的な「活動の可能性を排除している〔…〕代わりに、社会は、それぞれの成員にある種の行動を期待し、無数の多様な規則を押しつける」（『人間の条件』40：六四）こととなる。ゆえに、「社会的なもの」は公共性と対立的にならざるをえないのである。

そして、経済的側面と並立しながら、こちらの側面も帝国主義や全体主義の基盤となる。とくに後者に関しては、『全体主義』第三部第一章「階級社会の崩壊」というタイトルどおり、階級によって区別された社会が崩壊したことで、特定の利害を共有しない大衆社会の画一主義が広まり、経済的側面の「労働する動物」と同時に、俗物、没我性、孤独が蔓延したことが基盤となっている。これらゆえに、大衆は全体主義の画一主義的かつ差別的なプロパガンダに誘引されて全体主義的組織に組み込まれやすくなっており、結果として、絶対的な孤独へと陥れられ、その担い手になっていったのである。

4　「社会的なもの」のもう一つの系譜と現代世界
——ソキエタスとアソシエーション

本節では、アーレントによる「「社会的」という言葉はローマ起源のものである」（『人間の条件』23：四四）という叙述から始める。ここで言う「社会的」はもちろんsocialの訳語だが、『活動的生』の当該箇所を参照すると、gesellschaftlichではなくsozialの語が用いられている。このローマ起源の社会とは、ソキエタス（societas）と呼ばれるものである。そして、このソキエタスは、「社会（Gesellschaft）とは関係がない」（『政治とは何か』117：九九）とアーレントは述べており、近代起源のゲゼルシャフトと明確に区別させられた「社会的なもの」のもう一つの系譜であることが分かる。

では、ソキエタスとはどのような社会なのか。アーレントによれば、それは「もともとは限定的ではあったが、政治的意味を持って」おり、「人びとが他人を支配したり、犯罪を行なったりするとき団結するように、ある特別の目的をもって人びとが結ぶ同盟を意味していた」（『人間の条件』23-24：四五）のだという。加えて、同時期の手稿類を参照すると次のようにある。

> 支配（Dominium）同様、権力（Imperium）はローマの慣例では、ソキエターテス（societates）、つまりかつての敵との同盟を創設することに基づいていた。ローマの権力は、ローマ自身とその隣国（それが敵であろうと、味方であろうと中立であろうと）とのあいだの特殊な公的領域を設立することによって示されている。したがって、共通世界は、ローマ自身とも同盟国の以前の政治的地位とも同じではない存在になるのである。言わばそれは一つの新しい政治体であり、両者のあいだに生じるものである。[11]

ここから、ソキエタスの政治的意味の内容とは同盟であることが分かる。何より、その同盟は、権力を保持した新しい政治体、すなわち共通世界という公的領域となって創設される点が注目に値する。つまり、ソキエタスは公共性に親和的なのである。

加えて、『革命』における自由の創設を論じた箇所の一節を参照すると、次のように述べられている。

> 共同体を作るために人びとがお互い同士を結ぶ相互的な契約は、相互主義に基づいており、平等を前提としている。その実際の内容は約束であり、その結果はもちろん、同盟を意味するソキエタスの古いローマ的意味での「社会」あるいは「協合」である。（『革命』161：二六三）

ここでは、創設にあたっての契約をなす約束という「活動」は（『人間の条件』第三四節）、ソキエタスの社会に結果していたことが論じられている。ここで同盟によって結びつけられるのは、『革命』の文脈を踏まえるならば、アメリカの諸州、地区、郡、タウンシップ、さらには評議会等であり、それによって相互抑制と均衡のバランスのうちに権力が強められるのである。

さらに、この現代世界への展開を見ることができるのが、「市民的不服従」論文である。そこでアーレントは、ソキエタスの同盟に言及したうえで（『暴力』86：七九）、「契約は少なくとも二者という複数性を前提とし、同意の原理に従って設立され活動するいかなるアソシエーションも、相互の約束に基づくので、解体せずに連合というかたちをとる複数性――多から成る一（e pluribus unum）――を前提とする」（94：八六）と述べている。こうして、ソキエタスとともにアソシエーションを通じた公的な「活動」論が展開されるわけである。

ただし、「リトルロック」論文を見ると、アソシエーションが「社会的なもの」の範疇において論じられていることに留意されたい。たとえば、「社会的なもの」の社会学的側面のうち、差別・差異の第一の要素が論じられた箇所で、「無数の集団とアソシエーションを含む社会全体は」、「類は友を呼ぶ」という諺に服す、と述べられている（『責任と判断』205：三七七）。「市民的不服従」論文でも、業界の経済的・集団的な利害や紐帯、すなわち「社会的なもの」によって構成される圧力団体も「自発的なアソシエーションである」と論じられている（『暴力』96：八九）。ゆえに、単純にアソシエーションに、さらには、S・ベンハビブのようにラーエルのサロンに公共性を見出そうとする議論はまだ不十分と言わざるをえない[12]。なぜなら、アソシエーションやサロンは、「社会的なもの」の社会学的側面の延長上で考えるならば、ベンハビブ自身が認識していたはずの人種等の差別に与しうる点も無視できないためである。

以上より、アーレントからすれば、アソシエーションは、公的にも社会的にもなりうることがわかる。そして前者をめざす場合、ソキエタスの同盟において、複数のアソシエーションが偏りなく、抑制と均衡のバランスにおいて権力を維持し高め合うことができるときに、それが成立しうるとアーレントは考えるのである。このとき、圧力団体の特殊利害やレイシズム等のイデオロギーへ画一的に偏ることは防がれるだろう。

さて、以上論じてきたように、アーレントは「社会的なもの」を、基本的には、近代そして全体主義の前提条件として思索の対象にし、その現状と危険性をもっぱら理解しようと努めている（「理解と政治」（『政治思想集成』所収）、『人間の条件』6：一七）。しかしながら、「理解することは活動することのもう一つの側面となる」（『政治思想集成』321：Ⅱ一四〇）とアーレントが論じるように、「社会的なもの」の理解の先に、なおも公的な「活動」の可能性を見据えてもいる。ソキエタスとアソシエーションは、「社会的なもの」の近代的な勃興と拡大を見る一方で、アーレントによって歴史をたどって近代世界のうちに見出された公的な可能性の一例となる。もちろん、それによる公共性の形成が困難であることも、その理解のうちに彼女自身よく認識しているはずである。だが、このように「社会的なもの」の理解と公共性の形成を行き来しながら、両者のいずれにも楽観せずに、鋭く現代世界に向き合うのがアーレントの思索のあり方なのである。

註

（1）海外での同様の研究潮流の例として、P・オーウェンズの研究が挙げられる。Patricia Owens, *Economy of Force: Counterinsurgency and the Historical Rise of the Social*, Cambridge University Press, 2015. Patricia Owens, "Human Security and the Rise of the Social," *Review of International Studies*, 38 (3), 2012, pp. 547–567.

（2）Jürgen Habermas, *Philosophisch-Politische Profile*, Suhrkamp, [1971] 1981, p. 240.（『哲学的・政治的プロフィール——現代ヨーロッパの哲学者たち』上、小牧治・村上隆夫訳、未來社、一九八四年、三四〇頁）

（3）川崎修『ハンナ・アレントの政治理論　アレント論集Ⅰ』岩波書店、二〇一〇年、一一五頁以下。Margaret Canovan, *Hannah Arendt: A Reinterpretation of her Political Thought*, Cambridge University Press, 1992, pp. 117–118.（『アレント政治思想の再解釈』寺島俊穂・伊藤洋典訳、未來社、二〇〇四年、一五四頁）。H・F・ピトキンも、この二側面を認めており、その延長上で独自にブラッブとしての「社会的なもの」の議論を展開した（Hanna F. Pitkin, *The Attack of the Blob: Hannah Arendt's Concept of the Social*, The University of Chicago Press, 1998, pp. 17–18）。なお、社会学的側面については、川崎らによって「文化的」とも称されているが、第三節で見るように、その内容は、社会集団を基軸にした社会学的な集団論としての性格が強いため、本章では「社会学的」とした。

（4）Pitkin, *op. cit.*, p. 188; Patricia Owens, "Human Security and the Rise of the Social," *op. cit.*, p. 560.

（5）Manfred Riedel, "Gesellschaft, bürgerliche," Otto Brunner,

Werner Conze und Reinhard Koselleck (Hrsg.), *Geschichtliche Grundbegriffe: Historisches Lexikon zur politisch-sozialen Sprache in Deutschland*, Bd. 2, Stuttgart: Klett-Cotta, 1975.（「市民社会」『市民社会の概念史』河上倫逸・常俊宗三郎編訳、以文社、一九九〇年）

（6） 植村邦彦『市民社会とは何か――基本概念の系譜』平凡社、二〇一〇年、第二―三章。

（7） アーレントによるマルクスの社会概念への言及については、次の草稿も参照のこと。Hannah Arendt, "Karl Marx and the Tradition of Western Political Thought," 2nd draft, part 5, 1953, p. 24.（『カール・マルクスと西欧政治思想の伝統』佐藤和夫編・アーレント研究会訳、大月書店、二〇〇二年、二六〇頁）

（8） Hannah Arendt, "Hannah Arendt on Hannah Arendt," in *Thinking Without a Banister: Essays in Understanding 1953–1975*, Jerome Kohn (ed.), Schocken Books, [1977] 2018, pp. 471–473.

（9） Gunnar Myrdal, *The Political Element in the Development of Economic Theory*, Routledge and Keagan Paul, [1930] 1953, p. 150.（『経済学説と政治的要素』山田雄三・佐藤隆三訳、春秋社、一九六七年、二二二頁）

（10） Mark Reinhardt, *The Art of Being Free: Taking Liberties With Tocqueville, Marx, and Arendt*, Cornell University Press, 1997, pp. 142ff.; Pitkin, *op. cit.*, pp. 115ff., 143–144.

（11） Hannah Arendt, "Karl Marx and the Tradition of Western Political Thought," 2nd draft, part 4, 1953, p. 9.（前掲書、二三八頁）

（12） Seyla Benhabib, *The Reluctant Modernism of Hannah Arendt*, Rowman & Littlefield, 2003.

＊本章は、筆者が二〇一七年度に東京工業大学大学院社会理工学研究科に提出した博士学位論文「ハンナ・アーレントの思想における「社会的なもの」と公共性――諸概念とそのあいだ」のうち、主に第二、三、七章の内容を大幅に縮小し、本書向けに再構成したものである。

12 市民的不服従

新たな政治体の「はじまり」

間庭大祐

1　問題の所在

アーレントの市民的不服従論は、『人間の条件』や『革命について』といった主要著作に比べて相対的に取り上げられることの少ない論考である。にもかかわらず、彼女の市民的不服従論が重要なのは、『革命について』で言及された、アメリカ共和制の根源たる「全員の同意（consensus universalis）」にいわゆる黒人奴隷やネイティヴ・アメリカンが含まれていなかった点にアーレント自身が正面から向き合った形跡が記されているからである。

アーレントの革命論の最大の問題点は、その立論の過程においてアメリカの奴隷制度問題を取り上げていないことにある。千葉眞も指摘するように、もし「この問題を正面から取り上げたとしたならば、彼女のアメリカ革命論はかなり異なった立論を強いられたはずである」[1]。いみじくも、アーレントは古代ギリシアのポリス以来の「奴隷制の核心」について言及するなかで、公的領域成立の暗黒面を「自分自身を生命の必然性から解放したいという人間の欲求」に見出し、「このような解放を暴力によって、すなわち自分のために他者に生命の重荷を負わせることによって成し遂げた」と認めているだけでなく、「他者に対する暴力と支配だけが一定の人びとを自由にすることができるという古くからある恐るべき真理」について言及していた（『革命』104：一六九）。そうであるならば、アーレントはアメリカ革命における「共和国の始原の全員の同意（the original *consensus universalis*）」が、実は黒人奴隷やネイティヴ・アメリカンらを恣意的に、あるいは暴力的に排除することによって成されたものであることに言及し、かつ、そのことを自身の立論のなかに組み込んだうえで理論構成を練り上げることが妥当であったろう。にもかかわらず、彼女は革命論でそれ以上踏み込みはしなかったのである。しかし、彼女が眼差した市民的不服従、とりわけアメリカの公民権運動は、かかるアメリカ共和政体の始原の合意／同意[2]に対して、そこから排除された者たちによる異議申し立てにほかならなかった。であるならば、この点においてこそアーレントの市民的不服従論は取り上げられねばならない。

さて、アーレントはアメリカ合衆国における一九六九年のデモの様子について、友人のM・マッカーシーに「もしかすると、共和国を、公的なものを再発見するかもしれません」と興奮交じりに伝え（『マッカーシー書簡』247：四四二）、同年に開催されたシアター・フォー・アイディアズでの「アメリカ憲法修正第一条と対決の政治」という討論会に参加するとともに、翌一九七〇年にはニューヨーク市法律家協会の主催する「法律は死んだか」というシンポジウムにも参加することで、この会議における論題の一つ「同意にもとづく社会における市民の法律への道徳的関係」にたいする応答という形で自身の市民的不服従論を書き上げた。そのなかで、アーレントは一九六〇年代後半に巨大なうねりをみせた学生運動やベトナム反戦運動、そして公民権運動を眼差し、これらの市民的不服従によってアメリカ憲法の原理そのものが問われていることを指摘する。とりわけ重要なのは、アーレントが公民権運動に参加した大部分の人びとが「アメリカ共和国の始原の全員の同意にまったく含まれていなかったという単純にして恐るべき事実があった」ことを認めていることである。さらに、彼女は公的領域からの黒人市民の排除について、それが合衆国憲法修正第一四条および修正第一五条の実施によっても依然として解消されていないことも認めている（『暴力』90f.：八二―八三、以下同書からの引用はページ数のみによって示す）。これは、市民的不服従による異議申し立て (dissent) こそが、黒人市民と白人市民との間の人種的不平等という「アメリカのディレンマ」(80：七五) を白日のもとに曝したと認めていることを意味し、そうであるがゆえに、この行為が政治体の根源たる「同意 (consent)」そのもの、あるいは公的領域や法体系を支える普遍的正統性に対して異を唱える抵抗にほかならないということである。だとすれば、「はじまり (beginning)」および相互の契約と共同の審議の結合に定位するアーレントは、その思想的内実において構成的権力の基盤たる同意が一部の者たちにとって排除にほかならなかった歴史的事実をどのように受け止め、そしてそれをどう理論的に昇華したのであろうか。別言すれば、市民的不服従という「活動 (action)」は、「はじまり」をどのように再構成するのであろうか。

2　市民的不服従と革命

アーレントの定式化する市民的不服従は、公然とした法の侵犯でありつつも、あくまで連帯した複数の人びとによる合意 (agreement)／同意 (consent) に基づいた協同的な活動 (action)

である（56：五二）。彼女の理解するところによると、市民的不服従は個々人の良心や道徳的命令に基づく行為ではなく、また法律を破るという一般的な意味での犯罪行為とも等置されるべきではない。というのも、彼女にとって市民的不服従は、共通の意見を持ち政府の何らかの政策に反対の立場をとろうと決意した人びとの連帯であり、たとえそれが結果的に既存の法体系の権威を失墜させる行為となったとしても、「通常の変革のチャンネルがもはや通じなくなり、不満に耳が傾けられたり取り上げられることがないという確信を相当な数の市民が抱くようになったとき」（74：六七）に現状の法秩序や政府の権力均衡を必要かつ望ましい変化、もしくはその維持や回復へと向かわせることのできる行為であり、かつ、（犯罪行為のように隠匿されるべきものでなく）公然のもとに行なわれる政治的に動機づけられた行為だからである。そうであるからこそ、アーレントにとっては市民的不服従もまた政治のひとつのあり方にほかならないのだ。では、市民的不服従についてのこのようなアーレントの理論的概念規定の独自性はどのような点にあるのか。

アーレントは、市民的不服従にかんする議論の多くが、これまで不服従を個人的な良心的拒否というモデルから理解してきたと指摘する。彼女の見るところ、このような個人の良心的拒否モデルはソロー以来の思想的伝統に棹差すものである。たしかに、このようなソロー的モデルは、のちにガンディーらの抵抗運動に大きな影響を与えたとされるが、アーレントはかかる良心的拒否モデルが実は「個人の良心と良心の道徳的責務を根拠」（60：五四）として議論展開されていると批判する。アーレントの理解によれば、良心は、自己についての関心にのみ向けられているものであり、何らかの共同体あるいは政治に関心を持っているものではない。それゆえに、良心は非政治的であるばかりでなく、〈正義は為されよ、たとえ世界が滅ぼうとも（Fiat justitia et pereat mundus）〉という道徳性と政治との間のディレンマを内在させているというのである（60–64：五五―五八）。彼女の見るところ、不正を為すより不正を被ったほうがよいと考えたソクラテスのように、ソローもまた「善良な人間」の立場に立ち、不正に関わることを拒絶したのであった。しかし、それは「法律にたいする市民の道徳的関係を根拠とするのではなく、個人の良心と良心の道徳的責務を根拠」（60：五四）とした議論であって、そうであるがゆえに政治に向けられるべき公的原理にはなりえないというのである。

さらに、アーレントの市民的不服従論の理論的規定の内容として注視すべきは、彼女が（政治体の変化という点において）革命と市民的不服従、この両者の緊張関係に眼差しを向けている点だと思われる。たしかに、アーレントは市民的不服従の特徴の一つとして非暴力という性格づけを行なっているために、暴力的変革行為としての革命と非暴力的変革行為としての市民的不服従といった違いが浮かび上がるのだが、しかしアーレントはガンディーを引き合いに出しながら、革命家も市民的不服従者もともに「世界を変革したい」という願望を共有していると理解しているのである。それゆえに、市民的不服従は徹底的(drastic)な変革を希求する可能性を内包しているというのだ。アーレントはこの点について、「ガンディーはイギリスのインド支配という「既成の権威の枠組み」を受け入れていたのか。彼は植民地における「法体系の普遍的な正統性」を尊重していたのか」(76f.:七〇)という疑問をわれわれに投げかけている。このような彼女の疑問が指し示すことは、革命と市民的不服従の両者がともに既成の政治的秩序の権威や法体系の普遍的正統性を拒絶する点で同じ形態の政治的行為だということである。したがって、こうした革命と市民的不服従における世界変革という共通性への着眼は、J・ハーバーマスが整理したような(市民的不服従の意味限定を広くとった)ロールズ的理論規定[3]の「市民的不服従は個別の法規範に故意に違反することを含んでいるが、法規範の全体への服従を侵すものではない[4]」という構成要件とアーレントの定式化が異なることを示唆するものとなろう。

さらに言うならば、ここが重要な点となるのであるが、革命と市民的不服従との親和性は、世界の変革または既成の政治体ないしは法体系の抜本的変革という性質にのみあるのではないということである。アーレントの理解によると、市民的不服従は、トクヴィルが注目した「自発的結社」の最新の形態であり、そうであるからこそアメリカの「最古の伝統にぴったりと一致している」(96:八八)というのである。というのも、それは市民的不服従者の間に自発的結社の原理となる合意/同意が形成されているからにほかならない。M・カノヴァンが指摘するように、アーレントは『革命について』においてアメリカ共和政体の創設の基盤に、複数の市民による合意/同意を見出した。そして市民的不服従においても、その協同の行為の基礎に合意/同意を再発見したのである[5]。このようにアーレントは、自発的結社を形成させ、ひいてはアメリカ共和政体を基礎づけた革命の原理が、いまもなお学生運動や公民権運動といった諸運動において現出しているとみなしているのである。そうであるからこそ、市民的不服従はアメリカ革命と密接に結びついており、その思想的連続性のなかで捉えられねばならないというのである。

3 市民的不服従と公的領域との両立可能性

しかしながら、市民的不服従における合意/同意は、アメリカ共和政体の基礎原理たる持続的な合意/同意という文脈に回収されうるものなのであろうか。先述のようにアーレントは、市民的不服従が必ずしも既成の権威や法体系の普遍的正統性を容認しているとは限らないことを示唆していた。たしかに、ガンディーがイギリスのインド支配を受け入れていたとは言えないだろう。われわれは、このアーレントの指摘を次のように言い換えてみることもできるだろう。すなわち、アメリカ建国以来永きにわたって不当に迫害されてきた黒人市民は、あたかも白人市民のみが公的領域の参加者であるかのような合衆国の実質的な政治・社会状態に満足していたのであろうか、と。

アーレントに従えば、たしかに市民的不服従は、アメリカ憲法の精神を継承したものである。しかし、とりわけ公民権運動に見られるような市民的不服従の始まりが、何よりもアメリカ共和政体を存立させる基礎原理たる同意そのものへの抵抗によって為されたことを忘れてはならない。このような権利獲得運動によって、アメリカ共和政体は抜本的な変化を余儀なくされることになるが、そうした公的領域の変革をもたらしたのは憲法ではなく、法体系の外部での活動であった。この点において革命と市民的不服従との差異が明らかとなる。すなわち、革命と市民的不服従はともに活動であり、まさに自由のための条件であるが、しかし革命が公的領域を新たに創設する行為（自由の創設）であるのに対し、市民的不服従は既成の法体系を法の外部から変化させる行為だということである。このように市民的不服従は、政治体そのものを可能にする権力の基盤たる「同意」ないしは既成の公的領域や法体系に対して異論を唱える活動、または抵抗として現出することとなるのである。

ここで興味深いことは、アーレントがアメリカ革命の「始まり」の恣意性、あるいはアメリカ合衆国という公的領域からの一部の人間の排除を問題としていることである。[6] では、アーレントはかかる「全員の同意」からの黒人奴隷や先住民の排除を、市民的不服従を通してどのように認識し考察しているのであろうか。

一九六〇年代、アメリカにおける公民権運動の始まりは、何よりもアメリカ共和政体を存立させた基礎原理たる「同意」──「アメリカ共和国の始原の全員の同意」（90：八二）──そのものへの抵抗によって為されたことを忘れてはならない。公民権運動は、アメリカ建国以来永きにわたって不当に迫害・排除されてきた人びとによって、合衆国憲法の原理そのもの、また憲法の普遍主義的原則の不実現を問うた。ここに、アーレントが応対せねばならない重大な問題が現われる。それは、彼女自身が「アメリカのディレンマ」と名付けた問題である。かかる「アメリカのディレンマ」は、たんなる人種的不平等の問題系にとどまらず、アーレント思想において根本的な問題を惹き起こす。それは、A・ケーナンも指摘するように、自由と創設との間の循環的なパラドクスを惹き起こす難問なのだ。[7]

アーレントにとって、革命は「はじまり」であると同時に、その制度化（新しい政治体の創設）でもある。しかし、「はじまり」の制度化は、最初の「はじまり」に続く活動を創設された自由の枠組みの中に留まるように制限することを意味する。別言すれば、自由の空間を創設しようとするまさにその行為によって、世界に新しいものをもたらすという自由は、ときに挫折するのである。つまり、市民的不服従を「不法」と認めることは、後発の「はじまり」を挫くことになりかねない。いわば、自由の掣肘とでも呼ぶべき事態である。それゆえ、アーレントは市民的不服従と既成の法体系ないしは公的領域との両立可能性を模索し始める。そこで、彼女が導出したのが「暗黙の同意」という概念である。

4　市民的不服従と「暗黙の同意」

アーレントは革命論のなかで同意の概念を発見したが、それから数年後の「市民的不服従」論においても再度この同意の問題に接近した。アーレントによると、同意は「共同体の各市民は自発的に共同体の一員になったと想定されなければならないということ」(87：八〇)を前提とし、政治体を構成するための権力の基礎原理として機能する場合に有効な意義を持つ。しかし、アーレントは市民的不服従論において同意にある種の難点が存在することを発見する。その難点とは、同意に基づく社会契約が擬制的であること、別言すれば、政治体の権威についての仮定的な証明が虚構(fiction)であると反論されかねない点である。

アーレントは市民的不服従論以外にも『革命について』や「暴力について」といった著作のなかで政治体の原理である契約を垂直的なホッブズ的契約と水平的なロック的契約とに大別し、アメリカ革命における原初の契約を後者に分類する。そしてそのような契約形態の思想史的意義を顕彰しながら、革命以前のアメリカ的経験が擬制的なものではなかったことを強調する。ただし、彼女はそうした社会契約であっても「全員の同意」を調達できたか否かという問いについてはこれを否定する。つまり、アーレントは、同意が法的にも歴史的にも、擬制的なものだと批判される可能性を認めるのだ。というのも、アメリカ建国の始原の「全員の同意」のなかに黒人市民は含まれていなかったのは明らかだからである。にもかかわらず、彼女は同意をまったくの虚構だと退けてしまうことに、それは「実存的および理論的には正しくない」と反論する。そして、ここで彼女は「暗黙の同意(tacit consent)」という新たな概念に言及するのである(87ff.：八〇―八一)。

アーレントの理解によると、そもそも人間は、共同体に出生する際に「暗黙の同意」を行なう。人間は誰しも共同体に迎え入れられることなくしては生きていくことができない。そのために、人間は生まれてくる「特定の集団のなかで行なわれている世界という大いなるゲームを律しているルールにある意味で従う」という「暗黙の同意」を行なうというのだ(88：八〇)。アーレントの理解では、こうした「暗黙の同意」は擬制的なものではない。むしろそれどころか、それは出生の実存的条件、したがって人間の条件の一つですらあるのだ。つまり「暗黙の同意」は、人間がなんらかの政治体に属する以前にすでに世界を共有するための条件として人間の出生に本質的に含まれているものなのである。もちろん、このような「暗黙の同意」は自発的なものとは言えないだろう。しかし、かかる「暗黙の同意」によってはじめて、異論を唱える権利が発生することになるのである。

ここで重要なことは、人間は公的領域に参加するための潜在的な同意を生まれながらに（暗黙に）行なっているということをアーレントが強調していることである。このように、アーレントが「暗黙の同意」について殊更言及しなければならなかったのは、それが公的領域に参加すべく潜在的な「暗黙の同意」を行なって生まれてきたにもかかわらず、黒人市民を実質的に「全員の同意」から排除する差別が横行していたからにほかならない。アーレントは「暗黙の同意」という概念を導出することによって、実質的に「全員の同意」から排除されている人間の権利、すなわち異論を唱える権利を保障しているのである。つまりアーレントは、出生にともなうかかる「暗黙の同意」を人間の条件として肯定することで、市民的不服従の正当化原理をそれに求めたのである。彼女にとって「暗黙の同意」は、これまで自明視されてきた人権規定の拠り所、すなわち人権の普遍妥当性たる「自然の」「人間の尊厳」が自明でなくなった現代において人権の名に値するだけの――人間としての特質を失わせないための概念装置だったということができよう。

5　市民的不服従と「はじまり」

アーレントの問いは、いかにして市民的不服従とアメリカ合衆国の法体系とを両立可能にするかということにあった。この問いにたいする彼女自身の応答は、市民的不服従もまた同意／合意というアメリカ法の精神を受け継いだものであるから、「市民的不服従はアメリカ法の精神と両立しうる」というものである（99：九二）。こうした洞察が指し示すのは、アーレントが革命を想起しつつ、法体系の外部からの法への異論の可能性を法体系そのもののうちに認めようとするということである。このことは、アーレントが既成の法体系の無謬性ないしは確実性を否定していることを示唆するものである。

革命論において確認したように、自由の創設、すなわち政治体創設の「はじまり」には払拭しがたい恣意性が伴っていた。アメリカ共和政体において「はじまり」の恣意性は、「始まりと原理の同一性」によって克服されたと同時に隠蔽されてもいた。しかしアーレントは、市民的不服従論において、「はじまり」の恣意性の恐るべき側面、すなわち「全員の同意」に黒人奴隷や先住民が含まれていなかったという「アメリカのディレンマ」を明瞭に提示したのである。アーレントは、当初より革命以前の政治的リアリティとされた原初的契約からの一部の人間の排除に気づいていたのだが、このことについては多くを語ろうとはしなかった。しかし、アーレントが認めざるをえなかったのは、市民的不服従が明らかにしたことはアメリカ独立宣言の決定不可能性、もしくは「全員の同意」に基礎づけられた法体系そのものの、いわば相対性であったということである。

しかしながら、事態はそう楽観できるものではないだろう。アーレントも指摘するように、アメリカでは「全員の同意」からの黒人市民の排除だけでなく、リベリア植民構想に見られるように、黒人市民の隔離（彼女の用語に従えば「暗黙の同意からの暗黙の排除」）までもが企図されていたのである（90f.：八三）。自由の政治体と顕彰されたアメリカ共和国は、実に「他者に対する暴力と支配だけが一定の人びとを自由にすることができるという古くからある恐るべき真理」（『革命』104：一六九）を内包したものであった。「国の既成の制度がまともに動かなくなり、その権威がその力を失うときには、非常事態が確実にすぐ近くにやって来ているのであり、自発的結社を市民的不服従に変化させ、異論を抵抗（resistance）に変容させたのは今日の合衆国におけるそうした非常事態」（101f.：九四）だったのである。アーレントにとって、こうした「非常事態」をもたらしたものこそ市民的不服従にほかならなかった。市民的不服従は、人間の実存的条件としての「暗黙の同意」に依拠しながら、アメリカ共和政体の構造的不正を暴露することによって既成の公的領域の正統性を揺動させたのである。

しかしアーレントは、そのことによって自身のアメリカ革命論を修正してはいない。むしろ、革命論における「はじまり」の議論を展開し、市民的不服従に異論を唱えること、あるいは抵抗することという政治的意義を与えたのである。たしかに、市民的不服従という形態をとる活動は、革命のように過去から断絶した「はじまり」ではないだろう。人間における変化の能力は、過去が現在へとつながっていることによって制限を受けるものなのである。つまり、「誰も一番最初から始めるわけではない（no man begins *ab ovo*）」（79：七二）。しかし、それは人間の出生にもともと含まれている「暗黙の同意」の原理に依拠しながら、また新しい「はじまり」として現われる可能性を包蔵しているのである。したがって、市民的不服従を可能ならしめ、公的領域の再編可能性を担保するためには、いかなる政治体においてもその絶対性を否定する契機を認め、抵抗がそれ自体新たな「はじまり」として世界に現われる契機を保障することが必要となる。それは、政治的領域の「はじまり」が恣意的であり、かつ可謬的であることを認めざるをえないということであると同時に、市民的不服従という形態において「はじまり」の恣意性のきわめてポジティヴな側面に光を当てることでもあるのだ。

註

（1）千葉眞『アーレントと現代——自由の政治とその展望』岩波書店、一九九六年、一四九頁。

（2）アーレントは、合意 agreed という言葉と同意 consent という言葉を使用するが、彼女がどこまで厳密にこれらの言葉を使い分けていたのか判断が難しい。合意も同意もともに権力の構成の基礎原理であることは間違いない。そうであるために、合意も同意もともに公的領域の基盤であり、かつそうした構成的権力の基本的形態としての自発的結社の基礎原理なのである。したがって、合意という言葉と同意という言葉との間に明確な区別があるとは考えられにくいが、議論が煩雑になることを防ぐため本章ではどちらかに用語を統一するのではなく「合意／同意」と表記する。ただし、第四節における「暗黙の同意」という言葉については、この言葉の意義を強調するために、あえて「同意」と表記する。

（3）ロールズによれば、市民的不服従論は、第一に異議申し立て行為の定式化と類型化、第二にそうした行為の正当化根拠の提示、第三に立憲民主政体における位置づけとその機能、という大別して三つの議論から形成される。こうした議論の整理を行なったうえでロールズは、市民的不服従を、公開の場で、非暴力的に行なわれ、良心に規定されているが違法な行為であり、それはえてして法律や政策の変更をもたらすものと定義する（John Rawls, *A Theory of Justice*, Harvard University Press, 1971, p. 364.

（4）J・ハーバーマスは、市民的不服従についてのこのロールズの理論的規定は、市民的不服従の意味限定を広く取った、いわば最大公約数的な理論定式と指摘するが（Jürgen Habermas, 'Ziviler Ungehorsam-Testfall für den demokratischen Rechtsstaat,' in *Die Neue Unübersichtlichkeit: Klene politische Schriften V*. Frankfurt am Main: Suhrkamp Verlag, 1985, p. 83.「市民的不服従——民主的法治国家のテストケース」『新たなる不透明性』河上倫逸監訳、上村隆広・城達也・吉田純訳、松籟社、一九九五年、一一四頁）、しかしそれは個別の法規範に故意に違反するものであって、法規範全体へ異議申し立てを行なうものではないとみなしている。

（5）Margaret Canovan, *Hannah Arendt: A Reinterpretation of her Political Thought*, Cambridge University Press, 1992, p. 83.（『アレント政治思想の再解釈』寺島俊穂・伊藤洋典訳、未來社、二〇〇四年、二八〇頁）

（6）若干であるが、アーレントの革命論における黒人差別問題の少なさに言及したものとしては Robert Nisbet による "Hannah Arendt and the American Revolution", *Social Research*, Vol. 44. No. 1, 1977 や、Sheldon Wolin による "Hannah Arendt: Democracy and the Political", *Salmagundi*, no. 60, 1983 などの研究を参照のこと。

（7）Alan Keenan, *Democracy in Question: Democratic Openness in a Time of Political Closure*, Stanford University Press, 2003, p. 96.

＊本章は、拙論「公的領域の可謬性と抵抗としての活動——H・アレントにおける「始まり」の恣意性と市民的不服従について」（『唯物論研究年誌』第19号、二〇一四年）ならびに「抵抗の政治、政治への抵抗——H・アレントの市民的不服従論における「暗黙の同意」概念をめぐって」（『立命館大学人文科学研究所紀要』第105号、二〇一五年）の内容を本書向けに縮小・修正・再構成したものである。そのため、これらと一部重複した箇所がある点をお断りしておく。

13 フェミニズム
「攻撃されている事柄」による抵抗

舟場保之

1 アイデンティティ・ポリティクスとしてのフェミニズム

アーレントがフェミニズムに冷淡であったことはよく知られている。またアーレント没後も、たとえば差異派フェミニズムと呼ばれる人たちのなかには、アーレントの男性中心主義的な議論を批判する人たちがいる。他方、同じく差異派フェミニズムにおいては、アーレントが女性中心的な議論を展開していると解釈し、アーレントを高く評価する人たちもいる。ところがメアリー・G・ディーツは、アーレントに対する評価については正反対の立場に立つ両者が、しかし同一の前提を共有していることを指摘する。[1] それは、アーレントが女性であり、女性であれば女性として行なうべき主張があるという前提である。ディーツによれば、アーレントを批判する人たちは、女性であるアーレントが女性としてなすべき主張を行なっていないと考えており、アーレントを評価する人たちは、女性であるアーレントが女性としてなすべき主張を行なっていると考えていることになる。だが、アーレントがフェミニズムに冷淡だったのは、実はこうした前提をアーレント自身が認めなかったからにほかならない。

『ハンナ・アーレントとフェミニズム』の編著者であるボニー・ホーニッグは、アイヒマン裁判を扱った『エルサレムのアイヒマン』刊行後、ショーレムと交わした書簡のうちに、アーレントがユダヤ人としてのアイデンティティ・ポリティクスの主張に批判的であることを読み取っている。[2] 書簡のなかでアーレントは、自分がユダヤ人であることは「議論の余地のない事実」であり、この事実は変えることができないピュシス＝自然であると言い、ユダヤ人であるという事実にもとづくのであれば、ある種の事柄を行なうことが不可能になること、具体的にはユダヤ人を批判することが不可能になることを理解していると言う（『ショーレム書簡』439：三七七）。アーレントの理解によれば、アイデンティティを論拠とする主張が行なわれるとき、一定の主張を当該のアイデンティティにとってふさわしいものとし、したがってその主張を正当なものとする規範がすでに妥当していることが前提されている。このとき、かりに当該の主張に異議申し立てを行なうとすれば、論拠とされたアイデンティティの真偽を問うほかないだろう。Aというアイデンティティに帰属するとき、前提される規範に則ってBという主張を行なうことが正当であるなら、このBの正当性を問うには、主張者が実際にAというアイデンティティに帰属しているかどうかを問題化するしかないということである。ここで、アイデンティティの帰属性が「議論の余地のない事実」であるとすれば、もはやアイデンティティを論拠とする主張は問われようのないものとなる。アーレントは、アイデンティティに依拠する主張が反駁される余地のない点にその問題を見出していたのであり、それゆえアイヒマン裁判についての論評においてユダヤ人として語ることを避けたのである。

ユダヤ人であることを「議論の余地のない事実」と論じるアーレントは、その直前で、自分が「男性ではなく女性であること」も同様の事実であるとしている（438f.：三七七）。アーレントは、自分自身が女性であることは変更することのできない「自然」であり、このアイデンティティに依拠して主張できることは、規範としてあらかじめ自然必然的に決定されていると考えたために、フェミニズムの主張に対して冷淡だったことになる。

しかし女性であることが「自然」ではないとしたらどうだろうか。少なくともアーレントの議論に依拠するかぎり、女性であることに依拠して主張できることが、自然必然的に定まっているということはなくなるだろう。女性であることが「自然」ではないとしたら、アーレントの議論のうちに何らかのフェミニズムの主張を論じうる可能性が生じるのではないだろうか。「おそらくセックスはいつでもすでにジェンダーだった」というジュディス・バトラーの言葉は有名だが、これは、まず自然的性差としてのセックスがあり、これを前提とした上で文化的性差としてのジェンダーが形成された、というわけではない「真相」を、端的に表現したものである。「真相」は、ジェンダーという言説／文化の手段を通じて「「性別化された自然」や「自然なセックス」が、文化のまえに存在する「前‐言説的なもの」〔…〕として生産され、確立されていく[3]」のである。女性であることは「自然」であり、これに依拠して活動する余地はないとした、アーレントがフェミニズムの主張に否定的だった理由は、バトラー以降、明確に有効性を失っていると言えるだろう。セックスとは、ジェンダー規範によって「自然」として生産された性差であり、女性であることは、けっして「議論の余地のない事実」ではなく、いつでもすでに規範の見地から問うことのできる事柄だからである。

2 「攻撃されている事柄」に依拠することと市民的不服従

アーレントがアイデンティティ・ポリティクスとしてのフェミニズムに批判的であったことを手がかりとして、ここで逆に、妥当性をもつ異議申し立てとはどのようなものでありうるかを考えたい。もしアーレントのうちに何らかの異議申し立ての議論を見出すことができるとすれば、その議論は――アーレントがこの点に関して首尾一貫しているのであれば――アイデンティティ・ポリティクスの問題点を克服しているものであるに違いない。ここで参照したいのは、アーレントが一九五九年にハンブルク市からレッシング賞を授与された際に行なった受賞講演である。リサ・J・ディッシュによれば、レッシング賞がアーレントに授与されることは、アーレントが「ドイツのヒューマニズムの知的伝統の継承者」[4]として承認されることを意味している。では、アーレント自身はこの講演のなかで何を語っているだろうか。

アーレントは、レッシングの『賢者ナータン』に言及し、「ユダヤ人よ、近う寄れ」という命令に対して、ナータンが「私は（ユダヤ人ではなく）人間である」というヒューマニズムの態度で応えた点に、「グロテスクで危険な現実回避」（『暗い時代』D 29：三五）を見ている。第三帝国において、ユダヤ人であるということそのことをもって差別され移送され虐殺される状況があるときに、こうした外の世界のありように目を閉ざし、内面において差別者も被差別者もともに人間であると考えることによって世界に優越できる者こそが、ヒューマニズムを語る者にほかならないからである。自分自身が何者であるのかを世界とは無関係にみずから確立し、確固たる内面をもつ者――「議論の余地のない事実」としてのアイデンティティを有する者とも言えるかもしれない――は、せいぜい現実の世界を無視するだけであってこれに抵抗することはなく「内的亡命」（30：三七）を果たす者である。このような内的亡命者が、第三帝国において存在したことを指摘しつつ、戦後、過去の否定的側面を直視しない態度にその「直接的な遺産」（31：三八）を見出すと講演において論じるアーレントは、言うまでもなく現在の状況、より明確に言えば、レッシング賞を授与され、「ドイツのヒューマニズムの知的伝統の継承者」として承認されようとしていることそのことに、抵抗していることになる。かつて）ヒューマニズムを語ろうとする者は、現実の問題をグロテスクな仕方で見ない者であったが、現在も（アーレントの口を借りて）ヒューマニズムを語ろうとする者は、過去にあった問題を知ろうとしない者だというわけである。

このような手厳しい異議申し立ては、世界とは無関係にみずから確立した内面にもとづいてなされているのではない。あるいは、迫害という現実を考慮に入れるには、自分がユダヤ人であるということを認めるほかなかった（29：三五）と過去に関して言われるとしても、「議論の余地のない事実」としての確固たるアイデンティティに依拠する主張が行なわれているわけではない。アーレントは、「攻撃されている事柄そのことによってのみ、抵抗することができる」という「基本的で単純な原則」（30：三六）に従っているだけであると言う。ユダヤ人であるという属性は、――少なくともアーレントの見解によれば――「議論の余地のない事実」であって「自然」であり、したがってこれを論拠にして何らかの主張を行なうことはできなかったのだが、「攻撃されている事柄」とは、まさしく攻撃する他者によって形作られることにほかならない。アーレントがユダヤ人として抵抗するとしても、それは、ユダヤ人であることが「議論の余地のない事実」だからではなく、他者から攻撃されている事柄がアーレントの属性とされるユダヤ人であるということだからにすぎない。第三帝国においては、ナチスと多くのドイツ人によって、ユダヤ人とみなされた人々がユダヤ人であることを理由に攻撃が行なわれていたのであり、「攻撃されている事柄」そのことによってのみ、こうした状況に抵抗することができるとアーレントは考えているのである。

「攻撃されている事柄」をあえて引き受け、そうすることによって攻撃が行なわれる世界のなかで抵抗するというやり方、それは世界とは無関係に確立される内面へと逃亡しないことであり、「議論の余地のない事実」としてのアイデンティティに依拠しないことを含意しているが、こうした抵抗の仕方は、アーレントの市民的不服従に関する議論にも見出すことができる。

アーレントは、『暴力について』所収の論考「市民的不服従」において、市民が法に従わずに行なう活動を正当化している。良心的兵役忌避者をネガティヴに捉える点には、アーレントの保守性を見て取ることができないわけではないが、正当化される市民的不服従の特徴は、きわめて明確に示されている。アーレントが反対する市民的不服従のあり方は、個人が主体的に良心にもとづいて共同体の法や慣習と戦うといったタイプのものである。アーレントによれば、良心が要求するのは自分自身との一致であり、ある行為を自分自身が正しいと判断できるかどうかのみがここでは重視されるが、しかしこの判断は主観的なものにすぎない。アーレントが良心に関してさらにより重大な問題とみなしているのは、人間が自分自身に関心をもつことが前提されている点である（『暴力』64：五九）。言うまでもなく、自分自身に関心をもつこと一般がアーレントによって問題化されているわけではない。自分自身が何者であるかということが第一の関心事であり、関心の対象とされる自分自身が世界から切り離された仕方で自分自身によって形成される点にこそ、問題が見出されるのである。このような仕方で形成された自分自身との一致を求める良心によって、共同体の法や慣習に異議申し立てを行なうことに、アーレントは反対しているのだと言える。これに対して、アーレントによって正当化される市民的不服従者は、「けっしてたった一人の個人として存在しているわけではなく」、「集団の一員としてはじめて役割を果たすことができ、また生き延びることもできる」(55：五一)。このような市民的不服従者は、アイデンティティのユニークさを競い合う者たちではなく、「自発的結社」(94：八七)の一員であるが、こうした自発的結社は、世界のありようから独立に作られる集団ではない。それは、世界のなかで異議申し立てを行ない、問題解決という「短期的な目標を追求し、その目標が達成されれば消滅するその場限りの組織」(95：八七)であって、成員はさまざまなアイデンティティをもちうるが、その場限りの結社それ自身が成員の確固たるアイデンティティとなることはない。では、「自発的結社の最新の型」(96：八八)である市民的不服従は、どのようにして正当化されるのか。その説明は、「攻撃されている事柄」に依拠する抵抗をも正当化するものであるだろう。

ポイントとなるのは、同意である[6]。市民が法に従うのは、その法の妥当性に関して同意し、その法の遵守を相互に約束したからである(84：七六以下、92：八五)。そして相互に約束が守られるかぎり、法は社会に安定性を確保することになる(79：七二)。興味深いのは、「異論は同意を含意しており、自由な統治の目印である」(88：八一)というアーレントの言葉である。異論が同意を含意しているというのは、ある法の妥当性に関して、異論がないかぎり市民たちは同意していることになる、という意味である。もちろん、異論のないことが同意を意味するのであれば、いつでも自由に異論を唱えることができるのでなければならない。そうでないかぎり、異論がないことを同意と等置することは、正義に反している。この条件が満たされているのであれば、「異論を唱えることができるとわかっている人は、異論を唱えないときには自分はともかくも同意するのだということもわかっている」(88：八一)と言ってもよいだろう。このように、同意が「異論を唱える権利」(88：八一)のうちに含意されているのであれば、同意にもとづく法の妥当性とは、ほかならぬ「異論を唱える権利」によって支えられていることになる。したがって、法が妥当性をもつには、市民が自発的結社を形成し[7]、市民的不服従を行ないうることが前提されることになるだろう。市民的不服従は、そして「攻撃されている事柄」に依拠して抵抗することは、およそ法が妥当性をもたなければならないとすれば、正当化される営みであることになる。

3 遂行的矛盾

以上において、世界とは無関係に確立される内面もしくは「議論の余地のない事実」としてのアイデンティティに依拠することのない、世界のなかにおける異議申し立ての可能性と正当性を検討した。では、「攻撃されている事柄」に依拠して抵抗が行なわれるとき、あるいはその場限りの自発的結社によって市民的不服従が行なわれるとき、規範はどのように問われているのか。このことが明らかにされることによって、こうした抵抗も、市民的不服従も、説得力をもった仕方でその有効性が示されたことになる。ここで着目するのは、「遂行的矛盾(performative contradiction)[8]」である。

遂行的矛盾とは、発話を遂行する次元と発話の命題的内容との間に成立する矛盾のことである。たとえば、発話を遂行する次元において、発話者が存在することは前提されるので、「私は存在しない」という発話が行なわれるとすれば、発話の命題的内容がこの前提を裏切ることになり、遂行的矛盾が生じる。このとき矛盾を解消しようとすれば、それがいかに空虚な発話に聞こえるとしても、「私は存在しない」という発話を「私は存在する」という発話へと修正し、命題的内容の変更を行なうことになる。では、「攻撃されている事柄」に依拠して抵抗が行なわれる場合、あるいは時限的な自発的結社の一員として市民的不服従が行なわれるとき、どのような遂行的矛盾が生じているのか。

レッシング賞を授与され「ドイツのヒューマニズムの知的伝統の継承者」として承認されようとしている者は、受賞講演においてヒューマニストとして語ることが求められているだろう。ここでヒューマニストとして語るべきことが語られないとき、語られる内容は発話を行なう前提を裏切ることになる。したがって「攻撃されている事柄」に依拠して抵抗を行なうアーレントの発話の内容は、受賞講演者の発話としては遂行的矛盾を伴うものとして理解されることになる。このとき、矛盾を解消するために、アーレントの発話は不適切なものとされなければならないのだろうか。また、自発的に結社を作り政治的活動を行なうことを認められている者が、政治に関与する権利である参政権の付与を要求するとき、やはり発話の内容は発話を行なう前提を裏切っている。市民的不服従によって行なわれるこうした要求は、政治的活動を認められている者の発話としては遂行的矛盾を伴うものとして理解されることになる。このとき、矛盾を解消するために、参政権付与の要求は不適切なものとされなければならないのだろうか。ここで、遂行的矛盾によって法の欠陥が明らかにされることの眼目は、発話を修正し命題的内容を変更するのとは別の仕方で、矛盾の解消がなされうる点にあることを指摘したい。

レッシング賞受賞講演に関して言えば、アーレントの発話は、ヒューマニストの語ることではないものとしてこれを修正するという仕方ではなく、「適切な」発話の内容を規定する発話を遂行する前提を問題化するという仕方で、遂行的矛盾の解消を図ることも可能である。アーレントの発話が遂行的矛盾を伴うのは、アーレントがヒューマニストであることが発話の前提とされているからだが、しかしそれはレッシング賞を授与する側の思惑にすぎないわけであり、この前提を覆すことによって遂行的矛盾を解消する可能性が生じる。遂行的矛盾が生起することによって、発話を遂行する前提こそが問われ、過去を知らないことにしてヒューマニズムを語りうるとするレッシング賞授与者たちの「法」こそが、問われることになるのである。自発的結社が形成され、政治的要求が行なわれることに関して言えば、自発的結社を形成し政治的要求を行なう権利をもつ者が参政権付与を要求することは不適切であるという仕方ではなく、参政権付与を要求する者が誰であるのかといった発話を遂行する前提を問題化するという仕方で、遂行的矛盾の解消を図ることも可能である。参政権付与の発話が遂行的矛盾を伴うのは、それが政治的要求であり、すでに政治的要求を行なう権利をもつ者であることが発話の前提とされているからだが、参政権付与を要求する者は、はたして政治的要求を行なう権利をすでに有しているだろうか。遂行的矛盾が生起することによって、発話を遂行する前提こそが問われ、一定の人々に対して政治に関与する権利を認めていない「法」こそが、問われることになるのである。アーレントは、米国修正憲法第一条が何世紀にもわたって行使されている結社の権利に及んでいないと言い、そうであれば何らかの発話を伴ってこの権利を行使することは「法」に反し、遂行的矛盾を伴うことになるが、この点に関して憲法を修正するための手続きを踏むことには価値があると論じている（101：九四）。ここにも、「法」の修正による遂行的矛盾の解消という方向性を認めることができるだろう。

*

フェミニズムという抵抗の仕方は、必ずしも十分ではないと評されることが、しばしばある。あるパースペクティヴからすれば、セクシュアリティという切り口のほうが適切であると考えられ、また別のパースペクティヴからすれば、ジェンダー論のほうが問題を適切に切り出すことができると主張される。あるいは、問われるべきなのはＬＧＢＴＱであるとする向きもあれば、整備されなければならないのはダイバーシティ環境であるという言い方もなされる。もちろん、これらの観点が無視されてよいわけではなく、またフェミニズムによって、これらの論点すべてをカヴァーすることが困難であることもたしかだろう。しかし、だからといってフェミニズムを無効だとみなすことはできないし、そもそもフェミニズム（だけ）に全能を求めることそれ自体がフェアではなく、全能ではないといったような見地からアンフェアな批判がなされる点に、そのままフェミニズムの置かれている状況が反映されている。こうした状況は、逆説的な仕方でフェミニズムがなおも有意義でありうることを示していると言える。現に、女性であることによって引き起こされた人権侵害への異議申し立てであった Me Too 運動や Ku Too 運動は、ほんの数年前から続く出来事であるし、日本国憲法第二四条が反動的な内容へと改変させられようとしているのは、まさしく現在進行中の事件である。性差にもとづく人権侵害が二十一世紀になっても根強く維持されている現状は、フェミニズムが意味をもってしまう正義に反した状況であることに疑う余地はない。女性であることが「攻撃されている事柄」であれば、「攻撃されている事柄」である女性であることによって人々が結びつき、市民的不服従が行なわれることに、アイデンティティ・ポリティクスに陥ることのないフェミニズムによる抵抗の可能性をアーレントとともに見出すことができるだろう。女性のふるまい方を定める「法」（たとえば、俳優として生きていくのであればプロデューサーの言いなりになることや、職場ではハイヒールやパンプスを着用すること）が妥当する世界のなかで、女性がこうした「法」に異議申し立てを行なうとき、その言説は現行の「法」を裏切るものであり、このとき遂行的矛盾が生起することになる。それゆえここで、「法」の欠陥が明らかにされ、その修正が果たされる可能性が生じることになる。しかし矛盾の解消は、言説を否定することによっても果たされてしまう。このとき異議申し立ては、「法」に反した不適切な言説とみなされるのである。「攻撃されている事柄」に依拠して抵抗する人々によって、「法」を修正する選択肢の可能性が切り開かれているとき、いずれの仕方で矛盾を解消するかを問われているのは、攻撃されていない人々にほかならない。

註

（1） Mary G. Dietz, "Feminist Receptions of Hannah Arendt", in: Bonnie Honig (ed.), *Feminist Interpretations of Hannah Arendt*, The Pennsylvania State University Press, 1995, p. 22.（『ハンナ・アーレントとフェミニズム』岡野八代・志水紀代子訳、未來社、二〇〇一年、三四頁以下）

（2） Honig, "Toward an Agonistic Feminism: Hannah Arendt and the Politics of Identity", in: *Feminist Interpretations of Hannah Arendt.* (*ibid.*, 151. 同前、二一六頁)

（3） Judith Butler, *Gender Trouble*, Routledge, 1990, pp. 10–11.（『ジェンダー・トラブル』竹村和子訳、青土社、一九九九年、二八頁以下）

（4） L. J. Disch, On Friendship in "Dark Times", in: *Feminist Interpretations of Hannah Arendt.* (*op. cit.*, 291. 前掲『ハンナ・アーレントとフェミニズム』、二四八頁)

（5） 講演で用いられた「事柄（was）」という語は、英語版では identity と訳されている。攻撃されているアイデンティティによる抵抗は、たんなるアイデンティティ・ポリティクスとは異なるため、ミスリードを避けるために「事柄」という語を用いた。Hannah Arendt, *Menschen in finsteren Zeiten*, Piper, 2012.

（6） アーレントが同意を論じているのは、憲法に関してである。というのも、アーレントが論文執筆に際して直面しているのは、「第一級の憲法上の危機」（『暴力』89：八二）だからである。アーレントがここで同意について論じていることは、しかし法一般にあてはまることであると考えたい。

（7） 「同意と異論を唱える権利とは、活動を喚起し組織する原理となり、この原理によってこの大陸の住民は「ともにアソシエイトするすべ」を教えられ、「ともにアソシエイトするすべ」から、自発的結社は生じた……」（『暴力』94：八七）。

（8） たとえばバトラーは、「規範の欠陥は遂行的矛盾によって明らかとなる」と言う。Butler, *Excitable Speech: A Politics of the*

Performative, 1997, Routledge, p. 91.（『触発する言葉』竹村和子訳、二〇〇四年、岩波書店、一四三頁） また、アーレント同様、アイデンティティ・ポリティクスの主張から距離を取るバトラーが注目するのは、「プレカリティ」である。「プレカリティは、女性、クィア、トランスジェンダーの人々、貧者、身体障がい者、無国籍者、また宗教的、人種的マイノリティを集合させる概念である」。Butler, *Notes toward a performative theory of assembly*, 2015, Harvard University Press, p. 58.（『アセンブリ』佐藤嘉幸・清水知子訳、二〇一八年、青土社、七七頁）

反トランプ大統領をかかげてワシントンD.C.で行なわれた女性の行進（2017年1月21日）

14 教育学

過去と未来を架橋する出生

小玉重夫

1 序論

筆者はこれまで、日本においてアーレントの議論を教育学に導入することに努めてきた。まずは小玉(一九九九)を契機として、それまで必ずしも十分注目されてはこなかったアーレントの「出生」概念への着目や、リトルロック事件への発言をはじめとするアーレントの教育問題への発言の思想史的意義、そして、アーレントにおけるマルクス研究の位置づけが、幅広く検討される時期を迎えた。その詳細は、小玉(二〇一三)を参照いただきたい。

二〇〇〇年代以降の日本におけるアーレント研究と教育学との「出会い」は、アーレントの思想によって従来の教育学のパラダイムを組みかえていく作業を加速させていった(朴二〇〇六、村松二〇一三、田中二〇一六、樋口二〇一八、石神二〇一九など)。くわえて、この「出会い」の持つインパクトは、教育学のパラダイム革新を駆動しただけにとどまらず、哲学(森二〇〇八)、政治思想(森川二〇一〇)、マルクス研究(百木二〇一八)などによって触発される形で、それまでどちらかといえば各々のアカデミズムのディシプリンの枠内で受容されるにとどまっていたアーレント研究そのものの視点を、領域横断的に内破しつつ、大きく変革していくことにもなっていったと思われる。

以上をふまえて本章では、小玉(二〇一三)の第五章で展開した議論をもとに、アーレント研究と教育学との出会いがもたらしたインパクトを、その際の鍵となった出生(natality)という概念を軸に確認する(第2節)。そのうえで、彼女の出生概念が教育学のあり方をどのように革新したのかを、過去と未来を架橋するものとしての教育、という点から明らかにする(第3節)。最後に、そうしたアーレント研究によってもたらされた教育学の革新が現代の教育との関係においてもつ意味を、日本においては十八歳選挙権、世界的には子どもや若者の政治的発言との関係で（小玉二〇一六）、そしてそこでの教育を担う教育者、教師のあり方との関係で検討したい（第4節）。

2　出生概念の思想的位置づけ

①アーレントにおける「出生」概念

アーレントにおいて出生概念は、たとえば『人間の条件』のなかで以下のような形で登場する。

人間事象の領域である世界は、そのまま放置すれば「自然に」破滅する。それを救う奇蹟というのは、最終的には、人間の出生（natality）という事実であり、活動の能力も存在論的にはこの出生にもとづいている。いいかえれば、それは、新しい人びとの誕生であり、新しい始まりであり、人びとが誕生したことによって行ないうる活動である。この能力が完全に経験されて初めて、人間事象に信仰と希望が与えられる。ついでにいえば、この信仰と希望という、人間存在に本質的な二つの特徴は、古代ギリシア人がまったく無視したものである。

（『人間の条件』247：三八五―三八六）

ここでアーレントは、「古代ギリシア人がまったく無視したもの」として、新しい人々の誕生を意味する「出生」に注目する。アーレントについてはそれまで、ギリシアのポリス的な公共性を肯定的に描いているという評価が支配的であった。しかしながら、上述の引用文が示しているのは、明らかに、ギリシア的世界に対する批判的視点であり、彼女が古代ギリシアのポリスモデルとは別の思想的系譜に定位して議論を展開しようとしていることを示唆するものにほかならない。

それは、アーレントの思想におけるユダヤ・ヘブライ的系譜というべきものである。西洋の思想は古代ギリシアからローマに受け継がれ西欧世界に入っていったヘレニズム、あるいはギリシア的要素と、そうしたギリシア的要素とは異なるものとしての、もともとはユダヤ人の民族解放思想のなかから登場したキリスト教に象徴されるような思想、その二つが西欧近代の柱を形成していく。アーレントの『人間の条件』に関しては、従来主として、ギリシア的な要素のほうに注目して公共性を理論化した著作として評価され、位置づけられることが多かった。アーレント自身もそこに足をおいていたのは確かだだが、上記の引用は、古代ギリシア人が無視した「出生」の要素に注目している。つまり、ギリシア思想とは距離を置いたユダヤ・ヘブライ的思想の重要性をはっきりと述べているともいえるだろう。

②ユダヤ・ヘブライ的系譜のなかでの位置づけ

ここにみられるような「出生」に注目するアーレントの思想は、新参者を公的世界に招き入れる営みとして教育をとらえようとする視点を提供する。このような出生による世界の更新という把握が彼女の思想のユダヤ・ヘブライ的性格に由来するということを示すものとして、アーレントに対するヴァルター・ベンヤミンの強い影響がある。ベンヤミンは、絶筆とされている「歴史の概念について（歴史哲学テーゼ）」の最終部分で、均質的で空虚な進歩主義史観をいましめ、「回想が、預言者に教示を仰ぐひとびとを捕えている未来という罠から、彼らを救いだす」と述べる。ところがその直後に、「とはいえ、ユダヤ人にとって、未来は均質で空虚な時間でもなかった。未来のあらゆる瞬間は、そこをとおってメシア（救い）が出現する可能性のある、小さな門だったのである」という。[1] そこでは、近代教育学が前提としてきた進歩主義や発達論で想定されているような、子どもが発達段階をふんで発達して未来に近づいていくという、均質な時間概念とは別の形で、「メシアが出現する可能性」としての未来を概念化することの可能性がほのめかされている。

メシアが出現する可能性は何をもたらすのか。それは、救いというものを、ある特権化された未来によって、自分たちの外にある超越的なものとして奉ったり、あるいは預言者に意見を伺ったりするような、人々の姿勢への批判につながるのであり、ベンヤミン、アーレントはそうした姿勢を問題視した。預言者と信者、生徒と教師、上と下の関係、未来をよりよくするための預言者とそれにお伺いを立てる信者、市民、そういう位階的な関係性を組み替えようという関心がベンヤミン、アーレントの意識には強い。未来は特権的で超越的なものとして一部の者にのみあずかりしれる希望のユートピアではなく、もっとつねに日常の実践のなかに現われて垣間見られる小さなものではないだろうか、というのが彼らの主張である。

そして、このメシア的希望としての未来を正面から受け止めて思想的な格闘を行なったのが、アーレントであった。アーレントは、ナチスの支配が迫るマルセイユでベンヤミンの「歴史哲学テーゼ」草稿を彼から託され、ベンヤミンの死後、ニューヨークのアドルノのもとへ届けた人物である。新しい始まりとしての出生に着目するアーレントの思想に、ベンヤミンの「歴史哲学テーゼ」で示唆されたユダヤ的な啓示の思想の強い影響を読みとることは、不当とはいえない。

③ マルクス研究との関連性

アーレントの出生概念の背景にあるもう一つの思想的文脈が、彼女のマルクス批判である。『全体主義の起原』の初版本が刊行された一九五一年に、アーレントはアメリカ合衆国の公民権を取得する。そしてそれ以後、新しい研究プロジェクトに着手する。それは、もともとはカール・マルクス研究として構想されたものであった。その成果は草稿『カール・マルクスと西欧政治思想の伝統』として残されている（Arendt 1953）。

そして、「出生」という概念、あるいは、しばしば言及される「始まりが存在せんがために人間は創られた」というアウグスティヌスの引用がアーレントの思想の表舞台に登場するようになるのは、実は、この一九五一年以降の研究プロジェクトの再構築の過程においてであった。この時期のアーレントの研究は、全体主義の起源の解明という軸を保ちつつも、その力点を、「地下の潮流」の分析から、「西欧政治哲学の伝統」の批判へとシフトさせようとするものであった。その過程で、アーレントの関心は、伝統の命脈が絶たれた近代における「始まりの喪失」という概念の分析へと焦点化されていく。

たとえば、前述の未公刊草稿『カール・マルクスと西欧政治思想の伝統』の「要旨」(SUMMARY)において、アーレントは、以下の二つの仮説を提示する(Arendt 1953)。

第一は、「伝統の命脈は絶たれた、すなわち、始まりはもはやわれわれとともには存在しない、あるいは、われわれの伝統的な概念は、われわれの実際の諸経験に適合しない」という仮説である。第二は、「伝統の命脈が絶たれたとき、解体したのは、主要には、われわれの公的な政治領域である。人間が第一義的に政治的な存在であり、あるいはまた、人間の条件が複数性という条件にほかならないかぎり、このことは他のすべてのことがらに影響を及ぼす」という仮説である。

以上の二つの仮説から、アーレントは論争すべき対象を次のように設定する。

まず第一の仮説からは、「伝統の命脈をあたかも単に次から次へと繰り延べることができるというリベラリズムの信念と、実際のリアリティを復興しなくとも「価値」を復興させることができるという保守主義の信念」との両方が、批判の対象として設定される。

第二の仮説からは、「われわれ一人一人を精神分析や行動療法によって癒される個別の単独的な存在であるかのように扱う心理学主義と精神主義に、反対する」という立場が表明される。

アーレントにおける出生概念の形成も、このような彼女の論争的な立場との関連を抜きにして論じることは不可能である。すなわちそれは、伝統の命脈の繰り延べを企てる進歩主義的なリベラリズムとリアリティなき価値の復興を企てる保守主義の双方への対抗として考えられたものであった。また、人間を非政治的な個別の単独的存在として扱う心理学主義に対する反対のなかから形成されたものでもあった。

このように、マルクスとの格闘を経てアーレントがたどり着いた歴史認識は、進歩主義的リベラルと、伝統的価値の復興を企てる保守の双方への批判を含み、出生概念が導入される思想史的文脈の一つを構成していたと言うことができる。そしてそれが、過去と未来を架橋する教育という認識とつながっていくのである。

3 過去と未来の間を架橋する教育の方へ

アーレントには、『過去と未来の間』に所収された「教育の危機」という論文がある。そこでの議論によれば、過去と未来の間を架橋する教育とは、古い世代の持っている文化と新しい世代が持ちこんでできたものとが出会う場のことであり、それこそが教育の使命だという。

教育はこの新しさを守り、それを一つの新しいものとして旧い世界に導き入れねばならない。旧い世界は、その活動がいかに革命的であろうと、来たるべき世代の立場からすればつねに老朽化し、破滅に瀕しているのであるから。

（『過去と未来』189：二六〇）

そしてこの、新しいものと古いものとが出会う場であるという教育の性質が、教育における権威のパラドクスを生む。教育における権威がはらむパラドクスについて、アーレントは以下のように述べる。

近代世界における教育の問題は、教育はその本性上権威や伝統なしにはありえないにもかかわらず、権威を骨組みとするのでもなければ、伝統を蝶番とするのでもない世界のうちで教育が進められねばならない事実にある。

（191：二六二）

そして、アーレントは、「権威の概念と過去への態度を、〔…〕教育の領域にのみ適用するために、教育の領域を他の領域、とりわけ公的・政治的生活の領域から明確に分離しなければならない」と述べている。そして、教育の機能を二点挙げる。

第一に、学校の機能は子どもに世界がどのようなものであるかを数えることであって、生きる技法を指導することではないということである。世界は先在するものであって、子どもにとってつねに所与として存在する以上、いかに生が現在に関わるものであっても、学習は当然、過去に向かわざるをえないからである。第二に、子どもと大人の間の線引きは、誰も大人を教育できないし、子どもを大人のように扱うこともできないことを意味しよう。

（192：二六三）

とはいえ、アーレントは、「新しいもの」としての「子どもへのパトス」それ自体を必ずしも否定しているわけではない。むしろ、出生によって世界に参入してくる子どもの教育が、公共的世界の複数性が維持される鍵であるととらえ、この論文「教育の危機」の最後で、以下のように力強く宣言している。

教育はまた、われわれが自らの子どもを愛し、かれらをわれわれの世界から追放してかれらの好き放題にさせたりせずに、あるいは何か新しいもの、われわれが予見しえないものを企てるチャンスをかれらの手から奪うこともなく、むしろ、共通世界を新しくする使命への準備を前もってかれらにさせるかどうかを決める分岐点でもある。

（193：二六四）

しかしながら、他方でアーレントが問題視しているのは、この新しいものとしての子どもへのパトスが肥大化、絶対化し、「政治の問題として」社会改革的な発想と結びついていく点である（173：二三七）。このような子どもへのパトスの肥大化によって、教育における権威が喪失し、公的共通世界が解体していくことを、アーレントは何よりも危惧した。この新しいものとしての「子どもへのパトス」の肥大化、絶対化という問題は、子ども、若者の政治参加やシティズンシップ（市民性）が浮上している近年の日本および世界の状況と深く関わり、そこでの教師のあり方を考える上で、重要な示唆を提供する。最後に、その点を述べていきたい。

4　過去と未来の間で——媒介者としての教師の可能性

①遅れてくること

本節ではまず、過去と未来を架橋し、世界に責任を負う存在としての教師の条件とは何かについて、提示してみたい。新しい存在としての未来を代表する子どもと、現在存在する世界との架橋が、教育、学校の場でなされるとき、そこに立ち会う媒介者としての教師とはどのような存在なのだろうか。

教育哲学研究者のナターシャ・レヴィンソンは、アーレントにおける「出生」概念のパラドクスとして、出生に含まれている「遅れてくること（belatedness）」という性格がはらむ困難を指摘する。

出生によってこの世に新参者として到来することは、すでに存在するものに遅れて参入することでもある。レヴィンソンによれば、この遅れてくるという事実は、「出生の条件であるだけでなく、その阻害要因ともなりうる」。なぜなら、われわれの存在がすでに先行してあるものによって条件づけられているという意識によって、「何か新しいことを始めよう」とする潜在能力が麻痺するからである。ここでは、出生概念が、公共性を保証する究極的な可能性としてではなく、むしろ、公共的な自己が構成される機制にはらまれるパラドクスを示すものとしてとらえられている。それは、先述した、教育における権威がはらむパラドクスと、ちょうど表裏の関係にあるものだといっていいだろう。

レヴィンソンは、この出生のパラドクスからもたらされる困難を克服するための戦略を、過去と未来の裂け目に位置する教師の課題として、次のように提起する。

> 過去と未来の裂け目のなかで教えるということは、一方で、過去についての教えに関与するということであり、それは過去についての理解と指導、およびそうしたことの基礎となる記憶の保全をめざす。他方で、この裂け目のなかで教えるということはまた、学生が世界の修復にのりだすよう動機づけ

ることでもある。その際同時に、学生の未来を決定し統制しようという誘惑に抵抗しなければならない。[2]

ここで提起されている戦略は、いわば、過去と未来の裂け目のただなかで、そのいずれをも特権化することなく、その両方に対して応答的な立場を確保しようという戦略であるということができる。そうした戦略の要に位置するものこそ、教える存在としての教師にほかならない。そこで教師は、進歩主義のように子ども中心の立場に立つのでも、保守主義のように過去の伝統を特権化するのでもない、その間に立つ姿勢が求められている。アーレントが「教育において、世界への責任は権威の形式をとる」というとき、そこで想定される教育者の権威は、このような出生のパラドクスをひきうける教師の姿勢をさすものであるとみることができる。

そこで最後に、そのような出生のパラドクスを引き受ける教師のありようを示す、一つの具体例を提示し、本章の結びとしたい。

② 架橋する教師

高等学校の国語教師であった福田淑子は、かつて自身が勤務する埼玉県立所沢高校での自由を求める生徒会とそれを支持する教師たちのありようを批判し、以下のように述べている。

国家に「不服従」を唱えることを最重要課題とするあまり、この学校の教師や生徒会本部は、自分たちの強い確信や主張が、一抹の違和感や異なった姿勢を試みようとする若い感性のやわらかな戸惑いを潰してはこなかったか。むしろ、〈校長の強制〉と〈コッカケンリョクの暴走〉への不服従をスローガンにした全校のまとまりが少しずつ軋み始め、教員同士、生徒間の意識にずれが生じてきた時、それぞれの違和感や疑問を取り上げることをせずに、ひたすらにスローガンへの服従を強いてきたのではないだろうか。[3]

「子ども中心」という理想をかかげる人たちのなかに、「子どもの意見が絶対」というスローガンにのってこない生徒を「意識の低いもの」と位置づけ、強要したい大人、教師たちがいると、福田はいう。そうした大人たちの視線が、「一抹の違和感や異なった姿勢を試みようとする若い感性のやわらかな戸惑い」を潰してしまう。著者が抗おうとしたのは、まさにそうした、一見リベラルな言説を唱えながら、実のところ子どもたちを「侮蔑化」し、「愚鈍化」させている大人たちの姿勢に対してであった。ここでの福田の批判の視線はまさに、前述したようなアーレントがいう「子どもへのパトス」が肥大化、絶対化し「政治の問題として」社会改革的な発想と結びついていくのを批判する視線と、ぴったり重なっているということができるのではないだろうか。

「子どもの権利」を掲げて校長への不服従をとなえるリベラルな教師、生徒たちもまた、「一抹の違和感や異なった姿勢を試みようとする若い感性のやわらかな戸惑い」を潰したという意味で、そうした「子どもへのパトス」の肥大化、絶対化の罠にはまってしまった、福田はそう言いたかったのではないか。

このような子ども中心主義に対する批判的な教師の態度はしかし、大人の立場、伝統の立場を遵守する保守主義とは結びつかない。むしろ福田は、あらかじめ存在する正解へと生徒を誘うような教師の態度とも決別している。そのような教師としての福田の視点は、授業のとらえ方にも示されている。

教材にいくら魅力があろうと、授業者がそれを引き出せなくてはどうにもならない。教材を台無しにしないためには、どうしたらいいのか考えてみたい。予め授業者が答えを用意した質問をすれば、生徒は「私は何を要求しているでしょう」という教師の胸の内を探るために文章を読み、解答を探る。いわば底の浅い正解主義に走らせる。(4)

たとえば福田は、漱石の『こころ』を教材に、その全文読破の授業を試みている。この教材を「説明」するのではなく、生徒自身がテキストを通して、「人間の日々の「こころ」の不思議を自分の日常と照らし合わせて洞察し始める」ことを促していく。そうすると、生徒自身の読み取りから、次から次へと新しい発見が生み出されていく。

『こころ』という教材で、ここには書ききれないほど生徒の新しい読みに示唆されて、二十年の間わくわくしながら授業してきた。今年度で高校の教壇を降りるが、恐らくこんな刺激的でスリリングな授業は大学では出来ない気がする。気負いも功利的な目的もなく、ただ恐ろしく中身の詰まった「テキスト」を目の前に、好奇心を全開にして読む生徒の姿に、もうお目にかかれないと思うことが、なんとも淋しい。(5)

ここには、前述したレヴィンソンの言葉を借りていえば、学生の未来を決定し統制しようという誘惑に抗しつつ、学生が世界の修復にのりだすよう動機づけることをめざす教師のありよう、進歩主義でも保守主義でもなく、その間にとどまる教師のありようが示されている。

二〇二〇年度に予定されている大学入試センター試験の廃止を前にして、教育界は高大接続改革、つまり、高等学校までの教育と大学以降の教育との間の接続をどのようにするかをめぐり議論が行なわれている。高等学校の国語では論理的な文章の読解スキルを養成することが重視されて、文学作品を扱う比重はこれまでよりも著しく低下することが予想されている。

このことによって、福田のいう「底の浅い正解主義」がますます蔓延し、「好奇心を全開にして読む生徒の姿」が潰されていくことが危惧される。むしろ、高大接続改革というのであれば、いま必要なことは、「好奇心を全開にして読む生徒の姿」を高校卒業後の大学までをも視野に入れて広げていくような、そういう知の枠組みの転換なのではないか。福田のような「底の浅い正解主義」に抗う高校教師の存在は、その際の鍵を握るものだと思う。

アーレントの過去と未来の間を橋渡しする教師という視点が示唆するのは、まさにこのような、過去（既知のこと）と、未来（未知のこと、無知なもの）とを架橋し、コーディネートすることによって、新しい何かを始める、そういう過去と未来を架橋する教師のありようなのである。

註

（1）ヴァルター・ベンヤミン『ボードレール他五篇——ベンヤミンの仕事2』野村修編訳、岩波書店、一九九四年、三四六頁。

（2）Natasha Levinson "Teaching in the Midst of Belatedness: The Paradox of Natality in Hannah Arendt's Educational Thought", *Educational Theory* 47 (4), 1997, p. 450.

（3）福田淑子『文学は教育を変えられるか』コールサック社、二〇一九年、二〇六頁。小玉二〇一九を参照。

（4）同書、一七七頁。

（5）同書、一八一頁。

参考文献

Arendt, H. (1953) "Karl Marx and the Tradition of Western Political Thought", *The Papers of Hannah Arendt*, U.S. Library of Congress.（『カール・マルクスと西欧政治思想の伝統』アーレント研究会訳、大月書店、二〇〇二年）

石神真悠子（二〇一九）「ハンナ・アレントにおける〝一人である〟ことの多層性」東京大学大学院教育学研究科基礎教育学研究室『研究室紀要』四五号

小玉重夫（一九九九）『教育改革と公共性——ボウルズ＝ギンタスからハンナ・アレントへ』東京大学出版会

小玉重夫（二〇一三）『難民と市民の間で——ハンナ・アレント『人間の条件』を読み直す』現代書館

小玉重夫（二〇一六）『教育政治学を拓く——18歳選挙権の時代を見すえて』勁草書房

小玉重夫（二〇一九）「福田淑子著『文学は教育を変えられるか』／「愚鈍化」の構造に抗する教師」『コールサック』99号、コールサック社

田中智輝（二〇一六）「教育における「権威」の位置」『教育学研究』83巻4号、日本教育学会

朴順南（二〇〇六）「ハンナ・アーレントにおける「世界」概念」『哲学』115号、三田哲學會

樋口大夢（二〇一八）「ハンナ・アレントの全体主義批判における複数性の喪失と再生」東京大学大学院教育学研究科基礎教育学研究室『研究室紀要』四四号

百木漠（二〇一八）『アーレントのマルクス』人文書院

森一郎（二〇〇八）『死と誕生』東京大学出版会

森川輝一（二〇一〇）『〈始まり〉のアーレント』岩波書店

村松灯（二〇一三）「非政治的思考の政治教育論的含意」『教育哲学研究』107号、教育哲学会

15 科学技術

科学を公共圏に取り戻すことは可能か

平川秀幸

はじめに——アーレントにおける科学技術論の中心テーマ

現代社会において科学技術はきわめて大きな存在であり、それが生み出すさまざまなモノ（機械、物質など）やプロセス（化学反応、核反応、情報処理など）なしには、産業経済も個々人の生活も成り立たない。その反面で、科学技術はさまざまな問題も生み出している。そして、それらを解明・解決するためにも科学技術の力が必要である。いずれにしても科学技術は、その発展や応用のあり方が多くの人々に影響を与えるという点で、今日第一級の政治的存在だといえる。

こうした科学技術の政治的意味について、半世紀以上前に政治哲学の問題として深刻に受け止め考察したのがハンナ・アーレントである。その中心にあるのは、近代科学のめざましい発展とは裏腹に、いわば「科学の大勝利がもたらすブーメラン効果」（『人間の条件』3：一二）として生じてきた二重の危機への洞察である。一つは、核物理学の発展がもたらした核兵器の脅威に代表される、人間世界や自然環境に対する破壊力の増大という物理的な危機であり、もう一つは思考と言論の無力化という政治的な危機である。後者は一見、科学技術の発展とは無関係に見えるが、そうではない。それは、人間が科学技術の爆発的な創造性によって、かつては夢想だにしなかったことさえできるようになった一方で、その行ないやそれを支える科学知識や技術の「意味」を日常の言葉で考え、理解し、語ることができなくなっているということ、いいかえれば、科学技術は今日第一級の政治的問題でありながらも、万人に開かれた言論の空間たる公共圏から逃れているということであり、きわめて政治的な危機だということができる。物理的危機の増大も、少なくとも部分的には、そうした政治的危機の結果だといえるだろう。

このような危機はどのようにして生じてきたのだろうか。本章では、近代科学の発展と危機の源泉についての『人間の条件』でのアーレントの考察をたどり返したうえで、現代の科学技術と社会における政治的生にとって彼女の思想がもつ意義を論じる。

1　近代科学の成功の根源としての地球疎外

近代の科学と社会の目覚ましい発展の裏に危機の高まりを見るアーレントの歴史観は「近代世界の「アイロニー的解釈」」とも呼ばれる。[1] その主軸をなすのが、「地球から宇宙への飛行《フライト》と世界から自己への逃亡《フライト》という二重のフライト」（6：一七）としての「世界疎外」の概念である。このうち「宇宙への飛行」は近代科学に特徴的なものであり、科学における世界疎外は「地球疎外」と呼ばれている。その端緒としてアーレントが見出したのが、ガリレオが望遠鏡を用いて天体観測を行なったことによる「アルキメデスの点の発見」という出来事であった（第三六節「アルキメデスの点の発見」）。それは、あたかも宇宙にいるかのように地球上の自然を見下ろす「宇宙の観点」を人間が獲得したということであり、この観点こそが、近代科学の成立と発展を基礎づける自然認識の準拠点であると同時に、危機の源泉でもあると彼女は考えた。

ここで問題となるのは、ガリレオによる天体観測がなぜ、近代科学を支える準拠点としてのアルキメデスの点の発見になったのかということである。アーレントによればそれは、次のような「ガリレオの発明の新しさ」[2]（258：四一六）にあった。ガリレオが支持した地動説は、コペルニクスなど歴史上さまざまな人物が唱えてきたものだが、どれも思弁や仮説の域を出なかった。これに対して彼が行なったのは「望遠鏡を使って、宇宙の秘密が「感覚的知覚の確実さをもって」人間に認識されるようにしたこと」（259f.：四一八）であった。すなわち、望遠鏡という器具を使うことによって人間の認識力が地上の条件による拘束から解放され、それ自体は想像上のものにすぎないアルキメデスの点から地球や太陽、他の惑星を眺めることに経験的な確かさが与えられたのである。

このようにして自然認識の準拠点としての経験的確かさを与えられたアルキメデスの点は、さらに二つの要因によってより実効的なものになる。一つは、諸現象を、その感覚的外観の違いを捨象した数学的な記号と諸関係に置き換えて数学的処理のもとに置く代数学や解析学などの「近代数学」であり、もう一つは、測定を通じて諸現象を数学的処理に適した物理量に置き換えるとともに、器具を用いた操作によって人工的な条件のもとで現象を再現・生成することで研究を行なう「実験」である。これらによって人間は、生身の感覚の制約や所与の物理的条件に縛られることなく、天上と地上の区別をも超えて、多様な現象に共通する一般法則を見出すこと、いいかえれば普遍的で宇宙的な観点から諸現象を扱うことが可能になったのである。

そしてここで重要なのは、アーレントの洞察では、このような宇宙への飛行《フライト》は、同時に自己への逃亡《フライト》でもあり、そうであるからこそ可能になったということである。

彼女の議論において自己への逃亡は、まずは哲学について語られる。ガリレオの偉業は近代科学の成功の端緒となったが、他方で、その基礎となった「感覚的知覚の確実さ」はあくまで望遠鏡という器具を通じて得られたものであったため、それまで人間が頼っていた生身の感覚の信頼性はむしろ失われてしまう。この喪失経験から始まったのがデカルトの懐疑に象徴される懐疑主義的な近代哲学であり、デカルト自身はこの懐疑を、「疑っている私自身を疑うことはできない」（「我思うゆえに我あり」）を第一原理とすることで解決しようとした。すなわち、「内省」という方法によって、知識の確かさの準拠点としてのアルキメデスの点を、自分自身の精神の内部で進行する過程に見出そうとしたのである。

アーレントによれば、これと同じことが科学におけるアルキメデスの点にも当てはまる。両者に共通するのは「人間は、与えられ啓示されたものとしての真理を知ることはできないが、少なくとも、自ら作ったものは知ることができる」（282：四四八）という信念であり、それを最も体現しているのが、他でもなく、宇宙の観点を可能にした近代の数学だと彼女は考えた。というのも、彼女によれば近代数学は、人間精神の外部にある世界の客観的な真の構造を表すものではなく、「精神が生み出す形式にかんする知識」（283：四四八）だからだ。それにもかかわらず、この世界のさまざまな事物や現象を数学的な記号や諸関係に置き換えることができるのは、「十分な距離をとって局外に立つ」ことにより、「肉体の眼はもとより精神の眼をも現象からそむけた結果であり、距離に本来そなわっている力によってすべての現象を縮小した結果である」（266ff.：四二七以下）からにすぎない。ここでいう「距離」とは、物理的な距離だけを意味しない。肝要なのは、人間が感覚する諸現象の外観を捨象し、数量的関係で表現可能なものだけに着目することによって、人間が感覚を通じて捉えているものとしての世界から背を向けたということ、そしてそのように自己へと逃亡したからこそ、アルキメデスの点に立つことが可能になったということである。

同じことは実験にも当てはまる。アーレントによれば「知識を得るために実験を用いるということは、すでに、人間は自分自身が作るものだけを知ることができると信じていればこそ」であり、人間が作ったものではない自然現象についても、「それらの物が生じてきた過程を突き止め、模倣すれば、それらの物について知ることができる」ということを、この信念は意味していたからである（295：四六五）。さらに彼女は、実験は何らかの客観的なリアリティを解明する行為というよりは、「観察したいと願う現象や対象物を生産する」行為だとも考えていた（284：四五〇）。実験もまた、世界に背を向け、自ら作り出したものに知識の確かさの根拠を置く自己への逃亡であり、そうであるがゆえに自然を地上の条件に縛られずに探究する宇宙の観点に立つことが可能になったのである。

2 地球疎外による物理的危機の増大

① 自然科学から宇宙科学への地球疎外の深化・拡大

以上のように地球疎外は、世界の感覚的な現われから身を引き、人間自身の精神のパターンとそれに基づく物理的操作である数学と実験が作り出すものに諸現象を置き換えることで、地上にいる人間に宇宙の観点であるアルキメデスの点に立つことを可能にした。近代科学の成立と成功は、このような宇宙と自己への二重のフライトの結果だったわけだが、アーレントにとってそれは同時に、危機の源泉でもあった。ここではまず物理的危機についてのアーレントの考察をたどろう。

物理的危機の増大について、アーレントの議論で第一に重要なのは「自然科学」から「宇宙科学」への転換である。それは、近代科学を成立させた地球疎外が、科学の発展とともにさらに深化・拡大した結果であり、その転換点は、彼女が「近代」と呼ぶ十七世紀〜二十世紀半ばまでの時代とそれ以降の「現代」を区別するものと位置づけられている。彼女は次のように述べている。「近代の科学は、宇宙的観点から自然を眺め、その結果、自然に対して完全な支配権を獲得した。これに対し、今日の科学は、真に「宇宙的な」科学であって、あえて、自然を破壊し、それと共に自然にたいする人間の支配権をも破壊するという明白な危険を冒してまで、自然のなかに宇宙過程を引き入れている」（268：四三〇）。ここでいう「宇宙過程」とは、二十世紀半ばにまずは核兵器として実用化された核エネルギーのことであるのは論をまたないだろう。その利用を可能にする核の連鎖反応は恒星の中心部など宇宙ではありふれたものだが、地上の天然の条件では滅多に起こりえない。それを地上で実現し、化学反応によって爆発する火薬の百万倍に相当する莫大なエネルギーの発生を可能にしたのは科学の力にほかならない。

② 危機の源泉としての行為のヒエラルキーの融解
——自然の制作から自然のなかへの活動へ

ところでアーレントにとって、このような危機的な地球疎外の深化・拡大は、単なる科学による自然の技術的操作能力の増大という量的な変化ではなかった。その根底に彼女は、「行為のヒエラルキーの融解」とも呼ぶべき、人間の行為のあり方の質的な変容を見ていた。すなわち、今日の危機は、科学が発展し、地球疎外がより進むにつれて、「活動的生（vita activa）」を構成する労働、仕事、活動という三種の行為の区別や関係が大きく変容したことによって、自然と人間世界の境界が崩れ、人間の世界の安定性や耐久性が掘り崩されてきた結果だということである。

その始まりは、望遠鏡や実験装置など器具を作るために制作の能力が活用されるようになった近代科学の誕生の時に遡る。

ここで重要なのは、科学における制作の役割は、当初からこの能力の本来のものではなかったことだ。アーレントの分類によると、制作は人間が生きる世界を構築し、それに安定性と耐久性を与えるような人工物や道具を作り出す仕事において発揮される能力であるが、科学研究においては、自然現象の「過程」を模倣し再現する能力として使われている。さらにいえば科学における過程の制作は、単に自然を模倣・再現するにとどまらず、少なくとも地上の自然では人間の創意と介入なしには起こりえない新しい過程を創造するに至っている。核の連鎖反応を可能にした核物理学だけでなく、今日では、DNAそのものを人工合成し、新種の生命過程を創り出す合成生物学のような科学研究も進められている。こうした新しい過程の創造（創始）は、活動を最も特徴づけるものにほかならない。それが「自然のなかへの活動（action into nature）」であり、そのなかで制作の能力は、仕事ではなく活動の様式で用いられる能力となり、次々と新しい過程を創始することによって世界の安定性や耐久性をむしろ掘り崩すように働くようになったのである。

③自然のなかへの活動から自然的なものの不自然な成長へ

もう一つ重要なのは、このように制作の能力の変容に伴って、活動もまた本来のあり方から逸脱してきたことである。元来活動は人間同士の間で行なわれる行為であり、新しい過程を始めるだけでなく、「言論」とともに、「人間事象の網の目」のなかにおいて政治的生活という他者との生を営み、唯一無二の「正体（who）」を暴露し合うものでもあった。しかし、科学における活動は自然のなかへの活動であり、言論との結びつきは希薄である。この点は、後述する政治的危機の問題につながるのだが、ここでは物理的危機に関わる二つの問題に的を絞ろう。

一つは、「自然のなかへの活動」には、不可逆性と予測不可能性という活動の苦境から行為者を「救済」する術がないという問題である。アーレントによれば、これらの苦境は、人間事象の網の目のなかでは「許し」や「約束」という能力によって、それぞれ救われうる（237：三七一以下）。たとえば人は、行為の帰結自体は取り消すことはできないが、行為によって害を為した相手から許されることによって、行ないに対する責めから解放され、自由になることができる。そしてここで重要なのは、許しも約束も「複数性」という人間の条件、すなわち、自分とは異なる他者が存在し活動することに依存しているということだ（237：三七二）。ところが自然のなかで活動する場合には、許しを与えてくれる他者は存在しない。開始された物理的な過程とその帰結は、罪や責めとは無関係に生じ進行していくものであり、仮に人間同士では許されても、自然のなかで進む過程は取り消せない。この意味で「活動の能力を人間事象の領域以外のところで用いるのは非常に危険である」と彼女はいう（238：三七三）。

もう一つ重大な問題は、科学における創始の能力は、「予測不可能な新しい過程を始める」という点では活動の能力でありながらも、科学技術が産業経済の成長の原動力となっている現代では、絶えざる労働生産性の増大という意味での「自然的なるものの不自然な成長」（47f.：七二以下）のための手段となり、ますますこの不自然な成長を加速し、世界の安定性と耐久性を掘り崩す動因になってしまっていることである。そこでは労働もまた元来の行為の境界を逸脱し、いわば「疑似労働」になっており、行為のヒエラルキーの融解の最終形態だということができるだろう。

3　地球疎外による政治的危機の増大

①近代における思考の変容

右のような行為のヒエラルキーの融解による物理的危機の増大はきわめて重い問題だが、政治哲学者アーレントにとってより重要なのは、思考と言論の無力化という政治的危機である。その本質は、次のような仕方で、物事や行為の「意味」を追求することから思考が乖離してきたことにある。

一つは、観照と行為の転倒、より正確には思考と行為の転倒である（289f.：四五七以下）。思考は、古代哲学では存在の真理を、中世哲学では神的真理を観照するための方法だった。しかし、近代になって新しい知識の獲得を可能にしたのが望遠鏡など器具による観測や実験という制作や活動であったことから、行為こそが知識探求の要とされるようになった。そのため、完全な静謐と受動性において言語を超えた真理を眺めるという観照は完全に無意味なものとなり、それに伴い思考は、哲学や神学ではなく、科学における行為に仕える侍女となった。そして科学においては、自然の過程が造り出したものを発見したり模倣したりできても、「自然過程が造り出したものの意味が人間に判るということではない」し、「そもそも、それは理解できるものである必要はない」とアーレントは指摘する（290：四五八）。

もう一つの重要な変容は共通感覚（common sense）と共通世界の喪失である。共通感覚とは、アーレントによれば、「まったく私的な感覚作用をもつにすぎない他のすべての感覚を共通世界に適合させていた感覚」（283：四四九）であったが、「自ら作り出したものだけが理解できる」とする世界疎外・地球疎外のもとでは、それは「世界となんの関係もない内部的能力」となり、人々が共有しているものは世界ではなくなってしまった。代わりに共有されるのは「二＋二はいくつかという問題を与えられたとき、私たちはみな四という同じ答えを出すだろうという事実」をモデルにした「常識的推理（common-sense reasoning）」となった。それは「精神が精神と戯れる遊び」としての「結果を計算すること」にほかならず、それが科学において行為の侍女となった思考の姿であった（283f.：四四九以下）。

このように意味の追求から離れた科学の思考が行き着いた先としてアーレントが挙げているのが、現代科学における「悪夢」である。

② 科学における「悪夢」と今日の思考と言論

先に見たようにアーレントは、科学を構成する数学と実験も自己への逃亡をはらんでいると考えた。数学は人間精神の産物であり、「距離」をとれば諸現象を何であれ数学的関係に還元できる。しかもそうやって得られた数学的な理論に基づき、実験における技術的操作を通じて観察したい現象を作り出すこともできる。たとえばアインシュタインの特殊相対性理論に含まれる質量とエネルギーの方程式（$E = mc^2$）は「現象を説明し、観察事実と一致するというだけでなく、実際に質量をエネルギーに、エネルギーを質量に転換するのに役立つ」ものであり、「すべての方程式に含まれている数学的「転換」は、リアリティの転換に対応している」。悪夢はこのような事実に現われていると彼女はいう（285：四五一以下）。

もちろん、科学によってこの世界のさまざまな法則が解明され、その知識を用いた技術は多大な成功を収めてきた――その裏返しとして、人間の生存条件を脅かすほどの潜在的破壊力とともに。その意味で「テクノロジーは、近代科学の最も抽象的な概念が「真理」であることを立証している」（287：四五四）といえる。しかし、アーレントによればそれが立証しているのは、ただ「人間はつねに人間精神の結果を応用することができるということ、そして、自然現象を説明するためにどのような体系を用いようと、人間はつねにそれを制作と活動の指導原理として採用することができるということ」だけであり、そうやって自ら創造したリアリティに取り囲まれて生きる人間は、今日、「以前よりもっと強力に自分自身の精神の牢獄の中に閉じ込められ、人間自身が作り出したパターンの枠の中に閉じ込められている」のだという（288：四五四以下）。

③ 政治的危機としての科学の悪夢

このような科学の「悪夢」についてのアーレントの考え方は、「電子」のように人間の知覚で観察不可能な科学の対象は実在しないとする科学哲学の「反実在論」に似ている。しかしながら彼女の論点は、そのような認識論的議論にはない。彼女が問題としているのは、科学が数学と実験を通じて対象とする人工的なリアリティと人間が感覚する世界のリアリティとが乖離したことにより、前者を創り出す行為の力が思考と言論の力を圧倒し、後者による意味づけが及ばないものになってしまったということである。物理的危機は、そのように意味づけによる行為の制御や抑制が弱体化したことによって、彼女が全体主義に見出したのと同様の「すべては可能だ」とする人間の「傲慢さ」が増長したことに対する「ネメシス」として理解することもできる[3]。

実際、二十世紀初頭に誕生した量子力学や相対性理論などの現代科学が対象とする世界は、五感に基づく人間の直観的な理解を拒むものである。たとえば量子力学で扱う電子など極微の対象の運動は、確定した位置と運動量で記述できない。それら物理量の状態は波動関数によって確率的に表現され、マクロな物体の運動に関する日常経験や古典物理学で馴染んだ概念やモデルはそのままでは通用しない。アーレントが引用している「三角形の円」や「翼のあるライオン」という表現の無意味さについての物理学者シュレディンガーの指摘は、そうした量子力学の理解の困難さ、日常経験や古典物理学の直観からの隔絶を表わすものである。

もちろん物理学の観点から言えば、量子力学はその独自の論理に従って理解可能だ。しかしその論理は物理学の訓練を受けた者だけが理解可能なものであり、五感に基づく経験を頼りに生きる世の大多数の人びとの理解を超えている。物理学者本人にとっても、量子力学についての科学的な理解は自身の日常直観的な理解や意味づけから断絶している。

おわりに——科学を公共圏に取り戻すことは可能か

さて、以上のような科学の悪夢、科学と思考・言論の断絶は、アーレントが着目した量子力学など現代物理学に限定された問題ではない。それは近代から現代までの科学全般に通底するアルキメデスの点への立脚と、宇宙への飛行《フライト》である同時に自己への逃亡《フライト》でもある地球疎外に根を持つ問題であり、今日のように科学とそれが生み出す技術の力が人間世界と、根底的な人間の条件である地球の命運を大きく左右するほどになった時代にあっては、きわめて大きな政治的な意味を帯びている。

たとえば『人間の条件』の最終節でアーレントは、アルキメデスの点を人間自身に適用することの危険性を指摘している（322f.：五〇〇以下）。すなわち、遠く離れた宇宙の観点から見れば、人間と他の動物種との区別は見えなくなり、「自由」という概念も人間と原子のどちらにも同様にあてはまってしまう。人間の行為も、活動・仕事・労働という区別や意味を失って、統計法則に従う「行動（behavior）」となり、集合としての人間はその必然性に従うものと見えてしまう。実際、今日のビッグデータに基づく機械学習は、まさに人間をそのように扱い、そこから見出された統計的傾向に基づいて、たとえばインターネットの検索結果や広告、推薦商品が提示される。人間は、そうやって作り出されるフィルターバブルとも呼ばれる情報の檻の中に囚われつつある。また制作の形式で活動し、「結果を計算する」ものとなった科学的思考は、「無限の非蓋然性」において人間の活動や言論がもたらす人間事象の出来事の意味を理解できず、不合理で非理性的なものとして片付けてしまう（300：四七一）。これもまたきわめて重大な政治的危機だと言える。

『過去と未来の間』の「宇宙空間の征服と人間の身の丈」で

はアーレントは、科学者の「気遣いのなさ」について言及している（『過去と未来』269f.：三七五以下）。それによれば、人間は、科学者の立場に立つ限りは、「宇宙における自らの身の丈がどれくらいか、動物的生命の進化の階梯において自らがどこに位置するか」も、「地球上に人類が生きのびるのかどうか、ひいては地球そのものが存続するかどうか」も気遣う必要はない。そのような気遣いのなさこそが、科学者としての科学者の誇りであり栄光なのだという。たとえ「人間としての科学者」はそうでないとしても。

それでは、このように人間事象の世界から断絶し、それを圧倒している科学や技術を、人間の思考と言論が紡ぐ意味の世界、公共圏に引き戻すことは可能だろうか。ここで重要なのは、この問題は、科学技術の内容が高度に専門化し、門外漢にはその意味を理解することがますます困難になってきているという、よく指摘される問題ではないということだ。アーレントが喪失を危惧している「意味」は、たとえば「ある境界条件のもとでのシュレディンガー方程式の解の物理的意味」のような科学の内部におけるものとは違う。問題となっているのは、たとえば核融合の物理学的原理ではなく、その原理に基づいて巨大なエネルギーを爆弾として炸裂させることが、人間にとってどんな意味を持つかであり、それを考える力の衰退である。すなわち、科学技術の理論的・専門的な知識内容そのものではなく、その知識を用いて人間が行なうことや、引き起こす出来事の意味を考えること、科学技術の知識の難解さに怯むことなく、その意味を問いただし、語り、意味づけ合うことが重要なのである。

たとえば私たちは、科学技術の利用がもたらした数々のリスクを経験するなかで、それが単に被害の発生確率という科学的意味をもつだけでなく、不正義や不道徳の事象として、不信や失望、憎しみや怒りという感情や、赦しや贖い、償いという行為の対象でもあることを知っている。アーレントの思想は、そのような科学技術の人間的意味の問いへと絶えず立ち返らせてくれるのである。

註

（1）千葉眞『アーレントと現代——自由の政治とその展望』岩波書店、一九九六年、四二頁。

（2）実際には望遠鏡はガリレオの発明ではなく、彼が天体観測を行なった前年（一六〇八年）にオランダの眼鏡職人ハンス・リッペルハイが特許申請したものを手本に自作したものだった。

（3）破壊的なほどの創造性と「悪夢」に見られる思考の主観性という近代科学の特性についてのアーレントの理解は、全能性の信念とイデオロギーの主観性とを特徴とする全体主義についての彼女の理解と重なっている。これについてはM・カノヴァンも指摘している。Margaret Canovan, *Hannah Arendt: A Reinterpretation of her Political Thought*, Cambridge University Press, 1992, pp. 150ff.

コラム⑪　政策

奥井　剛

　初期のユダヤ人問題に関連する論説から晩年の米国外交政策批判に至るまで、アーレントが批判の対象とした具体的な政策は枚挙にいとまがない。とはいえ、彼女が「政策（policy）」を理論的なテーマとして論じたことは一度もなかった。この間隙のために、アーレントの政策論を語ることは必ずしも容易ではない。このコラムでは、そこへ至るまでの道を整備すべく、政策をめぐるアーレント自身の経験を紐解きながらアーレントの政治理論へと向かい、そこから再び政策へと向かう道筋を示したいと思う。

　ハイデガーとヤスパースのもとで哲学を学び、もともと政治に関心を持たなかったアーレントを政治理論へと向かわせたのは、他でもないナチ政権の政策であった（『ユダヤ論集』466：Ⅰ三一六）。その最初の契機となったのは、一九三三年の国会議事堂放火事件と予防拘禁に端を発する一連の政治的事件である（『政治思想集成』10–11：Ⅰ一六）。とくにヒトラーの政権掌握後に始まった強制的同一化政策は政治を彼女の個人的な問題にした。均質化の圧力を前に、まるで自らを罠にでもかけるようにナチの政策に進んで自らを組み込んでいった周りの知識人たちのグロテスクな言動は、アーレントを哲学との決別に向かわせた。

　とりわけ彼女の政治への転向を決定的にしたのは、アウシュヴィッツのことを知った衝撃であった（13：Ⅰ二〇）。強制収容所をその支配機構の中核とするナチの人口政策は、「ユダヤ人は人間以下である」という虚構を現実のものにするために、いわばユダヤ人を「死の工場」の「原料」と化すことで現実そのものを製造しようとする試みにほかならなかった（199：Ⅰ二七一）。そういった意味で、この機構を根本的に機能させていた活動は、近代的な制作（fabrication）のプロセスであった（199：Ⅰ二七一、234：Ⅱ二九、『人間の条件』125：一八六）。全体主義の支配は、このプロセスにおいて断片化され原子化された孤独な余計者を不断に調達して、テロルとイデオロギーによって政治体ともども道具化していく（『全体主義』

465–466：Ⅲ二八〇—二八一）。テロルは全体主義の本質、イデオロギーはその行動原理であり、全体主義の統治機構の両輪として、社会的存在の孤独の経験、つまりすべてのものと人から見捨てられているという経験の上に支配を確立する（『政治思想集成』356：Ⅱ一八三、『全体主義』476：Ⅲ三二〇）。したがって、全体主義は孤独な個人を生み出す近代社会のあり方によって、根源的に条件づけられているのである（『全体主義』478：三二三—三二四）。

では、われわれはいかにして近代社会を成り立たせているのであろうか。哲学に抗しつつ遂行された全体主義との対決は、観想的生を理想とする西洋哲学の伝統からは軽視され、活動的生というカテゴリーにおいて曖昧に扱われてきた労働と制作と行為という、三つの活動のあり方についての洞察へとアーレントを導いた。彼女によると、元来、労働と制作は私的領域の活動であり、行為のみが公的領域の光にふさわしい活動とされていた。そして社会的領域の成立は、近代化の過程のなかで、私的な家の中の「活動、配慮、組織形態」を司っていた家政（oikonomia）が公的領域へと越境したことに端を発する（『活動的生』47：四六、『人間の条件』78：一一〇）。経済的（economical）な関心が公共政策の中心を占めるようになったのは、その最もわかりやすい帰結であろう。アーレントによれば、いかなる政治的共同体の諸判断も、その場所で支配的になっている活動の本性に対応する（『活動的生』96：九六）。つまり、「われわれがしていること」を顧みずに、近代社会における政策の本質を理解することはできないのである。

近代初期に支配的になったプロセスとしての制作は、その他の活動をもプロセス化するにいたった（『活動的生』411：四二二）。というのも、活動の最高位に昇った制作の本質には、制作に固有の経験を拡大し、その尺度を一般化することが含まれるからである（186：一八九）。それは近代化の過程で、人間を含む一切のものを不断に目的と手段の連鎖へと組み込み、それぞれのものに固有の価値を剝奪していく一つのプロセスとして顕現する（186：一八九）。このプロセス化は、新しいことを始める活動である行為すらも人間事象の領域から追いやった（295–296：三〇三）。近代科学が興隆すると、この不可逆的な過程を始める能力は、ひたすら実験を通して自然のプロセスを誘発し、現象を「生産し調達する」ことへと向けられることになる（375–378：三八六—三八九）。さらにその後、際限なく拡大するこの目的と手段の連鎖の最上段に、もはや単なる生物としての生命維持を目的とする活動が昇りつめることになる（405–407：四一五—四一七）。つまり、労働および消費のあくなき増大へとわれわれを駆り立て続ける「生命プロセスそれ自体が公的に確立され組織されている形態」、これこそが近代社会なのである（58：五七）。

さて、アーレントが分節化した活動的生の枠組みを現代の政策立案に活かそうとする特筆すべき試みとして、欧州委員会の共同研究センターで顧問を務めるニコル・ドワンドルによる、アーレントの政治理論に触発された一連の諸研究プロジェクトが挙げられる[(1)]。ドワンドルは、アーレントの活動的生の諸概念および近代性の理解を敷衍しながら、共同市場から単一市場への移行を決定づけた一九八六年調印の単一欧州議定書以降の欧州の諸政策を問題視する。この変化に伴って浸潤した近代的な概念的枠組みのために欧州は「近代性の罠」に陥っており、それがテクノクラシーやポピュリズムの傾向を助長しているという[(2)]。そこで政策立案者がアーレントの概念的資源を取り入れて、代替的枠組みを採用することで、「改革なしに」欧州の諸政策を根本的に変えることができるというのがドワンドルの主張である[(3)]。

政治の再概念化もさることながら、アーレント自身は改革どころか革命さえも射程のうちに捉えていた。というのもアーレントは、初期のころから一貫して統治形態としての共和制を支持していたからである（『政治思想集成』223–224：Ⅱ一五—一六、280：Ⅱ八八など）。さらに一九五八年に発表したハンガリー革命についての論考以降は、「評議会制」が、彼女が共和制への移行を語るうえで決定的な役割を担うようになる（『革命』271：四二九）。革命の行為そのもののなかから立ち現われる評議会では、当然、政策は上から与えられるのではなく、同等な者たちの議論によって決定される（『暴力』232：二三二）。アーレントが評議会制に見出していた可能性は、社会における政治的および経済的生活の再組織化に留まらない。全体主義体制の政策との対峙の果てに見出したこの体制に、国家間の水平的な連邦の展望をも含む、「評議会国家」なる新たな国家概念形成の可能性をアーレントは見出していた（233：二三三—二三四）。実現の見通しはわずかかもしれない。しかし誰しも、どんなに小さくともたった一つの政策のために、たとえ一〇人でもテーブルについて自由に言葉を交わす光景を目の当たりにするとき、その空間がわれわれの生に与える輝きと大きな可能性に、思いを馳せないわけにはいかないのではないだろうか（同右、『革命』273：四四四）。

註

（1） Onlife Manifesto [https://ec.europa.eu/digital-single-market/sites/digital-agenda/files/Manifesto.pdf] や、探索型研究プロジェクト "Arendt, metaphors and the EU: Why words matter!" [https://ec.europa.eu/jrc/en/event/webinar/arendt-metaphors-and-eu-why-words-matter] など（二〇一七年一月十二日閲覧）。Onlife Manifesto の邦訳については、次を参照いただきたい。「オンライフ・マニフェスト——ハイパーコネクテッド（超接続）時代に人間であること」、奥井剛・阿部里加・河合恭平・百木漠訳、『Arendt Platz』第三号、二四—二九頁。

（2） Nicole Dewandre, "Political Agents as Relational Selves: Rethinking EU Politics and Policy-Making with Hannah Arendt" *Philosophy Today*, Vol. 62, Issue 2 (Spring 2018).

（3） *Ibid*. p. 494.

コラム⑫　アーレント研究センター

阿部里加
百木　漠

ハンナ・アーレント・センター（アメリカ）

米国のハンナ・アーレント・センター（正式名称はHannah Arendt Center for Politics and Humanities）は、ニューヨーク州に位置するバード・カレッジ（Bard College）付設の研究所である。二〇〇六年に、現在のセンター長であるロジャー・バーコヴィッツ（Roger Berkowitz）教授によって設立された。現在では国際的なアーレント研究の中心地となっており、多くのアーレント研究者が在籍している。バード・カレッジは、夫であるハインリヒ・ブリュッヒャーや親友であるメアリー・マッカーシーが教鞭を執っていた大学であり、アーレント自身も一九七六年以降にそこで教えることが計画されていた場所であった。残念ながらアーレントが七五年に急逝したことによりその計画は実現しなかったが、彼女の遺骨は夫ブリュッヒャーとともにバード・カレッジ近くにある墓地に埋葬されている。

毎年秋に国際会議であるハンナ・アーレント・カンファレンスが三日間にわたって開催され、アーレント研究者のみならず、多分野の研究者やジャーナリスト、作家、アーティスト、政治家などが招かれて、積極的な議論が交わされている。ここ数年は、その模様がインターネットで動画配信されており、大会後もウェブサイト（http://hac.bard.edu）からそのアーカイブを誰でも視聴することができる。ちなみにここ数年の大会テーマを見てみると、二〇一五年は「なぜ私的なことが重要なのか」、二〇一六年は「リアルトーク——人種・性・宗教をめぐる困難な問い」、二〇一七年は「デモクラシーの危機——暗い時代における思考」、二〇一八年は「シティズンシップと市民的不服従」、二〇一九年は「レイシズムと反ユダヤ主義」であり、現代社会を取り巻くアクチュアルなテーマが毎回取り上げられている。

またバード・カレッジの図書館に付設されたアーレント・ライブラリーには、アーレントの蔵書約五〇〇〇冊が所蔵されている。現地ではリクエストに応じて、その現物を閲覧することが可能である（貸出は不可）。また「ハンナ・アーレント・コレクション」と題されたウェブサイト（https://blogs.bard.edu/arendtcollection/）から、その主な蔵書リストと書き込み内容の画像データを閲覧することもできる。アーレント・ライブラリーに置かれているパソコンからは、米国議会図書館（Library of Congress）のハンナ・アーレント・ペーパーズ（Hannah Arendt Papers）のアーカイブにアクセスすることができ、ウェブ上では非公開のデータも含めて、すべてのデータを閲覧することが可能である。(1)

アーレント・センターは積極的なイベント開催や情報発信を行なうとともに、学術ジャーナル（*Hannah Arendt Journal*）の発刊やメールマガジン（*Amor Mundi*）の配信も行なっている。アーレント・センターの会員（通常会員：年間一〇〇ドル、学生会員：年間二五ドル）になれば、オンライン上でのバーチャル読書会へも参加が可能である。関心がある者は、定期的にウェブサイトをチェックすることをお勧めする。

（百木　漠）

ハンナ・アーレント・ツェントゥルム（ドイツ）

ドイツのアーレント研究センター（正式名称はHannah Arendt-Zentrum）は、オルデンブルクにあるカール・フォン・オシエツキー大学の哲学研究科に一九九九年に創立された。オルデンブルクは、アーレントの師匠ヤスパースの出身地であり、ナチ支配時代には、市民によって多くのユダヤ人が匿われ、ドイツの自治体としてはじめて反ヒトラーを表明した市でもある。

センターに保管されている資料のほとんどは米国議会図書館に所蔵されている現物のコピーであり、訪れるのは隣国のフランスやイギリスなどヨーロッパ圏の研究者が多いが、アメリカやアジアをはじめ世界各国の研究者とネットワークをつくって情報交換を行なっている。また、海外から著名な研究者を招聘し、国際学会やプロジェクトを開催している。主な出版物として、二〇〇五年まで出版されていたHannah Arendt Newsletterに代わり、現在では、アーレント研究センターとヴォルフガング・ホイアー（Wolfgang Heuer）氏が共同で編纂している、学術電子ジャーナルのHannaharendt.netが刊行されている。

二〇〇九年には、センターの責任者として、歴史哲学およびアウグスティヌス研究者のヨハン・クロイツァー（Johann Kreuzer）教授が就任し、二〇一八年には、バーンスタインなどアメリカの研究者と共同研究をしているヤスパース研究者のマティアス・ボームト（Matthias Bormuth）教授も就任した。この体制により、創立当初はあまり進められていなかった、アーレント思想の哲学・倫理学的分析が積極的に行なわれている。同哲学研究科のヤスパース研究部門と、アーレントからの寄贈本が所蔵されているヤスパース・ハウスも、二人の影響関係にかんする詳細な研究を可能にしている。

この研究センターの創立に尽力するとともに「アーレント賞[2]」を創設した、アントニア・グルーネンベルク（Antonia Grunenberg）教授は、創立式典の祝辞のなかでドイツのセンターが担うべき任務を示唆的に語っている。「全体的かつ体系的な社会モデルとそれに固執することに対するアーレントの批判は、オープンな活動と政治的思考によって、しばしば予期せぬ領域や過程で行なわれています。斬新な議論をすることで、新たなきっかけを得られるからです。そして、啓蒙的な進歩の概念とそれに結びついた直線的な歴史理解に対するアーレントの距離は、必然性や歴史的な合法性といった概念を受け取ることの拒絶を意味するのです[3]」。

（阿部里加）

歴史博物館併設のオルデンブルク宮殿

ヤスパース・ハウス

註

（1）このアーカイブには、ニューヨーク市内に位置するニュースクール・フォー・ソーシャルリサーチ（The New School for Social Research）の図書館に置かれているパソコンや、ワシントン市内に位置するアメリカ議会図書館に置かれているパソコンからもアクセス可能である。

（2）アーレント賞（Hannah-Arendt-Preis für politisches Denken）は、アーレントの思想に深く関わり、世界に強いインパクトを与える研究や作品を発表した人物に贈られる賞で、一九九四年に創設された。過去の受賞者にはアグネス・ヘラーやエティエンヌ・バリバールらがいる。二〇一八年には、『お金の生産』（*The Production of Money: How to Break the Power of Bankers*, Verso, 2017）で「金融投機システムは何のためにあるのか。それは「共通の善」にどれほど関わるのか」を問うた、南アフリカ出身のイギリス人女性経済学者アン・ペティフォー（Ann Pettifor）氏に授与された。

（3）Antonia Grunenberg, *Ich will verstehen; Perspektiven des Hannah Arendt-Zentrums an der Universität Oldenburg*, in: *Zur Eröffnung des Hannah Arendt-Zentrums*, Antonia Grunenberg/Jerome Kohn (Hrsg.), Oldenburger Universitätsverlag, 2000, Nr. 118, S. 16.

＊以上の情報はいずれも二〇二〇年五月時点でのものである。

第Ⅲ部　各国における受容

オルデンブルク（カール・フォン・オシエツキー）大学の哲学講義

1 日本

三浦隆宏

この国を代表する政治学者の一人であった丸山眞男のある論集の表題が、アーレントの『過去と未来の間』にちなんだものであることは、丸山自身がそのあとがきで認める通りである。「内容は到底比較にならないが、せめてこの尊敬する思想史家に、象徴的な題名なりともあやかりたいという気持が籠められているのは事実である」[1]。

この一文は、アーレントが急逝した一九七五年十二月の時点で、すでに彼女が「尊敬する思想史家」と丸山にみなされていたことを物語る。そこでまずは、七〇年代までの受容をたどることから始めよう。彼女の思想の受容については、川崎修による包括的な整理があるので（代表的なものとして、川崎修『ハンナ・アレントの政治理論　アレント論集I』岩波書店、二〇一〇年所収の「アレントを導入する」[2]）、より詳しくはそちらをも参照願いたい。

『人間の条件』が志水速雄の訳で中央公論社から刊行されたのは一九七三年のことである。志水は六八年にすでに『革命について』を訳していた（合同出版社刊、のちに中央公論社より再刊）。両著はそれぞれ九四年と九五年にちくま学芸文庫に入り、とりわけ前者は二〇二〇年五月時点で累計三十七刷と、この国の多くの人々がアーレントの著作としてまずは手にする一冊となった。

問題作『エルサレムのアイヒマン』（初版の邦訳タイトルは『イェルサレムのアイヒマン』）が大久保和郎の訳でみすず書房から上梓されたのは一九六九年、その翌年には志水速雄が『過去と未来の間』（六八年刊行の増補版）を『歴史の意味――過去と未来の間にI』、『文化の危機――過去と未来の間にII』と二分冊で訳し、合同出版社から刊行、そして阿部齊による『暗い時代の人々』（河出書房新社）と大久保による『全体主義の起原』の第一部、大島通義と大島かおりによる第二部の訳が七二年に相次いでみすず書房から公刊された（第三部は大久保と大島かおりの共訳で七四年に刊行）。川崎修も指摘するように、『全体主義の起原』の原著刊行が一九五一年であることを思えば、この大著の翻訳にはやや時間がかかったと言える。ただそこには、「そもそも「全体主義」関係の文献が日本ではあまり翻訳されなかったという事情[3]」もあったようである。訳者の一人である大島は、八一年刊行の新装版「訳者あとがき」で同書についてこう記す。「『全体主義の起原』から他の著作への彼女の思想の流れを辿ってゆくならば、この書物の一層正確な理解が可能になるだけでなく、生涯をつうじて彼女が何を追求しようとしたかを知る手がかりがえられるだろう[4]」。

さて、このように「一九七〇年代前半までには、生前に刊行されたアレントの主要著作のほとんどが翻訳されている[5]」わけだが、ではその名はどれほど人口に膾炙していただろうか。七〇年代から八〇年代にかけて広く使われた大学での政治学の教科書に、「アレントへの言及はない[6]」とのことなので、彼女の名は、まだ一部の政治学者らの界隈にとどまっていたと言えよう。なお、この当時の「日本におけるアレント受容」について、川崎修は「何よりもマルクス主義の批判者としてであった[7]」と記している。

一九八〇年代に入ると、アーレント思想の全体像を描くモノグラフが刊行され始める。八一年には彼女の思想に関する最初の研究書として名高いM・カノヴァンの『ハンナ・アレントの政治思想』(原著刊行は七四年)が寺島俊穂によって訳出された(未來社刊)。寺島はその後、九〇年には自身の研究書をも公刊する(『生と思想の政治学――ハンナ・アレントの思想形成』芦書房)。ついで川崎修が「ハンナ・アレントの政治思想――哲学・人間学・政治理論」を、八四年から八六年にかけて『国家学会雑誌』に分載。とはいえ、これは東大法学部に提出された助手論文であり、限られた研究者しか読むことができなかったはずである(その後、前出の川崎『アレント論集I』に収録)。川崎は『思想』(岩波書店)を舞台に、八七年には「ハンナ・アレントと現代政治哲学の隘路」を、八九年には「ハンナ・アレントはハイデガーをどう読んだか」をも発表している(ともに註2で掲出の川崎『アレント論集II』に収録)。アーレント自身の著作としては、八七年にカント研究者、浜田義文の監訳で、R・ベイナー編による彼女の講義録『カント政治哲学の講義』(法政大学出版局、原著刊行は八二年)が出版されたのが特筆に値しよう。浜田は「監訳者あとがき」で、同書には「アーレント自身の判断力に対する長年の強い問題関心が重ね合わされている。この見方は大方のカント研究者の意表をつくものであり、ここにこそアーレント解釈の独創が存する」(二八四頁)と書いているが、まさに慧眼と言ってよい。また同年代には、ハーバーマスやS・ウォーリン、M・ジェイなど、海外の研究者らによる著名なアーレント論の翻訳も相次いでなされた[8]。

そして一九九〇年代には、この流れが一気に加速し、アーレントの名とその思想は政治学を専門とする人々以外の目にも届きだす。まず九四年の春に彼女の遺著『精神の生活』(上・下)が佐藤和夫の訳で岩波書店から刊行され、同年秋には『過去と未来の間』が引田隆也と齋藤純一の共訳でみすず書房から出版された。先にもふれたように『人間の条件』と『革命について』の文庫化が九四年十月と九五年六月であるから、この時期の彼女の著作の刊行（再刊）ラッシュにはめざましいものがある。

いっぽう研究書としては、九六年に千葉眞が一書にまとめ（『アーレントと現代――自由の政治とその展望』岩波書店）、同年から刊行が始まった講談社の叢書《現代思想の冒険者たち》のラインナップに「アレント」の名が入り、九八年に公刊（註2の川崎修『アレント』）、また九七年には雑誌『現代思想』で彼女の特集が組まれ、日本哲学会は翌年「ハンナ・アーレントの哲学」と題する共同討議の場を設けた（提題者は志水紀代子と高橋哲哉）。川崎の『アレント』は、本文の半数近くを『全体主義の起原』の解読に充てるという特色のある構成だった。なお、『現代思想』には川崎による「アレントを導入する」（前出）と千葉によるアーレントの「哲学と政治」の翻訳、あるいは齋藤純一による論考「表象の政治／現われの政治」[9]といった、本項ですでに言及した政治学者ら以外にも、先述の高橋[10]や思想史家の矢野久美子らの名も見え、彼女の思想がより広い分野から研究されだしたことをうかがわせる。その一例として、同年刊行の加藤典洋『敗戦後論』（講談社）を挙げておこう。加藤は文芸誌『群像』（九五年一月号）に「敗戦後論」を発表し、それに批判的に応じた高橋とのあいだで論争を展開していたのだが、そのさなかの九七年に加藤が雑誌『中央公論』に発表し、『敗戦後論』の最後に収めた論考が、「語り口の問題」と題する一篇のアーレント論であった。『エルサレムのアイヒマン』で彼女が採用した「「語り口（tone）」の問題」[11]を切り口に、共同性と公共性の違いを論じてゆくこの論考は、いまも一読に値する。九九年にはE・ヤング＝ブルーエルによる浩瀚な伝記『ハンナ・アーレント伝』（荒川幾男ほか訳、晶文社）も翻訳された。

二〇〇〇年代には、まず齋藤純一がシリーズ《思考のフロンティア》の一冊として『公共性』（岩波書店、二〇〇〇年）を刊行する。ハーバーマスとともに、アーレントと言えば「公共性」の思想家というイメージが、この時期には広く定着したと言える。他方でその前年の九九年には小玉重夫が博士論文をもとに研究書（『教育改革と公共性――ボウルズ＝ギンタスからハンナ・アレントへ』東京大学出版会）を、また〇一年には岡野八代と志水紀代子が共訳でアンソロジー（ボニー・ホーニッグ編『ハンナ・アーレントとフェミニズム――フェミニストはアーレントをどう理解したか』未來社）を出版し、翌年には矢野久美子の清新な著書が続いた（『ハンナ・アーレント、あるいは政治的思考の場所』みすず書房）。教育学やフェミニズム、思想史といった、より多彩な観点から彼女の思想が論じられだす。また各々が着目する点も、小玉であればアーレントの一九五九年の論説「リトルロックについての省察」であり、矢野であれば五〇年に書かれた「政治とは何か」や晩年の書簡の一節であるなど、主要著作以外の論稿や草稿もが研究対象となり始める。さらに同年には、彼女の博士論文『アウグスティヌスの愛の概念』(千葉眞訳)と最初期の論稿を集成したJ・コーン編『アーレント政治思想集成1・2』(齋藤純一ほか訳)がみすず書房から刊行され、米国議会図書館所蔵の「ハンナ・アーレント・ペーパーズ」[12]やマールバッハのドイツ文学文書館を典拠とする彼女の草稿群の翻訳は、『カール・マルクスと西欧政治思想の伝統』を筆頭に、『政治とは何か』、『思索日記Ⅰ・Ⅱ』、『責任と判断』、『政治の約束』へと続いてゆく。[13]同年代には、国内外の研究者らの特徴的なモノグラフの公刊も相次ぎ、[14]さらに雑誌では二〇〇〇年に『情況』(情況出版)が「特集:ハンナ・アーレントとアメリカ」を、また〇四年には『思想』が特集を組んでいる。

以上、ここまで取り上げたアーレントに関する諸著作は、一部のものを除きハードカバーや研究書がほとんどで、一般の人々が手に取るにはややハードルが高かった。それをクリアしたのが二〇一〇年代であると言えよう。

二〇〇九年を皮切りに、一四年、一七年、一九年と新書によるアーレントの入門書が出版され続けている。[15]とりわけ一四年刊の矢野久美子による評伝は、前年に日本でも公開された映画『ハンナ・アーレント』のヒットも受けて、よく読まれた。一三年に現代書館の「いま読む!名著」シリーズの一冊として取り上げられた『人間の条件』(小玉重夫『難民と市民の間で』)は、一五年にはそのドイツ語版である『活動的生』が森一郎によって訳され(みすず書房刊)、大部な本にもかかわらず版を重ねるとともに、『責任と判断』と『政治の約束』が一六年と一八年に相次いでちくま学芸文庫に入り、いずれも異例の速さで版を重ねた。映画の公開後、アーレントの名はたびたび新聞や雑誌等のメディアでも取り上げられ、『全体主義の起原』は一七年九月にNHKのEテレ「100分de名著」のテクストにも選ばれた(指南役は仲正昌樹)。また、みすず書房の『全体主義の起原』全三巻と『エルサレムのアイヒマン』は「新版」となり、訳文が全文見直され、装いも新たに次の世代の読者へと手渡されることとなった。

このように「ハンナ・アーレント」という名が、また彼女の思想の全体像を紹介する作品が広く人口に膾炙する一方で、アーレント論もさらに多様な観点から著述されるに至っている。たとえば、二〇一三年に出版された『理想』(六九〇号、理想社)は、「アーレントと現代世界の危機」という特集のもと、一一本の論考を収めるが、テーマは「原子力」や「カフカ」、「ベーシックインカム」に「家庭教育」、そして「法」とじつに多彩である。[16]また、一五年には建築家の山本理顕が、彼女が『人間の条件』のなかで用いた“no man's land”という語を「閾《しきい》」という空間概念として解釈することで、ユニークな「空間/権力」論を著したほか、本書への寄稿者では、対馬美千子が「和解」という観点から彼女の思考を読み解き、小森謙一郎は生前の彼女が最期に残した一枚の紙片からその思考の来歴へと肉薄し、森一郎が「世代の問題」を、百木漠は「労働と全体主義」の関連を問うとともに、牧野雅彦はいま一度『革命について』を詳細に読解している。さらに川崎修らは実証的研究の立場からアーレント政治思想を批判的に問い直そうと試みる論集をも公刊している(17)。

二〇二〇年代以降もまた、この国の新たな世代の人々らが、新たな関心からアーレントという人物に興味をもち、新しい角度から彼女の思想について論じてゆくことだろう。

註

(1) 丸山眞男『戦中と戦後の間』みすず書房、一九七六年、六三五頁。

(2) 後述する一九九七年七月の『現代思想』(青土社)での特集「ハンナ・アーレント」を初出とするこの導入は、語り下ろしで読みやすい。アーレントに関する二〇〇五年までの代表的な文献は、やはり川崎修が『アレント——公共性の復権』(講談社、二〇〇五年)所収の「読書案内」でまとめているが、同書の文庫版『ハンナ・アレント』(講談社学術文庫、二〇一四年)では、紙幅の制約からか割愛された。より専門的な向きには、森川輝一『〈始まり〉のアーレント——「出生」の思想の誕生』(岩波書店、二〇一〇年)所収の「アーレント解釈史を捉え直す」が豊富な情報を含み、また川崎修『ハンナ・アレントと現代思想　アレント論集Ⅱ』(岩波書店、二〇一〇年)所収の「ハンナ・アレントと日本の政治学」も、日本のアーレント研究の黎明期を永井陽之助、阿部齊、藤田省三といった三名の政治学者との関わりから跡づけた佳品である。

(3) 川崎修「ハンナ・アレントと日本の政治学」、二三〇頁。

(4) ハンナ・アーレント『全体主義の起原 3』(大久保和郎・大島かおり訳、みすず書房)、三二七頁。

(5) 川崎修「ハンナ・アレントと日本の政治学」、二三〇頁。

(6) 同、二三一頁。

(7) 同、二三三頁。阿部齊も『人間の条件』の文庫版解説で、同書について「まずこうしたマルクス主義に対する根底的批判として受容されたといってよいであろう」(五四一頁)と記す。

(8) ユルゲン・ハーバーマス「ハンナ・アレントによる権力概念」(『哲学的・政治的プロフィール』上、小牧治・村上隆夫訳、未來社、一九八四年所収)、シェルドン・ウォリン「ハンナ・アーレントと時間の定め」(『政治学批判』斎藤眞・千葉眞ほか編訳、みすず書房、一九八八年所収)、マーティン・ジェイ「ハンナ・アレントの政治的実存主義」(『永遠の亡命者たち』今村仁司ほか訳、新曜社、一九八九年所収)。

(9) 齋藤純一はその前年には『思想』に「民主主義と複数性」を発表し、先の論稿とともに「複数性」や「現われの空間」という訳語を定着させた。両論稿はともに齋藤の著書『政治と複数性——民主的な公共性にむけて』(岩波書店、二〇〇八年)に収載。

(10) 高橋哲哉は九五年刊行の『記憶のエチカ——戦争・哲学・アウシュヴィッツ』(岩波書店)でクロード・ランズマンの映画『ショアー』と関連させつつ、アーレントの『全体主義の起原』を批判的に読解したり、九九年刊行の『戦後責任論』(講談社)ではアーレントとともに「ジャッジメントの問題」を問うなど、哲学畑によるアーレント研究の新たな視角を切り開いた。

(11) 加藤典洋『敗戦後論』ちくま学芸文庫、二〇一五年、二四九頁。

(12) http://www.memory.loc.gov/ammem/arendthtml/arendthome.html

(13) この時期は、アーレントの書簡集の翻訳も一九九九年刊行の『アーレント＝マッカーシー往復書簡』を皮切りに、ハイデガー、ヤスパース、ティリッヒ、ブリュッヒャーをへて、昨年の『アーレント＝ショーレム往復書簡』へと続いてゆく。また二〇一三年には、彼女のユダヤ関係の著述を集成した『ユダヤ論集1・2』（齋藤純一ほか訳）もみすず書房から刊行された。これらの邦訳書の詳しい書誌情報については、本書冒頭の「著作略号一覧」および第Ⅳ部「著作解題」を参照。

(14) 伊藤洋典『ハンナ・アレントと国民国家の世紀』（木鐸社、二〇〇一年）、梅木達郎『脱構築と公共性』（松籟社、二〇〇二年）、同『支配なき公共性――デリダ・灰・複数性』（洛北出版、二〇〇五年）、D・R・ヴィラ『政治・哲学・恐怖――ハンナ・アレントの思想』（伊藤誓・磯山甚一訳、法政大学出版局、二〇〇四年）、同『アレントとハイデガー――政治的なものの運命』（青木隆嘉訳、法政大学出版局、二〇〇四年）、カノヴァン『アレント政治思想の再解釈』（寺島俊穂・伊藤洋典訳、未來社、二〇〇四年）、寺島俊穂『ハンナ・アレントの政治理論――人間的な政治を求めて』（ミネルヴァ書房、二〇〇六年）、ジュリア・クリステヴァ『ハンナ・アーレント――〈生〉は一つのナラティヴである』（松葉祥一ほか訳、作品社、二〇〇六年）、森分大輔『ハンナ・アレント研究――〈始まり〉と社会契約』（風行社、二〇〇七年）、森一郎『死と誕生――ハイデガー・九鬼周造・アーレント』（東京大学出版会、二〇〇八年）、石田雅樹『公共性への冒険――ハンナ・アーレントと《祝祭》の政治学』（勁草書房、二〇〇九年）など。

(15) 仲正昌樹『今こそアーレントを読み直す』（講談社現代新書、二〇〇九年）、矢野久美子『ハンナ・アーレント――「戦争の世紀」を生きた政治哲学者』（中公新書、二〇一四年）、中山元『アレント入門』（ちくま新書、二〇一七年）、森分大輔『ハンナ・アーレント――屹立する思考の全貌』（ちくま新書、二〇一九年）。

(16) 寄稿者にはすでに言及した森川輝一や矢野久美子、小玉重夫、仲正昌樹、森一郎のほか、本書の執筆者では二〇一三年に『観察の政治思想――アーレントと判断力』（東信堂）を刊行した小山花子や阿部里加、金慧、毛利透が名を連ねる。

(17) 山本理顕『権力の空間／空間の権力――個人と国家の〈あいだ〉を設計せよ』（講談社選書メチエ、二〇一五年）、対馬美千子『ハンナ・アーレント――世界との和解のこころみ』（法政大学出版局、二〇一六年）、小森謙一郎『アーレント 最後の言葉』（講談社選書メチエ、二〇一七年）、森一郎『世代問題の再燃――ハイデガー、アーレントとともに哲学する』（明石書店、二〇一七年）、百木漠『アーレントのマルクス――労働と全体主義』（人文書院、二〇一八年）、牧野雅彦『アレント『革命について』を読む』（法政大学出版局、二〇一八年）、川崎修・萩原能久・出岡直也編著『アーレントと二〇世紀の経験』（慶應義塾大学出版会、二〇一七年）。

2 英語圏

蛭田　圭

英語圏におけるアーレント研究は一九七〇年代に始まり、以来おびただしい数の出版物が刊行されてきた。各国語でのアーレント関連文献を最も網羅的に記録している HannahArendt.net によると、二〇一八年に出版された計一〇六点の書籍・論文のうち実に七九点が英語であり、同様に二〇一七年の計九八点の書籍・論文についても、うち六七点が英語である（数値は本項目執筆時点）。もちろん HannahArendt.net は世界中の関連文献をすべてカバーしているわけではなく、とりわけ非欧語圏については目が行き届いていない。しかしドイツ語、スペイン語をはじめとする主要ヨーロッパ言語と比しても英語出版物の多さは圧倒的であり、量に話を限れば、アーレント研究を牽引してきたのは間違いなく英語圏であると言える。ここでは過去十年程度に焦点を絞り、その動向を俯瞰したい。

まず念頭に置くべきは、アーレント著作の没後出版が今日に至るまで継続的に行なわれてきた点である。よく知られているとおり、アーレントは『精神の生活』執筆中に六九年の生涯を終え、この未完の大著はメアリー・マッカーシー編集のもと、一九七八年に出版されることとなった。その後も『パーリアとしてのユダヤ人』を皮切りに没後作品が矢継ぎ早に出版され、さらにアーレント著作の版権管理を務めるジェローム・コーンが本格的な出版プロジェクトを開始。二〇一八年にも最新作『手すりなき思考』（未邦訳）が出版されたばかりである(1)。英語圏におけるアーレント研究は、これらの活発な出版活動に後押しされながら発展してきたのである。

しかし近年の没後出版物については、そのアーレント研究への影響は限定的なものにとどまっている。第一の理由として、やはりアーレント思想の根本的な部分は、存命中ないし死後間もなく出版された主要著作にすでに見出される点が挙げられよう。また、公にされることを前提とせずに書かれた手紙や草稿群を、資料として取り扱う際の方法論的な問題も存在する。さらに、カノヴァンの名著『アレント政治思想の再解釈』を筆頭として、一九九〇年代以降の研究の多くは、未刊行のアーカイヴ資料をすでに有効活用してきたのである。[2]
以上の背景を踏まえると、近年の英語圏におけるアーレント研究の第一の特徴が分かるであろう。つまり、草創期の研究がアーレント諸著作のあいだの整合性を吟味し、その思想の全体像を描こうとしたのに対し、[3]現在の研究は個別テーマに特化する傾向が強い。もちろんカリン・フライの『ハンナ・アーレント――困惑した人たちのためのガイド』（未邦訳）のような概説書には継続的な需要があり、今後も定期的な出版が予想される。[4]しかし研究書に関して言えば、アーレント思想の一側面を深く探究するタイプの研究が主流となっている。なかでも、アーレントの社会科学に対する懐疑を批判的に論じたピーター・ベアーの『ハンナ・アーレント、全体主義、社会科学』（未邦訳）や、[5]アーレントのアメリカ体験に焦点を当てたリチャード・キングの『アーレントとアメリカ』（未邦訳）などが特筆に値するが、[6]これらの著作が目指すのは、彼女を取り巻く政治、社会、文化、言論状況を広く調べた上で、アーレントの著作群の一部分を詳細に検討することである。こうした研究が盛んな背景には、先人たちの仕事により、アーレント思想の骨子はすでに明らかになっているという共通の認識があると言えよう。
次に注目すべきは、アーレントの思想を踏まえた上で、独自の議論を構築しつつ現代的問題に取り組む、いわば「応用研究」の豊饒さであろう。トランプ政治に象徴される右派ポピュリズムの台頭はアーレントへの関心を劇的に高め、特にアメリカではここ数年のあいだ、アーレントと現代政治を関連づけて論じる記事が大手メディアでも次々と発表された。また、従来アーレントへの関心が低かったイギリスでさえも、EU離脱問題や高まるナショナリズムへの懸念を背景に関心が高まり、相当数の関連記事がメディアに掲載された。こうした盛り上がりはアカデミアでのアーレント研究とも連動しており、アイテン・ギュンドードゥの『権利の時代における無権利――ハンナ・アーレントと現代の移民の闘争』（未邦訳）、[7]セリーナ・パレクの『難民と強制移住の倫理』（未邦訳）をはじめ、アーレントと現代を論じる研究が矢継ぎ早に刊行されている。[8]さらにセイラ・ベンハビブやジュディス・バトラーといった、日本でも馴染みある著名な思想家たちが、アーレントの議論を敷衍しつつ現代政治を理論化する試みを続け、豊かな研究成果を産み出している。[9]
さらにアーレント研究が、比較的新しい学問分野の発展の影響を受けつつ、さまざまな展開を見せている点にも注目すべきであろう。たとえばホロコースト・ジェノサイド研究では、『全体主義の起原』と『エルサレムのアイヒマン』が古典的作品（問題作）として認知され、一方でその議論を踏襲した著作が、[10]他方でアーレントを陰に陽に批判する著作が、[11]ともに次々と発表されている。また、比較政治思想や批判的人種理論の発展は、これまで軽視されてきたアーレント思想の問題点に光を当て、新たな地平を切り拓いている。たとえば、アーレントの黒人に対する人種差別的な意識に焦点を当てたキャサリン・ガインズの『ハンナ・アーレントとニグロ問題』（未邦訳）は、アーレント思想の負の側面に正面から取り組んだ意欲作として、大きな話題を呼んだ。[12] ヨーロッパ的なものをさまざまなかたちで「周縁化」しようとする学問が隆盛する今日、この視点からのアーレントの読み直しは今後も続くと予想される。

ただし、英語圏のアーレント研究で停滞が見られる分野も存在する。ひとつは分析的政治理論との関係である。分析哲学に懐疑的な傾向が強いアーレント研究者と、ジョン・ロールズ以前の政治的思考に冷淡な分析系とのあいだには埋めがたい溝があり、ジェレミー・ウォルドロンというひとりの偉大な例外を除き、分析哲学の知見を踏まえた上でアーレントを論ずる研究は驚くほど少ない。[13] もうひとつの停滞分野は、語学の壁が高くそびえる地域へのアーレント思想の応用であろう。たとえばアーレントは、中ソ対立の発展に関心を持ち毛沢東の中国について示唆的なコメントを残しているが、この側面に注目してきたのは、嶺南大学で社会学研究を牽引するピーター・ベアーのような、ごく一部の独創的な研究者のみである。[14] 前述したヨーロッパ的なものの「周縁化」の試みは、今のところ欧語圏という枠組みを超えるに至らないのが現状である。

次に、最先端のアーレント研究発信の現場である各種学術誌（英文ジャーナル）について、その状況を概観しておこう。まず、アーレント研究の本丸とも言うべき政治理論・哲学系ジャーナルについては、*Political Theory* や *Contemporary Political Theory* を筆頭に関係論文がその誌上に定期的に掲載され、アーレントの思想が主要な研究テーマとして取り上げられ続けていることが分かる。同様に、いわゆる「フランクフルト系」の流れを汲む批判理論・社会哲学のジャーナルでも、*Constellations* や *Philosophy and Social Criticism* を筆頭に関係論文が継続的に出版され、ここでも人気は健在である。さらに近隣諸分野の専門誌に目を移しても、大陸哲学、文学理論、フェミニズム／ジェンダー・セクシュアリティ研究、思想史、ホロコースト・ジェノサイド研究など、各分野の専門誌でアーレントに関する論文が定期的に出版され、研究の深化・細分化が著しく進んでいることが窺える。他方で、進む細分化を再統合しようとする動きもある。たとえば、二〇一七年に創刊された *Arendt Studies* は、アーレント研究の学際的な推進を目標に掲げ、専門を異にする研究者が成果を共有する場を提供している。同様に、前出の HannahArendt.net でも、各国におけるアーレント関係の出版物やイベント情報がコンパクトにまとめられ、膨大な量の情報を消化しなければならないアーレント研究者に貴重な見取り図を与えている。

最新のアーレント研究について意見交換がなされる各種学会についても、事情は概ね同じである。すなわち一方で、アメリカ政治学会（ＡＰＳＡ）や現象学・実存哲学会（ＳＰＥＰ）といった大きな学会の年次大会で、アーレント研究のパネルや発表がほぼ毎年プログラムに組み込まれ、政治学、哲学をはじめとする各学問領域でアーレント研究が確たる地位を築いていることが分かる。他方で、アーレント研究に特化した学術組織Hannah Arendt Circleも独自の年次会議を開催しており、専門家が一同に介する機会を提供している。このように、英語圏におけるアーレント研究はインフラ面でも充実しており、各々の研究者の仕事が制度的に後押しされる環境が整っている。

　最後に、二〇一八年に刊行が始まった『アーレント批判版全集（Kritische Gesamtausgabe）』に触れておきたい(15)。これは、草稿やノート類を含め、アーレントが書いたものを網羅的に蒐集し出版する一大プロジェクトで、二〇三一年までに全一七巻が紙・デジタル媒体の双方を用いた「ハイブリッド版」で刊行されると予告されている。そのうちの多くが、アーレントの思考・執筆プロセスを反映し英独語併記で出版される計画で、今後はこの版が研究者向けの標準テクストとなっていくであろう。では、その影響を受け、英語圏のアーレント研究はこれからどのように発展していくのであろうか。まず期待されるのは、文献学的・言語学的な研究の深化である。外国語書籍を原語で読むことが重視されない英語圏では、アーレント研究はこれまで英語のみで行なわれることが多かった。しかし全集の刊行を受け、その慣習は多少なりとも変わっていくと予想される。またそのことは、アーレント研究におけるドイツ語・文学研究者の相対的役割の高まりを意味するはずである。さらに、マッカーシーやコーンが編集過程で除外した資料が刊行されることで、アーレント著作のより精緻な分析が可能となるであろう。

　冒頭でも述べたとおり、英語でのアーレント関連文献は毎年膨大な量に上り、過剰供給とも言うべき状況が続いている。しかし一方で民主主義の危機が叫ばれ、他方で新たな『アーレント批判版全集』の刊行が進む今日、英語圏におけるアーレント研究は今後も過熱気味に継続すると予想される。

註

（1）　Hannah Arendt, *Thinking without a Bannister: Essays in Understanding, 1953–1975*, Jerome Kohn (ed.), Schocken Books, 2018.

（2）　マーガレット・カノヴァン『アレント政治思想の再解釈』寺島俊穂・伊藤洋典訳、未來社、二〇〇四年.

（3）　たとえば、マーガレット・カノヴァン『ハンナ・アレントの政治思想』寺島俊穂訳、未來社、一九八一年、ビクー・パレク『ハンナ・アーレントと新しい政治哲学の探索』(Bhikhu Parekh, *Hannah Arendt and the Search for a New Political Philosophy*, Macmillan, 1981 未邦訳) を参照。

（4）　Karin Fry, *Hannah Arendt: A Guide for the Perplexed*, Continuum, 2009.

（5）　Peter Baehr, *Hannah Arendt, Totalitarianism, and the Social Sciences*, Stanford University Press, 2010.

（6）　Richard H. King, *Arendt and America*, University of Chicago Press, 2015.

（7）　Ayten Gündoğdu, *Rightlessness in an Age of Rights: Hannah*

Arendt and the Contemporary Struggles of Migrants, Oxford University Press, 2015.

（8） Serena Parekh, *Refugees and the Ethics of Forced Displacement*, Routledge, 2016.

（9） たとえば、セイラ・ベンハビブ『対抗における尊厳――困難な時代の人権』(Seyla Benhabib, *Dignity in Adversity: Human Rights in Troubled Times*, Polity, 2011 未邦訳)、ジュディス・バトラー『アセンブリ――行為遂行性・複数性・政治』(佐藤嘉幸・清水知子訳、青土社、二〇一八年）を参照。

（10） たとえば、ミハル・アハロニー『ハンナ・アーレントと全体支配の限界――ホロコースト、複数性、抵抗』(Michal Aharony, *Hannah Arendt and the Limits of Total Domination: The Holocaust, Plurality, and Resistance*, Routledge, 2015 未邦訳)、ダン・ストーン『強制収容所――小史』(Dan Stone, *Concentration Camps: A Short History*, Oxford University Press, 2017 未邦訳）を参照。

（11） たとえば、デボラ・リップシュタット『アイヒマン裁判』(Deborah E. Lipstadt, *The Eichmann Trial*, Schocken Books, 2011 未邦訳)、バーナード・ワサースタイン『美徳の曖昧さ――ゲルトルーデ・ファン・タインとオランダ系ユダヤ人の運命』(Bernard Wasserstein, *The Ambiguity of Virtue: Gertrude van Tijn and the Fate of the Dutch Jews*, Harvard University Press, 2014 未邦訳）を参照。また、原作はドイツ語であるが、ベティーナ・シュタングネト『エルサレム以前のアイヒマン――大量殺人者の知られざる生涯』(Bettina Stangneth, *Eichmann before Jerusalem: The Unexamined Life of a Mass Murderer*, trans. Ruth Martin, The Bodley Head, 2014 未邦訳）も英語にいち早く翻訳され、大きな論争を巻き起こした。

（12） Kathryn T. Gines, *Hannah Arendt and the Negro Question*, Indiana University Press, 2014. いわゆる「黒人」を意味する言葉として、今日の英語では negro は差別的とされ、より中立的とされる black が用いられることが多い。しかしガインズは negro という言葉をあえて用いることで問題提起を試みており、ここでは「ニグロ問題」と訳出した。なお、アーレントも negro という言葉を頻繁に用いているが、それは当時の慣習に従った用語法であり、そこに差別的な意味合いが込められているわけではない。むしろ、原則としては反人種差別の立場を取りながら、（結果から見ると）黒人に対する差別的な立場に加担し続けてしまったアーレントの無自覚さにこそ深い問題があると、ガインズは主張している。

（13） ジェレミー・ウォルドロン『政治的な政治理論――制度についての論考』(Jeremy Waldron, *Political Political Theory: Essays on Institutions*, Harvard University Press, 2016 未邦訳）を参照。

（14） ピーター・ベアー「変則の中国――ハンナ・アーレント、全体主義、毛沢東政権」(Peter Baehr, ‘China the Anomaly: Hannah Arendt, Totalitarianism, and the Maoist Regime’, *European Journal of Political Theory* 9: 3, 2010, pp. 267–286, 未邦訳）を参照。

（15） 詳細については http://www.arendteditionprojekt.de/ および、本書著作解題の『批判版全集』を参照。

3 ドイツ

シュテファニー・ローゼンミュラー
矢野久美子訳

二言語での著作

ドイツにおいてハンナ・アーレントは、アカデミズムのアウトサイダーから、しばしば論議にのぼる古典的な政治理論家への道をたどった。ウルズラ・ルッツがドイツの『アーレント事典』で述べているように（Ludz 2011, 12–19参照。以下は頁数のみを記す）、アーレントは一つの著作を二つの言語で残し、それらにはそれぞれ独自のタイトルが付けられていることが多い。ただし最初の著作である『アウグスティヌスの愛の概念』と『ラーエル・ファルンハーゲン』は、ドイツ語で書かれた。けれどもアーレントは、一九四一年のアメリカ合衆国到着後、わずかばかりの基礎知識を早急に補強し、また友情をこめて「英語係（Englisher）」と呼んだ、英語での執筆を補佐した友人たちの助けによって、『時代の重荷』あるいは『全体主義の起原』（一九五一年）を公刊した。この著作によって、彼女は英語の著述家としての名声を得たのであり、その後は二つの言語で書くようになった。

彼女の著作のこのまぎれもない二言語性によって、ドイツではおそらく今日に至るまで、他国とは違ったアーレント像が論じられることになった。というのも、多くの場合彼女は著書のドイツ語版を、英語で書かれた初版を修正した第二版として書いていたからである。この修正版を使って、彼女はさらに英語の第二版を完成させた（13, Library of Congress Box 33を参照）。他言語への翻訳は多くの場合、日本語への翻訳も含めて、彼女の著作のドイツ語版ではなく英語版に基づいている（17）。

モノグラフのドイツ語版が、やや強めに哲学へと向かう印象を与えるのに比べて、英語で書かれたものは、より強く政治的な着想をもっているように見える。アーレント自身の言葉によれば、「哲学的事柄についてはドイツ語で述べるほうが英語よりも」比べられないほど簡単であるが、「政治的に思考する」ためには英語のほうが「比べられないほど」適している（13より引用）。『思索日記』のなかで彼女は書きとめているのだが、ドイツの哲学的思考は区別によって特徴づけられ、それに対して英語の哲学は連想（association）しながら思考するように訓練されているという（『思索日記』770f.：Ⅱ四〇七以下、Ludz 2011, 14を参照）。おそらく『全体主義の起原』と『活動的生』の場合には、二番目につけられたドイツ語のタイトルのほうが、むしろアーレントの考えに沿っていた（Ludz 2011, 15）。『過去と未来の間』のようないくつかのエッセイ集は、ドイツ語版とは外見上しか一致せず、実際にドイツ語版では他の、あるいは別のテクストが採用された。『隠された伝統（*Die verborgene Tradition*）』（一九七六年）と『パーリアとしてのユダヤ人』では、相互の対応関係はまったくない（18）。加えて、二つの言語での出版のされかたも異なっている。つまり、ドイツのピーパー出版社では公刊された著作と未公刊の著作とが区別でき、たいていは大部のテクストに限定した形で出版されているのに対して、ジェローム・コーン編のアメリカの出版社では、テーマ別に分類されたさまざまな大小のテクストが公刊されている（18f.）。

二言語での著作の関係はまだ検討しつくされていない。とりわけ『活動的生』においては、ロイ・ツァオがすでに指摘したように、英語の『人間の条件』との違いが明らかであり、まったく異なる二つの書籍と言えるほどである（Tsao 2002, 100, Ludz 2011, 16から引用）。『活動的生』において書き加えられた部分を比較しつつ読解することによって、ツァオは、長い間支配的であった英米流の読み方を疑問に付す。それは、古代アテナイへの非現実的で無責任なノスタルジーに向かう残念な傾向が、アーレントには見られるという説明である（Tsao 2002, 98参照、Ludz 2011, 16から引用）。『全体主義の起原』では、ドイツ語版のほうは追加された「イデオロギーとテロル」の章で終わるために、後の補足によって明らかに微妙な差異が生まれ、おそらくドイツ語版を全体的により暗い色調にしている。アイヒマン報告では差異はむしろ限られているが、アーレントはドイツ語版ではとりわけ「序文」を拡大し、すでにアイヒマン論争への返答を言葉にしていた。『革命について』では、ホイアーが示しているように、どちらかといえば多くの細部においてだが、差異がよりはっきりしている（Heuer 2011, 89–91）。ホイアーによれば、ドイツ語版のほうが大部になり、文体には簡潔さや明確さがあまりない代わりに、修辞的に練り上げられた叙述が加えられている（89）。アーレントはそこで、ブレヒトとレッシングの引用を加え、天才の狂気を批判している（『革命』D 86, 89, 92）。彼女は、革命と戦争における暴力の役割をよりはっきりと強調し、アメリカ革命に対するドイツの読者の乏しい理解に対して批判的に応じている（277）。マルクスについてより詳細に議論し（38）、同情を非政治的だとして批判し（99）、評議会の役割をより明確に強調する（336）。ホイアーが続けて要約しているように、彼女は出生性と新たな始まりと行為についての哲学的考察をめぐって、中心的な箇所で内容をひろげ（275f.）、全般的に権威と権力と暴力の概念を掘り下げている（59, 232, 323, 328, Heuer 2011, 89–91）。

こうしたことすべてが物語っているのは、国際的な受容にドイツ語版を加えることは、補足部分やその「言葉や比喩の大きな相違」(Ludz 2011, 19)によってプラスに働くということである。ルッツはまた、アーレントの二言語での著作を理解するための重要な問いがまだ未解決であることにも注意を促している。なんといってもアーレントは、断片のまま残された精神の営みについての晩年の仕事『精神の生活』(一九七八年)をドイツ語ではなく英語で書いたのだった。思索日記も一九六三年からは英語での記述が多くなった(16f.)。もっとも、死後に公刊された『思索日記』(二〇〇二年)はまだ英語版では出されておらず、ドイツ語版の英語で書かれた部分は編者であるルッツとノルトマンによって翻訳されている。

不都合な思想家から人気思想家へ

ドイツでのアーレントの著作の受容は、合衆国でよりも躊躇いがちに始まった。ヴィルトが的確に述べているように、アーレントは「不都合な」思想家から人気思想家への劇的な変化を遂げた(Wild 2006, 120–127)。ヴィルトによれば、一九三〇年代初め、アウグスティヌスの愛の概念についてのアーレントの博士論文は専門家たちにのみ知られ、しかも非常に批判的に受けとめられていた。一九三三年にドイツを離れなければならなくなる前に、アーレントはいくつかの論稿を発表してはいた。しかし彼女が何らかの影響をもち始めたのは一九四五年以後のことであり、彼女の六つのエッセイが『ヴァンドルング』の別冊として出版されたときからである。「驚くほどの持続効果」をもった(121)これらのエッセイは、後に『隠された伝統』に収録された。後年には基本文献となった彼女の『全体主義の起原』は、一九五五年にドイツ語で出版され、説明的な歴史学からは方法論や文体上の理由によっておおいに問題を含むものとして論じられた。加えて、スターリニズムとナチズムの支配を共通の仕方で分析していることや問題のある比較が見られること、全体主義の規範的定義を避けているということも議論の理由となった(Maffeis 2019, 193を参照)。さらに、一九六〇年代になってから、イデオロギーの役割や全体主義の玉ねぎ型組織という着想といったアーレントの中心的な定理は、発展的に取り上げられるようになったが、合衆国とは異なり、大学の研究者の間ではほとんど議論されなかった(138f., 193を参照)。ドイツの公的領域へのアーレントの登場の仕方も、アメリカ合衆国や『人間の条件』のそれとは異なっており、一九五八年にカール・ヤスパースへの賛辞とハンブルク市のレッシング賞受賞講演を行なったとき、彼女はむしろ哲学の賛美者として、そしてユダヤ民族の政治的代弁者として現われたのだった(182, 184)。

しかし、後に支配的になる独立した思想家というイメージは、とりわけ彼女がいわば「噂のたねになった」(Wild 2006, 123)一九六三年から六四年頃のアイヒマン報告をめぐる論争のなかで成立した。なんといってもアイヒマンの逮捕によって、ドイツの裁判所は、事実としてその少し前までは塞がれていた国民社会主義の犯罪の追及の道へと、渋々ながらも動いたのである。アーレントのアイヒマン報告について論じられ始めたのは、一九六四年秋のドイツ語翻訳の刊行と同時であったが、そのなかでアーレントはゴーロ・マンによる批評に応答した。ゴーロ・マンは、ユダヤ人評議会のナチへの協力をドイツ人の罪と責任を限定するための論拠として用いたが、アーレントによるドイツ人の抵抗の相対化は問題の多いものであるとして、彼女を独善的だとみなした（Maffeis 2019, 236 を参照）。アーレントはアイヒマン報告のいくつかの部分に説明を加え、序文を付け加えたが、その後もなお、加害者と犠牲者を同列に置いたという非難に対して抗弁しなければならなかった（237f. を参照）。一九六四年に彼女は、ティロ・コッホとテレビで、ヨアヒム・フェストとラジオで話し、最後はギュンター・ガウスとテレビ対談を行なった。彼女の人格は後々まで残る印象を与え、恐怖を見据えての彼女の思慮深さとあざけりは、「ナチズムにおける罪と責任の問題に対するなくてはならない教訓を、ドイツ人たちに」与えた。それはドイツの「アーレント受容を持続的に」特徴的づけるものだった（242f.）。

それでもなおアーレント像は、ユルゲン・ハーバーマスによる見解に限らず、政治的大変動と社会諸階級の解放の関連を見誤った中産階級の保守主義者のそれのままだった（Wild 2006, 123）。テオドール・W・アドルノとマックス・ホルクハイマー周辺の若い世代の思想学派であるフランクフルトの批判理論とは対照的に、アーレントはどのような陣営にも分類されず、学派を築いていなかった。ただケルンにおいてのみ、エルンスト・フォルラートによって一九七〇年代初めからアーレントの政治思想が広められた――その影響は最後には日本にもおよんだ。こうした一九七〇年代の周縁的地位にもかかわらず、「権力と暴力」についてのエッセイと「政治における嘘」についてのエッセイは、権威のある雑誌で発表され、ヴァルター・ベンヤミンについての彼女のエッセイは、ベンヤミンの未完の仕事について激しい論争をひき起こした。このように、彼女の名前は敬意を込めて呼ばれてはいたが、真剣な取り組みはほとんど見られなかった（122–124 を参照）。

しかし一九八〇年代、ドイツ語に訳されたヤング゠ブルーエルの伝記とヴォルフガング・ホイアーのモノグラフを通して彼女への注意が強く喚起され、アーレントの思想は、ドイツでも次第に重要性を増した（Brunkhorst 1999, 149）。ホロコーストとユダヤ文化の研究や、マルクス主義を超える新しい方向性の探求は、左派知識人のあいだで、ユダヤ人の生と政治についての彼女の著作に対する新しい関心をよび起こし（Wild 2006, 125）、フェミニストによる批判的な受容も始まった。集団的罪と政治史についてのヤスパースとの往復書簡は、一九八五年から受容された。

だが、アーレントに対する「疎遠」が最終的に「好奇心」(Heuer 1998, 21, Wild 2006, 126から引用)と魅惑に転じたのは、冷戦の終結と一九八九年の壁の崩壊の後、一九九〇年代になってからであり、彼女の著作はポスト全体主義時代に新たに発見されたのである(Wild 2006, 126)。彼女の自由主義的な共和主義は、市民社会と共同体主義をめぐる議論のなかで生産的に受け入れられ、彼女の全体主義研究をめぐって全体主義的支配の方法への新しい関心が生まれ、支配機構の政治的分析が注目されるようになった(133)。フェミニスト的読解とユダヤ研究において、アーレントは「パーリア」という形姿とともに、また差異の思考にとって重要になった。歴史学においては、アーレントの空間的隠喩と歴史を物語ることが取り上げられた。また、実践哲学においてアーレントは悪と責任を考えるための重要な参照点となった。この時期から彼女は大学の政治理論、哲学、文学、教育学などの分野で論じられるようになり、アカデミズムの外でもおおいに読まれ引用される思想家になった。新たに翻訳され遺稿から編集された多数の著作や書簡集によって増強されたアーレント受容は、依然として持続し、芸術や応用社会科学といったさらなる学問領域に、そしてソーシャルワークといった領域に広がっている。さらに人物としての彼女も、「権利への権利」のようなよく知られるようになった引用を通じて、碑文や大会、展示、映画の描写を通じて、通りや学校にその名が使われる「政治文化的な生のアイコン」(127)となった。揺るぎない判断力と独立した「手すりなき思考」を有すると認められた者に毎年授与されるブレーメンの賞は、彼女の名を冠している。

かれこれするうちにより体系的な読み方が定着して久しい――もっとも『精神の生活』についてはまだ決着はついていない。そして、権力と政治的なものについての論題は、ポスト・マルクス主義的な思潮と組み合わされている。以前の読み方のいくつかの重心の変更が企てられてきた。というのも芸術と文学が主題的、方法的、伝記的に重要だと認められ、対話的に思考する思想家から複数的に判断する思想家への位置のずらしが生じたからである。全体主義的支配の分析家、国民国家と人権の批評家は、グローバルな政治的大変動に直面して、政治と社会的なものの対置という停滞状態から、社会的なものと政治化の思想家へと転じた。制度と法についての彼女の思想は生産的に論じられ、排斥とグローバル化の問題や社会的なフェミニズム運動にも受け入れられるようになった。かつて彼女の著作の哲学的・方法的弱点とみなされたものを論駁したのは、独自の現象学と方法、そしてどの学派にも帰することのできない独特な思考スタイルの歴然たる存在だったのである。

参考文献

本文中で引用、参照したもの

Ludz, Ursula (2011): Werke und Werkgruppen: Einleitung, in: Wolfgang

Heuer/Bernd Heiter/Stefanie Rosenmüller (Hrsg.): *Arendt Handbuch*, Metzler Verlag, S. 11–20.

Tsao, Roy T. (2002): Arendt Against Athens: Rereading "The Human Condition", in: *Political Theory*, Vol. 30, No. 1, pp. 97–124.

Wild, Thomas (2006): *Hannah Arendt. Leben Werk Wirkung*, Suhrkamp Verlag Frankfurt.

Brunkhorst, Hauke (1999): *Hannah Arendt*, Beck Verlag, München,

Heuer, Wolgang (2011): Die Unterschiede von On Revolution und Über die Revolution, in: Heuer, Wolfgang/Heiter, Bernd/Rosenmüller, Stefanie (Hrsg.): *Arend Handbuch*, Metzler Verlag Stuttgart, S. 89–91.

Maffeis, Stefanie (2019): *Transnationale Philosophie. Hannah Arendt und die Zirkulationen des Politischen*, Campus Verlag Frankfurt

その他ドイツ語圏で近年刊行された論考

1．文学および芸術へのアーレントの影響

Wolfgang Heuer/Irmela von der Lühe (Hrsg.) (2007): *Dichterisch denken. Hannah Arendt und die Künste*, Wallstein Verlag.

Thomas Wild (2009): *Nach dem Geschichtsbruch. Deutsche Schriftsteller um Hannah Arendt*. Matthes und Seitz.

Maike Weißpflug (2019): *Hannah Arendt. Die Kunst, politisch zu denken*. Berlin: Matthes und Seitz.

2．芸術作品におけるアーレント受容

Volker März, Berlin: Das Lachen der Hannah Arendt, im Hannah Arendt Denkraum. Ehemalige jüdische Mädchenschule, Berlin-Mitte, 14. 10.–19. 11. 2006. http://www.maerzwerke.de/fileadmin/PRESSE/Lexikon_der_Gegenwart___Volker_Maerz.pdf

3．教育におけるアーレント受容

Anne Otzen/Ole Hilbrich (2019): "The danger of a single story" — Ästhetisch-pädagogische Zugänge zur menschlichen Pluralität in Anlehnung an Chimamanda Ngozi Adichie und Hannah Arendt, in: Clemens Bach (Hrsg.): *Pädagogik im Verborgenen, Bildung und Erziehung in der ästhetischen Gegenwart*, Berlin, S. 317–336.

4．社会教育とソーシャルワークにおけるアーレント受容

Joachim Weber (2016): Freiheit als soziales Ereignis: Hannah Arendt sozialpädagogisch gelesen, in: *Widersprüche: Zeitschrift für sozialistische Politik im Bildungs-, Gesundheits- und Sozialbereich*, 36, Heft 142, S. 13–33.

Waltraud Meints-Stender (2013): Macht ist kein Samthandschuh der Gewalt, in: *Soziale Arbeit als kritische Handlungswissenschaft, Beiträge zur (Re-)Politisierung Sozialer Arbeit*, Wolfram Stender/Danny Kröger (Hrsg.), Hannover, S. 177–191.

Bernd Birgmeier, Eric Mührel (2013): Handlung und Haltung, in: Bernd Birgmeier/Erich Mührel (Hrsg.), *Handlung in Theorie und Wissenschaft Sozialer Arbeit*, Wiesbaden, S. 71–80.

4　フランス

渡名喜庸哲
柿並良佑

亡命者、保守論客、政治哲学者

一九三三年から四〇年までパリで亡命生活を送り、南仏ギュルス収容所に一時期拘留されたアーレントは、戦後すぐにジャン・ヴァールの仲介で実存主義に関する仏語論文を発表したり、パリ・レンヌ街のメアリー・マッカーシー宅を拠点にたびたび訪仏するなど、フランスとの関わりは少なくない。だが、その思想はすぐさま受容されたわけではない。『全体主義の起原』が反共の保守論客という印象を与えたのに対し、『エルサレムのアイヒマン』にはフランスのユダヤ人共同体から厳しい批判が浴びせられ、存命時にはほとんど歓迎されなかった。

転機は一九八〇年頃に訪れる。ソルジェニーツィン事件が象徴する共産党＝マルクス主義の思想的影響力の陰りは、これまで軽視されていた政治哲学（シュトラウス、ロールズ）や宗教思想（レヴィナス、ローゼンツヴァイク）への関心を高めたが、その流れにアーレント受容も位置づけられる。

嚆矢となったのはポール・リクールが序文を寄せた『人間の条件』の仏訳の公刊（一九八三年）である。クロード・ルフォールの講演「ハンナ・アーレントと政治的なものの問い」（一九八五年）もまた、[1] アーレントが政治哲学者として読まれる機縁となった。ルフォールは、アーレントに「民主主義」論の不在を見つつも、その全体主義分析を延長させるかたちで独自の民主主義論を提示することになる。同時期には、アンドレ・エネグレンによる初のモノグラフィ『ハンナ・アーレントの政治思想』がフランス大学出版から公刊される（一九八四年）[2]。

フランスにおけるアーレント研究

アーレントの導入を決定づけたのは、一九八八年の国際哲学コレージュ主催シンポジウム「ハンナ・アーレント　存在論と政治」である。[3] リクール、ジャック・タミニオーといった現象学者から、エチエンヌ・タッサン、マルティーヌ・レボヴィッシ（レイボヴィッチ）らその後のフランスでのアーレント研究の主軸を担う研究者に加え、ギリシア思想研究のバルバラ・

カッサン、政治思想のミリアム・ルヴォー＝ダロンヌ、現代ユダヤ思想研究のシルヴィ・クルティーヌ＝ドゥナミ、フェミニズム思想のフランソワーズ・コラン、レヴィナス研究のカトリーヌ・シャリエら幅広い論客が集った。なかでも締め括りを担ったジャン＝フランソワ・リオタールの参加が特筆される。

それ以降、急速に研究が進み、現在では既刊著作や伝記、往復書簡等の基本的な文献はほとんど仏訳されている。

公共性論や民主主義論など政治思想の文脈でアーレントが注目された日本に比べ、フランス語圏のアーレント受容の特徴は哲学的な読解にある。とりわけ、タミニオー『トラキア娘と職業思想家――アーレントとハイデガー』は、アリストテレスなどギリシア思想にはじまり、とりわけハイデガーとの関係という観点からアーレント思想の哲学的位置づけを試みた[4]。

タッサンは、『失われた至宝――ハンナ・アーレント』によりアーレント思想の全体像を政治哲学の観点から再構成した[5]。その後、ミゲル・アバンスールとともにパリ第七大学を拠点にアーレントに関する多くの共同研究を主導した。『共通世界――抗争のコスモポリティックのために』および遺著『なぜ活動するか――ハンナ・アーレントとともに政治を問う』では、アーレントに基づき、移民・難民問題やグローバル化時代における「活動」等の現代的問題についての考察を展開している[6]。

レボヴィッシは、『ハンナ・アーレント　ユダヤ女』、『ハンナ・アーレントとユダヤの伝統』において、アーレントとシオニズム、ユダヤ思想、アイヒマン裁判等の関係について綿密な研究を行なっている[7]。クルティーヌ＝ドゥナミは、関連著作の仏訳紹介に尽力するほか、『暗い時代の三人の女性』、『世界への配慮――ハンナ・アーレントと同時代人の対話』等で、アーレントを現代ユダヤ系思想家との関連に位置づける試みを続けている[8]。

その他、フランスにおける傾向として指摘しうるのは、「アウシュヴィッツ」や全体主義に関連した議論だろう。すでに八〇年代後半から、ショーモン、ブロッサ、トリガノらが「アウシュヴィッツ」の「特殊性」をめぐってアーレントを引き合いに出して議論を交わしていた[9]。近年では、レボヴィッシらが論集『全体主義と悪の凡庸さ』を上梓しているほか[10]、ベルギーにおいてアーレント研究を主導するアンヌ＝マリー・ロヴィエロとともに『全体主義的倒錯――アーレントにおける悪の凡庸さ』を上梓している[11]。

そのほか、マルクスとの関係[12]、ヴェイユとの関係[13]、レヴィナスとの関係[14]、フェミニズム[15]、キリスト教など[16]、さまざまな観点からの読解が提示されている。またスイスの仏語圏では、マリー＝クレーズ・カロズ＝チョップが無国籍者や移民といったテーマをめぐる政治学的なアーレント研究を精力的に展開している[17]。

フランス現代思想とアーレント

ジャン＝リュック・ナンシーとフィリップ・ラクー＝ラバル

トが主催した「政治的なものについての哲学的研究センター」（一九八一―八四年）にはルフォール、リオタール、ジャック・デリダ、エティエンヌ・バリバール、ジャック・ランシエールらが集い議論を交わしたが、その際、アーレントの全体主義論が一つの参照点となる。(18) 二人の『ナチ神話』でもアーレントの全体主義イデオロギー分析が理論的参照項となり、ラクー＝ラバルトの『政治という虚構』は「政治的なものの真理」として国家社会主義が出現するというテーゼをアーレントに見出している。(19) また「超越は政治に果てる」では「ハイデガーの思考を考慮に入れた可能なる政治」の有無が問われ、アーレントとバタイユの近接が示唆される。(20) バタイユとアーレントを並べるという挙措はナンシーが自由と平等（およびそれらをめぐる革命）について『無為の共同体』で示したところでもある。(21)

リオタールは、『ポスト・モダンの条件』などでハーバーマス批判を行なっているが、当然アーレント思想のいわば「討議倫理的」解釈には与せず、アゴーン的読解の可能性を代表する立場と目されることもある。また、前述のシンポジウム「政治と思想」でのリオタールの講演では、別の著作で扱われたカントの『判断力批判』とアーレントとの関係という論点ではなく、精神分析的読解により公的空間に入り来たらぬ幼年期の問題が抉り出される（『インファンス読解』に再録(22)）。

こうしたいわば「フロイト的アーレント」は、興味深いことに、「権利への権利」や「市民的不服従」を丹念に読み解き、政治および人権の根源的無根拠性を問題にした上で、非政治的なものと直面し続ける集団的行為として「政治的なもの」を再定義するバリバールの議論（『平由《エガリベルテ》の定理』）の内にも顔を覗かせている。(23)

他方で、デリダはアーレントにおける「母語」や「赦し」の問題に批判的な考察を寄せているが（『たった一つの、私のものではない言葉』『赦し(24)』）、こうした考察は「自伝」や「告白」をめぐる晩期のデリダ自身の関心と無縁ではないだろう。

註

（1）Claude Lefort, « Hannah Arendt et la question du politique », in *Essais sur le politique, XIX*e *et XX*e *siècles*, Seuil, 1986.

（2）André Enegrèn, *Pensée politique de Hannah Arendt*, PUF, 1984.

（3）Colloque Hannah Arendt, *Ontologie et politique*, Tierce, 1989: repris, *Politique et pensée*, Payot, 1996.

（4）Jacques Taminiaux, *La fille de Thrace et le penseur professionnel. Arendt et Heidegger*, Payot, 1992.

（5）Étienne Tassin, *Le trésor perdu. Hannah Arendt, l'intelligence de l'action politique*, Payot, 1999.

（6）Étienne Tassin, *Un monde commun. Pour une cosmo-politique des conflits*, Seuil, 2003; *Pour quoi agissons-nous? Questionner la politique en compagnie d'Hannah Arendt*, Le Bord de l'Eau, 2018.

（7）Martine Leibovici, *Hannah Arendt, une Juive. Expérience, politique et histoire*, Desclée de Brouwer, 1998.（『ユダヤ女 ハンナ・アーレント』合田正人訳、法政大学出版局、二〇〇八年）;

Hannah Arendt et la tradition juive. Le judaïsme à l'épreuve de la sécularisation, Éditions Labor et Fides, 2003.

(8) Sylvie Courtine-Denamy, *Trois femmes dans de sombres temps. Edith Stein, Simone Weil, Hannah Arendt*, Albin Michel, 1997.（『暗い時代の三人の女性――エディット・シュタイン、ハンナ・アーレント、シモーヌ・ヴェイユ』庭田茂吉他訳、晃洋書房、二〇一〇年）; *Le Souci du monde. Dialogue entre Hannah Arendt et quelques-uns de ses contemporains*, Vrin, 1999.

(9) Jean-Michel Chaumont, *Autour d'Auschwitz. De la critique de la modernité à l'assomption de la responsabilité historique*, Académie royale de Belgique, 1991. Alain Brossat, *L'Épreuve du désastre*, Albin Michel, 1996. Shmuel Trigano, *L'idéal démocratique à l'épreuve de la Shoa*, Odile Jacob, 1999.

(10) Annabel Herzog (dir.), *Hannah Arendt. Totalitarisme et banalité du mal*, PUF, 2011.

(11) M. Leibovici et Anne-Marie Roviello, *Le Pervertissement totalitaire. La banalité du mal selon Hannah Arendt*, Kimé, 2017.

(12) Arno Münster, *Hannah Arendt contre Marx? Réflexions sur une anthropologie philosophique du politique*, Hermann, 2008.

(13) Marina Cedronio, *Modernité, démocratie et totalitarisme. Simone Weil et Hannah Arendt*, Klincksieck, 1996; Michel Narcy et Étienne Tassin (dir.), *Les catégories de l'universel. Simone Weil et Hannah Arendt*, L'Harmattan, 2001.

(14) Mylène Botbol-Baum *et al.*, *Arrachement et évasion. Levinas et Arendt face à l'histoire*, Vrin, 2013.

(15) Julia Kristeva, *Le génie féminin*, tome 1, *Hannah Arendt*, Folio, 2003（『ハンナ・アーレント――〝生〟は一つのナラティヴである』松葉祥一他訳、作品社、二〇〇六年）; Françoise Collin, *L'Homme est-il devenu superflu ?*, Odile Jacob, 1999.

(16) Veronique Albanel, *Amour du monde. Christianisme et politique chez Hannah Arendt*, Cerf, 2010.

(17) Marie-C. Caloz-Tschopp, *Hannah Arendt*, volume 1, *Les sans-État et le «doit d'avoir des droit»*, L'Harmattan, 1998; *Hannah Arendt*, volume 2, *La «banalité du mal» comme mal politique*, L'Harmattan, 1998.

(18) Philippe Lacoue-Labarthe, Jean-Luc Nancy (dir.), *Le Retrait du politique*, Galilée, 1983.（「政治的なものの「退引」」柿並良佑訳、『思想』一一〇九号、二〇一六年）

(19) Philippe Lacoue-Labarthe, Jean-Luc Nancy, *Le mythe nazi*, Aube, 1991.（『ナチ神話』守中高明訳、松籟社、二〇〇二年）

(20) Philippe Lacoue-Labarthe, *L'imitation des modernes*, Galilée, 1986.（『近代人の模倣』大西雅一郎訳、みすず書房、二〇〇三年）

(21) Jean-Luc Nancy, *La communauté désœuvrée*, C. Bourgois, 1986.（『無為の共同体』西谷修他訳、以文社、二〇〇一年）

(22) Jean François Lyotard, *Lectures d'enfance*, Galilée, 1991.（ジャン＝フランソワ・リオタール『インファンス読解』小林康夫他訳、未來社、一九九五年）

(23) Étienne Balibar, *La proposition de l'égaliberté*, PUF, 2010.

(24) Jacques Derrida, *Le Monolinguisme de l'autre*, Galilée, 1996.（ジャック・デリダ『たった一つの、私のものではない言葉――他者の単一言語使用』守中高明訳、岩波書店、二〇〇一年）; *Pardonner. L'impardonnable et l'imprescriptible*, L'Herne, 2005.（ジャック・デリダ『赦すこと――赦し得ぬものと時効にかかり得ぬもの』守中高明訳、未來社、二〇一五年）

第IV部　著作解題

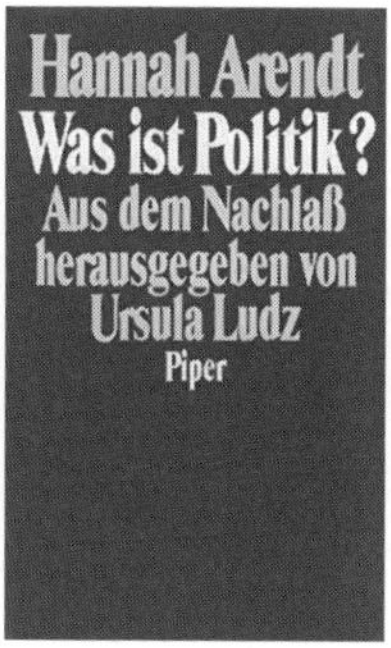

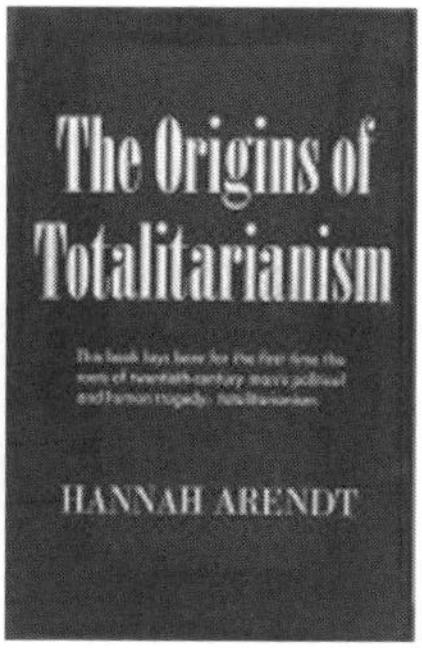

『アウグスティヌスの愛の概念』
『ラーエル・ファルンハーゲン』
『パーリアとしてのユダヤ人』
『全体主義の起原』
『人間の条件』／『活動的生』
『過去と未来の間』
『革命について』
『エルサレムのアイヒマン』
『暗い時代の人々』
『暴力について』
『精神の生活』
『カント政治哲学講義』
『政治思想集成』
『政治とは何か』
『政治の約束』
『責任と判断』
『ユダヤ論集』
『思索日記』
書簡集
手稿類
『批判版全集』

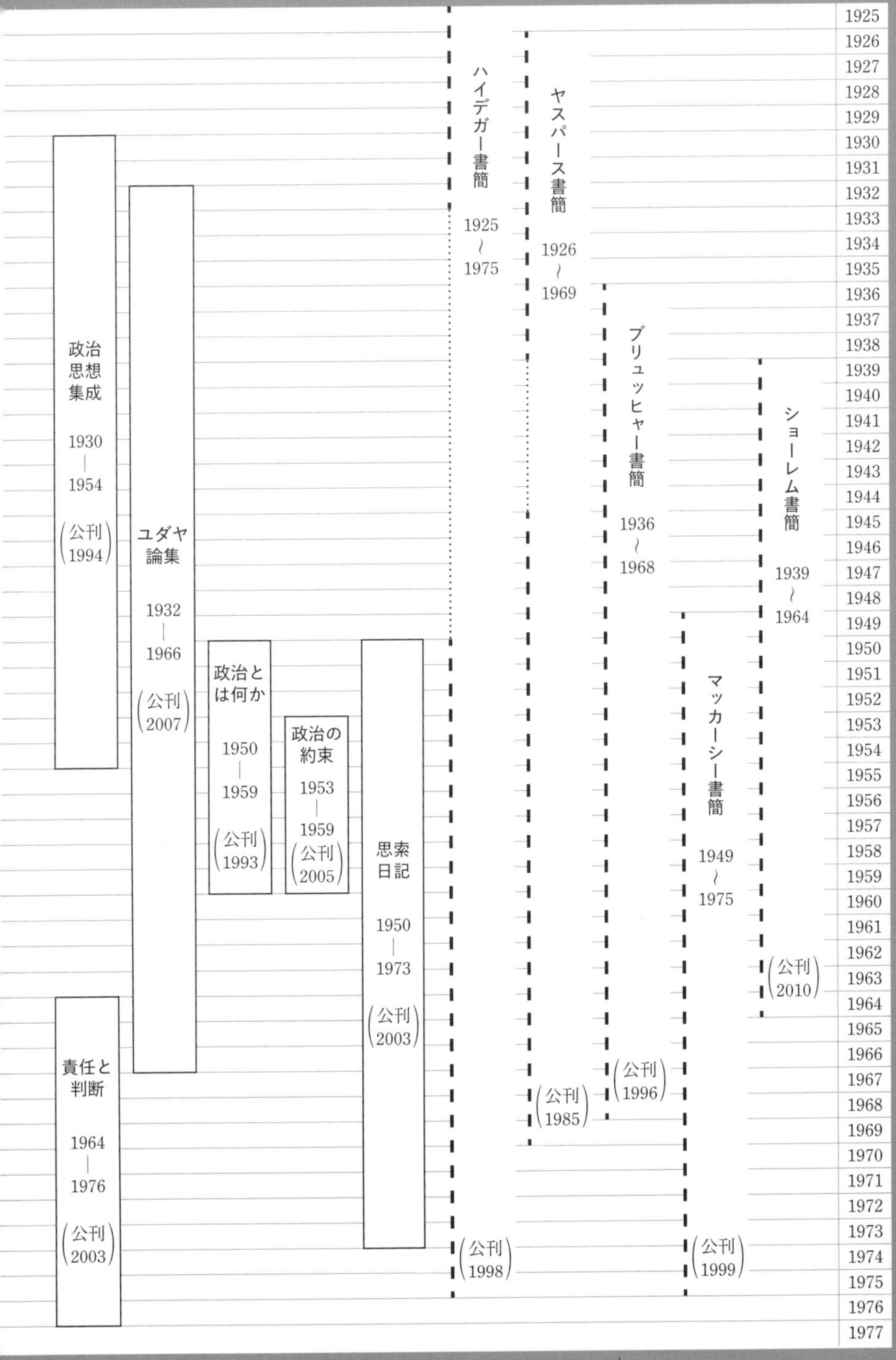

政治思想集成
1930－1954
（公刊1994）
ユダヤ論集
1932－1966
（公刊2007）
政治とは何か
1950－1959
（公刊1993）
政治の約束
1953－1959
（公刊2005）
思索日記
1950－1973
（公刊2003）
責任と判断
1964－1976
（公刊2003）
ハイデガー書簡
1925〜1975
（公刊1998）
ヤスパース書簡
1926〜1969
（公刊1985）
ブリュッヒャー書簡
1936〜1968
（公刊1996）
マッカーシー書簡
1949〜1975
（公刊1999）
ショーレム書簡
1939〜1964
（公刊2010）
1925
1926
1927
1928
1929
1930
1931
1932
1933
1934
1935
1936
1937
1938
1939
1940
1941
1942
1943
1944
1945
1946
1947
1948
1949
1950
1951
1952
1953
1954
1955
1956
1957
1958
1959
1960
1961
1962
1963
1964
1965
1966
1967
1968
1969
1970
1971
1972
1973
1974
1975
1976
1977

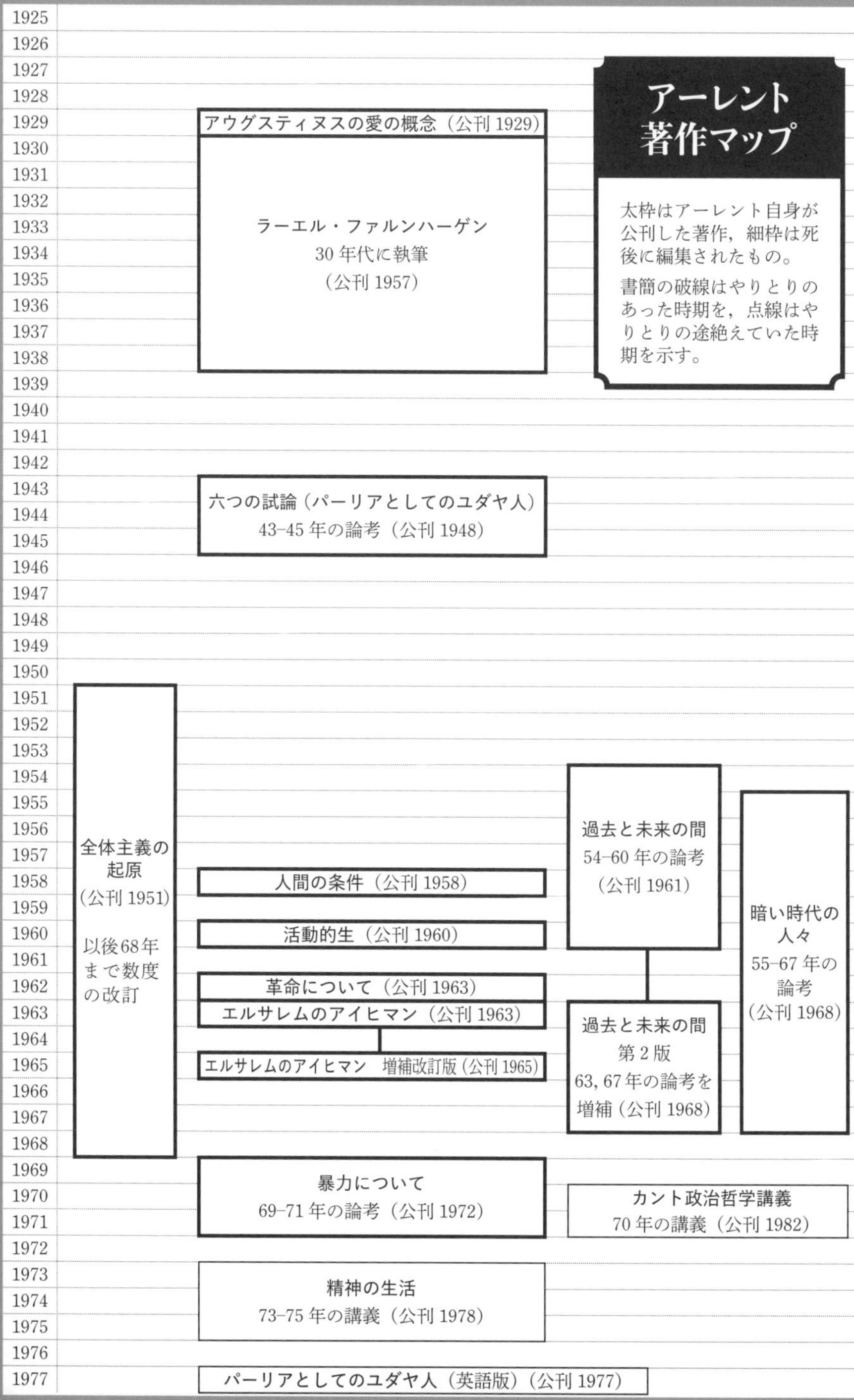
アーレント著作マップ
太枠はアーレント自身が公刊した著作，細枠は死後に編集されたもの。
書簡の破線はやりとりのあった時期を，点線はやりとりの途絶えていた時期を示す。
1925
1926
1927
1928
1929
1930
1931
1932
1933
1934
1935
1936
1937
1938
1939
1940
1941
1942
1943
1944
1945
1946
1947
1948
1949
1950
1951
1952
1953
1954
1955
1956
1957
1958
1959
1960
1961
1962
1963
1964
1965
1966
1967
1968
1969
1970
1971
1972
1973
1974
1975
1976
1977
アウグスティヌスの愛の概念（公刊 1929）
ラーエル・ファルンハーゲン 30 年代に執筆（公刊 1957）
六つの試論（パーリアとしてのユダヤ人） 43–45 年の論考（公刊 1948）
全体主義の起原（公刊 1951） 以後68年まで数度の改訂
過去と未来の間 54–60 年の論考（公刊 1961）
暗い時代の人々 55–67 年の論考（公刊 1968）
人間の条件（公刊 1958）
活動的生（公刊 1960）
革命について（公刊 1963）
エルサレムのアイヒマン（公刊 1963）
エルサレムのアイヒマン　増補改訂版（公刊 1965）
過去と未来の間 第 2 版 63, 67 年の論考を増補（公刊 1968）
暴力について 69–71 年の論考（公刊 1972）
カント政治哲学講義 70 年の講義（公刊 1982）
精神の生活 73–75 年の講義（公刊 1978）
パーリアとしてのユダヤ人（英語版）（公刊 1977）

1　『アウグスティヌスの愛の概念』

本書は一九二九年にドイツのJulius Springer社より出版されたアーレントの博士論文である。アーレントが初めて世に出す著作である本書はドイツ語で書かれ、後のどの論考にも比して哲学的傾向が強く、抽象度も高い。議論が凝縮され、古典語原文からの引用が未訳であることも、本書を容易には近づき難いものにしている。その背後には、しかしすでに後の思索を方向づける実践的関心が見られる。

同時代の政治・社会を後に鋭く分析することになるこの若き哲学徒が、没後一五〇〇年の節目を控え当時盛んに読まれていたとはいえ、かの教父の神学的遺産に挑む姿は、なるほどいささか不釣合いと映るのもやむを得まい。しかし、博士論文を審査したヤスパースと、もう一人の師であるハイデガーもアウグスティヌスに関心を有していたとの事実に、まずは留意すべきであろう（特にハイデガーは一九二九年の論考でアウグスティヌスの世界概念を扱っている）。両者の影響下で書かれた本書が「哲学的解釈の試み」との副題を据え、神学的解釈とは異なる仕方でアウグスティヌスにおける実存主義的主題の提示を試みたことは、後の彼女の行程から見てむしろ必然めいたものを予感させるのだ。愛、世界、可死性、出生等後のアーレントの政治理論に人間的深みを刻むことになる諸概念が、本書においてはキリスト教思想の枠の中で独自に意義づけられている。

本書を貫くアーレントの関心は何であろうか。彼女自身が冒頭で、それは「他者の有意性」であると述べる。アウグスティヌスにとってこれは自明であった。たとえば、隣人の有意性を説く隣人愛の思想が――「己のごとく隣人を愛せよ」との教えが――その愛の理解の内にすでに含まれている。しかし、彼にとっての隣人愛は、実のところ自他の内に共通する被造物としての存在を愛するのみであり、それゆえに他者その人としての隣人の有意性を省みない孤立的なあり方へと導いてしまう。アウグスティヌスの愛の思想は自己を神の前へと促すあまり、この世界での個別的な他者との出会いを没却させるというのだ。アーレントはこれを、アウグスティヌスにおける多様な愛の概念を包括的に検討して示そうとする。

孤立への傾向を不可避なものとして受け入れながら、個別的で身近な他者関係をいかに意義づけるか。これはまぎれもなくアーレントの生涯を貫く実践的な問いであった。本書はこの解答を明確にしていない。しかしその道筋を、後年の立論からしても示唆に富む仕方で探ろうとしていた。

アーレントはまず、アウグスティヌスの愛の概念が別個の起源を有すると指摘する。キリスト教の愛の概念に、ギリシア由来の「自己否定的な愛」が混入しているという。「自己否定的な愛」は自己を超え出て永遠性へ向かうとともに、他者の内の永遠なるものを愛する一方で他者その人を否定し、本来の存在への還帰を促す。次いで彼女は「社会的愛」を、個別的で身近な他者関係を紡ぐものとして取り出す。それはアダムを始祖とする歴史的系譜に根づく愛であり、人類共通のものに属することから生じる。

そしてアーレントは、これら一見して相反する愛の根拠が互いに二重に結びつくことで、隣人の有意性が理解可能になるという。一方では、たしかにアダムに由来する人類の歴史に属すことで、人は身近なものとしての他者に出会うが、しかしこの他者が「隣人」になるのは、神の前での孤立的経験によって他者との「義務的結合」が生じるからである。他方で、神の前へと召し出されるこの孤立化の可能性もまた、それ自体が「事実」として人類の歴史に入り込む（アーレントはその例としてキリストによる救済を挙げる）。彼女はこのように指摘して本書を閉じる。しかし、既存の他者関係が神の前での孤立によって変貌すること、その孤立の可能性が「事実」として人類の歴史に入り込むこと、これらが二重に生じるとはいかなることであり、他者の有意性にとって何を意味するのか。それは後の思索のなかで練り直され、形を変えて受け継がれなければならない問いであったのだ。

アーレントは一九六六年一月のヤスパース宛の書簡で、E・B・アシュトンによる英訳原稿を元に本書を英語で書き直していると伝えている（『ヤスパース書簡』657–658：一八三）。「自分が何を言おうとしたのか正確にわかる」と述べ、前年十月のマッカーシー宛の書簡では「奇妙にもこの作業との出会いに魅了されています」（『マッカーシー書簡』190：三五〇）と記すなど、出版に前向きであったようだが、何らかの理由で断念した。その後、J・V・スコットとJ・C・スタークが英訳を引き継ぎ、彼女の死後一九九六年にシカゴ大学出版局より刊行された。アーレントが加筆・修正した原稿と手付かずの英訳原稿を元にし、文中の古典語原文を訳した点でも有意義であった。また本書は二〇〇六年、アーレント生誕一〇〇年の折に古典語原文がドイツ語に訳されるなど改訂がなされ、二〇一八年にはFelix Meiner 社が再刊。日本では二〇〇二年に千葉眞氏による邦訳が刊行された。

（和田隆之介）

2　『ラーエル・ファルンハーゲン』

本書は、アーレントによる、ラーエル・ファルンハーゲン（一七七一―一八三三）の「伝記（Lebensgeschichte）」である。その内容は、全一三章と付録「ラーエルの手紙と日記の抜粋」によって構成されている。最初の一一章は一九三〇年から三三年までにベルリンで執筆され、残りの二章は一九三八年までにパリで執筆された。原典はドイツ語だが、最初に刊行されたのは英訳版であり、アメリカ亡命後の一九五八年にロンドンで出版された。ドイツ語版はその翌年に出版されている。

本書は「伝記」ではあるが、たんなる歴史的事実を羅列したものではなく、ラーエルという一人のドイツ・ユダヤ人女性の、ユニークな「生（Leben）」の「物語（Geschichte）」である。アーレントはラーエルの遺した言葉と対話することによって、ラーエルの「生」の意味をあらわにし、彼女の「生」を忘却から救うことを試みている。(1)

本文の内容は、ラーエルの生涯を年代に沿って記述することによって構成されている。(2)概要は下記の通りである。

一七七一年、ラーエルは、啓蒙君主フリードリヒ二世の治世下にあるベルリンで、裕福なユダヤ人商家の長女として生まれた。一七九〇年の父の死去を契機として、彼女は若くしてイェーガー街の「屋根裏部屋」のサロンの女主人となる。サロンの参加者となったのは、フンボルト兄弟、シュライエルマッハー、フリードリヒ二世の甥ルイ・フェルディナント公とその愛人パウリーネ・ウィーゼル等、多彩な知識人や芸術家たちであった。

ラーエルのサロンはドイツ社会の秩序や伝統の外にあり、それゆえさまざまな出自の人々が出会う場となりえた。彼女の「屋根裏部屋」は、地位や身分にとらわれず、ただその場に集う人々の語る言葉のみによって構成される、自由で平等な言論空間だった。

しかしその稀有な空間は、一八〇六年のナポレオンのベルリン占領とともに終焉を迎えることになる。フランス軍による支配は、ドイツ国内のナショナリズムと民族主義、そして反ユダヤ主義を増大させることとなった。ユダヤ人はドイツ民族統一の敵として排除されるか、あるいはドイツ社会への服従と同化を迫られた。

このような情勢下で、一八〇八年、ラーエルはカール・アウグスト・ファルンハーゲンと交流をもった。ファルンハーゲンはけっして文学的教養のある人物ではなかったが、サロンの閉鎖によって友人たちと共に語り合う場を失ったラーエルにとって、ファルンハーゲンとの対話はひとつの救いとなった。アーレントによれば、ラーエルは彼に見られ、言葉を聴かれることによって、彼女自身の唯一性があらわになる場を再び得ることができたのである。

彼女がファルンハーゲンと結婚したのは、一八一四年のことである。ドイツ人の青年と結婚するために、彼女はキリスト教へ改宗し、「アントニー・フリーデリーケ」というドイツ風の名を与えられた。彼女は外交官の妻として、ドイツの市民社会のなかで己の役割を果たそうと努めた。その結果、彼女は再びベルリンでサロンを開くことになる。しかし新しいサロンは、かつての「屋根裏部屋」とは異なり、ドイツ貴族の流行に則った形式で催され、同属だけが集まる空間であった。そこには自由で平等な言葉の交流はなく、まったく新しい意見が「真実のリアリティ」として現われることもなかった。

ラーエルの望みは、ユダヤ人女性であることから解放され、世界のなかで一人の人間として居場所をもつことにあった。しかし彼女は、ドイツ社会のなかで居場所を得ようとすればするほどに、逆に自分がユダヤ人女性という「賤民《パーリア》」であることを、苦しみとともに自覚していくことになる。

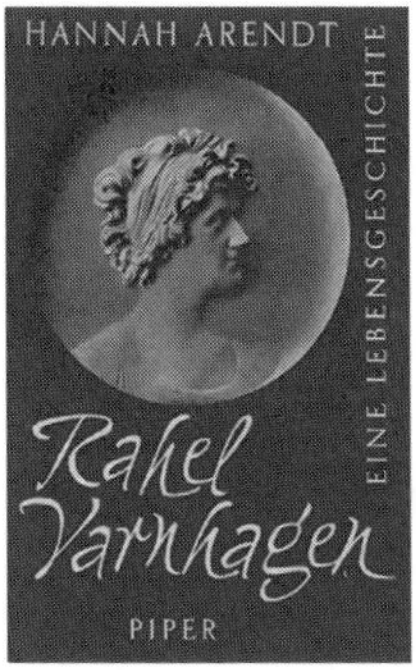

アーレントはラーエルの葛藤を描くことによって、同化という構造のもつ暴力性を暴露する。アーレントによれば、ユダヤ人に敵対的な社会への同化は、反ユダヤ主義に同化することと同義である。すなわちラーエルにとって、反ユダヤ主義を掲げるドイツ社会への同化は、自分がユダヤ人女性として生まれた事実を否定することであり、自分が他者と異なる者であるという複数性の事実を否定することであった。

最終的に、ラーエルはドイツへの同化を拒否し、自分がユダヤ人女性という「賤民」であることを肯定する。世界の中へ現われる自由を求め続けたラーエルの痛みの「声」は、彼女の晩年のサロンのメンバーであった若きハイネの詩作へと託されることになる。

アーレントはラーエルの生の物語を通じて、公的世界から「余分なもの」として排除される者の痛みをあらわにし、人々の唯一性と複数性が自由で平等な言論によって世界の中へ現われることの重要性を示唆した。これらの問題は、『全体主義の起原』第一章や、『人間の条件』、『エルサレムのアイヒマン』、『カント政治哲学講義』等で、より詳細に論じられることになる。

註

（1）対馬美千子『ハンナ・アーレント——世界との和解のこころみ』法政大学出版局、二〇一六年、第一章第五節「伝記作家としてのアーレント」を参照。

（2）詳細は以下を参照。内田俊一「真空の実験室——ラーエル・ファルンハーゲンとユダヤ・サロンの時代」『法政大学教養部紀要　外国語学・外国文学編』、一九九八年、七三—一〇二頁。

（押山詩緒里）

3 『パーリアとしてのユダヤ人』

まず気をつけるべきことは、『パーリアとしてのユダヤ人』と題された書物の英語版と日本語版ではその内容が一致していないということである。

アーレントの死から二年後に出版された英語版（*The Jew as Pariah: Jewish Identity and Politics in the Modern Age*, Grove Press, 1977）には、「われら亡命者」、「パーリアとしてのユダヤ人——隠された伝統」、「シオニズム再考」、「ユダヤ人国家」、「ユダヤ人の故郷を救うために」、「組織化された罪と普遍的な責任」、『エルサレムのアイヒマン』をめぐるショーレムとの往復書簡など、ユダヤ関連の論考一八編が収められている。このうち一四篇は、二〇〇七年に刊行された *The Jewish Writings*, Jerome Kohn and Ron H. Feldman (eds.), Schocken Books（『ユダヤ論集』）に再収録されている。

他方、日本語版（『パーリアとしてのユダヤ人』寺島俊穂・藤原隆裕宣訳、未來社、一九八九年）はこの英語版をそのまま翻訳したものではなく、独自の編集・翻訳によるものである。ここには、一九四八年にヤスパースの援助を得て出版されたアーレント二冊目の著作『六つの試論』（*Sechs Essays*, Schriften der Wandrung 3, unter Mitwirkung von Karl Jaspers, Werner Krauss und Alfred Weber (hrsg.), Dorf Sternberger, L. Schneider）に収められた「隠された伝統」、「フランツ・カフカ」、「昨日の世界のユダヤ人」、「帝国主義について」、「組織化された罪」の五篇、およびアメリカで発行されていたユダヤ系雑誌 *The Menorah Journal* で発表された「われら亡命者」と「シオニズム再考」（この二篇は英語で書かれた）が訳出されている。

日本語版に収められたこれら七篇はいずれも、アーレントがアメリカへ亡命したのち、一九四〇年代前半に執筆した論考であり、彼女の亡命経験が色濃く反映されながら、当時のユダヤ人が置かれた苦難に対する考察が重ねられている。「隠された伝統」、「フランツ・カフカ」、「昨日の世界のユダヤ人」、「帝国主義について」、「組織化された罪」の五篇は、いずれもヤスパースが発行していた雑誌 *Wandrung* に発表された論考で、ドイツ語で書かれたため、それをベースとして訳されているが、もともとはアメリカのユダヤ系雑誌（*Partisan Review* など）にて英語で発表されたものであったため、翻訳にあたっては英語版も参照した、と邦訳者の寺島俊穂は記している。ドイツ語版と英語版（邦訳版では、『パーリアとしてのユダヤ人』と『ユダヤ論集』に収められたそれぞれの諸論考）の間には微細な記述の違いがあるため、それらを比較して読むのも一興だろう。いずれも一九四〇年代におけるアーレントの思想形成を推し測るうえで貴重な論考となっている。

　日本語版に収められた論考を短く紹介しておこう。

　第一章「われら亡命者」は彼女自身の体験に基づきながら、亡命中のユダヤ人が置かれている状況が記され、「社会的絆が切断された場合生きてゆくのは人間にとってたやすいことではない」ことが強く指摘されている。第二章「隠された伝統」では、ハインリヒ・ハイネ、ベルナール・ラザール、チャーリー・チャップリン、フランツ・カフカの四人を取り上げて「パーリアとしてのユダヤ人」の系譜が論じられ、とりわけラザールから「自覚的パーリア」という概念が取り出される。第三章「フランツ・カフカ」ではカフカの『審判』や『城』を取り上げながら、それぞれの主人公を取り囲む官僚機構の理不尽さと恐ろしさ、世界が必然性によって支配される現代的状況について論じられる。第四章「昨日の世界のユダヤ人」は、シュテファン・ツヴァイク『昨日の世界』に寄せて書かれたエッセイであり、彼が作家として得た名声と知的サークルにおける華

やかさ、そしてそれが失われていく儚さとその状況に対する彼の非政治的で高潔な態度が描かれている。第五章「シオニズム再考」は一九四五年に発表された時評的論考だが、ユダヤ人国家の建設を目指すシオニズム運動を西欧のナショナリズムと同等のものとして厳しく批判し、それに代わってユダヤ人とアラブ人が共生する道を探るべきだという提言を行なっている。第六章「帝国主義について」はのちに『全体主義の起源』第二部へと結実する論考であり、モッブと資本の同盟、植民地支配における人種主義の導入、無限の権力蓄積運動、などのアイデアがすでに示されている。第七章「組織化された罪」はドイツ人が戦争責任といかに向き合うべきかという問題とともに、俗物的な勤め人であるヒムラーがナチス組織を支えてきた問題が論じられている。
　いずれもアメリカへ亡命したアーレントが、ユダヤ人というパーリア性といかに向き合うかという自問自答のもとに書いた論考であり、『全体主義の起源』以降の思想形成につながっていくテクストとして味わい深い。『六つの試論』は二〇一九年に出版された『批判版全集』の第二回配本にも収録されているため、今あらためて読み直す価値があるだろう。

（石神真悠子／百木　漠）

4 『全体主義の起原』

本書は、ナチズムとスターリニズムという二十世紀に現われた二つの全体主義をめぐって、「何が起こったのか？　なぜ起こったのか？　どのようにして起こりえたのか？」（一九六八年英語分冊版まえがき）を探求した大著である。ただし、「全体主義」そのものが考察対象とされているのは第三部であり、第一部「反ユダヤ主義」と第二部「帝国主義」では、全体主義が登場する以前の、主には十九世紀から二十世紀前半にかけてのヨーロッパの歴史が描かれる。大摑みにいえば、「反ユダヤ主義」と「帝国主義」という政治的現象が、さらにそれに随伴する人種主義、イデオロギー、国民国家の衰退、モッブ、官僚制、人権の終焉などの諸要素が、「全体主義」の出現へと結晶化していった過程が本書では分析される。

第一部では、「反ユダヤ主義」というナチズムの中核をなしたイデオロギーがどのようにして近代ヨーロッパ社会に現われ、波及するに至ったかが描かれる。アーレントがくりかえし強調するのは、反ユダヤ主義が国民国家体制とともに姿を現わし、国民国家体制の衰退とともにそのピークを迎えたということである。国民国家の成立とともにヨーロッパ諸国で「ユダヤ人解放令」が発せられ、ゲットーに閉じ込められていたユダヤ人は解放されて市民権を与えられた。にもかかわらず、ユダヤ人は各国の「国民（nation）」に完全に同化することはできず、「内なる異分子」として扱われることになる。歴史的に金融業（金貸し業）に携わることの多かったユダヤ人は、近世における絶対王政国家を支援した「宮廷ユダヤ人」を経由して、国民国家体制下でも各国政府に融資を行なう金融財閥を形成するに至った（その典型がロスチャイルド家である）。しかし、十九世紀後半に帝国主義が開始され、ブルジョワ（資本家）とモッブがこれを主導するようになると、国際体制を媒介する役割を担っていたユダヤ人は次第にその地位を失っていく。こうして帝国主義の展開と国民国家の衰退とともに無用な（余計な）存在となったユダヤ人は、各国で排外・排斥の対象となっていく。その傾向を象徴するのが、一八九四年にフランスで起こったドレフュス事件である。フランス軍の参謀本部に務めたユダヤ系将校、アルフレド・ドレフュスが冤罪で逮捕され、確たる証拠もないまま終身刑の判決を受けるに至った（のちに無罪が証明される）この事件は、二十世紀に起こる悲劇のリハーサルになったとアーレントは位置づけている。

第二部では、「帝国主義」がいかに全体主義の出現を準備したのかが論じられる。「膨張こそすべてだ」というセシル・ローズの言葉に象徴されるように、帝国主義とは西欧列強が植民地獲得競争に邁進し、国内の「余剰」を国外へと輸出（排出）しようとする膨張運動であった。この運動を先導したのが、「モッブ」と呼ばれる「諸階級からの脱落者たち」であった。「偽善をかなぐり捨てたブルジョワジー」とも表現される「モッブ」は、一攫千金のチャンスを求めて植民地開拓に活路を見出し、帝国主義の尖兵となった。この「モッブ」たちが植民地支配の手段として導入したのが人種主義《レイシズム》と官僚制であった。「白人」と「非白人」という人種の区別によって支配を正当化し（人種主義）、公式の法を無視して次々に政令を乱発することで融通無碍な行政を行なう（官僚制）。こうした植民地支配が、全体主義における人種主義と官僚制の先駆になったとアーレントは見る。また、海外の植民地獲得に成功したイギリスやフランスによる「海外帝国主義」とは異なり、植民地獲得競争に乗り遅れたドイツやロシアによる「大陸帝国主義」は「汎民族主義」に訴えかけながら、ヨーロッパ大陸内での勢力拡張を目指すことになった。汎ゲルマン主義や汎スラヴ主義に代表される「汎民族主義」は、国境を超えた民族共同体の実現を目指したが、ここでもやはり「人種」の観念が持ち出される。こうして帝国主義により、人種主義と官僚制が政治の中心に導入され、全体主義へと至る道が準備された、というのがアーレントの解釈である。また最後の「国民国家の没落と人権の終焉」章では「諸権利をもつ権利」という有名な概念が示される。

第三部では、いよいよ「全体主義」そのものの運動構造が分析される。まずアーレントが強調するのは、全体主義が従来の独裁制や専制とは異なって、大衆に支持される「運動」であったという点である。それは「運動を持続し周囲のものすべてのものを運動に取り込むことによってのみ自己を維持しうる病的欲求」（『全体主義』D 658：Ⅲ三以下）と深い関わりをもつ。この全体主義運動は「アトム化され孤立させられた個人の大衆組織であり、その成員から他の政党や運動と比べると前代未聞の献身と「忠誠」を要求し、しかもそれを手に入れることができる」（D 697：Ⅲ四〇）。似非《えせ》科学をまとったイデオロギーとそれを喧伝するプロパガンダによって、また幾重ものファサードをまとった組織形態によって、大衆を惹きつけ、運動に巻き込み、その運動を無限に継続しようとする。この運動が極点に達するのが強制収容所である。彼女によれば、強制収容所とは「すべてが可能であるという証明を行なう実験場」であり、人間を「動物ですらない何か」へと変えてしまう恐るべき実験を行なう場であった。彼女はそのポイントを人間から「自発性」――新しい何かを始める能力――を奪うことに見定めている。それは人間を「余計なもの」に変えてしまうシステムであるが、このシステムは現代社会にもなお回帰してきうるものであるという警告をアーレントは本書の最後に書き記している。「全体的支配のこの中心的な制度は、われわれに知られているすべての全体主義体制の倒壊の後にも十分生き残るかもしれないのである」（D 943：Ⅲ二八一）。ポピュリズムと排外主義の世界的波及が問

	英語	ドイツ語	日本語	変更点
1951	英語①			
1955		ドイツ語①		英語①の「結びの言葉」が削除され，第十三章は「イデオロギーとテロル」に差し替えられる
1958	英語②			ドイツ語①に合わせ「結びの言葉」が削除，第十三章「イデオロギーとテロル」を改訂，「第二版増補版へのまえがき」「エピローグ――ハンガリー革命についての考察」を付加
1962		ドイツ語②		ドイツ語①の内容を継承し，英語版を加筆修正
1966	英語③			英語②の「まえがき」「エピローグ」を削除，新たな「まえがき」を付加
1968	英語④ 三分冊版			第一巻・第二巻にそれぞれ新しい「まえがき」を付加，第三巻には英語③の「まえがき」が使用された
1972			日本語① 第一巻・ 第二巻	ドイツ語②を底本とし，英語④も参照。英語版の記述を〔　〕で補足し，英語④序文も収録
1973	英語⑤ 合本版			英語④を一冊にまとめ，「初版まえがき」を付加。アーレント監修の最終版
1974			日本語① 第三巻	ドイツ語②を底本とし，英語④も参照。英語版の記述を〔　〕で補足し，英語④第13章「イデオロギーとテロル」も収録
1975		ドイツ語③ 三分冊版		英語④三つの「まえがき」の翻訳付き
1981			日本語②	日本語①巻末の「訳者あとがき」を削除，第三巻末に新たな「訳者あとがき」を付加
1986		ドイツ語④ 一冊本		ドイツ語①「まえがき」を再録，ドイツ語③三分冊の「まえがき」は各部の最初に挿入
2017	英語⑥ ペンギン・クラシックス版			内容は英語⑤と同じ。行間に余裕をもたせた構成となっているため，ページ数は異なる
2017			日本語③	現在の研究水準に従い，歴史用語や固有名を中心に表現を修正

『全体主義の起原』　版の変遷

題となっている今日において、アーレントのこの警句は急速に現実味を帯び始めているように思われる。

『全体主義の起原』は多くの改訂（加筆修正）が行なわれている。その過程を上の表にまとめた。特に重要な変更点を列挙しておく。一九五一年に英語版初版が発表されたのち、一九五五年にアーレント自らの手によるドイツ語版、一九五八年に英語版第二版が出版されている。いずれも、多くの加筆修正が行なわれたうえで、第一三章「結びの言葉」が削除され、代わりに「イデオロギーとテロル」が追加されている。さらに英語版第二版では、「エピローグ――ハンガリー革命についての考察」が付加されるが、一九六六年英語版ではこれが削除されている。また、ドイツ語版にのみ、ヤスパースによる序文が収録されており、短いながらも的確な読書の手引きとなっている。こうした各版の記述の差異を比較することによっても、多くの発見を得ることができるはずだ。

（石神真悠子／百木　漠）

5 『人間の条件』／『活動的生』

『人間の条件（*The Human Condition*）』は一九五八年に出版され、そのドイツ語版となる『活動的生（*Vita activa oder Vom tätigen Leben*）』はシャルロッテ・ベラートによる粗訳にアーレント自身が手を入れるかたちで一九六〇年に出版された。『人間の条件』と『活動的生』とは基本的に同じ内容であるが、本項後半で触れるように、多くの箇所でテクスト読解の手がかりとなる重要な加筆修正も施されている。また、アーレントの主要な概念が数多く登場していることから、本書をアーレントの主著とみなす研究者も多い。

『人間の条件』および『活動的生』が執筆された背景としては、一九五一年に出版された『全体主義の起原』で提起された問題が考えられる。全体主義国家の一つであったナチス政権下のドイツでは、秘密警察が人々をまるで最初から存在しなかったかのように世界から消し去り、絶滅収容所においては収容者たちを「パブロフの犬」の集団に仕立て上げてみせた。アーレントにとってそれは、人間の本質や本性に属すと考えられていた自発性や人格性を実際に破壊しうる可能性が開かれたということを意味した。そして、全体主義国家として結晶化するわけではないとしても、さまざまな共同体が複数の全体主義的な要素を含んでいることから、戦後のアーレントは目を離さなかった。『人間の条件』および『活動的生』はこうした可能性に抵抗するために、人々の生が何によって条件づけられ、またその条件が人々のいかなる活動によって維持されるのか、ということを西洋の歴史や哲学の伝統を掘り返しつつ問い質すのである。

まず、本書の表題である「人間の条件」は、人間の本質や本性のことではない。それはむしろ、「人間の生との持続的な関係に触れたり入ったりするものは何でも人間的実存の条件という性格を帯びる」（『人間の条件』9：二二）とされるように、人々の生や諸活動と持続的な関係にあるあらゆるもののことである。それゆえ、さしあたり「生それ自体、誕生性と可死性、世界性、複数性、地球」が挙げられるが、「人間の条件」はこれらに限られない。たとえば、人々が他の惑星に移住した場合、地球の代わりにその惑星が新たな「人間の条件」となるとアーレント自身が述べている（10：二三参照）。また、「人間の条件」としての人々の生やその諸活動の営まれる環境は、人々の生や諸活動によって維持され気遣われなければ損なわれてしまうものである。全体主義体制における人間の本質や本性の破壊という経験に対して、人々がその本質や本性——仮に人間が自分自身のそれを語りうるとしても（10：二四参照）——に適った仕方で存

在しうるのは「人間の条件」が人々の諸活動によって保全される限りであると主張するのである。(1)

本書の主要部分は、「活動的生」というドイツ語版の表題が示しているように、「第三章　労働」「第四章　制作」「第五章　行為」という活動的生に含まれる三つの基本活動――労働/制作/行為――についての記述に割かれているが、アーレントが諸々の条件のなかで「生それ自体」、「世界性」、「複数性」を強調するのは、これらの条件が「活動的生」を構成する三つの活動と強く結びついているからである。一方で、第一章で論じられるように、こうした労働/制作/行為という区別は哲学の誕生から続く「活動的生」に対する「観想的生」の優位によって圧殺され続け、近代においてニーチェとマルクスがその優越を取り除いた後も捉えられないままであった。アーレントはこうした伝統に抗しつつ、その伝統の内部から、三つの活動とそれぞれに対応する条件との関係を洗い出し、分節化し直していく。

第二章では、複数の人々の行為や意見が飛び交う「公的空間」、公的な眼差しから逃れることのできる「私的領域」、近代における労働の勝利とともに肥大し他の領域を飲み込んだ「社会的領域」、そしてそのなかでいわば私秘性の避難所として発明された「親密さの領域」の区別が描かれる。第三章では「労働」が、消費物を生産しながら自然的な円環のなかで生命を維持する活動として、また自然による浸食に抗して世界を維持管理する活動(掃除など)として論じられる。第四章の主題は「制作」であり、それは非消費財を生産することで世界を築き上げていく活動であるとされる。アーレントによればその生産物は使用の対象物(道具)と鑑賞の対象物(建築物や芸術作品など)に大別され、より世界的であるのは使用による消耗を伴わないがゆえの永続性をもつ鑑賞の対象物とされる。第五章で論じられる「行為」は、何も生産しないが、人々の間で行なわれ、各々の唯一無比な「誰」を露わにすることで人々の「複数性」を現実化する一方で、人々の間の動的で複雑な網目のなかで影響を拡げていくという危うさを孕んだ活動でもある。その上で「第六章　活動的生と近代」では、活動的生がたどってきた変遷が、歴史的な出来事――とりわけアメリカの発見、宗教改革、望遠鏡の発明――から紐解かれる。こうした歴史記述はそれ自体、「活動的生」とは人間事象に入り込んでくるさまざまな制作物や出来事という「条件」によって制約され変容することを示している。このように、「人間の条件」および「活動的生」という二つの表題は人間存在の相補的な両面を言い表していると理解できる。

次に、『人間の条件』と『活動的生』の間の異同について、触れておきたい。両者の間に大きな変化は確認できないが、森一郎が『活動的生』の「訳者あとがき」で指摘する通り、『活動的生』は『人間の条件』に比べて大幅な加筆や修正が施されている。しかし、『活動的生』のほうが『人間の条件』に比べて表現が一方的により明確であったりより精緻であったりするわけでは必ずしもない。『人間の条件』で読んでよくわからないところを『活動的生』で読むことではっきりすることがあるが、逆の場合もあり、新たな問いを見出すこともある。その意味で二つのテクストは相補的な関係にある。以下では、無数の相違のうち、興味深いところをいくつか紹介しよう。

まず、『活動的生』で「第四章　制作」の終盤（『活動的生』210：二一三）に加筆されたキッチュに関する箇所を取り上げてみたい。あらゆる存在者は一定の形をもって現われる限り他者たちによる美醜の判断に晒され、それゆえ単に使用されることを超え出ないものなどない、という文脈のなかで登場する。たとえばデュシャンによって横倒しにされた小便器は、「使用対象物をあたかも芸術品であるかのように制作する現代芸術の試み」（209：二一二）であり、「泉」という芸術作品として手段－目的連関を逸脱し、その独特の形が永続的であることを要求する。この文脈で『活動的生』では次のような括弧書きが付記されている。「（それゆえここでは、消費財を「美的」にするあらゆる努力は不可避的にキッチュとなるが、その場合にキッチュは「美」が欲求を刺激するよう働くという点に存し、それが美的なものの本質に反する。美的なものとは、まさしく、手を伸ばし摑まえることをはねのけるものであり、完全に現われる場合でも、当該の対象物とのいかなる交渉をも阻むものだからである）」（210：二一三）(2)。消費財を「美的」にする努力がキッチュであるのは、その美がただ消費財の消費を刺激し、むしろその形を損なわせるよう働くからである。この括弧書きによって『活動的生』では消費財を生産する労働がより貶められている。その一方で、美や現われが行為や言論という最も儚い活動にも不滅性を与えるように、労働やその生産物がその恒久の循環から抜け出す可能性も理論的には読み取れるかもしれない。

次に、『人間の条件』にしばしば登場する“performance”という語に着目しよう。この語は、たとえば「ある活動が私的に行なわれるか公的に行なわれるか（performed）ということは決してどうでもよい問題ではない」（『人間の条件』46：七一）というように、単に「遂行する」「実行する」といった意味で用いられることもある。一方で、アーレントの行為論においては「演技」とのアナロジーを暗示するものとしても理解される（187f.：三〇三―三〇四参照）。すなわち、行為と言論が踊りや演技のように、公的空間という舞台において否応なしに観客たちの聴視や判断に委ねられているということをperformanceは示している。

それに対して、『活動的生』においてperformanceは多くの場合Vollzug（遂行、実行）と訳されている。Vollzugからは「演技」という意味は抜け落ちており、この点では『人間の条件』のperformanceのほうが優れているようにも思われる。しかし、アリストテレスの「エネルゲイア」概念を換骨奪胎して解釈する箇所では、「その完全な意味がむしろその遂行そのものにおいて汲み尽くされる」（『活動的生』261：二六九）と表現されるように、Vollzugという表現には、「遂行」だけではなく、その「進行（-Zug, -ziehen）」がすでに「完全（voll-）」であること、いわば「完-遂」であるという意味が込められていると理解できる。Vollzugは行為と言論が舞いや演技のようにエネルゲイアであるという側面を強調する表現でもある。

以上のようにperformanceとVollzugは「行為と言論」の両面をそれぞれ端的に示しており、どちらも軽視できない表現である。パフォーマティヴィティやパフォーマンス・スタディーズとの連関も興味深いが、アーレント独自の行為論の解明のためには、舞台芸術の比喩に頼るだけでなく、performanceとVollzugの間の溝が理論的に架橋されなければならないという課題が、両書を読むことで浮き彫りになる。

最後に、注においても重要な異同があることを指摘しておきたい。『人間の条件』の本文および注においてハイデガーの名前は一度も登場しない。しかし『活動的生』においては二つの注においてハイデガーの名前が登場している。まず、第五章の注4である。『人間の条件』においては、lexis（言論）のほうがpraxis（行為）よりも真理に結びつくとされることがプラトンに由来すると指摘されるだけであるのに対して、『活動的生』ではハイデガーの名前が挙げられ、その露現（Entbergen）や非覆蔵性（Unverborgenheit）などの概念との関わりが指示されている。さらに第六章ではライプニッツが定式化した近代形而上学の根本的な問い「なぜ無ではなく、むしろ何かが存在するのか」に言及する際に、『活動的生』では注31が付け加えられており、そこではこの問いに言及するにあたってハイデガーの「形而上学とは何か」が参照されていたことがわかる。これらの注からは、『人間の条件』および『活動的生』のハイデガーとの思想的な関係性をより明瞭に読み取ることができる。

以上のように、『人間の条件』と『活動的生』の間の細かな異同を吟味していくことで初めて浮かび上がる答えや問いが存在する。こうした吟味は今後のアーレント研究の課題の一つであろう。

註

（1）「人間の条件について」と題されたある学会での応答において、アーレントはより明確に「人間が環境を条件づけ、そして反対に環境が人間を条件づける」と述べながら、人々はサイバーカルチャーという新しい条件に急速かつ自主的に適応するだろうと論じる。アーレントによるこの応答は、最近ではJerome Kohn (ed.), *Thinking Without a Banister: Essays in Understanding 1953–1975* (Schocken Books, 2018) で読める。

（2）『過去と未来の間』に収録の「文化の危機——その社会的・政治的意義」ではハロルド・ローゼンバーグのポップ・カルチャー論との連関でキッチュ論が展開されている。『活動的生』では不死と関わる美を消費財に付与しようとすることがキッチュであるとされるのに対して、「文化の危機」では、「ある種の知識人」が本来は文化物に興味を示さない大衆の娯楽のために芸術作品や文化物を消費財のように変形させてしまうことがキッチュであると論じられる。

（青木　崇）

6 『過去と未来の間』

『過去と未来の間――政治思想への8試論』は、主題的に扱われることの少ない著作である。その主な理由としては、本書に収録の諸論考がそれぞれ異なった主題の下で論じられているということが挙げられる。ただし、このことは本書が一冊の書物として編まれているという事実を蔑ろにする理由にはならない。それゆえ、本書の解題としては次の問いを掲げることができる。『過去と未来の間』はいかにして一冊の作品でありうるのか。

まず、この問いに答えるための方途としては本書の形成史を追跡するということが考えられる。本書は一九六一年に第一章から第六章までが出版された後、一九六八年に残りが追加されて現在のかたちとなった。これら八つの試論は一九五四年から一九六七年の間に書かれており、本書に掲載されるまでそれぞれ翻訳や修正を経ている。それゆえ、本書の形成史を追跡することは困難であり、追跡するとすれば、それは各論考の形成史になるが、ここではそれを控えたい（本書に収録される以前のバージョンのいくつかは近年ジェローム・コーンが編集した資料に集められている(1)。また、同じくウルズラ・ルッツ編の『過去と未来の間』のドイツ語版で各論考の冒頭に付された注および各論考の英語版とドイツ語版の対応関係を一覧にした表が参考になる(2)）。

そこで次に、本書の序論に登場する次の一節を手がかりとしよう。「これらの試論の統一は全体の統一ではなく、組曲においてそうであるように、同じあるいは関連する調で書かれた諸楽章のシークエンスの統一である」（『過去と未来』14f.：一七）。アーレントによれば本書は、第一章と第二章、第三章と第四章、第五章から第八章までの三楽章の組曲である。"sequence"という語は基本的に「連続」や「連鎖」を意味するが、第一章から第八章にかけてシークエントな流れがあるようには思われない。一方、音楽用語としての「シークエンス」は「反復進行」と訳され、一連の音から成る短い楽句の音型を異なる音高で幾度も繰り返すことを意味する。そうだとすると、各楽章で反復進行される何らかの楽句こそが『過去と未来の間』を統一し、一冊の書物たらしめていると考えられる。本書を構成する各章および三楽章は、それぞれ異なる曲調でありながら同じ音型の楽句を異なる音高で繰り返しているはずである。

「過去と未来の間」とは反復進行される楽句に付された名前であろう。そしてそれは本書の狙いと重なるはずである。まず、アーレントの狙いは、過去に失われたものを現在や未来に復活させようとすることではなく、伝統の代替物によって過去と未来の間を埋め合わせようとすることでもなく、未来のユートピアの設計でもない（13f.：一六参照）。アーレントは、抜け殻と化した諸々の政治的な鍵語からそれらが根ざしていたはずの根本経験を「蒸留」（14：一七）しようとするが、この蒸留も失われたものの正体を暴露するものではない。川崎修が指摘するように[3]、権威論や教育論、文化論といった保守的、伝統主義的にも見える論題を少なからず含みながらも、アーレントがこれらのことを目論んでいないということの意義はあらためて熟考されるべきである。一方、アーレントはカフカの「彼」という寓話を思考の経験の描写として解釈しながら、本書の狙いが「いかに思考するかの経験を積むこと」（14：一六）であると述べる。本書で反復進行されるのはアーレント自身の思考経験であろう。

「過去がその光を未来に投げかけるのを止めたので、人々の精神は暗がりの中を彷徨っている」（6：六）というトクヴィルの言葉は、序論で引用されることによって本書の出発点として次の問いを掲げているように思われる。過去と未来をつないでいた伝統という鉄鎖が修復不可能な仕方で断ち切れた現在において、いかに思考するのか。ただし、伝統の糸の断絶、その現在は、本書において単なる出発点であるよりは、アーレントの思考が各章まずもって到り着こうとする袋小路である。すなわち、本書で主題となるさまざまな言葉が言葉としては同一性を保っているにもかかわらず、そこで引き継がれるべき経験がいかに損なわれているかという袋小路にまずもってアーレントの思考は向かうのである。本書で反復され、本書を一冊の書物として統一する楽句とはこうした伝統の糸の断絶への挑みであり、読者はまずもってその断絶を摑み取らねばならない。

以下、ここまでの読解を念頭に置きながら、本書に収録の八つの論考をそれぞれ紹介していく。「第一章　伝統と近代」の主題は、キルケゴール、マルクス、ニーチェによる西洋哲学の伝統との対峙である。三人の哲学者の思考は権威という導きの糸なしに進められたが、伝統を転倒させ伝統から跳躍するという仕方で未だ伝統を注視してもいた。現在、伝統は権威もなく眼を惹くこともない廃墟と化している。アーレントによれば、このことは、伝統に曇らされない「率直さ」で過去を見る絶好の機会でもあるが、そうした率直さは「ローマ文明がギリシア思想の権威に躓いて以来」西洋の歴史からは失われてしまっている（28：三五）。「第二章　歴史の概念——古代と近代」は、古代から近代までの「歴史」概念の変遷を追跡するものである。その変遷は行為や出来事、人間事象の「意味」をめぐるものであり、アーレントは、一方では人間事象がその全体としての意味を露わにする過程として歴史を捉えたカントやヘーゲルに、他方では歴史を解釈ではなく制作の対象とすることで意味を意図や目的と取り違えたマルクスに抵抗しながら、一つ一つの行為や出来事の意味を語り継ぐことのできる歴史を古代ギリシアの歴史家たちとともに模索している。

「第三章　権威とは何か」の表題はその冒頭によれば「権威とは何であったか」という問いである。「権威（auctoritas）」は、その言葉を発明したローマ人によってローマの建国という起源への結びつき（re-ligare）と起源の増幅（augere）として政治的リアリティへと導き入れられた。しかしその経験は失われており、「理論的にも実践的にも、もはやわれわれは実際に権威が何であるかを知る立場にはない」（92：一二四）。「第四章　自由とは何か」では、意志という次元の自由が内感にとっても蜃気楼にすぎないことを明確にしたカントを賞賛しながらも、意志の自由が歴史的に自己支配から他者支配に至り、「主権」と同一視されていく様がある種の系譜学として論じられる。この系譜に抗して描き直されるのは、古代ギリシア崩壊によって忘却されたままの公的に経験される自由であり、「始める」こととしての自由である。

「第五章　教育の危機」においてアーレントは再び権威の問題に突き当たっている。アーレントによれば、教育は、子どもたちを世界へと導き入れる営為である以上、「その本性からして権威や伝統なしには済ませられえないが、しかし権威によって構成されているのでも伝統によって結合されているのでもない世界のなかで進められなければならない」（191：二六二）。このアポリアに対して、アーレントは教育の領域と他の諸領域（とりわけ公的－政治的領域）を区別することをさしあたり提案するが、この区別を設けたところで権威を取り戻せるわけではない。「第六章　文化の危機」は、アーレントの政治的判断論としてのみ読まれがちだが、それに収まらない広範な内容を含んでいる。本論考は、ハロルド・ローゼンバーグのポップ・カルチャー論への応答として始められ、近代から現代にかけて文化的対象物が使用や交換の対象物から娯楽のために消費されるものになっているという危機を暴いた上で、「文化」の二つの起源に遡る。「文化」はまずもって、言葉としても概念的にも、自然やギリシアの遺産を慈しみ手入れし保存するというローマ人の気遣いに由来するが、そのさらなる根底には、公的－政治的空間において「隔たり」を設けつつ「現われ」を享受したギリシア人たちの「美への愛」がある。これがカントの美感的判断力に結びつけられる。ただし、アーレントの主眼はむしろキケロの文化的精神ないし人文主義（ヒューマニズム）の可能性を探り直すことに置かれている。それは、権威に代わって過去のもつ独特な力を新たに摑み取ろうとする試みであろう。「第七章　真理と政治」では、「理性の真理」と「事実の真理」が対比される（必ずしもライプニッツの定義には従っていない）。アーレントによれば、「事実の真理」は一度でも失われてしまえば二度と取り戻すことができないという意

味でより深刻な危険に晒されている。「事実の真理」が危機的であるのは、政府の意図的な改竄や隠蔽によるだけでなく、事実が公的－政治的空間において複数の意見と議論に晒されているからでもある。無論、「事実的な情報が保証されず、事実そのものが争われるならば意見の自由など茶番である」(234：三二三)が、人々が語り合うリアリティは単なる事実の総体ではありえない。その意味で事実とは、われわれが作り変えることなく根差していなければならない「大地」であると同時に、われわれが意味づけつつ目指すべき「天空」でもある(259：三六〇)。最後に「第八章　宇宙空間の征服と人間の身の丈」によれば、自然科学は、現代になって人間を宇宙に飛ばし、相対性理論や量子力学を発見するずっと以前からすでに、アルキメデスの点を求め、諸感覚に根差した日常の言葉や観念で語りうるリアリティから立ち去ったという点で、宇宙科学であった。宇宙科学は、その知的探求の限界を自覚することで、宇宙にとってではなく人々にとって地球が中心であるという意味で「地球中心的(geocentric)」で、また人間が最高の存在者ではなく可死性という有限性をもつ存在者であるという意味で「人間相応的(anthropomorphic)」[4]な世界観に立ち戻るしかない(273：三七九－三八〇)。ただし、リアリティを再び人間の身の丈に合ったものにするという課題は人文主義が引き受けるべき課題であり、この論文そのものが、宇宙科学の成果を「素人」や「市民」の言葉で語り直そうとするアーレントの人文主義的な態度の遂行である。

註

(1) Hannah Arendt, *Thinking Without a Banister: Essays in Understanding 1953–1975*, Jerome Kohn (ed.), Schocken Books, 2018.

(2) Hannah Arendt, *Zwischen Vergangenheit und Zukunft: Übungen im politischen Denken I*, Ursula Ludz (Hrsg.), Piper Verlag, 1994. 注についてはS. 381-433を、表についてはS. 434f. を参照。

(3) 川崎修『ハンナ・アレントと現代思想　アレント論集Ⅱ』岩波書店、二〇一〇年、二八六—二八九頁。

(4) この箇所のanthropomorphicという語は翻訳(『過去と未来』三六一)では「人間中心的」と訳されているが、本論文の冒頭でanthropomorphicとanthropocentricが区別されている(261：三六一)ことからして、前者を「人間中心的」とは訳しがたい。ただし、anthropomorphicを通常どおり「擬人化的」という意味で考えるとしても、「その科学的努力がそもそも可能であるための基本条件の一つに自分自身の事実的な可死性を数え入れるという意味」で「擬人化的」(273：三八〇)というアーレントの論述が理解しづらいのも確かである。一方、anthropomorphicには〈人間の形をもつ／に沿った〉という意味もあり、この意味で理解するならば、本論文の主題である「人間の身の丈(human stature)」という語との連関が想定しやすい。本論文において「人間の身の丈」は感覚や日常言語、そして可死性といった人間の有限性として論じられている。ここから本解題では、anthropomorphicを、そうした有限性をもつ〈人間の身の丈に合った〉という意味で「人間相応的」と訳す。

(青木　崇)

7 『革命について』

本書は、アメリカ革命とフランス革命との比較研究を通じて、アーレントの独自の視点から革命概念の再定義が試みられたテクストである。執筆に着手したのは一九五八年の夏のことであり、この本のテーマは五九年の春に「アメリカ文明特別プログラム」が主催し、プリンストン大学で行なわれた「合衆国と革命精神」に関するセミナーでの報告で与えられたものであったという。とはいえ、革命についての問題関心はこのセミナーにおいて初めて喚起されたわけではなく、一九五二年に「マルクス主義の全体主義的要素」として提起された研究構想にすでにその萌芽がみられる。この研究を通じてアーレントはマルクス主義についての一冊の本を編むことを計画していた。結局、その本自体が書かれることはなかったが、マルクス主義の歴史的分析のために集められた資料は、本書『革命について』で使用されることとなったのである。

本書では、「権力（power）」「権威（authority）」「暴力（violence）」といった基本概念と「自由（freedom）」との関係をめぐる理論的考察に基づきながら、アーレントの革命論が展開されている。革命についての思想史的な検討を通じて、彼女はフランス革命を失敗した革命とみなし、アメリカ革命を成功した革命として評価する見方を提起する。こうした見方は本書におけるアーレントの独自性を端的に示すものであろう。

アーレントによれば、革命が真に革命的であるためには、その目的は一貫して政治的な自由の空間の創設に向けられていなければならない。このような目的に照らすならば、アメリカ革命は政治的自由に向けて共和主義的な政治制度を樹立しようとしたものである点で、革命の名に値するものとして評価される。他方、フランス革命を駆動したのは、「社会問題」の解決という経済的な必要であった。政治的自由の空間を創設するという革命の真の目的に照らせば、貧困からの解放を目的とするフランス革命は政治的な自由をもたらさなかったという点で、「流産した革命」とみなされるわけである。

とはいえ、アーレントはアメリカ革命を全面的に成功したものと考えているわけではない。とりわけ、アメリカ革命においてすら自由の創設という革命の精神を保持するための政治システムの樹立に至らなかったことには厳しい批判が加えられている。また、フランス革命についてもそのすべてを批判しているわけではなく、パリ・コミューンが評議会制をとっていたことに着目し、そこに党派的なものに還元されない公的自由の空間の可能性を見出している。

以上のようなアーレントの革命論は、革命のモデルとしてもっぱら肯定的に捉えられていたフランス革命に対して厳しい批判をくわえ、これまで論じられてこなかったアメリカ革命の意義を明らかにした点で、従来の評価を転倒させるものであった。アーレントにおいては決してめずらしいことではないが、常識をひっくり返すような彼女の見方は激しい論争を巻き起こした。確かに、アーレントのフランス革命に対する評価がどれほど妥当であるのかについては慎重な検討が必要であろう。だが、少なくとも本書ではフランス革命とアメリカ革命の対置という基本図式をとりながらも、前者を無価値なものとし、後者のすべてを賞賛しているわけではない。むしろ、両者の対置において前景化するのは、革命はいかにして自由をもたらすのか、そして革命がもたらした自由を維持することがいかに困難であるのかという問題である。単純な対立図式では捉えられない複雑な問いに読者を誘う点では、本書もまたアーレントの著作に共通する性格を有している。

ところで、アーレントの著作群における位置づけに目を向けるならば、本書は政治制度についての踏み込んだ考察がなされている点において、他の著作に具体像を与えるものとしての意義を有する。とりわけ関係の深い著作としては『人間の条件』が挙げられるが、そこでの古代の共和主義的な政治体像は、本書における共和主義的な政治制度の構想において発展的に引き受けられているものと思われる。こうしたアーレントの議論は参加民主主義に向けた理論的・実践的な試みに大きな影響を与えるものとなっており、その意味でも、『革命について』はアメリカの政治理論家としてのアーレントのキャリアを決定づけた一冊であると言えるだろう。

（田中智輝）

8 『エルサレムのアイヒマン——悪の陳腐さについての報告』

本書は一九六一年にエルサレムで行なわれた、ナチスの元高官アドルフ・アイヒマンに対する国際裁判について、アーレント自身の取材と(現地で記者に配られた)膨大な裁判記録を元にして書かれたルポルタージュである。一九六三年の二月から三月にかけて、五回にわたって雑誌『ニューヨーカー』に連載され、五月に書籍として出版された。一九六五年には改訂増補版が出版され、現在主に流通しているのはこの版である。増補版にあたっての注意書きには「この版のために行なった改訂は一ダースばかりの技術的な誤りに関するものであって、初版の分析や論述にまではまったく及んでいない」と書かれている。また同じ注意書きには「この本は一九六二年の夏から秋にかけて執筆され、同年十一月、私が高等研究所の研究員としてウェズリアン大学に滞在していたときに書き終えられた」とも記されている。

「アイヒマン裁判」において、アーレントの目に映ったユダヤ人大量虐殺の実行責任者の姿は、本書の副題にある「悪の陳腐さ」を具現する小人物のそれだった。アイヒマンは、生来の残虐性や人種差別感情の凝り固まった悪の化身などではなく、たんに実定法や権力者の命令に忠実なだけの、平凡な小役人にすぎなかったとされる。アーレントは、アイヒマンの官僚主義的心性や、彼が使う独特な「官庁語」に着目し、あれほどの残虐行為に関与していながら、権力への服従になんら疑問を抱かなかった彼の「良心」、思考能力、そして自律的判断力の欠落という問題を指摘する。この裁判の経験は、彼女が後年、思考や良心についての考察を展開するひとつの契機となる。すなわち、二十世紀最大の悲劇が、「悪の陳腐さ」を具現する小人物によってなされてしまったことの背景に、上記の問題があったのではないかとの問題意識が、アーレントに通底している。

しかしこの傍聴記は、アイヒマンを陳腐な男として描くアーレントの記述や、ナチによるユダヤ人大虐殺に「ユダヤ人評議会」が関与したと論じる、あるいはそう受け取られかねない記述によって、各国のユダヤ人組織や多くの知識人の間に熾烈な反発を引き起こし、アーレントは大論争に巻き込まれることになる。

この論争はおよそ三年にわたって吹き荒れ、アーレントに対する批評をまとめた本『論争——ハンナ・アーレント、アイヒマン、ユダヤ人』(*Die Kontroverse, Hannah Arendt, Eichmann und die Juden*, 1964) まで出版された。またこの論争は多方面に大きな影響を与えた。たとえばドイツの歴史家たちは、この論争が提起したナチズムに対するドイツ人のレジスタンスの本質と広がりについて真剣に取り組み始めたり、心理学や社会学においても、アーレントが「悪の陳腐さ」と名付けた現象に関する研究がなされたりすることとなる（ミルグラム実験やスタンフォード監獄実験はあまりにも有名である）。

一九六五年の改訂増補版では「あとがき（Postscript）」が追加されており、ここでもアーレントが巻き込まれた論争に対する彼女からの反論が記されるとともに、あらためてアイヒマンの「悪の陳腐さ」と「思考欠如（thoughtlessness）」の関係に対する言及がなされている。「アイヒマンはイアーゴでもマクベスでもなかった。そして「悪人になってみせよう」というリチャード三世の決心ほど彼に無縁なものはなかっただろう」、「彼は愚かではなかった。完全な思考欠如——これは愚かさとは決して同じではない——こそが彼をあの時代の最大の犯罪者の一人へと仕向けたものだったのだ」といった有名な記述は、この「あとがき」において記されたものである。

なお、『エルサレムのアイヒマン』の日本語版は一九六九年九月に初版が、その後一九九四年十一月に新装版が刊行され（以下、初版とともに旧版と称する）、これら旧版に改訂を加えたものが二〇一七年に新版として刊行されている。

旧版から新版へは、書名が『イェルサレムのアイヒマン』から『エルサレムのアイヒマン』へと変わり、旧版にあった「関係年表」が省かれ、新たに「『エルサレムのアイヒマン』関係年譜」が加わっている。内容についても全文が見直され、「政治学、現代史、ホロコースト研究、アーレント研究などの現在の水準に従って用語や固有名を中心に」書き換えられている（凡例より）。また新版に追加された山田正行氏による解説は、アーレントの思想における本書の意味や、彼女の思想が受容されてきた時代的な変遷についてもわかりやすく記されている。

邦訳（旧版・新版ともに）にあたっては、原書の英語版だけでなく、Brigitte Granzow によるドイツ語訳が全面的に参照され、加えて Anne Guérin によるフランス語訳も参照されているとのことである。訳者によればこれは、「私がこれまでみた限り、英語版・仏語版（仏語版は大体英語原文からの忠実な翻訳である）と独語訳を比較すれば、後者のほうがかなり密度の高い文章になっており、著者の肉声はかえってこちらのほうに感じられ、他人の手で訳されたとしても彼女自身が全面的に加筆していることをいつも推察させる」（『アイヒマン』四二二）ためである。「その上本書の場合には、一つにはホルトゥーゼンも指摘しているようにドイツ人を対象とするという含みもあって、書き加えも大幅なものとなっている」（四二二）ためである。それゆえ邦訳版では、ドイツ語版の書き加えの部分は技術的に可能な限り〔　〕に挟んで（独）と注記したとのことだが、邦訳を読むにあたっては、英語版と多少のずれがあることに注意が必要であろう。

（石神真悠子／百木　漠）

9 『暗い時代の人々』

本書には、一九六八年に刊行されるまでのおよそ一二年間のうちに書かれた評伝、書評が収められている。「はじめに」でアーレント自身が述べているように、本書に収められた論考ではいずれも人物が扱われており、それぞれが自分たちの人生をどのように生き、この世界のなかでどのように行動し、時代の動向によってどのような影響を受けたかが論じられている。

最初の論考「暗い時代の人間性」は一九五九年にアーレントがレッシング賞を受賞した際の受賞演説をもとにしたものである。本書に収録された他の論考にはいずれも二十世紀前半を生きた人物が名を連ねているが、本論のみ例外的に十八世紀の人物であるレッシングが取り上げられている。だが、アーレントはレッシングと暗い時代の人々との間にある共通点を見出しており、それは彼が世界に対してとったある態度に象徴されているという。というのも、彼は世界に対して肯定的でも否定的でもなく、徹底して批判的な態度を貫きつつ世界を理解することを試みているが、それこそが公的領域が光を失った時代を独自の仕方で生きた人々に共通する傾向であるとしてアーレントは高く評価しているのである。よって、レッシング論は本書全体の序論として読むことができるものだと言えよう。

G. E. レッシング

R. ルクセンブルク

「ローザ・ルクセンブルク」はJ・P・ネトルによる伝記『ローザ・ルクセンブルク』の書評として書かれたものであるが、アーレントは同書を、ユダヤ系ポーランド人の「同輩集団」から生じたポーランドの社会民主党にローザが密接な関わりを持っていたことを明らかにした点で高く評価している。だが他方で、ネトルが「ユダヤ人問題」を注意深く避けることでローザの鋭敏な精神を捉え損ねている点を批判してもいる。こうした批判につづいてアーレントは、革命的精神と「特殊ユダヤ的な資質」についての考察を試みており、その端々から彼女がローザから受けた影響力の大きさを窺い知ることができる。

「アンジェロ・ジュゼッペ・ロンカーリ」は、ローマ法王ヨハネス二十三世の日記『魂の記録』の書評として書かれたものである。そのなかでアーレントは、上級者の意志に服従せず、つねに神の意志に服従しながら、一瞬たりとも自分の判断を放棄しなかった彼の信仰のありように、その非凡さと信仰が人々にもたらす希望を見出している。

カール・ヤスパースについては二本の論文が収められている。ヤスパースはアーレントの師であり、そして父のような存在でもあったことはよく知られているが、本書に収められた「カール・ヤスパース——賞賛の辞」および「カール・ヤスパース——世界国家の市民?」からもアーレントがヤスパースから受けた思想的影響と、彼への敬愛の念を窺い知ることができる。

「イサク・ディネセン」はパルメニア・ミゲルによる伝記への書評として書かれたものである。アーレントはディネセンの物語の愛読者であったが、その関心は物語るという行為それ自体にも向けられていた。ディネセンは偉大な物語作家の一人であったが、彼女の独自性は物語るという行為が何であるかに気づいていた点にあるとアーレントは評している(『過去と未来』257:三五七)。こうした評価に鑑みれば、本論考はアーレントの物語論の一端が示されたものとしても重要である。

「ヘルマン・ブロッホ」は『ブロッホ著作集』に付された序論がもとになっている。アーレントはブロッホに特別な友情と敬意を抱いており、彼の書は「もはやないとまだないとの間にある空隙の深淵に橋を架けようとするものである」(『政治思想集成I』159:二六)と評している。

「ヴァルター・ベンヤミン」は彼と亡命時代を共にしたアーレントによる優れた評伝である。アーレントの回想によれば、ベンヤミンの生涯は彼が折にふれて語った「せむしの侏儒」とつねにともにあった。ドイツ童話に登場する「せむしの侏儒」は子どもが何かをしようとすると先回りをして出し抜いたり邪魔をしたりする小人だが、ベンヤミンは、気づいたときにはこの小人のせいで自分の人生がこなごなになったかけらの山の前に立たされていたと述べている。アーレントはそう悲嘆するのももっともだとしながらも、重要なのは彼が「「人間の弱点と天賦の才能とが合致するような」場所を熟知していたことだ」(『暗い時代』159:二四八)とつづける。海の底へと降りて行く「真珠採り」に喩えられるベンヤミンの「思考」の技法は、アーレントが彼に見出した天賦の才能の最たるものであろう。「真珠採り」のメタファーで語られる思考論は、過去の深淵に探究の手を伸ばし豊かなものや不思議なものを救い出さんとするアーレントの「手すりなき思考」にも通ずるものとして興味深い。

「ベルトルト・ブレヒト」では、著名な劇作家であり詩人であるブレヒトが、政治権力に迎合することで、どのようにして詩人としての才能を失なうことになったのかが論じられている。よって本論考は、文学や芸術と政治との緊張関係をいかに捉えるのかという問いにおいても重要な示唆を与えるものである。
ところで、アーレントを惹きつけた人物の多くが、特別な種類の無邪気さ——ヤング＝ブルーエルによれば、広い経験と綯い交ぜになった無邪気さ、失わずに持ちつづけられた無邪気さ——という資質を持ち合わせていた。国際政治学者として著名な「ワルデマール・グリアン」と、詩人・作家として知られる「ランダル・ジャレル」はまさにその無邪気さによってアーレントを惹きつけた人物であり、彼らについての書評にもその魅力の一端が表現されている。

以上のように、本書で扱われた人物はそれぞれまるで異なっている。しかし、アーレントが述べるところによれば、彼らは同様に政治的動乱と道徳的災厄とに満ちた時代を生き、芸術と科学とにおいては驚異的な発展をとげた二十世紀前半の世界を分かちあっていた。また、邦訳書の「訳者後記」でも指摘されているように、本書で扱われている人物の大半がユダヤ系の人々であることにも偶然以上の意味があるように思われる。とはいえ、「暗い時代」は二十世紀に起こった恐るべき出来事だけを指しているのではない。「はじめに」でも述べられているように、「暗い時代」は新しいものでないばかりか、歴史上まれなことでもない。「暗い時代」とは人々の自由な言論と行為の場としての公的領域が失われつつある時代を指しており、本書の試みは、人々がともす不確かでわずかな光に新しい始まりの光明をみいだそうとするものだと言うことができるだろう。

（田中智輝）

I. ディネセン

H. ブロッホ

B. ブレヒト

10 『暴力について——共和国の危機』

本書は、「政治における嘘——国防総省秘密報告書（ペンタゴン・ペーパーズ）についての省察」、「市民的不服従」、「暴力について」という三本の論文と、「政治と革命についての考察」と題された一本のインタビューから構成され、一九七二年に刊行されたものである。なお、原題が *Crises of the Republic* であるのに対して、邦訳書の標題は（高野フミによる旧訳、山田正行による新訳ともに）一貫して『暴力について』とされ、副題が「共和国の危機」となっている。

「政治における嘘——国防総省秘密報告書（ペンタゴン・ペーパーズ）についての省察」は、機密文書『ベトナム政策にかんする合衆国の決定作成過程の歴史』が一九七一年六月に『ニューヨーク・タイムズ』によって公にされたことを契機として書かれたものである。嘘が駆け引きの正当な手段とされることは政治の常であり、公文書改竄問題がそうであるように、しばしばその嘘は政治的な糾弾にあってきた。だが、その糾弾が正当であったとしても政治から嘘が排除されるわけではない。アーレントによれば、嘘をつく能力、事実を変える能力、そして行為する能力は密接に関連しあっており、これらの能力は想像力という共通の源泉をもつ点で、私たちが何か新しいことを始める力と結びついている。というのも、嘘を語るのは、「物事が現実にそうあるのとは別様になるのを欲する」（『過去と未来』246：三四一）からであり、別様のあり方を想像することは世界に新しい「はじまり」をもたらす可能性を含んでいる。とはいえ、アーレントは「真理」それ自体の存在を無に帰するような「嘘」については、政治的行為の場である世界を破壊するものだとして厳しく批判している。政治の可能性としての嘘と、政治の可能性を掘り崩す嘘とをめぐる本論考の議論は、ポスト・トゥルースの時代といわれる今日においていっそう意義深いものと言えるだろう。

「市民的不服従」では、良心的兵役忌避と市民的不服従との差異が指摘されるとともに、意見の一致による自発的で共同的な不服従が有する政治的意義が論じられている。また、アレクシ・ド・トクヴィルに言及しつつ、市民的不服従によって生じる自発的で平等な結社の可能性が示唆されており、こうした記述からアメリカのデモクラシーについてのアーレントの評価を窺い知ることができる。

「暴力について」は、一九六八年前後の政治的な出来事——アーレントはその間に高まりを見せた学生運動に感銘を受けていた——に触発されて書かれた論考である。本論考の執筆に先駆けてアーレントは「暴力の正当性」に関する討論に参加しているが、彼女の関心は暴力に対して単に非暴力を対置するのではなく、暴力と言われているものの内実を明らかにし、いかなる暴力が正当化されうるのかという問題に向けられている。考察にあたってアーレントは従来の政治学では「権力（power）」「力（strength）」「強制力（force）」「権威（authority）」そして「暴力（violence）」という用語がきちんと区別されておらず、それらの語に対応する現実が摑み損ねられてきたことを指摘している。なかでも本論考の主題となるのは「暴力」と「権力」の相違である。

まずもってアーレントは、「暴力」を道具的なものとして捉えている。すなわち、暴力はある目的に向けた手段として用いられるものであり、その強制力は自然な力を増幅させることで発揮される。他方で、「権力」の特性は、集団が集団として維持されているかぎりにおいてのみ存在する点にある。「権力」は、個体的実在の力に還元できるものではないし、何らかの目的に適った手段でもない。「権力が存在するにいたるのは、複数の人びとが活動のためにお互いに結びつく場合だけである」（『革命』166：二七〇）。翻って、人びとが共通の事柄をめぐって自由な言論と行為をなすためには権力が維持されていなければならない。ここで重要なことは、政治において「暴力」と「権力」は同一ではないというだけでなく、鋭く対立するという点である。アーレントによれば、官僚制は言論と行為によって構成される「権力」を減じながら自らを肥大化させるものであるが、官僚制化が進めば進むほど「暴力」の魅力が増すのは、「暴力」の台頭は「権力」の欠如——人びとの言論と行為の力の衰退——を意味するからにほかならない。以上のようなアーレント独自の用語法は、『人間の条件』や『革命について』で展開される政治理論を理解するための基本的な枠組みを提供しているという点でも重要である。

「政治と革命についての考察」は、上述の論考「暴力について」をめぐるインタビューが元となっているが、とりわけ当時の学生運動に対するアーレントの評価を知る上で貴重な資料となっている。本論考では、暴力論を下敷きにしつつ一九六〇年代後半から一九七〇年前半にかけて世界中で巻き起こった政治的な動乱についてのアーレントの見解が示されている。こうした記述からは、時事的問題への彼女の立場やその背景にある時代把握を知ることができるだけではなく、彼女の政治思想がいかなる実践的含意を有するのか、その射程を推し量ることもできるだろう。

（田中智輝）

11 『精神の生活』

本書は、精神活動を主題とした、アーレント生涯最後の著作である。当初「思考」「意志」「判断」の三巻からなる予定であったが、一九七五年にアーレントが心臓発作によって急逝し、「判断」は未完となっている。彼女の死後（一九七八年）、未完のままメアリー・マッカーシーによって編集・出版された。

アーレントは「思考」の巻の序論で、思考をはじめとする精神活動という主題に集中的に取り組むようになった背景には、二つのきっかけがあったと述べている。

一つ目は、アイヒマン裁判の傍聴と、その報告書『エルサレムのアイヒマン』をめぐる論争の経験である。アーレントは裁判を通じて「無思考性と悪との奇妙な相互関連」に気づき、アイヒマンに象徴される悪は「無思考」から生まれるという意味で「凡庸な悪」であるというテーゼを示した。このテーゼをめぐって、彼女は数年間にわたり、激しい論争に巻き込まれることとなったのである。アーレントによれば、この経験こそが、思考（とりわけ、思考と道徳との関係）についての思索を深める、より直接的な動機になった。

二つ目は、『人間の条件』執筆時からの問題関心に基づく。それは、「私たちは思考しているとき何をしているのか」を観照的生活の観点からではなく考察する必要がある、というものである。アーレントは、これまでに行なわれてきた思考についての考察は、そのすべてが哲学者によるもの、すなわち、観照的生活を旨とする者によるものだという。つまり、これまで思考が議論されてきたのは、活動的生活に対する観照的生活の優位を自明とする文脈においてであった。アーレントはその文脈自体を批判的に問い直し、思考という経験をあらためて検討する必要があると考えたのである。

こうした問題関心のもと、『精神の生活』では思考、意志、判断という三つの基本的な精神活動について、それぞれの巻で考察が加えられている。

第一巻「思考」のもとになったのは、一九七三年のアバディーン大学ギフォード講座と、一九七四年から七五年にかけて行なわれたニュースクール・フォー・ソーシャルリサーチでの講義である。

アーレントがギフォード講座への出講を要請されたのは、一九七二年六月のことであった。ヤング゠ブルーエルによる伝記（『アーレント伝』）によれば、当初アーレントはこの講座の存在を知らず、助手にどのようなものか調べさせたという。結果、歴代の出講者にマックス・ミュラー、ベルクソン、ホワイトヘッド、デューイといった著名な哲学者が含まれていることに驚き、招待を「心を躍らせるお申し出」として受け入れた。

続く第二巻「意志」は、一九七四年のギフォード講座、七五年のニュースクールでの講義をもとに執筆された。ただし、一九七四年のギフォード講座は、一回目の講義直後にアーレントの心臓発作によって中断されており、一九七六年春に再開されることになっていた。

アーレントは「意志」の巻の冒頭で、意志の問題を扱うことは自由（freedom）の問題を扱うことを含意していると述べ、西欧哲学の思想家たちが意志の能力と自由をどのように論じてきたかを歴史的にたどっていく。具体的に検討しているのは、アリストテレス、パウロ、エピクテトス、アウグスティヌス、トマス、スコトゥス、ニーチェ、ハイデガーの議論である。アーレントはアウグスティヌスの意志論を高く評価する一方で、ハイデガーに対しては鋭い批判を向けている。アーレントはハイデガー批判の章を含めることに最後まで躊躇を感じていたようだが、当時八十五歳で健康も優れぬハイデガーが、彼女の批判を読んで傷つくことはないだろうと結論を下したという。

とはいえ、アーレントによる「意志」論の位置づけについては、研究者のあいだでもいまだ共通した見解がない。その理由として、「意志」の巻では思想史的アプローチがとられており、アーレント自身の立場が必ずしも明瞭ではないことがある。だが、さらに重要なのは、彼女自身がこの巻の最後で、本書での議論が「袋小路」に入り込んでしまったと述べ、その打開には「判断」に関する検討が必要だとしていることであろう。

しかし、第三巻「判断」は書かれぬまま、彼女は六十九歳でその生涯を終えた。『ハンナ・アーレント伝』によれば、アーレントのタイプライターには、「判断」のタイトルとともに二つのエピグラフだけが残されていたという。ロナルド・ベイナーの試論（一九八二年）をはじめとして、書かれなかった「判断」論を再構成しようとする試みは多い。その際の重要な手がかりの一つは、「思考」の巻への補遺にある。彼女はこの補遺のなかで判断について言及し、判断力を「最も政治的」な精神能力であると述べている。

「判断」論が未完であることもあり、『精神の生活』の意義や位置づけの検討には一定の困難が伴う。しかし本書が、アーレントがアイヒマン裁判以降に取り組んできた、精神活動についての思索を集大成したものであることは確かである。また、西欧哲学の伝統に関するアーレントの見解の一端を窺い知ることができるという意味でも、きわめて重要なテクストであるといえよう。

（村松　灯）

12 『カント政治哲学講義』

『カント政治哲学講義』は、一九七〇年秋学期にニュースクール・フォー・ソーシャルリサーチで行なわれたカントの政治哲学に関する講義の記録をもとに、ロナルド・ベイナーによって編集され、アーレントの死後（一九八二年）に出版された。本書には、「カント政治哲学講義」のほか、同時期に開講された『判断力批判』についてのセミナーに関連する「構想力についてのノート」と、ベイナーによる解釈論文「ハンナ・アーレントの判断論」が収められている。

「カント政治哲学講義」において中心的に扱われるのは、三批判書のひとつ『判断力批判』（一七九〇年）の内容である。『判断力批判』における趣味判断を政治的判断力論として読み替えること自体が、アーレントの卓抜した独自性の表れといえよう。アーレントは、判断力について考察した唯一の思想家がカントであると評価する。カントによれば、判断力は規定的判断力と反省的判断力に区分される。前者は、普遍的なもの（規則・原理・法則）が与えられていて、特殊的なものをその下に包摂する判断力である。他方で、特殊的なもののみが与えられていて、これに普遍的なものを判断力が見出さなければならない場合、この判断力は反省的判断力と呼ばれる。『判断力批判』の主題は後者の反省的判断力であり、さらにこれに関連して、人間の「社交性」や「共通感覚」について議論される。アーレントはこれらの点に政治的な意義を見出し、自らの政治的判断力論を展開する際の手がかりとしたのである。

とはいえ、『判断力批判』への言及自体は、比較的早い時期からたびたびなされている。たとえば、『思索日記』からはアーレントが一九五七年の夏以降『判断力批判』を集中的に検討している様子がうかがえるし、『人間の条件』（一九五八年）では、「工作人」についての議論のなかでカントの「なんら私心のない喜び」に言及している。だが、政治的判断論を展開する文脈においてカントのこの著作を参照するようになるのは、道徳と精神活動の関係について中心的に取り組むようになった、アイヒマン裁判以降のことといってよいだろう。エリザベス・ヤング＝ブルーエルによるアーレントの伝記（『ハンナ・アーレント伝』）によると、本書のもとになっている一九七〇年の『判断力批判』に関する講義とセミナーは、同年夏に執筆していた評論「思考と道徳の問題」での省察をさらに深められるように計画されたものだったという。また、同時期には論文「市民的不服従」も執筆されていた。これら一連の省察の背景には、ベトナム戦争への異議申し立てや集会の権利を擁護する「シアター・フォー・アイディアズ」主催の討論会（一九六九年）や、ニューヨーク大学の会議（一九七〇年五月）における講演「合意社会における市民の法への道徳的関わり」がある。ヤング＝ブルーエルによれば、そこで問題となっていたのは道徳的なものと政治的なものとの関係であり、アーレントはカントの『判断力批判』を参照することによって、「市民的不服従」および「思考と道徳の問題」の諸主題を再統一する道を探究したのだという。

『カント政治哲学講義』は、アーレントの遺作『精神の生活』との関係においても、文献学上重要な意義を有している。『精神の生活』はもともと「思考」「意志」「判断」の三部からなる予定であったが、アーレントの急逝によって「判断」論は書かれぬままであった。ベイナーによれば、本書は未完の「判断」論の方向性を知るうえで重要なテクストであるという。というのは、第一に、刊行された「思考」の巻における判断への言及と全面的に一致しているからである。ベイナーは「実際、「思考」のいくつかのくだりはほぼ文字通りに当時未刊であったカント講義から採られており、このことはアーレントが、すでに講義のなかで定式化されていた判断力理解に適度に満足していたことを示しているはずだ」という。そして第二に（ベイナーによれば「さらに決定的」な理由として）、「思考」の巻への補遺で示した「判断」論の概略が、「カント講義の実際の展開に非常に密接に対応している」ことがある。以上から、ベイナーはアーレントによるカント講義が「彼女の判断力論を再構成するための筋道の通った基盤を提供してくれる、と想定するにたる根拠がある」と結論づけている。

『精神の生活』の「判断」論が書かれぬままであったことは変更不可能な事実であり、本書がその完全に等価な代替物となりえないことは明らかである。しかし、本書の出版によって、アーレント研究に飛躍的な進展がもたらされたことは疑いえない。講義録の公刊によって文献の整理が進んだという事実もさることながら、本書に収められたベイナーの解釈論文も、アーレントの判断論（ベイナーによれば、とりわけその思想的変遷）についての先駆的かつ代表的な研究のひとつとして、その後多くの研究を触発することとなった。本書の出版は、まさにエポック・メイキングな出来事であったといえよう。

（村松　灯）

13 『政治思想集成』

本書は、おもに一九三〇年代から五〇年代中頃にかけて執筆されたアーレントの未公刊の論考や評論、講義原稿のなかから選ばれた計四一本の作品を収録した論文集である。収録された諸論考は、編者のJ・コーンが指摘するように、「『全体主義の起原』という大きなプロジェクトがアーレントのなかで形をなしていった一九四〇年代半ばから、一九五一年の公刊につづく年月へといたるまでの思想の「軌跡」のうち、最も重要なものを辿って」（「編者序文」xiv：I xv）おり、たとえば、「社会科学のテクニックと強制収容所の研究」「人類とテロル」「全体主義の本性について」などを紐解けば、強制収容所、テロル、イデオロギーといった鍵概念を駆使して「全体主義」の本質に迫ろうとしたアーレントの思想的格闘の一端を窺い知ることができる。また二分冊の邦訳の副題にも挙げられている「組織的な罪と普遍的な責任」や「理解と政治」で提起されたナチス・ドイツによるユダヤ人の行政的大量殺戮に加担した普通のドイツ人の責任や彼らの判断力の欠如といった問題は、『全体主義の起原』での考察にとどまらず、後年展開されることになる道徳哲学論や判断力論へと連なる問題意識が見出されるという点で重要な論考である。

他方、ここに収められた諸論考は「全体主義」をめぐるアーレントの省察にのみ焦点を当てているわけでもない。本書は、アーレントの個人的な来歴やその人となりを知るうえで示唆に富む内容を備えた「何が残った？　母語が残った」と題されたG・ガウスとの対話から始まり、「全体主義」の対極に位置づけられるはずのアメリカの政治文化が孕んでいる否定的な側面（「マッカーシズム」）への言及（「卵は声を挙げる」、「元共産党員」）や、一九四〇年代から五〇年代にかけての「宗教の再生」をめぐる論考（「宗教と知識人」、「宗教と政治」）、さらには、彼女自身が深く影響を受けたハイデガーとヤスパースの思想（「哲学と社会学」、「実存哲学とは何か」）や、フランス実存主義思想に関する考察（「フランス実存主義」、「近年のヨーロッパ哲学思想における政治への関心」）など多彩なテーマから構成されている（「訳者あとがき」、II三〇六―三〇七）。本論文集は、公刊された著作群だけでは十分に知ることができなかったアーレント思想の諸側面に光を当てているという点でもきわめて興味深い内容を備えたものだと言える。ところで本書に掲げられた原題は「理解のための試論（Essays in Understanding）」とでも訳すことができるが、アーレントは「全体主義」をどのように「理解」しようとしたのか。彼女にとって「全体主義」を「理解」するとはいかなることだったのか。以下ではこの点について、筆者から見て注目すべきだと思われる彼女の議論を二点にのみ限定して紹介したい。

　第一に注目したいのは、「全体主義」を「暴政」や「一党独裁」と同一視したり、過去の出来事の「原因」と「結果」からなる因果の連鎖によって説明することなく「理解」しようとするアーレント独自のアプローチである。そこで彼女が採った方法とは、「全体主義の主要な要素を発見し、それらを歴史的な観点から分析し、私が適切で必要と考えるかぎりでこれらの要素を歴史を遡って跡づける」ことだった。『全体主義の起原』でアーレントが試みたのは、「全体主義へと結晶化された(crystallized) 諸要素に歴史的な説明を与える」ことだったのである（「エリック・フェーゲリンへの返答」403：Ⅱ二四五）。彼女がこのような方法を採用したのは、歴史上に生起するそれぞれの出来事とは、「人びとが行なったりこうむる事柄や種々の新しい可能性からなる予期せぬ光景を顕わにする」（「理解と政治」320：Ⅱ一三八）ものであり、「それぞれの出来事の現実の意味は、私たちがそれに割り当てることができるような過去の無数の「原因」」（319：Ⅱ一三六）に帰着させることなどできないと考えていたからである。

　これと関連して第二に注目したいのは、「理解は想像力の能力と密接に関連している」（「エリック・フェーゲリンへの返答」404：Ⅱ二四七）というアーレントの主張である。彼女にとって「全体主義」を「理解」することは、「想像力を認識の重要な道具として意識的に採用する歴史的探求」（404：Ⅱ二四七）なのであり、「想像力」を駆使して「理解」することは、「予期せぬ新しいものをある時期にそれが含意するすべてのものとともに探り当て、その意義を余すところなく明らかにする」ために不可欠の能力だと言う（「理解と政治」320：Ⅱ一三八）。アーレントは、「全体主義を理解することは何かを赦すことではなく、そもそも全体主義を可能にした世界と私たちが和解することを意味する」（308：Ⅱ一二三）と述べている。世界のなかで生きる存在であるかぎり、人間は、世界の只中で起こりみずからもまた被った出来事の「意味」を「想像力」を駆使して不断に「理解」しようと努めなくてはならない。「理解することは、生きることのすぐれて人間的なあり方」なのである（308：Ⅱ一二三）。アーレントにとって「全体主義」を「理解」するとは、ほかならぬこの世界において「全体主義」を可能とした諸条件（諸要素）とは何だったのかを不断に問い続けようとする「終わりのない対話」（323：Ⅱ一四二）に従事することだったのである。

（小森（井上）達郎）

14 『政治とは何か』

本書は、一九五六年にドイツのピーパー出版社との間で契約された『政治入門（*Einführung in die Politik*）』のために執筆された七つの断片からなる草稿集である。編者のU・ルッツによると、これら七つの断片は三つの執筆時期に区分されるという。まず断片1は、『思索日記』一九五〇年八月の「政治とは何か」という題の文章に該当し、次いで断片2は、一九五六年から五七年にかけて書かれた二つの章からなり、ルッツによって「先入見」版（Vorurteils-Version）と名づけられている。最後に「意味」版（Sinn-Version）と名づけられた四つの章からなる断片3は、一九五八年から五九年にかけて書かれたものである。『政治入門』は、「政治とは本来何なのか、また、政治的なものは人間生活の基本条件とどういう関係にあるのかということについての入門書」として構想されたものであった（「編者の評註」137：一一七、142：一二一、「訳者解説」二二九―二三〇）。

『政治入門』が構想されていた時期は、最初の大著『全体主義の起原』（一九五一年）から次の主著『人間の条件』の公刊（一九五八年）へと至る「アーレントの思想形成の最も実り豊かな時期」（「訳者解説」二二八）だった。『全体主義の起原』を完成させた後、アーレントは、ナチズムと並ぶ全体主義的支配の典型例であるスターリン主義へと結実したロシア・マルクス主義（ボルシェヴィズム）の形成過程を分析するべく、マルクスおよびマルクス主義の研究に着手するが、その研究は当初の課題を超えて、マルクスの思想が深く根ざしていた西欧政治思想の伝統に対する全面的再検討という根源的な問題圏へと彼女の思考を導くことになった。アーレント自身の思索の深まりと、同時期の彼女の多忙という事情も重なり、ピーパー社から予定されていた『政治入門』の公刊は結果的に頓挫してしまう。その後、同書の公刊を目指してロックフェラー財団に申請した一九五九年十二月の企画書のなかで、アーレントは、『政治入門』の主題が「活動と思考（action and thought）」という人間的営為であり、それは『人間の条件』での考察を引き継ぐものだと述べている（「付録」200：一七二）。同書でアーレントが追究しようとした「政治とは何か」というテーマは、彼女自身が事実上の「序論」と位置づけた『人間の条件』を経て、六〇年代の『過去と未来の間』（一九六一年）や『革命について』（一九六三年）、さらには晩年の『精神の生活』（一九七八年）へと至る主要著作を通底する思索の軌跡を方向づけることになるのである。

ところで、本書の「断片3c」で論じられる「絶滅戦争（Vernichtungskrieg）」論は、他の著作では主題的に論じられていない興味深い論点のひとつだと言える。アーレントは、一九五〇年代の米ソ対立下の切迫した国際情勢を背景に、当時現実味を帯びつつあった「第三次世界大戦」の勃発に伴う人類の絶滅という破局的事態（『政治とは何か』86：七二）をも見据えつつ、「われわれに再び迫りつつある絶滅戦争の政治的意味」を理解するべく、「絶滅戦争の原型」である古典古代期のトロイ戦争へと遡及して考察を試みている（91：七六）。そこで彼女が見出そうとしたのは、戦争問題の解決においてギリシアとローマ、これら二つの民族が示した卓抜した政治的洞察についてである。

アーレントによると、トロイ戦争という「絶滅戦争」を「政治的な戦争」へと転化させようとした古代ギリシア人の努力は、ホメロスの詩に示されるような歴史的想起を通じた敗者の事後的な救済に見られるという。ホメロスは、「敗者の名声を詩に詠い、一つの事態の経過が二つの面を持ちうること、また、詩人は、現実とは違って、一方の側の勝利でもってもう一方の側を、ある意味ではもう一度打撃を与えて死に至らしめるのは正しくないのだということ」（104：八八）をその公正な態度によって示している。彼女は、ホメロスが示したような、戦争の勝者のみならず敗者をも平等に遇するという観点の「公平性」とともに、「同じ事態をできるだけ異なった観点から眺める能力」――「政治的に見るということ」――こそは、ポリスにおける政治的人間が備えるべき洞察力である「思慮（phronesis）」そのものであったと論じている（97：八一―八二）。

戦争による敵対性の変容が、詩人による敗者の名声と栄光の想起に制限されていた古代ギリシア人の試みとは異なり、みずからの民族的起源をトロイ戦争の敗者であるアエネアスの後裔に認めていた古代ローマ人が、異国の地における新たな創設――「イタリアの地で繰り返されたトロイ戦争」――で試みたのは、敵対者の絶滅ではなく、「同盟（Bündnis）と盟約（Vertrag）」の締結を通じた「新たな種類の共同」――「何か他の持続するもの」――への転換という、戦争を契機としたローマと他の民族との「持続的結合（dauernde Bindung）」であった（106–109：九〇―九二）。古代ローマ人にとって、異なる二つの民族の遭遇から勃発した戦争という敵対的な関係性は、敵対者の絶滅をもって終わるのではなく、「政治の始まり」、すなわち、「平和条約や同盟条約において生まれてくる新たな政治的空間の始まり」をもたらす出来事として捉え直されたのである（115：九七）。このような古代ローマ人の戦争理解を通じてアーレントが強調したのは、歴史的・政治的な意味での「共通世界（gemeinsamen Welt）」は、それを構成する諸民族に固有の「世界の見方（Weltansicht）」なくしては存立できないこと、そして「絶滅戦争」によって破壊されるのは特定の民族や国家であるとともに、絶滅させる側の人間たちも共有している「共通世界」そのものだということであった（105：八九）。ここに、「道徳的」な論難を伴うことなく「絶滅戦争」の現出を「政治的」に批判しようとするアーレントの独創的な戦争批判論の一端が見出されるのである。

（小森（井上）達郎）

15 『政治の約束』

本書は二〇〇五年にSchocken Books社より出版されたジェローム・コーンの手によるアーレントの遺稿集であり、一九五〇年代の草稿や講義・講演原稿から構成されている。編者の意図を多分に含んだ選別ではあるものの、この時期が後の思索の方向を決定づけたことを伺わせる内容となっている。

第一章から第五章にかけては、「伝統」を軸に議論が展開される。「伝統」とは、古代から現代に至るまで西洋の政治思想を規定してきた思考のスタンスであり、政治に対する哲学の優位、実践（行為すること）に対する観想（眺めること）の優位として特徴づけられる。これはプラトンによって創始された。実践から成る不確かな「人間的事象」すなわち政治の領域を制御すべく、この哲学者は「絶対的な基準」の導入を目論んだという。本書では、この「伝統」の背景と展開、現代に至って迎える終焉がたどられる。以下その議論を追ってみよう。

アーレントにおける政治の枢要をなすとともに「伝統」を理解するうえで不可欠の概念が「複数性」である。人間は共通の世界にかかわりながら、おのおの別様な仕方でこれを見る。人間は、それが単一で同質の存在としての人間でありながら、まさに単一で同質の存在であるということを拠りどころにして、各人が固有であり、その固有なものが複数存在することを確証する。ソクラテスが実践したとされるこの「複数性」の原理は、したがってプラトンが想定した絶対的な基準、一なるものとしての真理に対する根底的な批判を含んでいる。ソクラテスにとっての真理は、対話によって各人固有の世界の見方（ドクサ）のなかに開示される、可変的で複数的なものである。

そうとはいえ政治思想の「伝統」は、対話や活動を重んじるこうしたソクラテスの教えの抑圧・忘却のうえに成り立つわけではない。第一章「ソクラテス」でアーレントは、複数性の実践の内にすでに「伝統」の萌芽が見られることを強調する。ソクラテスの言動を記したのが当のプラトンであったことが暗示するように、哲学と政治、思考と活動の緊張が、すでにソクラテスに内包されていたというのだ。対話によって各人固有の真理を炙りだす試みは、その相手にはドクサの破壊と映り、すでに「唯一の」真理を知っている者の行為として現われうる、きわめて危うい営みなのである。

アーレントは哲学と政治の関係に孕まれるこの逆説を、「一者にして二者」なる原理に遡って説明する。私の中のもう一人の自己にあらゆる人間の人間性が表象され、私はそのもう一人の自己のイメージをあらゆる人間に投影する。つまり、もう一人の自己は現実のあらゆる他者として私自身に現われ、同じように現実のあらゆる他者はもう一人の自己として私自身に現われる。私ともう一人の自己は、ともに単一で同質の私自身でありながら、私はそのもう一人の自己に問いかけることで私自身のドクサの開示を、つまり現実の他者に対する可変的で複数的な見方の開示を試みる。この二者のなかの二者による対話は、それゆえ活動を基礎づける孤独な思考の経験として、その思考のうちに複数性を現実化する。二者間の均衡が崩れ複数性が崩壊するとき、すなわち「精神」としての私が「身体」としてのもう一人の自己に優位し、また「唯一の」真理を知る者として人間的事象の制御を目論むとき、政治思想の「伝統」が始まるのだ。

主に第二章「政治思想の伝統」でアーレントは、共通感覚が「伝統」で果たす役割に注目する。自己の感覚データを他者のそれと照合し制御する共通感覚が、政治と道徳の領域で作用する。他方で、五感を超えた絶対的基準を人間的事象に適用する基準となるのも、この共通感覚なのだ。しかも、共通感覚は「伝統」の存続を支える一方で、伝統的規範が一般的規則としての機能を失うと衰退する。そして実際に衰退したことで、「浅薄さ」と「無意味さ」が現代の社会に広まったという。

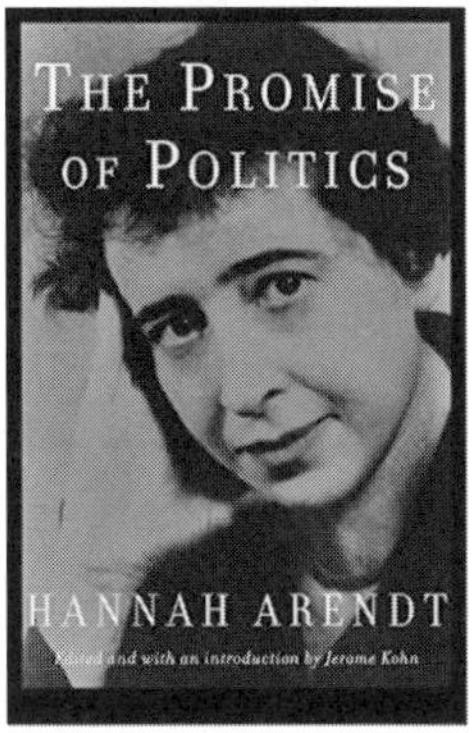

主に第三章「モンテスキューによる伝統の修正」でアーレントは、政治体を安定させるはずの「法」が有効性を失っているとのモンテスキューの診断を取り上げ、その政治体における「活動原理」の議論に注目する。また、主に第四章「ヘーゲルとマルクス」、第五章「伝統の終焉」では、全体主義を含む現代固有の出来事を「伝統」の終焉の結果とみて、マルクスがそれに果たした役割を強調する。マルクスは「伝統」内の「最後の政治思想家」として、人間の活動そのもののなかに絶対的基準、絶対的なものを、それがもはや自らに課せられる「法」とは自覚されない仕方でまさにその活動を通じて実現させようとした。結果としてマルクスの理論が示唆したのは、絶対的なものが意味を失い共通感覚が崩壊し、暴力への歯止めがなくなるという、想定を超えた事態であった。アーレントは「伝統」に代わる「新しい政治哲学」が必要だと訴える。哲学と政治の新たな関係が模索されるのである。

なお、本書のおよそ半分を占める第六章「政治入門」については、ウルズラ・ルッツの編集を経てすでにドイツで出版されていた草稿『政治とは何か』を元にしているため、そちらの解題を参照されたい。

（和田隆之介）

16 『責任と判断』

二〇〇三年に出版された本書は、アーレントが生前に発表したスピーチ原稿や講演録、評論などを、ジェローム・コーンがまとめたものである。コーンは、アーレントから直接教えを受けた最後の弟子にあたる。以下では、編者コーンによるテクスト解説、日本語訳の「訳者あとがき」および訳注をもとに、それぞれのテクストについて見ていくこととする。

「プロローグ」は、一九七五年四月十八日にコペンハーゲンで行なわれた、ソニング賞授賞式のスピーチ原稿である。ソニング賞は、デンマークの作家カール・ヨハン・ソニングの遺言によって一九四九年に設立された賞で、「ヨーロッパ文明の進歩に傑出した貢献を行なった男性または女性」に授与される。歴代の受賞者にはウィンストン・チャーチルやバートランド・ラッセル、カール・ポパーといった人物がおり、アーレントはアメリカ市民として、そして女性として初めての受賞者となった。

「第一部　責任」には、「独裁体制のもとでの個人の責任」、「道徳哲学のいくつかの問題」、「集団責任」、「思考と道徳の問題」という四つの文章が収められている。いずれも、アーレントがアイヒマン論争をきっかけにして、道徳と責任の関係をめぐる問題に取り組んだものである。

「独裁体制のもとでの個人の責任」は、『エルサレムのアイヒマン』に対する批判を受けて書かれたもので、その一部はさまざまなラジオ番組で放送された後、『ザ・リスナー』誌（一九六四年八月六日号）に掲載されている。

「道徳哲学のいくつかの問題」は、一九六五年にニュースクール・フォー・ソーシャルリサーチで行なわれた連続講義の原稿である。判断についても扱われており、日本語訳の訳者中山元は、本テクストと『カント政治哲学講義』から、書かれなかった『精神の生活』の判断論を再構成することができるだろうと述べている。なお、アーレントは翌年にもシカゴ大学で同様の講義を行なっており、本書では、シカゴ大学での講義の原稿のうちニュースクールとは異なる部分についても「異稿」として採録している。

「集団責任」は、一九六八年十二月にアメリカ哲学会のシンポジウムにおいて発表されたもので、ジョエル・ファインバーグの「集団責任」へのコメントとして執筆された。

「思考と道徳の問題」は、一九七〇年十月にニュースクールで開催された現象学・実存哲学会において発表され、『ソーシャル・リサーチ』誌（一九七一年、三一号）に掲載されたものである。本テクストの大部分は、後に『精神の生活』第一巻「思考」の第一七章「ソクラテスの答え」と第一八章「一者の中の二者」として採録されることとなった。

続く「第二部　判断」に収められているのは、「リトルロックについての省察」、『神の代理人』——沈黙による罪？」、「裁かれるアウシュヴィッツ」、「身からでたさび」の四つの文章である。

「リトルロックについての省察」は一九五七年に起きたリトルロック事件に関する考察で、事件直後に執筆され、一九五九年に発表されたエッセイである。周知の通り、リトルロック事件は公民権運動にきわめて重要な影響を与えた事件であった。編者によるテクスト解説によると、本エッセイは当初『コメンタリー』誌の依頼で書かれたが、長い間掲載されなかったため、アーレントはこれを『ディセント』誌に掲載することにしたという。ただしそれは、編集部による説明文付き（「本誌でこれを掲載するのは、この文章に同意するからではなく、まったく間違っていると判断される見解にも、表現の自由があると考えるからである」）での掲載であった。アーレントの事実誤認もあってこのエッセイには「すさまじい悪評が集中した」が、政治的領域と社会的領域は原理を異にするという彼女の一貫した主張が明確にされるとともに、彼女が教育について語った数少ない文章のうちの

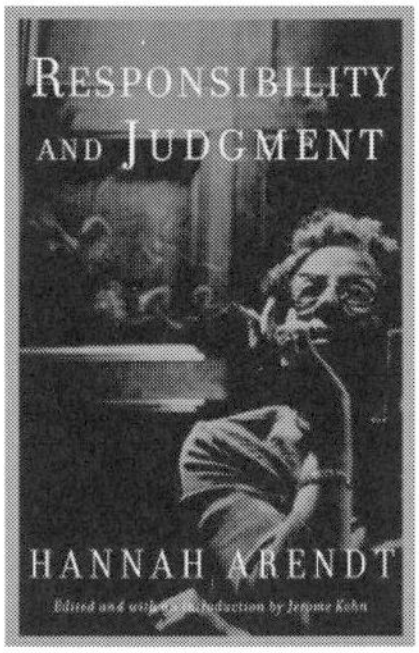

一つでもあり、やはり固有の価値をもったテクストといえよう。

『神の代理人』——沈黙による罪？」は、ホーホフートの戯曲『神の代理人』に対する批判からホーホフートを擁護するかたちで執筆された書評で、『ニューヨーク・ヘラルド・トリビューン』紙（一九六四年二月二十三日号）に発表された。ホーホフートはこの戯曲のなかで、ナチスの戦争犯罪を黙認したローマ教皇を批判している。

また、「裁かれるアウシュヴィッツ」は、一九六五年にドイツで出版されたベルント・ナウマンの『アウシュヴィッツ』の英訳版（一九六六年）の序文として掲載された文章である。

最後の「身からでたさび」は、アメリカの建国二〇〇年記念を祝うため、一九七五年五月ボストン・ビセンテニアル・フォーラムで発表されたもので、このフォーラムの記録である『アメリカの実験——二〇〇年の視点』（一九七六年）に他の講演者の発言とともに採録されている。編者によれば、このフォーラムへの出席が、アーレントが公衆の面前に姿を現わした最後であったという。本テクストでは、国防総省秘密文書をめぐる問題やウォーターゲート事件などアメリカにおける政治問題が扱われ、アーレントの鋭い批判が展開されている。

第二部に収められたテクストは、いずれも現実に起きた政治問題や事件に対するアーレントの判断を示すものである。個別のケースをめぐる判断の実例として、貴重な資料といえるだろう。

（村松　灯）

17 『ユダヤ論集』

本書は、アーレントが一九三〇年代から一九六〇年代までに反ユダヤ主義やパレスチナ問題等について論じた記事、書簡、対談等を収録した論文集である。本書はアーレントのユダヤ論を包括的にまとめており、彼女の思考の軌跡をたどる上で貴重な文献的資料である。編者は彼女の弟子ジェローム・コーンと、本書に先んじて『パーリアとしてのユダヤ人――現代におけるユダヤ人のアイデンティティと政治』（一九七八年）を編集・出版したロン・H・フェルドマンである。『ユダヤ論集』の初版は二〇〇七年であり、英語で公刊されている。その後、フランス語訳、日本語訳と相次いで出版されたが、ドイツ語版は現在のところ出版されていない(1)。

本書の主題は、年代的にも事柄としても広範である。まず、一九三〇年代は、シオニズム運動や、反ユダヤ主義に対抗する論争的な記事が多くみられる。四〇年代から五〇年代にかけては、ユダヤ人の「賤民《パーリア》」性や、ユダヤ人の世界疎外の問題、パレスチナでのユダヤ人とアラブ人の対立の問題等が論じられる。六〇年代以降は、アイヒマン論争に対する反論を意図した書簡や対談などが収録されている。特にゲルショム・ショーレム宛の書簡は、「ユダヤ人への愛」と友愛の対比や、「悪の陳腐さ」と「自分自身で考えること」の対立といった、アーレントの政治哲学の中心的な諸問題を考察する上で、重要な資料である。

本書の主題はあくまでも二十世紀のユダヤ民族に関する具体的な論考であるが、しかしその内容は、アーレント研究史上の価値にとどまらない豊かさをもっている。アーレントの記述は、民族主義やマイノリティ論、生政治の暴力性や、異質な他者との共存の問題など、現代の倫理学や政治哲学の諸問題についても、有意義な視点を与えてくれるだろう。

たとえばアーレントは、一九四三年十二月の『アウフバウ』(2)紙に掲載された「ユダヤ－アラブ問題は解決できるか？」（『ユダヤ論集』193-198：I二八一―二八八）で、「マイノリティ」と「マジョリティ」の対立構造の問題を取り上げている。彼女は、当時のパレスチナの支配権をめぐる議論のなかで問題となっていた、「マジョリティ」と「マイノリティ」の区別に基づく構造を根底から批判する。すなわち、「マジョリティ」が「マイノリティ」に対して権利と保障を与えるという構造それ自体に、他者を対象化する暴力性が潜んでいると示唆するのである。

アーレントは、「マジョリティ」があたかも国家と一体であるかのようにふるまい、自分とは異なる民族を「マイノリティ」として外に締め出すという構造それ自体に、近代国民国家による排除と同化の暴力性が潜んでいるとみなす。そこで働いているのは、自由で平等な「活動」(action)の原理ではなく、目的－手段関係によって成り立つ「仕事」(work)の原理である。排除と同化の暴力性がもたらすのは、諸民族間の破壊的紛争(197：Ⅰ二八七)である。すなわち、人間の活動が営まれる政治的空間の破壊である。

　アーレントは、「マイノリティ」と「マジョリティ」を分ける構造それ自体を無意味にするために、「真の連邦」という政治的理念を提示する(195–197：Ⅰ二八五―二八七)。彼女によれば「真の連邦」は、「ユダヤ人国家」や「アラブ人国家」等の国民国家によってではなく、同等の政治的権利をもつ多様な人々によって構成される。そこにあるのは、「マジョリティ」と「マイノリティ」の区別でも、「マイノリティ」としてのユダヤ人でもなく、人々の唯一性と複数性があらわになる場である。唯一性と複数性は、異質な他者を排除することによってではなく、自由で平等な相互的対話のパートナーとともにひとつの空間を共有することによって、初めて現われることが可能となるのである。

　本書でアーレントは、異質な他者の排除と同化がもたらす破滅的な事態と、政治的空間の重要性について、他にもさまざまな観点から具体的に論じている。たとえば、一九四三年の「われら難民」(264–274：Ⅱ三六―五二)では、ユダヤ人が「難民」としてヨーロッパ社会から迫害され、同化を強いられ、世界から締め出されてきた歴史が語られている。生の場所を奪われ、「法益被剥奪者」とされたユダヤ人に関するアーレントの分析は、G・アガンベン等をはじめとする現代政治哲学にも大きな影響を与えている。アーレントがあらわにしたユダヤ人に関する諸問題は、現代社会においてもさまざまな形で私たちに突きつけられている切実な課題である。

註

(1) ただし、本書の大部分を占める『アウフバウ』紙への寄稿記事については、『反ユダヤ主義にたいしてまだ安全なのは月のうえだけ』(Hannah Arendt, *Vor Antisemitismus ist man nur noch auf dem Monde sicher: Beiträge für die deutsch-jüdische Emigrantenzeitung »Aufbau« 1941–1945*, herausgegeben von Marie Luise Knott, Piper, 2000)に収録されている。『ユダヤ論集』での『アウフバウ』記事の分類法は、上記の文献に依拠している。

(2) 『アウフバウ』は、一九三四年から二〇〇四年までニューヨークで発行されていたドイツ・ユダヤ系移民の週刊紙である。経済的な理由により、二〇〇四年からはチューリヒのJüdische Medien AGに出版権が移り、現在に至るまで規模を縮小しながらも刊行されている。本紙は、ニューヨークのドイツ・ユダヤ系移民の互助組織「ドイツ・ユダヤ人クラブ」(一九二四年創設。一九三四年に「新世界クラブ」へと改名)の会報紙として創刊された。編集委員会には、トーマス・マン、アルベルト・アインシュタイン、シュテファン・ツヴァイクらが名を連ねていた。一九三九年にマンフレート・ゲオルゲが編集長に就任したことを契機に、『アウフバウ』はドイツ語を用いる移民たちにとって最も重要な情報源となり、多様な政治的討論の場として急速に発展していった。アーレントは一九四一年から本紙へ寄稿している。

(押山詩緒里)

18 『思索日記』

本書は、アーレントが自身の思索の軌跡を断片的に遺した二九冊のノートを収録した遺稿集である。

本書の内容は、一九五〇年六月から一九七三年までに書かれた二八冊のノートと、一九六四年に書かれたカントの道徳哲学と自由論に関する一冊のノート「カント・ノート」(「カント・ノート」)によって構成されている。「カント・ノート」は、一九六四年から六六年にかけてシカゴとニューヨークで行なわれた、カントの政治哲学および道徳哲学に関する諸講義の準備のために執筆されたと思われる。なお、上記の講義録は、『カント政治哲学講義』と『責任と判断』(「道徳哲学のいくつかの問題」「基本的な道徳命題」)に収録されている。また、同時期のアーレントが『エルサレムのアイヒマン』(一九六三年)に端を発する論争の渦中にいたことも注目に値する。なぜなら彼女は「カント・ノート」のなかで、アイヒマン論争の重要な論点である『実践理性批判』に依拠する道徳哲学への批判を展開しているからである。

編者のウルズラ・ルッツと遺稿管理者のロッテ・ケーラーによれば、アーレントは自ら「思索日記」(Denktagebuch) と題した二八冊のノートを、自身の遺稿の一部として、マールバッハのドイツ文学文書館へ寄贈するつもりであった。また、最初の二二冊についてはアーレント自身による事項索引が添えられていたという。

ノートの大部分はドイツ語で書かれているが、一九五四年以降のノートでは、英語のメモや書き込みも多く見られるようになる。最初の公刊は二〇〇二年のドイツ語版である。ドイツ語版は、アーレントの記述に可能な限り手を加えないという編集方針のもとで、原文が英語である箇所にはそのまま英語を残し、編者によるドイツ語訳を併記する形で出版された。なお、二〇〇六年には日本語訳がいち早く出版されている。だが、現在のところ英訳は出版されていない。

本書には、「日記」という言葉で連想されるような日常的な記録はほとんど見当たらず、研究文献の引用・要約とそれに対するアーレントの批判的考察が大部分を占めている。本書に収録されたアーレントの文章は断片的であり、文脈が十分に明示されているとは言い難い。また、断章のなかで思索の結論が明示されず、問いが投げかけられたままで終わっているものもある。

だが、『思索日記』の記述が断片的であるという点は、本書の研究史上の重要性を損なうものではない。『思索日記』に記されたアーレントの文章は秩序立てられてはいないが、それゆえに自由であり、率直であり、彼女の哲学史と政治的諸概念についての理解と解釈を端的にあらわしている。『思索日記』の各断章は、公刊されたアーレントの著作をより深く、多角的に読み解くための貴重な資料である。

本書の内容は、古代ギリシアの自然哲学から、二十世紀の現象学や解釈学、実存哲学に至るまで多岐にわたっている。なかでも言及が多いのは、ソクラテス、プラトン、アリストテレス、キケロ、アウグスティヌス、ホッブズ、モンテスキュー、カント、ヘーゲル、マルクス、ニーチェ、ヤスパース、ハイデガーである。

『思索日記』の大部分を占める二一冊までが、一九五〇年から五六年の間に執筆されている。この時期にアーレントが主な対話相手として選んでいるのは、プラトン、アリストテレス、マルクスである。アーレントは古代ギリシアの思索家との対話を通じて、「始まり」（アルケイン）、「行為」（プラッテイン）、「意見」（ドクサ）という言葉の根源的意味をあらわにしていく。このようなアーレントの解釈学的方法には、師であるハイデガーの影響を読み取ることができる。

アーレントの判断力論を読み解く上で注目すべきであるのは、二二冊目のノートに収録された一九五七年八月の断章一八から三六である。アーレントはこれらの断章のなかで、『判断力批判』のカントの諸理念の政治哲学的読み換えを行なっている。したがってこれらの断章は、『カント政治哲学講義』の原型と言える。

前述の断章は、アーレント研究史上、次の二点において重要である。第一に、アーレントがこれらの断章を『人間の条件』（一九五八年）出版以前に書き残している点である。この事実は、彼女が『人間の条件』出版の段階で、すでに政治的判断力論の構想を抱いていたことを示唆している。

第二に、アーレントがこれらの断章で、カントの判断力論に対する批判を展開している点である。たとえば彼女は、ノート二二の断章二二、二七、三二、三五、三六で、カントの趣味批判の制限を痛烈に批判している。アーレントとカントの近さと遠さを分析することは、『精神の生活』第三部で書かれるはずであった政治的判断力論を解明する上で、新たな手がかりとなりうる。

『思索日記』は、アーレントにとって、過去や同時代の哲学者たちと、あるいは自分自身と対話を行なう場であり、彼女独自の政治哲学の諸概念が生き生きと形成されていく思索の現場であった。ノートに記された諸断片を丁寧に読み解き、公刊された文献と対照することによって、思想家アーレントの新たな側面に光を当てることが可能となるだろう。

（押山詩緒里）

19 書簡集

アーレントほど友好関係を広く築いた人はめったにいない。友人たちとの驚くほど多くの書簡が残っており、彼女の死後に刊行されているため、われわれは当時の人間関係や状況について知ることができる。師ヤスパースとの哲学的・政治的会話やブリュッヒャーへの愛、ハイデガーとの禁断の恋愛、ナチの迫害から逃れ、友人や知人に支えられた経験や、友人マッカーシーと交わした哲学や政治問題についても垣間見ることができる。本項目では、刊行された書簡のなかでも、代表的で、比較的手に取りやすいものを取りあげる[1]。なお、書簡の説明はそれぞれの編者、訳者による序文やあとがきなどを参考にしている。

『アーレント＝ハイデガー往復書簡 1925–1975』 ウルズラ・ルッツ編、大島かおり・木田元訳、みすず書房、二〇〇三年（新装版二〇一八年）

Hannah Arendt/Martin Heidegger, *Briefe 1925 bis 1975 und andere Zeugnisse*, Aus den Nachlässen Herausgegeben von Ursula Ludz, Vittorio Klostermann, 1998

本書は、一九二五年から七五年まで半世紀にわたってハンナ・アーレントとマルティン・ハイデガーが交わした往復書簡である。「まなざし」「再会」「秋」の三部から構成されており、一九二五年から三三年まで、一九五〇年から六五年まで、一九六六年から七五年の書簡が収められている。一九三三年から五〇年まで間があいているのは、ハイデガーがナチスに加担していたために、両者が和解するまでに時間がかかったからである。

書簡は、両者の間で交わされたものに加え、ハイデガーの妻エルフリーデとアーレントが交わした書簡や、アーレントがハイデガーの八十歳の誕生日への贈りものとして書いた文章など、あわせて一六六通が収められており、「エピローグ」にはハイデガーからハンス・ヨナスへ送られた書簡も収められている。「補遺」では、一つ一つの書簡に注が付けられており、その当時の状況を理解するのに役立つ。書簡中に頻出するハイデガーの詩の原文も、日本語訳の巻末に収録されている。

しかし、往復書簡といっても残されているほとんどがハイデガーからアーレントに宛てられた書簡であり、アーレントのものは四分の一以下しかない。彼らの関係は、思想史的にも非常に密接であると言われているが、両者は著作において互いの名前を挙げて言及することはきわめて稀であった。そうしたなかで、彼女の思想形成を捉えるうえでは、たとえ不完全な形だとしても、この書簡は非常に重要な手がかりになるだろう。

『アーレント＝ヤスパース往復書簡』 1〜3巻、大島かおり訳、みすず書房、二〇〇四年

Hannah Arendt/Karl Jaspers *Briefwechsel, 1926–1969*, herausgegeben von Lotte Köhler und Hans Saner, Piper, 1985

本書簡集は、アーレントとヤスパースが交わした四百数十通にもおよぶ書簡を収録している。書簡でのやりとりが始まったのは、一九二六年の夏学期のシェリングに関するゼミナールに出ていたときのことだった。その年に、アーレントがマールブルク大学のハイデガーのもとからハイデルベルク大学のヤスパースのもとに移ったのである。両者の書簡のやりとりは、ヤスパースの死に至るまで、ナチス・ドイツからの亡命時代の中断をはさんで四三年間にわたってつづいた。

本書からは、アーレントがヤスパースを、幼い頃に亡くした父のように慕っていたことや、つねに尊敬を保ちながらも、政治や哲学上の議論がなされたことなどが窺える（『アーレント伝』214–215：二九九―三〇〇）。また、ヤスパースの妻ゲルトルートはユダヤ人で、ともにドイツから追放された経験を共有していたこともあり、アイヒマン裁判やユダヤ人問題などをめぐっても、率直なやりとりがなされた。

『アーレント＝ブリュッヒャー往復書簡』 ロッテ・ケーラー編、大島かおり・初見基訳、みすず書房、二〇一四年

Hannah Arendt/Heinrich Blücher *Briefe 1936–1968*, herausgegeben und mit einer Einführung von Lotte Köhler, Piper, 1996

本書は、二番目の夫ハインリヒ・ブリュッヒャーとの往復書簡である。アーレントとブリュッヒャーが知り合ったのは、一九三六年、亡命先のパリでのことであった。当時両者はともに別の相手と結婚していたが、一九四〇年に互いを生涯の伴侶とすることになる。ブリュッヒャーはアーレントの政治理論だけではなく、政治運動への理解を深めるための導き手でもあった。

ブリュッヒャー自身の思想についてより明確にするために、編者ロッテ・ケーラーは、書簡に続けて、彼の哲学的講演（「共通課程の一講義」）を掲載している。また、「序文」にも、彼の人となりが詳しく記述されている。

残されている書簡は四〇〇通を超えるが、本書に掲載されているのは選びだされた三〇六通であり、プライヴァシー保護のために第三者にかんする言及のいくつかが削除されているものなどもある（ロッテ・ケーラー「編集者注」、『ブリュッヒャー書簡』29：xxvi頁）。

なお、本書の最後に関連年譜（「ハンナ・アーレント旅行年譜」「ハインリヒ・ブリュッヒャー略年譜」「ハンナ・アーレント略年譜」）も付いており、どのような状況下で書簡を書いていたのかがわかりやすい。

『**アーレント＝マッカーシー往復書簡——知的生活のスカウトたち**』キャロル・ブライトマン編、佐藤佐智子訳、法政大学出版局、一九九九年

Between Friends: The Correspondence of Hannah Arendt and Mary MacCarthy 1949–1975, Harcourt Brace, 1995

本書は、アーレントが一九四一年にナチス・ドイツが支配するフランスからアメリカに亡命してから知りあったニューヨーク知識人の一人で批評家のメアリー・マッカーシーとの書簡である。彼女は、アーレントと生涯にわたって親友となり、たとえば『精神の生活』を編集したり、アーレントが著作の英語版を出す際には英語をチェックしたこともあり、アーレントにとって重要な人物であった。

アーレントとマッカーシーは一九四四年、マンハッタンのマレー・ヒル・バーではじめて出会ったが、マッカーシーがアーレントに初めて出した書簡は一九五一年にアーレントの『全体主義の起原』を読んだときの感激を伝えたものだった。本書は一九四九年から七五年までの往復書簡が収録されており、編者キャロル・ブライトマンによるイントロ・前書き・エピローグが付されている。二人の書簡のテーマは多岐にわたるが、『全体主義の起原』の内容にかなり立ち入った議論や『エルサレムのアイヒマン』の非難にたいする二人のやりとりは、アーレントの思想を理解する一助となるだろう。

『**アーレント＝ショーレム往復書簡**』マリー・ルイーズ・クノット編、細見和之・大形綾・関口彩乃・橋本紘樹訳、岩波書店、二〇一九年

Der Briefwechsel Hannah Arendt Gershom Scholem, Jüdischer Suhrkamp, 2010

本書は、アーレントとゲルショム・ショーレム（一八九七—一九八二）との往復書簡である。ドイツ語版には、一九三九年から六四年までの書簡が収められており、英語で書かれた手紙は書簡の後にドイツ語訳が付されている。ショーレムは、カバラをはじめとしたユダヤ教神秘主義に関する傑出した二十世紀の権威者である。アーレントとショーレムは、ナチスの権力掌握後アメリカに移転したショッケン出版の寄稿者として、ベンヤミンやカフカの遺稿や翻訳の出版に尽力した。両者はユダヤ人問題やシオニズムへの取り組みにおいては協調的であったが、アーレントがアイヒマン裁判について発表した一九六三年に交わされた往復書簡を機に、二人の関係は途切れてしまった。

『**アーレント＝アンダース往復書簡**』（**未邦訳**）

Schreib doch mal hard facts *über dich: Briefe 1939 bis 1975*, C. H. Beck, 2016

本書は、アーレントと最初の夫ギュンター・アンダース（一九〇二—一九九二）の往復書簡である。アンダースは、アウシュヴィッツや原子力といった現代科学技術の問題にとりくんだ哲

学者である。アーレントとは一九二九年から三七年までの間婚姻関係にあったが、一九三三年にナチス・ドイツから逃げ、フランスを経由してのちにアメリカに渡った。

ドイツ語版の「序文」で触れられているように、本書に収められている一九三九年から七五年までの書簡は、オーストリア国立図書館にあるアンダースの遺稿とワシントンにあるアメリカ議会図書館のハンナ・アーレント・ペーパーズから見つかった。そのうち、一九三九年から四一年に書かれた書簡の大部分が失われており、残っているのはほぼアンダース宛の書簡のみである。アーレントがフランス語と英語で書いた書簡は、そのあとにドイツ語翻訳が掲載されている。一九五五年から七五年までは双方の書簡が残っている。また、ベルトルト・ブレヒトにも大きな影響を与えたドイツ系ユダヤ人小説家、劇作家のリオン・フォイヒトヴァンガー（一八八四―一九五八）に宛てたアンダースの手紙（一九四一年）も収録されている。(2)

なお、書簡に加えて二人の写真や、二人が書いた文章、ヴァルター・ベンヤミンを記念したテクストも収められている。

『アーレントとベンヤミン――テクスト・書簡・記録』（未邦訳）

Arendt und Benjamin: Texte, Briefe, Dokumente, Detlev Schöttker/Erdmut Wizisla (Hrsg.), Suhrkamp, 2006

本書には、アーレントが一九六八年に雑誌『メルクール』で公表した論文をはじめ、パリに亡命した両者の一九三六年から四〇年までの往復書簡、アーレントに託された「歴史の概念について」の原稿、テオドール・アドルノやショーレムと交わされたベンヤミンについての往復書簡などが含まれている。

ドイツ語版の「序文」によれば、ベンヤミンの遺稿は、ショーレムとアドルノが哲学的・神学的側面を強調して公刊したのにたいし、アーレントは、その伝記的・文学的・政治的側面を前面に押しだした。(3) そのため、アーレントがどのようにベンヤミンを解釈していたのか、その一端を窺い知れるだろう。

註

（1）本項で扱えなかったものとしては、他にパウル・ティリッヒやヘルマン・ブロッホ、ドルフ・シュテルンベルガー、ヨアヒム・フェスト、ウーヴェ・ヨーンゾンといった人々との書簡集がある。

（2）Kerstin Putz, Vorwort, in *Schreib doch mal hard facts über dich; Briefe 1939 bis 1975*, C. H. Beck, 2016, S. 7.

（3）Detlev Schöttker/Erdmut Wizisla, Vorwort in *Arendt und Benjamin: Texte, Briefe, Dokumente*, Detlev Schöttker/Erdmut Wizisla (Hrsg.), Suhrkamp 2006, S. 9.

（田中直美）

20 手稿類

アメリカ議会図書館にあるアーレントの資料

現存するアーレントの書簡や文章、論文などの原本は、アメリカ議会図書館に、一九六五年から二〇〇〇年の間に、アーレントから遺贈された。それらは総称して、ハンナ・アーレント・ペーパーズと呼ばれている。資料は、一八九八年から一九七七年までのアーレントにかかわる記録であり、大部分は一九四八年以降のものである。

コレクションには、以下のものが含まれている。

- 家族に関する資料……ブリュッヒャーとの書簡やパスポート、出生の記録など。
- 書簡……アドルノやショーレムなど多岐にわたる知人・友人との書簡など。
- アイヒマン・ファイル……実際の裁判の傍聴記録。編集者やショーレムとのやりとりなど。
- サブジェクト・ファイル……講義についての資料など。
- 講演と著作……『過去と未来の間』『暗い時代の人々』などの書籍の下書きやメモなど。
- 切り抜き……アーレントの著作についての書評の切り抜き。
- 追補1……『精神の生活』の下書きや講義草稿など。
- 追補2……アーレントの母親が保管していた書簡やノートなど。
- 追補3……アーレントによる書簡やノートなど。

資料は頻繁な使用と貸出による破損から守るためデジタル化され、アメリカ議会図書館の American Memory ウェブサイト http://memory.loc.gov/ammem/arendthtml/arendthome.html から入手できるようになっている。著作権の問題のためインターネット上で一般公開されているのは、コレクションの一部だけである。コレクション全体を見るには、アメリカ議会図書館、ニューヨークのニュースクール大学、ドイツのオルデンブルク大学のハンナ・アーレント・センターの閲覧室のコンピュータを使用する必要がある。

なお、この三か所では同じ資料が閲覧できるが、原本は議会図書館原稿課にのみ保管されている。しかし、原稿課の方針では、原本を使用する説得力のある理由がない限り、読者はデジタル・コレクションを参照しなければならない。

『手すりなき思考』（未邦訳）

Jerome Kohn (ed.), *Thinking Without a Banister: Essays in*

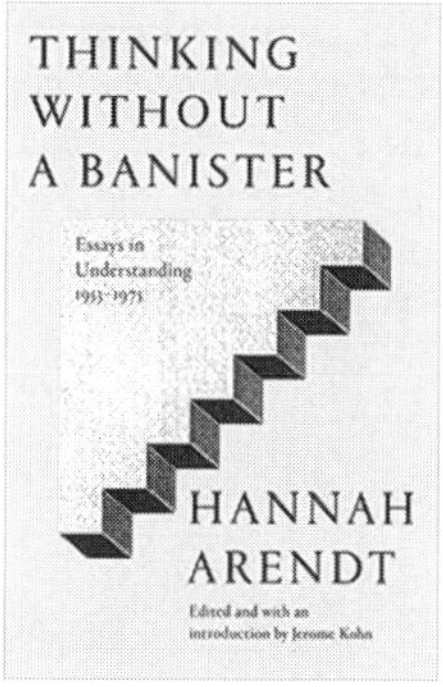

Understanding 1953–1975, Schoken Books, 2018

本書には、アーレントの未刊のテクストが収録されている。題名「手すりなき思考」は、アーレントが自身の思考の経験を表現したものである。じっさいにアーレントが体験したように、とりわけ全体主義以降の時代においては、われわれが拠り所とする伝統的な宗教や道徳や政治といったものが存在せず、そうした支柱なしに思考しなければならないという概念である。

本書の内容は、エッセイ、講義、インタビュー、スピーチ、新聞への寄稿文など多岐にわたり、全体としてみると、まだ十分に評価も理解もされていないアーレントの性格や彼女の絶え間ない活動も窺うことができる。選集には、たとえば一九六〇年にテレビ放送されたケネディ対ニクソンの大統領選についての分析のように、その当時の出来事にたいするアーレントの反応も含まれている（“Reflections on the 1960 National Conventions: Kennedy VS. Nixon”）。

『カール・マルクスと西欧政治思想の伝統』佐藤和夫編、アーレント研究会訳、大月書店、二〇〇二年

Karl Marx and the Tradition of Western Political Thought, 1953

本書は、『全体主義の起原』の執筆後に着手したカール・マルクスと西欧政治思想の伝統についての未公刊の草稿をまとめ、翻訳したものである。この研究プロジェクトは、書籍として刊行されることはなかったが、のちに残された草稿を、佐藤和夫や小玉重夫らが独自に編集し、翻訳した。それが邦訳版の『カールマルクスと西欧政治思想の伝統』である。それまで著作に束ねられていなかった草稿は、邦訳によって世界に先駆けて著作として刊行された。

本草稿は単著としては公刊されなかったが、『人間の条件』などの著作におけるマルクスに関する議論を読み進めるために、どのように彼女が研究を進めてきたかを窺い知ることができる。

この草稿は、アメリカ議会図書館（cont. 71, cont. 76）およびオルデンブルク大学ハンナ・アーレント・センターの所蔵資料を複写したものから翻訳された。現在は、本書に関わるほぼすべての草稿を先述のアーレント・ペーパーズからウェブで閲覧することが可能である。

なお、『カール・マルクスと西欧政治思想の伝統』と題された英語版著作は、今のところ出版されていないが、『批判版全集』第六巻に書きかけの原稿も含めて、すべての草稿が網羅的に収録された。また *Thinking Without a Banister* (2018) にも、J・コーンによって編集された草稿の一部が収録されている。

（田中直美）

21 『批判版全集』

二〇一八年、『伝統に対する近代の挑戦——ある本の断章』と題された一書が上梓された（*The Modern Challenge to Tradition: Fragmente eines Buchs*, Barbara Hahn/James McFarland (Hrsg.), Göttingen: Wallstein Verlag, 2018）。現在公開されている情報によれば全一七巻出版される予定となっている『ハンナ・アーレント批判版全集（*Hannah Arendt. Kritische Gesamtausgabe*）』の、最初に公刊された一冊（第六巻）である。本全集は、既刊のアーレントの著作・論文、また未刊のノート・草稿などを、厳密なテクストクリティークのもとに編み直すものである。

翌二〇一九年には第三巻『六つの試論／隠された伝統』（*Sechs Essays/Die verborgene Tradition*, Barbara Hahn (Hrsg.), Göttingen: Wallstein Verlag, 2019）も公刊された。すでに二巻が出たことになる。思想家の全集としては安価なこともあるのだろうか（一冊四〇～五〇ユーロ）、既刊分は二冊とも二〇一九年五月現在すでに三刷（3. Auflage）を数えるよしである。[1]

これまで英語圏とドイツ語圏でばらばらに刊行されてきたアーレントの著作が、この全集で米独両国のアーレント研究者の協力体制のもと刊行されることになった。本項目では、刊行がはじまったばかりの『批判版全集』について、同プロジェクトのウェブサイト（www.arendteditionprojekt.de）と既刊二巻の情報をもとに、紹介していきたい。

文献学的・成立史的なコメンタリーや、詳細な事項索引・人名索引という基本的な点に贅言を費やすこともないだろう。ここでは多言語で執筆したアーレントに固有の事情に配慮している点を大きく取り上げておきたい。まず注目すべきは、すべてのテクストがもともと執筆された言語（「ドイツ語、英語、フランス語、イディッシュ語」！）で採録されるという点である。従来は、たとえば一冊の論文集が編まれるさい、もともとアーレントがドイツ語で書いた論文が英訳されて掲載されるといったことも稀ではなかった（有名なところでは『過去と未来の間』の「教育の危機」論文）。これまでは、どの言語のどのテクストがアーレント自身のテクストであるかを読者がいちいち確認する必要があったが、全集版はその特定をごく容易にしてくれる。

既刊二巻を取りあげて、この特色を実際に確認しよう。たとえば第六巻『伝統に対する近代の挑戦』には、現行単行本版では『全体主義の起原』の最終章として収録されている「イデオロギーとテロル」論考が四バージョンも収録されている。①『ライニッシャー・メルクーア』紙（一九五三年二月六日・十三日）掲載のドイツ語版、②ヤスパースの古希記念論文集『開かれた地平』（一九五三年）掲載のドイツ語版、③『レヴュー・オブ・ポリティクス』第一五号掲載の英語版（一九五三年）。さらに④編者が「原《プロト》イデオロギーとテロル」とみなした無題のタイプ原稿（英語）まで採録する念の入れようである。最後のタイプ原稿は、欄外書き込みや抹消線も再現されている。①～④はすべてアーレント自身の執筆によるものであり、③（英語版）もたんなる翻訳ではないと判断され、収録された。

他方第三巻『六つの試論／隠された伝統』に収録された「実存哲学とはなにか」を見てみると、こちらは二バージョンが採られている。ひとつは①『六つの試論』（一九四八年）に収録されていたドイツ語版で、アーレント自身の手によるものである。だが、じつはこのドイツ語版は最初に出版されたバージョンではない。この論文はもともと依頼原稿で、②ウィリアム・バレットの翻訳によって『パーティザン・レヴュー』誌（一九四六年）に掲載された英語版が先行しているのだ。本全集はこうした翻訳原稿をも「初公開版（Erstveröffentlichung）」として掲載している。本全集の包括的な性格が窺い知れるところである。

さらに彼女はいくつかの本を英語・ドイツ語両方で書いているが、こうした著作については本全集では英・独両方を見比べられるように併載する方針と書かれている。『全体主義の起原』『人間の条件／活動的生』『エルサレムのアイヒマン』『革命について』の各著作が、こうした方針で編まれるようだ。両言語の併記は、彼女の思考の生成と変化の過程をこれまで以上に緻密なかたちで見せてくれるかもしれない。

また本全集の大きな特徴は、書籍版とともにデジタル版が公開されるという点にある（ハイブリッド・エディション）。それも無料閲覧可能のオープンアクセス版である。全集の各巻はまずゲッティンゲンのヴァルシュタイン出版より書籍版として刊行され、その一年後にデジタル版が全集のポータルサイトに公開される、というプロセスになるようだ（ただし二〇一九年十二月現在デジタル版は一巻も公開されていない）。

このデジタル版はたんなるＰＤＦや電子書籍ではなく、ＸＭＬ方式で作成され、文献学的にみて重要な情報――たとえば抹消線や削除箇所、重ね書き、挿入など――が組み込まれたものとなる。ひとつのテクストの複数のバージョンも参照可能にされ、ごくささいな変更も異文として収録されるよしである。

容易にアクセスできるデジタル版の存在も含めて、この全集がアーレント研究にもたらす変化は大きなものとなるのはまちがいない。とりわけ成立史的な研究に与える影響は計りしれないのではないだろうか。

註

（1） http://www.arendteditionprojekt.de/Neuigkeiten/3_Auflage_von_Band_6_und_3.html（二〇一九年八月三〇日閲覧）

（橋爪大輝）

アーレント略年譜

HIER WURDE AM 14.10.1906
DIE DEUTSCH-JÜDISCHE HISTORIKERIN
UND POLITISCHE PHILOSOPHIN
HANNAH ARENDT
GEBOREN. VOR DEM NATIONAL-
SOZIALISMUS FLUCHTETE SIE 1933 AUS
DEUTSCHLAND. IHR WISSENSCHAFT-
LICHES WERK IST DEN URSPRÜNGEN
VON TOTALER HERRSCHAFT UND
ANTISEMITISMUS GEWIDMET.
SIE STARB AM 4.12.1975 IN NEW YORK
129

アーレントの生誕碑

ハノーファー郊外 リンデン

《彼女の学術的仕事は，全体的支配と反ユダヤ主義の起源の探究に捧げられた。》

本文作成：齋藤宣之

一九〇六年

十月十四日、ドイツ、ハノーファー郊外リンデンにユダヤ人家庭の一人娘として生まれる。父パウル・アーレント（一八七三―一九一三）は、アルベルティーナ大学で工学士の学位を取得した電気技師で、ギリシア語・ラテン語の古典にも通じていた。母マルタ・コーン（一八七四―一九四八）は、家庭教育を受けた後、パリでフランス語と音楽を学んだ。両親ともに古いユダヤ家系の出身だが、ユダヤ教を信仰してはおらず、社会民主主義者であった。父方の祖父マックス・アーレントは、ケーニヒスベルクのユダヤ人社会における指導的人物の一人で、シオニスト指導者クルト・ブルーメンフェルトとも交流があった。母方の祖父ヤーコプ・コーンは、父親が設立した貿易会社を引き継ぎ、ケーニヒスベルク最大の商社に発展させた人物。

母マルタと

一九〇九〜一九一七年

一九〇九年、父パウルの病気のため両親の故郷であるケーニヒスベルクに移住。一一年、パウルの病状は悪化し入院。一三年、三月に祖父マックスが死去、十月には父パウルも死去する。同年、女子ギムナジウム「ルイーゼ学校《シューレ》」初等教育課程に入学。一四年七月、第一次世界大戦勃発。八月、ロシア軍によるケーニヒスベルク占領を恐れて一時ベルリンに逃れるも、二カ月半後にケーニヒスベルクに戻る。一五〜一七年、度重なる病気により学校を休みがちであったものの、学業には優れていた。

一九一八〜一九二三年

一八〜一九年、母マルタの家には多くの社会民主主義者が集まるも、当時のハンナは政治には無関心であった。学校の教師による反ユダヤ主義的な発言に対しては、母の教えに従い、教室を立ち去ることで対抗した。二〇年には、教師による侮辱的な発言に抗議するために授業のボイコットを主導し、退学処分を受けるにいたる。この年、十四歳にして哲学を学ぶことを決心し、カントの著作や、後に師となるヤスパースの『世界観の心理学』、キルケゴールの著作などを読む。友人のアンネ・メンデルスゾーンからラーエル・ファルンハーゲンについて教えられたのもこの頃である。二二〜二三年、ベル

リン大学で聴講生として古典語やキリスト教神学等を学ぶ。

一九二四～一九二五年

二四年、大学入学資格試験《アビトゥーア》に合格の後、マールブルク大学に入学。主専攻は哲学、副専攻はプロテスタント神学と古典語学。以後の三学期間（一年半）、二三年に員外教授として着任していたマルティン・ハイデガーのもとで学ぶ。『存在と時間』（一九二七年）が準備されていたこの時期、その思想内容はアーレントが出席していた講義や演習にも反映された。ハイデガーのゼミナールには、ハンス・ヨナスや、後の夫ギュンター・シュテルン（アンダース）等も出席していた。

一九二六～一九二八年

二六年の夏学期以降、ハイデルベルク大学に転学しカール・ヤスパースのもとで学ぶ。ヤスパースの勧めで、社会学者のアルフレート・ヴェーバー、神学者のマルティン・ディベリウス等の講義に出席。フライブルク大学ではフッサールの講義も聴講している。二六年、ブルーメンフェルトと幼少期以来の再会。以後、彼やその他のシオニストとの交流のなかで、政治的問題への関心を深める。二八年、『アウグスティヌスにおける愛の概念』により博士号を取得（刊行は一九二九年）。

ハイデルベルク大学のある旧市街の街並み

一九二九～一九三二年

二九年一月、ベルリンでのパーティーでシュテルンと二五年以来の再会。一ヶ月後に同棲、秋に正式に結婚し、翌三〇年、ベルリンに居を構える。同年、ラーエル・ファルンハーゲンの研究に着手。ハイデガーとの交流を絶つ。この間の一時期、夫妻はフランクフルト大学で学び、社会学者のカール・マンハイム、神学者のパウル・ティリッヒの講義を聴講する。三二年、「アダム・ミューラー・ルネサンス」、「啓蒙とユダヤ人問題」等を発表。

一九三三年

この年までに『ラーエル・ファルンハーゲン』の第一一章までを書き上げる。一月三十日、ヒトラーがドイツの首相に就任。二月二十七日の国会放火事件の後、三月二十三日には全権委任法が成立。放火事件をきっかけに、ベルリンでシオニストを支援する非合法活動に参加。四月、ハイデガーがフライブルク大学学長に就任。七月、ゲシュタポに逮捕拘留され、八日後に釈放。直後、母マルタとドイツを脱出。プラハに一時滞在の後、ジュネーヴ在住の友人宅に身を寄せ、その地で仕事を得る。マルタをケーニヒスベルクに帰す手はずを整えた後、秋にはフランスに亡命。パリでシュテルンと合流するも、この年には実質的な夫婦関係は終わっていた。シュテルンを介してヴァルター・ベンヤミン、レーモン・アロン等と知り合う。この年から、五一年にアメリカで市民権を取得するまでの一八年間にわたる「無国籍者」としての生活が始まる。

一九三四〜一九三九年

三四年、アロンの紹介で、アレクサンドル・コジェーヴのセミネールに出席。同セミネールは『ヘーゲル読解入門』の基礎となったもので、バタイユ、ラカン、サルトル等も出席していたことで有名。同年、ユダヤ人のための職業訓練組織「農業と手工業」の秘書の職に就く。三五年、若年ユダヤ人のパレスチナ移住支援組織「青少年アリヤー」に参加。三カ月間パレスチナに滞在し、ゲルショム・ショーレムとも知り合う。三六年の春、後に二人目の夫となるハインリヒ・ブリュッヒャーと出会う。六月、シュテルンはニューヨークに向けてパリを去り、三七年に正式に離婚。三八年十二月、「パレスチナのためのユダヤ機関」でオーストリアやチェコスロバキアからの難民を支援する職に就く。三九年、ドイツがポーランドに侵攻。第二次世界大戦勃発。

一九四〇年

一月十六日、ブリュッヒャーとの結婚式。五月、フランス政府が一部のドイツ人に対して出頭命令を発する。冬季競輪場を経て、ピレネー山脈近くのギュルス収容所に送られる。六月、ドイツ軍がパリを占領。その混乱を好機として収容所を脱出。ルルドで偶然ベンヤミンと会い、共に数週間を過ごす。南仏モントーバンでブリュッヒャーと合流した後、ヴィザ取得のために訪れたマルセイユでベンヤミンと再会。「歴史哲学テーゼ」等の草稿を託される。九月二十六日、ピレネーの国境越えを果たせないと知ったベンヤミンは自殺。

一九四一〜一九四五年

四一年五月、ブリュッヒャーと共にアメリカへ亡命。ニューヨーク市アッパーウエストサイド西95丁目317の小さな二部屋のアパートメントに居を構える。六月には母マルタも合流。ニューヨーク到着の数日後、ベンヤミンの草稿をテオドール・アドルノのもとに持ち込むも、協力的な対応は得られず。七月からの二カ月間、マサチューセッツ州ウィンチェスターで集中的に英語を学ぶ。ドイツ語新聞『アウフバウ』に、亡命フランス人作家ジュール・ロマンを批判す

る公開書簡を発表。その後、同紙のコラムニストとなり、最初の論考「ユダヤ人の軍隊――ユダヤ人の政治活動の端緒か」を皮切りに時事的な論考を発表する。四二年、ブルックリン・カレッジの「現代ヨーロッパ史コース」にて、アメリカの大学で初めての講義を行う。四三年にはホロコーストの報にも接する。四四年、アメリカでの最初のフルタイムの仕事、「ユダヤ人関係協議会」（後の「ユダヤ人社会研究協議会」）の調査主任に就任。同協議会のメンバーによって設立された「ヨーロッパ・ユダヤ文化再興委員会」の責任者も務める。同年（ないし四五年）、『全体主義の起原』の最初の梗概を出版社に送る。この時点では、『恥辱の諸要素――反ユダヤ主義・帝国主義・人種差別主義』という書名のもとに構想されていた。この年にはメアリー・マッカーシーと知り合うも、交友を深めるのはその数年後からであった。四五年、五月にはヨーロッパ戦線が終結し、ヤスパースとの文通を再開。この期間の論考には、「われら亡命者」（一九四三年）、「パーリアとしてのユダヤ人――隠された伝統」（一九四四年）、「フランツ・カフカ――再評価」（一九四四年）「シオニズム再考」（一九四五年）等がある。

一九四六〜一九四九年

四六年、ショッケン・ブックスの編集顧問に就任。T・S・エリオット、ヘルマン・ブロッホ等と知り合う。同年、「実存哲学とは何か」発表。四八年、『六つの試論』がドイツで刊行される。同年五月十四日、イスラエル建国。同月、「ユダヤ人の故国を救うために――時間はまだある」発表。六月、ショッケン・ブックスを退社。七月、母マルタ、イギリスに渡るもその地で死去。四九年十一月から翌年三月にかけて、「ユダヤ文化再興財団」の事務局長としてヨーロッパ各地に滞在し、ユダヤ人の文化財保護のために尽力する。その機会に、ヤスパース、ハイデガーとの再会も果たす。この亡命後初の訪欧を皮切りに、七五年に死去するまでの間のヨーロッパ訪問は、計二一回を数える。

一九五〇〜一九五五年

五〇年、『全体主義の起原』完成の後、夏にはプラトンの『政治家』、『法律』、『国家』を読んで過ごす。この年から「思索日記」を書き始める。五〇年の日記には、「複数性」「思考／行為」等の言葉がすでに見られる。五一年、『全体主義の起原』（英語版第一版）刊行。この頃からマルクス研

究に注力し、五二年から五三年には「グッゲンハイム財団研究助成金」を得て、「マルクス主義における全体主義的要素」の研究を計画するも頓挫。その研究過程において、「労働」と「仕事」とが概念的に区別されるにいたる。五二年、五カ月間のヨーロッパ滞在。ハイデルベルク、チュービンゲン、マンチェスターで講演。五三年、プリンストン大学のクリスティアン・ガウス批評セミナーで「カール・マルクスと西洋政治思想の伝統」という全六回の講義を担当。五四年、ノートルダム大学で「哲学と政治」に関する全三回の講義を行なう。五五年、カリフォルニア大学バークレー校の客員教授に就任し、「政治理論史」等を担当する。バークレーでは、沖仲仕《おきなかし》の哲学者エリック・ホッファーとも交流をもつ。同年、『全体主義の起原』のドイツ語版『全体的支配の諸要素と諸起原』刊行。終章が「イデオロギーとテロル」に差し替えられる。この年の訪欧では、バーゼルにヤスパースを訪ねた際、出版社経営者クラウス・ピーパーから『政治入門』の刊行を提案される。

一九五六～一九五九年

五六年四月、ウォールグリーン講義プログラムにおいて「人間の肉体の労働と人間の手の仕事」を講義。『人間の条件』の基礎ともなる。五六～五七年、「政治入門Ⅰ」（断片2a・2b）を執筆。五七年、アーカンソー州リトルロックの高校で、黒人生徒の入学をめぐり暴動が勃発。「リトルロックについての省察」を執筆（発表は五九年）。同年、『人間の条件』完成後の八月から、カント『判断力批判』の集中的な読解を開始する。五八年、『人間の条件』、『全体主義の起原』（英語版第二版）、『ラーエル・ファルンハーゲン』を刊行。翌年のプリンストン大学での講義「革命について」に向けての準備の過程で、『政治入門』の構想に変更が生じる。翌五九年にかけて「政治入門Ⅱ」（断片3a・3b・3c・3d）を執筆。五九年十二月にロックフェラー財団に提出された『政治入門』の梗概には、さらなる構想の変更が見られる。五九年、プリンストン大学客員教授に就任。同年、ドイツで「レッシング賞」を受賞。

一九六〇～一九六七年

六〇年、『人間の条件』のドイツ語版『活動的生』刊行。同年五月、アドルフ・アイヒマンがイスラエルの諜報特務機関によってアルゼンチンで逮捕される。雑誌『ニューヨー

カー』にアイヒマン裁判のレポートを申し出る。六一年、イスラエルでアイヒマン裁判を傍聴。その後チューリッヒでブリュッヒャーと合流する。ブリュッヒャーにとっては亡命後初めての訪欧。同年、『過去と未来の間』刊行。六二年三月、乗っていたタクシーが事故に遭い重傷を負う。六三年、アイヒマン裁判のレポートを五回にわたり『ニューヨーカー』に連載後、著作『エルサレムのアイヒマン――悪の凡庸さについての報告』として刊行。雑誌連載直後から生じた非難の嵐は数年間に及んだ。この間、少なからぬ知人らと疎遠になる。同年には、約四カ月半にわたりヨーロッパ各国を旅行し、この間の何日間かはイスラエルを訪問[1]。その数週間後の五月二十一日にブルーメンフェルト死去。同年、『革命について』刊行。この年にはシカゴ大学教授に、また、六七年にはニュースクール・フォー・ソーシャルリサーチ教授に就任するも、講義は半年のみの開講とし、残りの半年を執筆や旅行に当てていた。六七年、ドイツで「ジークムント・フロイト賞」を受賞する。

一九六八～一九七五年

六八年、『暗い時代の人々』刊行。『精神の生活』の草案にも着手する。『精神の生活』は『人間の条件』の「第二巻のようなもの」と位置づけられる。六九年二月二十六日、ヤスパース死去。三月、バーゼル大学での式典で追悼の辞を述べる。七〇年十月三十一日、夫ブリュッヒャー死去。同年、ニュースクールにて「カント政治哲学」についての全一三回の講義を行なう（同講義はアーレント没後の八二年に刊行される）。七一年、ニュースクールでの前年の講演「思考と道徳の問題」を発表。同年六月、極秘文書「ペンタゴン・ペーパーズ」が公表されたのを受け、十一月に「政治における嘘」を発表。七二年、『暴力について』刊行。七三年四月、スコットランドのアバディーン大学ギフォード講座にて「思考」について講義。七四年五月には、同講座で「意志」について講義する。これらの講義は、遺著『精神の生活』の元となる（同書は没後の七八年に刊行される）。七五年、デンマークで「ソニン

M. マッカーシーと

グ賞」受賞。十二月四日、ニューヨークの自宅で心臓発作を起こし死去。享年六十九歳。

註

（1）本書の初版第一刷では「ブルーメンフェルトを訪ねるも面会は叶わず」と記したが、小森謙一郎氏からこの点に関して次の指摘を頂いた。アーレントは一九六四年六月二十七日付のピンハス・ローゼン宛書簡において、この時の面会の様子について記している。詳細は小森謙一郎『アーレント 最後の言葉』の第Ⅲ章を参照のこと。氏のご指摘に感謝申し上げる。

参考文献

エリザベス・ヤング＝ブルーエル『ハンナ・アーレント伝』荒川幾男・原一子・本間直子・宮内寿子訳、晶文社、一九九九年
矢野久美子『ハンナ・アーレント――「戦争の世紀」を生きた政治哲学者』中公新書、二〇一四年
川崎修『アレント――公共性の復権』講談社、一九九八年
小森謙一郎『アーレント 最後の言葉』講談社、二〇一七年
ハンナ・アーレント『政治とは何か』ウルズラ・ルッツ編、佐藤和夫訳、岩波書店、二〇〇四年
ウルズラ・ルッツ／インゲボルク・ノルトマン編『思索日記Ⅰ 1950–1953』青木隆嘉訳、法政大学出版局、二〇〇六年
ウルズラ・ルッツ／インゲボルク・ノルトマン編『思索日記Ⅱ 1953–1973』青木隆嘉訳、法政大学出版局、二〇〇六年
マリー・ルイーズ・クノット編『アーレント＝ショーレム往復書簡』細見和之・大形綾・関口彩乃・橋本紘樹訳、岩波書店、二〇一九年
ロッテ・ケーラー編『アーレント＝ブリュッヒャー往復書簡 1936–1968』大島かおり・初見基訳、みすず書房、二〇一四年
ハンナ・アーレント／ギュンター・ガウス「何が残った？ 母語が残った」――ギュンター・ガウスとの対話」（『アーレント政治思想集成1』齋藤純一・山田正行・矢野久美子訳、みすず書房、二〇〇二年）
石田雅樹「「教育者」としてのハンナ・アーレント――あるパートタイム大学教員の「教育」と「研究」」（『宮城教育大学紀要』第四八巻、二〇一四年）
Hannah Arendt, *Ich will verstehen*, Ursula Ludz (hrsg.), Piper, 2005.
Dana Villa (ed.), *The Cambridge Companion to Hannah Arendt*, Cambridge University Press, 2000.

故郷ハノーファーのアーレント通り

■ 編　者

日本アーレント研究会（Hannah Arendt Research Society of Japan）

2003年に当時一橋大学の大学院生だった阿部里加と小山花子らがハンナ・アーレントについての小さな会を催したのをきっかけに発足。年一回のペースで研究会を開催しつづけたあと，2015年4月に全国各地の若手アーレント研究者らが分野を超えて集うことで，新体制のアーレント研究会を創設。2018年9月に日本アーレント研究会へと改称。会員数約70名のうち一般市民がおよそ3割を占める（2020年7月現在）。　研究会ホームページ https://arendtjapan.wixsite.com/arendt

■ 編集委員

三浦隆宏（みうら・たかひろ）　1975年生。椙山女学園大学准教授。倫理学。著書：『活動の奇跡――アーレント政治理論と哲学カフェ』（法政大学出版局），共著：『生きる場からの哲学入門』（新泉社）。

木村史人（きむら・ふみと）　1979年生。立正大学准教授。哲学。著書:『「存在の問い」の行方』（北樹出版），共著:『哲学はじめの一歩 働く』（春風社），共訳書:フィガール『問いと答え』（法政大学出版局）。

渡名喜庸哲（となき・ようてつ）　1980年生。立教大学准教授。現代哲学・社会思想。著書：『レヴィナスの企て』（勁草書房，近刊），共訳書：『レヴィナス著作集』全3巻（法政大学出版局）。

百木　漠（ももき・ばく）　1982年生。立命館大学専門研究員。思想史。著書:『アーレントのマルクス――労働と全体主義』（人文書院），共著：『漂泊のアーレント 戦場のヨナス』（慶應義塾大学出版会）。

■ 執筆者（掲載順）

阿部里加（あべ・りか）　1973年生。一橋大学社会学研究科博士課程修了。倫理学・思想史。2015～17年，カール・フォン・オシエツキー大学オルデンブルク哲学研究科 Hannah Arendt-Zentrum で客員研究員。

小森謙一郎（こもり・けんいちろう）　武蔵大学准教授。思想史。著書：『アーレント 最後の言葉』（講談社），『デリダの政治経済学』（御茶の水書房），訳書:イェルシャルミ『フロイトのモーセ』（岩波書店）。

牧野雅彦（まきの・まさひこ）　1955年生。広島大学教授。政治学・政治思想史。著書：『アレント『革命について』を読む』（法政大学出版局），『危機の政治学――カール・シュミット入門』（講談社）。

豊泉清浩（とよいずみ・せいこう）　1957年生。文教大学教授。教育哲学・道徳教育学。著書：『ヤスパース教育哲学序説』，『フレーベル教育学研究』，『森田療法に学ぶ』（いずれも川島書店）。

篠原雅武（しのはら・まさたけ）　1975年生。京都大学特定准教授。哲学。著書：『複数性のエコロジー』（以文社），『人新世の哲学』（人文書院），訳書：モートン『自然なきエコロジー』（以文社）。

橋爪大輝（はしづめ・たいき）　1989年生。二松学舎大学ほか非常勤講師。哲学・倫理学。論文：「出来事の〈意味〉とはなにか」（『倫理学年報』第68集），共訳書：ホワイト『メタヒストリー』（作品社）。

森川輝一（もりかわ・てるかず）　1971年生。京都大学教員。西洋政治思想史。著書：『〈始まり〉のアーレント――「出生」の思想の誕生』（岩波書店），共著：『講義 政治思想と文学』（ナカニシヤ出版）。

川崎　修（かわさき・おさむ）　1958年生。立教大学教授。政治学。著書：『ハンナ・アレント』（講談社），『「政治的なるもの」の行方』（岩波書店），共編著：『西洋政治思想資料集』（法政大学出版局）。

戸谷洋志（とや・ひろし）　1988年生。大阪大学特任助教。哲学。著書：『ハンス・ヨナスを読む』（堀之内出版），共著：『漂泊のアーレント 戦場のヨナス』（慶應義塾大学出版会）。

小林　叶（こばやし・かなう）　1993年生。フライブルク大学修士課程修了。文学・哲学。論文：*Philosophische Anthropologie von Günther Anders*（「ギュンター・アンダースの哲学的人間学」，修士論文）．

細見和之（ほそみ・かずゆき） 1962年生。京都大学教授。詩人，ドイツ思想。著書：『フランクフルト学派』（中公新書），『「戦後」の思想』（白水社），『「投壜通信」の詩人たち』（岩波書店）。

石田雅樹（いしだ・まさき） 1973年生。宮城教育大学教授。政治学・政治思想史。著書『公共性への冒険』（勁草書房），論文：「ハンナ・アーレントにおける「政治」と「責任」」（『政治思想研究』17）。

小山花子（こやま・はなこ） 1974年生。盛岡大学准教授。ニュースクール・フォー・ソーシャルリサーチ政治学研究科修了。政治思想・哲学。著書：『観察の政治思想――アーレントと判断力』（東信堂）。

青木　崇（あおき・たかし） 一橋大学社会学研究科博士課程。政治哲学。論文：「政治的なものの諸断片――ハンナ・アレントの公共性論をめぐる解釈とその振幅」（『思想』2019年4月号）。

宮﨑裕助（みやざき・ゆうすけ） 1974年生。新潟大学准教授。哲学。著書：『ジャック・デリダ――死後の生を与える』（岩波書店），『判断と崇高』（知泉書館），共訳書：ド・マン『盲目と洞察』（月曜社）。

森　一郎（もり・いちろう） 1962年生。東北大学教授。哲学。著書：『核時代のテクノロジー論』（現代書館），『ハイデガーと哲学の可能性』（法政大学出版局），訳書：アーレント『活動的生』（みすず書房）。

初見　基（はつみ・もとい） 1957年生。日本大学教員。ドイツ文学・思想。著書：『ルカーチ――物象化』（講談社），訳書：シヴェルブシュ『知識人の黄昏』（法政大学出版局）。

大形　綾（おおがた・あや） 京都大学大学院人間・環境学研究科博士課程。社会思想史。共訳書：『アーレント＝ショーレム往復書簡集』（岩波書店）。

対馬美千子（つしま・みちこ） 1963年生。筑波大学教授。表象文化論。著書：『ハンナ・アーレント』（法政大学出版局），*The Space of Vacillation*（Peter Lang），共編著：*Samuel Beckett and trauma*（Manchester UP）。

守中高明（もりなか・たかあき） 1960年生。早稲田大学教授。詩人，フランス文学・思想。著書：『他力の哲学』（河出書房新社），『ジャック・デリダと精神分析』（岩波書店），訳書：デリダ『赦すこと』（未來社）。

山田正行（やまだ・まさゆき） 1957年生。東海大学教授。政治理論・政治思想史。共著：『逆光の政治哲学――不正義から問い返す』（法律文化社），訳書：アーレント『暴力について』（みすず書房）。

齋藤宜之（さいとう・よしゆき） 1978年生。中央大学兼任講師。哲学。論文：「カント実践哲学における「幸福」概念の意義――「最高善」と「同時に義務である目的」」（『社会思想史研究』No. 33）。

矢野久美子（やの・くみこ） 1964年生。フェリス女学院大学教授。ドイツ政治文化論。著書：『ハンナ・アーレント』（中公新書），訳書：ヤング＝ブルーエル『なぜアーレントが重要なのか』（みすず書房）。

國分功一郎（こくぶん・こういちろう） 1974年生。東京大学准教授。哲学。著書：*Principles of Deleuzian Philosophy*（Edinburgh University Press），『中動態の世界――意志と責任の考古学』（医学書院）。

齋藤純一（さいとう・じゅんいち） 1958年生。早稲田大学教授。政治理論。著書：『公共性』，『政治と複数性』（岩波書店），『不平等を考える』（ちくま新書），訳書：ロールズ『政治哲学史講義』（岩波書店）。

森分大輔（もりわけ・だいすけ） 聖学院大学教授。西洋政治思想史。著書：『ハンナ・アーレント――屹立する思考の全容』（ちくま新書），『ハンナ・アレント研究――〈始まり〉と社会契約』（風行社）。

毛利　透（もうり・とおる） 1967年生。京都大学教授。憲法学。著書：『民主政の規範理論――憲法パトリオティズムは可能か』（勁草書房），『表現の自由』，『統治構造の憲法論』（いずれも岩波書店）。

金　　慧（きむ・へい） 1980年生。千葉大学准教授。政治哲学。著書：『カントの政治哲学――自律・言論・移行』（勁草書房），共訳書：ハーバーマス『後期資本主義における正統化の問題』（岩波書店）。

乙部延剛（おとべ・のぶたか） 1976 年生。大阪大学准教授。政治学。著書：*Stupidity in Politics* (Routledge, 近刊)，論文：「エートスの陶冶とは何か？」(『年報政治学』)，共訳書：『プルーラリズム』(岩波書店)。

山本　圭（やまもと・けい） 立命館大学准教授。現代政治理論。著書：『アンタゴニズムス――ポピュリズム〈以後〉の民主主義』(共和国)，『不審者のデモクラシー――ラクラウの政治思想』(岩波書店)。

河合恭平（かわい・きょうへい） 1982 年生。大正大学専任講師。社会学。論文：「H・アーレントのアメリカ革命論と黒人差別の認識――始まりの恣意性と暴力に関連させて」(『社会思想史研究』第 38 号)。

間庭大祐（まにわ・だいすけ） 1983 年生。甲南大学他講師。社会思想史。共著：『社会の芸術／芸術という社会』(フィルムアート社)，論文：「公的領域の可謬性と抵抗としての活動」(『唯物論研究年誌』第 19 号)。

舟場保之（ふなば・やすゆき） 1962 年生。大阪大学教授。哲学。共編著：『グローバル化時代の人権のために――哲学的考察』(上智大学出版)，『カントと現代哲学』(晃洋書房)。

小玉重夫（こだま・しげお） 1960 年生。東京大学教授。教育学。著書：『難民と市民の間で――ハンナ・アレント『人間の条件』を読み直す』(現代書館)，『教育政治学を拓く』(勁草書房)。

平川秀幸（ひらかわ・ひでゆき） 1964 年生。大阪大学教授。著書：『科学は誰のものか――社会の側から問い直す』(日本放送出版協会)，共著：『リスクコミュニケーションの現在』(放送大学教育振興会)。

奥井　剛（おくい・ごう） 1983 年生。京都大学特定研究員。政治哲学。論文：「ハンナ・アーレントにおける哲学と政治の緊張関係と共通感覚の含意」(『実践哲学研究』第 41 号)。

蛭田　圭（ひるた・けい） オーフス大学（デンマーク）助教。政治思想。編著：*Arendt on Freedom, Liberation, and Revolution* (Palgrave Macmillan)，論文：'Value Pluralism, Realism and Pessimism' (*Res Publica*).

シュテファニー・ローゼンミュラー (Stefanie Rosenmüller) ドルトムント応用科学大学教授。哲学・倫理学。著書：*Der Ort des Rechts* (Nomos)，共編著：*Arendt-Handbuch: Leben－Werk－Wirkung* (J.B. Metzler).

柿並良佑（かきなみ・りょうすけ） 1980 年生。山形大学専任講師。現代フランス哲学。共著：『政治において正しいとはどういうことか？』(勁草書房)，論文：「哲学の再描」(『思想』2014 年 12 月号)。

和田隆之介（わだ・りゅうのすけ） 1979 年生。外務省。政治理論・政治思想史。論文：「アレントの現象論的嘘論――デリダ『嘘の歴史　序説』の読解から」(『思想』2019 年 6 月号)。

押山詩緒里（おしやま・しおり） 1987 年生。法政大学大学院博士後期課程。哲学。論文：「アーレントにおける「赦し」と「裁き」――クリステヴァによる解釈を超えて」(『現象学年報』第 32 号)。

石神真悠子（いしがみ・まゆこ） 東京大学教育学研究科博士課程。教育学。論文「ハンナ・アレントにおける“一人である”ことの多層性――政治的主体化へ向けて」(『研究室紀要』第 45 号)。

田中智輝（たなか・ともき） 立教大学助教。教育哲学。論文：「教育における「権威」の位置」(『教育学研究』第 83 巻第 4 号)，「H. アレントの思想形成過程における教育への問い」(『教育哲学研究』第 119 号)。

村松　灯（むらまつ・とも） 立教大学教育研究コーディネーター。教育哲学・教育思想。論文：「非政治的思考の政治教育論的含意―― H・アレントの後期思考論に着目して」(『教育哲学研究』第 107 号)。

小森（井上）達郎（こもり・たつろう） 1980 年生。立命館大学研究員。思想史・社会学。論文：「アーレント――全体主義との思想的格闘」(『いま読み直したい思想家 9 人』所収，梓出版社)。

田中直美（たなか・なおみ） 1987 年生。南九州大学講師。教育哲学。論文：「対話的思想における人間形成論的研究」(博士論文)，共訳書：F. ローゼンツヴァイク『新しい思考』(法政大学出版局)。

人名索引

ア行

アイザック　Jeffrey C. Isaac　260
アイヒマン　Adolf Eichmann　103–12, 122, 123, 131, 138, 147–48, 150, 182–90, 194, 196, 328, 357–58, 364
アインシュタイン　Albert Einstein　304, 377
アウグスティヌス　Augustine　5–13, 69–73, 76, 134–40, 291, 327, 338–39, 365, 379
アガンベン　Giorgio Agamben　177, 377
アシュトン　E. B. Ashton　339
アシュレー　William Ashley　263
アダムズ　John Adams　220
アドルノ　Theodor W. Adorno　92, 94, 291, 328, 383, 384, 392
アハロニー　Michal Aharony　324
アバンスール　Miguel Abensour　332
阿部齊　314, 318
アリストテレス　Aristotle　45, 63, 78, 134, 142, 144, 150, 247, 332, 349, 365, 379
アルトジウス　Johannes Althusius　227
アロン　Raymond Aron　392
アンダース　Günther Anders　10, 87, 89–91, 382–83, 391
イエス　Jesus Christ　74, 135, 175–76
石井伸男　43, 48
市野川容孝　261
伊藤洋典　319
今出敏彦　139
ヴァール　Jean Wahl　331
ウィトゲンシュタイン　Ludwig Wittgenstein　143
ヴィラ　Dana R. Villa　61, 63–64, 67, 68, 244–46, 259, 319
ヴィルト　Thomas Wild　327
ヴィルノ　Paolo Virno　48
ヴェイユ　Simone Weil　332
ヴェーバー　Alfred Weber　391
ヴェーバー　Max Weber　98, 102, 254
植村邦彦　263, 270
ウォーリン　Richard Wolin　238, 240
ウォーリン　Sheldon S. Wolin　253–55, 258, 260, 315
ウォルドロン　Jeremy Waldron　322, 324
梅木達郎　319
エティンガー　Elzbieta Ettinger　34
エネグレン　André Enegrèn　331
エピクテトス　Epictetus　365
エリオット　T. S. Eliot　393
オーウェル　George Orwell　107
オーウェンズ　Patricia Owens　262, 269
大久保和郎　314
大島かおり　314–15
大島通義　314
オースティン　John L. Austin　63
岡野八代　316
小田部胤久　207

カ行

ガインズ　Kathryn T. Gines　322, 324
ガウス　Günter Gaus　167, 328, 368
ガシェ　Rodolphe Gasché　150
ガタリ　Félix Guattari　215
香月恵里　112
カッサン　Barbara Cassin　332
加藤典洋　199, 316, 319
カトー（大）　Cato the Elder　146–47
カノヴァン　Margaret Canovan　226, 262, 269, 274, 279, 306, 315, 319–20, 323
カフカ　Franz Kafka　90, 93, 317, 342–43, 352, 382, 393
カリヴァス　Andreas Kalyvas　259, 260
ガリレオ　Galileo Galilei　114, 299–300, 306
ガルヴェ　Christian Garve　263
カロズ＝チョップ　Marie-C. Caloz-Tschopp　332, 334
ガンディー　Gandhi　97, 273–74
カント　Immanuel Kant　9–11, 13, 37–39, 77, 83, 105, 112, 130, 133, 142–48, 150, 162, 170, 176–77, 185, 187, 190, 206–07, 208, 215, 221, 236, 243, 245, 259, 315, 333, 352–53, 366–67, 378–79, 390, 394, 395
キケロ　Cicero　224–27, 229, 231, 353, 379

ギュンドードゥ　Ayten Gündoğdu　321, 323
キルケゴール　Søren Kierkegaard　37, 352, 390
ギルベルト　Robert Gilbert　159
キング　Richard H. King　112, 321, 323
クーン　Thomas Samuel Kuhn　253
クセノフォーン　Xenophon　150
クノット　Marie Luise Knott　382
熊野純彦　12
クラウス　Karl Kraus　111
グラフトン　Samuel Grafton　108, 110
グリアン　Waldemar Gurian　361
クリプキ　Saul Kripke　143, 150
グルーネンベルク　Antonia Grunenberg　312
クルティーヌ＝ドゥナミ　Sylvie Courtine-Denamy　332, 334
グレイ　John Gray　223
クレマン　Catherine Clément　34
クロイツァー　Johann Kreuzer　311
ケイジン　Alfred Kazin　162, 164
ケーナン　Alan Keenan　275
ケーラー　Lotte Köhler　39, 378, 381
ゲオルゲ　Manfred George　377
ケネー　François Quesnay　263
ケネディ　John F. Kennedy　385
ゲルトルート　Gertrud Jaspers　38–39, 381
コーン　Jerome Kohn　209–11, 317, 320, 323, 326, 351, 368, 372, 374, 376, 385
小坂井敏晶　199
コジェーヴ　Alexandre Kojève　392
小谷賢　112
コッホ　Thilo Koch　328
コペルニクス　Nicolaus Copernicus　299
コラン　Françoise Collin　332
コンスタン　Benjamin Constant　222

サ 行

ザーナー　Hans Saner　39
サッセン　Willem Sassen　105
佐藤和夫　315, 385
サルトル　Jean-Paul Sartre　392
シヴァン　Eyal Sivan　111
ジェイ　Martin Jay　315, 318
シェーラー　Max Scheler　6–10, 13
ジェファーソン　Thomas Jefferson　84, 118
志水紀代子　316
志水速雄　130, 314
シャール　René Char　226
シャリエ　Catherine Chalier　332
ジャレル　Randall Jarrell　361
シュタングネト　Bettina Stangneth　105, 112, 324
シュテルン　William Stern　89
シュテルンベルガー　Dolf Sternberger　383
シュトラウス　Leo Strauss　331
シュライエルマッハー　Friedrich Schleiermacher　340
シュレディンガー　Erwin Schrödinger　305–06
ショーペンハウアー　Arthur Schopenhauer　132
ショーモン　Jean-Michel Chaumont　332
ショーレム　Gershom Scholem　92–94, 106–07, 111, 112, 190, 280, 342, 376, 382, 383, 384, 392
ジョンソン　Lyndon Johnson　116
スキピオ　Scipio Aemilianus　224, 226
スコット　Joanna V. Scott　339
スターク　Judith C. Stark　339
スターリン　Joseph Stalin　97
ストーン　Dan Stone　324
スピッカー　S. F. Spicker　88
スピノザ　Baruch de Spinoza　132, 213–15
スミス　Adam Smith　44, 262–64
セイヤーズ　Sean Sayers　48
セリケイツ　Robin Celikates　259, 260
ソクラテス　Socrates　139–40, 142–43, 148–49, 160, 196, 199, 220, 273, 372, 374, 379
ソニング　Carl Johan Sonning　374
ソレル　Georges Sorel　98
ソロー　Henry David Thoreau　273

タ 行

高橋哲哉　199, 316, 318
タッサン　Étienne Tassin　331–32, 333
田野大輔　48
タミニオー　Jacques Taminiaux　331–32, 333
ダントレーヴ　Alexandre Passerin d’Entrèves　102
ダントレーヴ　Maurizio Passerin d’Entrèves　61, 65–66, 68
チェンバーズ　Whittaker Chambers　160
千葉眞　271, 278, 306, 316, 339
チャーチル　Winston Churchill　374
チャクラバルティ　Dipesh Chakrabarty　57
チャップリン　Charles Chaplin　343
ツァオ　Roy Tsao　246, 248, 326
ツヴァイク　Stefan Zweig　343, 377
ディーツ　Mary G. Dietz　280
ディッシュ　L. J. Disch　282

ディネセン　Isak Dinesen　168, 209–10, 360
ディベリウス　Martin Dibelius　391
ティリッヒ　Paul Tillich　319, 383, 391
デーブリーン　Alfred Döblin　90
デカルト　René Descartes　123–24, 128–29, 130, 300
デューイ　John Dewey　364
デュシャン　Marcel Duchamp　349
寺島俊穂　13, 315, 342
デリダ　Jacques Derrida　333, 334
テンメル　Tatjana N. Tömmel　7, 12
ドゥビエル　Helmut Dubiel　258
ドゥルーズ　Gilles Deleuze　215
ドゥンス・スコトゥス　Johannes Duns Scotus　133
トクヴィル　Alexis de Tocqueville　101, 226–28, 266, 274, 352, 362
トマス・アクィナス　Thomas Aquinas　126, 365
トリガノ　Shmuel Trigano　332
トリリング　Lionel Trilling　163
ドワンドル　Nicole Dewandre　308–09

ナ行

ナウマン　Bernd Naumann　194, 375
永井陽之助　318
中野勝郎　102
仲正昌樹　317, 319
中山元　12, 319, 374
ナンシー　Jean-Luc Nancy　332–33
ニーチェ　Friedrich Nietzsche　36, 124, 132, 151, 245, 348, 352, 365, 379
ニクソン　Richard Nixon　385
ネトル　J. P. Nettl　359
野口雅弘　112, 190
ノルトマン　Ingeborg Nordmann　13, 327

ハ行

バーク　Edmund Burke　235
バーコヴィッツ　Roger Berkowitz　168, 310
バージェス　Michael Burgess　228
ハーツ　Louis Hartz　225, 231, 232
ハーバーマス　Jürgen Habermas　61, 64–68, 78, 97, 102, 222, 239, 243, 248, 259, 261, 269, 274, 279, 315, 316, 318, 328, 333
バーリン　Isaiah Berlin　252, 257
バーンスタイン　Richard J. Bernstein　112, 141, 150, 172, 173, 311
ハイデガー　Martin Heidegger　6–8, 12, 13, 34–36, 37, 69, 72, 77, 86–88, 89–91, 124, 130, 132, 136, 140, 150, 151–52, 156–58, 168, 307, 319, 332, 333, 338, 350, 365, 368, 379, 380, 381, 391, 393
ハイネ　Heinrich Heine　341, 343
ハイルブローナー　Robert Heilbroner　163
バウアー　Fritz Bauer　103
バウアー　Bruno Bauer　16–17
バウマン　Zygmunt Bauman　195, 199
パウロ　Paul　134–35, 365
バタイユ　Georges Bataille　333, 392
バトラー　Judith Butler　218–19, 223, 258, 260, 281, 287–88, 321, 324
浜田義文　315
バリバール　Étienne Balibar　312, 333, 334
パレク　Serena Parekh　321, 323
バレット　William Barrett　387
ピーパー　Klaus Piper　394
ピトキン　Hanna F. Pitkin　262, 269
ヒトラー　Adolf Hitler　9, 14, 18, 97, 105, 111, 181, 307, 311, 391
ヒムラー　Heinrich Himmler　191–92, 343
ファインバーグ　Joel Feinberg　374
ファルンハーゲン　Rahel Varnhagen　119, 164, 268, 340–41, 390–91
フーコー　Michel Foucault　12, 217, 261
フェーゲリン　Eric Voegelin　369
フェスト　Joachim Fest　328, 383
フェルドマン　Ron H Feldman　376
フォイヒトヴァンガー　Lion Feuchtwanger　383
フォルラート　Ernst Vollrath　328
フォン・トロッタ　Margarethe von Trotta　103
福田淑子　295–97
藤田省三　318
フック　Sidney Hook　163
フッサール　Edmund Husserl　7, 89, 129, 151, 391
フライ　Karin Fry　321, 323
ブライトマン　Carol Brightman　382
プラトン　Plato　74, 99, 158, 160, 178, 203–04, 207, 214, 244, 247, 350, 372, 379, 393
ブランショ　Maurice Blanchot　176
ブランドラー　Heinrich Brandler　159
プリアモス　Priam　209
フリードリヒ　Carl J. Friedrich　33
フリードリヒ二世　Friedrich II.　340
ブリュッヒャー　Heinrich Blücher　90, 93, 103, 159–61, 310, 319, 380, 381, 384, 392, 395
ブルーメンフェルト　Kurt Blumenfeld　5, 390–91, 395

古田徹也　111, 112, 197–98, 199
ブルトマン　Rudolf Bultmann　86
ブレジンスキー　Zbigniew K. Brzezinski　33
フレソズ　J.-B. Fressoz　50
ブレヒト　Berthold Brecht　92, 94, 160, 326, 360–61, 383
ブレンターノ　Clemens Maria Brentano　266
フロイト　Sigmund Freud　89, 333
ブロッサ　Alain Brossat　332, 334
ブロッホ　Hermann Broch　360–61, 383, 393
フンボルト兄弟　Wilhelm und Alexander von Humboldt　340
ベアー　Peter Baehr　321–22, 324
ベイナー　Ronald Beiner　12, 223, 315, 365, 366–67
ペイン　Thomas Paine　225
ヘーゲル　Georg Wilhelm Friedrich Hegel　99, 129, 146, 263, 352, 373, 379
ペティ　William Petty　263
ペティット　Philip Pettit　222
ペティフォー　Ann Pettifor　312
ヘラー　Agnes Heller　312
ベラート　Charlotte Beradt　347
ベル　Daniel Bell　163
ベルクソン　Henri Bergson　364
ヘルダーリン　Friedrich Hölderlin　160
ペルチンスキー　Z. A. Pelczynski　223
ベロウ　Saul Bellow　163
ヘンデル　Georg Friedrich Händel　72
ベンハビブ　Seyla Benhabib　42, 47, 48, 62, 66–67, 68, 112, 259, 268, 270, 321, 324
ベンヤミン　Walter Benjamin　92–94, 159, 160, 172, 291, 297, 328, 360, 382, 383, 392
ホイアー　Wolfgang Heuer　311, 326, 328
ポーコック　John G. A. Pocock　225, 228, 231
ホーニッグ　Bonnie Honig　61–64, 66–67, 244–47, 259, 280, 316
ホーホフート　Rolf Hochhuth　194, 375
ボームト　Matthias Bormuth　9, 13, 311
ボダン　Jean Bodin　227
ホッファー　Eric Hoffer　394
ホッブズ　Thomas Hobbes　98, 102, 132, 253, 276, 379
ボヌイユ　Christophe Bonneuil　50
ポパー　Karl Popper　374
ホメロス　Homer　146, 158, 371
ポリュビオス　Polybius　99
ホルクハイマー　Max Horkheimer　94, 328
ポルトマン　Adolf Portmann　127
ホワイトヘッド　Alfred North Whitehead　364

マ行

マイヤーズ　Ella Myers　51
マキァヴェリ　Niccolò Machiavelli　116
マッカーシー　Mary McCarthy　103, 107, 188, 272, 310, 320, 323, 331, 339, 364, 380, 382, 393, 395
松本礼二　102
マホニー　Deirdre Lauren Mahony　12
マルクス　Karl Marx　16–18, 23, 43–45, 47, 48, 56, 72, 99, 262–64, 270, 289, 291–92, 326, 332, 348, 352, 370, 373, 379, 385, 393
丸山眞男　192, 314, 318
マン　Golo Mann　328
マン　Thomas Mann　377
マンハイム　Karl Mannheim　10, 391
ミゲル　Parmenia Miguel　360
三牧聖子　23
ミュラー　Jan-Werner Müller　223
ミュラー　Max Müller　364
ミュルダール　Gunnar Myrdal　262, 264
メンデルスゾーン　Anne Mendelssohn　390
メンデルスゾーン　Moses Mendelssohn　15
モーゲンソー　Hans Morgenthau　256, 257
モンテスキュー　Charles-Louis de Montesquieu　133, 166, 228, 373, 379

ヤ行

ヤスパース　Karl Jaspers　5–7, 9–10, 12, 37–39, 88, 103, 107, 160–61, 190, 265, 307, 311, 312, 319, 327–28, 338–39, 342, 346, 360, 369, 379, 380, 381, 387, 390–91, 393–95
山本理顕　317, 319
ヤング＝ブルーエル　Elizabeth Young-Bruehl　5, 9, 104, 107, 112, 209, 316, 328, 361, 364, 366–67
ヨーンゾン　Uwe Johnson　383
ヨナス　Hans Jonas　34, 86–88, 89, 140, 380, 391
ヨハネス二十三世（ロンカーリ）　Angelo Giuseppe Roncalli　360

ラ行

ライト・ミルズ　Charles Wright Mills　98
ライプニッツ　Gottfried Wilhelm Leibniz　350, 353
ラインハート　Mark Reinhardt　266
ラカン　Jacques Lacan　392
ラクー＝ラバルト　Philippe Lacoue-Labarthe

208, 332–33
ラザール　Bernard Lazare　343
ラッセル　Bertrand Russell　374
ラング　Jochen von Lang　112
ランシエール　Jacques Rancière　333
ランズマン　Claude Lanzmann　318
リーデル　Manfred Riedel　263, 269
リオタール　Jean François Lyotard,　332–33, 334
リクール　Paul Ricœur　331
リップシュタット　Deborah E. Lipstadt　324
リッペルハイ　Hans Lipperhey　306
リルケ　Rainer Maria Rilke　90
リンス　Juan José Linz　250–51, 256
ルヴォー＝ダロンヌ　Myriam Revault d'Allonnes　332
ルクセンブルク　Rosa Luxemburg　160, 359
ルソー　Jean-Jacques Rousseau　100, 229, 266
ルッツ　Ursula Ludz　325–27, 351, 370, 373, 378, 380
ルフォール　Claude Lefort　331, 333
レヴィナス　Emmanuel Lévinas　10, 194, 199, 331–32
レヴィンソン　Natasha Levinson　294, 296
レーデルマン　Shmuel Lederman　259, 260
レス　Avner Werner Less　105–06, 112
レッシング　Gotthold Ephraim Lessing　9, 13, 15, 117–18, 282, 285–86, 326, 359
レボヴィッシ　Martine Leibovici　331–32, 333, 334
ロヴィエロ　Anne-Marie Roviello　332, 334
ローズ　Cecil Rhodes　344
ローゼンツヴァイク　Franz Rosenzweig　331
ローゼンバーグ　Harold Rosenberg　350, 353
ロールズ　John Rawls　222, 253, 274, 279, 322, 331
ロスチャイルド家　Rothschild　28, 344
ロック　John Locke　44, 225, 229, 276
ロマン　Jules Romains　392

ワ行

ワサースタイン　Bernard Wasserstein　324

事項索引

頻出語である activity, Tätigkeit および action, Handeln は，各執筆者によって，前者は「営み」「アクティヴィティ」「活動性」，後者は「活動」「活動／行為」「行為」と訳し分けられており，原語と訳語を一対一で厳密に対応させせることは困難なため，主要なページ数のみをあげた。「原理」「思考」「自由」「世界」も頻出するため，主題的に論じられている箇所のみをあげている。また，「仕事」と「制作」（work, fabrication, Herstellen）については一項目にまとめた。「孤独」「独立」「孤立」（solitude, isolation, loneliness）は，アーレントによってそれぞれ異なる定義が与えられている語であるが，執筆者によって訳語の選択はそれぞれ異なるため，便宜的に一項目にまとめてある。

ア行

『アーレントとハイデガー』（ヴィラ）　*Arendt and Heidegger*　63, 68
愛　love, Liebe　5–13, 139, 158, 177–78, 338–39, 353, 376
　世界への——　love of the world, Liebe zur Welt, amor mundi, dilectio mundi　5–8, 10, 12, 22, 158, 190
　隣人——　dilectio proximi, Nächstenliebe　5–7, 71, 73, 338
あいだ，間，　between, Zwischen　9, 11, 54–56, 60–61, 65, 95, 134, 137, 154–55, 157, 158, 218–19
アイデンティティ　identity　28, 30, 110, 157, 178, 193, 204, 244–47, 259, 281–84, 287
　——・ポリティクス　identity politics　280–82, 287, 288
アイヒマン裁判　Eichmann Trial　22, 103–112, 147–48, 150, 186, 193, 196, 280–81, 332, 364–65, 366, 381, 382
アイヒマン論争　Eichmann controversy　94, 164, 326, 374, 376, 378
アウシュヴィッツ　Auschwitz　181, 307, 332, 375, 382
『アウシュヴィッツ』（ナウマン）　*Auschwitz*　194, 375
『アウフバウ』　*Aufbau*　376, 377, 392
アエネアス　Aeneas　76, 371
悪の陳腐さ，凡庸さ　banality of evil　91, 104–11, 112, 147, 150, 182–83, 186, 188, 192, 357–58, 364, 376
アゴーン　agon　63, 73, 333
『アメリカ自由主義の伝統』（ハーツ）　*The Liberal Tradition in America*　225, 232
アメリカ独立宣言　Declaration of Independence　63, 76, 100, 118, 278
現われ　appearance, Erscheinung　7, 12, 60, 73–75, 82, 84, 110, 123–29, 130, 148–49, 156–57, 207, 208, 220, 353
　——の空間　space of appearance, Erscheinungsraum　80, 129, 157–58, 233, 243
アルキメデスの点　Archimedean point　299–301, 305, 354
アルケイン，アルケー　archein, archē　70, 74, 379
暗黙の同意　tacit consent　276–78, 279
イアーゴ　Iago　183, 358
意見　opinion, Meinung, doxa　21–22, 28, 83, 97, 109, 114, 116, 118, 120–21, 143–44, 164, 218–20, 235, 237, 241–44, 248, 264, 273, 341, 248, 254, 362, 379
意志　willing, Wille, Wollen　10–11, 12, 13, 36, 74, 76, 99, 131–40, 144, 161, 175, 180–81, 187, 199, 216, 223, 243, 353, 360, 364–65, 367, 395
イスラエル　Israel　19–22, 103, 105, 147, 175, 393–95
イソノミア　isonomy　223
一者のなかの二者　two-in-one　147, 373
一般意志，一般意思　volonté générale　100, 237
イデア　idea　203–04
イデオロギー　ideology　15, 26, 28–29, 31–32, 33, 186–89, 211, 221, 235–36, 250–51, 253, 266, 269, 306, 307–08, 327, 333, 344–46, 368
『イデオロギーとユートピア』（マンハイム）　*Ideologie und Utopie*　10
移民　immigrants, emigrants　162–63, 332, 377

ヴァイマール共和国，共和政　Weimarer Republik　18, 89
嘘　lie, Lüge　31, 113–21
宇宙　cosmos　49–50, 299–301, 305–06, 354
宇宙科学　space science　301, 354
永遠性　eternity　201, 213–14, 339
永続性　permanence　40–42, 47, 52–54, 69, 76, 153–54, 158, 200–04, 348
エリート主義　elitism　238–39
オイコス　oikos　78
重荷　burden　168, 171, 202, 271

カ 行

懐疑　skepticism　123–24, 128–29, 130, 300
階級社会　class society　26–27, 82, 267
介在物　in-between　154, 228
科学技術　science and technology　74, 88, 298, 306, 382
核，原子力　nuclear　75, 91, 95, 299, 301–02, 317, 382
学生運動　student activism　259, 272, 274, 362–63
拡張された思考様式，視野の広い思考様式　erweiterte Denkungsart　143, 147–48, 170
革命　revolution　15, 32, 95–96, 99–102, 118, 172, 216, 225–31, 264, 271–78, 309, 326, 333, 355–56
　アメリカ独立——　American Revolution　75, 84, 99–01, 118, 172, 179, 224–31, 236–37, 259, 271, 275–76, 278, 355–56
　ハンガリー——　Hungarian Revolution　74, 84, 172, 309
　フランス——　French Revolution　99–01, 144–45, 179, 226, 229, 235–37, 355–56
過去と未来の（間の）裂け目　gap between past and future　77, 294–95
可死性　mortality　200, 338, 347, 354
家政　housekeeping, oikonomia　80, 308
活動，行為　action, Handeln　7, 9, 11–12, 32, 35–36, 41, 43–44, 46–47, 48, 59–60, 65, 69–76, 79, 82, 95, 99–100, 102, 110, 131–39, 174–76, 178–79, 201, 204–05, 208, 226, 228–31, 233–34, 236–40, 242–48, 258–59, 264, 267–69, 272, 275, 290, 293, 308–09, 370, 377
活動性，アクティヴィティ，営み　activity, Tätigkeit　40–47, 60, 63, 79–80, 147
活動的生　vita activa　36, 44, 52, 144–45, 148, 156, 158, 192, 199, 219, 242, 301, 308–09, 348, 364
神への愛，聖愛　caritas　5–7, 11, 71
『神の代理人』（ホーホフート）　*Der Stellvertreter*　194, 375
観客，観察者，鑑賞者　spectator　127, 141, 144–45, 147, 156, 203, 205–07, 245–46, 349
観照，テオーリア　theōria　204, 255
観照的生，観想的生　vita contemplativa　36, 122, 144–45, 158, 308, 348, 364
官僚制，官僚機構　bureaucracy　24, 187, 194, 250, 254, 264, 343–45, 363
記憶　memory　69, 114, 122, 140, 172–73, 200, 211, 294
技術　technique　50–51, 56–57, 91, 204, 304–06
奇蹟　miracle　70, 74–75, 234, 290
キッチュ　Kitsch　349–50
規定的判断力　bestimmende Urteilskraft　142–43, 366
決まり文句，常套句　cliché　106–11, 112, 189
義務　duty, Verpflichtung　11, 106, 197–98
客観性，客体性，対象性，　objectivity, Objektivität　7, 10–11, 13, 52–54, 155, 220
旧約聖書　the Old Testament　135
教育　education　249, 265, 289–90, 292–96, 330, 353, 375
教育学　pedagogy　289–97, 316, 329
教化　indoctrination　166–67
共産主義　communism　38, 115, 264
強制収容所　concentration camp　19, 25, 29–30, 147, 250–51, 307, 345, 368
共通世界　common world, gemeinsame Welt　27, 79, 126, 143, 148, 154, 156, 169, 170–71, 210, 220, 242, 264, 267–68, 293–94, 303, 332, 371
共同体　community　6, 17, 21–22, 25, 33, 61, 63, 66, 80, 95, 133, 150, 158, 169, 175, 179, 194, 234, 238, 240, 243, 268, 272, 276, 283, 308, 331, 347
共和主義　republicanism　98, 158, 222, 224–32, 329, 355–56
虚構，フィクション　fiction　25, 28, 32, 196, 210, 264, 276, 307
距離　distance, Distanz　8–12, 207, 300, 304, 312
ギリシア（古代）　Ancient Greece　33, 43, 61, 69–74, 78–79, 81, 134–35, 140, 157, 160, 172, 223, 233, 239, 244, 246–47, 248, 258, 271, 290, 332, 338, 352–53, 371, 379
キリスト教　Christianity, Christentum　6, 15–16, 18, 25, 71–72, 74, 76, 161, 168, 175–77, 290, 332, 338, 341, 391
近代（的）　modern　14–15, 25, 43–46, 74, 78, 80–81, 83–85, 146, 157, 173, 185, 196, 204–05, 207, 217, 219, 222, 224–25, 237, 261, 262–63, 267, 269,

290–93, 298–301, 303–05, 307–09, 348, 352
近代社会　modern society　43, 45–46, 169, 308
近代数学　modern mathematics　299–300
区別　distinction　60, 178–79, 265
暗い時代　dark times, finstere Zeiten　172, 359, 361
経済学　Classical economics　249, 262–64
形而上学　metaphysics　229, 231, 350
芸術　art　63, 163, 200, 203–07, 208, 329, 330
啓蒙　Aufklärung, enlightenment　15–16, 117
権威　authority, auctoritas　24–26, 76, 98, 100–01, 114, 175, 229–31, 237, 273–74, 276, 278, 293–95, 326, 328, 352–53, 355, 363
権威主義　authoritarianism　24–26, 31–32, 250–51
憲法　constitution　17, 75–76, 100–01, 214, 225, 229, 230, 237, 239, 243, 275, 286, 287
合衆国——　The Constitution of the United States of America　63, 229, 237, 239, 240, 272, 275, 286
原理　principle　9, 18, 76–77, 101, 137, 178, 187, 192, 218, 266
権力　power, Macht　25, 28, 30, 32, 59, 61, 64–66, 95–102, 110, 114–17, 157, 213, 215, 216, 219, 224, 229, 233–34, 237, 239, 243–44, 248, 267–69, 272–73, 275–76, 279, 326, 329, 343, 355, 357, 360, 363
言論，語り　speech, Sprechen　35, 59–68, 73–74, 79, 97, 100, 110, 131, 144, 148, 150, 178, 181, 192, 204–05, 214–15, 219, 233–34, 238–39, 242–48, 298, 302–03, 304–06, 340–41, 349–50, 361, 363
行為遂行　performance, Vollzug　11, 63, 259
公共圏，公的領域　public sphere, öffentlicher Bereich　46, 52, 56, 74, 78–85, 178, 192–93, 199, 213, 228, 233–35, 237–38, 240, 242–45, 247, 258–59, 262, 267–68, 271–72, 274–78, 279, 298, 306, 308, 327, 359, 361
公共の事柄，公的事柄，公の秩序　res publica　98, 100, 158, 228
工作人，工作的人間，制作人　homo faber　49–50, 53, 70, 84, 202, 366
構想力　imagination, Einbildungskraft　35, 171, 206, 219　→想像力
公的　public, öffentlich　59, 64, 78–85, 149, 154–55, 193, 199, 203, 245, 267–69, 292, 348
——空間　public realm, öffentlicher Raum　5, 7, 11, 83, 154, 156–57, 193, 201, 203, 204–06, 208, 234, 236, 239, 248, 333, 348–49
公的幸福　public happiness　100, 226
公民権　civil rights　17, 291　→市民権，市民の権利
——運動　civil rights movement　272, 274–75, 375
五感　senses　125–26, 305, 373
黒人差別　discrimination against blacks　265, 279
黒人奴隷　black slaves　271, 275, 277
国民経済　national economy　262
国民国家　nation-state　19–21, 25–28, 32, 80, 95, 329, 344–45, 376–77
国家　state　16–22, 39, 78, 80, 91, 98, 157–58, 163, 192, 194–95, 215, 234–35, 295, 308–09, 371, 376
孤独，独立，孤立　solitude, isolation, loneliness, Einsamkeit, Isoliertheit, Verlassenheit　7, 10–12, 45, 67, 147, 178, 199, 267, 308
子ども　child　70–72, 75, 258, 289, 291, 293–96, 353, 360
個別性　individuality　46, 111, 134, 137
コミュニケーション　communication　37, 47, 48, 65–67, 78, 97, 214, 220, 243
コモン・センス，共通感覚，常識　commun sense, sensus communis　35, 125–28, 133, 148, 170–71, 251, 255, 303, 366, 373
根源悪　radical evil, radikale Böse　106–112, 176–78, 184–87, 190

サ行

再現，再現前化，代表　representation　143–44, 210, 219, 242–43, 299, 302
『ザ・フェデラリスト』 *The Federalist*　225, 227
差別，区別　discrimination　85, 265–66, 268, 277, 282, 324
サロン　salon　164, 264–65, 268, 340–41
死　death, Sterben, Tod　30, 35, 37–38, 69, 71, 75, 77, 155, 184, 201
詩　poetry, Gedicht　160, 371
ジェンダー　gender　245, 282, 286
シオニズム　Zionism　14, 20–21, 86, 94, 342–43, 376, 382
時間　time　41, 49, 71, 75, 99, 102, 176, 201, 291
思考　thinking, Denken　13, 36, 77, 122–30, 134–35, 138–39, 140, 144, 147–50, 167, 188–90, 195–97, 199, 203, 211, 215, 219, 242, 303–06, 325, 329, 352, 360, 364–65, 367
自己欺瞞　self-deception, Selbsttäuschung　9, 116
仕事，制作（製作）　work, fabrication, Herstellen　35–36, 40–44, 46–47, 48, 49–58, 63, 69–70, 72, 74–75, 84, 136–37, 151–54, 202–04, 206–08,

244–47, 258, 247, 301–05, 308, 348, 352, 377
システム　system　25, 27, 30–32, 44, 187, 189, 194, 196, 198, 220, 345, 355
死すべき者，死すべき存在　the mortal　41, 49, 53, 69, 71, 74–75, 142, 154, 158, 200–01, 213
私生活　privacy　81–82, 84
自然　nature　40–42, 46, 50–53, 57, 74, 131, 136, 146, 152–54, 211, 213–14, 221, 223, 262–63, 280–81, 298–304, 308, 348
自然科学　natural science　256, 301, 354
実験　experiment　299–301, 303–04
実在性・現実性　reality, Realität　54–55, 122–30, 155–57
実存主義　existentialism　238, 331, 338, 368
シティズンシップ　citizenship　259, 294
私的　private, privat　11, 78, 80–84, 100, 126, 154, 177, 220, 240, 245, 260, 261, 262, 303, 308, 349
私的領域　private sphere, privater Bereich　43, 46, 78–81, 84, 192, 240, 245, 258, 262, 308, 348
指導者，総統　Führer　8, 187, 192, 236
シニシズム　cynicism　31
自発性　spontaneity　192, 211, 221, 229, 231, 345, 347
資本主義　capitalism　163, 261–62
市民　citizen　15, 17, 33, 43, 51, 79, 83–84, 96, 98, 149, 158, 224–26, 231, 233–34, 237–39, 247–48, 258, 272–78, 283, 284, 291, 354
市民権，市民の権利　civil rights, droits du citoyen　15, 17, 258, 344, 392　→公民権
市民社会　civil society　240, 248, 259, 263, 329, 341
市民的不服従　civil disobedience, ziviler Ungehorsam　240, 243–44, 259, 268, 271–79, 283–85, 287, 333, 362, 366–67
社会，社会的なもの　society, the social　46–47, 258, 261–70, 329
社会化された人間　socialized man　263
(首尾)一貫性　consistency, Konsequenz, Stimmigkeit　13, 27, 108, 236
自由　freedom, liberty　9, 15, 16–20, 26, 45, 59, 64, 73–75, 79–80, 98–100, 102, 117–21, 131–34, 136–39, 160–61, 162, 174, 176, 179–80, 214–15, 216–23, 224–26, 231, 236–40, 248, 251, 258–59, 260, 268, 275, 277–78, 295, 305, 353, 355–56, 365
　――の構成　constitutio libertatis　99, 237, 239
自由選択　liberum arbitrium　133–34, 136
熟議　deliberation　241–48
主権　sovereignty　74, 178–81, 217–18, 227, 237, 353
出生(性)　natality　69–77, 87–88, 172–73, 200–01, 223, 234, 276–78, 289–95, 326, 338
趣味　taste, Geschmack　90, 155, 206–07
趣味判断　Geschmacksurteil　133, 366, 379
『純粋理性批判』(カント)　*Kritik der reinen Vernunft*　37, 144
ショアー　Shoah　19, 176–77, 211
使用対象物，使用物　use objects, Gebrauchsgegenstand　40–43, 202, 207, 349
情愛　amor　6, 8, 12
「正体」　who　302　→「誰」
上流社会　upper-class society　82, 85, 264–66
『諸学部の争い』(カント)　*Der Streit der Fakultäten*　144, 146, 150
植民地支配，植民地主義　colonialism　23, 343, 345
思慮　phronesis　371
慎愛　dilectio　6–8, 10–12
　秩序づけられた――　Ordinata dilectio　7
人為的制作物，人工物　human artifice　40, 49–57, 98, 152–54, 302
親衛隊　SS　30, 103, 147, 183, 188, 195
神学　theology　132, 134, 136, 303, 338, 383, 391
人格　person　8–9, 30–31, 65, 137, 177, 180, 197–98, 201, 204–05, 207, 243–45
人権，人間の権利　human rights, Menschenrechte　14, 16–22, 30, 234–35, 240, 277, 286, 329, 333, 344
人種差別，人種主義，レイシズム　racism　18, 85, 116–17, 181, 217, 265, 266, 269, 322, 343, 344–45, 357
真珠採り　pearl diver　93, 172, 360
人文主義　humanism　353–54
進歩主義　progressivism　291–92, 295–96
親密さ　intimacy　81, 348
人民　people, peuple　30, 32, 83, 100, 105, 222–23, 229, 237, 243–44, 258, 266
新約聖書　the New Testament　72, 135
真理，真実　truth, Wahrheit　39, 76, 113–122, 129, 142, 144, 150, 158, 220, 271, 278, 300, 303–04, 333, 350, 362, 372–73
　事実の――　factual truth, Tatsachenwahrheit　114–15, 119–21, 353–54
　理性の――　rational truths, Vernunftwahrheit　114–15, 119–21, 353–54
心理学主義　psychologism　292
遂行的矛盾　performative contradiction　284–87
スターリン主義，スターリン体制　stalinism　27,

160, 370
スプートニク号　Sputnik　49, 56
『スペシャリスト〜自覚なき殺戮者〜』(シヴァン)　*Un spécialiste, portrait d'un criminel moderne*　111
政治学，政治科学　political science　33, 98, 211, 249–57, 315, 323, 358, 363
政治的空間　political space　353–54, 371, 377
政治的自由　political freedom　17, 39, 102, 133, 217, 222, 239, 248, 355
政治的生　bios politikos　144, 147
政治的なもの　the political　254, 329, 333, 367, 370
生殖，再生産　reproduction　69–70, 72, 77, 79, 262
政治理論　political theory　97–98, 111, 123, 211, 217, 222, 234, 238, 249–57, 307, 309, 322, 329, 338, 394
『政治理論と政治の置換』(ホーニッグ)　*Political Theory and the Displacement of Politics*　62, 68
精神的生　life of the mind　199, 242
精神分析　psychanalyse　292, 333
正統性　legitimacy　76, 96, 98, 178, 229, 237, 240, 272, 274, 278
生命　life　40–43, 45–46, 48, 53, 69, 79–82, 84–85, 100, 137, 140, 152–53, 189, 200–02, 207, 217, 219, 221, 261–64, 271, 302, 306, 308, 348
　——の安全　security of life　217
世界　world, Welt　151–58
　——の自由　the freedom of the world　217, 221
　——の離隔　Abgelöstheit von der Welt　10
　——への愛　→愛
　——に対する抵抗　Abwehr gegen die Welt　7
世界観　Weltanschauung　187–89, 221, 354
『世界観の心理学』(ヤスパース)　*Psychologie der Weltanschauungen*　10, 37, 390
世界史，普遍史　universal history　39, 146
世界市民，コスモポリタン　cosmopolitan　83, 146, 163
世界疎外，世界離反　world alienation, Weltentfremdung　10, 12, 90, 217, 299, 303, 376
責任　responsibility, Verantwortung　88, 91, 140, 148, 161, 191–99, 294–95, 328–29, 368, 374
世人　das Man　35, 90
世代　generation　74, 76, 88, 154–55, 293, 318
全員の同意　consensus universalis　271–72, 275–78
専制　despotism　33, 96–97, 170, 225, 345
全体主義　totalitarianism　24–33, 38, 45–47, 72–73, 75, 77, 91, 95, 97, 106, 113, 115, 122, 160, 162–63, 166–67, 169–72, 181, 182, 184–87, 189, 191–96, 198–99, 211, 217, 221, 234–36, 250–51, 255, 266–67, 269, 292, 304, 306, 307–09, 315, 327, 331, 329, 332–33, 344–45, 347, 368–69, 370, 373
全体的支配　totaler Herrschaft　172, 345
先入見　Vorurteil　370
浅薄さ，皮相浅薄　superficiality　169, 373
ソヴィエト　Soviet　84
創設　foundation　25, 75–76, 99–102, 119, 172, 229–31, 237, 247, 259, 268, 274–75, 277, 355, 371
想像力　imagination, Einbildungskraft　27, 91, 110, 119–20, 183, 210, 362, 369　→構想力
相対主義　relativism　117
ゾーエー　zōē　53, 201–02, 204
疎外　alienation　44
ソキエタス　societas　262, 267–69
ソ連　Soviet Union　32, 39, 163
『存在と時間』(ハイデガー)　*Sein und Zeit*　8, 35–36, 140, 150, 391

タ 行

退却，引きこもり　withdrawal　128–29, 134, 139, 148–49, 216
耐久性　durability, Haltbarkeit　40–43, 48, 69, 151, 153–54, 200–02, 204, 259, 301–03
第三帝国　The Third Reich　14, 112, 282–83
大衆　mass　26–29, 32, 170, 192, 235, 260, 267, 345, 350
態度　attitude, Haltung　5–6, 9–12, 13
第二次世界大戦　World War II　38, 84, 86, 93, 162–63, 191, 392
ダイモーン　demon　139–40
対話　dialogue　122, 135, 196, 220, 329, 340, 369, 372–73, 377, 379
玉ねぎ型　onion structure　24–25, 31, 192, 327
「誰」　who　35, 80, 110, 137, 157, 177–78, 193, 197–98, 204–05, 348　→「正体」
男性中心主義　280
誕生　birth　70–72, 75–76, 155, 200, 223, 290
単独(性)，一人でいること　solitude, Einsamkeit　9
『たんなる理性の限界内における宗教』(カント)　*Die Religion innerhalb der Grenzen der bloßen Vernunft*　37, 190
地球疎外　Earth alienation　299, 301, 303, 305
超越　transcendence　153–55, 158, 203
『罪の問題』(ヤスパース)　*Die Schuldfrage*　38,

161
定言命法　categorical imperative　187
帝国主義　imperialism　20, 267, 344–45
敵　enemy　29, 31, 96–97, 100, 104–05, 239, 267, 340, 371
テクノクラシー　technocracy　90, 309
テクノロジー　technology　91, 132, 153, 211, 304
手すりなき思考　thinking without a banister, Denken ohne Geländer　150, 171, 329, 360, 385
哲学　philosophy　39, 88, 132, 134–35, 156, 213–14, 221, 225–27, 252–53, 300, 303, 307–08, 325, 327, 348, 352, 365, 372–73, 379
哲学者　philosopher　76, 132–33, 147–49, 213–15, 364
デマゴギー，デマ　demagogy　27, 29, 30
デモクラシー　democracy　97, 101, 241, 254–55, 258–60, 362
　参加（型）――　participatory democracy　248, 259
　熟議――　deliberative democracy　241–42, 247–48, 259
　代議制――　representative democracy　241, 247
　闘技――　agonistic democracy　241, 244, 247–48, 259
　ラディカル・――　radical democracy　259
　リベラル・――　liberal democracy　97, 259
テロル　terror　29, 184, 189, 307–08, 368
伝記　Lebensgeschichte　119, 340, 359, 360, 383
天才　genius　122, 204–06, 326
伝統　tradition　15–16, 25–26, 43–45, 74, 77, 89, 98, 100, 130, 148, 156, 173, 179, 221, 224–25, 227, 231, 253, 254–55, 273–74, 282, 285, 292–93, 295–96, 308, 340, 347–48, 351–53, 365, 370, 372–73, 385
ドイツ・ユダヤ人　German Jews　16, 183, 340, 377
同化　assimilation　15–16, 18, 340–41, 344, 376–77
　→ユダヤ人，ユダヤ系
闘技　agonism, agonal　63, 73, 244–48
闘技型　agonistic　59, 61–64, 66
同情（心）　compassion　100, 326
道徳（性）　morality　166, 179, 181, 191–99
動物　animal　30, 44–46, 49–50, 70, 127, 131, 135–38, 140, 201–02, 234, 240, 263–64, 267, 305–06, 345　→理性的動物，労働する動物
ドレフュス事件　Dreyfus affair　344
トロイ戦争　Trojan War　371

ナ行

内的意志　volition　11
ナチズム，ナチス　Nazism, Nationalsozialismus　19, 38, 177–78, 181–82, 190, 327–344, 358, 370
「何」　what　110, 137
難民　refugees, Flüchtlinge　5, 12, 20–22, 332, 377, 392
ニュースクール・フォー・ソーシャルリサーチ　(The) New School for Social Research　87, 159, 162–63, 312, 364–65, 366, 374, 395
『ニューヨーカー』　*The New Yorker*　103–04, 357, 395
人間関係の網の目／織物，人間事象の（関係の）網の目　web of human relationships　51–52, 55–56, 156–57, 175, 193, 302
ネイティヴ・アメリカン　native American　271
根無し草　uprootedness　169–70

ハ行

パースペクティヴ　perspective　125, 143–44, 148, 170–71, 218, 220, 242, 254, 286
『パーティザン・レヴュー』　*Partisan Review*　163, 387
パーリア，賤民　paria　5, 10, 329, 341, 343, 376
はじまり，始まり　beginning, Anfang, principium　63, 69–77, 99–100, 102, 137, 166–67, 171–73, 201, 221, 223, 226, 230, 234, 236, 259, 272, 275–78, 290–92, 362, 379
パリ・コミューン　Paris Commune　84, 172, 356
パレスチナ　Palestine　20–22, 86–87, 93, 376, 392
反省的判断力　reflektierende Urteilskraft　142–43, 145–47, 366
判断，判断力，裁き　judgment, judging　22, 66, 133, 136, 139, 141–50, 168–69, 170–71, 193, 198–99, 206–07, 236, 242–43, 245–47, 315, 353, 365, 366–67, 368, 374–75, 379
『判断力批判』（カント）　*Kritik der Urteilskraft*　133, 142–44, 147, 148, 206, 243, 245, 333, 366–67, 379, 394
『ハンナ・アーレント』（フォン・トロッタ）　*Hannah Arendt*　103, 317
『ハンナ・アーレントの政治哲学』（パッセリン・ダントレーヴ）　*The Political Philosophy of Hannah Arendt*　65
『ハンナ・アーレントの不本意な近代主義』（ベンハビブ）　*The Reluctant Modernism of Hannah Arendt*　66

HannahArendt.net 311, 320, 322
汎民族主義 pan-nationalism 345
反ユダヤ主義 antisemitism 18–19, 27, 28, 105, 186–87, 188, 190, 340–41, 344, 376–77, 390
美 beauty, Schönheit 200, 202–03, 206–07, 208, 349, 350, 353
ビオス bios 204 140, 201–02, 204, 207
美感的 ästhetisch 206–07, 353
悲劇 tragedy, Tragödie, Trauerspiel 73–75, 92
必然性，必要性，必要物，必需 necessity, necessities, Notwendigkeit 40–43, 79, 99–100, 131, 133–34, 137, 139, 201–02, 219, 221, 245, 271, 305, 312, 343
必要 needs 79, 261
『批判版全集』 *Kritische Gesamtausgabe* 48, 323, 343, 385, 386–87
秘密警察 secret police 25, 29, 33, 97, 195, 347
評議会 council system 32, 74, 83, 172, 236, 238–40, 247–48, 259, 268, 309, 326, 328, 356 →レーテ
表現主義 expressionism 159, 205
表象 representation, Repräsentierung 187, 190, 206 →再現，再現前化，代表
貧困 poverty, Armut 100, 220, 264, 266, 355
フェミニズム feminism 48, 259, 280–88, 316, 322, 329, 332
不可予見性，予測不可能性 unpredictability, Unabsehbarkeit 137, 174, 179, 180, 234, 302
服従 obedience, Gehorsam 25, 28, 79, 98, 112, 135, 187, 188, 195–97, 340, 357, 360
複数性 plurality 17, 22, 60, 72–73, 117, 127, 137, 156, 169, 174, 178–79, 192–93, 199, 200, 212, 216–18, 220, 234, 242, 259, 264, 268, 292–93, 302, 318, 341, 347, 348, 372–73, 377, 393
不死性 immortality 200–02, 204, 207, 213–14
プラッテイン，プラクシス prattein, praxis 63, 70, 74, 137, 379
フランクフルト（学派） Frankfurter Schule 94, 193, 322, 328
プロパガンダ propaganda 26–31, 111, 187, 189, 235, 237–38, 267, 345
文化，文化的 culture, cultural 266, 269, 281, 293, 350, 353
文学 literature 90, 296, 329, 330, 360
ベトナム戦争 Vietnam War 13, 115, 164, 366
ペンタゴン・ペーパーズ Pentagon Papers 115, 119, 362, 395
ベンヤミン「歴史の概念について（歴史哲学テーゼ）」 Über den Begriff der Geschichte 93–94, 291, 383
ポイエイン，ポイエーシス poiein, poiēsis 63, 137, 158
望遠鏡 telescope 299, 301, 303, 306, 348
暴政 tyranny 24–26, 31–32, 33, 369
亡命 exile 15, 19, 38, 86, 90, 92–93, 159, 162, 168, 182, 265, 282, 331, 340, 342–43, 360, 381, 382, 383, 392–93
暴力 violence, Gewalt 15, 26, 28–29, 32, 33, 57, 61, 65, 79, 95–102, 110, 167, 176, 215, 217, 234–35, 237, 239, 243, 271, 273, 278, 326, 355, 362–63, 373, 376–77
保守主義 conservatism 26, 29, 32, 161, 292, 295, 296, 328
ポスト真実《トゥルース》 post-truth 113, 362
没利害性，無関心性 disinterestedness 144–45, 148–49, 191
ポピュリズム populism 223, 309, 321, 345
ポリス，都市国家 polis 33, 43, 45, 61, 78–80, 82–85, 157–58, 172, 201, 233, 239, 244, 246, 271, 290, 371
『ポリティカル・セオリー』 *Political Theory* 253, 256
ボルシェヴィズム Bolshevism 370
ホロコースト，大虐殺 Holocaust 19, 103, 148, 176–77, 321–22, 328, 358, 393

マ行

『マキァヴェリアン・モーメント』 *The Machiavellian Moment* 225
マクベス Macbeth 183, 358
マッカーシズム McCarthyism 162, 368
マルクス主義 marxism 45, 92, 101, 163, 315, 318, 328–29, 331, 355, 370, 394
民主主義 39, 91, 162, 239, 258–60, 331, 356 →デモクラシー
無国籍者 stateless persons 19–21, 194, 234–35, 288, 332, 392
無思慮，思考していないこと，思考欠如 thoughtlessness, Gedankenlosigkeit 105–08, 110, 182–90, 358
無世界性 worldlessness, Weltlosigkeit 7, 11–12, 73
無能力 incapacity, impotence, Unfähigkeit, impotentia 97–98, 102
無力 powerlessness, Ohnmacht 234
メシア Messiah 291

モップ　mob　26, 343, 344–45
物，事物　things　35, 41–43, 49, 51–56, 69, 151–58, 200, 202–04, 207, 300
　世界の――　things of the world　53
物化　reification, Verdinglichung　42, 203, 205
物語り，物語　narrative, storytelling　62, 66–67, 111, 136, 146, 156, 209–12, 340–41, 360

ヤ行

約束　promise, Versprechen　72–76, 174–81, 199, 214, 228–30, 268, 284, 302
唯一性　uniqueness, Einzigartigkeit　60, 65, 178–79, 204–05, 341, 377
友愛，友情　friendship, Freundschaft　9–10, 86–88, 117, 158, 184, 225, 360, 376
ユートピア　utopia　10, 88, 248, 291, 352
ユダヤ軍　Jewish army　195
ユダヤ人，ユダヤ系　Jews, Jewish　6, 13, 14–23, 28, 38, 86, 103, 105, 111, 117–119, 148–48, 150, 162–64, 176, 182–83, 186–88, 280–83, 290–91, 307, 311, 328, 331, 340–41, 342–43, 344, 357, 359, 368, 376–77, 381, 382, 383
　同化――　assimilated Jews　17, 93
『ユダヤ人問題』（バウアー）　*Die Judenfrage*　16
『ユダヤ人問題によせて』（マルクス）　*Zur Judenfrage*　16, 23
ユダヤ性　Jewishness　164
赦し　forgiveness, Verzeihen　74, 168, 174–81, 199, 306, 333
赦しえぬもの　the unforgivable　176–77
ヨーロッパ・ユダヤ人評議会　Judenrat　104, 328
余計なもの　the superfluous　344–45

ラ行

理解　understanding, Verstehen　5, 9, 13, 123, 166–73, 194, 251–52, 254–55, 269, 359, 368–69
理性的動物　animal rationale　44
理性の狡智　cunning of reason, List der Vernunft　146
リチャード三世　King Richard III　183, 358
律法　law, lex　135
リトルロック　Little Rock　83–85, 265, 268, 289, 316, 375, 394
リベラリズム，自由主義　liberalism　26, 29, 32, 98, 225–26, 251, 261, 264, 292, 329
良心　conscience, Gewissen, conscientia　9, 11, 13
　――的拒否，――的兵役忌避　conscientious objection　273, 283, 362
　――の自由　freedom of conscience　9, 17, 122–23, 162, 273, 279, 283, 357
レーテ　Räte　84, 160　→評議会
歴史的判断力　historical judgment　141, 144–47, 150
連帯　solidarity, Solidarität　8, 10, 66, 158, 161, 163, 168–69, 272–73
連邦主義　federalism　225, 227–28
労働　labor, Arbeit　36, 40–48, 49, 69–70, 72, 74, 77, 79, 152–53, 200–02, 245, 258, 261–64, 301, 303, 305, 308, 348–49, 394
労働する動物　animal laborans　44–46, 70, 202, 267
ローマ（古代）　ancient Rome　25, 33, 74, 76, 100–01, 146, 158, 172, 179, 222, 223, 224–31, 247, 248, 267–68, 290, 352–53, 371
ロスチャイルド家　Rothschild　28, 344

ワ行

無意識の歪曲　unconscious distortion　187
和解　reconciliation, Versöhnung　87, 167–73, 252, 369
悪い（疚しい）良心　bad conscience　13

＊下記頁に掲載の写真　撮影：阿部里加
3 頁, 165 頁, 212 頁, 312 頁, 313 頁, 396 頁

アーレント読本

2020 年 7月 22 日　初版第 1 刷発行
2021 年 2月 5 日　第 2 刷発行

編　者　日本アーレント研究会

発行所　一般財団法人 法政大学出版局
〒102-0071 東京都千代田区富士見 2-17-1
電話 03 (5214) 5540 振替 00160-6-95814
組版：HUP　印刷・製本：日経印刷

ISBN978-4-588-15109-5